JURISPRUDENCE

DE

LA COUR D'APPEL

DE NANCY,

EN MATIÈRE CIVILE ET COMMERCIALE,

OU

RECUEIL ANALYTIQUE ET ALPHABÉTIQUE

DES DÉCISIONS RENDUES PAR CETTE COUR, DEPUIS LE 1ᵉʳ JANVIER 1830
JUSQU'AU 1ᵉʳ JANVIER 1846;

SUIVI

1° D'une Table des articles des Codes, Lois, Décrets et Ordonnances cités dans l'ouvrage ;
2° D'une Table alphabétique des noms des parties ;
3° D'une Table chronologique des Arrêts ;

LESDITES DÉCISIONS MISES EN ORDRE ET PUBLIÉES

PAR M. GARNIER,

Avocat général près la Cour d'appel de Nancy.

NANCY,

IMPRIMERIE-LIBRAIRIE DE GRIMBLOT ET VEUVE RAYBOIS,
Place du Peuple, 7, et rue Saint-Dizier, 125.

1848.

JURISPRUDENCE

DE

LA COUR D'APPEL

DE NANCY,

EN MATIÈRE CIVILE ET COMMERCIALE.

NANCY, IMPRIMERIE DE VEUVE RAYBOIS ET COMP.

JURISPRUDENCE

DE

LA COUR D'APPEL

DE NANCY,

EN MATIÈRE CIVILE ET COMMERCIALE,

OU

RECUEIL ANALYTIQUE ET ALPHABÉTIQUE

DES DÉCISIONS RENDUES PAR CETTE COUR, DEPUIS LE 1ᵉʳ JANVIER 1830
JUSQU'AU 1ᵉʳ JANVIER 1846 ;

SUIVI

1° D'une Table des articles des Codes, Lois, Décrets et Ordonnances cités dans
l'ouvrage ;
2° D'une Table alphabétique des noms des parties ;
3° D'une Table chronologique des Arrêts ;

LESDITES DÉCISIONS MISES EN ORDRE ET PUBLIÉES

PAR M. GARNIER,

Avocat général près la Cour d'appel de Nancy.

NANCY,

IMPRIMERIE-LIBRAIRIE DE GRIMBLOT ET VEUVE RAYBOIS,
Place du Peuple, 7, et rue Saint-Dizier, 125.

1848.

AVERTISSEMENT.

Les premiers matériaux du travail que nous publions sont dus, en grande partie, à l'un des avocats les plus distingués du Barreau de Nancy. M. Volland avait recueilli, pour son propre usage, les décisions de la Cour, à partir du mois d'août 1829. Ces notices, classées par ordre chronologique, ont été continuées, dans le même ordre, par M. d'Arbois de Jubainville, avocat, pour l'année judiciaire 1841-1842. Enfin, de 1842 à 1846, elles ont été rédigées par M. Garnier, avocat général, et insérées par nous, chaque année, en tête de l'Almanach de la Cour. — Ce magistrat, à qui ce travail avait été officieusement communiqué, a refondu toutes les décisions rendues de 1830 à 1846, et les a classées dans un nouvel ordre, qui lui a paru plus commode pour les recherches. — Il en a formé une sorte de *répertoire alphabétique*, dans le genre de celui de M. Armand Dalloz, où l'on trouve, sous le principal mot de chaque matière, l'ensemble de la jurisprudence de la Cour depuis seize années. — Un *sommaire* alphabétique, placé en tête de chaque article, permet de juger, d'un coup d'œil, si la décision désirée s'y rencontre. Ce sommaire est suivi de nombreux *renvois* à d'autres mots du recueil, sous lesquels sont classées des solutions analogues : ces renvois ne se composent pas d'un seul mot, insuffisant, d'ordinaire, pour faire connaître le point décidé : ils comprennent tous les termes substantiels de la décision. On peut ainsi s'assurer d'avance si l'on trouvera sous le nouvel article la solution dont on a besoin. Enfin, pour rendre les recherches plus faciles et plus sûres encore, l'auteur a joint à ce premier travail trois tables : l'une des articles des codes, lois, décrets et ordonnances cités dans le cours de l'ouvrage ; l'autre, alphabétique des noms des parties ; la troisième, chronologique des dates des arrêts. A l'aide de tous ces secours, il est à peu près impossible de ne pas trouver, à l'instant même, la solution cherchée, soit qu'on la connaisse et qu'on en ait conservé un souvenir plus ou moins vague, soit que cette décision soit neuve pour celui qui se livre à sa recherche.

CORRECTIONS ET ADDITIONS.

Page 33. Après Renvois, *ajoutez :* Voy. Compromis. Nomination d'arbitres déférée à un tiers.

Page 44. Après le n. 4, *ajoutez :* AVEUX ET DÉNOMBREMENTS. — Voy. Domaine engagé. 2. p. 103.

Page 49. Ligne 2, *ajoutez en note :* Contrà, cass. 19 novembre 1845 (D. 46. 1. 150). — Conf., cass. 15 mars 1847 (G. Trib. 17).

Page 51. Cadastre. *Ajoutez :* Voy. Plan cadastral. Après désaccord, *ajoutez :* Voirie. 11. II. Cadastre.

Page 59. n. 5. I. Ligne 5, après 1818, *ajoutez en note :* Limoges, 20 fév. 1846 (D. 47. 2. 58).

Page 72. n. 18. II. Art. 655, *lisez :* Art. 655.

Page 81. n. 10. Art. 437, *lisez :* Art. 473.

Page 82. n. 15, *Au lieu de* l'article premier, *lisez :* l'art. 5, § 5.

Page 82. Compétence administrative. 3 : *au lieu de* arrêt du 26 août 1793, *lisez :* Loi du 24 août 1793, art. 82.

Page 85. Ligne 5, *au lieu de* 26 août, *lisez :* 24 août.

Page 87. n. 9, ligne 5, au lieu de l'art. 463, *lisez :* l'art. 563.

Page 113. n. 13, *in fine. Ajoutez en note :* Un pourvoi en cassation a été formé contre cet arrêt; il a été rejeté par la chambre des requêtes le 26 janvier 1847 (D. 47. 1. 63).

Page 122. Ligne dernière. Loi 12 novembre 1808. *Lisez :* Loi du 12 novembre 1808.

Page 127. *Ajoutez* aux renvois du mot déclaration : Voy. Domaine engagé, 2. Aveux et dénombrements. Forêt 4.

Page 130. n. 46. Valeur supérieur, *lisez :* valeur supérieure.

Page 136. n. 27. *in fine. Ajoutez en note :* Voy. Nancy, 27 décembre 1847. — Cosserat C. Ferry.

Page 137. n. 35. 1. Après ces mots : cause commune à tous, *ajoutez :* Contra, Nancy, 23 mai 1846. — Mabreuil C. Lévylier. — MM. d'Arbois, ff. pr., Garnier, av. gén., concl. conf., Catabelle, La Flize, av. — 27 décembre 1847. — Cosserat C. Ferry. — MM. Riston, pr., Garnier, av. gén., concl. contr., La Flize, Catabelle, Volland, av.

Page 146. Voy. appel.... 41. *Lisez :* 40.

Page 149. Désistement. Renvoi. Appel. Après le mot Dépens, *ajoutez :* Voy. Domaine de l'État, 9.

Page 135. Renvois. Appel. Après le mot dépens, *ajoutez* : Voy. Désistement, 5.
Page 156. n. 4, ligne 2, *au lieu de* Thiriet, *lisez* : Thieriet.
Page 160. n. 9, *au lieu de* 9 juillet 1729, *lisez* : 14 juillet 1729.
Page 166. n. 8. Après ces mots : Moreau, av., *ajoutez en note* : Voy. Rec. imprimé, 1833, p. 43.
Page 192. Dernière ligne, *au lieu de* : en d'autre termes : *lisez* : en d'autres termes.
Page 194. n. 10. 1, *au lieu de* art. 119, *lisez* : art. 110.
Page 208. Dernière ligne. Après le mot immoralité, *ajoutez en note* : CONTRA, Nancy, 25 juillet 1847. — Le proc. du roi de Sarrebourg C. Moreau. — 1re Ch. — MM. Mourot, pr., Garnier, av. gén., concl. conf.
Page 211. n. 2. 1, ligne 4e, *au lieu de* : L. 14 oct. 1815, *lisez* : L. du 14 oct. 1811.
Page 214. n. 2. Ligne 4e, *au lieu de* : O. du 30 août 1816, *lisez* : O. du 30 août 1815. Et à la fin du même alinéa, *après les mots* : chargés de la mise à exécution. *ajoutez en note* : conf. Nancy, 9 juillet 1829. — (D. 30. 2. 22. — S. 29. 2. 535.)
Page 234. n. 21, *au lieu de* : 28 janvier, *lisez* : 12 février, et ligne 6e du n. 21, *au lieu de* art. 6, *lisez* : art. 66 ; puis *ajoutez* : D. 16 février 1807, art. 67 et 147.
Page 258. n. 4. 1, ligne 5e de ce n. *Au lieu de* : a cessé, *lisez* : ont cessé.
Page 261. IV, *au lieu de* : C. civ. 2130, *lisez* : C. civ. 2129.
Page 303. n. 2. A la fin du §, *ajoutez* : conf., cass. 15 avril 1811. Lapierre. — (D. 11. 42.)
Page 349. A la suite de la notice de l'arrêt du 14 mars 1836, *ajoutez en note* : CONTRA, cass. civ., 3 août 1847 (G. Trib., 19 août).
Page 371. Réhabilitation de failli. Voy. Faillite. A la fin du renvoi, et après ces mots : des deux chambres, *ajoutez* : Voy. Remembrement. Voy. Forêt, 4. 1.
Page 376. n. 2. II. A la fin de ce n° et après ces mots : en matière commerciale, *ajoutez en note* : CONTRA, Toulouse, 25 février 1846. — Gayrard C. Giselard (D. 47. 2. 92).
Page 455. Travaux publics. Renvois. Après ces mots : Voy. compétence administrative, *ajoutez* : 12. 1.
Page 473. 7, *in fine*. *Ajoutez* : Voy. Nancy, 2 décembre 1847. André. — 1re Ch. — MM. Moreau, p. pr., Leclerc, subst., concl. contr., Poirel, avoué. Rolland de Villargnes, V° Vente judiciaire, n. 58. 1. 9. 2e édit.

JURISPRUDENCE

DE LA

COUR ROYALE DE NANCY.

ABORNEMENT.

Voy. *Bornage.*

ABSENCE.

SOMMAIRE.

1. *Déclaration d'absence.* — Partie intéressée. Acquéreur des droits éventuels des héritiers.
2. *Envoi en possession.* — Action en revendication. Caution.
3. *Militaire absent.* — Cohéritier. Succession. Envoi en possession.
4. *Militaire absent.* — Loi du 11 ventôse an II. Loi du 13 janvier 1817. Enfant naturel.
5. *Militaire absent.* — I. Loi du 11 ventôse an II. Présomption de vie. — II. Code civil. Présomption de mort. — III. Loi du 13 janvier 1817. — IV. V. Curateur. — VI. Intérêts. Déclaration d'absence. — VII. Retour légal. — VIII. Donation.

RENVOIS.

Voy. *Filiation naturelle.* — 1. Enfant naturel. Acte de naissance. Militaire absent.

---

1. — 21 décembre 1830. — Hacquart C. le procureur du roi de Remiremont. — 1re Ch. — MM. Breton, pr., Masson, subst., Moreau, av.

L'individu, qui a acheté des héritiers présomptifs d'un absent leurs droits éventuels sur les biens de celui-ci, a qualité pour faire déclarer l'absence.

2. — 3 juin 1841. — Vrankin. C. Godfrin — 1re Ch. — MM. Costé, pr., Poirel, d'Arbois, av.

Les envoyés en possession peuvent intenter les actions en revendication, et y faire statuer avant de donner caution.

3. — 12 mars 1841. — Cloquart C. Marabouty. — 1re Ch. — MM. Costé, pr., Louis, Welche, av.

La loi du 11 ventôse an II ne s'oppose pas à ce que la sœur d'un militaire absent appréhende seule la succession du père commun, sans demander l'envoi en possession. A plus forte raison, les débiteurs du défunt ne peuvent-ils pas refuser les annuités d'un cens.

4. — 24 mai 1834. — Grosdemange C. Grandclaude. — 1er Ch. — MM. de Metz, p. pr., Bresson, av. gén., Moreau, Antoine, av.

La loi du 11 ventôse an II n'a été abrogée ni par le Code civil, ni par la loi du 13 janvier 1817 ; seulement, cette dernière loi a permis aux familles des militaires absents de se faire envoyer en possession provisoire des biens échus à ceux-ci, et d'affranchir ainsi l'hérédité des mesures conservatoires prescrites par la loi de l'an II. — La loi de l'an II s'applique d'ailleurs aux enfants naturels comme aux enfants légitimes, quoique les premiers n'aient pas la qualité légale d'héritiers : leur droit sur la succession est un droit de copropriété, non de simple créance.

5. — 31 janvier 1833. — Baradel C. Demange. — 1ʳᵉ Ch. — MM. de Metz, p. pr., Poirel, p. ay. gén., Chatillon, Bresson, av.

I. La loi du 11 ventôse an II, relative aux militaires absents, établissait en leur faveur, même quand ils ne donnaient plus de leurs nouvelles, une présomption de vie qui durait jusqu'à la révolution du temps après lequel, suivant le droit commun, la longévité de l'homme, ou la durée de l'absence, faisait définitivement présumer la mort, et en reportait les effets à l'époque de la disparition ou des dernières nouvelles. Dès lors, il n'y avait pas lieu, sous l'empire de cette loi, à faire déclarer judiciairement leur absence.

II. Le Code civil, au contraire, établit contre tous les absents, déclarés tels par jugement, une présomption provisoire de mort. Mais il n'était pas applicable aux militaires absents, et, par conséquent, il n'a pas abrogé la loi du 11 ventôse an II, qui établissait pour eux une législation spéciale.

III. La loi du 13 janvier 1817 a opéré cette abrogation, en ce qu'elle accorde, pour la première fois, la faculté de faire déclarer l'absence des militaires, et les replace ainsi dans la condition commune des absents régis par le Code civil, et notamment sous l'empire de la présomption provisoire de mort qu'il établit.

IV. L'effet de cette présomption de mort, qui sert de fondement à la nouvelle législation, a été de faire tomber, et réputer non avenue, la saisine de tous les droits que, d'après la présomption de vie, qui servait de fondement à la loi du 11 ventôse an II, ils ont recueillis par le ministère de leurs curateurs.

V. En conséquence, une succession qui s'est ouverte au profit d'un militaire absent, avant toute déclaration d'absence, et qui a été recueillie pour lui par un curateur, doit, après cette déclaration, être dévolue à ceux qui l'auraient recueillie à défaut de l'absent, à l'exclusion des héritiers de celui-ci (Sirey, 29, 2, 63).

VI. Mais si cette succession a été recueillie par un curateur ou un gérant bénévole, les intérêts des valeurs qui la composaient ne sont pas dus par ce curateur ou ce gérant, à moins qu'il ne soit prouvé qu'il les a appliqués à son profit, ou qu'il a commis une faute lourde, en ne plaçant pas ces valeurs d'une manière productive d'intérêts.

VII. La déclaration d'absence donne ouverture au droit de retour légal.

VIII. Le retour légal ne peut avoir lieu qu'à l'égard des biens transmis par donation entre vifs. Il cesse, si l'acte qualifié par les parties *donation entre-vifs* peut se ranger au nombre des contrats onéreux.

ABUS DE BLANC SEING.
SOMMAIRE.

Preuve testimoniale.—Commencement de preuve par écrit. Valeur indéterminée.

---

8 février 1845. — Gobille C. Clément. — 1re Ch. — MM. Mourot, pr., Villiaumé, Besval, av.

L'abus de blanc seing ne saurait être prouvé qu'autant que la remise elle-même du blanc seing pourrait être établie par la preuve testimoniale ; c'est-à-dire, qu'autant qu'il s'agirait d'un acte d'une valeur qui n'excédât pas 150 fr., ou, s'il s'agit d'un acte d'une valeur supérieure à 150 fr., qu'autant qu'il existerait un commencement de preuve par écrit, ou des indices de vol ou de violence (1341, 1347 du Code civil).

La remise du blanc seing doit être considérée comme étant d'une valeur indéterminée, lorsque l'acte, écrit postérieurement au-dessus de la signature donnée en blanc, a lui-même ce caractère, la feuille contenant le blanc seing ne pouvant se séparer de l'acte même qu'elle a servi à constater. Celui qui s'est dessaisi volontairement d'un blanc seing, sans s'être préalablement muni d'un acte qui en constatât le dépôt, doit s'imputer une négligence qui rend sa poursuite non recevable.

ABUS DE LA PUISSANCE FÉODALE.

Voy. *Usage forestier.* — 21. — IV. Clause de bon plaisir. Clause de forme. Abus de la puissance féodale. — 42. — II. Commune. Possession ancienne de droits d'usage. Présomption légale de dépossession. Abus de la puissance féodale.

ACCEPTATION DE SUCCESSION.

Voy. *Succession.* — 1. Acceptation pure et simple. Payement des droits de mutation. — 7. Régime dotal. Héritier de la femme. Dettes. Biens dotaux. Biens paraphernaux. Acceptation partielle. Bénéfice d'inventaire.

ACENSEMENT.

Voy. *Cens.*

Rente. — 1. Acensement. Habitants. Maire chargé de lever la rente. Charge communale.

ACQUIESCEMENT.
SOMMAIRE.

1. *Acceptation de l'acquiescement.* — Rétractation. Contrat judiciaire. Acte d'avoué. Renonciation non présumée. Legs. Conclusions à la prudence. Déchéance d'appel.
2. *Compétence.* — Jugement. Pourvoi en règlement de juges. Déchéance d'appel. Fin de non recevoir. Rejet. Appel incident. Conclusions tendantes à la mise en cause d'un tiers. Exception d'incompétence non proposable.
3. *Enquête.* — Comparution. Réserves. Déchéance d'appel.
4. *Frais.* — Désistement. Domaine engagé. Offre du quart de la valeur. Acceptation pure et simple.
5. *Garant.* — Payement du principal et des frais. Déchéance d'appel.
6. *Jugement.* — Acquiescement. Rétractation. Acceptation.

ACQUIESCEMENT.

7. *Jugement définitif et interlocutoire.* — Avoué. Comparution à l'opération ordonnée. Réserves contre la partie définitive du jugement.
8. *Jugement.* — *Dispositif obscur.* — Silence. Acquiescement. Chose jugée.
9. *Jugement non signifié.* — Expertise. Présence des parties. Acquiescement.
10. *Jugement.* — *Propriété.* — Prescription. Enquête. Déchéance d'appel.
11. *Jugement.* — *Signification.* — Sommation d'exécuter. Déchéance d'appel.
12. *Serment supplétif ordonné.* — Dispense de sa prestation par l'adversaire. Jugement non signifié. Déchéance d'appel.
13. *Signification à avoué sans réserves.* — Déchéance d'appel.

RENVOIS.

Voy. *Appel.*—2.Conclusions à la prudence. Acquiescement en plaidant. Compétence fixée par les conclusions. — 17. Expertise. Assistance sans réserves. Acquiescement. — 20. Garant. Garanti. Acquiescement. — 29. Jugement définitif. Exécution volontaire. Acquiescement. — 33. Jugement exécutoire nonobstant opposition ou appel. — 35. Jugement interlocutoire. Enquête. Exécution. Acquiescement.

Contrainte par corps. — 1. Acquiescement à un jugement portant contrainte par corps. Nullité.

Degrés de juridiction. — 1 2. 3. 4. 26. Demande supérieure à 1,000 fr. Acquiescement partiel du défendeur. Dernier ressort.

Expertise. — 3. Expert unique. Nullité. Consentement tacite. Acquiescement. Jugement définitif.

Femme. — 2. Signification de jugement. Commencement d'exécution. Acquiescement. Réserve d'appel.

Jugement. — 8. Signification. Acquiescement.

Jugement par défaut. — 1. Acquiescement. Correspondance. — 2. Acquiescement. Péremption.

Jugement préparatoire, interlocutoire, définitif. — 1. Jugement interlocutoire. Exécution. Acquiescement. — 2. Jugement interlocutoire. Exécution sans réserve. Acquiescement. Dispositions définitives. Chose jugée.

Saisie immobilière. — 7. Femme mariée. Distraction. Acquiescement. Renonciation tacite à l'hypothèque légale.

Société civile. — 3. III. Acquiescement à la licitation d'un immeuble social. Fin de non recevoir suppléée d'office.

Témoin. — 5. — 1. Parenté. Incapacité absolue. Acquiescement. Nullité non couverte.

Transaction. — 1. Acquiescement. Caractère de la chose jugée. Femme. Nom personnel. Tutrice.

Tutelle. — 10. Tuteur. Jugement. Action mobilière. Acquiescement. Concours du subrogé tuteur.

1. — 30 mars 1843. — Hussenet C. Pierre. — 1re Ch. — MM. Mourot, pr., Poirel, p. av. gén., La Flize, d'Ubexy, av.

Pour être définitif et obligatoire, et avoir formé le contrat judiciaire, l'acquiescement doit, avant toute rétractation, avoir été accepté par la partie adverse.

La renonciation à un droit ne se présume pas facilement; et moins encore dans un acte de défense non signé par les parties, mais seulement par l'avoué, qui est sujet à désaveu.

L'acquiescement à la délivrance d'un legs ne résulte pas suffisamment de ces expressions d'un acte de défense, *que ledit sieur n'a point l'intention de contester la demande en délivrance de legs; que le testateur a pu disposer de sa fortune comme bon lui a semblé ; mais qu'il veut, dans l'intérêt de ses mineurs, et dans son intérêt propre, comme responsable de la gestion, qu'il soit procédé à un inventaire exact et fidèle, etc.*

On n'est pas non recevable à attaquer la décision des premiers juges, bien qu'on s'en soit rapporté à leur prudence.

2. — 18 avril 1834. — La Compagnie du Soleil C. Limon et Duhoux. — 1re Ch. — MM. de Metz, p. pr., Bresson, av. gén., Moreau, La Flize, Louis, av.

I. Quand un tribunal de première instance se déclare incompétent, et qu'une des parties se pourvoit, après ce jugement, devant la cour de cassation en règlement de juges, ce pourvoi n'est pas un acquiescement qui empêche plus tard la même partie d'interjeter appel du jugement de compétence.

Lorsqu'un jugement rejette, par une disposition spéciale, une fin de non recevoir proposée contre une exception d'incompétence, la partie qui avait proposé cette fin de non recevoir ne peut plus la reproduire devant la cour, si elle n'interjette pas un appel incident.

II. Des conclusions tendantes à la mise en cause d'un tiers ne sont pas une exception ou défense au fond, qui rende improposable ultérieurement l'exception d'incompétence.

3. — 18 décembre 1843. — La commune de Linthal C. le Préfet du Haut-Rhin. — 1re et 2e Ch. réun. — MM. Moreau, p. pr., Poirel, p. av. gén., Volland, La Flize, av.

L'avoué du domaine, en comparaissant à un procès-verbal d'enquête, et en adressant des interpellations aux témoins entendus, ne rend pas non recevable l'appel du Préfet, lorsque cet avoué n'a comparu que « *sauf tous les droits de sa partie, et notamment sauf l'appel contre le jugement interlocutoire qui a prescrit l'enquête : de quoi il a requis acte.* »

Ces réserves spéciales diffèrent de ces protestations générales et de style que les tribunaux ont quelquefois considérées comme ne pouvant faire obstacle à l'acquiescement ; — surtout quand le jugement interlocutoire contenait aussi des dispositions définitives, à l'égard desquelles la comparution de l'avoué du domaine ne pouvait évidemment constituer un acquiescement.

4. — 29 juin 1843. — Le Préfet de la Meuse C. Quilleau-Franchot. — 1re Ch. — MM. Mourot, pr., Garnier, av. gén., concl. conf., Volland, d'Ubexi, av.

L'acte par lequel le défendeur à l'action du Domaine en payement du quart de la valeur d'un domaine prétendu engagé offre de payer ce quart, bien qu'un jugement de première instance, frappé d'appel par le Domaine, l'en ait dispensé en déclarant l'immeuble non domanial : — un tel acte ne saurait être considéré comme un *désistement*, dont la conséquence serait de mettre, de plein droit, tous les frais à la charge de celui qui l'a fait. C'est une simple proposition transactionnelle, qui peut être rétractée, si l'État ne l'a point acceptée purement et simplement, mais a prétendu soumettre, en outre, la partie qui l'a faite au payement des frais, qu'elle n'avait point offert, ni voulu offrir.

5. — 21 mai 1844. — Pierre C. de Vendières. — 2ᵉ Ch. — MM. Masson, ff. pr., Volland, La Flize, av.

Le payement du principal et des frais d'une condamnation, par un appelé en garantie, emporte acquiescement de sa part au jugement, et rend l'appel non recevable. Vainement opposerait-il qu'il n'a entendu acquiescer qu'en ce qui touche le garanti, et non en ce qui concerne l'appelé en arrière-garantie, si le jugement n'avait point accueilli son recours contre ce dernier, et s'il ne l'a pas moins exécuté, avant d'en interjeter appel.

6. — 30 juillet 1836. — La commune de Dabo C. le Préfet de la Meurthe. — 2ᵉ Ch. — MM. de Metz, p. pr., Bresson, av. gén., concl. conf., La Flize, Volland, av.

L'acquiescement d'une partie à telle ou telle disposition du jugement peut toujours être rétracté, tant qu'il n'a pas été accepté par l'adversaire.

7. — 17 février 1838. — Les Verreries de Saint-Quirin C. la commune de Saint-Quirin. — 1ʳᵉ Ch. — MM. de Metz, p. pr., Poirel, p. av. gén., Volland, La Flize, av.

Un jugement, qui est en partie définitif et en partie interlocutoire, n'est pas acquiescé par la comparution, à l'opération ordonnée, de l'avoué de l'une des parties, qui, tout en comparaissant, fait des réserves et protestations contre la partie définitive; ce n'est pas le cas d'appliquer la maxime que les protestations sont impuissantes contre le fait.

8. — 11 août 1836. — La commune de Fresne-en-Woivre C. celle de Ville-en-Woivre. — 2ᵉ Ch. — MM. Riston, ff. pr., Poirel, p. av. gén., Chatillon, d'Ubexi, av.

Si le dispositif d'un jugement est assez obscur pour que la partie ait pu ne pas en apercevoir le sens, il ne faut pas voir un acquiescement dans le silence qu'elle aurait gardé sur ce jugement, et dès lors, dans une instance subséquente, ce jugement ne pourra pas lui être opposé comme ayant l'autorité de la chose jugée.

9. — 7 février 1835. — Marchal C. Marchal. — 1ʳᵉ Ch. — MM. de Metz, p. pr., Garnier, subst., d'Ubexi, Louis, av.

La présence des parties à une expertise n'est pas un acquiescement au jugement qui a ordonné cette opération, quand ce jugement ne leur a pas été antérieurement signifié.

10. — 20 mars 1834. — Montplong C. Janvier. — 2ᵉ Ch. — MM. Troplong, pr., Bresson, av. gén., Antoine, Chatillon, av.

Quand un jugement, reconnaissant la propriété d'une partie sur un terrain litigieux, admet en même temps la partie adverse à prouver par témoins qu'elle a prescrit ce terrain, l'enquête à laquelle celle-ci fait procéder n'emporte pas acquiescement à la première partie du jugement, surtout quand ce dernier n'a pas été signifié. Dans cet état, l'appel de ce jugement est encore recevable.

11. — 25 août 1837. — Grésely et Chaufournier C. Joyeux. — 1ʳᵉ Ch. — MM. de Metz, p. pr., Fabvier, proc. gén., concl. conf., Welche, d'Ubexi, Volland, av.

La signification d'un jugement à parties, avec sommation de l'exécuter, constitue un acquiescement qui rend l'appel non recevable.

12. — 4 mai 1839. — Beaudouin C. Beaudouin. — 1ʳᵉ Ch. — MM. de Metz, p. pr., Garnier, av. gén., Volland, La Flize, av.

La partie condamnée par un jugement à payer une somme d'argent, à charge par son adversaire de prêter un serment supplétif, et qui déclare elle-même, ou qui fait déclarer en sa présence, par son avoué, qu'elle dispense le demandeur de cette prestation de serment, acquiesce par cela même au jugement, et se rend non recevable à en interjeter appel. — Peu importe que cet acquiescement ait eu lieu avant toute signification du jugement même à avoué, et avant l'expiration du délai de huitaine, pendant lequel toute exécution est défendue, et l'appel impossible.

13. — 16 février 1851. — Cabouat C. la commune de Laimont. — 1ʳᵉ Ch. — MM. de Riocour, p. pr., Poirel. p. av. gén., concl. conf., Moreau, Volland, av.

La signification faite à avoué, même sans aucune réserve, n'est pas une preuve d'acquiescement, et n'emporte pas déchéance du droit d'appel.

ACTE ADMINISTRATIF.

Voy. *Compétence civile.* — 1. Acte administratif. Arrêté d'administration centrale. Possession du Domaine. Réintégration des anciens possesseurs. — 2. Acte administratif. Vente administrative. Immeuble. Dépendances. Fixation. Compétence judiciaire. — 3. Acte administratif. Vente de bois de l'Etat. Cahier des charges. Interprétation. Modification. Compétence judiciaire.

Domaine de l'Etat. — 8. Décret du 9 avril 1811. Acte administratif. Interprétation. Acte législatif. Compétence judiciaire. Edifices consacrés aux tribunaux et à l'instruction publique.

Domaine engagé ou échangé. — 3. Edit de 1729. Commission. Arrêt. Chose jugée. Avis administratif.

Usage forestier. — 1. Affect... Usage. Acte administratif. Arrêté du conseil de préfecture. Simple avis. Compétence judiciaire. Chose jugée.

ACTE AUTHENTIQUE.

Voy. *Commissaire-priseur.* — Procès-verbal de vente à l'enchère. Acte authentique. Stipulation de terme ou de crédit. Vente au comptant. Notaire. Terme. Objets mobiliers. Résidence du commissaire-priseur.

Date. — Acte authentique daté de l'heure. Autre acte daté seulement du jour. Antériorité.

Preuve littérale. — 1. Acte notarié. Refus de signer. Nullité. Vente publique. Enchérisseur sans mandat.

Témoin. — 3. Condamnation afflictive commuée en peine correctionnelle. Incapacité. Témoin. Acte authentique.

Vente. — 29. Transport de créance. Cession. Acte authentique. Exécution parée.

ACTE D'APPEL.

Voy. *Délai.* — 1. Acte d'appel. Distance. Délai additionnel. Mention omise. Nullité.

Domaine de l'Etat. — 1. Acte d'appel. Constitution d'avoué. — 2. Acte d'appel. Constitution d'avoué. Election de domicile au parquet du procureur général.

Voy. *Exploit.* — 1. Acte d'appel. Constitution d'avoué. Election de domicile. Equipollent. Acte postérieur d'avoué à avoué. Réserves. — 2. Acte d'appel. Constitution d'avoué. Election de domicile. Equipollent. Notification par l'intimé de sa constitution d'avoué. — 3. Acte d'appel. Copie remise au maire. Silence sur les voisins. Nullité. — 4. Acte d'appel. Date. Différence entre l'original et la copie. — 5. Acte d'appel. Délais. Indication. Distance. — 6. Acte d'appel. Deux jugements. Appel d'un seul. Désignation. — 7. Acte d'appel. Domicile de l'appelant. Omission. Nullité. Domicile notoire. — 8. Acte d'appel. Epoux. Intérêt non distinct. Propre de la femme. Assistance du mari. Copie unique. Validité. — 9. Acte d'appel. Epoux. Signification. Termes équivoques. Interprétation. — 10. Acte d'appel. Epoux communs en biens. Copie unique. Propre de la femme. — 11. Acte d'appel. Epoux séparés de biens. Intérêt distinct. Copies séparées. — 12. Acte d'appel. Nullité. Fin de non recevoir. Copie. Quantième du mois. — 13. Acte d'appel. Signification. Changement de domicile de l'intimé avant l'appel. Nullité. — 14. Acte d'appel. Visa. Adjoint. — 23. Etablissement public. Séminaire. Acte d'appel. Visa. Omission. Nullité.

ACTE D'AVOUÉ.

Voy. *Appel.* — 9. Déport. Acte d'avoué. Arrêt. Dépens. — 10. Déport. Préfet. Acte d'avoué. Arrêt. Dépens.

Dommages-intérêts. — 3. Travaux ordonnés. Inexécution. Incident. Acte d'avoué. Demande principale en dommages-intérêts. Frais frustratoires.

Exploit. — 15. Acte d'avoué à avoué. Formalités. Copie. Remise. Parlant à. — 16. Acte d'avoué à avoué. Formalités. Ordre. Signification de jugement. — 17. Acte d'avoué à avoué. Formalités. Parlant à. Omission. Validité. — 18. Acte d'avoué à avoué. Formalités. Signification de jugement. Copie. Remise. — 19. Acte d'avoué à avoué. Signification de jugement. Omission du nom du requérant. Equipollent.

ACTE DE COMMERCE.

SOMMAIRE.

1. *Assurance.* — Assuré. Preuve testimoniale.
2. *Voiture destinée à l'usage particulier d'un négociant.* — Incompétence du tribunal de commerce.
3. *Voiturier.* — Vente de son cheval.

RENVOIS.

Voy. *Commerçant.* — 1. Entrepreneur de charpente. Construction et location de baraques. Acte de commerce. — 2. Logeur en garni. Achat de meubles. Acte de commerce. — 3. Meunier. Achat de grains pour les convertir en farine. Achat de meules pour son usine. Acte de commerce.

Compétence. — 12. Juge de paix. Apprenti ouvrier. Apprenti négociant. Art. Profession libérale. Contrat d'apprentissage. Acte de commerce. Compétence commerciale.

Compétence civile. — 6, 7, 8. Canal de la Marne au Rhin. Entreprise civile. Louage d'industrie. Acte de commerce. — 13. Mine. Société. Concession. Exploitation. Acte de commerce.

Compétence commerciale. — 1. Acte de commerce. Coupe de bois. Maître

de forges. Revente. — 2. Acte de commerce. Tribunal civil. Incompétence relative. Consentement des parties. Défense au fond. Incompétence couverte. — 3. Billet à domicile. Acte de commerce. Contrainte par corps. — 10. Immeubles. Achat et revente en détail. Acte de commerce. Courtage. — 20. Meunier. Commerçant. Achat de grains pour les convertir en farine. Acte de commerce. Achat de meules. — 21. Remplacement militaire. Acte de commerce. Engagement du remplaçant envers la compagnie. — 23. Remplacement militaire. Courtage. Commission. Acte de commerce. Saisie-arrêt. Tribunal civil. Existence de la créance. Tribunal de commerce.
Faillite. — 15. — VII. Vente ou partage d'usine entre associés. Acte non commercial. Compétence du tribunal civil.
Preuve littérale. 10. — Coupe de bois. Vente par un propriétaire à un marchand de bois. Contrat civil.

1. — 21 juin 1844. — Flamin C. la Compagnie d'assurances la Sécurité. — 1re Ch. — MM. Mourot, p., Collignon (de Saint-Mihiel), Volland, av.

Si l'assuré ne fait pas acte de commerce, quand il traite avec une compagnie d'assurances à prime contre l'incendie, il n'en est pas de même de la compagnie. — L'assuré, qui poursuit contre elle le payement de l'indemnité à laquelle il prétend avoir droit, réclame l'exécution d'une obligation commerciale de la part de la compagnie. — Quelle que soit la juridiction devant laquelle le litige soit porté, l'assuré et la compagnie peuvent invoquer la preuve testimoniale.

2. — 9 mars 1844. — Bernard C. Favre. — 1re Ch. — MM. Mourot, pr., Leclerc, subst., Volland, d'Ubexi, av.

Un négociant (tuilier et marchand de bois) ne fait pas acte de commerce en achetant, pour son usage particulier, une voiture impropre à l'exploitation du genre de commerce auquel il se livre. Dès lors, le tribunal de commerce est incompétent pour statuer sur la demande en payement du prix de cette voiture, intentée par le carrossier (631, 638 du Code de com.).

3. — 17 mars 1842. — Bernard C. Arnould et Foliot. — 1re Ch. — MM. Mourot, p., Lefèvre, Volland, Louis, av.

Un voiturier commissionnaire, qui vend son cheval, ne fait pas acte de commerce.

ACTE DE L'ÉTAT CIVIL.

SOMMAIRE.

Acte de naissance. — I. Rectification. Titre de noblesse. — II. Particule nobiliaire. Acte reçu pendant la révolution.

24 août 1844. — Lefebvre de Saint-Germain. — 1re Ch. — MM. Moreau, pr., Garnier, av. gén., concl. conf. sur le premier chef, contr. sur le second.

I. Il n'y a pas lieu d'ordonner la rectification d'un acte de naissance reçu sous l'empire des lois de la révolution qui avaient aboli la noblesse, en ce que le titre de *comte* n'aurait pas été attribué, dans cet acte, au père de l'enfant, qui prétend aujourd'hui que ce titre appartenait à son père, et qui produit un acte ancien à l'appui de sa prétention.

II. Il n'y a pas même lieu d'ordonner que la particule *de*, qui précède le nom du père, dans les actes de l'état civil de sa famille antérieurs à 1790, sera rétablie dans les actes de naissance de ses enfants reçus pendant la révolution.

Voy. Arr. conf. de la cour de Metz, du 16 juillet 1846. Gaz. Trib., 8 août 1846. On a cité, dans la discussion, deux arrêts contraires de la même cour, rendus en 1836 et 1837, lesquels auraient jugé que la particule *de* fait partie intégrante du nom, et qu'on a le droit d'en faire prononcer le rétablissement dans les actes où elle a été omise.

ACTE DE NAISSANCE.

Voy. *Acte de l'état civil.*
 Filiation naturelle. — 1. Enfant naturel. Acte de naissance. Militaire absent.

ACTE DE NOTORIÉTÉ.

Voy. *Responsabilité.* — 1. Identité attestée. Erreur. Préjudice. Responsabilité des signataires.

ACTE POSSESSOIRE.

Voy. *Possession.*
 Voirie. — 25. — VI. Délibération municipale. Acte possessoire.

ACTE RÉCOGNITIF.

Voy. *Eau.* — 24. Prise d'eau. Concession par une ville à un de ses habitants. Titre primordial. Actes récognitifs. Possession.

ACTE RESPECTUEUX.

SOMMAIRE.

Délai. — I. Jour de la signification. Jour de l'échéance. — II. Inutilité d'une procuration spéciale pour chacun des actes. — III. Consentement libre. Domicile paternel abandonné. Résidence de la future chez son futur. — IV. Fille majeure. Réintégration du domicile paternel. Excès de pouvoir. — V. Opposition au mariage. Main levée demandée par le futur époux. — VI. Dépens. Compensation. — VII. Compensation impossible avec le futur époux non parent.

30 avril 1841. — Bellin C. Bellin et Depetasse. — 1re Ch. — MM. d'Arbois, ff. pr., Garnier, av. gén., concl. conf., Maire, d'Ubexi, av.

I. L'art. 1033, C. pr., portant que le jour de la signification, ni celui de l'échéance ne sont jamais comptés pour le délai général fixé pour les ajournements, citations, sommations et autres actes faits à personne ou domicile, n'est pas applicable aux actes respectueux.

II. Il n'est pas besoin d'une procuration spéciale pour chacun des trois actes respectueux : et même une procuration est inutile, soit pour faire représenter l'enfant par un tiers, lors de la notification des actes respectueux, puisque la présence de l'enfant n'est pas exigée par la loi, soit pour autoriser le notaire à notifier cet acte.

III. Les actes respectueux ne peuvent être déclarés nuls pour défaut présumé de liberté de la part de la fille qui les a fait faire, par cela seul qu'elle a quitté le domicile de ses parents pour se retirer chez celui qu'elle veut épouser, ou chez les parents de ce dernier.

IV. Les tribunaux ne pourraient, sans excéder leurs pouvoirs, et sans violer la liberté individuelle, ordonner que la fille *majeure*, qui a fait notifier des actes respectueux, réintégrera le domicile paternel, pour s'assurer que son consentement au mariage qu'elle projette est parfaitement et réellement libre.

V. Le futur époux, à qui le père et la mère de la jeune fille ont notifié leur opposition au mariage, conformément à l'art. 66, C. civ., a qualité pour demander la mainlevée de cette opposition.

VI. Il convient de compenser les dépens de première instance et d'appel, quand même les père et mère succombent dans leur opposition au mariage, et que les actes respectueux sont déclarés valables (130, 131, C. pr.).

VII. Cette compensation ne peut être ordonnée pour les dépens du futur époux, non parent (131, C. pr.).

ACTE SOUS SEING PRIVÉ.

Voy. *Interdiction.* — 1. Acte sous seing privé antérieur à l'interdiction. Antidate. Fraude. Preuve.
Obligation. — 13. Transport de créance. Acte libératoire sous seing privé. Défaut de date certaine. Présomption de sincérité.
Preuve littérale. — 2. Acte sous seing privé. Ayant cause. Exhibition. Extrait des registres de l'enregistrement. Mention dans un acte authentique.
Vente. — 29. Transport de créance. Acte authentique. Exécution parée.

ACTE SYNALLAGMATIQUE.

Voy. *Obligation.* — 8. Doubles originaux. Acte synallagmatique. Signatures des deux parties sur chaque double. Omission. Nullité. Vente.

ACTE UNILATÉRAL.

Voy. *Testament.* — 8. Domestique. Promesse écrite de son maître, sous la condition de rester à son service jusqu'à sa mort. Acte unilatéral. Révocation de testament.

ACTION DISCIPLINAIRE.

Voy. *Discipline.*

ACTION IMMOBILIÈRE.

Voy. *Tutelle.* — 1. Action immobilière. Défaut d'autorisation. Frais. Responsabilité.

ADOPTION.

ACTION MOBILIÈRE.

Voy. *Tutelle.* — 2. Action mobilière. Autorisation du conseil de famille. Omission. Dépens. — 10. Tuteur. Jugement. Action mobilière. Acquiescement. Concours du subrogé tuteur. Appel par le subrogé tuteur.

ACTION PÉTITOIRE.

Voy. *Revendication.* — 1. Action pétitoire. Aveu de la possession de l'adversaire. Présomption légale de propriété.

ACTION POSSESSOIRE.

SOMMAIRE.

Action correctionnelle. — Question préjudicielle de propriété. Tribunaux civils. Possession annale. Dispense de preuve.

17 janvier 1836. — La commune de Saint-Nabord C. Gérard. — 2ᵉ Ch. — MM. Riston, ff. p., Bresson, av. gén., Chatillon, La Flize, av.

La partie qui, pour se défendre d'une action correctionnelle, excipe de son droit de propriété, et introduit une demande devant les tribunaux civils, pour faire statuer sur cette question préjudicielle, n'en conserve pas moins les avantages de la possession annale, si elle peut l'invoquer, et notamment celui d'être dispensé de toute espèce de preuve.

ADJUDICATAIRE.

Voy. *Obligation.* — 1. Adjudicataire d'une coupe de bois. Caution. Double qualité. Payement comme acquéreur, non comme caution.

ADJUDICATION.

Voy. *Saisie immobilière.* — 1. Adjudication. Purge d'hypothèques. Transcription inutile. Notification. Omission. Inscription périmée.

ADJUDICATION PRÉPARATOIRE.

Voy. *Saisie immobilière* — 3. Adjudication préparatoire. Immeubles saisis. Dépossession. Appel. — 8. Procès-verbal de saisie immobilière. Désignations insuffisantes. Nullité. Adjudication préparatoire.

ADOPTION.

SOMMAIRE.

Domicile. — Soins donnés à l'adopté domicilié en France par l'adoptant domicilié à l'étranger.

18 août 1842. — Baron de Fisson du Montet et de Landrian. — MM. Mourot, pr., Garnier, av. gén., concl. conf., Mᵉ Quillen, avoué.

Il n'est pas nécessaire que l'adopté ait eu le même domicile que l'adoptant, pendant les six années de sa minorité durant lesquelles il a reçu des secours et des soins non interrompus de la part de l'adoptant. — Ainsi, l'adoptant, quoique domicilié en Autriche jusqu'à l'époque où l'adopté, domicilié en France, a atteint sa 19ᵉ année, peut néanmoins être réputé avoir accompli la condition de l'art. 343, c. civ., si un

AFFECTATION.

acte de notoriété atteste qu'en effet il a donné des secours et des soins non interrompus à l'adopté pendant six années de sa minorité (1).

AFFECTATION.

SOMMAIRE.

1. *Forge ancienne.* — Affinerie. Martinet. Consommation. Base d'évaluation. Délivrance d'une longue période. Moyenne.
2. *Inaliénabilité du domaine en Lorraine.* — I. 1er janvier 1600. Maintien des aliénations antérieures. — II. Aliénation moyennant finance. Aliénation gratuite, ou moyennant un cens. Usine. Coupe de bois. Révocation. — III. Loi du 14 ventôse an vii. Clause révocatoire et de bon plaisir. Titre primitif d'aliénation. Acte postérieur. — IV. Frais de vérification des titres. Affectataire. Contestation.
3. *Prescription.* — Servitude. Coutume. Titre.
4. *Prix.* — Augmentation par l'administration forestière. Silence du titre constitutif. Cours. Réduction proportionnelle.
5. *Usine.* — Bois. Prix. Convention à chaque délivrance.
6. *Usine.* — I. Bois taillis. Affectation. Usage. — II. Copropriétaires. Pourvoi par l'un d'eux. Conservation du droit de l'autre. — III. Concession perpétuelle. Forêt domaniale. Aliénation. Inaliénabilité du domaine en Lorraine et dans le Barrois mouvant. Révocation. Clause de retrait. — IV. Préfet. Procureur du roi. Qualité pour opposer la clause de retrait. — V. Clause de retrait. Droit domanial imprescriptible. — VI. Prescription. Interruption par le payement d'un cens. Renonciation tacite des agents de l'État. — VII. Renonciation tacite. Preuve. Présomption. — VIII. Clause de retrait. Terme précis de l'affectation. 1er septembre 1857. Code forestier.
7. *Usine.* — I. Forêt. Droit perpétuel. — II. Inaliénabilité du domaine en Lorraine. Aliénation de fruits à perpétuité. Usine. Forêt domaniale. Révocation. Code forestier. — III. Loi du 14 ventôse an vii. Droit d'usage et d'affectation. Révocation. Engagiste. — IV. Principauté de Salm. Baronnie de Fénétrange. Aliénabilité. — V. Cause communicable. Pièces nouvelles fournies après les plaidoiries, les conclusions du ministère public et un arrêt de mise en délibéré. — VI. Droit romain. Immeuble indivis. Partage. Droit conféré à un tiers. Résolution. — VII. Baronnie de

---

(1) Arrêts rendus par la cour royale de Nancy, en matière d'adoption. — 31 août 1819. Viéville-Toussaint. — 1er février 1820. Gauthier-Moderat. — 14 février 1822. De Limoges, oncle et neveu. — 3 décembre 1822. Radet, oncle et nièces. — 31 juillet 1823. Grimblot-George. — 1er août 1823. Noël-Hingray. — 10 novembre 1823. Gérard-Michel. — 25 mars 1824. Gaudel-Laforêt. (Tutelle officieuse en 1817). — 26 mars 1824. Fririon-Steinhauser. — 11 février 1825. Decheyron-Guyot. (Concl. contr. du proc. gén. Soins impossibles de la part de l'adoptant demeurant à Bruges, envers l'adopté demeurant à Paris). — 10 mars 1825. Harmand-Blanchard. — 30 août 1825. Bresson-Hyerle. — 5 janvier 1826. Lainé-Rose. — 5 avril 1826. Blein-Belin. — 28 novembre 1826. Petit-Derlin (fille naturelle de l'adoptant. Rejet, Ch. civ. et corr. réunies). — 29 juillet 1828. Thirion-Françoise. — 25 mars 1829. Blondeau-Demange (sursis pour légaliser un acte de décès). — 23 novembre 1829. Balland-Norquin. — 30 mars 1830. Moutard-Humbert (fils légitime du premier lit de sa femme). — 5 mai 1831. Rouyer, oncle et nièce. — 27 mars 1832. Thirion (Paul-Albert)-Lassusse. — 8 juin 1832. Alnot-Alnot. — 23 septembre 1832. Kribs-Dietrich (enfant naturel de sa femme). — 10 janvier 1833. Martin-Suzol. — 24 mai 1833. Chalamel-Paupelit. — 13 janvier 1834. Gillet-Gillet. — 29 août 1834. Guyot, oncle et neveu. — 24 octobre 1834. Trousset-Virion. — 21 mars 1835. Veuve Gérard-Vinot. — 15 mars 1836. Resch-Linder. — 16 avril 1842. Drouin-Pompey. — 29 avril 1842. Chouard-Caillau. — 1er juillet 1842. Liébaut-Sourlier (tutelle officieuse). — 13 décembre 1844. Barthélemy. (Adoption d'une fille naturelle. M. Moreau, pr. p., M. Paillart, proc. gén., concl. contr.) — 12 juin 1846. Louppe, veuve Jeantot et Marguerite Louppe. — 10 décembre 1846. De Lacroix.

Fénétrange. Indivision entre le prince de Salm et le duc de Lorraine. Aliénabilité pour une partie, inaliénabilité pour l'autre.

RENVOIS.

Voy. *Forêt.* — 5. Possibilité des forêts. Compétence administrative. Délivrance. Réduction.

Usage forestier. — 1. Affectation. Usage. Acte administratif. Arrêté du conseil de préfecture. Simple avis. Compétence judiciaire. Chose jugée. — III. Alimentation d'un four. — IV. Divisibilité du droit d'usage ou d'affectation. Maintien de ce droit pour partie.

1. — 5 février 1842. — Le Préfet de la Meurthe. C. Bathelot — 1re Ch. — MM. Mourot, pr., Poirel, p. av. gén., Volland, d'Ubexi, av.

Les anciennes forges n'étaient ni des affineries, ni des martinets comme celles d'aujourd'hui : les diverses façons du fer y étaient communément réunies. On ne peut donc fixer leur dépense d'après la consommation actuelle des usines de l'un ou de l'autre genre ; le moyen le plus convenable de fixer, pour l'avenir, la quantité de bois promise en 1624 à une forge, dont les dimensions et l'importance ne sont nullement précisées, c'est de reconnaître quelles ont été les délivrances faites pendant une longue période, par exemple, de 1801 à 1839 ; d'en faire la somme, puis de la diviser par le nombre d'années où il y a eu des délivrances : la moyenne trouvée servira, pour l'avenir, de règle fixe, sans que les développements ultérieurs de l'usine la puissent modifier.

2. — 23 février 1838. — Le Préfet des Vosges C. d'Hennezel. — 1re Ch. — MM. de Metz, p. pr., Poirel, p. av. gén., concl. conf., Volland, La Flize, av.

I. Le principe de l'inaliénabilité du domaine, quoique promulgué en Lorraine dès l'année 1446, n'y a été réellement mis en vigueur que par les ordonnances de 1714, 1719, 1722 et 1729. — Ces ordonnances rétroagissent, soit par la révocation des aliénations, soit par le système de taxes, jusqu'au 1er janvier 1600 ; mais elles respectent et maintiennent les aliénations antérieures à cette époque.

II. Il n'y a pas lieu, à cet égard, de distinguer entre les aliénations faites moyennant finances, et les aliénations à titre gratuit, ou moyennant un cens. — En conséquence, les affectations de coupes de bois, faites à des usines, à quelque titre et sous quelque forme que ce soit, avant l'année 1600, échappent à la révocation de l'art. 58 du Code forestier.

III. La loi du 14 ventôse an VII n'attache d'effet aux clauses révocatoires et de bon plaisir, que quand elles sont insérées dans le titre primitif d'aliénation. — Doit être réputée nulle et non avenue une clause de cette nature insérée dans un acte postérieur au titre primitif, surtout quand cette clause ne se retrouve pas dans les actes subséquents.

IV. L'art. 58 du Code forestier imposant aux affectataires l'obligation de faire vérifier leurs titres en justice, les frais nécessaires à cette vérification doivent, dans tous les cas, rester à la charge des affectataires. Mais le propriétaire de la forêt grevée de l'affectation, qui a contesté la demande des affectataires, doit supporter seul l'augmentation de frais qu'a entraînée son indue contestation.

3. — 19 mars 1831. — Le préfet de la Meurthe C. Henriet. — 2ᵉ Ch. — MM. Chippel, pr., Troplong, av. gén., concl. conf., Bresson, Moreau, av.

Un droit d'affectation n'est pas une servitude qui s'acquière par prescription, même dans les coutumes qui permettaient d'acquérir de cette manière les servitudes discontinues et non apparentes : il faut absolument en produire un titre constitutif.

4. — 6 juillet 1838. — Les scieries de Dabo C. le préfet de la Meurthe. — 1ʳᵉ Ch. — MM. Mourot, pr., Collard, subst., Louis, La Flize, Gide (de Sarrebourg), Volland, av.

Quand un titre constitutif d'une affectation a fixé le prix à payer par l'affectataire, ce prix, quel qu'il soit, doit encore être maintenu aujourd'hui, et ne peut être augmenté par l'administration forestière, sous prétexte de l'accroissement général du prix des bois. — Quand ce titre est muet, le prix actuel doit suivre le cours ordinaire, sauf une réduction proportionnelle à celle qu'il paraîtrait que les anciens titres auraient accordée aux affectataires.

5. — 10 mars 1852. — Veuve Bathelot C. le préfet de la Meurthe. — 2ᵉ Ch. — MM. Chippel, pr., Troplong, av. gén., Fabvier, Bresson, av.

La faculté accordée à une usine de prendre, pour son alimentation, une certaine quantité de bois, suivant un prix modéré, mais qui sera convenu à chaque délivrance, ne constitue pas une affectation, dans le sens de l'art. 58 du Code forestier, mais un droit conventionnel de préférence, qui doit être maintenu.

6. — 7 février 1834. — Le préfet de la Meuse C. Muel et de Germigny. — 1ʳᵉ Ch. — MM. de Metz, p. pr., Poirel, p. av. gén., concl. conf., Volland, Moreau, av.

I. Le droit de prendre annuellement, dans une forêt, pour le service d'une usine, une quantité déterminée d'arpents de bois taillis, est un droit d'affectation, et non un droit d'usage.

II. Quand un droit de cette nature est possédé par deux copropriétaires, le pourvoi formé par l'un d'eux devant les tribunaux, dans le délai prescrit par l'art. 58 du Code forestier, conserve suffisamment les droits de celui qui ne s'est pas pourvu.

III. La concession à perpétuité d'un droit d'affectation, dans une forêt domaniale, constituait une véritable aliénation du domaine, prohibée par la législation de la Lorraine et du Barrois mouvant. — En conséquence, cette concession est révoquée par l'art. 58 du Code forestier. La réserve faite par le prince, dans l'acte primitif, de rentrer à volonté dans les bois grevés d'affectation, constitue une clause de retrait qui permettrait à l'Etat de faire résoudre le contrat, fût-il même conforme à la législation locale.

IV. Le préfet, dans les causes où il représente l'Etat, et le procureur du roi, d'office, ont tous deux qualité pour faire valoir une clause de cette nature, contre le concessionnaire qui réclame le maintien de son affectation.

V. Cette clause constituant un droit domanial est, de sa nature, imprescriptible.

VI. En tout cas, la prescription en aurait été interrompue par le payement annuel du cens dû par le concessionnaire. — Les agents de l'État n'ont pu y renoncer tacitement.

VII. Une renonciation tacite de cette espèce ne peut s'établir par des présomptions.

VIII. Quand la clause de retrait ne contient pas la fixation du terme précis auquel l'affectation doit prendre fin, cette affectation doit durer jusqu'à l'époque du 1er septembre 1837, fixée par le Code forestier; la déclaration faite par l'État, qu'il entend user de cette clause de retrait à l'instant même, comme il s'en est réservé le droit, n'équivaut pas à une fixation de terme préexistante.

7. — 11 février 1833. — Le Préfet de la Meurthe C. Hennel. — 1re Ch. — MM. de Metz, p. pr., Poirel, p. av. gén., Bresson, Moreau, av.

I. Un droit d'affectation, concédé à une usine sur une forêt, est présumé concédé à perpétuité, par cela seul que le titre constitutif ne lui assigne aucun terme.

II. La loi constitutionnelle et nationale de l'inaliénabilité du domaine en Lorraine, ne doit pas se restreindre aux aliénations de terres et fonds domaniaux; mais, au contraire, elle doit être étendue aux aliénations de fruits, faites à perpétuité, et notamment aux affectations concédées à des usines sur des forêts domaniales. Ces affectations, contraires aux lois et ordonnances en usage en Lorraine, lors de leur établissement, sont révoquées par l'art. 58 du Code forestier.

III. La loi du 14 ventôse an VII ne s'appliquait pas aux droits d'usage et d'affectation, de sorte que l'engagiste, qui a satisfait à cette loi pour le fonds même de sa propriété, n'en est pas moins soumis à la révocation du droit d'affectation dont sa propriété était dotée.

IV. Les domaines possédés par le prince de Salm, dans la baronnie de Fénétrange, n'y étaient pas inaliénables comme ceux qu'y possédait le duc de Lorraine.

V. Les parties peuvent toujours, même dans les causes communicables de leur nature, fournir des pièces nouvelles après les plaidoiries, les conclusions du ministère public et un arrêt qui met la cause en délibéré.

VI. Dans les pays régis par le droit romain, le partage d'un immeuble indivis ne résolvait pas les droits conférés à un tiers par un des propriétaires indivis.

VII. L'indivision de la baronnie de Fénétrange, entre le duc de Lorraine, dont le domaine était inaliénable, et le prince de Salm, dont le domaine était aliénable, n'empêche pas l'application, dans ce pays, du principe de l'inaliénabilité. Dans ce cas, le domaine est aliénable pour une partie, inaliénable pour l'autre, dans la proportion des droits respectifs des propriétaires indivis.

AFFICHES.

Voy. *Degrés de juridiction.* — 39. — II. Affiche. Valeur indéterminée. Somme réclamée inférieure à 1500 fr. Premier ressort.

Voy *Faillite*. — 16. Opposition au jugement déclaratif de la faillite. Délai. Affiche du jugement.
Jugement par défaut. — 10. Jugement d'interdiction. Signification. Affiche. Acte d'exécution.
Société commerciale. — 6, 7. Publication. Omission. Nullité.

AFFOUAGE.

SOMMAIRE.

1. *Demande d'inscription sur la liste des affouagistes*. — Qualité. Preuve.
2. *Enquête*. — I. Habitant. Conseiller municipal. Garde champêtre. Appariteur. Reproche. Inscription au rôle d'affouage. — II. Beau-père à la table du gendre. Aliments réchauffés au foyer du beau-père.
3. *Inscription sur la liste des affouagistes*. — Chef de famille. Prestations.
4. *Usufruit*. — Maison. Droit réel. Affouage. Engagement personnel.

RENVOIS.

Voy. *Compétence administrative*. — 1. Affouage. Répartition.
Usage forestier. — 2. Affouages arrérages. Mode de payement. Silence de l'arrêt qui l'ordonne. Délivrance en argent. — 3. Affouage. Vente ou échange. Commune usagère. Usufruit cédé par transaction. — 4. Alsace. Ord. de 1669. Révocation des droits d'affouages. Pâturage et glandée. — 5. — V. Règlement général pour l'exercice des droits d'usage. Maronage. Affouage. Incompétence des tribunaux.

---

1. — 4 février 1859. — La commune de Minorville C. Douzain. — 2ᵉ Ch. — MM. Mourot, pr., Garnier, av. gén., Catabelle, Chatillon, av.

L'individu qui demande, pour la première fois, à être inscrit sur la liste des affouagistes d'une commune, doit justifier de sa qualité.

2. — 28 janvier 1842. — La commune de Bainville C. Féréol-Lioté. — 2ᵉ Ch. — MM. Mourot, pr., Poirel, p. av. gén., Welche, Louis, av.

I. Quand même il s'agit d'une inscription au rôle d'affouages, le témoignage des habitants, même celui des conseillers municipaux, ne peut être récusé. — Le garde champêtre et l'appariteur ne peuvent non plus être reprochés, comme serviteurs de la commune.

II. Le fait qu'un nombre plus ou moins grand de témoins auraient vu le beau-père manger à la table de son gendre, ne suffit point pour établir qu'il n'ait pas un feu séparé, si d'autres personnes l'ont vu réchauffer des aliments à son propre foyer.

3. — 4 février 1859. — La commune de Gibaumeix C. Leclerc et autres. — 2ᵉ Ch. — MM. Mourot, pr., Garnier, av. gén., Volland, Chatillon, av.

L'inscription de certains individus sur la liste des affouagistes d'une commune, ou sur celle des chefs de famille soumis aux prestations en nature pour les chemins vicinaux, est une reconnaissance de leur qualité, qui fait preuve en leur faveur, jusqu'à preuve contraire. En conséquence, c'est à la commune qui refuse de maintenir cette inscription à prouver que le droit n'existait pas, ou a été perdu.

4. — 12 août 1845. — Sanclasse C. Henriet. — 2ᵉ Ch. MM. Riston, pr., La Flize, Maire, av.

L'obligation de fournir un affouage annuel est un engagement personnel, qui n'a point de rapport indivisible avec l'usufruit d'une maison, lequel est un droit réel. — Ainsi, la stipulation par laquelle celui qui avait constitué un usufruit sur une maison à lui appartenante, au profit d'un tiers, vient à rentrer dans la jouissance de cette maison par la renonciation de l'usufruitier à sa jouissance, n'est pas inconciliable avec le maintien ultérieur de l'obligation qu'il avait contractée de payer à l'usufruitier (qui était son beau-père), le bois de chauffage de son ménage.

AISANCE.

RENVOIS.

Voy. *Commune*. — 1. Aisance contestée entre deux habitants, Terrain communal. Moyen non proposable par l'habitant *ut singulus*.
Voirie. 1. Aisance communale, revendiquée par un habitant, *ut singulus*, Défaut de qualité, Compétence administrative, Voie publique. — 18. — III. Titre ancien, Termes vagues, Aisances communales, Tolérance. — 19. — V. Chaussée, Aisances, Tolérance, Fumiers, Chars, Charrues, Bois. — 21. — II. Place à fumier, Aisances, Titre, *Res inter alios acta*.

AJOURNEMENT.

Voy. *Exploit*. — 32. Pluralité de défendeurs, Choix du tribunal, Obligation principale, Obligation éventuelle, Garant, Ajournement.

ALIÉNÉS.

SOMMAIRE.

Arrêté du Préfet. — I. Demande de mise en liberté, Jugement, Rejet, Appel recevable. — II. Huis clos, Chambre du conseil, Motifs, Jugement, Arrêt.

25 août 1845. — Poupillier C. le procureur du roi de Nancy. — 1ʳᵉ Ch. — MM. Moreau, p. pr., Garnier, av. gén., concl. conf., Antoine, avoué. (Arrêt sur requête.)

I. A la différence des articles 32 et 38 de la loi sur les aliénés du 30 juin 1838, portant que les décisions qu'ils prévoient ne sont pas sujettes à l'appel, l'art. 29 ne contient pas la même interdiction, relativement à la décision qui intervient au tribunal civil, sur la demande d'une personne retenue dans un établissement d'aliénés, en vertu d'un arrêté du préfet, et qui réclame sa sortie de cet établissement : ainsi, l'appel interjeté dans ce dernier cas est recevable.

II. Les motifs qui ont déterminé le législateur à prescrire, par l'art. 29 précité, que ces décisions seraient rendues par le tribunal civil *en chambre du conseil*, et qu'elles ne seraient point motivées, s'appliquent à l'appel de ces mêmes décisions : ainsi, les arrêts par lesquels il est statué sur cet appel doivent être rendus en chambre du conseil, et, au fond, ne doivent pas être motivés.

ALIGNEMENT.

Voy. *Voirie*. — 22. Rue, Riverain, Droit acquis, Jours et issues, Alignement, Rectification.

ALIMENTS.

SOMMAIRE.

1. *Séparation de corps.* — Aliments accordés aux enfants mineurs. Majorité. Terme de la pension.
2. *Solidarité.* — Enfants. Aliments dus à leurs père et mère.
3. *Solidarité.* — I. Enfants. Aliments dus à leurs père et mère. — II. Compensation de dépens.
4. *Solidarité.* — I. Enfants. Aliments dus à leurs père et mère. — II. Compensation de dépens.
5. *Solidarité.* — I. Enfants. Aliments dus à leurs père et mère. — II. Indivisibilité. — III. Compensation de dépens. — IV. Rapport à la prudence.

RENVOIS.

Voy. *Frais et dépens.* — 1. Aliments. Totalité des dépens.
Saisie. — II. Aliments. Quotité saisissable.

---

1. — 16 janvier 1844. — Etienne C. sa femme. — 2ᵉ Ch. — MM. Masson, ff. pr., Garnier, av. gén., concl. conf., Volland, La Flize, av.

La majorité des enfants qui demandent une pension alimentaire à leur père, *par l'organe de leur mère séparée de corps*, ne saurait être considérée comme le terme absolu ou légal d'une prestation de cette nature, accordée durant la minorité desdits enfants.

2. — 20 août 1836. — Drouet C. Drouet. — 1ʳᵉ Ch. — MM. De Metz, p. pr., Bresson, av. gén., Maire, La Flize, av.

Lorsque deux personnes sont déclarées co-obligées au payement d'une pension alimentaire nécessaire, en totalité, à l'existence de celui à qui elle est accordée, la solidarité est de droit. Voy. Cass., 3 août 1837. (S. 38. 1. 412. — D. 38. 1. 231.)

3. — 20 avril 1826. — Richy C. Richy. — 1ʳᵉ Ch. — MM. Breton, pr., Troplong, av. gén., concl. contr. Paullet, Favier, La Flize, av.

I. Le père ou la mère ne peut invoquer la solidarité pour obtenir d'un de ses enfants le payement intégral de la pension alimentaire mise à la charge de tous, dans des proportions égales. L'obligation, imposée par la loi aux enfants de nourrir leurs parents indigents, n'est indivisible et solidaire qu'en ce sens que tous doivent y concourir dans la mesure de leurs facultés respectives (209 C. civ.). Il y a donc lieu de rejeter la demande en solidarité, sauf à la partie qui ne pourrait obtenir d'un de ses enfants sa part contributive dans la pension, à se pourvoir contre les autres en augmentation de leur portion, selon les facultés de chacun.

II. Il n'y a pas lieu de compenser les dépens entre le père ou la mère qui obtiennent une pension viagère, et les enfants condamnés à la payer ; ce serait porter atteinte à l'intégrité de la pension reconnue nécessaire à celui qui la réclame, et à qui elle est accordée.

4. — 16 août 1844. — Morizot C. Mangeot. — 1ʳᵉ Ch. — MM. Moreau, p. pr., Garnier, av. gén., concl. conf., Mamelet, d'Ubexi, av.

I. La solidarité peut-elle être prononcée contre les enfants condamnés à servir une pension alimentaire à leur père ou mère ?... (non résolu, par suite de la renonciation faite, en appel, par la partie, au profit de laquelle la solidarité avait été prononcée, au bénéfice de cette disposition.)

II. En matière de pension alimentaire il n'y a pas lieu de compenser les dépens entre le père ou la mère qui obtient la pension, et l'enfant qui est condamné à la payer, bien que le père ou la mère succombe sur un des chefs de la demande; par exemple, lorsque, sur l'appel d'un des enfants, motivé notamment sur ce que la solidarité a été prononcée à tort, le père ou la mère renonce, avant l'audience, au bénéfice de cette disposition du jugement. — Cette compensation de dépens aurait pour effet de réduire indirectement le taux de la pension jugée nécessaire en totalité.

5. — 24 février 1844. — Jacquot C. Jourdain. — 1ʳᵉ Ch. — MM. Mourot, pr., Poirel, p. av. gén., La Flize, Louis, av.

I. La solidarité ne peut être prononcée contre les enfants pour le payement de la pension alimentaire qu'ils sont condamnés à fournir à leurs ascendants. (Art. 205, 208, 1202 du Code civ.)

II. Une telle obligation n'est pas non plus indivisible. (Art. 1217, 1218.)

III. Il y a lieu de compenser les dépens, attendu la qualité des parties, entre le père, qui obtient une pension alimentaire, et les enfants qui sont condamnés à la payer.

IV. S'en rapporter à la prudence, c'est contester.

ALLUVION.

Voy. *Propriété.* — Alluvion. Propriété close de murs. Vente. Interprétation.

ALSACE.

Voy. *Usage forestier.* — 4. Alsace. Ordonnance de 1669. Révocation des droits d'affouage, pâturage et glandée. — 15. — II. Droit alsacien. Possession immémoriale. Servitude discontinue. Signe extérieur.

AMÉNAGEMENT.

Voy. *Usage forestier.* — 5. Aménagement. Lettres patentes. Acte du gouvernement. Code forestier, art. 61. Révocation. Vérification. Délai de deux ans. — 15. Cantonnement. Précompte des ressources de l'usager. Aménagement antérieur. Présomption de précompte.

AMENDE.

SOMMAIRE.

Serment déféré à l'intimé. — Restitution de l'amende.

RENVOIS.

Voy. *Frais et dépens.* — 10. Enregistrement d'un acte d'échange litigieux. Amende. Soulte.

Notaire. — 1. Amende. Décès du notaire contrevenant. Extinction de l'action publique.—2. Amende. Noms, prénoms, domicile des parties, Omission. Vente. Quittance à la suite de l'acte.—3. Amende. Prénoms du mandant, ou de celui qui se porte fort. Omission.—4. Amende, Vente par un tuteur sans formalités, Omission des prénoms du pupille. —13. 14. Procuration en minute, Noms des mandataires en blanc. Contravention. Amende.

Voy. *Vente*.—16. Prix de vente. Dissimulation. Amende à la charge de l'acheteur.

1er avril 1845. — Coinze C. Gugnon. — 2e Ch. — MM. Riston, pr., Louis, La Flize, av.

Lorsque, sur l'appel, le serment décisoire est déféré à l'intimé, bien que l'appelant succombe au fond, et soit condamné aux dépens, il y a lieu néanmoins d'ordonner la restitution de l'amende consignée sur l'appel.

ANTICHRÈSE.

Voy. *Nantissement*.

Pignoratif (Contrat,) — 1. Vente à réméré, Relocation au vendeur. Dol. Fraude, Usure. Nantissement. Antichrèse, Possession. — 3. 4. 5. Vente à réméré. Relocation au vendeur. Vileté du prix. Intérêts usuraires, Nantissement. Antichrèse.

ANTICIPATION.

Voy. *Bornage*. — 2. Anticipation. Jouissance actuelle. — 3. Anticipation. Revendication. Forêt royale. Titre.

Usage forestier.—41.—II. Anticipation sur une forêt usagère. Conversion du droit d'usage. Retour au titre, Indemnité.

Voirie.—2. Chemin. Anticipation. Désistement. Compétence judiciaire.—3. — II. Preuve testimoniale d'un aveu verbal d'anticipation. Commencement de preuve par écrit.

ANTIDATE.

Voy. *Interdiction*.—1.—I. Acte sous seing privé antérieur à l'interdiction. Antidate, Fraude, Preuve.

Testament.—3.—II. Antidate d'un testament olographe. Preuve testimoniale. Dol. Fraude. Inscription de faux.

APPEL.

SOMMAIRE.

1. *Appel incident d'un intimé contre un intimé.*
2. *Conclusions à la prudence.* — Acquiescement en plaidant. Compétence fixée par les conclusions.
3. *Conclusions principales rejetées. Conclusions subsidiaires admises.* — Appel recevable.
4. *Conclusions principales rejetées. Conclusions subsidiaires admises.*—Appel recevable.
5. *Constitution d'avoué omise.* — Election de domicile. Signification par l'intimé. Nullité couverte.
6. *Demande incidente.* — Exécution d'un marché. Accessoire. Appel recevable.
7. *Demande nouvelle.* — Résolution de contrat en première instance. Nullité en appel. Fin de non recevoir.
8. *Demande reconventionnelle.* — Omission d'y statuer. Requête civile. Appel.

APPEL.

9. *Dépens.* — Jugement en premier ressort. Appel recevable.
10. *Déport.* — Acte d'avoué. Arrêt. Dépens.
11. *Déport.* — Préfet. Acte d'avoué. Arrêt. Dépens.
12. *Distribution.* — Ordre. Délai d'appel.
13. *Évocation.* — Incompétence. Cause en état.
14. *Évocation.* — Incompétence. Cause en état.
15. *Évocation.* — Incompétence. Cause en état. Fond plaidé.
16. *Évocation.* — Infirmation. Jugement préparatoire ou interlocutoire. Cause en état. Question préjudicielle.
17. *Exécution d'arrêt.* — Difficulté sur le dispositif. Voies d'exécution forcée. Compétence des tribunaux.
18. *Expertise.* — Assistance sans réserves. Appel non recevable. Acquiescement.
19. *Frais.* — Appel incident sur le barreau.
20. *Frais.* — Appel incident sur le barreau.
21. *Garant.* — Garanti. Acquiescement.
22. *Garantie.* — Demande nouvelle non recevable en appel.
23. *Immeuble indivis.* — Appel contre l'un des copropriétaires. Indivisibilité de cet appel.
24. *Indivisibilité.* — Appel d'un des cointéressés. Appel incident. Conclusions à la prudence. Rejet de la demande principale. Appel.
25. *Infirmation d'un jugement fixant les bases d'une liquidation.* — Exécution. Compétence de la cour. Contredits nouveaux. Défense à l'action principale.
26. *Infirmation sur un chef.* — Évocation. Exécution du jugement. Compétence de la cour.
27. *Intervenant.* — Omission de conclure en première instance. Appel non recevable.
28. *Intimé.* — Appel incident contre un autre intimé.
29. *Jugement.* — Chefs distincts. Appel de l'un de ces chefs. Sommation d'exécuter le jugement. Réserves. Appel recevable.
30. *Jugement définitif.* — Exécution volontaire. Réserves. Appel non recevable. Acquiescement.
31. *Jugement distinct d'autres jugements.* — Dates différentes. Expédition unique. Appel du dernier jugement applicable à tous.
32. *Jugement du tribunal de commerce, contradictoire sur la compétence, par défaut sur le fond.* — Appel. Indivisibilité. Solidarité. Appel incident.
33. *Jugement exécutoire nonobstant opposition ou appel.* — Exécution. Réserves. Appel recevable. Acquiescement.
34. *Jugement infirmé.* — Tribunal composé de deux chambres. Exécution renvoyée au même tribunal composé d'autres juges.
35. *Jugement interlocutoire.* — I. Enquête. Exécution. Acquiescement. — II. Appel postérieur à l'exécution, mais antérieur au jugement définitif. — III. Donation. Vente. Démence. Rescision. Réserves.
36. *Jugement par défaut.* — Délai d'appel. Signification à partie.
37. *Jugement par défaut.* — Nullité en la forme. Fond. Évocation. Arrêt interlocutoire.
38. *Jugement par défaut.* — Opposition. Irrégularité. Appel recevable.
39. *Mise en état.* — Intervention simulée. Mise en cause des intervenants.
40. *Option.* — Modification de la demande principale. Demande nouvelle.
41. *Prescription trentenaire.* — Domaine. Appel non recevable.
42. *Radiation du rôle.* — Jugement. Appel recevable.
43. *Vice d'une expertise non relevé en première instance.* — Exception non recevable en appel.

RENVOIS.

Voy. *Acquiescement.* — 1. Acceptation. Conclusions à la prudence. Déchéance d'appel. — 2. Compétence. Jugement. Pourvoi en règlement de juges. Déchéance d'appel. — 3. Enquête. Comparution. Réserves. Déchéance d'appel. — 5. Garant. Payement du principal et des frais. Déchéance d'appel. — 10. Jugement. Propriété. Prescription. Enquête. Déchéance d'appel. — 11. Jugement. Signification. Sommation d'exécuter. Déchéance d'appel. — 12. Serment supplétif ordonné. Dispense de sa prestation par l'adversaire. Jugement non signifié. Déchéance d'appel. — 13. Signification à avoué sans réserve. Déchéance d'appel.

Voy. *Arbitrage.* — 21. Pouvoirs des arbitres. Dernier ressort.

Autorisation de plaider. — Commune. Défaut d'autorisation proposable en appel.

Commune. — 2. Appel de deux jugements. Autorisation d'appeler d'un seul.

Contrainte par corps. — 2. Appel. Exécution provisoire. Demande en nullité d'emprisonnement. Compétence.

Degrés de juridiction. — 7. Commandement. Somme inférieure à 1500 fr. Délaissement d'immeubles. Valeur indéterminée. Premier ressort. — 51. Requête civile. Appel.

Délai. — 1. Acte d'appel. Distance. Délai additionnel. Mention omise. Nullité.

Désistement. — 1. 2. Appel. Désistement. Acceptation. — 3. Préfet. Déport. Arrêt. Frais.

Étranger. — 1. Appel. Signification au parquet du procureur du roi. Nullité.

Exception. — 1. Appel. Conclusions au fond en première instance. Expertise. Nullité non proposée. Demande nouvelle non recevable devant la cour. — 2. Défaut de qualité. Moyen du fond proposable en appel. Commune. Chemin de servitude.

Exploit. — 1. Acte d'appel. Constitution d'avoué. Élection de domicile. — 7. Acte d'appel. Domicile de l'appelant. Omission. Nullité. — 13. Acte d'appel. Signification. Changement de domicile de l'intimé avant l'appel. — 14. Acte d'appel. Visa. Adjoint.

Faillite. — 1. Appel. Délai de quinzaine. — 2. Appel. Jour de l'échéance du délai. — 11. Créancier unique. Liste triple du nombre des syndics provisoires. Refus de nommer par le tribunal de commerce. Appel. —15. — 11. Appel. Évocation du fond. — 27. Syndics. Indemnité de leur gestion. Jugement du tribunal de commerce. Appel.

Faux incident. — 4. Inscription de faux. Interrogatoire sur faits et articles. Appel du jugement qui admet l'inscription de faux par la partie qui a demandé l'interrogatoire. Recevabilité.

Frais et dépens. — 2. Appel. Demande restreinte par l'intimé. Dépens à la charge de l'appelant. — 3. Appel. Dépens à la charge de l'intimé, bien que l'appelant succombe sur plusieurs chefs. — 4. Appel. Infirmation partielle. Appel incident contre un tiers. Dépens à la charge de l'appelant. — 5. Infirmation sur un point accessoire. Décharge partielle des dépens. — 6. Appel. Infirmation sur un point accessoire. Dépens à la charge de l'appelant. — 7. Appel. Infirmation sur un point accessoire. Restitution de l'amende. Dépens à la charge de l'appelant. — 8. Appel. Infirmation sur un seul chef. Dépens à la charge de l'appelant. — 9. 10. Appel. Point capital du procès. — 11. Appel principal. Appel incident. Double rejet. Dépens à la charge de l'appelant. — 12. Appel restreint à l'audience. Dépens à la charge de l'intimé. — 21. Matière sommaire. Compétence. Tribunal de commerce. Appel.

Garant. — 2. Sous-garant. Appel. Omission d'appeler.

Hypothèque. — 4. — III. Demande en payement. Supplément d'hypothèque. Demande nouvelle en payement.

Voy. *Hypothèque conventionnelle.* — **1.** Appel. Signification au domicile élu dans l'inscription.
Interdiction. — **4.** Partage. Tuteur. Autorisation. Appel.
Intervention. — **1.** Appel. Servitude. Copropriétaire du fonds assujetti. — **4.** Tiers. Intervention en appel.
Jugement par défaut. — **10.** Jugement d'interdiction. Signification. Affiche. Actes d'exécution. Opposition. Appel.
Jugement préparatoire, etc. — **3.** Jugement interlocutoire. Jugement définitif. Appel du dernier seulement. — **4.** Jugement interlocutoire. Jugement définitif. Appel recevable.
Notaire. — **6.** Peine disciplinaire. — **11.** Appel du condamné seul. Aggravation de peine. — **14.** — **11.** Peine pécuniaire. Appel.
Ordre. — **5. 6. 7.** Ordonnance du juge commissaire. Opposition. Incompétence du tribunal. Appel. — **6.** Délai d'appel. Point de départ. Clôture de l'ordre. — **7.** Forclusion comminatoire. Production tardive. Pièce nouvelle produite en appel. Frais du retard.
Récusation. — **1.** Juge récusable non récusé. Cause de récusation ignorée de la partie. Moyen d'appel.
Saisie immobilière. — **3.** Adjudication préparatoire. Dépossession. Appel.
Testament. — **9.** Envoi en possession d'un legs universel. Ordonnance du président. Appel non recevable. Opposition. — **10.** Envoi en possession d'un legs universel. Ordonnance du président. Erreur. Référé. Juge de paix. Appel. Deuxième ordonnance illégale.
Tutelle. — **3.** Appel signifié au tuteur du mineur devenu majeur. Majorité non notifiée. Validité. — **10.** Tuteur. Appel par le subrogé tuteur. Compte du tuteur.
Usage forestier. — **48.** — **VI.** Demande nouvelle. Appel.
Ventes publiques d'immeubles. — **9.** — **11.** Appel. Moyens nouveaux. Demande nouvelle.

1. — 26 novembre 1834. — Scaillet C. Scaillet. — 2ᵉ Ch. — MM. Troplong, pr., Bresson, av. gén., concl. conf., Mamelet, Volland, Berlet, av.

L'appel principal, relevé par l'une des parties, remet la cause entière en question à l'égard de toutes. En conséquence, l'intimé peut interjeter appel contre un autre intimé.

2. — 9 avril 1834. — Dufour C. Dufour. — 2ᵉ Ch. — MM. Troplong, pr., Volland, La Flize, av.

C'est aux conclusions seules des parties, et non aux déclarations qu'elles auraient faites à l'audience, et qui seraient retenues seulement dans le jugement, qu'il faut s'attacher pour apprécier la compétence du juge, et la recevabilité de l'appel. — Ainsi, est recevable l'appel d'un jugement dans lequel les conclusions constatent un rapport à la prudence, quoique les motifs du jugement parlent d'un consentement formel à la demande.

3. — 9 mars 1830. — Michel Cahen C. Masson et Neumarck. — 1ʳᵉ Ch. — MM. Breton, pr., Moreau, Fabvier, Chatillon, av.

Le jugement qui, tout en accueillant les conclusions subsidiaires de l'une des parties, écarte ses conclusions principales, lui fait grief, et peut être attaqué par voie d'appel. (Conf. cass. req., 5 novembre 1839. — Gaz. Trib., 29 novembre).

4. — 8 février 1838. — Mayer C. Corné. — 2ᵉ Ch. — MM. Costé pr. ; Volland, d'Ubexi, av.

Une partie peut interjeter appel d'un jugement qui écarte ses conclusions principales pour accueillir ses conclusions subsidiaires, tendantes à une vérification préalable.

5. — 28 décembre 1830. — Yelter C. André. — 1ʳᵉ Ch. — MM. Breton, pr., d'Ubexi, Welche, av.

Quand un acte d'appel ne contient pas de constitution d'avoué, mais seulement une élection de domicile chez un avoué, la nullité qui pourrait résulter de cette irrégularité est couverte par la signification, faite par l'intimé, d'un exploit où il reconnaît la qualité de l'avoué chez lequel domicile est élu.

Voy. Paris, 9 mai 1826. (S. 27. 2. 202.) — Nismes, 17 novembre 1828. (S. 29. 2. 148.) — Nancy, 16 août 1825. (S. 25. 2. 561.) — Colmar, 24 mars 1810. (S. 12. 2. 378.) — Cass., 21 août 1832. (S. 32. 1. 789.)

6. — 27 décembre 1845. — Thiry et Janot C. Vallin. — MM. Ristop, pr., George, avoué, Liffort, av.

Est recevable en appel une demande incidente ayant pour but l'exécution d'un marché qui a fait l'objet du litige en première instance. Cette exécution n'est qu'un simple accessoire de la demande principale. (Code de proc. civ., art. 464.)

7. — 22 décembre 1837. — Perrin C. Rol. — 1ʳᵉ Ch. — MM. de Metz, p. pr., Garnier, av. gén., Volland, d'Arbois, av.

Il n'est pas possible, en appel, de transformer en demande en nullité une demande en résolution de contrat pour cause d'inexécution.

8. — 8 février 1845. — Louis C. Gueland. — 1ᵉʳ Ch. — MM. Mourot, pr., Volland, d'Ubexi, av.

Lorsqu'en première instance le défendeur a formé une demande reconventionnelle en remise de certaines pièces, et que le tribunal, dans le dispositif de son jugement, a omis de statuer sur ce chef de demande, cette omission, qui pourrait être l'objet d'une requête civile, peut régulièrement aussi être réparée par la voie de l'appel.

9. — 26 juillet 1830. Savy C. Mathiot et veuve Chevalier. — 1ʳᵉ Ch. — MM. de Riocour, p. pr., Perrin, Poirel, Cabasse, avoués.

L'appel qui ne porte que sur une condamnation aux dépens est recevable, si d'ailleurs le jugement n'était pas lui-même susceptible du dernier ressort.

10. — 29 mars 1831. — Le Préfet de la Meurthe C. Lismond. — 1ʳᵉ Ch. — MM. de Riocour, p. pr., Pierson, subst., Bresson, Moreau, av.

L'intimé à l'égard duquel on se déporte de l'appel a droit de refuser le déport signifié par simple acte d'avoué, et d'exiger un arrêt qui lui en donne acte aux frais de l'appelant.

(Arr. conf. pour l'appelant, lorsque l'intimé se désiste. C. Bruxelles, 20 avril 1809. Pailliet, art. 402, C. pr.)

11. — 15 novembre 1831. — Le Préfet de la Meurthe C. la ville de Phalsbourg. — 1re Ch. — MM. de Metz, p. pr., Poirel, p. av. gén., Bresson, Moreau, av.

Le Préfet a la libre disposition des actions judiciaires, qui concernent le domaine de l'État. — Ainsi, il a la faculté de se déporter d'un appel interjeté.

Mais ce déport n'est pas suffisamment établi par un acte d'avoué à avoué, même signé de la partie. L'intimé a le droit d'exiger, aux frais de l'appelant, un arrêt qui en donne acte. (*Contrà.* Nancy, 24 décembre 1824. — Voy. *Déport.*)

12. — 8 juin 1838. — Simon C. Dombasle. — 1re Ch. — MM. de Roguier, fl. pr., Garnier, av. gén., concl. conf., Catabelle, Volland, av.

L'art. 763 C. pr., qui réduit le délai d'appel en matière d'ordre à 10 jours, ne s'applique pas à un jugement de distribution rendu à l'audience, quand il n'y a que trois créanciers inscrits.

13. — 17 juin 1845. — Simonet C. Franck. — 2e Ch. — MM. Riston, pr., La Flize, Catabelle, av.

Lorsque les premiers juges se sont à tort déclarés incompétents, au lieu de juger le fond, si l'affaire est en état de recevoir, en appel, une décision définitive, c'est le cas, pour la cour, de faire usage de la faculté accordée par l'article 473 C. pr., c'est-à-dire, de prononcer sur l'incompétence et sur le fond, par un seul et même arrêt.

14. — 14 août 1845. — Veuve Rollin. — 1re Ch. — MM. Moreau, p. pr., Garnier, av. gén., concl. conf., Cabasse, avoué. (Arrêt sur requête.)

En infirmant un jugement par lequel un tribunal s'est à tort déclaré incompétent, la cour peut, si la matière est disposée à recevoir une décision définitive, évoquer le fond, en vertu de l'art. 473 C. pr.

15. — 5 avril 1845. — Hennequin C. Husson. — 1re Ch. — MM. Mourot, pr., Poirel, p. av. gén., Louis, Volland, av.

En annulant un jugement comme incompétemment rendu, la cour royale peut évoquer le fond, si la cause est en état de recevoir une solution définitive. (Art. 473 C. pr.) — Il y a lieu de prononcer ainsi surtout si le fond a été plaidé, si même il n'y a sur le fond aucune contestation possible, la dette étant reconnue, et si enfin le renvoi devant les juges civils devait avoir pour résultat de faire juger l'affaire par les mêmes magistrats qui en ont déjà connu constitués en tribunal de commerce.

16. — 17 février 1845. — Drappier C. Decondé. — 2e Ch. — MM. Riston, pr., La Flize, Catabelle, Fleury, av.

La faculté d'évocation, par la cour, n'existe, en cas d'infirmation d'un jugement préparatoire ou interlocutoire, qu'autant que la cause est en état de recevoir une solution définitive. (Art. 473 C. pr.)

Spécialement : cette faculté d'évocation n'existe pas, lorsqu'en prononçant une décision préjudicielle sur la question de savoir si l'intimé a outrepassé un mandat qui lui avait été donné, la solution de ce point du litige ne permettrait pas encore de statuer définitivement sur les autres.

17. — 15 juin 1833. — Fleur C. Chardin. — 2ᵉ Ch. — MM. Rolland de Malleloy, fr. pr., Poirel, p. av. gén., d'Ubexi, La Flize, av.

Lorsque l'art. 472 du Code de procédure a réservé aux cours la connaissance de l'exécution de leurs arrêts, il n'a entendu leur attribuer que la connaissance des difficultés d'exécution inhérentes au dispositif, et non aux voies ordinaires ouvertes par la loi pour l'exécution forcée des jugements et arrêts, qui restent de la compétence des tribunaux civils, sauf l'appel, s'il y a lieu.

18. — 8 décembre 1840. — Villemin C. Burtin. — MM. Nourot, pr., Garnier, av. gén., concl. conf., Volland, Louis, av.

L'appel d'un jugement, qui ordonne une expertise sur certaines bases déterminées, n'est pas recevable de la part de la partie qui a assisté à cette expertise sans protestation ni réserve.

Il n'est pas recevable, bien que l'acte d'appel soit daté du même jour que l'expertise, et de six heures du matin. (Voy. C. Nancy, 18 juin 1833, Guyot C. Lévy.)

(D'ailleurs, dans l'espèce, l'heure ne se trouvait que dans l'original, et non dans les copies de l'acte d'appel.)

Vainement on objecterait que le jugement n'a été signifié qu'à avoué : la présence de l'appelant à l'expertise ne le rend pas moins non recevable dans son appel. (*Contra*, 7 février 1835. Marchal C. Marchal. — Voy. *Acquiescement*.)

19. — 8 février 1833. — Foller C. Foller. — 1ʳᵉ Ch. — MM. Troplong, pr., Bouchon, subst., Berlet, La Flize, av.

L'appel incident interjeté sur le barreau, et sans frais, n'entraîne aucune condamnation de dépens contre l'intimé qui succombe sur ce chef.

20. — 9 mai 1833. — Busselot C. Colas. — 1ʳᵉ Ch. — MM. de Metz, p. pr., Pierson, av. gén., Volland, Moreau, av.

L'appel incident, interjeté sur le barreau, et sans frais, n'entraîne aucune condamnation de dépens contre l'intimé qui succombe sur ce chef.

21. — 30 juin 1837. — Jeandel C. la commune de Frémonville et Boguel. — 1ʳᵉ Ch. — MM. de Metz, p. pr., Bresson, av. gén., La Flize, Louis, Châtillon, av.

L'appel principal du garant relève le garanti qui n'est censé avoir acquiescé au jugement, à défaut d'appel, qu'à raison de la condamnation récursoire obtenue contre le garant.

22. — 20 août 1832. — Guerbeis C. Thouvenel et Antoine. — 1ʳᵉ Ch. — MM. Bresson, pr., d'Ubexi, Mamelet, La Flize, av.

Une demande en garantie, formée pour la première fois devant la cour, n'est pas recevable. — (Voy. arr. nombreux en ce sens, cités par Pailliet, sous l'art. 464 C. pr.)

23. — 24 mars 1852. — Aubel C. Dieudonné. — 2ᵉ Ch. — MM. Chippel, pr., Troplong, av. gén., Paullet, Bresson, av.

Quand il s'agit de la propriété d'un immeuble indivis entre les intimés, l'appel interjeté contre l'un des copropriétaires profite à l'appelant contre l'autre, qui ne peut se dispenser de courir les mêmes chances que son copropriétaire.

24. — 11 mai 1841. — Pollot C. Pollot, Jolain et Contal. — 2ᵉ Ch. — MM. Mourot, pr., Poirel, p. av. gén., Catabelle, Poirel, Louis, d'Arbois, av.

Lorsqu'un jugement, signifié à tous les demandeurs, n'a été frappé d'appel que par l'un d'eux; que de leur côté les défendeurs ou intervenants n'ont point appelé ; les demandeurs, qui n'ont point interjeté d'appel principal, ne peuvent former un appel incident. — On ne saurait non plus considérer, comme un appel principal valable de la part de ces demandeurs, la déclaration par laquelle ils donneraient les mains à l'appel interjeté, dans les délais, par un de leurs cointéressés, à moins que les intérêts de toutes les parties ne soient indivisibles.

Le défendeur qui s'en est rapporté à la prudence, et n'a subi aucune condamnation peut cependant appeler du rejet de la demande principale, si elle était de telle nature qu'il dût profiter du succès de cette demande.

S'en rapporter à la prudence c'est contester.

25. — 4 mai 1840. — Mathey C. Demengeot. — 2ᵉ Ch. — MM. Mourot, pr., Garnier, av. gén., Volland, La Flize, av.

La cour qui a réformé un jugement de première instance fixant les bases d'une liquidation, sans renvoyer la suite de l'affaire devant un autre tribunal, est censée l'avoir retenue.

En conséquence, elle est seule compétente pour connaître des difficultés qui peuvent survenir dans le cours de la liquidation ultérieure : des contredits, même nouveaux, peuvent lui être soumis, s'ils ne sont qu'une défense à l'action principale.

26. — 3 avril 1840. — Germain C. Gazin. — 1ʳᵉ Ch. — MM. Costé, pr., Poirel, p. av. gén., La Flize, Volland, av.

Quand il y a eu infirmation de quelques chefs d'un jugement, et que cependant l'affaire n'a pas été renvoyée à un tribunal de première instance autre que celui qui a rendu le jugement infirmé, c'est à la cour à connaître de l'exécution du jugement.

27. — 30 août 1833. — Engel C. Gassmann. — 1ʳᵉ Ch. — MM. de Metz, p. pr., Bouchon, subst., La Flize, Chatillon, av.

L'intervenant, qui n'a pris aucunes conclusions à l'audience des premiers juges, est non recevable à appeler de leur sentence.

28. — 10 juin 1841. — Thiébaut C. Lapierre. — 1ʳᵉ Ch. — MM. Moreau, p. pr., Louis, Welche, Mamelet, av.

L'intimé contre lequel n'est point dirigé l'appel principal ne peut, quoique dans les délais, interjeter, par simples conclusions incidentes, un appel contre un autre intimé. — Il faut absolument recourir à l'appel principal par assignation.

29. — 29 juillet 1841. — Fréchard C. Jacquot. — 1ʳᵉ Ch. — MM. Moreau, p. pr., Garnier, av. gén., Catabelle, Volland, av.

Lorsqu'un jugement contient deux chefs, l'un favorable, l'autre défavorable au demandeur; que celui-ci, après avoir appelé, signifie le jugement avec sommation d'y satisfaire, sous la réserve de tous droits, et sans préjudice à l'appel interjeté, on doit voir, dans ces actes, une division des deux chefs du jugement, et non une fin de non recevoir contre l'appel.

30. — 21 juin 1832. — Germain C. Godard. — 1re Ch. — MM. de Metz, p. pr., Moreau, Chatillon, av.

L'exécution volontaire d'un jugement définitif rend non recevable tout appel ultérieur, malgré les réserves et protestations qui ont accompagné cette exécution.

31. — 25 mai 1831. — Tisselin C. Collin. — 1re Ch. — MM. de Riocour, p. pr., Troplong, av. gén., Maire, Antoine, av.

Quand le tribunal de première instance a statué à différents jours, et par plusieurs décisions, sur les différents points d'une même cause, mais que ces décisions ont été comprises dans une seule expédition, sur des qualités fournies et signifiées une seule fois, on doit les considérer comme ne faisant qu'un seul et même jugement, et l'appel qui ne désigne que la date de la dernière de ces décisions, doit être considéré comme dirigé contre toutes.

32. — 16 janvier 1836. — Mame Lippmann C. Soumy. — 1re Ch. — MM. de Metz, p. pr., Poirel, p. av. gén., Volland, Chatillon, Fabvier, av.

Le jugement d'un tribunal de commerce qui statue par deux dispositions distinctes, l'une contradictoire sur la compétence, l'autre par défaut sur le fond, ne fait toujours qu'un seul et même jugement, de sorte que si, dans l'acte d'appel, on a dit interjeter appel du jugement contradictoire rendu entre les parties, il faut dire que cet appel n'est pas restreint à la question de compétence, mais attaque le jugement tout entier.

Le principe que l'appel est personnel, et profite exclusivement à celle des parties qui l'a interjeté en temps utile, reçoit exception dans les cas d'indivisibilité et de solidarité. Ainsi, quand de deux défendeurs condamnés solidairement par un jugement, l'un a formé appel dans les délais de la loi, contre le demandeur principal, l'autre peut toujours intervenir et former un appel incident, et cela quand même il serait évident qu'il ne devait y avoir entre eux aucune solidarité, et que c'est à tort que cette solidarité a été prononcée par les premiers juges. (Voy. arr. Tisselin, 25 mai 1831.)

33. — 30 juillet 1832. — Moyse Mayer C. Grellet. — 1re Ch. — MM. de Metz, p. pr., La Flize, Moreau, av.

L'exécution sans réserves, d'un jugement exécutoire nonobstant opposition ou appel, doit être considérée comme un acte contraint et forcé, et n'emporte pas acquiescement.

34. — 29 novembre 1845. — Henrion Barbesan C. Sergent. — 1re Ch. — MM. Moreau, p. pr., Besval, Fleury, av.

Lorsque la cour royale infirme un jugement rendu par un tribunal composé de deux chambres, elle peut renvoyer l'exécution du jugement infirmé au même tribunal composé d'autres juges, c'est-à-dire, à la section qui n'a pas connu de l'affaire. (C. pr., art. 472, 473.)

35. — 16 janvier 1849. — Michel C. Vauthier et autres. — 1re Ch. — MM. Mourot, pr.; Volland, d'Ubexi, Fleury, av.

I. L'appel d'un jugement interlocutoire peut être interjeté *après* comme avant le jugement définitif, et en même temps que l'appel de ce dernier jugement. (Art. 451, § 2, C. pr.) — Par suite, l'exécution pure et simple du jugement interlocutoire, à la diligence de l'une ou l'autre des parties, lorsque cette exécution n'est d'ailleurs accompagnée d'aucun acte emportant acquiescement, n'empêche pas l'appel de ce jugement, pas plus que s'il ne s'agissait que de l'appel d'un jugement préparatoire.

II. L'appel d'un jugement interlocutoire pouvant ainsi être interjeté en même temps que l'appel du jugement définitif, il en est de même, à plus forte raison, de l'appel d'un jugement interlocutoire interjeté après l'exécution de celui-ci, mais avant le jugement définitif.

III. Si ces principes sont vrais lorsque la cause ne présente qu'un seul point à examiner, ils le sont, à plus forte raison, si, la cause offrant deux difficultés à juger, le jugement a été interlocutoire sur l'une, définitif sur l'autre : dans ce cas, l'exécution donnée à la partie interlocutoire du jugement ne peut faire obstacle à l'appel de ce qui a été jugé d'une manière définitive.

Spécialement : l'exécution de la partie d'un jugement qui prescrit une enquête, pour établir que des actes de donation entre vifs, déguisés sous forme de vente, sont nuls, comme faits par une personne frappée d'insanité d'esprit, n'emporte pas renonciation à prétendre ensuite que ces mêmes actes seraient des ventes réelles, susceptibles de rescision; cette exécution, accompagnée, à chaque acte de la procédure, de réserves formelles, ne peut élever de fin de non recevoir contre l'appel, et laisse sans application la maxime *protestatio actui contraria non valet*.

36. — 16 juillet 1833. — Collin C. Monsieur. — 1re Ch. — MM. Troplong, pr., Collin lui-même, Welche, av.

Le délai pour interjeter appel d'un jugement par défaut court, non pas du jour où l'opposition n'est plus recevable, mais seulement, comme pour un jugement contradictoire, du jour de la signification à partie.

37. — 4 février 1859. — La commune de Gibaumeix C. Leclerc et autres. — 2e Ch. — MM. Mourot, pr., Garnier, av. gén., concl. conf., Volland, Chatillon, av.

Quand le tribunal de première instance a statué, même par défaut, et par un jugement nul en la forme, sur tous les points en litige, la cour, en annulant le jugement en la forme, peut ordonner, avant de prononcer au fond, toutes les mesures d'instruction qu'elle juge utiles.

38. — 23 mars 1831. — Joffin C. Fabvier et autres. — 1re Ch. — MM. Breton, pr., Berlet, Chatillon, av.

Une opposition irrégulière à un jugement par défaut est un acte essentiellement nul, qui n'empêche pas la partie qui l'a formée d'interjeter appel de ce jugement, avant qu'il ait été statué sur cette opposition, alors surtout que la nullité provient de ce que l'acte d'opposition ne contient pas assignation.

39. — 6 mai 1834. — Collin C. Gillot. — 1re Ch. — MM. de Metz, p. pr., Moreau, Berlet, av.

L'appelant doit mettre en cause toutes les parties qui ont figuré en première instance, même les *intervenants* dont les interventions étaient simulées, et faites sous le nom de personnes qui n'existent réellement pas.

40. — 18 janvier 1836. — Henry C. Larinot. — 1re Ch. — MM. Mourot, pr., Poirel, p. av. gén., Chatillon, Volland, av.

On peut, en cause d'appel, déférer à l'adversaire une option qui modifie la demande principale. — Il n'y a pas, dans cette option facultative, une demande nouvelle irrecevable, si toutefois la demande principale était fondée.

41. — 30 juin 1830. — Le Préfet de la Meurthe C. Arnault de Pranenf et Siben. — MM. de Riocour, p. pr., Troplong, av. gén., concl. conf., Fabvier, de Merville, av.

Tout appel se prescrit par 30 ans, même contre le Domaine. En conséquence, est non recevable l'appel interjeté par le Domaine d'un jugement qui a plus de 30 ans de date.

42. — 11 novembre 1829. — Ancelin C. Perrin. — 1re Ch. — MM. de Riocour, p. pr., Chatillon, La Flize, av.

La partie est recevable à interjeter appel d'un jugement qui ordonne qu'une cause sera tirée du rôle, et ne pourra y être rétablie que sous un autre numéro, et aux frais de l'avoué.

43. — 1er décembre 1840. — Salzard C. Marc. — 2e Ch. — MM. Mourot, pr., Maire, Volland, av.

Lorsque l'appelant a conclu au fond, devant le tribunal de première instance, sans exciper d'une nullité dont serait entaché un procès-verbal d'expertise, il est non recevable à se prévaloir de cette nullité devant la cour.

APPEL INCIDENT.

SOMMAIRE.

1. *Intimé.* — Appel contre un autre intimé.
2. *Intimé.* — Appel contre un autre intimé.
3. *Intimé.* — Appel incident par exploit. Jonction.
4. *Jugement par défaut.* — Opposition contre un chef du jugement. Appel incident d'un autre chef.

RENVOIS.

Voy. *Acquiescement.* — 2. Compétence. Appel incident. Mise en cause.
Appel. — 23. Indivisibilité. Appel d'un des cointéressés. Appel incident. — 27. Intimé. Appel incident contre un autre intimé.
Frais et dépens. — 11. Appel principal. Appel incident. Double rejet. Dépens à la charge de l'appelant.

ARBITRAGE.

1. — 25 juillet 1833. — Gérando C. Schanbrium C. de Cetti. — 1re et 2e Ch. réunies. — MM. de Metz, p. pr., Fabvier, proc. gén., La Flize, d'Ubexi, Moreau, av.

Un intimé est toujours recevable à interjeter appel incident, fût-ce contre un autre intimé.

2. — 26 novembre 1834. — Scallet C. Scallet. — 2e Ch. — MM. Troplong, pr., Bresson, av. gén., concl. conf., Mamelet, Volland, Berlet, av.

Même décision.

3. — 19 mars 1842. — Lecourtier C. Lecourtier. — 1re Ch. — MM. Mourot, pr., Volland, Lefèvre, av.

Lorsqu'une partie est intimée, l'appel que, par exploit, elle interjette elle-même contre l'appelant est nécessairement incident ; il ne peut donc y avoir lieu de prononcer une jonction.

4. — 18 mai 1843. — Lebègue C. la commune de Girmont. — 1re Ch. — MM. Mourot, pr., Garnier, av. gén., cobcl. conf., Volland, La Flize, av.

L'appel incident dirigé contre un chef du jugement est recevable, encore que la partie qui le forme, après avoir fait défaut en première instance, ait formé opposition au jugement, et qu'elle n'ait pas fait porter son opposition sur le chef qui motive son appel incident.

APPRENTI.

Voy. *Compétence*. — 12. Juge de paix. Apprenti ouvrier. Apprenti négociant. Contrat d'apprentissage. Acte de commerce.

ARBITRAGE.

SOMMAIRE.

1. *Amiables compositeurs*. — Fins de non recevoir. Conclusions.
2. *Appel*. — I. Cassation. Renonciation. Nullité de l'art. 1028. — II. Arbitre. Acceptation. Dépôt par lettre missive. — III. Délégation d'un tiers pour l'exécution matérielle d'une opération. Dommages-intérêts.
3. *Arbitres forcés*. — I. Appel. Opposition à l'ordonnance d'*exequatur* non recevable. — II. Existence de la société. Question préjudicielle. Incompétence des arbitres. — III. Tiers arbitre. Refus d'un arbitre de se réunir aux deux autres. Nullité du jugement. Responsabilité de l'arbitre refusant. Nouveaux arbitres.
4. *Arbitres forcés*. — Contestations étrangères à la société. Mandat. Incompétence des arbitres.
5. *Arbitres forcés*. — Leurs pouvoirs. Contestations entre associés. Commanditaires. Directeur gérant. Dol et fraude.
6. *Arbitres forcés*. — I. Mode de nomination. Ordre public. Tiers arbitre. Choix par les parties, par le tribunal de commerce. — II. Pouvoirs du tiers arbitre. Conclusions non transcrites ni signées.
7. *Arbitres forcés*. — I. Opposition à l'ordonnance d'*exequatur*. Appel. Cassation. — II. Prorogation implicite de pouvoirs. Tribunal civil faisant fonctions de tribunal de commerce. Président. Mention de la qualité en laquelle il agit.
8. *Arbitres forcés*. — Ordonnance d'exécution. Président du tribunal de commerce seul compétent. — Opposition. Appel. Fin de non recevoir.
9. *Bail*. — I. Election de domicile. Juridiction. Incompétence *ratione personæ*. — II. Clause compromissoire. Sa validité. — III. Nomination des arbitres. Président.
10. *Clause compromissoire*. — Assurance contre l'incendie. Héritier mineur.
11. *Dépôt de la sentence arbitrale*. — I. Délai. — II. Tiers arbitre. Adoption partielle de l'avis des deux autres. — III. Serment. Réception par tous les arbitres. — IV. Nomination du tiers arbitre. Prorogation implicite des pouvoirs des deux autres. — V. Irrégularité dans la réception du serment. Validité du jugement.

ARBITRAGE.

12. *Dispense des formalités judiciaires.* — Appel.
13. *Enquête par des arbitres non amiables compositeurs.* — Nécessité des formes légales.
14. *Experts-arbitres.* — Partage de succession. Bases convenues entre cohéritiers. Estimation d'immeubles. Soultes.
15. *Jugement arbitral.* — I. Annulation pour vice de forme. Prorogation des pouvoirs des arbitres. — II. Signification à partie. Signification à avoué. — III. Incidents de procédure. Dommages-intérêts.
16. *Jugement arbitral.* — Art. 141 C. pr. Conclusions. Omission. Nullité.
17. *Jugement arbitral.* — Art. 141 C. pr. Dispense des formalités judiciaires. Amiables compositeurs.
18. *Jugement arbitral.* — Conclusions. Motifs. Omission de leur insertion. Nullité.
19. *Jugement arbitral.* — Erreurs. Appel. Expertise.
20. *Ordonnance d'exequatur.* — I. Compétence du président. Date du lieu où la sentence a été rendue. — II. Dépôt tardif de la sentence. — III. Dépôt par un tiers. Doute sur la sincérité de l'acte.
21. *Pouvoirs des arbitres.* — Dernier ressort. Remplacement des arbitres. Pouvoirs différents.
22. *Siège du tribunal arbitral.* — Domicile du plus âgé des arbitres.
23. *Tiers arbitre.* — Omission de conférer avec les arbitres partagés. Nullité.
24. *Tiers arbitre.* — I. Omission de conférer avec les arbitres partagés. Nullité. — II. Preuve de ces conférences. — III. Opposition à l'ordonnance d'*exequatur*.
25. *Tiers arbitre.* — Participation au jugement comme arbitre principal. Nullité.

RENVOIS.

Voy. **Jugement.** — 1. Conclusions. Sentence arbitrale. Equipollent.
Preuve littérale. — 11. Doubles originaux. Seul original. Dépôt en mains tierces. Compromis. Nullité relative. Exécution. Renonciation. Remise du compromis aux arbitres.

---

1. — 18 mars 1834. — Plumerel C. Dreyfus. — 1re Ch. — MM. Breton, pr., La Flize, Moreau, av.

Le compromis, qui donne aux arbitres le titre d'amiables compositeurs et le pouvoir de juger sans appel, emporte nécessairement la faculté de juger les fins de non recevoir qui pourraient être proposées par l'une des parties. Dès lors, le jugement qui statue sur ces fins de non recevoir n'est pas rendu hors des termes du compromis, surtout quand les deux parties ont respectivement pris leurs conclusions sur ces fins de non recevoir.

2. — 23 avril 1836. — Dombasle C. Bertier. — 1re Ch. — MM. de Metz, p. pr., Bresson, av. gén., concl. conf., Chatillon, La Flize, av.

I. Les parties qui ont renoncé, dans un compromis, à se pourvoir, par la voie d'appel ou de cassation, contre la sentence arbitrale qui interviendrait, ne renoncent pas pour cela à demander la nullité du prétendu jugement arbitral qui serait infecté de quelques-uns des vices énumérés dans l'art. 1028 C. pr.

II. Un arbitre, qui a accepté et commencé l'arbitrage, ne peut plus se déporter par une simple lettre missive adressée à l'une des parties seulement : du moins, le jugement auquel, après cette lettre, l'arbitre a participé, n'en est pas moins valable, si le compromis n'est pas expiré ou résolu.

III. Des arbitres peuvent déléguer un tiers pour l'exécution purement matérielle d'une opération dont ils ont déterminé toutes les bases. Quand il a été reconnu en principe, dans un compromis, que des dommages-intérêts étaient dus par l'une des parties à l'autre, et que la quotité de ces dommages-intérêts a dû se régler par déclaration, ils peuvent, sur cette déclaration, se réduire à néant. Les arbitres qui le décident ainsi ne jugent pas hors des termes du compromis.

3. — 13 décembre 1838. — Mercier C. Bailly. — 1re Ch. — MM. de Metz, p. pr., La Flize, Catabelle, av.

I. Une sentence arbitrale, rendue par des arbitres forcés, en matière de société, ne peut être attaquée que par la voie de l'appel. Ce n'est qu'en matière d'arbitrage volontaire qu'il y a lieu de prendre la voie de l'opposition à l'ordonnance d'exécution.

II. Les arbitres sont absolument incompétents pour décider s'il y a eu société, entre les parties contendantes, dans telle ou telle opération. C'est là une question préalable, dont le tribunal de commerce peut seul connaître.

III. Quand deux arbitres primitivement nommés ont choisi un tiers arbitre pour les départager, et que l'un des deux premiers refuse ultérieurement de se réunir à ses collègues pour procéder au jugement, le tiers arbitre et celui qui reste ne peuvent passer outre : ils doivent s'arrêter, sauf aux parties à prendre, contre l'arbitre qui ne s'est pas présenté, les mesures de responsabilité auxquelles l'expose un déni de justice de sa part. — Le jugement qu'ils auraient rendu est radicalement nul, et il y a lieu de renvoyer les parties devant le tribunal de commerce pour faire procéder à la nomination d'arbitres nouveaux.

4. — 8 janvier 1839. — Claude C. Claude. — 1re Ch. — MM. de Metz, p. pr., Poirel, p. av. gén., concl. conf., Louis, La Flize, av.

Les arbitres forcés, nommés pour juger les contestations élevées entre associés, ne peuvent connaître de celles qui existeraient entre les mêmes parties, pour des faits étrangers à la société : par exemple, pour un mandat que l'un des associés aurait donné à l'autre.

5. — 25 mars 1830. — Marcel C. Despeaux. — 2e Ch. — MM. Mourot, pr., Garnier, av. gén., concl. conf., d'Ubexi, av., Despeaux, avoué à Vic.

Les arbitres forcés, en matière de commerce, ne sont compétents que pour connaître des contestations entre associés, ou de celles qui sont élevées par les commanditaires, agissant tous ensemble et collectivement, contre le directeur gérant. — Ils ne le sont pas pour connaître des demandes formées par l'un des actionnaires contre le directeur gérant, attaqué, non en sa qualité d'associé, mais en son propre et privé nom, pour cause de dol et de fraude ; c'est la justice ordinaire qui doit être saisie d'une demande de cette nature.

6. — 10 février 1838. — Fidel Franck C. Thiébault. — 1re Ch. — MM. de Metz, p. pr., La Flize, d'Ubexi, av.

I. Les arbitres forcés, en matière de société, sont investis d'une véritable magistrature, et toutes les formalités qui tiennent au mode de leur nomination, et à l'étendue de leurs pouvoirs, sont d'ordre public. — Le tiers arbitre peut être nommé par les parties elles-mêmes dans le compromis ; mais, quand il ne l'a pas été ainsi, il doit l'être par les deux premiers arbitres, et d'office par le tribunal de commerce, si les parties ne s'accordent pas sur le choix. — En conséquence, est nulle la nomination d'un tiers arbitre faite par un jugement dans lequel, sur les conclusions des parties nommant deux arbitres, et requérant le tribunal de nommer le troisième, les juges consulaires, au lieu de procéder eux-mêmes à cette nomination, se sont bornés à donner acte aux parties de ce qu'elles avaient nommé pour arbitres et tiers arbitre trois personnes désignées ; dans ce cas, en effet, on ne sait pas suffisamment si la nomination du tiers arbitre émane des parties ou du tribunal.

II. Le tiers arbitre ne doit, en général, connaître que des points de fait et de droit sur lesquels les premiers arbitres ne s'accordent pas. Pour qu'il puisse concourir à toutes les délibérations des arbitres, il faut une autorisation formelle, et exprimée dans la forme ordinaire du compromis. Cette autorisation ne résulte pas suffisamment de la mention qui serait faite, dans le jugement arbitral, que le tiers arbitre s'est réuni aux deux premiers du consentement des parties, qui ont pris chacune leurs conclusions, surtout quand les conclusions contenant ce consentement ne sont ni transcrites dans le jugement, ni signées des parties.

7. — 24 mars 1836. — Baulard C. Demandre. — 1ʳᵉ Ch. — MM. Mourot, pr., Garnier, av. gén., concl. conf., Chatillon, La Flize, av.

I. Les sentences rendues par les arbitres forcés, en matière de société de commerce, ne peuvent être attaquées par la voie d'opposition à l'ordonnance d'exécution, mais seulement par appel, ou en cassation.

II. Les pouvoirs des arbitres peuvent être prorogés implicitement par des actes de conclusions respectivement signifiés par les parties, après l'expiration des délais du compromis. — Quand un tribunal civil fait en même temps fonctions de tribunal de commerce, les ordonnances d'exécution mises par le président au bas des sentences arbitrales, en matière de commerce, n'ont pas besoin de contenir, à peine de nullité, la mention qu'il agit, au cas particulier, comme président du tribunal de commerce : il y a présomption légale qu'il n'a agi qu'en cette qualité.

8. — 28 novembre 1839. — Richard C. Simonet. — 2ᵉ Ch. — MM. Mourot, pr., Poirel, Volland, av.

En matière d'arbitrage forcé, le président du tribunal de commerce a seul qualité pour rendre l'ordonnance d'exécution. En conséquence, est nulle l'ordonnance qui émanerait, en ce cas, du président du tribunal civil. — Cette nullité peut être proposée, non devant le tribunal de première instance, par voie d'opposition, mais devant la cour royale par voie d'appel. — Dès qu'elle est prononcée, le jugement arbitral est dépouillé de la formule exécutoire, qui seule lui imprimait un caractère judiciaire, et dès lors il ne peut pas être soumis à l'appréciation de la cour.

9. — 2 juin 1842. — Gérard de Meley C. Dupont et Dreyfus. — 1ʳᵉ Ch. — MM. Mourot, pr., Garnier, av. gén., concl. conf. (sauf sur le dernier point), Léon Duval (de Paris), d'Ubexi, av.

I. Lorsque, dans des modifications à un bail, il est fait élection de domicile aux lieux loués, cette élection emporte juridiction. — Mais cette élection ne produit qu'une incompétence *ratione personæ* pour d'autres tribunaux. Si le défendeur comparaît et fait seulement des réserves pour les contestations à venir, le tribunal, saisi par assignation, doit statuer sur la demande en constitution d'un tribunal arbitral.

II. Autre chose est le pacte compromissoire, ou convention de se soumettre à des arbitres, autre chose le compromis qui les nomme. Le premier est parfaitement valable quoiqu'il ne contienne ni les noms des arbitres, ni l'objet en litige (C. com. 332).

III. Lorsque le pacte compromissoire porte que deux arbitres seront nommés à l'amiable, et que, si les parties ne s'entendent point, ils seront nommés par le président, ce n'est point à chacune des parties de nommer son arbitre, sauf au président à remplacer celle qui refuserait ; il faut, en cas de dissidence, que les deux arbitres soient nommés judiciairement.

10. — 18 avril 1834. — La Compagnie du Soleil C. Simon et Duboux. — 1ʳᵉ Ch. — MM. de Metz, p. pr., Bresson, av. gén., Moreau, La Flize, Louis, av.

Est licite la convention par laquelle des parties majeures, et maîtresses de leurs droits, conviennent de s'en rapporter à des arbitres, en cas de difficultés à naître entre elles, notamment en matière d'assurance contre l'incendie. Mais cette convention ne lie pas les mineurs, héritiers de l'une des parties contractantes.

11. — 13 décembre 1832. — Aubry C. Claude. — 1ʳᵉ Ch. — MM. de Metz, p. pr., Poirel, p. av. gén., d'Ubexi, Chatillon, av.

I. La loi, en prescrivant de déposer, dans les trois jours de sa date, au greffe du tribunal de première instance, la minute du jugement arbitral, n'a pas attaché la peine de nullité à l'inobservation de cette formalité, qui, d'ailleurs, n'est pas de nature à intéresser la substance des sentences arbitrales elles-mêmes.

II. Le tiers arbitre peut n'adopter qu'en partie, et sur certains points, l'opinion de chacun des deux autres arbitres.

III. Recevoir un serment décisoire, ou supplétif, est un acte d'instruction qui ne peut se faire, sauf stipulation contraire, que par tous les arbitres réunis, et cela, quand même le compromis, qui avait nommé les deux premiers arbitres, serait expiré.

IV. La nomination du tiers arbitre emporte nécessairement, pour les deux autres, une prorogation de pouvoirs jusqu'à l'accomplissement définitif de l'opération.

V. L'irrégularité, qui a pu se glisser dans la réception du serment par un seul arbitre, n'intéresse pas la substance du jugement arbitral, et ne peut donner lieu, par conséquent, à l'opposition autorisée par l'art. 1028 C. pr. — Dans ce cas, le pouvoir des arbitres étant épuisé par leur sentence définitive, ce sera aux tribunaux qu'il appartiendra de recevoir le serment ordonné par tous les arbitres, et irrégulièrement reçu par l'un d'eux.

12. — 16 mars 1833. — La Compagnie Royale d'assurance C. de Colligny. — 1re Ch. — MM. de Metz, p. pr., Poirel, p. av. gén., Chatillon, Volland, av.

La dispense de toutes formalités judiciaires, accordée aux arbitres par le compromis, ne porte pas atteinte au droit d'attaquer leur jugement par la voie de l'appel.

13. — 3 décembre 1833. — Quinot C. Quinot. — 1re Ch. — MM. de Metz, p. pr., Poirel, p. av. gén., Berlet, Moreau, av.

Des arbitres, qui ne sont pas amiables compositeurs, ne peuvent faire d'actes d'instruction, et notamment une enquête, qu'en suivant les formalités prescrites par la loi.

14. — 26 février 1839. — Brouillard C. Viller. — 2e Ch. — MM. Mourot, pr., La Flize, Welche, av.

Quand des cohéritiers, après avoir arrêté entre eux les bases du partage, et déterminé quels immeubles entreront dans le lot de chacun, sont convenus de s'en rapporter à des experts pour faire l'estimation de ces immeubles, et fixer, s'il y a lieu, les soultes respectives, l'estimation faite par les experts est invariable et obligatoire pour les parties. — Ces experts sont de véritables arbitres mandataires; ils ne donnent pas un avis qu'on puisse contester; mais ils règlent une convention, ou complètent, comme mandataires, celle des parties.

15. — 26 décembre 1845. — Drappier, Boulay et Charotte C. Decondé. — 1re Ch. — MM. Riston, pr., La Flize, Catabelle, av.

I. L'arrêt qui annule, pour vice de forme, une sentence arbitrale, n'est point un obstacle à ce que le tribunal de première instance proroge les pouvoirs des arbitres qui ont rendu cette sentence; lorsque cet arrêt n'a point dessaisi les arbitres de leurs pouvoirs, et que, loin de renvoyer les parties devant d'autres arbitres, l'arrêt porte, dans son dispositif, que les parties sont remises *au même et semblable état où elles étaient avant la sentence réformée* (C. pr. 472).

II. En principe général, tout jugement doit être signifié à la partie, lorsque son contenu *gît en exécution directe contre elle* : la signification à avoué ne suffit que lorsque l'exécution du jugement doit se faire par le ministère seul de l'avoué, ou lorsqu'un texte de loi l'a particulièrement ordonné. — *Spécialement* : les avoués à la cour, auxquels est signifié un arrêt prononçant la nullité d'une sentence arbitrale, pour vice de forme, n'ont pas, *dans leur ministère*, mission de pourvoir à ce que, devant le tribunal de première instance, il soit donné assignation dans les délais, pour faire prononcer une prorogation de pouvoirs en faveur des arbitres : cette obligation concerne directement et personnellement la partie : ainsi, pour faire courir contre elle des délais de déchéance et de rigueur, il faut lui signifier l'arrêt.

III. De nombreux incidents de procédure, soulevés dans l'intention de reculer indéfiniment la solution du litige, peuvent être considérés comme une cause de dommages-intérêts.

16. — 12 juillet 1845. — Muel C. Fournier. — 1re Ch. — MM. Mourot, pr., Garnier, av. gén.; concl. conf., Catabelle, La Flize, av.

Aux termes de l'article 141 C. pr., la rédaction des jugements doit contenir les conclusions des parties ; cette disposition s'applique également aux sentences arbitrales. Ainsi, le jugement arbitral qui ne contient pas les conclusions, ni aucune énonciation qui puisse valablement les remplacer, doit être annulé, et les parties doivent être renvoyées devant d'autres arbitres désignés par la cour, pour le cas où elles ne pourraient s'entendre sur leur désignation, si les difficultés qui les divisent constituent une contestation entre associés, et pour raison de la société (C. com. 52).

17. — 14 juin 1845. — Bastien C. Lerch. — 1re Ch. — MM. d'Arbois, ff. pr., Volland, Catabelle, av.

Une sentence arbitrale, comme tout autre jugement rendu par les tribunaux ordinaires, doit contenir toutes les énonciations prescrites par les articles 141 et 1009 C. pr., sauf l'exception établie par ce dernier article. — Sans doute, pour juger si les arbitres ont prononcé *sur choses non demandées*, l'insertion des conclusions dans la sentence arbitrale serait d'un grand secours ; mais les parties ne peuvent se plaindre de cette omission lorsque, maîtresses de leurs droits, elles ont elles-mêmes dispensé les arbitres de suivre les formes sagement établies par la loi pour protéger les droits de tous les citoyens.

Les arbitres remplissent suffisamment les prescriptions des articles 141 et 1009 C. pr., en transcrivant, dans leur sentence, les pouvoirs qui leur ont été donnés par le compromis « de statuer comme
» amiables compositeurs ; de trancher, en dernier ressort, sans appel
» ni pourvoi, et sans aucune forme de procédure, toutes les contesta-
» tions qui pourraient résulter d'un traité verbal (dont la date est rap-
» pelée), tant en principal qu'en intérêts, dommages-intérêts et frais,
» ainsi que toutes espèces de réclamations qui pourraient être élevées
» par l'une ou l'autre des parties, voulant qu'au moyen de cette dé-
» cision, aucune difficulté ni réclamation ne puisse plus surgir. »

Dans un tel état de choses, les parties ne peuvent se plaindre qu'il ait été prononcé sur chose non demandée, puisque le compromis, conformément à l'article 1006, désignait les objets en litige, et donnait aux arbitres, dans les termes les plus généraux, le pouvoir de les trancher souverainement.

18. — 26 août 1859. — Lejeune C. Crussière. — 2e Ch. — MM. Mourot, pr., Volland, La Flize, av.

Est nul le jugement arbitral qui ne renferme ni les conclusions des parties, ni les motifs des arbitres. La partie, qui signifie un tel jugement avec sommation de l'exécuter, s'en approprie les vices, et en devient responsable.

19. — 27 mai 1845. — Vautrot C. Duquesnois. — 2ᵉ Ch. — MM. Riston, pr., Louis, La Flize, av.

Lorsqu'un jugement arbitral n'est nullement attaqué en la forme, et qu'il est parfaitement régulier, il n'y a pas lieu d'en prononcer la nullité, et de renvoyer les parties devant de nouveaux arbitres, lors même qu'il contiendrait des erreurs faisant grief à l'appelant; seulement, dans ce cas, c'est à la cour à redresser elle-même ces erreurs, après s'être éclairée, si elle le juge nécessaire, par un rapport d'experts.

20. — 28 mai 1833. — Montluisant C. Martinprey. — 1ʳᵉ Ch. — MM. de Metz, p. pr., Pierson, av. gén., Chatillon, Bresson, av.

I. Pour établir la compétence du président auquel on demande l'ordonnance d'*exequatur*, il n'est pas nécessaire que la sentence soit datée du lieu où elle est rendue, si le compromis, qui forme avec elle un seul contexte, mentionne la demeure de l'arbitre, et que les circonstances indiquent d'ailleurs que la sentence y a été rendue.

II. Le dépôt tardif de la sentence ne vicie ni la sentence elle-même, ni l'ordonnance d'*exequatur*.

III. La sentence peut être déposée par un tiers sans qu'il en résulte de nullité : seulement, un tiers ne peut forcer ni le greffier à la recevoir, ni le président à donner l'*exequatur*, s'ils doutent de la vérité de la signature, ou de la sincérité de l'acte.

21. — 27 août 1832. — Lhôte C. Quinot. — 1ʳᵉ Ch. — MM. de Metz, p. pr., Troplong, av. gén., Berlet, Moreau, av.

Quand des arbitres, investis par les parties du pouvoir de juger en dernier ressort, n'ont pas pu remplir leur mission, et ont été remplacés par d'autres nommés par les tribunaux, le droit de juger sans appel ne passe pas à ceux-ci, et leur décision n'est rendue qu'en premier ressort.

22. — 3 avril 1840. — Germain C. Gazin. — 1ʳᵉ Ch. — MM. Costé, pr., Poirel, p. av. gén., La Flize, Volland, av.

Quand deux arbitres habitent deux localités différentes, c'est le domicile du plus âgé, à défaut d'autres raisons, qui détermine le siège du tribunal arbitral.

23. — 22 mai 1838. — La Compagnie d'assurance l'Union C. Dailly. — 1ʳᵉ Ch. — MM. Mourot, pr., d'Ubexi, Chatillon, av.

Est nulle la sentence arbitrale rendue par un tiers arbitre nommé après partage, qui adopte l'avis de l'un des premiers arbitres, sans en avoir conféré avec tous deux.

24. — 22 août 1839. — Lagressière C. Moret. — 1ʳᵉ Ch. — MM. de Metz, p. pr., Antoine, La Flize, av.

I. Est nul le jugement arbitral rendu par un tiers arbitre qui n'a pas conféré avec les arbitres partagés.

II. La preuve de ces conférences doit résulter du jugement lui-même, et non d'aucun document étranger.

III. C'est par la voie d'opposition à l'ordonnance d'*exequatur* que cette nullité doit être proposée.

28. — 18 juin 1842. — Salzard C. Salzard. — 1re Ch. — MM. Mourot, pr., d'Arbois, Maire, av.

Quand il a été nommé deux arbitres et un tiers arbitre, il y a nullité de la sentence arbitrale, si le tiers arbitre prend part au jugement comme arbitre principal.

ARBRES.

Voy. *Commune.* — 3. Arbre. Terrain. Fruits. Loi du 28 août 1792. Bornes. Plantation contradictoire. Plan. Procès-verbal. — 9. Chemin. Arbres. Fossé. Terrain vain et vague.

ARCHITECTE.

Voy. *Louage d'ouvrage et d'industrie.* — 1. Architecte. Entrepreneur. Fontaine publique. File de corps. Vice du sol. Vice des matériaux. Responsabilité. Recours en garantie de l'architecte contre l'entrepreneur. — 2. Entrepreneur. Architecte. Responsabilité. Plans et devis. Omissions. Travaux publics.

ARPENTEUR.

Voy. *Responsabilité.* — 2. Arpenteur forestier. Arpentage. Réarpentage. Erreur de plus d'un vingtième.

ARRÊTÉ DU PRÉFET.

Voy. *Voirie.* — 16. — II. Compétence administrative. Compétence judiciaire. Arrêtés. Question de légalité. — 25. — I. Sentier. Communication entre deux villages. Chemin rural. Arrêté du préfet. Compétence administrative. Compétence judiciaire. Servitude de passage.

ART DE GUÉRIR.

SOMMAIRE.

Pharmacie. — I. Sœurs hospitalières. Remèdes officinaux ou magistraux. — II. Action civile.

---

2 mai 1834. — Lécuyer C. l'Hospice de Vaucouleurs. — 1re Ch. — MM. de Metz, p. pr., Fabvier, proc. gén., Volland, Moreau, av.

I. Les lois des 21 germinal an XI et 29 pluviôse an XIII, en défendant à toutes personnes, autres que les pharmaciens, de composer et de débiter des remèdes, ne font aucune distinction entre les remèdes officinaux et les remèdes magistraux. — Il ne faut plus, dès lors, avoir égard à la circulaire ministérielle du 9 pluviôse an X, qui établissait cette distinction relativement aux pharmacies des sœurs hospitalières, et qui, d'ailleurs, fût-elle postérieure à cette loi, ne pourrait y déroger.

II. Les pharmaciens d'une ville où il y a un hospice sont recevables à poursuivre civilement les sœurs qui contreviennent aux lois précitées (C. civ. 1382. — C. inst. 1, 3, 63, 66).

ASSURANCE.

SOMMAIRE.

1. *Assurance mutuelle.* — Assurance à une autre compagnie. Notification par huissier.
2. *Désignation incomplète des assurés.* — Fait de la compagnie ou de ses agents. Substitution frauduleuse d'une police à une autre.
3. *Usufruitier.* — Primes. Nu propriétaire. Indemnité.

RENVOIS.

Voy. *Prescription.* — 2. Assurance mutuelle. Part contributive. Prime fixe. Imputation. Quittance. Prescription quinquennale.
Preuve littérale. — 13. — II. Compagnie d'assurance. Billet de prime. Signature sans acquit. Preuve du payement.
Preuve testimoniale. — 4. Commencement de preuve par écrit. Police d'assurance. Omission de l'approbation d'une des parties.
Usage forestier. — 38. — IV. Incendie. Maison assurée. Compagnie d'assurance.

1. — 14 décembre 1829. — L'Assurance Mutuelle C. Beaurain. — 1re Ch. — MM. Breton, pr., Chatillon, Bresson, av.

Un propriétaire assuré à la Compagnie d'Assurance Mutuelle perd le bénéfice de son association, quand il s'assure à une autre compagnie. Mais il n'est dégagé de ses obligations envers la première société que quand il lui a notifié sa nouvelle assurance.

Cette notification ne peut se faire par une simple lettre, même quand la compagnie aurait pendant longtemps toléré cet usage.

2. — 27 juillet 1843. — Boyé et Duchateau C. la Compagnie d'assurance dite le Réparateur. — 1re Ch. — MM. Moreau, p. pr., La Flize, Louis, Volland, av.

Une compagnie d'assurance ne peut refuser de payer l'indemnité résultant du sinistre arrivé à une propriété assurée, sous le prétexte que, dans la police, deux des copropriétaires seulement ont été nominativement désignés, tandis qu'il en existe un troisième (art. 18 et 21 de la police, 348 du Code de comm.), lorsqu'il est constant, en fait, que si la rédaction de la police d'assurance a été inexacte ou incomplète, c'est par le fait de la compagnie ou de ses agents, contre lesquels une enquête a justifié, sous plusieurs rapports, des faits de dol et de fraude ; lorsqu'il apparaît, notamment, que la police originaire portait le nom d'un seul des copropriétaires avec cette addition *et consorts*, et que cette police, remise de confiance à la compagnie, a été détournée par elle ou ses agents, et remplacée par une autre, non signée de l'assuré.

3. — 10 août 1831. — Richard C. Mathenet. — 1re Ch. — MM. de Metz, p. pr., Pierson, subst., Moreau, Collard, av.

L'usufruitier, qui a fait assurer contre l'incendie la maison sur laquelle s'exerce son usufruit, et qui a payé de ses propres deniers les primes d'assurance, n'acquiert pour cela aucun droit à la propriété de la somme payée par la Compagnie d'assurance, en cas de sinistre.

Seulement, il peut réclamer aux nu-propriétaires le remboursement de ses primes, et l'usufruit de l'indemnité, avec ou sans caution, suivant le titre.

AUBERGISTE.

Voy. *Privilége.* — 1. Voyageur. Effets. Gage. Nourriture. Logement. Traiteur. Propriétaire.
Responsabilité. — 3. Aubergiste. Voiturier. Marchandises. Vol. Garantie. Incompétence du tribunal de commerce.

AUDIENCE SOLENNELLE.

SOMMAIRE.

Réunion obligatoire des deux chambres.

RENVOIS.

Voy. *Faillite.* — 19. — I. Réhabilitation. — II. Audience solennelle. Question d'état. — III. Réunion facultative de la chambre civile à la chambre correctionnelle. — IV. Réunion nécessaire des deux chambres.

---

16 janvier 1835. — L'Administration des domaines C. Villemin. — 1re Ch. — MM. de Metz, p. pr., Poirel, p. av. gén., Volland, La Flize, av.

Depuis l'ordonnance du 24 septembre 1828, la réunion de deux chambres, pour former l'audience solennelle, a cessé d'être facultative et est devenue strictement obligatoire. (D. 30 mars 1808, art. 22. — D. 6 juillet 1810, art. 7.)

AUTORISATION DE FEMME MARIÉE.

SOMMAIRE.

1. *Consentement du mari.* — Omission. Nullité couverte.
2. *Demande en partage.* — Autorisation de justice. Transaction.

---

1. — 14 juillet 1843. — Noël, Turck et Germain C. la ville de Nancy. — 2e Ch. — MM. Lallemand, ff. pr., Poirel, p. av. gén., Fleury, Volland, av.

Le vice d'une obligation contractée par une femme mariée, résultant de ce que celle-ci s'est engagée sans le consentement de son mari, en payant, par exemple, une redevance pour une maison qui lui est propre, se trouve couvert si, depuis la mort de son mari, cette femme a continué le payement de cette redevance.

2. — 14 juin 1844. — Aubry C. Saint-Michel. — 1re Ch. — MM. Mourot, pr., Garnier, av. gén., concl. conf., Jorant, La Flize, Louis, av.

L'autorisation accordée à une femme mariée, par la justice, à défaut du mari, d'ester en jugement sur une demande en partage et liquidation, n'emporte pas autorisation de transiger, de constituer une pension viagère, et d'affecter hypothécairement ses propres à la sûreté du payement de cette pension, au profit d'une des parties intéressées dans cette liquidation.

AUTORISATION DE PLAIDER.

SOMMAIRE.

Commune. — Défaut d'autorisation sur un chef, proposable en appel.

RENVOIS.

Voy. *Commune.* — 11. Chemin. Propriété. Servitude. Autorisation. — 15. Créancier. Action en indemnité. Autorisation. Omission. Nullité d'ordre public.

19 janvier 1841. — Humbert C. la commune de Beulay. — 2e Ch. — MM. Mourot, pr., Garnier, av. gén., concl. conf., La Flize, Volland, av.

L'exception tirée de ce qu'une commune n'aurait pas été autorisée à plaider sur tel ou tel chef de conclusions est proposable en tout état de cause, même en appel pour la première fois. — La commune pourrait-elle demander une remise de cause pour solliciter l'autorisation qui lui manque ? — Pourrait-elle la demander même en appel ? — Même après les plaidoiries ?

Voy. Cass., 24 décembre 1828 (D. 29. 1. 82). — Cass., 16 avril 1834 (D. 34. 1. 209).

AUTORISATION DU CONSEIL D'ÉTAT.

Voy. *Fonctionnaire public.* — 1. Maire. Obligation personnelle pour la commune. Poursuite sans autorisation.

AUTORITÉ MARITALE.

Voy. *Contrat de mariage.* — 2. Autorité maritale. Droits sur les biens de la femme. Dérogation. Nullité.

AVERTISSEMENT.

Voy. *Preuve littérale.* — 21. Terme. Billet. Avertissement.

AVEU.

SOMMAIRE.

1. *Aveu judiciaire.* — Révocation. Erreur de fait. Offre non agréée.
2. *Comparution en personne.* — Déclarations retenues au jugement. Aveu judiciaire irrévocable. Foi due au jugement.
3. *Comparution en personne.* — Déclarations sans précision. Foi due au jugement qui les constate. Aveux contraires à la défense de l'une des parties.
4. *Interrogatoire.* — Bénéficiaire d'un billet. Valeur fournie. — Indivisibilité de l'aveu. Preuve contraire. Dol et fraude.

RENVOIS.

Voy. *Commune.* — 4. Aveu. Aliénation de biens communaux. Rétractation. *Donation.* — 7. — IV. Aveu. Indivisibilité.
Interrogatoire sur faits et articles. — Aveu. Indivisibilité. Réponses diverses opposées les unes aux autres.

AVOCAT.

Voy. *Preuve littérale.* — 3. Aveu. Preuve. Projet de transaction. Notification.
Transaction. — 2. Preuve. Aveu. Serment.
Voirie. — 3. — II. Preuve testimoniale d'un aveu verbal d'anticipation. Commencement de preuve par écrit.

---

1. — 18 janvier 1841. — Bournac C. Garnier. — 2ᵉ Ch. — MM. Mourot, pr., La Flize, Volland, av.

L'aveu judiciaire ne peut être révoqué que lorsqu'on prouve qu'il a été la suite d'une erreur de fait; il n'est pas loisible à celui qui l'a consenti de le rétracter, tant qu'il n'a pas été accepté, comme il lui serait libre de retirer une offre, ou une simple proposition, qui n'aurait point été agréée.

2. — 7 août 1835. — Marque C. de Bellocq. — 1ʳᵉ Ch. — MM. de Metz, p. pr., Fabvier, proc. gén., Chatillon, d'Ubexi, av.

Quand un tribunal a entendu les parties en personne, et retenu dans son jugement leurs dires et déclarations, ces déclarations ont la force d'aveux judiciaires, qui ne peuvent plus être rétractés, et le jugement qui les constate doit obtenir la même foi qu'un procès-verbal d'interrogatoire sur faits et articles.

3. — 16 juin 1837. — Houillon C. Masson. — 1ʳᵉ Ch. — MM. de Metz, p. pr., Volland, Catabelle, av.

Des déclarations, rapportées par les premiers juges comme ayant été faites par les parties en personne à la chambre du conseil, ne peuvent pas être invoquées devant la cour, comme faisant preuve d'aveux diamétralement contraires à la défense et aux exceptions de l'une des parties, surtout quand elles ne sont pas retenues dans le jugement avec précision et régularité.

4. — 1ᵉʳ avril 1841. — De Saint-Victor C. Conter. — 1ʳᵉ Ch. — MM. Costé, pr., Poirel, p. av. gén. Catabelle, La Flize, Antoine, av.

Lorsque, dans des interrogatoires, le bénéficiaire d'un billet reconnaît que la valeur consiste, non dans une somme fournie, mais dans une résiliation consentie, cette déclaration est indivisible, tant qu'on ne peut fournir une preuve contraire, ou arguer de dol et de fraude.

AVIS DU CONSEIL D'ÉTAT.

Voy. *Conseil d'Etat.* — Avis du conseil d'Etat impérial. Leur autorité. Distinction.

AVOCAT.

SOMMAIRE.

Achat de droits litigieux. — Nullité. Avoué.

RENVOIS.

Voy. *Discipline.* — 1. Avocat stagiaire. Suspension. Billet souscrit d'avance pour honoraires par un accusé.
Domaine de l'Etat. — 4. Avocat. Avoué. Ministère public. Droit exclu-

AVOUÉ.

sif de représenter l'Etat. — 5. Avocat. Avoué représentant l'Etat. Droits d'usage et d'affectation.
Voy. *Tribunaux.* — Composition, Récusation, Suppléant. Avocat.

1ᵉʳ juin 1840. — Planté C. Gand. — 2ᵉ Ch. — MM. Mourot, pr., Poirel, p. av. gén., concl. contr., Mamelet, d'Ubexi, av.

Est nulle la convention par laquelle un avocat, ou un avoué, se charge de poursuivre un procès moyennant l'abandon, à titre d'honoraires, d'une quote-part des sommes à recouvrer. — C'est là un achat de droits litigieux prohibé par l'art. 1597 C. civ.

AVOUÉ.

SOMMAIRE.

1. *Huissier.* — Purge d'hypothèques. Extraits de contrat de vente. Tableau d'inscription. Copie de pièces. Concurrence.
2. *Requête en prise de jour.* — I. Partie adverse. Avoué démissionnaire. — II. Appel d'un jugement interlocutoire. Arrêt confirmatif. Signification. Délai. Nouvel avoué constitué.

RENVOIS.

Voy. *Appel.* — 5. Constitution d'avoué omise. Election de domicile.
Avocat. — Achat de droits litigieux. Nullité. Avoué.
Domaine de l'Etat. — 1. Acte d'appel. Constitution d'avoué. — 2. Acte d'appel. Constitution d'avoué. Election de domicile au parquet du procureur général. — 4. Avocat. Avoué. Ministère public. Droit exclusif de représenter l'Etat. — 5. Avocat. Avoué représentant l'Etat.
Elections législatives. — 20. Mandat verbal. Preuve. Avoué. Extraits de rôles.
Frais et dépens. — 13. Avoué occupant pour plusieurs parties. Signification faite par lui à lui-même. Intérêts distincts. — 14. Avoué représentant plusieurs parties. Distraction de dépens. Compensation. — 18. — III. Avoué. Enquête. Vacations. Journées de campagne. Cumul. Fractions.
Jugement par défaut. — 3. Avoué. Opposition. Délai. Refus d'occuper.
Mandat. — 1. Avoué. Mandataire *ad lites*. Honoraires d'avocat.
Ministère public. — 1. Communication tardive. Condamnation des avoués aux dépens de l'audience.
Office. — 2. — II. Avoué. Trafic d'affaires. Association. Nullité.
Offres réelles. — Refus. Validité des offres. Frais. Avoué. Distraction.
Responsabilité. — 4. Avoué. Expropriation. Titre hypothécaire. Péremption de l'inscription durant les poursuites.
Ventes publiques d'immeubles. — 10. Tarif. Avoué. Notaire. Prohibition de remises illégales.

1. — 3 juillet 1834. — Claude C. Dieu. — 2ᵉ Ch. — MM. Troplong, pr., Moreau, d'Ubexi, av.

C'est aux avoués, et non aux huissiers, qu'appartient le droit de dresser les originaux des extraits de contrats de vente nécessaires à la purge des hypothèques, ainsi que ceux du tableau des inscriptions, et, par suite, le droit, sinon exclusif, du moins en concurrence, d'en faire les copies, qui doivent être remises aux créanciers inscrits.

2. — 23 juillet 1842. — Le Préfet de la Meurthe C. Keller. — 1re Ch. — MM. Moreau, p. pr., Garnier, av. gén., concl. conf., Volland, La Flize, av.

I. Pour présenter une requête en prise de jour, il n'est point nécessaire que la partie adverse ait déjà constitué un avoué au lieu et place de celui qui a donné sa démission.

II. Lorsqu'un appel d'un jugement interlocutoire a eu lieu après l'obtention d'une ordonnance de prise de jour, le délai recommence après la signication de l'arrêt confirmatif, et ne court point tant qu'un nouvel avoué n'est pas constitué en remplacement de l'avoué démissionnaire.

AYANT-CAUSE.

Voy. *Hypothèques conventionnelles.* — 2. — III. Ayant-cause. Tiers. Cumul. Contrelettre. Date certaine.
Preuve littérale. — 2. Acte sous seing privé. Ayant-cause. Exhibition.

BAIL.

Voy. *Louage.*

BAIL ADMINISTRATIF.

Voy. *Compétence administrative.* — 2. Usine domaniale. Arrêté des consuls. Interprétation. Incompétence des tribunaux déclarée d'office par la cour.

BARROIS MOUVANT.

Voy. *Domaine de l'Etat.* — 6. Souveraineté des ducs de Lorraine. Inaliénabilité du domaine. Dernier ressort. Attribut de la souveraineté. Lois françaises en Lorraine. Lois lorraines. Enregistrement au parlement de Paris.
Domaine engagé. — Loi du 14 ventôse an VII, art. 2. Petit domaine. Barrois mouvant. Aliénabilité. Traité de 1736.

BÉNÉFICE D'INVENTAIRE.

Voy. *Succession.* — 5. Légataire universel. Bénéfice d'inventaire. — 7. Régime dotal. Héritier de la femme. Dettes. Biens dotaux. Biens paraphernaux. Acceptation partielle. Bénéfice d'inventaire. — 10. Succession bénéficiaire. Créancier. Intervention. — 11. Notaire. Vente d'immeubles. Prix.
Tutelle. — 7. Mère tutrice. Reprises. Confusion. Bénéfice d'inventaire. Succession bénéficiaire. Administrateur.

BIENS COMMUNAUX.

Voy. *Commune.* — 5. Bien communal. Charge. Redevance. Jouissance commune. Répartition. Concession primitive à une aggrégation d'individus. Erection en commune. Transformation du droit. — 22. Pâtis communaux. Portion. Habitant au pot et feu d'un de ses enfants. Année commencée.
Compétence civile. — 5. Biens communaux. Partage. Propriété contestée. Titres. Possession. Compétence judiciaire.

BILLET.

Voy. *Mandat.* — 11. Billet souscrit par le mandant, quittancé par le créancier. Possession du billet par le mandataire ou *negotiorum gestor.*
Obligation. — 2. Cause. Billet. Valeur reçue. Cause illicite. Preuve. Dédit de mariage.
Preuve littérale. — 4. Bon pour. Billet. Exception. Preuve. Présomptions. — 5. Bon pour. Billet à ordre. Femme d'un non-commerçant. — 6. Bon pour. Femme de laboureur. Exception. Preuve. Commencement de preuve par écrit. — 7. Bon pour. Omission. Billet. Commencement de preuve par écrit. — 8. Bon pour. Omission. Commencement de preuve par écrit. — 13. — 11. Compagnie d'assurance. Billet de prime. Signature sans acquit. Preuve du payement. — 14. Inventaire. Billet. Transcription. Dette d'un failli envers sa mère. — 21. Terme. Billet. Avertissement. Prorogation de crédit.
Société commerciale. — 1. Billet. Endossement. Censeur d'une compagnie de commerce. Engagement personnel. Porteur.
Testament. — 1. Billet. Libéralité. Révocation. Testament ultérieur.

BILLET A ORDRE.

Voy. *Effet de commerce.* — 1. Billet à ordre. Acte authentique. Créance résultant de deux titres. Porteur du billet préférable au cessionnaire de l'acte authentique. Société de prêts mutuels sur garantie. — 2. Billet à ordre. Billet à domicile. Simple prêt. Signataire non-commerçant. Contrainte par corps.

BOIS.

Voy. *Commune.* — 6. Bois. Copropriété indivise entre deux communes. Partage par eux. — 7. Bois donnés à une mairie. Démembrement de la mairie. Habitants propriétaires *ut singuli.* Quart en réserve. Mise en cause du maire. — 8. Bois qualifiés de communaux. Commune qualifiée d'usagère dans les titres.
Société commerciale. — 3. Coupes de bois. Exploitation en commun. Partage. — 4. Exploitation par un des associés. Mandat salarié. Présomption.

BOIS COMMUNAUX.

Voy. *Usage forestier.* — 51. — 11. Comté de Salm. Bois communaux.

BOIS MORT.

Voy. *Prescription.* — 7. Coutume de l'évêché. Commune. Eglise. Prescription de 40 ans. Droits d'usage. Vaine pâture. Bois mort.
Usage forestier. — 4. — 11. Possession immémoriale. — Preuve testimoniale. Bois mort. Acquisition du droit. Titre. Servitude discontinue. Bois sec et gisant. Tolérance. — 45. — IV. Bois mort. Titre.

BON POUR.

Voy. *Mandat.* — 2. Bon pour. Etat de dépense présenté par le mandataire au mandant.

BORNAGE.

Voy. *Preuve littérale.* — 4. Bon pour. Billet. Exception. Preuve. Présomption. — 5. Bon pour. Billet à ordre. Femme d'un non-commerçant. — 6. Bon pour. Femme de laboureur. Exception. Preuve. Commencement de preuve par écrit. — 7. 8. Bon pour. Omission. Billet. Commencement de preuve par écrit.

BONNE FOI.

Voy. *Effet de commerce.* — 12. Tiers-porteur. Bonne foi. Exceptions proposables contre le créancier direct. Teneur du titre. Contrebande. *Prescription.* — 8. Coutume de Lorraine. Bonne foi. Prescription acquisitive. Prescription libérative.

BORD.

Voy. *Eau.* — 1 à 10. Canal artificiel. Bords. Propriété.

BORNAGE.

SOMMAIRE.

1. *Abornement.* — I. Recevabilité. — II. Déficit dans un terrain. Excédant dans un autre. Désistement. Incompétence du juge de paix. — III. Acte nouveau. Moyen nouveau. Demande nouvelle.
2. *Anticipation.* — Jouissance actuelle.
3. *Anticipation.* — Revendication. Forêt royale. Titre. Possession. Pièce nouvelle produite en appel. Ancien procès-verbal d'abornement. Application au terrain.
4. *Bornes.* — I. Ligne droite à tirer d'une borne à l'autre. — II. Possession. Prescription.
5. *Contenance.* — Titres. Possession. Déclaration ou pied terrier. Renseignement.
6. *Contiguïté.* — Abornement par confin.
7. *Limite contestée.* — Double prétention. Adoption d'un troisième système par le tribunal.
8. *Possession.* — Prescription. Renonciation implicite. Expert. Application des titres.
9. *Possession.* — Titres. Contenance indiquée. Terre labourable. Surmesure.
10. *Transaction.* — Abornement. Renonciation à la possession.

RENVOIS.

Voy. *Eau.* — 14. Etang. Abornement ancien. Niveau d'eau. Préférence.
Obligation. — 5. Copie de titres. Délimitation diplomatique de deux états.
Voirie. — 26. Tableau des chemins ruraux. Abornement aux frais de la commune. Location des herbes. Limite de la propriété dans les titres.

---

1. — 29 décembre 1845. — Louis C. Humbert. — 2ᵉ Ch. — MM. Mourot, pr., Louis, Catabelle, av.

I. Une demande en abornement est toujours recevable, lors même que celui qui la forme ne prétend pas avoir à réclamer une quantité quelconque de terrain à son voisin, pour compléter la contenance indiquée par ses titres (C. civ. 646).

II. Lorsque, dans l'opération du bornage, une expertise constate un déficit dans le terrain de l'une des parties, et un excédant dans le terrain d'une autre, l'action en désistement qui en résulte sort des attributions du juge de paix, et rentre dans celles du tribunal civil.

III. L'examen d'un acte nouveau, tendant à fixer l'opinion du tribunal sur la question du désistement, ne constitue pas une *demande nouvelle*, mais seulement un *moyen nouveau*.

2. — 21 novembre 1829. — Xardel C. Bailly. — 1re Ch. — MM. Breton, pr., Berlet, Chatillon, av.

Quand le demandeur en abornement n'articule pas qu'il y ait anticipation commise sur sa propriété, l'abornement doit se faire sur les limites de la jouissance actuelle.

3. — 11 janvier 1841. — Le Préfet des Vosges C. Thiébaut. — MM. Mourot, pr., Garnier, av. gén., concl. conf., Volland, La Flize, av.

L'action par laquelle l'Etat demande un abornement, dont le but et le résultat, indiqués d'avance, sont de faire restituer à une forêt domaniale plusieurs parcelles de terrain que l'Etat prétend avoir été usurpées sur le sol de la forêt, et au sujet desquelles une contestation s'est élevée entre lui et le défendeur, est une action en revendication, et non une action en bornage. — Lorsque l'Etat, demandeur dans cette revendication, y a été déclaré non recevable en première instance, faute par lui de produire des titres à l'appui, ou d'offrir la preuve d'une possession suffisante à prescrire, il peut produire en appel une pièce nouvellement retrouvée depuis le jugement de première instance, telle qu'un procès-verbal d'abornement ancien, signé par la partie adverse, et demander l'application de ce procès-verbal au terrain, pour établir la réalité des anticipations dont il se plaint.

4. — 28 juin 1843. — d'Hoffelize C. la commune de Beaumont. — 1re Ch. — MM. Mourot, pr., Garnier, av. gén., concl. conf., d'Arbois, Besval, av.

I. Lorsque des bois communaux sont limités par des bornes et séparés ainsi de bois particuliers, la ligne séparative de ces propriétés doit être tracée en ligne droite, d'une borne à l'autre, à moins de titres contraires. — Vainement le propriétaire des bois limitrophes de la forêt communale soutiendrait-il que la limite véritable est un chemin d'exploitation situé à quelque distance au delà des bornes : pour qu'il en fût ainsi, il faudrait que les bornes se trouvassent placées de chaque côté de ce chemin, au lieu d'être posées du côté du bois, à une certaine distance du chemin (2 mètres).

II. Toutefois, le propriétaire du bois limitrophe de la forêt communale est recevable à prouver, par témoins, que, depuis un temps plus que suffisant à prescrire, il est en possession, tant par lui que par ses auteurs, du terrain litigieux, si les faits qu'il articule sont pertinents, concluants et admissibles, et s'ils ne sont pas reconnus par la commune.

5. — 8 janvier 1842. — Breuil C. Urbain. — 1re Ch. — MM. Mourot, pr., La Flize, Volland, av.

Quand deux voisins, en discussion sur la contenance de leurs terrains, conviennent que l'un aura *le contenu de ses titres réguliers*, et que l'autre se contentera du surplus, et supportera la perte, s'il y en a, il faut entendre que le premier doit avoir ce que portent ses contrats de vente et revente, passés depuis plus de dix ans ; qu'on ne pourra le restreindre, par exemple, à la contenance indiquée en des déclarations de fermier. Ces dernières pièces, ignorées de lui, et non translatives de propriété, ne peuvent d'ailleurs être considérées que comme de simples renseignements.

6. — 11 mai 1839. — Tribout C. Villemin. — 1re Ch. — MM. de Metz, p. pr., Volland, La Flize, av.

L'action en bornage, ou même l'action en désistement, suppose la contiguïté des deux propriétés litigieuses : la loi ne reconnaît pas l'abornement par confins, c'est-à-dire, l'arpentage de tout un canton pour donner à chacun une part proportionnelle à la contenance indiquée dans son titre (C. civ. 646).

7. — 2 décembre 1844. — Parisot C. la commune de Souilly. — 1re Ch. — MM. Moreau, p. pr., Poirel, p. av. gén., Volland, d'Ubexi, av.

Lorsque, dans un débat sur la limite de deux propriétés, l'une des parties prétend que cette limite est un sentier situé au delà des arbres de la lisière d'un bois communal, de telle sorte que tous ces arbres, et toutes les parcelles de terrain jusqu'à ce sentier, soient sa propriété, tandis que la commune prétend que cette limite est une ligne passant par le milieu desdits arbres, de telle sorte que la moitié de ces arbres, et le terrain en deçà de cette ligne, lui appartiennent ; le tribunal n'est pas dans la nécessité absolue d'adopter exclusivement, et sans modification aucune, l'une ou l'autre de ces prétentions : il peut, d'après les éléments de la cause, les documents fournis, et les preuves produites, en les rapprochant et les combinant, arriver à l'adoption d'une limite qui ne soit ni l'une ni l'autre de celles qui sont proposées.

8. — 30 avril 1834. — Louviot C. Hanus et Salzard. — 2e Ch. — MM. Troplong, pr., La Flize, Welche, av.

La règle qu'un abornement doit se faire sur les limites de la possession actuelle cesse d'être applicable, quand les parties sont convenues de nommer un expert pour donner, à chacune d'elles, la consistance réclamée par les titres de propriété qui seront respectivement produits. — Cette convention est une renonciation à toute espèce de prescription.

9. — 8 juin 1841. — Buffet C. Puis. — 2e Ch. — MM. Mourot, pr., Volland, Louis, av.

En règle générale, les bornes se placent suivant la possession, à moins que celui qui veut s'en écarter ne justifie qu'il est privé d'une partie de la contenance portée en ses titres, tandis que la partie adverse possède au-delà de son compte. — Mais, pour les terres labourables, l'incertitude de la possession amène presque toujours l'obligation de ne pas s'y arrêter beaucoup : cependant il est juste d'attribuer les surmesures, s'il y en a, à ceux qui les possèdent.

10. — 19 juin 1844. — Pseaume C. Thomassin. — 2e Ch. — MM. Masson, ff. pr., Poirel, p. av. gén., Antoine, La Flize, av.

On ne peut confondre avec un simple mandat, révocable à volonté, la convention par laquelle deux personnes s'engagent à procéder à un abornement, avec l'intervention du juge de paix, par les soins d'un arpenteur, auquel elles donnent pouvoir d'agir sur certaines bases convenues, en renonçant au droit de se prévaloir de l'état actuel de leur possession respective, et en indiquant le mode de répartition entre elles de l'excédant, ou du déficit, dans la contenance de leurs propriétés : une telle convention participe de la nature des transactions. — Il en est ainsi, lors même que l'abornement ne devait devenir définitivement obligatoire qu'après l'accomplissement des formalités et des conditions stipulées entre les parties, et sanctionnées par le juge; — par exemple, dans le cas où il ne donnerait lieu à aucune réclamation, après le dépôt, au greffe de la justice de paix, du plan et du procès-verbal qui l'auraient constaté, et, dans le cas contraire, après que les contestations qu'il aurait soulevées auraient été vidées par la justice : — jusque là, il n'en demeure pas moins provisoirement obligatoire.

BORNE.

Voy. *Commune*. — 3. Arbre. Terrain. Fruits. Loi du 28 août 1792. Bornes. Plantation contradictoire. Plan. Procès-verbal.
   Compétence. — 1. Borne. Déplacement. Convention. Interprétation. Tribunal civil. Juge de paix.
   Prescription. — 3. Borne. Possession.

BOSQUET.

Voy. *Domaine de l'État*. — 7. Bosquet de Lunéville. Domaine public. Imprescriptibilité. Porte ouverte sur un terrain de l'État. Suppression.

BREF DÉLAI.

Voy. *Délai*. — 2. Assignation à bref délai. Distance. Pays étranger. Alger. Ordonnance du président. Nullité.

CAHIER DES CHARGES.

Voy. *Contrat de mariage*. — 12. Déclaration de command. Transmission de la propriété.

CADASTRE.

Voy. *Preuve littérale*. — 19. Revendication de terrain. Contenance. Titres. Cadastre. Désaccord.

CANAL.

Voy. *Compétence civile*. — 6. Canal de la Marne au Rhin. Entrepreneur. Louage d'industrie. Sous-traitant. Salaire. Incompétence *ratione materiæ*. Ministère public. Exception proposée d'office. Acte de commerce. — 7. Canal de la Marne au Rhin. Entrepreneur. Tâcheron.

Entreprise civile. — 8, Canal de la Marne au Rhin, Entrepreneur de travaux de terrassement, Sous-entrepreneur, Compétence civile.
Voy. *Eau*. — 1. Canal artificiel, Bords, Accessoire. — 2. Canal artificiel, Bords, Moulin, Propriété. — 3. Canal artificiel, Bords, Moulin, Propriété, — 4. Canal artificiel, Bords, Propriété, Présomption. — 5. Canal artificiel, Bords, Propriété, Présomption simple, Titre contraire. — 6, Canal artificiel, Bords, Usine, Propriété, Présomption simple, Possession des riverains, Coupe de l'herbe, Dépôt des résidus du curage. — 7, Canal artificiel, Canal de fuite, Usine hydraulique, Présomption de propriété. — 8, Canal artificiel, Encombrement, Curage, Compétence administrative, Compétence judiciaire. — 9. Canal artificiel, Riverains, Inondation, Curage, Ponts sur les chemins vicinaux qui coupent le canal, Entretien. — 10. Canal artificiel pour l'écoulement des eaux de fontaine et de pluie, Eaux ménagères, Contravention.
Louage. — 19. Réparations locatives, Canal d'une forge, Fermier.
Rente. — 2. — 1. Cens. — 11. Tarif municipal, Canaux, Egout, Payement du cens, Reconnaissance implicite du droit.
Servitude. — 7. Destination du père de famille, Servitude, Passage d'eau par un canal. — 26. Irrigation de prairie, Droit acquis par prescription sur le canal d'une usine, Emploi de l'eau destinée à la prairie au roulement d'une usine nouvelle, Aggravation de servitude. — 28, Moulin, Canal, Droit de servitude sur les bords, Dépôt de vases provenantes du curage, Enlèvement des dépôts.

CANAL DE LA MARNE AU RHIN.

Voy. *Acte de commerce*. — 2, 3, 4. Entrepreneur, Tâcheron, Compétence commerciale.
Compétence civile. — 6, 7, 8. — Canal de la Marne au Rhin, Entrepreneur, Louage d'industrie, Sous-traitant, Tâcheron, Salaire, Travaux de terrassement, Incompétence *ratione materiæ*.

CANTONNEMENT.

Voy. *Usage forestier*. — 6. Cantonnement, Bases, Coupe annuelle, Portion de taillis et de futaie coupée, abstraction faite de la réserve. — 7, 8, 9. Cantonnement, Base, Estimation du droit d'usage. — 10. Cantonnement, Base, Revenu, Capital. — 11. Cantonnement, Forêt particulière, Concession, Besoins de l'usager, Besoins du propriétaire, Priorité. — 12. Cantonnement, Base, Revenu, Futaie disponible après les réserves. — 13. Cantonnement, Base, Revenu, Intérêt légal, Capitalisation. — 14. Cantonnement, Loi du 28 août 1792, Instance commencée par l'usager, Contrat judiciaire, Code forestier, Demande réservée au propriétaire seul. — 15. Cantonnement, Précompte des ressources de l'usager, Aménagement antérieur, Présomption de précompte. — 16. Cantonnement, Suspension des exploitations. — 17. Cantonnement, Suspension des exploitations, Demande formée en appel pour la première fois, Réduction des exploitations à moitié pendant le cantonnement. — 18, Cantonnement, Commune, Usager se disant usufruitier, Lois des 15-27 mars 1790 et 28 août 1792. — 19. Cantonnement du droit d'extraire de la pierre dans le terrain d'autrui. — 30. Contribution, Usager, Jouissance, Charge proportionnelle, Cantonnement, Forêt royale, Déduction de l'impôt de l'émolument annuel). — 31. — II. Cantonnement. Base. Capitalisation du revenu annuel au denier vingt. — 32. Contribution. Usager. Cantonnement. Valeur de l'impôt. — 45. —VI. Compétence administrative. Possibilité des forêts, Cantonnement. Compétence judiciaire.

CAPTATION.

Voy. *Testament.* — 2. Captation. Nullité. — 3. Captation. Suggestion. Caresses. Prières. Liberté de volonté. Causes qui la diminuent. Age. Sexe. Maladie.

CASSATION.

SOMMAIRE.

Arrêt cassé. — Chefs résolus en faveur du demandeur en cassation. Chose jugée. Etendue des pouvoirs de la cour de renvoi.

---

11 juillet 1839. — Wenger C. Thiriet. — Audience solennelle. — MM. de Metz, p. pr., Garnier, av. gén., concl. conf., Volland, d'Ubexi, av.

Un arrêt de cour royale, qui a été cassé, ne conserve pas l'autorité de la chose jugée sur les chefs qu'il avait résolus en faveur de la partie demanderesse en cassation : la cour de renvoi est saisie de toute l'affaire.

CAUSE.

Voy. *Obligation.* — 1. Cause. Je reconnais devoir. Preuve. — 2. Cause. Billet. Valeur reçue. Cause illicite. Preuve. Dédit de mariage. — 4. Cause. Je reconnais devoir. Preuve contraire.

CAUTION.

SOMMAIRE.

1. *Cautionnement partiel.* — Payement. Subrogation avec payement intégral. Atermoiement. Réduction du capital. Caution sans droit aux répartitions.
2. *Crédit.* — Garantie promise. Interprétation. Hypothèque. Aval de lettres de change. Femme mariée.
3. *Entrepreneur de travaux publics.* — Privilège de l'Etat. Privilège de second ordre au profit d'un tiers. Ouvriers de l'entrepreneur.
4. *Lettre de change.* — I. Contrainte par corps. Recours de la caution avant le payement. — II. Jugement. Contrainte par corps au profit de la caution. — III. Indemnité. Payement.
5. *Offre de caution, tardive après les plaidoiries.*
6. *Somme indéterminée.* — Fixation ultérieure. Femme mariée.
7. *Subrogation.* — I. Impossibilité. Décharge partielle. — II. Codébiteurs solidaires. — III. Solidarité. Décharge.
8. *Transaction du créancier avec le débiteur.* — Décharge de la caution.

RENVOIS.

Voy. *Aveu.* —I. Aveu judiciaire. Révocation. Erreur de fait. Offre non agréée.
Faillite. — 15. — XI. Payement par le failli, débiteur principal. Action des syndics contre la caution.
Obligation. — 1. Adjudicataire d'une coupe de bois. Double qualité.

Payement comme acquéreur, non comme caution. — 11. Rescision. Lésion. Minorité. Exception personnelle au mineur. Caution.
Voy. *Portion disponible.* — III. Office. Prix. Mobilier. Communauté. — IV. Avantage prohibé. — V. Cautionnement.
Prescription. — 25. Lettre de change. Prescription quinquennale. Renonciation. Caution.
Rente. — 6. — 11. Caution solidaire du débiteur de la rente. Remboursement du capital. Service des arrérages.
Serment décisoire et supplétif. — 2. Effets de commerce. Prescription. Payement. Serment déféré à la caution. Fait d'un tiers.
Usufruit. — 1. Caution fournie. Libre disposition des capitaux. Créances à terme. Remboursement. Dispense de donner caution. — 2. Dispense de donner caution. Créances à terme. Remboursement. Mauvaise administration. Déchéance. Mesures conservatoires. Caution.

1. — 25 juin 1842. — Dreyfus C. Dreyfus. — 1re Ch. — MM. Moreau, p. pr., Volland, d'Ubexi, av.

Quand un particulier en cautionne un autre pour une partie de la dette, et qu'il paye ultérieurement, il ne peut exiger la subrogation dans les droits du créancier qu'après le payement intégral de celui-ci. Si donc le débiteur a atermoyé ses créanciers avec réduction du capital, le créancier cautionné figurera pour l'intégrité de sa créance, et la caution sera sans droit aux répartitions.

2. — 21 mai 1832. — Florion. C. Antoine. — 1re Ch. — Bresson, pr., Poirel, p. av. gén., Bresson, Moreau, av.

Un acte authentique par lequel un commerçant et sa femme s'obligent solidairement à fournir, à toute réquisition, à tous banquiers ou particuliers, qui ouvriraient un crédit au mari, une garantie suffisante pour couvrir ce crédit, n'engage la femme qu'à donner des sûretés hypothécaires, ou autres, et non à rembourser le prêteur. — Il ne peut pas, notamment, être considéré comme un aval des lettres de change qui seraient créées ultérieurement, en exécution du crédit ouvert.

3. — 25 avril 1837. — Lang C. Meyer. — 1re Ch. — MM. Mourot, pr., Louis, La Flize, av.

Le cautionnement donné à l'Etat, en faveur d'un entrepreneur de travaux publics, par une tierce personne, qui a rempli les formalités nécessaires pour se réserver le privilége de second ordre, ne peut pas profiter aux ouvriers employés par cet entrepreneur à l'exécution des travaux cautionnés.

4. — 25 février 1853. — Lachapelle C. Mansuy-Grandeau. — 1re Ch. — MM. de Metz, p. pr., Poirel, p. av. gén., Chatillon, Volland, av.

I. La caution solidaire de lettres de change, à raison desquelles elle a subi condamnation, avec contrainte par corps, peut, même avant d'avoir payé la dette, agir contre le débiteur pour être par lui indemnisée.

II. Mais le jugement qu'elle obtient ne peut prononcer la contrainte par corps.

III. Cette indemnité consiste dans la somme nécessaire pour désintéresser le créancier, et ne saurait être qualifiée de dommages-intérêts qui puissent être sanctionnés par cette voie rigoureuse.

5. — 25 mai 1844. — Etienne C. Colin. — 1re Ch. — MM. d'Arbois, ff. pr., Mamelet, Volland, av.

Une offre de caution est tardive, quand elle n'est consignée que dans un acte signifié après les plaidoiries; il n'y a pas lieu d'en donner acte.

6. — 2 avril 1852. — Baudot C. de Lasalle. — 1re Ch. — MM. de Metz, p. pr., La Flize, Bresson, Berlet, av.

Est valable, même de la part d'une femme mariée, le cautionnement donné pour une somme indéterminée, si, d'ailleurs, cette somme peut se déterminer par un compte ultérieur.

7. — 27 janvier 1843. — Toussaint C. Antoine. — 1re Ch. — MM. Mourot, pr., Maire, Volland, av.

I. Si la caution est déchargée quand la subrogation aux droits, hypothèques et priviléges du créancier ne peut plus, par le fait de ce dernier, s'opérer en faveur de ladite caution, toutefois cette décharge n'est point absolue; elle est réduite à la somme que la caution est privée de recouvrer contre le débiteur principal, par le fait du créancier (C. civ. 2037, 1382).

II. L'article 2037 est applicable aux codébiteurs solidaires, qui ne sont, vis-à-vis les uns des autres, que des cautions (C. civ. 1213, 1251, §3).

III. Le créancier qui porte atteinte aux droits du débiteur solidaire, en diminuant ses sûretés, et en paralysant l'effet de la subrogation légale, décharge, par là même, ce débiteur des effets de la solidarité, jusqu'à concurrence de la somme que celui-ci est dans l'impossibilité de recouvrer sur son codébiteur.

8. — 4 juin 1840. — Germain C. Desrivages. — 1re Ch. — MM. de Metz, p. pr., La Flize, Catabelle, av.

Le créancier qui transige avec le débiteur perd, par cela même, son recours contre la caution.

CAUTIONNEMENT.

Voy. *Caution*.

CENS.

Voy. *Absence.* — 3. Militaire absent. Cohéritier. Succession. Envoi en possession. Débiteur du défunt. Annuité d'un cens.
Acensement. — Terres vagues. Cens. Possession et jouissance postérieures à l'édit de 1729.
Degrés de juridiction. — 5. Cens perpétuel d'une certaine quantité de blé. Demande indéterminée.
Domaine engagé. — 1. Cens. Commune. Affranchissement. Confusion. — 5. Édit de 1729.

Voy. *Faillite.* — 15. — XI. Payement par le failli débiteur principal. Action des syndics contre la caution.
  Obligation divisible et indivisible. — Cens. Copropriétaires indivis. Indivisibilité.
  Prescription. — 20. Interruption de prescription. Acensement. Payement du cens. — 23. Interruption de prescription. Corrélatifs. Exécution d'un acte synallagmatique, par l'une des parties, non opposable à l'autre. Cens. Arrérages. — 24. Interruption de prescription. Corrélatifs. Payement du cens par le censitaire.
  Rente. — 1. Acensement. Habitant. Maire chargé de lever la rente. Charge communale. — 2. Cens. Erreur dans l'évaluation. Rectification. Tarif municipal. Canaux. Égout. Payement du cens. Reconnaissance implicite du droit. — 3. Rente constituée. Cens. Rente qualifiée de seigneuriale. Titre nouvel. Tiers détenteur. Charges prescrites.
  Usage forestier. — 11. — IX. Cens applicable à diverses concessions. Ventilation.

CENS ÉLECTORAL.

Voy. *Élections législatives.* — 2. Bail. Cercle de lecture. Contributions des portes et fenêtres. Cens électoral. — 6. Biens communaux. Produits partagés entre les habitants. Contributions payées par eux. Cens électoral. — 24. Patente. Timbre. Cens électoral. — 25. Patente. Timbre. Cens électoral. — 36. Société en commandite. Gérant. Part proportionnelle de l'impôt foncier. Cens électoral.

CENSURE.

Voy. *Discipline.* — 2. Censure avec réprimande. Faits qui peuvent la motiver. Notaire.

CERTIFICAT.

Voy. *Responsabilité.* — 1. Identité attestée. Erreur. Préjudice. Responsabilité du signataire. — 5. Certificat. Fait faux. Responsabilité du signataire. Recrutement. Maire. Témoin. Dommages-intérêts.

CESSION.

Voy. *Degrés de juridiction.* — 6. Cessionnaires. Divisibilité de la créance cédée. Part inférieure à 1500 fr. Dernier ressort.
  Domaine engagé. — 2. Cession des droits de haute, moyenne et basse justice, des cens, rentes, redevances et prestations.
  Donation. — 7. Donation déguisée. Validité. Transport de créances. Double original.
  Émancipation. — Mineur. Cession des revenus de l'année courante avant l'échéance. Utilité.
  Mandat. — 10. Pouvoir de vendre, de donner des quittances subrogatoires. Pouvoir virtuel de faire des cessions et transports. Cessionnaires. Mandataire substitué.
  Obligation. — 13. Transport de créance. Acte libératif sous seing privé. Défaut de date certaine. Présomption de sincérité.
  Office. — 1. Cession d'office. Acheteur non agréé par le roi. Nullité du traité.

CHOSE JUGÉE.

Voy. *Payement.* — 1. Cession de biens non saisis. Déconfiture. Validité de la cession faite, sans fraude, en payement d'une dette sérieuse.
Transport. — 1. Héritier. Cession. Reprises de la veuve. Adhésion de l'héritier non proposable contre le cessionnaire. — 2. Rétrocession. Faillite du cédant. Action en nullité de la rétrocession par les syndics. Premier transport non signifié. Signification du transport après la faillite.
Vente. — 29. Transport de créance. Cession. Acte authentique. Exécution parée. Cession par acte sous seing privé.

CHAMBRE DE DISCIPLINE.

Voy. *Discipline.*

CHEMIN PRIVÉ.

Voy. *Voirie.* — 3. Chemin. Avenue. Chemin privé. Titres. Possession. Passage. Tolérance. Entretien. Elagage. Location de pâture. — 13. Chemin. Servitude. Chemin d'exploitation. Caractère d'un chemin public.

CHEMIN PUBLIC.

Voy. *Commune.* — 9. Chemin. Arbres. Fossé. Terrain vain et vague.
Prescription. — 33. Voie publique. Chemin communal. Chose hors du commerce. Prescription décennale. Tiers détenteur. Titre et bonne foi.
Voirie. — 2 à 17 inclus. 23.

CHEMIN RURAL.

Voy. *Voirie.* — 16. — III. Chemins publics ruraux et communaux. Classement. Loi des 16-24 août 1790. Propriété. Servitude. Compétence judiciaire. — V. Sentier. Chemin rural. Propriété. Chemin vicinal. Préfet. — 25. — I. Sentier. Communication entre deux villages. Chemin rural. Arrêté du préfet. Compétence administrative. Compétence judiciaire. Servitude de passage.

CHOSE JUGÉE.

SOMMAIRE.

1. *Arrêté ministériel.* — Arrêt fondé sur cet arrêté. Annulation postérieure de l'arrêté. Nouveau jugement.
2. *Bois.* — I. Revendication de la propriété. Rejet de la demande. Réserve d'un droit d'usage. Chose jugée sur ce droit d'usage ? — II. Aveu. acceptation. Acte demandé. Contrat judiciaire.
3. *Demande incidente.* — Abandon. Réserves. Instance nouvelle. Demande en démolition.
4. *Influence de la chose jugée au criminel sur le civil.* — Mineur de 16 ans. Défaut de discernement. Dommages-intérêts.
5. *Influence de la chose jugée au criminel sur le civil.* — II. Vol. Culpabilité. Somme volée. Action civile en dommages-intérêts. Quotité. Présomption. — III. Vol. Preuve. Présomptions.
6. *Qualité des parties.* — Identité nécessaire. Créancier hypothécaire. Créancier chirographaire. Ordre. Saisie-arrêt.
7. *Sentence arbitrale.* — I. Loi du 10 frimaire an II. Loi du 14 ventôse an VII. Domanialité. Identité de demande. Identité de cause. Prise de possession. Payement du

quart. — II. Autorité de la chose jugée attribuée au dispositif seul. Motifs. — III. Loi de l'an VII. Déguerpissement comminatoire en cas de non payement dans le délai.

8. *Séparation de corps.* — I. Provision. Liquidation. Rapport de la provision non demandé. Homologation. Réclamation tardive du rapport de la même provision. Chose jugée. — II. Office ministériel. Propre du mari. Date de l'acquisition. Date de l'investiture. Erreur de date. Erreur de fait. Aveu. Rétractation. — III. Transmission de l'office par le traité, non par l'institution royale.

RENVOIS.

Voy. *Acquiescement.* — 8. Dispositif obscur. Silence. Chose jugée.

Cassation. — Arrêt cassé. Chefs résolus en faveur du demandeur en cassation. Chose jugée. Etendue des pouvoirs de la cour de renvoi.

Compte. — 1. Chose jugée. Points débattus et décidés. Rectification non recevable. Articles tirés hors ligne sans débat. Rectification recevable.

Domaine engagé. — 3. Commission. Arrêt. Chose jugée. Acte administratif. — 6. Forêt. Futaie. Le quart. Compétence judiciaire. Chose jugée. Législation lorraine. Loi du 14 ventôse an VII. Loi du 15 mai 1818. — 0. Edit de 1720. Commission de réunion. Commission spéciale.

Interdiction. — 1. — II. Jugement d'interdiction. Chose jugée. Démence notoire.

Jugement préparatoire, interlocutoire, définitif. — Exécution sans réserves. Acquiescement. Chose jugée.

Louage. — 9. — I. Femme cofermière avec son mari. Caution solidaire. — II. Chose jugée avec le mari. Créanciers du mari non recevables à remettre le même point en question.

Témoin. — 7. Reproches rejetés par un premier jugement resté sans appel. Chose jugée. Appel du jugement du fond. Fin de non recevoir contre les reproches.

Usage forestier. — 1. Affectation. Usage. Acte administratif. Arrêté du conseil de préfecture. Simple avis. Compétence judiciaire. Chose jugée. — 48. Sentence antérieure à la loi du 28 août 1792. Commune. Chose jugée. Péremption.

Vente publique d'immeubles. — 0. Déchéance. Rejet. Chose jugée.

---

1. — 12 novembre 1841. — Collin C. la commune de Hattigny. — 1re Ch. — MM. Moreau, p. pr., Poirel, p. av. gén., La Flize, Catabelle, av.

Un arrêt qui est uniquement motivé sur un arrêté ministériel, attaqué par le défendeur, mais non encore annulé par le conseil d'Etat, n'acquiert point l'autorité de la chose jugée. Lors donc que l'arrêté est annulé, on peut se représenter devant les tribunaux pour faire juger de nouveau le procès primitif.

2. — 30 juillet 1836. — de Rutant C. la commune de Saint-Thiébault. — Ch. réun. — MM. de Metz, p. pr., Fabvier, proc. gén., concl. conf., Lecomte (de Chaumont), Volland, av.

Une commune réclamant la propriété d'un bois, le propriétaire lui répond qu'elle n'en a pas la propriété, mais seulement l'usage; et, sur la demande de la commune, l'arrêt lui réserve formellement ses droits d'usage reconnus: il n'y a, dans cet arrêt, sur l'existence de ce droit d'usage, ni chose jugée proprement dite, ni contrat judiciaire.

— Dans le doute, l'exception de la chose jugée doit toujours être écartée (C. civ. 1351).

II. Le contrat judiciaire ne peut résulter des aveux les plus formels d'une partie, même acceptés par l'autre, si, d'ailleurs, la partie qui prétend les accepter, n'en a pas demandé acte.

Nota. Cet arrêt a été cassé le 15 juillet 1841. (D. 41. 1. 300. — S. 41. 1. 882.)

3. — 28 décembre 1840. — Boudouille C. Goutière. — 2ᵉ Ch. — MM. Mourot, pr., Garnier, av. gén., concl. conf., Volland, La Flize, av.

Lorsqu'un défendeur, après avoir formé d'abord une demande incidente en démolition d'un bâtiment, abandonne ensuite implicitement cette prétention, et se borne à demander acte des réserves qu'il fait de la reproduire, le jugement qui intervient sur la demande principale, en cet état des conclusions, ne peut avoir l'autorité de la chose jugée sur la demande en démolition, ni être opposé au défendeur qui, plus tard, renouvelle cette prétention, dans une instance principale.

4. — 27 janvier 1836. — Noël C. Emegembirm. — 2ᵉ Ch. — MM. de Sauzé, ff. pr., Bresson, av. gén., concl. conf., Volland, Antoine, av.

Le jugement correctionnel qui déclare qu'un enfant, prévenu d'un délit, a agi sans discernement, peut servir de base au jugement civil sur l'adjudication de dommages-intérêts. (Voy. aff. *Villemin C. Marchand.* — 10 décembre 1839.)

5. — 10 mai 1844. — Devaux C. Douzant. — 1ʳᵉ Ch. — MM. Cléret, ff. pr., Garnier, av. gén., concl. conf., Lefèvre, Catabelle, av.

I. Un fait coupable, déclaré constant par une cour d'assises, ne peut plus être contesté devant une autre juridiction. — La décision criminelle a une autorité *préjudicielle et souveraine* sur la décision civile qui lui est subordonnée, encore que le plaignant ne se soit pas constitué partie civile devant la cour d'assises. (Cass. 5 mai 1818.)

II. Mais l'autorité de la chose jugée, sur la question préjudicielle, doit être limitée à ce qui a été formellement décidé par la cour d'assises. — Ainsi, lorsque l'accusé a été déclaré coupable d'un vol d'argent, si la somme volée ne se trouve indiquée ni dans les questions posées au jury, ni dans l'arrêt de jugement, il y a lieu, de la part de la juridiction civile, ultérieurement saisie d'une demande en dommages-intérêts, fondée sur ce vol, de rechercher s'il existe dans la cause des présomptions graves, précises et concordantes, qui permettent aux juges de fixer la quotité de la somme volée.

III. A part l'autorité de la chose jugée, résultant de l'arrêt de la cour d'assises, les tribunaux civils pourraient toujours rechercher si la demande en dommages-intérêts, fondée sur un vol, n'est pas appuyée sur des présomptions graves, précises et concordantes.

6. — 22 mai 1834. — Sauce C. Caillard. — 2ᵉ Ch. — MM. Troplong, pr., Berlet, Humbert (de Toul), av.

Pour qu'un jugement ait l'autorité de la chose jugée dans une instance postérieure, il faut que les parties procèdent dans la *même qualité*. Ainsi, le jugement rendu contre un individu agissant en qualité de créancier *hypothécaire* ne peut être opposé à une action ultérieure formée par le même, comme créancier *chirographaire*.

Spécialement : un jugement rendu dans une instance d'ordre, et qui décide qu'un désistement d'appel, non accepté, n'a pas produit son effet, ne peut être opposé, sur la validité de ce désistement, au même créancier poursuivant comme créancier chirographaire, et agissant par la voie de la saisie-arrêt.

7. — 20 juin 1843. — Le Préfet de la Meuse C. Hurbal. — 1re Ch. — MM. Mourot, pr., Garnier, av. gén., concl. conf., Volland, d'Ubexi, av.

I. Une sentence arbitrale rendue sous l'empire de la loi du 10 frimaire an II, et qui, conformément à cette loi, ordonne la *prise de possession*, par le Domaine, d'un immeuble considéré alors comme domanial, n'a point l'autorité de la chose jugée sur la domanialité de cet immeuble, et l'Etat ne peut s'en prévaloir pour demander l'application au possesseur du même immeuble des dispositions de la loi du 14 ventôse an VII : *la chose demandée*, en vertu de cette dernière loi, à savoir, le *payement du quart*, sinon le déguerpissement, n'est pas la même que la chose demandée aux arbitres, en vertu de la loi de l'an II, à savoir, la prise de possession immédiate. — La demande n'est pas non plus fondée sur la *même cause*. La cause de la demande formée en l'an II était la loi du 10 frimaire an II ; la cause de la demande actuelle est la loi du 14 ventôse an VII ; or, la définition de la domanialité n'est pas la même dans ces deux lois ; des immeubles qui pourraient être déclarés domaniaux d'après la première, doivent être déclarés non domaniaux d'après la seconde, notamment en ce qui touche les provinces réunies.

II. C'est au dispositif seul qu'appartient l'autorité de la chose jugée, et non aux motifs, quelque étroite relation qui existe entre ceux-ci et la décision : or la domanialité, dans la sentence de l'an II, n'est pas l'*objet*, mais le *motif* de la décision : l'objet de la décision, c'est la prise de possession immédiate de l'immeuble par l'Etat.

III. Le déguerpissement prononcé par la loi de l'an VII, en cas de non payement du quart dans un certain délai, n'est que comminatoire.

Nota. Du même jour, même arrêt dans l'affaire du *Préfet de la Meuse C. Guilleau-Franchot.*

8. — 20 novembre 1842. — Etienne C. Etienne. — 2e Ch. — MM. Costé, pr., Garnier, av. gén., concl. conf., Volland, La Flize, av.

I. Lorsqu'un premier jugement acquiescé a fixé la provision qu'un mari, séparé de corps d'avec sa femme, devait payer à celle-ci, et qu'un second jugement, statuant sur certains contredits élevés par le mari sur un projet de liquidation de la communauté, a ordonné le rapport d'une portion déterminée de la provision ; que le mari s'est pourvu contre ce jugement, et a proposé plusieurs griefs, sans parler du chef relatif au rapport de la provision, et que, en conséquence, en statuant sur les griefs proposés, la cour a ordonné que le jugement sortirait son plein et entier effet, *sur toutes les dispositions non contestées par* les parties, ou non modifiées sur leurs appels, il y a chose jugée sur les points non contestés et tranchés par les jugements antérieurs, notamment sur la détermination de la quotité de la provision sujette à rapport.

II. Mais quand aucun contredit n'avait été élevé d'abord sur un point du projet de liquidation, par exemple, sur l'attribution à la communauté du prix d'un office ministériel, et que, plus tard, le mari prétend que cet office était propre à lui, et non un acquêt de communauté, il est recevable à faire cette preuve, et à justifier de l'erreur de date (qui est une erreur de fait), par suite de laquelle il avait consenti à l'homologation de cette partie du projet de liquidation.

III. Ce n'est pas l'institution royale qui confère la propriété d'un office ministériel, mais bien le traité de cession de l'office. Ainsi, l'office acheté par le mari, avant son mariage, est un propre, lors même que l'ordonnance royale de nomination serait postérieure au mariage.

Nota. Un pourvoi en cassation a été formé contre cet arrêt par la dame Etienne. Il a été rejeté par arrêt de la chambre des requêtes du 22 janvier 1844. (Voy. Gazette des tribunaux, 24 janvier 1844.)

CIMETIÈRE.

Voy. *Expropriation.* — 2. Cimetière. Ville. Campagne voisine. Dépréciation. *Servitude.* — 1. Cimetière. Clôture. Imprescriptibilité. Passage.

CLAUSE COMPROMISSOIRE.

Voy. *Arbitrage.* — 9. — II. Clause compromissoire. Validité.

CLAUSE DE BON PLAISIR.

Voy. *Usage forestier.* — 21. — IV. Clause de bon plaisir. Clause de forme. Abus de la puissance féodale. — 42. — III. Clause révocatoire et de bon plaisir ajoutée au titre primitif par les commissaires de 1702. Abus de la puissance féodale. Loi du 28 août 1792.

CLAUSE DE NON GARANTIE.

Voy. *Vente.* — 2. Contenance. Clause de non garantie. Arpentage préalable.

CLAUSE DE RETOUR.

Voy. *Donation.* — 1. Clause de retour. Seigneurie patrimoniale. Duc de Lorraine.

CLAUSE PÉNALE.

Voy. *Dommages-intérêts.* — 3. Travaux ordonnés. Inexécution. Incident. Acte d'avoué. Demande principale en dommages-intérêts. Frais frustratoires.
Rente. — 4. Rente viagère. Condition résolutoire. Clause pénale. Nullité de plein droit.
Vente. — 21. Réméré. Terme de rigueur. Prorogation interdite au juge. Déchéance. Payement de fermage. Clause pénale. Mise en demeure inutile.

CLAUSE RÉSOLUTOIRE.

Voy. *Vente.* — 1. Clause résolutoire. Prix non payé. Simple sommation. Restitution des à-compte versés.

COMMAND.

Voy. *Contrat de mariage.* — 12. Déclaration de command. Transmission de la propriété. Immeuble indivis avec une femme mariée. Propre. Hypothèques consenties par l'ancien propriétaire.

COMMANDEMENT.

Voy. *Contrainte par corps.* — 3. Acte de poursuite. Incarcération. Huissier non porteur de l'ordonnance sur référé qui l'autorise. Copie de l'acte d'écrou.
Degrés de juridiction. — 7. Commandement. Somme inférieure à 1800 fr. Délaissement d'immeubles de valeur indéterminée. Premier ressort.
Exécution des jugements et actes. — 1. Acte d'exécution. Signification du titre à l'héritier du débiteur. Commandement de payer.
Exploit. — 21. Commandement. Créancier désintéressé. Subrogation.
Faillite. — 17. Ouverture de faillite. Protêts. Commandement. Lettres missives.
Jugement par défaut. — 6. Exécution. Commandement.
Prescription. — 16. 17. Intérêts. Commandement. Prescription quinquennale. Prescription trentenaire.
Saisie-exécution. — 1. Commandement. Acte d'exécution.

COMMENCEMENT DE PREUVE PAR ÉCRIT.

Voy. *Abus de blanc seing.* — Preuve testimoniale. Commencement de preuve par écrit. Valeur indéterminée.
Donation. — 7. — VI. Commencement de preuve par écrit. Acte sous seing privé non fait double.
Partage. — 1. Acte de partage. Preuve écrite. Commencement de preuve par écrit. — 13. Preuve. Présomptions. Témoins. Commencement de preuve par écrit.
Preuve littérale. — 6. — I. Bon pour. Femme de laboureur. — III. Commencement de preuve par écrit. Présomptions. — 7. 8. Bon pour. Omission. Billet. Commencement de preuve par écrit. — 10. Coupe de bois. Vente par un propriétaire à un marchand de bois. Contrat civil. Commencement de preuve par écrit. Présomptions. — 15. Inventaire. Commencement de preuve par écrit. Présomptions.
Preuve testimoniale. — 1. Commencement de preuve par écrit. Bail écrit, mais non signé par le propriétaire. — 2. Commencement de preuve par écrit. Femme mariée. Lettres émanées de son mari seul. — 3. Commencement de preuve par écrit. Interrogatoire sur faits et articles. — 4. Commencement de preuve par écrit. Police d'assurance. Omission d'approbation par l'une des parties. — 5. Commencement de preuve par écrit. Simulation. Acte sans cause. — 6. — 1. Commencement de preuve par écrit. Vente publique. Enchère au nom d'un tiers. Procès-verbal du notaire.

Voy. *Société civile.* — 4. Preuve testimoniale. Commencement de preuve par écrit. Associé. Tiers.
Usage forestier. — 45. Preuve testimoniale. Commencement de preuve par écrit. Pâturage. Jouissance.
Voirie. — 3. — 11. Preuve testimoniale d'un aveu verbal d'anticipation. Commencement de preuve par écrit.

COMMERÇANT.

SOMMAIRE.

1. *Entrepreneur de charpente.* — Construction et location de baraques. Acte de commerce.
2. *Logeur en garni.* — Achat de meubles. Acte de commerce.
3. *Meunier.* — Achat de grains pour les convertir en farine. Achat de meules pour son usine. Acte de commerce.

RENVOIS.

Voy. *Compétence civile.* — 9. Commerçant. Billet. Cause commerciale présumée. Preuve contraire. Acquisition d'immeubles.
Mandat. — 2. Facteur. Garde vente. Commerçant. Homme de service.

---

1. — 5 juillet 1841. — Pillot C. Dubouchet. — 1re Ch. — MM. Moreau, p. pr., Garnier, av. gén., concl. conf.; Lefèvre, Louis, av.

L'entrepreneur de charpente, qui construit des baraques pour la foire, est commerçant : la location des baraques est un acte de commerce.

2. — 26 juillet 1833. — Vidal C. Flajolet. — 1re Ch. — MM. Troplong, pr., Bouchon, subst., La Flize, Mamelet, av.

Un logeur en garni est commerçant ; il fait un acte de commerce en achetant les objets nécessaires pour meubler sa maison.

3. — 14 novembre 1840. — Nicolas C. Vilmans. — 1re Ch. — MM. Costé, pr., Poirel, p. av. gén., Maire, La Flize, av.

Celui qui exploite un moulin ne peut être rangé dans la classe des commerçants qu'autant qu'il achèterait des grains pour les convertir en farines destinées à la vente, mais non lorsqu'il se borne à moudre pour autrui moyennant une rétribution. Dans ce dernier cas, il ne fait pas acte de commerce en achetant des meules pour l'usine qu'il exploite lui-même.

COMMIS MARCHAND.

Voy. *Compétence commerciale.* — 4. Appointements. Demande en payement. Tribunal de commerce. — 5. Commis marchand. Facteur. Appointements. Action contre le négociant.
Responsabilité. — 8. Maîtres et commettants. Commis marchand. Dommage causé par imprudence. Responsabilité du marchand.

COMMIS VOYAGEUR.

Voy. *Mandat.* — 4. Commis voyageur. Pouvoirs limités. Connaissance donnée aux parties.

COMMISSAIRE-PRISEUR.

SOMMAIRE.

Procès-verbal de vente à l'enchère. — I. Acte authentique. Stipulation de terme ou de crédit. — II. Vente au comptant. Notaire. Terme. Objets mobiliers. Résidence du commissaire-priseur.

RENVOIS.

Voy. *Contrat de mariage.* — 16. Office de commissaire-priseur. Acquêt de communauté. Valeur. Produit capitalisé.

20 décembre 1833. Salle C. Munier. — 1re Ch. — MM. de Metz, p. pr., Poirel, p. av. gén., Volland, Moreau, av.

I. Les commissaires-priseurs peuvent insérer dans leurs procès-verbaux de vente à l'enchère, qui sont de véritables actes authentiques, toutes les stipulations de terme ou de crédit que veulent consentir les parties majeures et maîtresses de leurs droits.

II. Quand même les commissaires-priseurs ne pourraient faire que des ventes au comptant, les notaires ne pourraient pas, en accordant un terme pour le payement, faire eux-mêmes une vente à l'enchère d'objets mobiliers, dans le lieu où réside un commissaire-priseur.

Nota. Cet arrêt a été confirmé par la cour de cassation, le 8 mars 1837. (D. 37. 1. 168.) — Voy. Paris, 26 avril 1830. (D. 30. 2. 187. — S. 30. 2. 235.)

COMMISSION.

Voy. *Commissionnaire.*

COMMISSIONNAIRE.

SOMMAIRE.

1. *Consignation commerciale.* — I. Nantissement. Commissionnaire. Déposant et dépositaire habitant la même ville. Code civil applicable. — II. Mandat spécial de vendre les marchandises consignées. — III. Bailleur de fonds non commissionnaire. Art. 93 du Code de commerce. — IV. Droit de vendre les marchandises consignées laissé au commettant. Droit du commissionnaire.
2. *Contrat de commission.* — Durée indéterminée. Marchandise. Garde. Négligence. Dommages-intérêts. Résiliation du contrat.

RENVOIS.

Voy. *Acte de commerce.* — 3. Voiturier. Vente de son cheval.

1. — 14 décembre 1838. — Boullet C. Massenat. — 1re Ch. — MM. Costé, pr., Garnier, av. gén., concl. conf., Volland, La Flize, av.

I. Il n'y a pas un nantissement commercial différent de la consignation prévue et définie par l'art. 93 C. com. — En conséquence, entre commerçants, les règles du droit civil, relatives au nantissement, ne sont applicables que dans le cas exceptionnel prévu par l'art. 93 C. com., quand le commettant et le commissionnaire, le déposant et le dépositaire habitent la même ville.

II. Il n'est pas nécessaire à la validité du contrat de consignation commerciale, que le commissionnaire ait le mandat spécial de vendre lui-même les marchandises consignées : il suffit que les marchandises lui aient été adressées afin d'être vendues pour le compte du commettant, quand bien même le commettant se serait réservé le droit de les vendre lui-même. — Au surplus, le commissionnaire a toujours le droit de vendre lui-même, par cela seul que les marchandises lui ont été expédiées pour être vendues, à moins qu'une stipulation explicite ne lui refuse ce droit.

III. L'art. 93 ne doit pas être restreint aux commissionnaires seuls : il s'applique à tout bailleur de fonds qui se trouve dans les mêmes circonstances.

IV. Le droit de vendre les marchandises consignées, laissé au commettant, n'empêche pas que le commissionnaire, détenteur des marchandises, n'en ait la disposition légale.

2. —22 janvier 1842.—Bonvlé C. Collin et Cartry.—1re Ch.—MM. Mourot, pr., Poirel, p. av. gén., Volland, d'Ubexi, av.

Lorsqu'il intervient un contrat de commission d'une durée indéterminée, par lequel le commissionnaire doit recevoir une marchandise venue par eau (de la houille), puis l'expédier par terre, ce commissionnaire doit veiller par lui-même, ou par ses commis, à la garde de la marchandise, et indiquer exactement les quantités expédiées : autrement, outre les dommages-intérêts pour la marchandise perdue, il y a lieu à résiliation du contrat.

COMMUNAUTÉ.

Voy. *Contrat de mariage.* 7.— II. Immeubles de communauté restés indivis. Abrogation de la coutume. Loi du 17 nivôse an II.—10. Coutume de Saint-Mihiel. Immeuble indivis. Époux copropriétaire. Acquisition par la communauté.— 17. Partage du mobilier de la communauté. — 20 Propre de la femme. Mobilier de la communauté. Prélèvement par les ayants droit de la femme. Créanciers postérieurs à la dissolution.

Portion disponible. — III. Office. Prix. Mobilier. Communauté.

Séparation de biens. — 3. Dot. Apports tombés en communauté. Douaire éventuel.

COMMUNE.

SOMMAIRE.

1. *Aisance contestée entre deux habitants.*—Terrain communal. Moyen non proposable par l'habitant *ut singulus*.
2. *Appel de deux jugements.*—Autorisation d'appeler d'un seul.
3. *Arbre.*—Terrain. Fruits. Loi du 28 août 1792. Bornes. Plantation contradictoire. Plan. Procès-verbal.
4. *Aveu d'une commune.* — Aliénation de biens communaux. Rétractation.
5. *Bien communal.*—I. Charge. Redevance.—II. Jouissance commune. Répartition. — III. Concession primitive à une aggrégation d'individus. Erection en commune. Transformation du droit.
6. *Bois.* — Copropriété indivise entre deux communes. Partage par feux.
7. *Bois donnés à une mairie.* — Démembrement de la mairie. Habitants propriétaires *ut singuli*. Quart en réserve. Mise en cause du maire.

8. *Bois qualifiés de communaux.* — Commune qualifiée d'usagère dans des titres.
9. *Chemin.* — Arbres. Fossé. Terrain vain et vague.
10. *Chemin.* — Communication d'un lieu public à un lieu public. Présomption de publicité.
11. *Chemin.* — Propriété. Servitude. Autorisation. Demande incidente de la commune.
12. *Conclusions.* — Leur conformité avec l'autorisation de plaider. Désistement. Indication de la contenance. Omission.
13. *Conseil municipal.* — Ses pouvoirs. Acceptation d'une soumission. Simple avis. Rétractation. Autorisation préalable.
14. *Conseil municipal.* — I. Ses pouvoirs. Acquisition d'immeubles. Délibérations. Simple avis. — II. Offre acceptée par le conseil municipal. Ordonnance royale. Projet révocable.
15. *Créancier d'une commune.* — I. Action en indemnité. Autorisation. — II. Défaut d'autorisation. Nullité d'ordre public. Défenses au fond par la commune. — III. Arrêté du préfet qui rejette la demande. Équivalent d'autorisation de plaider. — IV. Autorisation de se défendre donnée à la commune par le conseil de préfecture.
16. *Enquête.* — Habitant. Conseiller municipal. Reproche. Intérêt direct et personnel.
17. *Exploit.* — I. Copie. Décès du maire. Absence de l'adjoint. Conseiller municipal. Art. 69 C. pr. — II. Huissier. Nullité d'acte. Responsabilité. Frais. Appel mal fondé.
18. *Fontaine communale.* — I. File de corps. Revendication du terrain sur lequel elle est établie. Titre. Possession. Présomption. Servitude d'aqueduc. Terrain vain et vague. Plan cadastral. Contribution. — II. Héritages contigus. Vente de l'un des deux. Mur de terrasse. Mitoyenneté. Reconnaissance. Aveu.
19. *Loi de Beaumont.* — I. Droits d'usage. Propriété. Chartes particulières. — II. Jugements obtenus par les communes. — III. Révision de ces jugements. Omission. Nullité. — IV. Réintégration. Preuve d'ancienne possession.
20. *Parcours.* — Clôture. Renonciation. Pâtis communaux. Location.
21. *Partage de pâtis indivis.* — Pièces à produire. Dommages-intérêts par chaque jour de retard.
22. *Pâtis communaux.* Portion. Habitant au pot et feu d'un de ses enfants. Année commencée.
23. *Prescription.* — I. Interruption. Déchéance. Lenteurs abusives de l'administration. — II. Ancien domaine de l'État. Seigneur. Vassal. Loi du 28 août 1792.
24. *Puissance féodale.* — Acte passé par une commune avec un seigneur autre que le sien. Validité. Loi du 28 août 1792.
25. *Réintégration.* — Propriété antérieure. Preuve. Titres. Appréciation.
26. *Réunion administrative d'un hameau à une commune.* — Biens communaux. Droits de propriété.
27. *Serment.* — Maire, sans qualité pour le déférer.
28. *Terrain vain et vague.* — Concession par le Domaine. Propriété privée. Lois de 1792 et 1793.
29. *Terrain vain et vague.* — I. Lois de 1792 et 1793. Preuve de la nature du terrain à cette époque. — II. Définition du terrain vain et vague. — III. Dépaissance du bétail commun. — IV. Terrain qualifié de pré ou terre dans des plans ou procès-verbaux.
30. *Terrain vain et vague.* — Possession. Prescription depuis 1793.
31. *Terrain vain et vague.* — I. Revendication. Lois de 1792 et 1793. — II. Danse et jeu de quilles. Acte possessoire. Abornement.
32. *Transaction.* — I. Ancien droit. Autorisation préalable. — II. Homologation postérieure à la transaction. Nullité. — III. Prescription quinquennale. Loi du 28 août 1792. Terres vaines et vagues. Prescription trentenaire. Biens productifs.
33. *Voie publique.* — Places et rues. Droits des riverains. Expropriation publique. Indemnité.

COMMUNE.

34. *Voie publique.* — Places et rues. Droits des riverains. Expropriation publique. Indemnité.

RENVOIS.

Voy. *Affouage.* — 1. Demande d'inscription sur la liste des affouagistes. Qualité. Preuve. — 2. Inscription sur la liste des affouagistes. Chefs de famille. Prestations.

Autorisation de plaider. — Commune. Défaut d'autorisation proposable en appel.

Chose jugée. — 2. Bois. Revendication de la propriété. Rejet de la demande. Réserve d'un droit d'usage. Chose jugée.

Compétence administrative. — 3. Commune. Rente en grains pour concession de terrain. Dette communale à la charge de l'État. Loi du 20 août 1793. Question préjudicielle administrative. Sursis.

Compétence civile. — 5. Biens communaux. Propriété contestée. Titres. Possession. Partage. Compétence judiciaire.

Domaine engagé. — 1. Cens. Commune. Affranchissement. Confusion. Loi du 14 ventôse an VII. Loi du 12 mars 1820.

Eau. — 18. Droit d'usage. Commune. Copropriété. Rachat.

Enseignement. — 1. Écoles secondaires. Concession de locaux. Bâtiments concédés aux communes.

Forêts. — I. — 11. Gruerie communale. Présomption de propriété.

Prescription. — 7. Coutume de l'évêché. Commune. Église. Prescription de 40 ans. Droits d'usage. — 10. Coutume de Verdun. Commune. Prescription de 40 ans. Action en réintégrante. Commune en possession. Interruption de prescription. — 21. — I. Interruption de prescription. Arrêt de surséance. — III. Coutume de Metz. Possession de 20 ans avec bonne foi. Mineur. Commune. — IV. Commune. Église. Prescription de 30 ans. — 20. Prescription décennale de l'art. 1304 C. civ. Commune. — 34. — III. Commune. Possession annale.

Preuve littérale. — 9. Commune. Vente de terrain. Délivrance. Excédant. Preuve testimoniale. — 18. *Res inter alios acta.* Commune. Titres.

Propriété. — I. Alluvion. Propriété close de murs. Vente. Interprétation. Commune. — II. Commune. Actes possessoires. Caractères. Terrain vain et vague. Lois de 1792 et 1793.

Revendication. — 1. — III. Terres vaines et vagues. Commune. Féodalité. Parcelles de terrain attenantes à des habitations.

Saisie immobilière. — 9. Vente par décret. Ancien droit français. Droit lorrain. Servitude. Charges réelles. Usufruit. Purge. Commune.

Servitude. — 32. Parcours de paroisse à paroisse. Droit Communal, non susceptible de revendication à titre singulier. — 38. Source nécessaire à une commune, à un village ou hameau. Prescription de l'indemnité. Riverain du cours de la source réduit au superflu des eaux nécessaires à la commune.

Témoin. — I. Commune. Habitant. Intérêt indirect. — II. Commune. Habitant. Enquête. Propriété communale. Revendication.

Usage forestier. — 3. Affouage. Vente ou échange. Commune usagère. Usufruit cédé par transaction. — 18. — II. Cantonnement. Commune usagère. Tiers denier des ventes extraordinaires. — 21. — I. Concession sans réserve par un seigneur à une communauté. Présomption d'irrévocabilité. — 30. — III. Maronage. Cessation de délivrance. Dommages-intérêts. Commune sans qualité pour les réclamer. — 34. Copropriété. Présomption. Partage de la futaie entre une commune et son seigneur. Transaction. — 37. Maronage. Commune. Édifices communaux. Silence des titres de concession et des titres récognitifs. — 38. Maronage. Droit concédé à une commune. Église. Fontaines. Maisons. — 42. Ordonnance du 15 mai 1702. Production de titres. Déchéance comminatoire. Possession ancienne de droits d'usage. Présomption légale de dépossession. Abus de la puissance féodale. Seigneur féodal. Seigneur du lieu. Clause révocatoire. — 47. Propriété. Prescription par l'usager. Possession. Interversion du titre. Commune usagère. — 49. Tiers denier. Conditions du maintien de ce droit. Titre originaire du droit d'usage. Conversion du droit d'usage illimité en droit d'usufruit limité. — 51. Tiers denier. Lorraine. Forêt usagère.

Voy. *Voirie.* — 1. Aisance communale, revendiquée par un habitant *ut singulus.* Défaut de qualité. Compétence administrative. Voie publique. — 4. 5. Chemin. Commune. Présomption de propriété. Jouissance. Entretien. Servitude de passage. — 6. Chemin. Commune. Propriété. Titres. Possession. Passage ancien. — 7. Chemin. Commune. Propriété. Titres douteux. Preuve testimoniale. Possession. Passage. Entretien. Baux de pâture. — 13. Chemin. Passage. Biens communaux. Aliénation. Exception. Loi du 20 mars 1813. — 21. — 1. Rue. Place. Domaine public communal hors du commerce. Titre contraire. — 23. Rue. Riverain. Droit acquis. Jours et issues. Constructions nuisibles. — 24. Sentier. Commune. Prieuré. Église. Verrerie. Hameau. Possession trentenaire. Servitude de passage. — 25. — III. Chemins publics et communaux. Classement. Loi des 16-24 août 1790. Propriété. Servitude. Compétence judiciaire. — 27. Usine. Chaussée. Pont. Étang. Passage. Commune. Copropriété. Titre.

***

1. — 10 décembre 1830. — Chateau C. Chateau. — 2ᵉ Ch. — MM. Mourot, pr., La Flize, Louis, av.

Dans une contestation entre deux habitants d'une commune, relativement à la propriété d'une *aisance* située au-devant de leurs maisons, l'un d'eux ne peut, en l'absence de la commune, soutenir que le terrain contesté est un terrain communal : ce serait exciper du droit d'autrui.

2. — 28 janvier 1843. — La commune de Récourt C. Millet. — 1ʳᵉ Ch. — MM. Mourot, pr., Poirel, p. av. gén., La Flize, Vollard, av.

Quand deux jugements ont été rendus dans une même affaire, intéressant une commune, et que la commune ne représente d'autorisation d'appeler que pour un seul, elle doit être déclarée non recevable dans l'appel qu'elle a interjeté de l'autre jugement.

5. — 7 juin 1842. — La commune de Louppy-le-Petit C. Roussel — 2ᵉ Ch. — MM. Costé, pr., Poirel, p. av. gén., La Flize, Volland, av.

Une commune qui se prétend propriétaire d'un arbre et d'un terrain, parce qu'elle en a recueilli les fruits, est empêchée, par la loi du 28 août 1792 (art. 14 et 17), de se prévaloir des actes de ce genre antérieurs à 1792. — Pour s'appuyer de l'existence de bornes, il faut que leur plantation ait été contradictoire, et constatée par un plan ou un procès-verbal.

4. — 14 février 1839. — La commune de Dogneville C. Lebègue. — 1re Ch. — MM. de Metz, p. pr., Poirel, p. av. gén., Chatillon, d'Arbois, av.

Les communes légalement autorisées à ester en justice sont libres de toutes leurs actions, et maîtresses de tous leurs droits, dans la limite de leur autorisation. En conséquence, les aveux et déclarations qu'elles auraient faits, les consentements qu'elles auraient donnés, fussent-ils même de nature à empêcher une aliénation de droits communaux, sont obligatoires pour elles comme pour toute autre partie, et ne peuvent plus être rétractés.

5. — 11 juin 1844. — de Frégeville C. Bijeon. — 2e Ch. — MM. Masson, ff. pr., Poirel, p. av. gén., Volland, Mamelet, La Flize, av.

I. Tout droit utile, dont la participation s'acquiert par le seul fait de l'habitation dans une commune, constitue, par cela même, un véritable bien communal, et les charges ou redevances auxquelles il est subordonné prennent nécessairement le même caractère, lorsqu'il suffit du même fait pour produire l'obligation de les payer.

II. La nature de ce droit et de cette charge ne peut s'altérer par l'effet des inégalités introduites dans la jouissance commune, ni par le mode convenu ou adopté pour la répartition, entre les habitants, des redevances à payer.

III. Il importe peu que la concession primitive d'un pareil droit ait été faite à une simple aggrégation d'individus, avant son érection en commune, et sans qu'il apparaisse de l'accomplissement des formalités alors en usage, ou introduites plus tard, pour la régularité de transactions de cette espèce, lorsque l'objet du procès n'est pas de contester la validité de la concession. D'ailleurs, l'acte qui aurait constitué en commune l'aggrégation concessionnaire, n'aurait pu produire cette transformation quant aux individus, sans l'effectuer aussi quant à leurs biens communs, qui, dès lors, seraient devenus communaux, ainsi que les charges dont ils étaient grevés.

6. — 30 décembre 1842. — La commune de Baalon C. la commune de Mouzay. — 1re Ch. — MM. Mourot, pr., Poirel, p. av. gén., La Flize, Volland, av.

Le partage de la propriété des bois, restés indivis entre deux communes, doit se faire d'après le nombre des feux respectifs, sans aucun égard pour le mode de jouissance antérieurement adopté par elles. — Le mode de cette jouissance reste sans influence sur le droit à la propriété, soit qu'elle se trouve être antérieure ou postérieure à la loi de 1793. — (Avis du conseil d'Etat des 20 juillet 1807 et 26 avril 1808; loi du 10 juin 1793, tit. 2, art. 15.)

7. — 17 juin 1842. — Saussard C. Jacquemin. — 1re Ch. — MM. Mourot, pr., Garnier, av. gén., concl. contr., La Flize, Volland, av.

Quand des bois ont été originairement donnés à une mairie, et que celle-ci a été ultérieurement démembrée, le fait que les habitants de l'ancien territoire ont tous conservé leurs droits, ne les rend point propriétaires chacun en droit soi. Les réclamations, à raison des coupes de quart en réserve, doivent être dirigées, non contre les particuliers, mais contre les communes : la mise en cause du maire et de la commune, comme détenteurs du prix, ne suffirait point pour régulariser l'instance.

8. — 19 mars 1841. — Le Préfet de la Meuse C. la commune de Sivry. — MM. Costé, p. Poirel, p. av. gén., Volland, La Flize, av.

Quoique ni les communes, ni l'ancien seigneur, ou l'Etat à ses droits, n'aient de titres anciens, la qualification de *communaux*, donnée aux bois dans des aménagements, abornements, délivrances, ne suffit point pour les faire attribuer à la commune en propriété, lorsque des transactions et arrêts la qualifient d'*usagère*.

9. — 26 avril 1842. — Seillières C. la commune de Gondrexange. — 2ᵉ Ch. — MM. Costé, pr., Poirel, p. av. gén., Volland, Louis, av.

La commune, dont un chemin est classé pour une largeur de huit mètres, ne peut, sans titres, réclamer des arbres espacés irrégulièrement à une plus grande distance de l'axe de ce chemin. — Elle ne peut se prévaloir de la circonstance qu'il existerait un fossé entre ces arbres et la forêt, dont le propriétaire prétend qu'ils font partie, lorsque ce fossé paraît ne point avoir eu pour objet de limiter la forêt, mais seulement de la mettre à l'abri du bétail, etc.; par exemple, quand, à l'intérieur de la forêt, il continue le long du chemin. — Un terrain, où sont ainsi crûs des arbres d'une certaine valeur, ne peut être rangé dans la classe des terres vaines et vagues attribuées aux communes.

10. — 18 janvier 1834. — Jacopin C. la commune de Charmois. — 2ᵉ Ch. — MM. Troplong, pr., Bresson, av. gén., Volland, Moreau, av.

Tout chemin situé dans l'enclave d'une commune, et fréquenté par tous les habitants, est, de droit, présumé communal, alors surtout qu'il aboutit d'un lieu public à un lieu public.

11. — 30 mai 1837. — Donnat C. la commune de Veckersviller. — 1ʳᵉ Ch. — MM. Mourot, pr., Bresson, av. gén.; concl. conf.; Volland, Antoine, av.

Une commune, autorisée par le conseil de préfecture à réclamer un chemin à titre de propriété, est implicitement autorisée à le réclamer à titre de simple servitude. Elle peut incidemment, en tout état de cause, et par un simple acte d'avoué, modifier ainsi sa demande primitive, sans avoir besoin de former pour cela, par exploit introductif d'instance, une demande nouvelle.

12. — 22 novembre 1845. — La commune de Sauvigny C. Perrin. — 1ʳᵉ Ch. — MM. Moreau, p. pr., Poirel, p. av. gén., d'Ubexi, La Flize, av.

La commune autorisée à plaider « sur une demande en *désistement* » d'environ 50 ares de pré, formant l'ancien lit de la Meuse, dont un » tiers se serait emparé à son préjudice, » n'est pas obligée de prendre des conclusions textuellement dans ces termes : elle peut retrancher, dans ses conclusions, l'indication de la contenance, et réclamer plus généralement le désistement de tout le terrain formant autrefois le lit de la rivière de Meuse.

13. — 20 janvier 1834. — La commune de Sommeille C. Harmand. — 1re Ch. —
MM. Bréton, pr., Bouchon, subst., Moreau, Chatillon, av.

Une délibération d'un conseil municipal, acceptant une soumission, n'est qu'un simple avis qui peut être rétracté, quand il n'a pas été précédé de l'autorisation royale, qui seule peut donner aux communes la capacité de s'obliger.

14. — 14 mai 1833. — La commune de Godoncourt C. Rigolot. — 1re Ch. —
MM. de Metz, p. pr., Pierson, av. gén., Bresson, Maire, av.

I. En matière d'acquisition d'immeubles, un conseil municipal ne peut pas obliger la commune qu'il représente; sa délibération n'est qu'un simple avis, et l'ordonnance royale qui la sanctionne a moins pour effet de ratifier une convention qui n'existe pas, que de rendre la commune habile à contracter.

II. Il suit de là qu'une délibération, par laquelle le conseil municipal accepte l'offre faite par un habitant de vendre à la commune un immeuble désigné, moyennant un prix convenu et à des conditions déterminées, n'est toujours, même après l'ordonnance royale qui autorise cette acquisition, qu'un projet essentiellement révocable.

15. — 4 février 1833. — La commune de Blainville C. Drouel et Vierron. — 1re Ch.
— MM. de Metz, p. pr., Fabvier, proc. gén., Bresson, Moreau, Antoine, av.

I. L'arrêté du 17 vendémiaire an x, qui impose à tout créancier d'une commune l'obligation de se pourvoir en autorisation près du conseil de préfecture, avant d'intenter aucune action, s'applique non-seulement au créancier d'une somme liquide, porteur d'un titre exécutoire, mais encore à celui qui prétend avoir droit à une indemnité, lors même que le principe de cette indemnité est contesté, et que le montant ne peut en être fixé que par experts.

II. La nullité résultante du défaut d'autorisation est d'ordre public, et n'est point couverte par les défenses au fond présentées par la commune devant les premiers juges.

III. L'arrêté du préfet qui rejette la prétention du demandeur, en lui réservant la faculté de se pourvoir devant les tribunaux, s'il s'y croit fondé, ne peut tenir lieu de l'autorisation du conseil de préfecture, exigée par l'arrêté précité.

IV. Il en est de même de l'autorisation de se défendre en justice, donnée à la commune par le conseil de préfecture lui-même.

16. — 20 avril 1836. — La commune de Courcelles C. Bernard. — 2e Ch. — MM. de Sansonetti, ff. pr., Poirel, p. av. gén., concl. conf., Chatillon, Volland, av.

Les habitants d'une commune peuvent être entendus comme témoins dans les enquêtes où la commune est en cause, quand ils n'ont pas un intérêt direct et personnel au procès. — Les conseillers municipaux eux-mêmes ne sont pas reprochables, quand même, en cette qualité, ils auraient conseillé le procès.

17. — 21 mai 1833. — La commune de Merviller C. la commune de Réhérey et Thellot. — 1re Ch. — MM. de Metz, p. pr., Bouchon, subst., Moreau, La Flize, Chatillon, av.

I. L'exploit d'intimation destiné à une commune doit, en cas de décès du maire, et d'absence momentanée de l'adjoint, être remis aux autorités indiquées par l'article 69 C. pr., et non à un conseiller municipal.

II. Lorsqu'un huissier fait un acte nul, il n'est responsable que des frais de cet acte et de sa mise en cause, si, d'ailleurs, l'appel est reconnu mal fondé.

18. — 11 mai 1843. — La commune de Marville C. Macquard. — 1re Ch. — MM. Mourot, pr., Garnier, av. gén., concl. conf., La Flize, Volland, av.

I. Une commune ne peut revendiquer, à titre de propriété, le terrain sur lequel est établie une file de corps conduisant les eaux d'une source à la fontaine communale, lorsqu'elle ne possède aucun titre qui lui attribue cette propriété, et que les faits de possession qu'elle invoque ne sont point pertinents et admissibles. — Vainement invoquerait-elle la présomption résultante de ce que, au-dessus et au-dessous du terrain litigieux, la propriété du sol, où passe la file de corps, ne lui est pas contestée par les riverains, et qu'il n'est pas vraisemblable qu'elle n'ait qu'un simple droit de servitude d'aqueduc dans le terrain intermédiaire (servitude que, du reste, son adversaire ne lui conteste pas.) — Vainement encore invoquerait-elle la présomption légale de propriété résultante de la loi de 1793, au profit des communes, sur les terrains *vains et vagues*, si la partie de terrain servant à l'aqueduc dont elle a la propriété non contestée n'est pas un terrain sans maître, mais figure au plan cadastral au nom de la commune, et si celle-ci en paye l'impôt.

II. Le propriétaire de deux héritages contigus, qui vend l'un d'eux, (un jardin) clos d'un *mur de terrasse*, sans exprimer que ce mur ne sera pas mitoyen, mais appartiendra exclusivement à l'acquéreur, est censé avoir voulu laisser la propriété de ce mur dans les termes du droit commun ; de telle sorte que si ce mur ne porte aucun signe particulier qui tende à exclure la mitoyenneté, cette mitoyenneté existe de plein droit. (C. civ. 653. 664.) — Vainement objecterait-on que, dans une réponse aux réclamations de la commune, adressée à l'administration, le défendeur aurait reconnu la mitoyenneté du mur, et rappelé qu'il avait offert de la payer. Cet aveu, dont la commune n'a pas demandé acte en première instance, ne saurait motiver la réformation du jugement qui a reconnu et proclamé la mitoyenneté du mur. — (Le jugement ni l'arrêt ne se sont pas occupés de cette objection, qui a été rejetée *formâ negandi*.)

19. — 23 mars 1859. — Borel de Brétizel C. la commune de Mouzay. — 1re Ch. — MM. de Metz, p. pr., Poirel, p. av. gén., concl. contr. sur les deux dernières questions, Gaudry (de Paris), Hennequin (de Paris), av.

I. Il ne suffit pas qu'une commune ait été jurée à la loi de Beaumont pour que ses droits d'usage s'étendent à la pleine propriété : ils peuvent même être fort restreints ; il faut s'attacher aux stipulations des chartes particulières.

II. La révision des jugements obtenus par les communes, ordonnée par le décret du 20 floréal an III et la loi du 19 germinal an XI, ne s'applique pas seulement aux jugements postérieurs à la loi du 28 août 1792, mais à tous ceux qui ont été rendus depuis l'origine de la lutte ouverte entre les communes et les anciens propriétaires de forêts.

III. Les jugements qui n'ont pas été soumis à cette révision sont réputés seulement non avenus. Ce n'est pas là une simple disposition comminatoire, mais une nullité réelle et encourue de plein droit, par la seule échéance du délai, et sans mise en demeure. Les communes restées en possession des forêts à elles assignées par ces jugements ont dû, comme les autres, se soumettre à cette formalité.

IV. L'art. 8 de la loi du 28 août 1792, qui permet aux communes de se faire réintégrer dans les biens dont elles auraient été dépouillées, exige la preuve de leur ancienne possession, et par conséquent est inapplicable quand il est prouvé que la possession qu'elles invoquent est récente, et résulte d'une usurpation commise par elles.

20. — 11 juillet 1845. — La commune de Laronxe C. la commune de Saint-Clément. — 1re Ch. — MM. Mourot, pr., Garnier, av. gén., concl. conf., Antoine, Louis, av.

La commune dont le droit de parcours, sur une commune voisine, se trouve restreint par des clôtures faites par des particuliers de celle-ci, peut renoncer à la faculté réciproque qui résultait du droit de parcours entre elle et cette commune.

Cette dernière ne peut résister à cette demande, soit par le motif que le fait de clôture, dont se plaint la commune voisine, est le fait de simples particuliers, et même, en partie, d'habitants de la commune demanderesse, qui possèdent des terres sur le territoire de la commune défenderesse; — soit parce que les terrains clos sont dans une proportion très-faible, eu égard à la masse des terrains qui demeurent soumis à l'exercice du parcours; — soit enfin parce que la commune demanderesse aurait elle-même effectué, sur son territoire, des clôtures semblables, au préjudice du droit réciproque de parcours de la commune défenderesse.

On doit le juger ainsi surtout lorsque la commune défenderesse a récemment loué des pâtis communaux qui lui sont échus par suite d'un partage avec la commune demanderesse, et qui, jusqu'alors, avaient été abandonnés, pendant toute l'année, à l'exercice du parcours réciproque d'une commune sur l'autre. (L. 28 septembre — 6 octobre 1791, titre 1er, sect. 4, art. 2, 6, 16, 17.)

21. — 27 mai 1845. — La commune de Jonville C. la commune de Sponville. — 1re Ch. — MM. Mourot, pr., Garnier, av. gén., concl. conf., d'Ubexi, av. (Arrêt par défaut.)

Quand un premier arrêt a ordonné une expertise à l'effet de procéder au partage, entre diverses communes, de plusieurs pâtis indivis entre elles, suivant le nombre respectif des chefs de famille ou des feux de ces communes; que ce partage ne peut être fait avec régularité qu'au moyen de certaines pièces possédées par deux de ces communes, et qu'elles refusent de communiquer, il y a lieu d'en ordonner la production, et d'imprimer une sanction à cette mesure par une condamnation éventuelle de dommages-intérêts, accordés par chaque jour de retard.

22. — 19 août 1841. — Michel C. la commune de Méréville et Gauzelin. — 1re Ch. — MM. Moreau, p. pr., Paillart, proc. gén., Grandjean, La Flize, av. (après partage.)

Lorsqu'un habitant se met au pot et feu d'un de ses enfants, il perd son droit à la portion de pâtis qui lui avait été attribuée; mais toute année de jouissance commencée, sans réclamation de la part de la commune, lui demeure acquise.

23. — 18 décembre 1841. — La commune de Gremilly C. le préfet de la Meuse. — 1re Ch. — MM. Moreau, p. pr., Poirel, p. av. gén., Bonnaire, Volland, av.

I. Quand une commune a présenté plusieurs mémoires où elle prétend des compensations avec l'État, et demandé plusieurs fois des autorisations de plaider, l'État ne peut lui opposer une prescription que ses agents, par des lenteurs abusives, auraient ainsi fait accomplir.

II. La réintégration, ordonnée par la loi du 28 août 1792, doit avoir lieu aussi bien contre l'ancien Domaine que contre les seigneurs particuliers, sur la seule preuve de la vassalité.

24. — 30 juillet 1830. — de Rutant C. la commune de Saint-Thiébault. — Ch. réunies. — MM. de Metz, p. pr., Fabvier, proc. gén., concl. conf., Lecomte (de Chaumont), Volland, av.

Pour qu'une commune puisse réclamer l'annulation d'un acte, en vertu de l'article 8 de la loi du 28 août 1792, il faut que la partie avec qui elle a contracté ait été son propre seigneur. — Il ne suffit pas que cette partie contractante ait été le seigneur de l'immeuble objet du contrat.

25. — 18 décembre 1841. — Le préfet de la Meuse C. les communes de Bréhéville et de Fontaines. — 1re Ch. — MM. Moreau, p. pr., Poirel, p. av. gén., La Flize, Volland, av.

Pour accueillir les demandes des communes en réintégration, il faut qu'elles prouvent leur propriété antérieure aux actes dont elles se plaignent; et, à défaut de titres anciens et précis, c'est une question d'appréciation. (Loi du 28 août 1792, art. 8.)

26. — 23 mars 1830. — La commune de Ban-de-Sapt C. Barbier et autres. — 1re Ch. — MM. Breton, pr., Troplong, av. gén., concl. conf., Antoine, Moreau, av.

La réunion d'un hameau à une commune, prononcée par l'autorité administrative, ne donne aux habitants du hameau réuni aucun droit de propriété sur les biens communaux de la commune principale.

27. — 10 juin 1842. — La commune de Cheniménil C. de Vaudechamps. — 1re Ch. — MM. Mourot, pr., Poirel, p. av. gén., Volland, La Flize, av.

Le maire d'une commune ne peut, même sur un point de procédure, déférer le serment à la partie adverse. Il faut, pour déférer un serment, avoir qualité pour transiger.

28. — 20 novembre 1853. — La commune de Moulainville C. Robinet. — 2e Ch. — MM. Troplong, pr., Bresson, av. gén., Berlet, Moreau, av.

Les lois des 28 août 1792 et 10 juin 1793 n'autorisent par les communes à réclamer un terrain vain et vague, lorsque le Domaine l'a concédé à des particuliers, et qu'il est devenu une propriété privée.

29. — 23 juin 1842. — La commune de Cheniménil C. de Vaudechamps. — 1re Ch. — MM. Mourot, pr., Poirel, p. av. gén., Volland, La Flize, av.

I. La commune, qui veut se prévaloir des lois de 1792 et 1793, pour revendiquer un terrain comme vain et vague, doit prouver qu'il était vain et vague à cette époque.

II. Un terrain vain et vague est celui qui ne reçoit point de culture, et ne donne point de fruits.

III. Le fait seul, quoique répété, du pâturage par le bétail commun ne suffit point, lors surtout qu'il s'agit de localités où quelquefois le propriétaire laisse plusieurs années ses propriétés incultes.

IV. Il est entièrement insignifiant quand des plans et procès-verbaux de 1781 ou 1782 qualifient le terrain de *pré* ou *terre*.

30. — 4 février 1842. — Chèvre C. la commune d'Autreville. — 1re Ch. — MM. Mourot, pr., Poirel, p. av. gén., Welche, d'Ubexi, Antoine, av.

Les terrains qui, étant vains et vagues en 1793, n'étaient alors possédés exclusivement par personne, appartiennent aux communes, à moins que ceux qui les ont occupés depuis ne les aient possédés pendant un temps suffisant pour prescrire.

31. — 19 juillet 1842. — La commune de Gorhey C. Saunier. — 2e Ch. — MM. de Sansonetti, ff. pr., Poirel, p. av. gén., Catabelle, Volland, av.

I. Les communes, qui sont obligées de former une action pétitoire pour réclamer un terrain vain et vague, ne peuvent plus s'appuyer sur les lois de 1792 et 1793.

II. Le fait d'avoir perçu une rétribution pour l'établissement d'une danse ou d'un jeu de quilles sur un terrain est un acte important de possession, ainsi que celui d'avoir aborné ce terrain avec un voisin. — (Il s'agissait d'un terrain tenant immédiatement au chemin, à la sortie du village.)

32. — 9 janvier 1834. — Le Domaine C. la commune de Merles. — 2e Ch. — MM. Troplong, pr., Bresson, av. gén., Volland, Chatillon, av.

I. Une transaction emportant aliénation d'un bien communal n'était valable, sous l'ancien droit, que quand elle avait été précédée d'une ordonnance d'autorisation émanée du souverain, et dûment enregistrée et vérifiée.

II. Un arrêt d'homologation, postérieur à la transaction, ne peut remplacer l'autorisation préalable, surtout quand cet arrêt a été rendu sur un exposé de faits inexact.

III. La prescription de cinq ans, prononcée contre les actions en revendication à former par les communes, aux termes de la loi du 28 août 1792, ne s'applique qu'aux terres vaines et vagues. La prescription ordinaire de 30 ans peut seule être invoquée quand il s'agit d'un terrain productif.

33. — 16 février 1831. — Cabouat C. la commune de Laimont. — 1re Ch. — MM. de Riocour, p. pr., Poirel, p. av. gén., concl. conf., Moreau, Volland, av.

Les communes, quoique propriétaires de leurs places et rues, ne peuvent y élever aucunes constructions nuisibles aux propriétés privées et à la jouissance de tous les habitants, du moins sans une expropriation régulière pour cause d'utilité publique, et sans le payement préalable d'une juste indemnité. — Une maison située ainsi sur une place ou une rue a des droits acquis, qui doivent être respectés. (Voy. Proudhon, du Domaine public, t. 2, n° 369 et suiv., p. 65.)

34. — 28 janvier 1840. — La commune de Beurey C. Chorlet. — 2e Ch. — MM. Mourot, pr., Garnier, av. gén., concl. conf., La Flize, Volland, av.

Même décision.

COMMUNICATION AU MINISTÈRE PUBLIC.

Voy. *Affectation.* — 7. — V. Cause communicable. Pièces nouvelles fournies après les plaidoiries, les conclusions du ministère public et un arrêt de mise en délibéré.

COMMUNISTE.

Voy. *Prescription.* — 4. 5. Possession exclusive. — 6. Communiste. Possession exclusive. Coutume d'Épinal.

COMMUTATION DE PEINE.

Voy. *Témoin.* — 5. Condamnation afflictive commuée en peine correctionnelle. Incapacité. Acte authentique.

COMPARUTION EN PERSONNE.

Voy. *Aveu.* — 2. Déclarations retenues au jugement. Aveu judiciaire irrévocable. Foi due au jugement. — 3. Comparution en personne. Déclarations sans précision. Foi due au jugement qui les constate. Aveux contraires à la défense de l'une des parties.

COMPENSATION.

SOMMAIRE.

1. *Cohéritiers renvoyés devant un notaire liquidateur.* — Compensation de créances.
2. *Commerçant.* — Compte courant. Fonds reçus avec mandat d'un emploi spécial.
3. *Créances liquides et personnelles.* — Héritier. Dette personnelle. Créance de la succession.

RENVOIS.

Voy. *Compte courant.* — 1. Compensation. Convention spéciale. Créance liquide.

Degré de juridiction. — 8. Compensation d'un billet supérieur à 1000 fr. Contestation d'un intérêt inférieur. Premier ressort.

Frais et dépens. — 14. Avoué représentant plusieurs parties. Distraction de dépens. Compensation.

Voy. *Louage.* — 14. Loyer échu. Réparations à la charge du propriétaire. Compensation.
Saisie. — 1. — 11. Aliments. Quotité saisissable.
Usufruit. — 4. Améliorations. Indemnité de réparations. Compensation.

---

1. — 10 mars 1842. — Lecourtier C. Lecourtier. — 1re Ch. — MM. Mourot, pr., Poirel, p. av. gén., Volland, Lefèvre, av.

Une fois que des parties ont été renvoyées devant un notaire liquidateur, comme cohéritiers, elles ne peuvent plus élever en justice de questions de compensation, ni distinguer, à cet égard, les créances liquides et les créances non liquides.

2. — 3 août 1844. — Schull C. la faillite Franel. — 1re Ch. — MM. Mourot, pr., Garnier, av. gén., concl. conf., Louis, Fleury, av.

Le commerçant, qui est en compte courant avec un autre négociant, ne peut compenser, avec la créance qui résulte à son profit du solde de son compte courant, des fonds qui lui ont été remis par son correspondant, avec mandat formel d'employer ces fonds à l'acquit d'une traite qu'il a tirée sur lui.

3. — 8 août 1835. — Demery C. Lippmann. — 1re Ch. — MM. de Metz, p. pr., Volland, Fabvier fils, av.

Pour que la compensation s'établisse entre deux créances, il faut qu'elles soient toutes deux liquides et personnelles. Ainsi, notamment, l'héritier pour partie d'une succession non encore liquidée ne peut opposer une créance de cette succession comme moyen de compensation avec une dette qui lui est personnelle.

COMPÉTENCE.

SOMMAIRE.

1. *Borne.* — Déplacement. Convention. Interprétation. Tribunal civil. Juge de paix.
2. *Déclinatoire.* — Rejet. Exécution provisoire du jugement sur la compétence. Jugement immédiat du fond. Nullité.
3. *Déclinatoire.* — Rejet. Exécution provisoire du jugement sur la compétence. Jugement immédiat du fond. Nullité.
4. *Déclinatoire.* — Rejet. Jugement immédiat du fond. Exécution du jugement de compétence. Nullité.
5. *Déclinatoire.* — Rejet. Jugement immédiat du fond. Exécution du jugement de compétence. Nullité. Tribunal de commerce. Garant non commerçant. Incompétence. Tribunal civil. Garant commerçant.
6. *Défendeurs.* — Choix du domicile de l'un d'eux par le demandeur. Obligation égale pour tous. Obligation principale pour l'un, éventuelle pour l'autre. Faillite. Syndics demandeurs. Tribunal du domicile du défendeur seul compétent.
7. *Eaux et forêts.* — Anciens tribunaux spéciaux. Décisions. Exécution. Compétence des tribunaux ordinaires.
8. *Exécution d'arrêt.* — Contestation nouvelle. Double degré de juridiction. Violation d'une défense de l'arrêt. Dommages-intérêts.
9. *Flottage.* — Arrêté préfectoral. Infraction. Dommages-intérêts. Compétence judiciaire. Acte administratif. Interprétation préalable. Sursis. Meunier. Flotteur. Echalas.
10. *Incompétence matérielle, relevée d'office par le ministère public ou par la cour.*

COMPÉTENCE.

— Tribunal de commerce. Société commerciale. Partage. Validité. Prêt hypothécaire. Évocation du fond.
11. *Incompétence relative.* — Demande en sursis. Renonciation implicite au déclinatoire.
12. *Juge de paix.* — Apprenti ouvrier. Apprenti négociant. Art. Profession libérale. Contrat d'apprentissage. Acte de commerce. Compétence commerciale.
13. *Juge de paix.* — Dommages aux champs. Tribunal de première instance. Incompétence couverte par le silence des parties.
14. *Juge de paix.* — Question préalable d'une valeur indéterminée. Compétence du tribunal de première instance.
15. *Juge de paix.* — Rixes ou voies de fait. Dommages intérêts. Délit correctionnel. Incompétence.
16. *Juge de paix.* — Rixes ou voies de fait. Dommages-intérêts. Délit correctionnel. Incompétence.
17. *Juge de paix.* — Rixes ou voies de fait. Dommages-intérêts. Délit correctionnel. Incompétence.

RENVOIS.

Voy. *Acquiescement.* — 2. Compétence. Jugement. Pourvoi en règlement de juges. Déchéance d'appel. Fin de non recevoir. Rejet. Appel incident. Mise en cause.
Appel. — 25. Infirmation d'un jugement fixant les bases d'une liquidation. Exécution. Compétence de la cour. Contredits nouveaux. Défense à l'action principale. — 26. Infirmation sur un chef. Évocation. Exécution du jugement. Compétence de la cour.
Élections départementales. — 11. Cours royales. Compétence. Inscriptions sur les listes électorales de canton.
Enseignement. — 1. — 11. Instituteur. Maître de pension. Cumul. Compétence.
Exception. — 5. Séparation de corps. Incompétence *ratione personæ.* Défense au fond. Fin de non recevoir.
Faillite. — 4. Compétence du tribunal du domicile du failli. Contestation entre les syndics et des tiers. Contestation née du fait même de la faillite. — 5. Compétence du tribunal du domicile du failli. Contestation née du fait même de la faillite. Réclamation des syndics contre les débiteurs du failli. Endossement fictif.
Frais et dépens. — 21. Matière sommaire. Compétence. Tribunal de commerce. Appel. Taxe.
Garantie. — 1. Garant appelé tardivement au procès. Déclinatoire. Compétence. Droits compromis. Rejet de la demande.
Instruction primaire. — 11. Instituteur primaire. Maître de pension. Cumul. Compétence.
Jugement par défaut. — 11. Radiation du rôle. Péremption. Compétence. Changement de domicile.
Manufacture insalubre. — Dommages aux fruits. Dépréciation d'immeuble. Juge de paix. Tribunal de première instance. Compétence. Indemnité.
Notaire. — 5. Compétence. Chambre de discipline. Suspension. Destitution. — 6. Compétence. Chambre de discipline. Suspension. Destitution. Tribunal civil. Peine disciplinaire. Incompétence. — 7. Compétence. Peines disciplinaires. Tribunal civil. Chambre de discipline.
Ordre. — 5. Ordonnance du juge commissaire. Opposition. Incompétence du tribunal. Appel.
Revendication. — 2. Compétence. Tribunal du domicile du tiers saisi. Contestations entre le saisissant et le saisi sur la propriété des objets saisis.

Voy. *Vacances.* — Jugement en matière ordinaire rendu pendant les vacations. Nullité.

Vente publique d'immeubles. — 9. — III. Demande en nullité d'une poursuite en expropriation. Incident. Compétence.

1. — 19 juin 1844. — Pseaume C. Thomassin. — 2ᵉ Ch. — MM. Masson, ff. pr., Poirel, p. av. gén., Antoine, La Flize, av.

Le tribunal civil est compétent, à l'exclusion du juge de paix, pour statuer sur une action résultante d'un déplacement de borne, lorsque le sort du litige dépend de l'interprétation de la convention en vertu de laquelle la borne avait été posée, et de la question de savoir si cette convention était obligatoire pour les parties, et quelle exécution elle devait recevoir.

2. — 7 mai 1841. — Collin C. La commune d'Arnaville et Mangin. — 1ʳᵉ Ch.— MM. Costé, pr., Garnier, av. gén., concl. conf., Welche, Volland, Catabelle, av.

Le tribunal ne peut juger le fond le même jour que la compétence en déclarant exécutoire, par provision, le jugement qui rejette le déclinatoire, sous prétexte qu'il y a *titre*, lorsque ce titre ne peut servir qu'à la solution de la question du fond, et ne tranche nullement la question de compétence.

3. — 6 juin 1844. — Duval C. Duval. — 1ʳᵉ Ch. — MM. d'Arbois, ff. pr., Garnier, av. gén., concl. conf., Louis, Villiaumé, av.

Après avoir rejeté un déclinatoire, le tribunal ne peut, par une seconde disposition, ordonner qu'il sera immédiatement plaidé au fond, et que cette disposition sera exécutée provisoirement, nonobstant appel, lorsque, d'ailleurs, la cause ne se trouve dans aucune des conditions qui, aux termes de l'art. 135 C. pr., peuvent autoriser les tribunaux à prononcer l'exécution provisoire. Il ne peut, dans ce cas, être prononcé sur le fond qu'après la signification à avoué de la décision qui a rejeté l'exception d'incompétence, et après l'expiration du délai de huitaine, durant lequel cette décision ne peut être exécutée ni frappée d'appel. (C. pr., 172, 454, 449, 450, 147, 425.)

4. — 4 février 1839. — La commune de Gibaumeix C. Demorgon. — 2ᵉ Ch. — MM. Mourot, pr., Garnier, av. gén., concl. conf., Volland, Chatillon, av.

Lorsqu'un déclinatoire pour incompétence est proposé et rejeté, le tribunal ne peut statuer au fond le même jour. Il doit renvoyer le jugement du fond au moins à huitaine, pour que la partie qui a proposé le déclinatoire puisse interjeter appel, et que le jugement puisse lui être signifié. (C. p., 172, 454, 449, 450, 147, 425.)

5. — 25 mars 1839. — Capitaine C. Bert. — 1ʳᵉ Ch. — MM. de Metz, p. pr., Poirel, p. av. gén., Catabelle, d'Arbois, av.

Est nul le jugement d'un tribunal civil qui statue à la fois sur une exception d'incompétence, proposée par l'une des parties, et sur le fond. — Cette nullité n'a pas été couverte par les conclusions prises au fond par la partie même qui avait proposé le déclinatoire. — Un garant non commerçant, appelé en garantie devant un tribunal de commerce, peut décliner la compétence des juges consulaires, saisis de la demande principale. — Mais il n'en est pas de même d'un commerçant appelé en garantie devant un tribunal civil : il doit procéder devant les juges qui ont la plénitude de la juridiction, et qui sont saisis déjà de la demande principale, à moins qu'il ne prouve que la demande originaire a été formée dans le but de le soustraire à ses juges naturels.

6. — 28 janvier 1841. — Méquignon C. la faillite Marcel. — 1re Ch. — MM. Costé, pr., Poirel, p. av. gén., Lefèvre, Calabelle, Poirel, Louis, av.

I. Si l'art. 59 C. pr., § 2, permet, lorsqu'il y a plusieurs défendeurs, d'assigner devant le tribunal du domicile de l'un d'eux, au choix du demandeur, cette disposition ne peut recevoir d'application que lorsque tous les défendeurs sont obligés également, et non lorsque les uns sont obligés principalement, et les autres éventuellement. (Dans l'espèce, des négociants de Paris étaient débiteurs principaux. Pour les détourner de leurs juges naturels, et les appeler devant le tribunal de commerce de Nancy, on avait mis en cause des personnes de Nancy, dont la présence au procès n'était pas nécessaire, et contre lesquelles on ne demandait condamnation que pour le cas où des exceptions seraient élevées par les négociants de Paris.)

II. L'art. 59, § 7, C. pr., portant qu'en matière de faillite les défendeurs seront cités devant le juge du tribunal du failli, ne s'applique qu'au cas où le failli lui-même ou les syndics sont défendeurs, et non à celui où ils sont demandeurs. Dans ce dernier cas, le défendeur ne peut être distrait de ses juges naturels.

7. — 21 février 1839. — la commune de Fribourg C. le Domaine. — 1re Ch. — MM. de Metz, p. pr., Poirel, p. av. gén., Chatillon, Volland, av.

Les tribunaux ordinaires sont compétents aujourd'hui pour régler l'exécution des décisions émanées des anciens tribunaux spéciaux, notamment en matière d'eaux et forêts.

8. — 20 avril 1850. — Grandgeorge C. Aubry. — 1re Ch. — MM. de Metz, p. pr., Bresson, av. gén., concl. conf., La Flize, Volland, av.

Une contestation née à l'occasion de l'exécution d'un arrêt, mais qui ne s'y rattache pas directement, qui n'a pas son principe dans l'arrêt lui-même, doit subir les deux degrés de juridiction, et non se porter, *omisso medio*, devant la cour qui a rendu l'arrêt. Il en est ainsi d'une demande en dommages-intérêts fondée sur la violation d'une défense faite par un arrêt antérieur, d'après les conventions des parties.

9. — 18 novembre 1843. — Stévenel C. Boutillot. — 1re Ch. — MM. Moreau, p. pr., La Flize, d'Ubexi, av.

I. Les tribunaux sont compétents pour statuer sur une demande en dommages-intérêts formée par un flotteur contre un meunier, pour de prétendues infractions à des arrêtés préfectoraux relatifs au flottage.

II. Il y a lieu de surseoir à prononcer sur une telle demande jusqu'à ce que les arrêtés préfectoraux aient été interprétés par l'autorité administrative, lorsque cette interprétation est nécessaire pour décider si le meunier a agi dans la limite de ses droits.

Spécialement : il en doit être ainsi, lorsqu'un flotteur réclame à un propriétaire de moulins des dommages-intérêts pour l'avoir forcé, avant de lui permettre de passer avec ses flottes, par les portières de ses moulins, de décharger et de déposer, sur le bord de la rivière, des bottes d'échalas qui étaient placées sur ces flottes, si le propriétaire des moulins excipe qu'il n'a fait qu'user du droit que lui accordait un arrêté du préfet, relatif au flottage de la rivière, selon lequel, d'une part, le flottage ne peut avoir lieu que pour les trains de planches et bois de construction, et non pour d'autres marchandises (notamment pour des échalas placés sur ces trains), et selon lequel, d'autre part, le *maximum* de l'épaisseur totale déterminée par l'arrêté pour les trains est de 40 centimètres, tandis que les bottes d'échalas des flottes et les bouts sur lesquels elles étaient placées avaient, réunis, une épaisseur de plus de 40 centimètres.

10. — 24 janvier 1842. — Bazin C. Arragain. — 2ᵉ Ch. — MM. Costé, pr.; Garnier, av. gén., concl. conf.; La Flize, Volland, av.

Bien qu'aucune des parties n'ait proposé, en première instance ni en appel, l'incompétence du tribunal de commerce pour prononcer sur la validité d'actes de partage d'une société commerciale, d'une vente de parts d'associés et d'un contrat de prêt constitutif d'hypothèques, l'incompétence étant matérielle peut être proposée pour la première fois en appel par le ministère public, ou prononcée d'office par la cour. — La cour peut évoquer et prononcer au fond, si l'affaire est en état. (C. pr. 457.)

11. — 7 juillet 1843. — Samazeuille C. Goudchaux. — 1ʳᵉ Ch. — MM. Mourot, pr.; Escudié, subst., concl. conf., Mengin, fils, Calabelle, av.

Une demande en sursis emporte avec elle la reconnaissance de la compétence du tribunal devant lequel elle est proposée; ainsi, la partie qui a formé une telle demande, sans exciper préalablement de l'incompétence *ratione personæ*, est non recevable à exciper ultérieurement de ce moyen. (C. pr. 169.)

12. — 13 mai 1841. — Hudelot-Roussel C. Goussel. — 1ʳᵉ Ch. — MM. Coté, pr.; Garnier, av. gén. concl. conf., Volland, La Flize, av.

Les juges de paix connaissent des contestations relatives aux apprentis ouvriers, mais non aux autres apprentis, par exemple, aux jeunes gens qui apprennent le commerce, les arts, les professions libérales.

Le commerçant qui souscrit un traité avec un autre, pour faire recevoir son fils apprenti négociant, ne fait point un acte de commerce, et ne doit point être poursuivi devant la justice consulaire.

13. — 30 juin 1837. — Pierron-Royer C. Brionval. — 2ᵉ Ch. — MM. Costé, pr., Poirel, p. av. gén., concl. conf. sur la 1ʳᵉ question, contr. sur la 2ᵉ, Louis, Volland, La Flize, av.

Une demande formée par un fermier en enlèvement de matériaux déposés sur un pré, et en dommages-intérêts, ne peut être considérée que comme une action en dommages faits aux champs, fruits et récoltes, de la compétence du juge de paix. — Mais cette attribution de compétence au juge de paix est exceptionnelle, et n'est pas, d'ailleurs, d'ordre public : l'incompétence des tribunaux ordinaires pour connaître d'une demande de cette nature est donc couverte par le silence des parties, qui ne peuvent la proposer pour la première fois en appel.

14. — 10 août 1836. — La commune de Chamagne C. Jacquel. — 2ᵉ Ch. — MM. Mourot, pr., Fabvier, proc. gén., concl. conf., Chatillon, Welche, av.

Quand, pour apprécier les conclusions de l'une des parties, il faut nécessairement juger une question préalable d'une valeur indéterminée, ou supérieure au taux de la compétence du juge de paix, le tribunal de première instance est compétent, quel que soit d'ailleurs le chiffre de la demande.

15. — 4 avril 1840. — Perlon C. Grillot. — 1ʳᵉ Ch. — MM. de Metz, pr., Poirel, p. av. gén., Volland, Louis, av.

L'article premier de la loi du 25 mai 1838 n'attribue juridiction exclusive aux juges de paix que lorsqu'il s'agit de statuer sur des actions en réparations civiles pour rixes ou voies de fait, et non pour des faits qui auraient pu être de la compétence des tribunaux correctionnels (1).

16. — 6 août 1842. — Viriat C. Obtel. — 1ʳᵉ Ch. — MM. Mourot, pr., Garnier, av. gén. concl. conf. La Flize, av. (arrêt par défaut.)

Sous la loi du 25 mai 1838, comme sous l'empire de celle du 24 août 1790, les juges de paix ne sont compétents pour connaître des dommages-intérêts résultants de voies de fait, qu'autant que ces voies de fait sont légères, sans blessures, et de la compétence des tribunaux de simple police. Ils sont incompétents s'il s'agit de dommages-intérêts pour coups et blessures.

17. — 15 novembre 1845. — Forêt C. Marandelle. — 1ʳᵉ Ch. — MM. Moreau, p. pr., Poirel, p. av. gén., Besval, Volland, av.

La compétence exclusive des juges de paix, relative à la connaissance des *actions civiles pour rixes et voies de fait*, doit être restreinte au cas où l'action étant portée devant la juridiction criminelle, le juge de paix eût été compétent pour en connaître comme juge de simple police (2).

COMPÉTENCE ADMINISTRATIVE.

SOMMAIRE.

1. *Affouage*. — Répartition.
2. *Bail administratif*. — Usine domaniale. Arrêté des consuls. Interprétation. Incompétence des tribunaux déclarée d'office par la cour.
3. *Commune*. — Rente en grains pour concession de terrain. Dette communale à la charge de l'État ? Loi du 20 août 1793. Question préjudicielle admininistrative. Sursis.

---

(1) Conf. Limoges, 20 août 1845. (D. 46. 2. 145).
(2) Conf. Nancy, 13 juin 1846. — Mangin C. Lévy. — 1ʳᵉ Ch. MM. Riston, p., Garnier, av. gén. concl. conf. Louis, Volland, av.

COMPÉTENCE ADMINISTRATIVE. 83

4. *Déclinatoire proposé par le préfet.* — I. Conclusions des parties. — II. Commune. Bois. Restitution de fruits prononcée contre l'État. Liquidation ultérieure des fruits. — III. Déchéance réservée contre la commune. Exception. Compétence administrative. Conflit.

5. *Entrepreneur de travaux publics.* — Extraction de matériaux. Terrain désigné par un arrêté administratif. Bail d'une carrière. Sous-fermier. Compétence judiciaire.

6. *Forêt.* — Défensabilité. Administration forestière. Déclaration non contradictoire. Compétence judiciaire pour statuer entre le propriétaire et l'usager.

7. *Octroi.* — Partage de ses produits entre une commune et ses sections.

8. *Question de propriété.* — I. Application des titres. Interprétation des lois. Compétence judiciaire. Annulation ou modification d'actes administratifs. — II. Décret impérial non inséré au bulletin des lois. Acte administratif. Cession d'un domaine national à un hospice. Caractère du décret. Compétence du conseil d'État.

9. *Rivière flottable.* — Lit réputé abandonné. Vérification contraire ordonnée par les tribunaux. Excès de pouvoir.

10. *Ruisseau.* — Nouveau lit ouvert par l'administration. Dommages. Incompétence des tribunaux déclarée d'office.

11. *Terrains communaux usurpés.* — I. Délimitation. Aliénation. — II. Ordonnance du 23 juin 1819. — III. Compétence du conseil de préfecture. Usurpations postérieures à l'ordonnance. — IV. Légalité de l'ordonnance de 1819.

12. *Travaux publics.* — I. Chemin de grande vicinalité. Ponceau. Aqueduc. Entrepreneur. Dommage. Anticipation. — II. Dommage en dehors du devis. — III. Interprétation. Acte administratif. — IV. Incompétence des tribunaux. Destruction des travaux. Excès de pouvoir. — V. Dimension du pont. Arrêté qui la fixe. Expropriation. Indemnité.

13. *Vente administrative.* — I. Réserve claire. Interprétation superflue. — II. Chemin. Sa définition. Fossés. — III. Présomptions. — IV. Contenance. Déficit. Garantie.

RENVOIS.

Voy. **Compétence.** — 9. Flottage. Arrêté préfectoral. Infractions. Dommages-intérêts. Compétence judiciaire. Acte administratif. Interprétation préalable. Sursis.

Compétence civile. — 1. Acte administratif. Arrêté d'administration centrale. Possession du Domaine. Réintégration des anciens possesseurs. — 2. Acte administratif. Vente administrative. Immeuble. Dépendances. Fixation. Compétence judiciaire. — 6. Biens communaux. Partage. Propriété contestée. Titres. Possession. Compétence judiciaire.

Contributions. — 1. Compétence administrative. Contestation. Contribuable.

Domaine engagé. — 1. Cens. Commune. Affranchissement. Confusion. Lois des 14 ventôse an VII et 12 mars 1820. Compétence administrative.

Eau. — 8. Canal artificiel. Encombrement. Curage. Compétence administrative. Compétence judiciaire.

Étranger. — 3. Recrutement. Liste du contingent. Radiation. Compétence administrative.

Forêt. — 2. Dabo. Anciens règlements forestiers. Abrogation. Acte administratif. Ordonnance du roi. Décision ministérielle. Cahier des charges. Interprétation. Compétence administrative. — 5. Possibilité des forêts. Compétence administrative. Délivrance. Réduction.

Usage forestier. — 35. Délivrance de bois. Compétence administrative.

COMPÉTENCE ADMINISTRATIVE.

Dommages-intérêts. Compétence judiciaire. — 45. — V. Règlement général pour l'exercice des droits d'usage. Maronage. Affouage. Incompétence des tribunaux. — VI. Compétence administrative. Possibilité des forêts. Cantonnement. Compétence judiciaire.

Voy. *Voirie*. — 1. Aisance communale revendiquée par un habitant *ut singulus*. Défaut de qualité. Compétence administrative. Voie publique. — 16. — II. Compétence administrative. Compétence judiciaire. Arrêtés. Question de légalité. — 25. — II. Sentier. Communication entre deux villages. Chemin rural. Arrêté du préfet. Compétence administrative. Compétence judiciaire. Servitude de passage.

1. — 15 février 1845. — France C. la commune de Franconville. — 1re Ch. — MM. Mourot, pr., Poirel, p. av. gén., concl. conf., La Flize, d'Ubexi, av.

Les lois sur le partage des biens communaux attribuant à l'autorité administrative la connaissance des contestations qui peuvent s'élever, en cette matière, entre les communes et leurs habitants, par analogie, et à plus forte raison, la même autorité doit connaître des contestations en matière de droits d'affouage, moins importants par eux-mêmes, et d'une jouissance moins permanente et bien moins précieuse que celle des biens communaux.

La répartition des affouages, de même que le partage des biens communaux, doit se faire par des actes administratifs, dont l'autorité judiciaire ne doit pas connaître.

Les art. 17 et 18 de la loi du 18 juillet 1837 renferment, sur la répartition des affouages, des dispositions générales et absolues, qui ne comportent aucune distinction, ni aucune exception.

Si le droit d'affouage a été assimilé à un droit d'usage ou de propriété, toutefois son origine et sa base résident bien moins dans un droit individuel de la personne appelée à l'exercer que dans un droit communal, intimement lié à la qualité de membre de la communauté : c'est une raison de plus d'attribuer la connaissance des difficultés auxquelles il peut donner lieu à l'autorité spécialement appelée à la conservation et à la direction supérieure des droits et des intérêts communaux (1).

2. — 17 février 1838. — Les verreries de Saint-Quirin C. la commune de Saint-Quirin. — 1re Ch. — MM. de Metz, p. pr., Poirel, p. av. gén., Volland, La Flize, av.

Les tribunaux sont incompétents pour interpréter un arrêté des consuls qui ordonne au ministre des finances de passer bail d'une usine domaniale, ou le bail administratif lui-même. Cette incompétence d'ordre public peut être déclarée d'office par la cour, même quand ni les parties ni le ministère public ne l'ont signalée.

---

(1) *Contrà*. Nancy, 4 avril 1840. — La commune de Thierville C. Rogé. — 1re Ch. — MM. Riston, pr., Poirel, pr. av. gén., Catabelle, Volland, av. — Nancy, 26 juin 1840. — La commune de Lamorville, C. Vannesson. — 1er Ch. MM. Riston, p., Garnier, av. gén., concl. conf., La Flize, av. (Arrêt par défaut.) (D. 46, 2, 238, 240.) M. Migneret, Traité de l'affouage, p. 310 à 318.

COMPÉTENCE ADMINISTRATIVE. 85

3. — 4 mai 1838. — La commune d'Uruffe C. Guillaume. — 1re Ch. — MM. Mourot, pr., Poirel, p. av. gén., La Flize, Chatillon, av.

La question de savoir si une rente en grains, imposée à une commune pour prix d'une concession de terrains à elle faite, rentre sous la dénomination du mot *dettes*, employé par la loi du 20 août 1793 (art. 82 et 85), et si cette rente est devenue, en vertu de cette même loi, une charge de l'Etat, est essentiellement dans les attributions de l'autorité administrative.

Le pouvoir judiciaire doit surseoir à statuer sur le fond de la contestation jusqu'à ce que cette question ait été préalablement tranchée par l'administration compétente.

4. — 20 août 1845. — Le préfet de la Meuse C. la commune de Gremilly. — 1re Ch. — MM. Moreau, p. pr., Garnier, av. gén., concl. conf., Bonnaire, av. (Arrêt sur requête.)

I. Quand un préfet propose un déclinatoire (qu'il soit ou non en cause comme représentant l'Etat), les parties sont recevables à conclure et à plaider sur ce déclinatoire.

II. Lorsque, sur la demande d'une commune contre l'Etat, en restitution du prix de ventes de futaie opérées dans une forêt que l'Etat a été condamné à lui rendre, une cour royale, infirmant le jugement de première instance, a prononcé la condamnation de l'Etat à cette restitution de fruits, mais en termes généraux, faute d'avoir alors sous les yeux les indications et les pièces nécessaires pour en déterminer le chiffre ; si, plus tard, la commune, ayant réuni ces pièces, demande à la cour de fixer le chiffre des restitutions, la cour est compétente pour le faire : le préfet ne peut revendiquer la connaissance de cette demande pour l'autorité administrative, sous prétexte qu'il s'agit de la liquidation d'une créance contre l'Etat ; le déclinatoire qu'il présente à la cour, dans ce but, en vertu de l'art. 6 de l'ordonnance du roi du 1er juin 1828, doit être rejeté (C. pr. 472.)

III. Toutefois il y a lieu, de la part de la cour, de réserver la question de savoir si la créance de la commune contre l'Etat est ou non frappée de déchéance, aux termes des lois de finances, notamment de l'art. 9 de la loi du 29 janvier 1831, cette question étant du ressort exclusif de la juridiction administrative : sauf aussi toutes exceptions de la commune, à puiser dans l'art. 10 de la loi précitée, s'il était constaté, par exemple, par les arrêts de la cour, intervenus dans l'instance, « que le retard, dans l'action judiciaire de la commune, a eu » pour cause la lenteur extraordinaire mise par l'administration du » département à statuer sur les mémoires successifs que la commune » n'a cessé de lui adresser (avant et depuis la loi du 29 janvier 1831), » et qu'il serait de toute injustice que l'Etat pût profiter de ces len- » teurs et de ces retards, *qui sont le fait et la faute de ses agents*, pour » écarter, par une exception de prescription, qu'il se serait ainsi » créée à lui-même, l'examen du fond de la demande de la commune. »

Nota. Le 13 septembre 1845, M. le préfet de la Meuse a élevé le conflit, et la cour, par arrêt du 27 du même mois, a sursis à toute poursuite judiciaire jusqu'après décision du conseil d'Etat.

L'arrêté de conflit de M. le préfet de la Meuse a été annulé par une ordonnance du roi, rendue en conseil d'état, le 13 octobre 1845, et qui est ainsi conçue :

« Considérant que, par son exploit introductif d'instance du 17 février 1845, la commune de Gremilly, réclame de l'Etat la somme de 14,587 fr. 34 c., en exécution d'un arrêt de notre cour de Nancy, du 18 décembre 1841, qui a ordonné la réintégration de la commune dans la propriété de 46 hectares de ses bois, et condamné l'Etat à la restitution des fruits par lui perçus depuis l'année 1819 ;

» Considérant que l'autorité judiciaire, à qui il appartenait de statuer sur la question de propriété des bois réclamés par la commune de Gremilly, et d'ordonner la restitution des fruits, comme accessoire de l'action principale, est également compétente pour fixer le montant des sommes que la commune prétend avoir à recouvrer sur l'Etat ;

» Que l'arrêt à intervenir ne fera point obstacle à ce que, lors du jugement, l'Etat fasse valoir, s'il y a lieu, les exceptions de déchéance qui pourraient être opposées à la commune, et sur lesquelles l'autorité administrative est seule compétente pour prononcer ;

» Considérant que notre cour de Nancy, par son arrêt du 29 août 1845, a d'ailleurs expressément réservé à l'autorité administrative la connaissance de ces exceptions de déchéance ;

» Notre conseil d'état entendu, nous avons ordonné et ordonnons ce qui suit :

» Art. 1er. L'arrêté de conflit pris le 13 septembre 1845 par le préfet de la Meuse est annulé.

» Art. 2. Notre garde des sceaux, etc. »

5. — 7 mai 1841. — Collin C. la commune d'Arnaville et Mangin. — 1re Ch. — MM. Costé, pr., Garnier, av. gén., concl. conf., Welche, Volland, Catabelle, av.

L'entrepreneur de travaux publics, actionné pour extraction de matériaux, ne peut demander son renvoi devant la juridiction administrative, que quand il a opéré, en cette qualité, sur un terrain spécialement désigné par un arrêté administratif, et après déclaration à la mairie. — Il ne le peut quand il s'agit de l'exécution du bail d'une carrière dont il s'est rendu sous-fermier.

6. — 15 janvier 1842. — de Lesseux et de Lasalle C. Biétrix. — 1re Ch. — MM. Mourot, pr., Poirel, p. av. gén., Volland, d'Ubexi, av.

L'effet de l'article 119 C. for. et de l'article 151 de l'ordonnance est bien de donner aux parties intéressées la faculté de requérir l'administration forestière de déclarer la défensabilité, mais non de lui attribuer juridiction à cet égard. La déclaration de l'administration, lors surtout qu'elle n'est point contradictoire, n'a aucune autorité, et la décision du litige, entre les usagers et le propriétaire, appartient aux tribunaux, et non aux conseils de préfecture.

7. — 15 février 1830. — La ville de Neufchâteau C. la commune de Rouceux. — 1re Ch. — MM. de Metz, p. pr., Poirel, p. av. gén., Chatillon, Maire, av.

Les tribunaux sont incompétents pour décider comment doivent se partager, entre la commune principale et les sections qui y sont jointes, les produits des octrois perçus sur les unes et les autres : le partage doit être réglé par l'autorité administrative.

8. — 25 mars 1856. — Les hospices civils de Nancy C. le Préfet de la Meurthe. — 1re Ch. — MM. de Metz, p. pr., Garnier, subst., concl. conf., Welche, Volland, av.

I. Les questions de propriété dont la solution dépend de l'application des titres, ou de l'interprétation des lois par voie de doctrine, sont dans les attributions exclusives de l'autorité judiciaire ; mais ce principe souffre exception quand la décision à intervenir peut avoir pour résultat d'annuler, ou simplement de modifier, des actes administratifs.

II. Un décret impérial qui cède à un hospice un domaine de l'Etat, et qui n'a pas été inséré au bulletin des lois, ne peut pas être considéré comme ayant force de loi. Ce n'est qu'un acte administratif ; et la question de savoir si ce décret renferme une aliénation perpétuelle de propriété, ou la cession momentanée d'une simple jouissance, ne peut être résolue que par le roi, en conseil d'Etat.

9. — 22 août 1853. — Delaunay C. la commune de Dombasle. — 2e Ch. — MM. de Bouvier, ff. pr., Poirel, p. av. gén., concl. conf., Volland, Louis, av.

L'autorité administrative seule est compétente pour décider si le lit d'une rivière flottable doit être réputé abandonné, et s'il y a lieu, par conséquent, à l'application de l'art. 463 C. civ. — Quand un arrêté administratif a déclaré ce fait, les tribunaux ne peuvent pas ordonner la vérification contraire.

10. — 22 juillet 1841. — Munier C. la commune de Herguigney. — 1re Ch. — MM. Moreau, p. pr., Poirel, p. av. gén., May, La Flize, av.

Lorsqu'en vertu de la loi du 14 floréal an XI, le préfet ordonne l'ouverture d'un nouveau lit pour un ruisseau, les dommages qui résultent de cette œuvre doivent être appréciés par l'autorité administrative, et elle seule doit décider par qui ils seront supportés. Les tribunaux doivent se déclarer incompétents, sans même que les parties y concluent formellement.

11. — 5 août 1845. — Marche C. Annould et la commune de Thonne-le-Thil. — 1re Ch. — MM. Moreau, p. pr., Poirel, p. av. gén., Simonin, Volland, av.

I. La délimitation des terrains communaux usurpés d'avec ceux d'un particulier et le surplus d'un terrain communal avoisinant, et la question de savoir si l'aliénation de ces terrains usurpés aura lieu au profit de l'usurpateur, et à quel prix, appartiennent à l'autorité administrative ; — Au roi, quant à l'aliénation définitive, d'après les règles sur les actes translatifs de la propriété communale et l'art. 5 de l'ordonnance du 23 juin 1819 ; — au conseil de préfecture, quant au fait et à l'étendue de l'usurpation, ainsi qu'à la restitution des terrains usurpés et de leurs fruits (art. 4 et 6 de l'ord. précitée.)

II. Les articles 1, 2, 3, 4 de l'ordonnance du 23 juin 1819 statuent sans distinction sur toutes les usurpations commises jusqu'à la date de l'ordonnance, même quant à la désignation de l'autorité compétente pour, au cas où il n'y aurait pas de soumission et d'arrangement, prononcer la restitution des terrains usurpés.

III. La compétence du conseil de préfecture sur le fait et l'étendue de l'usurpation s'applique même aux usurpations postérieures à l'ordonnance. (Voy. art. 6.)

IV. Cette compétence ainsi restreinte ne sort pas des limites assignées à la juridiction administrative par les lois : l'ordonnance de 1819 est donc légale.

12. — 26 décembre 1842. — Le préfet de la Meuse C. Millard-Levrechon, Varlet et Maxe. — 2ᵉ Ch. — MM. Costé, pr., Garnier, av. gén., concl. conf.

I. Les travaux de construction d'un ponceau et d'aqueducs, ordonnés par l'administration sur un chemin de grande vicinalité, doivent être considérés comme des *travaux publics* ; et, dès lors, l'autorité administrative est seule compétente pour connaître de la demande formée par un propriétaire, contre l'entrepreneur de ces travaux, en réparation du préjudice causé par ce dernier à sa propriété, en y établissant un chemin, en y coupant une haie qui la ferme, en y pratiquant un fossé, en y faisant des dépôts de pierres et de matériaux qui l'ont dégradée, et enfin en y commettant une anticipation par la construction du pont.

II. Il importe peu que les dommages allégués aient été commis dans les limites du devis, ou en dehors de ces limites, pourvu qu'ils l'aient été par l'entrepreneur pour l'exécution des travaux à lui confiés : la loi du 28 pluviôse an VIII, art. 4, n'admet aucune distinction.

III. D'ailleurs, si l'entrepreneur soutient n'avoir agi que conformément à son devis, il faudrait, pour vérifier cette assertion, interpréter un acte administratif, ce que ne peut faire l'autorité judiciaire.

IV. Le tribunal, qui reconnaît que l'entrepreneur s'est conformé à son devis et aux prescriptions de l'administration, ne peut rejeter l'exception d'incompétence, accorder des dommages-intérêts au demandeur, et ordonner le rétablissement des lieux tels qu'ils étaient avant l'exécution des travaux. — Un tribunal ne peut ordonner la destruction de travaux publics (tels qu'un pont sur un chemin de grande vicinalité), lors même qu'ils auraient été entrepris avant la déclaration d'utilité publique et l'accomplissement des formalités préalables à l'expropriation ; l'administration seule aurait ce droit.

V. L'arrêté, qui fixe les dimensions du pont à construire sur la voie publique, a pour effet d'attribuer au sol du chemin toute la portion de terrain nécessaire pour la construction de ce pont, sauf au propriétaire, qui prétend que le pont anticipe sur sa propriété, l'action en indemnité devant l'autorité administrative. (Loi du 21 mai 1836, art. 15.)

13. — 18 juin 1844. — La commune de Racécourt C. Guillerey. — 2ᵉ Ch. — MM. Masson, ff. pr., Poirel, p. av. gén., La Flize, Catabelle, Volland, av.

I. La clause par laquelle une vente administrative réserve, au profit d'une commune, à l'un des aspects de l'immeuble vendu, *un ancien chemin de huit mètres et demi de largeur*, se suffit à elle-même par la précision de ses termes, et n'a besoin d'aucune interprétation.

II. Le mot *chemin* ne comporte qu'une seule acception ; il exprime un espace servant au passage des voitures, des troupeaux et des piétons : il exclut, par cela même, tout terrain dont la destination serait inconciliable avec celle-là; ainsi, dans la largeur stipulée pour un chemin, on ne peut, à moins de convention expressément contraire, comprendre celle des fossés qui l'avoisinent.

III. De simples présomptions ne sauraient prévaloir contre un titre aussi formel. Vainement on objecterait que le fossé est l'accessoire du chemin; la conséquence à en tirer ne serait pas que la largeur du chemin dût être diminuée de celle du fossé, mais, au contraire, que la réserve du chemin emporterait, en outre, celle du fossé, à titre de dépendance nécessaire et perpétuelle. (C. civ. 1615.)

IV. L'acheteur ne pourrait se soustraire à cette conséquence, lors même qu'il prouverait que, par suite de cette interprétation, il éprouverait un déficit dans la contenance du terrain vendu, si, d'ailleurs, le vendeur s'est affranchi de toute garantie dans l'acte de vente.

COMPÉTENCE CIVILE.

SOMMAIRE.

1. *Acte administratif.* — Arrêté d'administration centrale. Possession du Domaine. Réintégration des anciens possesseurs.
2. *Acte administratif.* — Vente administrative. Immeuble. Dépendances. Fixation. Compétence judiciaire.
3. *Acte administratif.* — Vente de bois de l'Etat. Cahier des charges. Interprétation. Modification. Compétence judiciaire.
4. *Affaire commerciale.* — Déclinatoire non proposé *in limine litis*. Compétence du tribunal civil.
5. *Biens communaux.* — Partage. Propriété contestée. Titres. Possession. Compétence judiciaire.
6. *Canal de la Marne au Rhin.* — Entrepreneur. Louage d'industrie. Sous-traitant. Salaire. Incompétence *ratione materiæ*. Ministère public. Exception proposée d'office. Acte de commerce.
7. *Canal de la Marne au Rhin.* — Entrepreneur. Tâcheron. Entreprise civile.
8. *Canal de la Marne au Rhin.* — Entrepreneur de travaux de terrassements. Sous-entrepreneur. Compétence civile.
9. *Commerçant.* — Billet. Cause commerciale présumée. Preuve contraire. Acquisition d'immeubles. Compétence civile.
10. *Compte civil et commercial.* — Compétence du tribunal civil.
11. *Connexité.* — Renvoi facultatif. Péremption. Indivisibilité. Immeuble situé dans deux arrondissements.
12. *Incompétence relative.* — Radiation d'hypothèque. Ressort d'un autre tribunal. Exception proposée tardivement en appel.
13. *Mine.* — Société. Concession. Exploitation. Acte de commerce. Houille. Tuilerie. Fours à chaux et à plâtre. Accessoire.
14. *Travaux publics.* — Commune. Voie publique. Dommages-intérêts. Destruction des travaux. Compétence judiciaire.

RENVOIS.

Voy. *Faillite.* — 15. — VII. Vente ou partage d'usine entre associés. Acte non commercial. Compétence du tribunal civil.

Frais et dépens. — Jugement confirmé. Exécutoire. Opposition. Compétence du tribunal. Compétence de la cour.

Manufacture insalubre. — III. Ordonnance royale. Indemnité. Compétence judiciaire.

Société civile. — 2. Forêt. Association en participation pour l'exploitation de la superficie. Compétence des tribunaux civils. — 3. Mine de houille. Exploitation. Tuilerie. Four à chaux.

---

1. — 28 décembre 1833. — Le préfet de la Meuse C. Janvier, Demimuid et de Monaco.— 1re Ch.—MM. de Metz, p. pr., Poirel, p. av. gén., Volland, Moreau, av.

Un arrêté d'une administration centrale qui, sans avoir égard à la prise de possession du Domaine, réintègre les anciens possesseurs dans la jouissance de leurs biens, n'est pas un acte de pure gestion domaniale, mais une véritable décision administrative, qui fait obstacle à toute décision judiciaire ultérieure.

2. — 29 décembre 1832. — Jacquot C. Cunin. — 2e Ch. — MM. Rolland de Malleloy, ff. pr., Chatillon, La Flize, av.

Les tribunaux peuvent déterminer, d'après les règles du droit commun, en quoi consistent les dépendances d'un immeuble vendu par acte administratif.

3. — 24 mars 1831. — Veuve Leclerc C. l'administration des forêts et le préfet des Vosges. — 1re Ch. — MM. Breton, pr., Pierson, subst., concl. conf., Bresson, av.

Les tribunaux sont compétents pour interpréter les cahiers des charges de ventes de bois de l'État dressés par l'administration forestière, et même pour en modifier quelques clauses; par exemple, pour décider que l'adjudicataire, chargé d'ouvrir un chemin d'exploitation dans une direction donnée, n'y est plus obligé, s'il se présente quelques obstacles imprévus, qui exigent l'emploi de moyens extraordinaires.

4. — 6 août 1836. — Salle C. Vuillemin. — 1re Ch. — MM. Mourot, pr., Bresson, av. gén., concl. contr. Louis, Volland, av.

L'incompétence des tribunaux civils pour juger les affaires commerciales n'est pas absolue; en conséquence, elle ne peut être proposée que *in limine litis*.

5. — 23 novembre 1835. — La commune de Rouceux C. la ville de Neufchâteau. — 1re Ch. — MM. de Metz, p. pr., Bresson, av. gén., Maire, Moreau, av.

Les tribunaux ne sont compétents pour juger les questions de partage des biens communaux que quand le droit de propriété de l'une ou de l'autre commune copartageante est méconnu, ou que la quotité de ce droit doit être réglée d'après des titres ou une possession qu'il faut apprécier. Hormis ces cas, ils doivent renvoyer à l'autorité administrative.

6. — 2 février 1841. — Savel C. Bellomet. — 2e Ch. — MM. Mourot, pr., Garnier, av. gén., concl. conf., Louis, Antoine, av.

Une entreprise de travaux publics, notamment celle du terrassement d'une portion du canal de la Marne au Rhin, n'est pas une entreprise commerciale, mais un contrat de louage d'industrie purement civil. Ainsi, les contestations qui s'élèvent entre l'entrepreneur et ses sous-traitants, relativement au payement du salaire de ces derniers, doivent être portées devant le tribunal civil.

Lorsqu'elles ont été soumises au tribunal de commerce, et que l'exception d'incompétence n'a été proposée par aucune des parties, ni en première instance ni en appel, elle peut l'être d'office sur l'appel, par le ministère public. (C. pr. 170.)

Voy. Locré, Esprit du C. com., t. 8, p. 174, 285, 292, 293, 296, 297, 302, et, dans un sens contraire, Merlin, Questions de droit, v° commerce (acte de), § 6, p. 636.

7. — 19 mars 1842. — Germain C. Clausse. — 1re Ch. — MM. Mourot, pr., Poirel, p. av. gén., concl. contr., av. gén., Louis, Volland, av.

L'entreprise du canal de la Marne au Rhin n'est point commerciale; ainsi, les réclamations d'un tâcheron contre l'entrepreneur ne peuvent être portées devant le tribunal de commerce.

8. — 6 avril 1843. — Thébaut C. Tondeur. — 1re Ch. — MM. Mourot, pr., Poirel, p. av. gén., Catabelle, La Flize, av.

Sont de la compétence du tribunal civil, et non du tribunal de commerce, les difficultés élevées entre l'entrepreneur principal d'une partie des travaux du canal de la Marne au Rhin, et des sous-entrepreneurs de ces mêmes travaux, à raison des conventions arrêtées entre eux, pour la confection d'ouvrages de déblais et de remblais. (C. civ. 1710.)

9. — 4 avril 1835. — Mathieu C. Maguin. — 1re Ch. — MM. Breton, pr., Poirel, p. av. gén., concl. conf., Maire, Louis, av.

L'art. 638 C. com., en attribuant aux tribunaux la connaissance des contestations résultantes des billets souscrits par un commerçant, lorsque les billets n'énoncent pas une cause étrangère à son commerce, n'établit qu'une présomption de droit que ces billets sont causés pour son commerce; cette présomption doit céder à la preuve contraire. — En conséquence, le tribunal civil est seul compétent pour connaître de la demande en payement d'un billet souscrit par un commerçant, quand il est prouvé que ce billet a pour cause une acquisition d'immeubles.

10. — 13 janvier 1840. — Friry C. Collenne — 2e Ch. — MM. Mourot, pr., d'Arbois, d'Ubexi, av.

Un règlement de compte comprenant à la fois des créances civiles et des créances commerciales, est valablement porté, pour le tout, devant le tribunal civil.

11. — 18 novembre 1844. — Le préfet des Vosges C. la commune de Vioménil. — 2e Ch. — MM. Riston, pr., Poirel, p. av. gén., Volland, La Flize, d'Arbois, av.

I. L'art. 171 C. pr. n'est pas impératif, c'est-à-dire que, même dans les cas où la connexité existe, le renvoi est facultatif de la part du juge, et doit par conséquent dépendre de l'opportunité des circonstances, des avantages ou des inconvénients qui doivent en résulter en faveur et au détriment des parties, ou seulement de l'une d'elles.

II. Les juges d'un tribunal ont eu un motif suffisant pour retenir une cause, et pour ne pas faire usage de la faculté de renvoi édictée par l'art. 171 C. pr., lorsque l'autre tribunal, auquel on voulait faire renvoyer cette cause comme connexe, était saisi, dans ce moment-là même, d'une demande en péremption de l'instance portée devant lui.

III. Des contestations portées devant deux tribunaux, sur l'existence précaire ou la révocabilité de droits d'usage, ont sans doute des rapports de connexité, lorsque les titres à apprécier sont les mêmes; toutefois, s'il n'y a pas identité ni indivisibilité entre les deux demandes; si elles s'appliquent séparément à des cantons de forêts distincts, il n'y a pas lieu à renvoi, lorsque, d'ailleurs, les circonstances et les faits spéciaux de la cause tendent à établir qu'il y aurait des inconvénients à distraire l'une des parties de ses juges naturels.

IV. La circonstance qu'un canton de forêts, situé dans l'arrondissement d'un tribunal, fait partie d'une masse de bois plus considérable, située dans le ressort du tribunal voisin, ne rend pas le premier de ces tribunaux incompétent *ratione loci* : l'analogie puisée dans les dispositions de l'art. 2210 C. civ. ne suffit pas pour établir une exception d'incompétence en matière ordinaire : il faut restreindre l'application de cet article à la procédure toute spéciale des expropriations forcées.

12. — 9 août 1844. — La faillite Cabasse C. la faillite Doublat. — 1re Ch. — MM. Moreau, pr., Leclerc, subst., La Flize, Volland, av.

L'incompétence prétendue d'un tribunal civil, pour prononcer sur la demande en radiation d'une hypothèque prise dans le ressort d'un autre tribunal (C. civ. 2159), n'est pas une incompétence absolue à raison de la matière et d'ordre public; elle est couverte (à supposer qu'elle existât dans l'origine), si elle n'a point été proposée en première instance, mais seulement pour la première fois dans l'acte d'appel, et si, d'ailleurs, cette exception n'a point été reproduite dans les conclusions prises devant la cour, ni dans les plaidoiries.

13. — 28 novembre 1840. — Denizot C. Lepaige. — 1re Ch. — MM. Costé, pr., Poirel, p. av. gén., concl. contr., Catabelle, Mamelet, Volland, av.

Une société, comme un simple particulier, peut obtenir la concession d'une mine. — L'exploitation des mines n'est pas considérée comme un commerce.

Peu importe que des travaux aient été exécutés avant l'obtention de la concession demandée par deux associés, et que le terrain, sur lequel des fouilles ou des ouvrages ont été pratiqués, n'appartînt pas aux sociétaires. — L'un des associés, ou son cessionnaire, ne peut tirer avantage de ces faits, dont des tiers seuls seraient aptes à se prévaloir.

Une société formée pour l'exploitation d'une mine de houille ne revêt pas un caractère commercial par cela seul que l'acte de société y rattache une tuilerie, des fours à chaux et à plâtre, et autres exploitations, si ces établissements ne sont que des accessoires de l'exploitation de la mine, si les matières premières doivent être extraites sur place, et les produits destinés principalement aux constructions et autres travaux nécessaires à l'exploitation de la houillère.

La circonstance qu'une des parties aurait, dans sa correspondance, qualifié la société de commerciale, ne suffit pas pour lui donner ce caractère.

14. — 16 décembre 1850. — Marlier C. la commune de Valleroy-le-sec. — 1re Ch. — MM. Breton, pr., Poirel, p. av. gén., La Flize, Collard, av.

Les tribunaux sont compétents pour juger les demandes en dommages-intérêts résultants de travaux exécutés par une commune sur la voie publique, avec la permission de l'autorité administrative supérieure, mais qui sont nuisibles aux propriétés privées, et même pour ordonner la destruction de ces travaux.

COMPÉTENCE COMMERCIALE.

SOMMAIRE.

1. *Acte de commerce.* — Coupe de bois. Maître de forges. Revente.
2. *Acte de commerce.* — Tribunal civil. Incompétence relative. Consentement des parties. Défense au fond. Incompétence couverte. Jugement par défaut. Acte d'opposition.
3. *Billet à domicile.* — Acte de commerce. Contrainte par corps.
4. *Commis marchand.* — Facteur. Appointements. Avances. Demande en payement. Tribunal de commerce.
5. *Effet de commerce souscrit par des négociants et des non négociants.* — Non négociants seuls poursuivis. Tribunal de commerce seul compétent. Délai pour appeler garant. Conclusions au fond.
6. *Effet de commerce souscrit par des négociants et des non négociants.* — Non négociants seuls poursuivis. Incompétence du tribunal de commerce.
7. *Exécution de jugement commercial.* — Marchandises délivrées en vertu de ce jugement. Refus de les recevoir. Appel. Infirmation partielle du jugement. Compétence de la cour pour connaître de l'exécution. Retard. Peine moratoire. Peine comminatoire. Chose jugée. Dommages-intérêts.
8. *Faillite.* — Compte courant avec un commerçant. Tribunal du lieu de la faillite. Tribunal du domicile du défendeur.
9. *Immeubles.* — Achat et revente en détail. Acte de commerce. Courtage.
10. *Immeubles.* — Adjudication postérieure à la faillite. Nullité. Conséquences. Compétence civile. Dette des syndics vendeurs. Dette du failli. Distinction. Créance civile. Compétence des tribunaux civils. Code de 1808. Loi du 28 mai 1858. Appel après plaidoirie au fond. Recevabilité.
11. *Jugement de la compétence.* — Preuve préalable des faits qui l'établissent. Préjugé du fond.
12. *Lieu de la promesse.* — Lieu de la livraison. Marchandises expédiées par le roulage ou la diligence, sur commande par lettre.
13. *Lieu du payement.* — Convention contestée. Compétence exclusive du tribunal du domicile du défendeur.
14. *Lieu du payement.* — Convention contestée. Compétence exclusive du tribunal du domicile du défendeur. Lieu de la livraison effectuée. Lieu où le prix doit être payé, ou bien la marchandise livrée.
15. *Lieu du payement.* — Domicile du vendeur. Compétence du tribunal. Facture. Traite tirée sur l'acheteur. Protêt.
16. *Lieu du payement.* — Indication de la facture. Domicile de l'expéditeur. Accusé de réception sans réclamation. Promesse de payement. Compétence du tribunal du domicile du vendeur.

17. *Lieu du payement.* — Titre apparent. Validité du titre contestée.
18. *Lieu du payement.* — Vente commerciale. Prix payable en valeurs à vue sur Paris. Remise des valeurs au domicile du vendeur.
19. *Meunier.* — Commerçant. Achat de grains pour les convertir en farine. Acte de commerce. Achat de meules.
20. *Remplacement militaire.* — Acte de commerce. Engagement du remplaçant envers la compagnie.
21. *Remplacement militaire.* — Agent d'affaires. Traité.
22. *Remplacement militaire.* — Courtage. Commission. Acte de commerce. Saisie-arrêt. Tribunal civil. Existence de la créance. Tribunal de commerce.
23. *Vente de marchandises pour les revendre.* — Contre-lettre. Nantissement. Novation.

RENVOIS.

Voy. *Acte de commerce.* — 2. Voiture à l'usage particulier d'un négociant. Incompétence du tribunal de commerce. — 3. Voiturier. Vente de son cheval.
Arbitrage. — 12. Arbitres forcés. Existence de la société. Question préjudicielle. Incompétence des arbitres.
Compétence. — 5. Déclinatoire. Rejet. Garant non commerçant. Incompétence du tribunal de commerce. Tribunal civil. Garant commerçant. — 12. Juge de paix. Apprenti ouvrier. Art. Profession libérale. Contrat d'apprentissage. Acte de commerce.
Compétence civile. — 6. 7. 8. Canal de la Marne au Rhin. Entrepreneur. Tâcheron. Compétence commerciale. — 9. Commerçant. Billet. Cause commerciale présumée. Preuve contraire. Acquisition d'immeubles. — 10. Compte civil et commercial.
Faillite. — 23. Supplément de dividende. Concordat. Billet. Nullité. Compétence commerciale. Menace écrite. Violence. Action du failli. Action des créanciers.
Mandat. — 5. 6. Mandat commercial. Compétence commerciale. Liquidation. Crédit commercial.
Responsabilité. — 3. Aubergiste. Voiturier. Marchandises. Vol. Responsabilité civile. Demande en garantie. Incompétence du tribunal de commerce.
Société commerciale. — 8. Mine de houille. Exploitation. Société en nom collectif. Société commerciale.

1. — 10 juillet 1845. — Friry. C. Lallemand. — 1re Ch. — MM. Mourot, pr., Garnier, av. gén., concl. contr. sur le premier point, conf. sur le second, d'Arbois, Louis, av.

I. En se rendant adjudicataire d'une coupe, pour en employer une partie dans ses usines, et revendre le surplus, un maître de forges (qui depuis a cessé de l'être) fait un acte de commerce. Le caractère de cette opération, comme fait commercial, reçoit encore une force nouvelle de la revente de bois de charbonnette à un autre maître de forges, pour l'alimentation de son usine; de son règlement en valeurs commerciales, et de la présomption qu'à l'époque où il traitait, le vendeur était encore commerçant. Cette présomption existe si le vendeur prenait encore la qualité de maître de forges dans les têtes de lettres de sa correspondance, s'il ne l'avait point contestée devant les premiers juges, et si, devant la cour, il ne prouve pas l'avoir perdue à l'époque de la revente pour laquelle il a été cité. Le tribunal de commerce est donc compétent pour statuer sur les difficultés que soulève une semblable revente.

II. Le maître de forges qui vend à un autre maître de forges du bois de charbonnette, dans une forêt dont il est propriétaire, ne fait pas une affaire de commerce, mais une affaire purement civile, en vendant ainsi le produit naturel de sa propriété. Cette affaire ne rend le vendeur justiciable que des tribunaux ordinaires : le tribunal de commerce, en statuant sur un litige relatif à une semblable vente, dépasse les limites de sa compétence exceptionnelle.

2. — 17 juin 1845. — Simonet C. Franck. — 2e Ch. — MM. Riston, pr., La Flize, Catabelle, av.

I. La juridiction commerciale est sans doute compétente pour connaître des contestations nées de l'exécution d'un marché qui, de l'aveu des parties, constituait un acte de commerce ; mais cette compétence n'est pas exclusive de celle du tribunal civil, puisque ce dernier a la juridiction ordinaire : le tribunal civil peut donc être saisi du litige, du consentement réciproque des parties. — L'exception d'incompétence, dans ce cas, n'étant pas absolue, mais seulement relative, a pu être couverte, si elle n'a pas été proposée avant toute défense au fond.

II. La partie condamnée par défaut qui se pourvoit par opposition, et qui, dans l'acte d'opposition signifié par elle, présente une défense et des conclusions sur le fond, sans exciper nullement de l'incompétence, est non recevable à se prévaloir ultérieurement de ce moyen qui, aux termes de l'art. 168 C. pr., devait être préjudiciel.

3. — 30 avril 1836. — Houlmann C. Duroselle. — MM. de Metz, p. pr., Bresson, av. gén., concl. conf., Mamelet, Volland, av.

Un billet à ordre, souscrit dans une place et payable dans une autre, communément appelé *billet à domicile*, constitue un acte de commerce, qui rend le souscripteur justiciable de la juridiction commerciale et contraignable par corps (1).

4. — 14 mars 1839. — Dégoutin C. Lebon. — 1re Ch. — MM. Costé, pr., Poirel, p. av. gén., Chatillon, Volland, av.

Les tribunaux de commerce sont compétents pour statuer sur les actions dirigées par les commis ou facteurs contre les négociants qui les emploient, tant pour leurs appointements que pour les avances par eux faites. (C. Com. 634.)

5. — 16 mai 1835. — Bolmont C. Régnier. — 1re Ch. — MM. de Metz, p. pr., Bresson, av. gén., La Flize, Antoine, av.

Quand un billet à ordre est souscrit à la fois par des commerçants et par de simples particuliers, toutes les contestations qui s'engagent sur le billet, même quand elles ne concerneraient que les souscripteurs non commerçants, sont de la compétence des tribunaux de commerce (2).

---

(1) Arrêt conf. du 13 décembre 1844. Hennequin C. Jarry-Paillet. — Arrêt contr. du 5 avril 1845. Hennequin C. Husson.
(2) Arrêt contr. du 5 avril 1845. Hennequin C. Husson.

Demander délai pour appeler garant, sans décliner la compétence, c'est conclure au fond.

6. — 5 avril 1845. — Hennequin C. Husson. — 1re Ch. — MM. Mourot, pr., Poirel, p. av. gén., Louis, Volland, av.

Lorsque, sur des billets à ordre, figurent à la fois des signatures de négociants et de non négociants, si les signataires négociants ont été désintéressés avant les poursuites auxquelles donne lieu le défaut de payement de ces billets, le tribunal de commerce est incompétent pour connaître des poursuites dirigées contre les non négociants seuls. (Art. 637 C. com.)

Si la faveur due au commerce et le principe de la solidarité et de l'indivisibilité de la procédure ont fait admettre, contre la loi commune, que des non commerçants peuvent être arrachés à la juridiction ordinaire, pour être soumis à un tribunal exceptionnel, le motif de cette disposition exorbitante du droit commun disparaît complétement, lorsque l'action ne s'exerce et ne peut s'exercer que contre des non commerçants. — (Locré, t. 20, page 243.)

7. — 16 août 1844. — Bignand C. Arnaud. — 1re Ch. — MM. Mourot, pr., Garnier, av. gén., concl. conf., La Flize, Volland, av.

I. Un tribunal de commerce est incompétent pour statuer sur la question de savoir si des marchandises, dont il a ordonné la délivrance par un premier jugement, en vertu d'un traité par lui déclaré valable, sont de nature à être acceptées par l'acheteur; ce serait là connaître de l'exécution de son jugement. (C. pr. 442, 553.)

II. Il serait incompétent sous un autre rapport, si son premier jugement avait été infirmé sur l'appel, ne fût-ce que sur un point accessoire, par exemple, en ce qui concernerait un délai accordé par les premiers juges, pour l'exécution du traité par eux déclaré valable. Dans ce cas, la cour seule serait compétente pour connaître de l'exécution du jugement infirmé en partie. (C. pr. 472.)

III. Doit être considérée comme simplement *comminatoire* la peine moratoire prononcée par un tribunal, comme moyen de contrainte, pour assurer l'exécution de son jugement. — Ainsi, bien qu'il ait condamné une partie à payer à son adversaire *telle somme par chaque jour de retard* apporté à l'exécution de la condamnation, il n'y a pas *chose jugée* sur le chiffre de la somme due, pour le délai plus ou moins long écoulé sans que la condamnation principale ait été exécutée. — Le tribunal reste toujours maître de modifier, en définitive, le taux des dommages-intérêts dus pour le retard, en appréciant à sa juste valeur le dommage réellement causé par ce retard.

8. — 9 novembre 1829. — Blétry C. la faillite May. — 1re Ch. — MM. de Riocour, p. pr., Troplong, av. gén., concl. conf., Fabvier, Chatillon, av.

Quand une faillite se prétend créancière d'un commerçant avec lequel le failli était en compte courant, elle doit porter sa demande, non devant le tribunal du lieu où la faillite s'est ouverte, mais devant le tribunal du domicile du défendeur. Ce n'est pas là une contestation en matière de faillite.

10. — 30 novembre 1843. — Buret-Sollier C. Mayer. — 1re Ch. — MM. Moreau, p. pr., Poirel, p. av. gén., Louis, Villiaumé, av.

Il ne suffit pas, pour qu'un procès appartienne à la juridiction commerciale, que le demandeur et le défendeur soient tous deux commerçants : il faut, de plus, que l'objet du procès rentre, ou du moins puisse être présumé rentrer dans les affaires de leur commerce.

L'achat des immeubles pour être revendus en détail ne constitue pas un acte de commerce : les art. 632 et 633 C. com. n'attribuent ce caractère qu'aux achats de denrées et marchandises pour les revendre(1).
— Ainsi les soins donnés à des opérations d'achats et de reventes, le courtage relatif à ces opérations, ne peuvent constituer des actes de commerce qu'autant que ces opérations ont elles-mêmes un caractère commercial.

11. — 21 août 1845. — Faillite Delhalle C. Malherbe. — Aud. solennelle, Ch. civ. et Ch. corr. réun. — MM. Moreau, p. pr., Garnier, av. gén., concl. conf., Volland, Catabelle, av.

I. Les tribunaux de commerce forment une juridiction spéciale à laquelle ne peuvent être soumises que les matières qui lui sont expressément déférées par la loi.

Aux termes de l'art. 631 du C. de com. de 1808, ils connaissent : 1° de toutes contestations relatives aux engagements et transactions entre négociants, lesquels engagements sont, jusqu'à preuve contraire, présumés concerner leur commerce ; 2° entre toutes personnes, des contestations relatives aux actes de commerce, lesquels actes sont énumérés dans les articles 632 et 633.

On ne saurait considérer comme étant de la compétence du tribunal de commerce un procès dont l'objet est de régler, entre les syndics d'une faillite et un entrepreneur de bâtiments, les conséquences de l'annulation d'une adjudication d'immeubles (qui avait été faite depuis l'ouverture de la faillite, à la requête des syndics), et la restitution du prix et des accessoires de cette adjudication, ainsi que les dommages-intérêts dus à raison de cette éviction. — En effet, d'une part, ni les syndics, ni l'entrepreneur n'agissent, dans ce cas, en qualité de négociants, et, d'autre part, l'objet du procès n'a rien de commercial.

II. La circonstance que les réclamations de l'acquéreur évincé auraient d'abord été soumises par celui-ci à l'assemblée des créanciers de la faillite contre laquelle il plaide, et que cette assemblée aurait arrêté : « Qu'il y avait lieu de renvoyer l'examen de ces prétentions » aux syndics, sans néanmoins aucune approbation préjudiciable des- » dites réclamations » ne saurait, en aucune manière, créer, en faveur de la juridiction commerciale, une compétence que la nature même de la réclamation lui dénie. — D'abord, le demandeur ne peut, à raison de ce renvoi, prétendre invoquer les dispositions du C. de com. sur la vérification des créances en cas de faillite. En effet, cette opération et les dispositions du Code qui en règlent les formes n'ont trait

---

(1) Contrà, jugement du trib. de com. de la Seine, du 10 mars 1847. (Gaz. trib. 5 avril...)

et ne s'appliquent qu'aux créances antérieures à la faillite contre le failli lui-même, et réclamées avant le concordat ou le contrat d'union. Or, la réclamation de l'acquéreur évincé contre les syndics, ses vendeurs, ne repose point sur une dette du failli, soumise à une répartition au centime le franc de l'actif qui lui appartient, mais sur une dette de l'union des créanciers, qui doit lui être payée de préférence aux créanciers du failli, par privilége sur les biens de cette union.

III. De la combinaison des articles 502, 503, 509 et 635 du C. de com. de 1808, il résulte que si les créanciers, même pour causes civiles, doivent, en cas de faillite de leur débiteur, se présenter à la vérification des créances, parce qu'il importe de constater la totalité du passif comme la totalité de l'actif du failli, et que ces créanciers, pour causes civiles, ont, sur cet actif, un droit égal aux créanciers pour causes commerciales, et doivent participer avec ceux-ci aux distributions qui en sont faites; lorsque des contestations s'élèvent relativement à ces créances civiles, elles doivent être portées devant les tribunaux civils, qui les jugent, et quant au fond et quant au mode de preuve, d'après les règles du droit civil. — Les dispositions plus explicites, sur ce point, des articles 498, 499, 500 et 635 de la nouvelle loi sur les faillites, du 28 mai 1838, n'établissent pas, à cet égard, une législation nouvelle, et ne font que confirmer, par une rédaction plus claire et plus catégorique, les dispositions du C. de com. de 1808 : elles ne sont d'ailleurs, les unes et les autres, que la reproduction des principes du droit antérieur sur les attributions respectives de la juridiction civile et de la juridiction consulaire.

IV. L'incompétence du tribunal de commerce, pour statuer sur un semblable litige, étant une incompétence à raison de la matière, devrait, d'après l'art. 170 C. pr., être prononcée d'office par la cour, si elle n'était pas proposée par l'appelant.

V. L'art. 425 C. pr., au titre de la procédure devant les tribunaux de commerce, ayant disposé que : « le même jugement pourra, en rejetant le déclinatoire, statuer sur le fond, mais par deux dispositions » distinctes, l'une sur la compétence, l'autre sur le fond; que les » dispositions sur la compétence pourront toujours être attaquées par la » voie de l'appel : » le fait que les appelants (les syndics), après avoir opposé leur exception déclinatoire, et l'avoir vu rejeter par une première disposition du jugement consulaire, auraient plaidé au fond (surtout s'ils se sont réservé la faculté de se pourvoir contre cette disposition), ne les rend pas non recevables dans l'appel qu'ils en ont ultérieurement interjeté.

12. — 6 juillet 1837. — Lacatte C. Picard. — 2e Ch. — MM. Costé, pr., Poirel, p. av. gén., d'Ubexi, Catabelle, av.

Les juges de commerce, pour apprécier leur compétence, peuvent ordonner la preuve des faits qui doivent motiver cette compétence ; et cela quand même les motifs qui doivent déterminer la décision sur la compétence se lieraient d'une manière intime à ceux qui doivent ultérieurement entraîner la décision du fond.

13. — 19 juin 1841. — Lippmann C. Lejeune. — 1re Ch. — MM. Moreau, p. pr., Garnier, av. gén., concl. conf., Blondot, Catabelle, av.

Quand un négociant écrit à un fabricant de Nancy pour lui demander des marchandises, et que celui-ci les lui envoie par la diligence, ou le roulage, la convention a été faite à Nancy, et la marchandise livrée à Nancy.

14. — 8 avril 1859. — Jacquin C. Bonnelle. — 2e Ch. — MM. Mourot, pr., Garnier, av. gén., concl. contr., La Flize, Lefèvre, av.

La faculté exceptionnelle accordée au demandeur, en matière de commerce, d'assigner le défendeur devant le tribunal dans l'arrondissement duquel le payement doit être effectué, ne peut être exercée qu'autant qu'il n'est point contesté qu'il existe une convention par suite de laquelle un payement doit avoir lieu. (1)

Si l'existence même de la convention, qui serait attributive d'une juridiction exceptionnelle, est contestée, la contestation ne peut être portée que devant le tribunal du domicile du défendeur.

15. — 22 novembre 1842. — Bignand C. Poncet-Anterrieu. — 2e Ch. — MM. Costé, pr., Garnier, av. gén., concl. conf., La Flize, Volland, av.

Les exceptions apportées par l'art. 420 C. pr. au principe général des ajournements ne sauraient recevoir d'application que pour le cas où la validité de la convention ne serait pas contestée.

Ainsi, quand il y a contestation sur l'existence même, ou sur la validité d'une vente commerciale, entre négociants, le tribunal compétent pour statuer sur la demande en livraison de marchandises prétendues vendues, dirigée par l'acheteur contre le vendeur, est le tribunal du domicile du défendeur exclusivement. (C. pr., 59, 420 § 1.)

L'acquéreur de marchandises ne peut poursuivre le vendeur devant le tribunal du lieu où la promesse a été faite et où la marchandise *devait être livrée*, mais seulement devant le tribunal du lieu où la promesse a été faite et la livraison de la marchandise *effectuée* : la réunion de ces deux circonstances est nécessaire pour attribuer juridiction. (C. pr. 420, § 2.)

L'acquéreur de marchandises ne peut poursuivre le vendeur, pour le forcer à la livraison, devant le tribunal du lieu où le *prix était payable*, mais seulement devant le tribunal du lieu où *la marchandise était à livrer* ; le mot *payement*, employé dans l'art. 420 C. pr., s'entend de l'acquit d'une obligation de faire, aussi bien que du payement du prix (même art. § 3).

16. — 21 avril 1842. — Thirion-Coudray C. Marouque-Feytou et Lanel. — 1re Ch. — MM. Mourot, pr., Garnier, av. gén., Maire, Volland, La Flize, av.

Le prix de marchandises stipulées payables *au domicile du vendeur* rend l'acquéreur justiciable du tribunal du domicile du premier. (C. pr. 420, § 3). — Il est suffisamment prouvé que le prix était payable au domicile du vendeur par la facture émanée de celui-ci, et

---

(1) *Contrà*. 16 janvier 1836. — Voy. *infrà*, n° 18.

portant en tête cette clause imprimée : *pris et payable à Neufchâteau* (domicile du vendeur), encore que, de fait, le vendeur, pour obtenir son payement, ait tiré sur l'acheteur une traite du montant de la facture, et encore que cette traite ait été protestée, attendu l'avarie des marchandises vendues. — (Une note, mise en marge de la facture, annonçait qu'il serait fait une traite payable *au domicile de l'acheteur*.)

17. — 25 mars 1843. — Demay C. Cottez. — 1re Ch. — MM. Mourot, pr., Poirel, p. av. gén., Volland, av. (Arrêt par défaut.)

Quand des marchandises ont été expédiées par un négociant à un autre négociant qui les lui avait demandées, avec une facture indiquant que le prix en est payable au domicile de l'expéditeur ; que le destinataire en a accusé réception, sans contester le lieu du payement spécifié dans la facture ; qu'il a même promis d'adresser les fonds au vendeur dans un court délai ; — le tribunal de commerce du lieu du domicile du vendeur est compétent pour connaître de la demande en payement formée contre l'acheteur. (C. pr. 420, § 3.)

18. — 16 janvier 1856. — Mame C. Lippmann. — 1re Ch. — MM. de Metz, p. pr., Poirel, p. av. gén., Volland, Fabvier fils, Chatillon, av.

En matière commerciale, le demandeur qui est porteur d'un titre apparent peut assigner le défendeur devant le tribunal du lieu où le payement devait se faire, conformément à l'art. 420 C. pr., même quand c'est la validité du titre qui est mise en question.

19. — 28 janvier 1859. — Reynier C. Chantraux. — 2e Ch. — MM. Mourot, pr., Garnier, av. gén., concl. conf., La Flize, Volland, av.

Quand une vente commerciale a été faite avec stipulation formelle que le prix en serait payé en valeurs à vue sur Paris, souscrites ou endossées par l'acheteur, et remises par lui au domicile du vendeur, *le lieu du payement*, aux termes de l'art. 420 C. pr., c'est le lieu où les billets doivent être payés, et non le lieu où ils doivent être remis entre les mains du vendeur.

Nota Les objections suivantes ont été faites contre la doctrine consacrée par cet arrêt.

Les négociations commerciales ne se soldent presque jamais en écus. Le vendeur, pour se couvrir du prix de la vente, tire sur l'acheteur une lettre de change, ou l'acheteur lui adresse soit des valeurs de portefeuille, soit ses propres obligations. — Dans le premier cas, l'émission de la lettre de change, et même son acceptation par le tiré, ne peuvent jamais être considérées comme un solde ou payement de la vente ; aussi le tireur ne crédite pas encore du montant de la lettre de change le compte du tiré. — Ce n'est que le payement même de la lettre acceptée, ou non acceptée, qui éteint la créance du vendeur, et, dans ce cas, le lieu du payement est incontestablement le lieu où la lettre de change est soldée.

Dans le second cas, l'envoi de valeurs souscrites ou endossées par l'acheteur est considéré comme un payement véritable ; le compte de l'acheteur en est crédité au moment même de leur réception, et un reçu pour solde lui en est adressé. C'est que ces valeurs sont en effet la monnaie courante du commerce.

Si elles ne faisaient pas l'office de véritable monnaie; si leur remise, entre les mains du vendeur, ne constituait pas un payement réel du prix de la vente, mais une simple promesse de payer ce prix ultérieurement, elles seraient à peu près inutiles.

Il est inexact de dire qu'elles facilitent le recouvrement de la somme à payer en la divisant : chaque billet fourni par l'acheteur était égal au montant de la facture partielle qu'il était destiné à solder; et cette facture, acceptée par lui ou son commissionnaire, fournissait au vendeur, sous le rapport de la garantie et de la commodité des négociations, les mêmes avantages que les billets qu'on lui adressait. Il faut reconnaître que la remise des billets, pour solde d'un prix de vente, laisse subsister une créance entre le vendeur et l'acheteur primitifs; mais ce n'est plus la créance originaire : il y a eu novation par la substitution d'une créance à une autre.

Cette novation résulte suffisamment : 1° de la création ou de la remise du billet; car s'il n'y a qu'une seule créance, à quoi bon double titre, la facture et le billet? 2° de l'extinction de la créance primitive qui, sur les livres des deux parties (s'ils sont régulièrement tenus), est présentée comme soldée.

Elle ne pourrait pas être contestée si l'acheteur (comme cela arrive souvent) remettait au vendeur des valeurs de son portefeuille avec un endossement en blanc, ou causé valeur reçue comptant, puisque, dans ce cas, la cause même de la créance serait changée.

Elle ne peut pas l'être davantage quand il remet des valeurs créées par lui-même ou endossées par lui avec l'indication : *valeur reçue par lui en marchandises*. Cette énonciation rappelle seulement que la créance primitive est la cause de la créance nouvelle : c'est ce qui se fait en matière civile dans tous les actes où il y a novation par substitution d'une créance à une autre; mais elle ne conserve pas, elle ne perpétue pas la créance première. — Et la preuve, c'est que les privilèges de la créance de vente ne passent pas à la créance résultante des billets. Si, en effet, la jurisprudence s'est partagée sur la question de savoir si le vendeur réglé en billets conserve son privilège, ou son droit de revendication, en cas de faillite de l'acheteur, du moins pas un tribunal, pas un jurisconsulte n'a proposé d'attribuer ce privilège de revendication au tiers porteur du billet causé valeur en marchandises. — Donc la créance résultante de ce billet n'est pas la même que la créance résultante de la vente. Donc il y a eu novation : il y a eu payement de la vente par la remise des billets.

Ainsi, quand il s'agira de rechercher le lieu du payement, pour reconnaître le tribunal compétent, il faudra distinguer avec soin la cause et la nature de la contestation. S'il s'agit du payement même du billet, le tribunal compétent est celui du lieu où le billet doit être soldé. — S'il s'agit d'une difficulté relative à la vente, le lieu du payement est le lieu où devaient être remis les billets faisant solde de la vente; car, dans une convention conçue dans les termes ci-dessus, le prix de la vente consiste moins dans la somme d'argent, en laquelle les billets doivent se transformer en définitive, que dans les billets mêmes de la nature et de l'espèce convenue.

Ainsi, dans notre hypothèse, l'acheteur n'aurait pas pu refuser les valeurs sur Paris qu'il avait promises, en déclarant que l'argent se trouverait à son domicile au terme convenu, ou même qu'il était prêt à solder immédiatement et à vue la lettre de change qu'on tirerait sur lui : il n'aurait pas même pu contraindre le vendeur à accepter les écus qu'il serait venu lui apporter à son domicile (C. civ. 1243). — Donc le prix réel de la vente était bien des valeurs sur Paris : donc c'est la remise de ces valeurs, et leur remise seulement, qui constituait le payement de la vente. Donc le lieu du payement était celui de la remise des valeurs. Le décider autrement, c'est faire aboutir à l'absurde l'art. 420 C. pr. — Qu'arrivera-t-il en effet, si le maître de forges de la Meuse vend au marchand de fer de Nancy un lot payable en valeurs sur Paris ? — L'une des parties pourra-t-elle traîner son adversaire devant le tribunal de Paris ? — Qu'arrivera-t-il si ces valeurs données en payement sont payables les unes à Paris, les autres à Lyon, à Bordeaux, à Marseille ?... Qu'arrivera-t-il si ces billets sont de la banque de France ?...

20. — 14 novembre 1840. — Nicolas C. Vilmans. — 1re Ch. — MM. Costé, pr., Poirel, p. av. gén., Maire, La Flize, av.

Celui qui exploite un moulin ne peut être rangé dans la classe des commerçants qu'autant qu'il achèterait des grains pour les convertir en farine destinée à la vente, mais non lorsqu'il se borne à moudre pour autrui moyennant rétribution.

Il ne fait pas davantage acte de commerce en achetant des meules pour l'usine qu'il exploite lui même.

21. — 5 décembre 1840. — David-Israël C. Vautrin. — 1re Ch. — MM. Costé, pr., Poirel, p. av. gén., d'Ubexi, Volland, av.

La convention intervenue entre deux agents de remplacement militaire, par laquelle l'un d'eux se serait engagé à fournir à l'autre un certain nombre de remplaçants propres au service, moyennant un certain prix, constitue un acte de commerce ; les tribunaux civils sont incompétents pour connaître des difficultés auxquelles cette convention a donné lieu.

Il en serait autrement de la convention par laquelle un jeune homme livrerait, moyennant un prix déterminé, à un spéculateur, son engagement de servir l'Etat pendant un certain temps, au lieu et place de la personne qui plus tard lui serait désignée : cette convention, de la part de ce jeune homme, ne serait pas un acte de commerce.

22. — 20 janvier 1843. — Matern C. Gerné et Rolin. — 1re Ch. — MM. Mourot, pr., Poirel, p. av. gén., Lefèvre, Mamelet, Mengin fils, av.

Est de la compétence commerciale la demande dirigée contre un agent d'affaires, tendante à l'exécution d'un traité de remplacement militaire.

23. — 14 mars 1839. — Goguel C. Grombach — 1re Ch. — MM. Costé, pr., Poirel, p. av. gén., Louis, d'Ubexi, av.

L'opération par laquelle un individu fournit à un autre, moyennant salaire, des remplaçants que celui-ci cède à son tour, avec bénéfice, aux pères de famille qui désirent exempter leurs fils du service militaire, est un acte de courtage ou de commission, et, comme tel, un véritable acte de commerce, qui entraîne les parties devant la juridiction commerciale. — En conséquence, la contestation qui peut s'engager entre ces deux individus, sur l'une des clauses de leur convention, doit être portée devant le tribunal de commerce, même quand la contestation aurait été engagée par une saisie-arrêt faite par celui qui se prétend créancier. — Seulement, dans ce cas, le tribunal civil doit conserver la connaissance de la saisie-arrêt, pour y être statué ultérieurement, et renvoyer les parties devant le tribunal de commerce, si l'une d'elles le demande, pour être statué sur l'existence même de la créance, cause de la saisie.

24. — 13 mai 1845. — Lequeux C. Ancel-Desroches et Lecomte. — 2ᵉ Ch. — MM. Riston, pr., Poirel, p. av. gén., Antoine, Catabelle, av.

I. Le tribunal de commerce est compétent pour décider si un individu est, ou n'est pas, débiteur d'une maison de commerce, par suite d'une vente que cette maison lui a faite de diverses marchandises pour les revendre.

II. On ne peut considérer comme une novation de la créance originaire un acte de vente qui n'est en réalité (d'après une contre-lettre portant la même date), qu'un simple nantissement, et qui n'a eu pour objet que d'assurer le payement, non-seulement de la créance commerciale, mais encore d'une autre créance purement civile, et cela au moyen de la vente, jusqu'à due concurrence, de différents objets mobiliers, dont le prix, pour ce qui excéderait la dette, devait, le cas échéant, être remis au débiteur.

COMPÉTENCE JUDICIAIRE.

Voy. *Compétence administrative.* — 5. Entrepreneur de travaux publics. Extraction de matériaux. Terrain non désigné par un arrêté administratif. Bail d'une carrière. Sous-fermier. Compétence judiciaire. — 6. Forêts. Défensabilité. Administration forestière. Déclaration non contradictoire. Compétence judiciaire pour statuer entre le propriétaire et l'usager.

Compétence civile. — 5. Biens communaux. Partage. Propriété contestée. Titre. Possession. Compétence administrative.

Domaine de l'État. — 8. Décret du 9 avril 1811. Acte administratif. Interprétation. Acte législatif. Compétence judiciaire. Édifices consacrés aux tribunaux et à l'instruction publique.

Domaine engagé. — 6. Forêt. Futaie. Le quart. Compétence judiciaire. Chose jugée. Législation lorraine.

Domaine national. — Adjudication. Omission de la contenance.

Eau. — 8. Canal artificiel. Encombrement. Curage. Compétence administrative. Compétence judiciaire. — 27. Ruisseau. Riverain. Immondices. Préjudice causé aux riverains inférieurs. Compétence judiciaire.

Forêt. — 5. Dabo. Anciens règlements forestiers. Compétence judiciaire. Acte administratif.

Voy. *Manufacture insalubre.* — Dommages aux fruits. Dépréciation d'immeubles. Juge de paix. Tribunal de première instance. Compétence. Ordonnance royale. Indemnité. Compétence judiciaire.
Usage forestier. — 1. Affectation. Usage. Acte administratif. Arrêté du conseil de préfecture. Simple avis. Compétence judiciaire. Chose jugée. — 35. Délivrance de bois. Compétence administrative. Dommages-intérêts. Compétence judiciaire. — 45. — VI. — Compétence administrative. Possibilité des forêts. Cantonnement. Compétence judiciaire.
Voirie. — 2. Chemin. Anticipation. Désistement. Compétence judiciaire. — 16. — II. Compétence administrative. Compétence judiciaire. Arrêtés. Question de légalité. — IV. Ouverture et redressement des chemins. Expropriation. Compétence judiciaire. — 25. — I. Sentier. Communication entre deux villages. Chemin rural. Arrêté du préfet. Compétence administrative. Compétence judiciaire. Servitude de passage. — III. Chemins publics ruraux et communaux. Classement. Loi des 16-24 août 1790. Propriété. Servitude. Compétence judiciaire.

COMPROMIS.

SOMMAIRE.

Nomination d'arbitres déférée à un tiers.

RENVOIS.

Voy. *Arbitrage.*

8 mars 1836. — Gilbert C. Clément et Thouvenin. — 1re Ch. MM. Mourot, pr., Fabvier, proc. gén., La Flize, Chatillon, Catabelle, av.

La nomination d'arbitres peut valablement être déférée à un tiers par les parties contractantes. (C. pr. 1006.)

COMPTE.

SOMMAIRE.

1. *Chose jugée.* — Points débattus et décidés. Rectification non recevable. Articles tirés hors ligne sous débat. Rectification recevable.
2. *Décharge.* — Rectification postérieure des erreurs, omissions, faux ou doubles emplois.
3. *Notaire.* — I. Vente d'immeubles. Gestion. Mandat. Compte civil. Compte courant. Cumul d'intérêts. — II. Droits de recette. Intérêts du jour de la demande. — III. Frais de voyage. Intérêts du jour des avances.
4. *Révision.* — Application de l'art. 541 C. pr. à une obligation résultante d'un compte.
5. *Révision.* — Erreurs. Omissions. Faux ou doubles emplois.

RENVOIS.

Voy. *Compétence civile.* — 10. Compte civil et commercial. Compétence du tribunal civil.
Degré de juridiction. — 21. Demande primitive supérieure à 1000 fr. Compte. Réduction de la somme litigieuse au-dessous de 1000 fr. Dernier ressort.

Voy. *Hypothèque judiciaire.* — Compte ordonné par jugement. Date de l'hypothèque.
Liquidation. — 1. Double emploi. Acceptation. Réparations.
Mandat. — 3. Cohéritiers. Mandataire commun. Liquidation définitive. Erreurs. Omissions. Doubles emplois.
Puissance paternelle. — I. Administration légale. Compte. Prescription décennale.
Tutelle. — 7. Mère Tutrice. Curateur au ventre. Compte. Erreurs. Responsabilité. Réserves.

———

1. — 8 avril 1842. — Hornus C. sa femme. — 1re Ch.—MM. Mourot, pr., Welche, Volland, av.

La disposition de l'art. 541 C. pr. se concilie avec le respect pour la chose jugée, de telle manière que, quand il y a eu jugement d'arbitres sur un compte, les points qui ont été jugés, c'est-à-dire, décidés plus ou moins rationnellement par les juges, après un débat entre les parties, ne peuvent être rectifiés que par la voie de l'appel; mais les articles tirés hors ligne sans débat (par les arbitres) peuvent être, en tout temps, rectifiés par action principale, toutes les fois que l'erreur peut être démontrée.

2. — 25 avril 1844. — Laurent C. Clément. — 1re Ch. — MM. Mourot, pr., Louis, Mengin, fils, av.

La décharge pleine et entière donnée à un rendant compte, avec *renonciation à pouvoir jamais élever la moindre contestation à ce sujet*, ne fait point obstacle à ce que l'oyant use du droit que lui confère l'art. 541 C. pr. de former une demande en rectification des erreurs, omissions, faux ou doubles emplois du compte rendu.

3. — 18 mai 1843. — Parisot C. Guérin et Davrainville. — 1re Ch. — MM. Mourot, pr., Poirel, p. av. gén., Fleury, Catabelle, Lefèvre, av.

I. Un notaire chargé de procéder à la vente d'immeubles, d'en toucher le prix avec un droit de recette de 5 p. 0/0, et de payer les créanciers des vendeurs, est un mandataire, ou, en tout cas, un *negotiorum gestor* : le compte qu'il doit rendre est un compte civil. (C. civ. 1372.) Il ne peut le présenter dans la forme d'un compte courant entre négociants, et cumuler par suite les intérêts en réglant par année, et en portant à son crédit les intérêts des intérêts. (C. civ. 1154.)

II. *Les droits de recette* ne peuvent être assimilés à des sommes dues pour avances (C. civ. 2001); les intérêts n'en sont dus que du jour de la demande en justice. (C. civ. 1153.)

III. Il en est autrement des intérêts *des frais de voyage et autres;* ces intérêts sont dus au comptable.

4. — 11 juillet 1833. — Morifin C. Pilotelle. — 1re Ch. — MM. de Metz, p. pr., Bouchon, subst., d'Ubexi, Volland, av.

L'art. 541 C. pr., qui permet la révision des comptes pour erreurs, omissions, faux ou doubles emplois, n'est pas applicable seulement aux comptes proprement dits, mais encore à une obligation pure et simple, qui est avouée être le résultat d'un compte.

8. — 3 décembre 1833. — Lhôte C. Quinot. — 1re Ch. — MM. de Metz, p. pr., Poirel, p. av. gén., Berlet, Moreau, av.

La partie qui a été admise à coter les erreurs, omissions, faux ou doubles emplois qu'elle prétend s'être glissés dans un compte, ne peut pas, sous ce prétexte, faire procéder à la révision complète du compte.

COMPTE COURANT.

SOMMAIRE.

1. *Compensation*. — Convention spéciale. Créance liquide.
2. *Valeurs négociables*. — Inscription provisoire au crédit et au débit sauf encaissement. Clause d'usage. Endossement. Valeur en compte.

RENVOIS.

Voy. *Degré de juridiction*. — 8. Compensation. Compte courant. Créance liquide. Condamnation judiciaire.

---

1. — 15 février 1834. — Marque C. Marmier. — 1re Ch. — MM. de Metz, p. pr., Volland, Moreau, av.

La règle qui ne permet pas d'extraire d'un compte courant, entre deux négociants, un ou plusieurs articles pour en faire une créance liquide, cesse lorsque les conventions des parties ont placé en dehors du compte courant une opération spéciale.

2. — 10 décembre 1842. — Les héritiers Doublat C. la faillite Doublat. — 1re Ch. — MM. Moreau, p. pr., Poirel, p. av. gén., Volland, La Flize, av.

Dans les relations entre banquiers, qui consistent dans des remises respectives de valeurs, constatées par un compte courant, les remises d'effets de portefeuille et négociables ne sont, d'après les usages du commerce, portées au crédit de celui qui les fournit et au débit de celui qui les reçoit que *provisoirement*, et sous la condition que ces effets seront encaissés à l'échéance. Cette condition s'exprime quelquefois dans les accusés de réception par les mots *sauf encaissement*; mais souvent aussi elle est passée sous silence ; dans ce dernier cas, elle n'en doit pas moins recevoir son application. (C. civ. 1160.)

Il en doit être ainsi encore que, par la mention de l'endossement *valeur en compte*, la propriété des effets ainsi endossés ait été transmise; cette transmission ne s'est opérée que sous la condition précitée de l'encaissement à l'échéance. (C. com. 110, 136, 137, 138.) (Conf. Douai, 5 mars 1845. — Paris, 12 nov. 1844. S. 45. 1. 268. 270, et la note. — *Contrà* : Rouen, 18 juin 1845, S. 46. 2. 70, et la note. — Cass. req. rej. 27 avril 1846. — D. 46. 1. 243, et la note.)

COMPTE DE TUTELLE.

Voy. *Tutelle*. — 4. Compte de tutelle. Décharge. Preuve testimoniale. — 10. 1. Tuteur. — 11. Compte de tutelle. Payement. Billet.

COMTÉ DE DABO.

Voy. *Forêt.* — 3. Dabo. Règlements forestiers. Abrogation. Acte administratif. Ordonnance du roi. Décision ministérielle. Cahier des charges. Interprétation. Compétence administrative.
Usage forestier. — 20. Comté de Dabo. Etranger. Fille d'usager. Mariage avec un étranger. Droit d'usage.

CONCILIATION.

SOMMAIRE.

Mandant. — Mandataire. Réclamation de sommes touchées. Dénégation. Réclamation de titres confiés. Dispense du préliminaire de la conciliation. Reddition du compte.

RENVOIS.

Voy. *Saisie immobilière.* — 4. Demande incidente en nullité de vente. Dispense de conciliation. Saisi. Vente frauduleuse.

13 avril 1840. — Kahn. C. Devoge. — 2ᵉ Cn. — MM. Mourot, pr., Garnier, av. gén., concl. conf., Namelet, La Flize, av.

Un mandant, qui réclame à son mandataire la remise de sommes que celui-ci a touchées pour lui, et qui, sur l'exception du mandataire qu'il n'a reçu aucune somme, lui réclame la remise des titres qu'il lui avait confiés pour opérer ces recouvrements, n'est pas obligé de soumettre cette dernière demande au préliminaire de conciliation; ce n'est toujours, sous une autre forme, que l'action primitive tendante à la reddition de compte du mandat.

CONCLUSIONS.

SOMMAIRE.

1. *Omission de signifier les conclusions trois jours d'avance.* — Remise de cause. Dépens.
2. *Rapport à la prudence.*
3. *Rapport à la prudence.*

RENVOIS.

Voy. *Appel.* — 2. Conclusions à la prudence. Acquiescement en plaidant. Compétence fixée par les conclusions. — 4. Conclusions principales rejetées. Conclusions subsidiaires admises. Appel recevable.
Commune. — 12. Conclusions. Leur conformité à l'autorisation de plaider. Désistement. Indication de la contenance. Omission.
Degré de juridiction. — 9. Conclusions. Évaluation inférieure à 1500 fr. pour la perception des droits d'enregistrement. Valeur réelle du litige supérieure au taux du dernier ressort. Remplacement militaire. — 10. Conclusions de l'exploit introductif. Conclusions prises lors du jugement. — 11. Conclusions de pure forme. Chef indéterminé non contesté. — 12. Conclusions dernières. Jugement acquiescé. — 13. Conclusions dernières, règle du dernier ressort. Conclusions déterminées contre le défendeur au principal, indéterminées contre le

garant. — 14. Conclusions interlocutoires indéterminées. Conclusions définitives restreintes. Dernier ressort. — 15. Conclusions modifiées lors des plaidoiries, règle du dernier ressort. — 16. Conclusions principales. Valeur inférieure à 1000 fr. Conclusions subsidiaires. Valeur supérieure à 1000 fr. Dernier ressort. — 17. Conclusions, règle du premier ou du dernier ressort. — 35. — 11. Conclusions dernières, règle du premier ou du dernier ressort.

Voy. *Jugement.* — 1. Conclusions. Sentence arbitrale. Équipollent.

Ordre. — Ordonnance du juge commissaire. Opposition. Incompétence du tribunal. Appel.

Voirie. — 10. — 1. Conclusions. Moyens. Considérants. Litige. Dispositif. Sentier. Fontaine.

---

1. — 19 janvier 1844. — Hussenot C. Hussenot. — 1re et 2e Ch. réun. — M. Mourot, pr., Mes Lombard, Bert, avoués.

Il y a lieu de remettre à une autre audience l'affaire dans laquelle l'avoué de l'intimé n'a point signifié à l'apppelant ses conclusions trois jours à l'avance, conformément à l'art. 70 du décret du 30 mars 1808, et de condamner l'avoué de l'intimé personnellement aux dépens de l'audience.

2. — 24 février 1844. — Jacquot C. Jourdain. — 1re Ch. — MM. Mourot, pr., Poirel, p. av. gén., La Flize, Louis, av.

S'en rapporter à la prudence de la cour, c'est contester la décision des premiers juges.

3. — 25 mars 1844. — Florentin C. François, Florentin et Clément. — 2e Ch. — MM. Masson, ff. pr., Garnier, av. gén., concl. conf., Louis, La Flize, Fleury, Volland, av.

S'en rapporter à la prudence, c'est contester.

CONCORDAT.

RENVOIS.

Voy. *Faillite.* — 6. Concordat. Failli. Action personnelle. Sursis au concordat. Fixation de l'ouverture de la faillite. — 7. Concordat. Opposition. Jugement. Tierce opposition des créanciers de la faillite. Syndic. Failli. — 8. Concordat. Résolution pour inexécution. Nullité. Demande nouvelle non recevable en appel. — 18. Projet de concordat. Inexécution des conditions. Nullité. Preuve des créances y mentionnées. — 23. Supplément de dividende. Concordat. Billet. Nullité. Compétence commerciale. Menace écrite. Violence. Action du failli. Action des créanciers. — 24. Supplément de dividende. Concordat. Billet. Nullité même au regard du débiteur. — 25. Supplément de dividende. Concordat. Billet. Validité vis-à-vis du souscripteur. Menace d'opposition au concordat. — 26. Supplément de dividende. Concordat. Billet. Violence. Fraude. Nullité. Créanciers intervenants.

CONDAMNÉ.

Voy. *Témoin.* — 3. Condamnation afflictive commuée en peine correctionnelle. Incapacité. Témoin. Acte authentique.

CONDITION POTESTATIVE.

Voy. *Vente.* — 26. Revente. Bénéfice partageable entre l'acquéreur et son vendeur. Epoque de la revente laissée au choix de l'acquéreur. Condition potestative licite.

CONDITION RÉSOLUTOIRE.

Voy. *Rente.* — 4. Rente viagère. Condition résolutoire. Clause pénale. Nullité de plein droit. — 5. Rente viagère. Condition résolutoire. Nullité de plein droit en cas de non payement de la rente. Dérogation à l'article 1978 C. civ. Délai.

CONFUSION.

Voy. *Tutelle.* — 7. — I. Mère tutrice. Curateur au ventre. — II. Reprises. Confusion. Bénéfice d'inventaire.

CONNEXITÉ.

Voy. *Compétence civile.* — 11. Connexité. Renvoi facultatif. Péremption. Indivisibilité. Immeuble situé dans deux arrondissements.
Degré de juridiction. — 21. Demande principale inférieure à 1500 fr. Demande incidente indéterminée. Connexité.
Jonction. — Connexité. Nécessité d'apprécier le même acte dans les deux causes.
Règlement de juges. — 1. Connexité. Deux ordres sur les biens du même débiteur. Deux tribunaux. Jonction. Faillite. Syndic. Adjudicataire. — 2. Connexité. Litispendance. Tribunal de commerce. Tribunal civil. Juridiction épuisée.

CONSEIL D'ÉTAT.

SOMMAIRE.

Avis du conseil d'Etat impérial. — Leur autorité. Distinction.

30 janvier 1855. — Le Domaine C. Villemin. — 1re Ch. — MM. de Metz, p. pr., Fabvier, proc. gén., Volland, La Flize, av. (Audience solennelle.)

Les avis du conseil d'Etat impérial n'ont force de loi que quand ils statuent sur des questions déférées régulièrement au conseil par le gouvernement : dans les autres cas, ils n'ont qu'une autorité doctrinale.

CONSEIL DE FAMILLE.

Voy. *Interdiction.* — 2. Conseil de famille. Femme de l'interdit. Admission facultative au conseil de famille.
Tutelle. — 9. Tutelle dative. Testament. Interprétation. Conseil de famille.

CONSEIL JUDICIAIRE.

Voy. *Interdiction.* — 3. Conseil judiciaire. Fille. Mariage.

CONSEIL MUNICIPAL.

Voy. *Commune.* — 13. Conseil municipal. Ses pouvoirs. Acceptation d'une soumission. Simple avis. Rétractation. Autorisation préalable.

CONSERVATEUR DES HYPOTHÈQUES.

Voy. *Inscription hypothécaire.* — 2. Radiation. Consentement du créancier. Jugement qui ordonne la radiation. Extinction de la créance. Rôle passif du conservateur des hypothèques. Mise en cause du créancier.

CONSIGNATION COMMERCIALE.

Voy. *Commissionnaire.* — 1. Consignation commerciale. Nantissement. Commissionnaire. Déposant et dépositaire habitant la même ville. Code civil applicable.

CONSTITUTION D'AVOUÉ.

Voy. *Appel.* — 5. Constitution d'avoué omise. Election de domicile. Signification par l'intimé. Nullité couverte.
Domaine de l'Etat. — 1. Acte d'appel. Constitution d'avoué. — 2. Acte d'appel. Constitution d'avoué. Election de domicile au parquet du procureur général.
Exploit. — 1. Acte d'appel. Constitution d'avoué. Election de domicile.

CONTENANCE.

Voy. *Bornage.* — 5. Contenance. Titres. Possession. Déclaration ou pied terrier. Renseignement.
Domaine national. — Adjudication. Omission de la contenance. Compétence des tribunaux pour la fixer.
Vente. — 2. Contenance. Clause de non garantie. Arpentage préalable. — 3. Contenance. Détermination. Excédant.

CONTRAINTE.

SOMMAIRE.

Demande judiciaire. — Intérêts.

RENVOIS.

Voy. *Dommages-intérêts.* — 3. Travaux ordonnés. Inexécution. Incident. Acte d'avoué. Demande principale en dommages-intérêts. Frais frustratoires.

---

22 juillet 1833. — Le préfet de la Meurthe C. Charpy. — 1re Ch. — MM. Troplong, pr., Bouchon, subst., Bresson, Chatillon, av.

Une contrainte est une demande judiciaire qui fait courir les intérêts.

CONTRAINTE PAR CORPS.

SOMMAIRE.

1. *Acquiescement à un jugement portant contrainte par corps.* — Nullité.
2. *Appel.* — Exécution provisoire. Demande en nullité d'emprisonnement. Compétence.
3. *Commandement.* — I. Acte de poursuite. — II. Incarcération. Huissier non porteur de l'ordonnance sur référé qui l'autorise. Copie de l'acte d'écrou. — III. Recommandation après coup pour le deuxième terme de la créance. Nullité.
4. *Dommages-intérêts.* Délit. Tribunal civil.
5. *Faillite.* — Banqueroute frauduleuse. Frais. Incarcération. Grâce. Chose jugée. Dessaisissement du failli. Engagements postérieurs à la faillite. Art. 455 C. com. de 1808. Privilége du trésor. Union des créanciers. Compte rendu des syndics. Cessation de l'état de faillite. Cessation de la suspension de la contrainte par corps.
6. *Jugement.* — Nullité d'emprisonnement. Exécution provisoire sur minute.
7. *Jugement portant contrainte par corps.* — Huissier commis pour la signification. Tribunal de commerce. Compétence. Exécution.
8. *Ordonnance du juge.* — Signature du greffier. Omission. Nullité.

RENVOIS.

Voy. *Caution.* — 4. Lettre de change. Contrainte par corps. Recours de la caution.
Compétence commerciale. — 3. Billet à domicile. Acte de commerce. Contrainte par corps.
Degré de juridiction. — 34. — II. Contrainte par corps. Appel.
Effet de commerce. — 2. Billet à domicile. Simple prêt. Signataires non commerçants. Contrainte par corps. — 3. — II. Contrainte par corps. Commerçant. Qualification écrite d'une autre main et après coup.
Faillite. — 3. Banqueroute simple. Peine subie. Rétention provisoire du failli dans la maison de détention à la demande des syndics. Transport dans la prison pour dette. Consignation d'aliments.
Nantissement. — IV. Vendeur. Silence sur l'antichrèse. Stellionat.

---

1. — 5 août 1837. — Briguel C. Picard. — 1re Ch. — MM. Mourot, pr., Welche, Antoine, av.

Est nul comme renfermant une convention contraire à l'ordre public l'acquiescement, même explicite, donné à un jugement qui prononce illégalement la contrainte par corps.

2. — 7 juillet 1831. — Achallet C. Lanneau. — 1re Ch. — MM. de Metz, p. pr., Troplong, av. gén., Bresson, Berlet, av.

La contrainte par corps, exercée en vertu d'un jugement qui n'ordonne pas l'exécution provisoire, doit cesser par l'effet de l'appel interjeté postérieurement.

Dans ce cas, il ne s'agit pas d'une demande en nullité d'emprisonnement qui doive être portée devant le tribunal qui a rendu le jugement (C. pr. 794), mais d'une véritable demande en élargissement, qui doit être portée devant le tribunal du lieu où se trouve détenu le débiteur.

3. — 29 mai 1840. — Fayard C. Maget. — 1re Ch. — MM. de Metz, p. pr., La Flize, Louis, av.

I. Un commandement à fin de contrainte par corps est un acte de poursuite. En conséquence, il est nul s'il a été fait au mépris d'un jugement ou arrêt ordonnant la discontinuation des poursuites.

II. Est nulle l'incarcération faite par un huissier qui n'était pas porteur, au moment même de l'incarcération, de l'ordonnance sur référé autorisant cette mesure; ou qui n'a pas laissé à l'instant même, au débiteur incarcéré, copie du procès-verbal d'écrou.

III. Est nulle encore la recommandation faite après coup, par le créancier, pour le second terme de la créance qui avait été la cause de l'emprisonnement primitif. — Dans ce cas, la nullité de l'incarcération entraîne celle de la recommandation.

4. — 13 juillet 1858. — Panot C. Aubry. — 1re Ch. — MM. de Metz, p. pr., Garnier, av. gén., coñel. conf., Antoine, Mamelet, av.

La contrainte par corps doit être prononcée comme accessoire et garantie des dommages-intérêts accordés par un tribunal civil en réparation d'un délit.

5. — 21 novembre 1845. — L'administration des Domaines C. Moyse Mayer. — MM. Moreau, p. pr., Poirel, p. av. gén., Volland, La Flize, av.

I. Le failli, condamné pour banqueroute frauduleuse à une peine afflictive et infamante et au remboursement des frais de la poursuite envers l'État, avec contrainte par corps, dont la durée a été fixée par l'arrêt, ne peut être incarcéré pour le payement des frais, sans qu'il ait été préalablement justifié que son état de faillite a pris fin (1).

II. Les lettres de grâce qui se bornent à faire remise au condamné de la peine prononcée contre lui, en maintenant la surveillance, n'emportent pas remise des frais du procès, ni de la contrainte par corps attachée par la loi et par l'arrêt à l'exécution de cette disposition. (C. pén. 52. — Loi du 17 avril 1832, art. 37.) — La contrainte par corps n'est pas une peine.

III. L'arrêt de la cour d'assises, qui prononce la contrainte par corps pour le recouvrement des frais contre un failli déclaré coupable de banqueroute frauduleuse, ne saurait être invoqué par le Domaine comme ayant l'autorité de la *chose jugée* sur la question de savoir si cette voie d'exécution peut être employée nonobstant l'état de faillite, et tant que dure cet état. (C d'inst. 368, C. pén. 52, Loi du 17 avril 1832, art. 7, 40.)

Vainement le Domaine se prévaudrait-il de la disposition de l'article 40 précité de la loi du 17 avril 1832, portant : « Dans tous les cas,
» *et quand bien même l'insolvabilité du débiteur serait constatée*, si la
» condamnation s'élève à 300 fr., la durée de la contrainte par corps
» sera déterminée par le jugement de condamnation » : — l'obligation pour le juge de prononcer la contrainte par corps n'entraîne pas, pour

---

(1) Conf. M. Troplong : De la contrainte par corps, t. 18, p. 50, n° 40, et p. 206, n° 583. — M. Renouard : Des faillites, t. 1, p. 594.

le créancier, le droit de l'exercer actuellement, s'il existe quelque cause légale de suspension, telle que l'état de faillite. (C. com. de 1808, art. 442. C. civ. 2092.)

IV. Le dessaisissement prononcé par l'art. 442 C. com. de 1808 frappait non-seulement sur les biens qui appartenaient au failli à l'instant de la faillite, mais encore sur tous ceux qui pouvaient lui échoir par la suite. — L'art. 443 de la loi du 28 mai 1838, en ajoutant à l'art. 442 du Code de 1808 que le failli est dessaisi *même des biens qui peuvent lui échoir tant qu'il est en état de faillite*, n'a pas introduit un droit nouveau, mais a sanctionné la règle virtuellement établie par ce code.

V. Ceux envers lesquels le failli est obligé par des actes ou par des faits postérieurs à la déclaration de faillite ne peuvent poursuivre, sur ces mêmes biens, l'exécution des engagements contractés envers eux, qu'après que les créanciers existants avant la faillite ont été complétement désintéressés, sauf toutefois l'acquittement, avant la confusion des biens à venir dans la masse, des charges attachées à ces biens nouvellement échus au failli.

VI. Les termes de l'art. 455 C. com. de 1808, qui défendait de recevoir contre le failli, déposé dans la maison d'arrêt pour dette, aucun écrou en vertu d'aucun jugement du tribunal de commerce, étaient démonstratifs et non limitatifs : ils n'autorisaient point, sous l'empire de ce Code, l'exercice de la contrainte par corps en vertu d'un jugement émané des tribunaux civils ou criminels. (Locré. Esp. du C. com., t. 6, p. 210.) L'art. 455 de la loi du 28 mai 1838 n'a pas établi un droit nouveau en substituant à ces termes de l'art. 455 du Code: *en vertu d'aucun jugement du tribunal de commerce*, ces expressions plus générales: *pour aucune espèce de dettes*.

VII. Il n'y a pas lieu de distinguer entre les dettes créées ou reconnues après la déclaration de faillite, et celles qui l'ont été antérieurement : pour celles-là, comme pour celles-ci, la contrainte ne peut être exercée durant la faillite.

VIII. Les frais de poursuite criminelle, pour banqueroute frauduleuse, ne constituent qu'une simple dette envers l'Etat. La circonstance que cette dette résulte de poursuites faites dans l'intérêt de la vindicte publique, à la requête du ministère public, ne change pas son caractère, et ne lui confère aucun privilége, soit sur les biens de la faillite ou du failli, soit sur la personne de celui-ci.

Si l'art. 2098 du C. civ. et la loi du 5 septembre 1807 attribuent au trésor public, sous certaines réserves et conditions, un privilége sur les biens meubles et immeubles des condamnés, c'est seulement lorsque ceux-ci sont *in bonis*, et non lorsqu'ils sont en état de faillite, et surtout lorsque le délit ou le crime pour lequel il y a eu condamnation tient à la faillite, et n'existe que par elle. (Art. 588 à 599 du C. de 1808; art. 587 à 592 de la loi du 28 mai 1838.)

IX. Si le trésor a des raisons de croire que le failli a, par devers lui, des ressources qu'il dissimule, et dont la remise pourrait être obtenue en l'emprisonnant, il ne peut, comme tout autre créancier, que s'adresser au tribunal de commerce, et requérir de lui l'incarcération du failli, aux termes de l'art. 455, applicable pendant tout le temps que dure la faillite, afin d'obtenir, par ce moyen, non pas pour lui, mais pour la masse, les sommes et valeurs supposées cachées ou recélées.

X. L'exercice de la contrainte par corps revit contre le failli par la cessation de l'état de faillite, c'est-à-dire, par le compte rendu des syndics à l'union des créanciers, lorsque la liquidation est terminée (1).

6. — 21 novembre 1831. — Reydellet C. Delorey et Pigace. — 1re Ch. — MM. Bresson, pr., Poirel, p. av. gén., Chatillon, La Flize, Goutt, av.

Un jugement qui prononce une nullité d'emprisonnement n'est point par cela seul exécutoire par provision et sur minute.

7. — 23 mars 1843. — Jull C. Paternotte. — 1re Ch. — MM. Mourot, pr., Poirel, p. av. gén., Catabelle, Mamelet, av.

Le tribunal de commerce peut, aussi bien que le tribunal civil, commettre un huissier pour signifier un jugement portant contrainte par corps (C. pr. 780); ce n'est pas là connaître de l'exécution de son jugement; c'est seulement pourvoir au mode d'exécution dont il est susceptible; la signification d'un tel jugement n'est pas un acte d'exécution, mais seulement une formalité préliminaire qui manifeste l'intention de l'exécuter.

8. — 27 août 1841. — Saune C. Louis. — 1re Ch. — MM. Costé, pr., Poirel, p. av. gén., Simonin, Louis, av.

Aucune disposition de loi ne prescrit, à peine de nullité, que les ordonnances rendues par le juge, dans le cas prévu par l'art. 780 C. pr., soient signées du greffier.

CONTRAT DE MARIAGE.

SOMMAIRE.

1. *Ancien droit.* — Remploi des propres de la femme. Prix de la vente.
2. *Autorité maritale.* — Droits sur les biens de la femme. Dérogation. Nullité.
3. *Coutume de Lorraine.* — Acquêt d'un immeuble indivis avec la femme. Propre.
4. *Coutume de Lorraine.* — Acquêt d'un immeuble indivis avec la femme. Propre.
5. *Coutume de Lorraine.* — Dette hypothécaire postérieure au Code civ., non à la charge du survivant.
6. *Coutume de Lorraine.* — Gain de survie. Abrogation. Loi du 17 nivôse an II.
7. *Coutume de Lorraine.* — I. Gain de survie. Abrogation. Loi du 17 nivôse an II. — II. Immeubles de communauté restés indivis. Habitation commune. Compte des revenus.
8. *Coutume de Lorraine.* — Propre de la femme. Vente. Remploi. Mari copropriétaire.
9. *Coutume de Saint-Mihiel.* — Bien de ligne. Récompense. Réassignal. Donation.
10. *Coutume de Saint-Mihiel.* — Immeuble indivis. Epoux copropriétaire. Acquisition par la communauté.
11. *Coutumes.* — Silence sur le remploi de la femme. Vente de propre.

---

(1) Voy. D. 46. 2. 52. — Conf. cass. 9 mai 1846, (D. 46. 1. 316). Décision de la Régie de l'enregistrement, du 26 mars 1847 (Gaz. Trib. 8 avril).

CONTRAT DE MARIAGE.

12. *Déclaration de command.* — I. Transmission de la propriété. Immeuble indivis avec une femme mariée. Propre. Hypothèques consenties par l'ancien copropriétaire. — II. Femme héritière bénéficiaire du copropriétaire. — III. Cahier des charges. Délégation. Clause caduque.
13. *Effet rétroactif de la célébration du mariage au jour du contrat.* — Donation d'immeubles en mariage. Vente postérieure dans l'intervalle du contrat de mariage à la célébration. Nullité. Dettes du survivant.
14. *Immeuble indivis.* — Acquisition par le mari copropriétaire. Propre. Stipulation contraire. Nullité.
15. *Immeuble indivis entre un des conjoints et des enfants d'un premier lit.* — I. Construction. Remploi. Plus value. — II. Experts amiables.
16. *Office de commissaire-priseur.* — I. Acquêt de communauté. — II. Valeur. Produit. Capitalisation.
17. *Partage du mobilier de la communauté.* — I. Héritiers de la femme. — Acte de partage. — II. Propre. Preuve de sa qualité par notes et papiers domestiques.
18. *Propre de la femme.* — Aliénation. Prix propre à la femme. Saisie-arrêt par les créanciers du mari. Nullité.
19. *Propre de la femme.* — I. Vente. Cohéritier adjudicataire. Reprise sur la soulte de partage. — II. Remplacement militaire. Rapport du prix. Exception.
20. *Propre de la femme.* — I. Vente. Prix. Cohéritier adjudicataire. Reprise sur la soulte de partage. — II. Mobilier de la communauté. Prélèvement par les ayants droit de la femme. Créanciers postérieurs à la dissolution.
21. *Recélé.* — Sa définition.
22. *Recélé d'effets de la communauté par un époux légataire de l'usufruit.* — Privation de l'usufruit de ces effets.
23. *Régime dotal.* — Aliénation permise à charge de remploi. Justification du remploi exigée par l'acquéreur.
24. *Remploi.* — Créance mobilière. Prélèvement du prix par les héritiers de la femme.
25. *Reprise.* — I. Demande nouvelle. — II. Immeubles vendus avant le mariage. Prix. Meuble.
26. *Testament.* — I. Reprises. Liquidation. — II. Usufruit. Dispense d'inventaire et de caution. — III. Mise en communauté. Meubles meublants. Marchandises. — IV. Œuvres de bienfaisance. Intentions de la testatrice.

RENVOIS.

Voy. *Portion disponible.* — Préciput. Réduction. Mari. Femme. Avantage prohibé. Quittance d'apport. Contrat de mariage. Simulation. Présomption. Office. Prix. Mobilier. Communauté. Cautionnement.
Séparation de biens. — 2. Dépenses du ménage. Revenus de la femme. Disposition par le mari. Puissance maritale.
Succession. — 3. Coutume de Lorraine. Rapport. Dot. Préciput. Mobilier. Gain de survie. Dot constituée en commun.

---

1. — 6 décembre 1832. — Denis C. Denis. — 1ʳᵉ Ch. — MM. Troplong, pr., La Flize, Marneix, av.

Sous l'ancien droit, comme sous le C. ci., le remploi des propres de la femme, aliénés pendant le mariage, devait être calculé sur le prix de la vente, et non sur la valeur de l'immeuble au jour de la liquidation.

2. — 14 avril 1831. — Rougieux C. sa femme. — 1ʳᵉ Ch. — MM. Breton, pr., Moreau, Chatillon, av.

L'art. 1388 C. civ., qui interdit aux époux toutes conventions ma trimoniales attentatoires aux droits du mari, comme chef de la communauté, s'entend des droits qui lui appartiennent sur les biens de sa femme, comme de ceux qui lui appartiennent sur sa personne.

En conséquence, est nulle toute stipulation du contrat de mariage qui donnerait à la femme la faculté de disposer, pendant le mariage, de ses propres, ou qui lui attribuerait la propriété et la libre disposition d'une portion quelconque des acquêts.

3. — 19 janvier 1830. — Vincent C. Vincent. — 1re Ch. — MM. Breton, pr., Moreau, Bresson, av.

Sous la coutume de Lorraine, l'acquisition faite par un mari, pendant le mariage, d'un immeuble dont la femme était déjà propriétaire par indivis, était réputée simple partage ou licitation, et l'immeuble tout entier prenait la nature d'un propre de communauté.

4. — 29 décembre 1840. — Drie C. Bouring et Grody. — 2e Ch. — MM. Rolland de Malleloy, ff. pr., Maire, Volland, Poirel, av.

L'art. 1408 C. civ. n'établit pas un droit nouveau, mais n'est que la reproduction d'une disposition du droit ancien, constamment en vigueur en Lorraine, où, dans le but de la conservation des biens dans les familles, l'acquisition faite, durant le mariage, d'une portion d'immeuble dont l'un des époux était déjà propriétaire par indivis, prenait la nature de propre comme l'immeuble lui-même, et appartenait en entier à celui qui déjà en était partiellement propriétaire, sauf indemnité. — Cette doctrine, adoptée par tous les auteurs, et confirmée par la jurisprudence, n'a reçu aucune dérogation des dispositions de la loi du 17 nivôse an II, et doit être appliquée à un mariage contracté en l'an VII.

5. — 30 janvier 1834. — Etienne C. Villiaumé. — 2e Ch. — MM. Troplong, pr., Chatillon, Antoine, av.

La dette d'une somme d'argent, contractée depuis le C. civ., par des époux mariés sous l'empire de la coutume de Lorraine, mais avec hypothèque spéciale sur un immeuble désigné, ne peut plus être considérée comme une dette mobilière à la charge du survivant des époux : elle est à la charge de l'un et de l'autre.

6. — 15 février 1834. — Hugo C. Laurent. — 1re Ch. — MM. Breton pr., Mamelet, Moreau, av.

L'art. 61 de la loi du 17 nivôse an II a abrogé le gain de survie de la coutume de Lorraine.

7. — 19 février 1857. — Thiéry C. Thiéry. — 1re Ch. — MM. de Metz, p. pr., d'Arbois, Calabelle, av.

I. La loi du 17 nivôse an II a abrogé les dispositions de la coutume de Lorraine relatives au gain de survie : le principe de l'abrogation du gain de survie, par la loi du 17 nivôse an II, doit être maintenu, quand même, dans un projet de liquidation, les parties auraient déclaré consentir à ce que la communauté soit liquidée conformément au statut coutumier. Il faut décider que ce consentement ne s'applique qu'aux dispositions non abrogées du statut coutumier.

II. Quand des immeubles de la communauté, par exemple, une maison, sont restés indivis entre le père et les enfants, et ont servi à leur habitation commune, le père ne peut être tenu de faire compte à ses enfants du revenu de cette maison, qui n'en a pas produit.

8. — 29 avril 1837. — Chipot C. Grivel. — 1re Ch. — MM. de Metz, p. pr., Bresson, av. gén., d'Ubexi, Chatillon, av.

La jurisprudence des parlements avait admis, en faveur de la femme, le remploi de ses propres aliénés, dans les coutumes qui gardaient le silence sur ce remploi, et même dans celles qui l'excluaient, (comme la coutume de Lorraine), lorsque l'intention de l'opérer résultait de quelques actes du mari, par exemple, de la stipulation que le remploi fût accepté par la femme; le mari qui l'avait faite, ne pouvait plus la rétracter; et cela, quand même l'immeuble ainsi acquis aurait été déjà en partie la propriété du mari.

9. — 29 décembre 1843. — Rauch C. Rauch. — 1re Ch. — MM. Mourot, pr., Poirel, p. av. gén., Lefèvre, Paillart, av.

Sous l'empire de la coutume de Saint-Mihiel, et en l'absence d'un contrat de mariage, la récompense et le réassignal du bien de ligne de l'un des conjoints, vendu pendant leur mariage, ne pouvaient résulter que d'un acte de donation, aux termes de l'art. 4 du titre 8 de cette coutume.

10. — 18 janvier 1842. — Willaume C. Willaume. — 2e Ch. — MM. Costé, pr., La Flize, Volland, av.

Sous l'ancien droit, tous les immeubles dont l'un des époux était partiaire, au moment où ils étaient acquis par la communauté, devenaient propres pour le tout à l'époux copropriétaire, même sous les coutumes portant, comme celle de Saint-Mihiel, que les acquêts en ligne restent communs.

11. — 10 août 1830. — Tabouillot C. de Pouilly. — 1re Ch. — MM. Breton, pr., Masson, subst., Moreau, Fabvier, av.

Les coutumes qui sont muettes sur le remploi de la femme doivent être interprétées par le droit commun et par l'ancienne jurisprudence des arrêts, lesquels ont consacré le principe que *toute vente d'immeubles propres aux conjoints fait naître action de remploi en faveur de celui auquel le propre aliéné appartenait.*

12. — 20 février 1832. — Le séminaire de Verdun C. Brocard-Guebey, Clady, Guillaume, Arnould, Dommartin. — 1re Ch. — MM. Bresson, pr., Troplong, av. gén., concl. conf., Chatillon, Moreau, Bresson, Fabvier, Berlet, av.

I. La déclaration de command, faite et acceptée dans le délai de la loi, transmet immédiatement la propriété du vendeur à l'acquéreur, sans qu'elle ait reposé un seul instant sur la tête du mandataire.
— Le mari, qui se rend acquéreur d'un immeuble dont sa femme est déjà propriétaire par indivis, est censé acquérir pour elle; et, à l'égard

de celle-ci, cette acquisition vaut licitation. En conséquence, elle est réputée avoir toujours été propriétaire de la totalité de l'immeuble, qui se trouve par là libéré de toutes les charges hypothécaires dont l'avait grevé le copropriétaire.

II. Ce principe est vrai, et doit recevoir son application, quand même la femme, qui devient ainsi acquéreur, serait héritière sous bénéfice d'inventaire de son ancien copropriétaire indivis, parce que l'héritier bénéficiaire ne confond pas ses biens propres avec ceux de la succession.

III. Il est vrai encore, quand même, dans un cahier des charges dressé pour l'adjudication, la femme et le mari, qui depuis se sont rendus adjudicataires, auraient rappelé les droits hypothécaires des créanciers de leur auteur, et même stipulé une délégation de prix au profit de ces créanciers. — Cette clause insérée au cahier des charges tombe nécessairement, si c'est un des copropriétaires qui devient acquéreur.

13. — 30 décembre 1844. — Pichon C. Fiacre. — 2ᵉ Ch. — MM. Riston, pr., Catabelle, d'Ubexi, av.

Les engagements contractés par contrat de mariage sont, à la vérité, soumis à la condition suspensive de la célébration ultérieure du mariage; mais, lorsque cette condition se réalise, ils ont force et valeur rétroactive à la date du contrat même.

Ainsi, lorsque, par son contrat de mariage, l'un des époux a fait donation entre vifs à son futur conjoint de tous ses biens immeubles, il ne peut plus, dans l'intervalle de ce contrat à la célébration du mariage, vendre à un tiers l'un des immeubles compris dans cette donation : une pareille vente doit être déclarée nulle. — Vainement l'acquéreur voudrait-il se prévaloir de ce que le contrat de mariage impose au survivant l'obligation d'acquitter les dettes existantes au décès du premier mourant : cette obligation ne saurait s'appliquer à l'exécution de la vente en question, puisque cette vente, annulée par la célébration ultérieure du mariage, n'a pu produire aucun effet, ni par conséquent constituer aucune dette ou obligation à la charge du survivant.

14. — 18 mai 1838. — de Reinswalt C. Favre. — 1ʳᵉ Ch. — MM. Mourot, pr., Garnier, av. gén., concl. conf., La Flize, Chatillon, av.

L'acquisition faite par le mari d'un immeuble dont il était déjà copropriétaire indivis lui attribue nécessairement, à titre de propre, quelles que soient les énonciations du contrat, la totalité de l'immeuble. — La première disposition de l'art. 1408 C. civ. ne lui donne pas, à cet égard, un simple droit facultatif, mais elle énonce une conséquence nécessaire du grand principe de l'art. 883, et la rend obligatoire. — Ainsi, la déclaration que le mari aurait faite, dans l'acte d'acquisition, qu'il achetait tant pour lui que pour sa femme, est impuissante pour imprimer à l'immeuble, contre la disposition de la loi, la qualité de conquêt. (D. 39. 2. 18.)

15. — 28 mai 1839. — Mathey C. Demengeot. — 2ᵉ Ch. — MM. Mourot, pr., Poirel, p. av. gén., concl. conf., Volland, La Flize, av.

I. La construction élevée par l'un des époux sur un immeuble indivis entre son conjoint et les enfants d'un premier lit donne lieu à une action en remploi, qui cependant ne va pas au-delà de l'accroissement de valeur que ce bâtiment a donné au sol sur lequel il a été élevé.

II. Cette plus value peut être fixée par des experts, qui ne tiennent leur mission, en ce point, que du consentement des parties, et non d'une sentence judiciaire.

16. — 22 mars 1842. — Etienne C. Etienne. — 2ᵉ Ch. — MM. Costé pr., Poirel, p. av. gén., Volland, La Flize, av.

I. Un office de commissaire-priseur appartient à la communauté.

II. Un office de commissaire-priseur rapportant 4,000 francs nets, annuellement, peut être évalué en capital à 32,000 francs.

17. — 28 août 1835. — Hassoux C. Hassoux. — 1ʳᵉ Ch. — MM. de Metz, p. pr., Garnier, av. gén., concl. conf., Volland, Chatillon, av.

I. Les héritiers de la femme prédécédée ont toujours le droit de provoquer, contre le mari ou ses ayants cause, le partage du mobilier dépendant de l'ancienne communauté, du moins tant que les héritiers du mari ne produisent pas un acte régulier de partage.

II. Ils ont également le droit de prouver que tel immeuble était un propre de leur mère, non-seulement par les énonciations des titres d'acquisition, mais encore, à défaut de ces énonciations, par des notes et papiers domestiques du père commun.

18. — 7 février 1840. — Perrin C. Aubel. — 1ʳᵉ Ch. — MM. de Metz, p. pr., La Flize, Volland, av.

Le prix d'un immeuble propre à la femme reste propre à celle-ci tant qu'il n'est pas payé. En conséquence, il ne peut être saisi-arrêté par les créanciers personnels du mari.

19. — 3 mars 1837. — Castel et Mourot C. Bugnot. — 1ʳᵉ Ch. — MM. de Metz, p. pr., Bresson, av. gén., concl. conf., Volland, Chatillon, av.

I. Le prix d'un immeuble propre à la femme, et vendu par licitation, lui tient nature de propre, en ce sens qu'elle doit en effectuer la reprise à la dissolution de la communauté. — Peu importe que l'adjudication en ait été prononcée au profit d'un de ses cohéritiers, propriétaire par indivis. — Le principe qui veut que chaque cohéritier soit censé avoir succédé seul, et immédiatement, à tous les effets à lui échus sur licitation, n'empêche pas la femme de conserver son droit de reprise sur la soulte de partage. Ce droit de reprise s'étend même jusqu'à la partie du prix qui aurait été employée à payer une dette hypothécaire inscrite sur l'immeuble échu en succession, et qui, de la sorte, ne serait pas matériellement entré en communauté.

II. En thèse générale, le prix du remplacement militaire doit être rapporté à la succession paternelle par le fils remplacé; mais cette règle n'est pas tellement absolue qu'elle ne doive fléchir, quand il résulte des faits que le remplacement a été fait dans l'intérêt de la famille entière.

20. — 22 août 1835. — Louis C. Vigneron et Ficarant. — 2ᵉ Ch. — MM. de Bouvier, ff. pr., Poirel, p. av. gén., La Flize, Volland, Louis, av.

I. Le prix d'un immeuble propre à la femme, et vendu par licitation, lui tient nature de propre, en ce sens qu'elle doit en effectuer la reprise à la dissolution de la communauté. — Peu importe que l'adjudication en ait été prononcée au profit de l'un de ses cohéritiers, propriétaire par indivis ; le principe qui veut que chaque cohéritier soit censé avoir succédé seul, et immédiatement, à tous les effets à lui échus sur licitation, n'empêche pas la femme de conserver son droit de reprise sur la soulte de partage.

II. Il n'en est pas de même d'une somme d'argent, reçue par la femme à titre d'indemnité ou de dommages-intérêts d'un droit immobilier dont elle est privée. — Quel que soit le temps qui s'écoule entre la dissolution et la liquidation d'une communauté, le mobilier resté entre les mains du père survivant est toujours réputé le mobilier de la communauté, de sorte que les ayants droit de la femme prédécédée peuvent toujours exercer sur ce mobilier les prélèvements que leur attribue l'art. 1471 C. civ., à l'exclusion des créanciers du mari, postérieurs à la dissolution de la communauté. Pour en décider autrement, il faudrait qu'il fût prouvé, non-seulement que le mobilier existant au jour de la liquidation n'est plus identiquement le même que celui qui existait au jour de l'inventaire, mais encore que le nouveau mobilier aurait été acquis avec des fonds autres que ceux de la communauté.

21. — 21 août 1844. — Ruer C. Laurent et Husson. — 2ᵉ Ch. — MM. Costé, pr., La Flize, Volland, Poirel, av.

Dans le silence de la loi sur les caractères constitutifs du recélé civil, les tribunaux doivent consulter les règles tracées par la doctrine. — *Le recélé est l'omission frauduleuse, de la part du survivant des époux, de déclarer ou de mettre en évidence les effets communs.*

22. — 10 décembre 1841. — Wolfann C. Burger dit Bourquerl. — 1ʳᵉ Ch. — MM. Moreau, p. pr., Poirel, p. av. gén., d'Ubexi, La Flize, av.

L'époux institué, par son conjoint, légataire universel de l'usufruit des biens appartenants à ce dernier, et qui recèle des objets dépendants de la communauté, tels que des titres de créance, doit être privé, non-seulement de sa part dans les effets recélés, mais encore de l'usufruit de la portion afférente à l'autre époux (C. civ. 612, 1010, 1011, 702, 1477.) — Voy. arrêt contr., Colmar, 29 mai 1823. (Dall. t. 5, p. 617. — A. Dall. Dict. gén., Vᵒ Recel.)

23. — 14 novembre 1839. — Beisser C. Viefville. — 1ʳᵉ Ch. — MM. Jannot de Morey, ff. pr., Poirel, p. av. gén., d'Arbois, Volland, av.

Quand le contrat de mariage d'une femme mariée sous le régime dotal permet l'aliénation de l'immeuble dotal, mais à charge de remploi, l'acquéreur a le droit d'exiger la preuve que ce remploi a été fait conformément au contrat de mariage. — Le mari ne pourrait prétendre qu'il a employé valablement le prix de la vente en réparations à un immeuble qu'il conserve.

24. — 13 mars 1833. — Laurent C. Piperoux. — 1re Ch. — MM. Breton, pr., Poirel, p. av. gén., Chatillon, Volland, av.

Les parties peuvent, par leur contrat de mariage, déroger à l'art. 1471 C. civ., en ce qui touche l'ordre dans lequel doivent être prélevés les remplois et récompenses. — Quand le remploi n'a pas été fait durant la communauté, il devient créance mobilière, et ne consiste plus que dans le droit de prélever le prix des propres aliénés. Il suit de là que les héritiers de la femme ne deviennent pas, à la mort de leur mère, propriétaires à titre de remploi des immeubles qui ont été acquis pendant la communauté, et, par conséquent, que si ces immeubles leur sont abandonnés par la liquidation, c'est leur valeur au jour de cette liquidation, et non au jour de la dissolution de la communauté, qui doit être prise pour base de l'opération.

25. — 9 décembre 1843. — Chobeau C. Chobeau. — 1re Ch. — MM. Moreau, p. pr., Poirel, p. av. gén., Volland, Mengin, Simonin, av.

I. Lorsqu'une veuve survivante, après avoir réclamé, dans un exploit introductif d'instance, la reprise du prix d'immeubles vendus avant son mariage, et payé postérieurement, n'a pas contesté, au procès-verbal de contredits, devant le notaire liquidateur, la disposition du procès-verbal qui la rejetait ; — qu'elle n'a pas réclamé davantage contre cette disposition devant le tribunal ; qu'elle s'est bornée à le saisir d'une réclamation relative aux biens sur lesquels les autres reprises devaient s'exercer : cette veuve ne peut présenter, directement devant la cour, une demande qu'elle n'a pas soumise au tribunal, et à laquelle même elle doit être censée avoir renoncé devant le notaire, et en première instance.

II. Lorsque les immeubles à raison desquels une reprise est demandée étaient vendus *avant le mariage*, le prix de ces biens était une *créance*, un *mobilier*, qui est entré dans la communauté. (C. civ. 529, 1401, 1433, 1471) — La reprise n'est due que pour le prix des immeubles vendus *pendant la communauté*.

26. — 11 juillet 1833. — Mandel C. Poirson. — 1re Ch. — MM. de Metz, p. pr., Pierson, av. gén., Chatillon, La Flize, av.

I. Lorsqu'une testatrice ordonne, à titre de transaction, que ses héritiers ne feront pas liquider ses reprises contre son mari, cette clause n'est applicable qu'aux reprises auxquelles le droit était acquis à la date du testament : on doit liquider les autres.

II. La dispense accordée à un usufruitier de faire inventaire et de donner caution n'emporte point l'abandon des reprises.

III. Lorsque les époux ont évalué à une somme fixe leur mise en communauté, avec déclaration que les meubles meublants et linges seulement, dépendants des successions à échoir, tomberont en communauté, ils n'y ont pas compris les marchandises dont ils pourraient hériter.

IV. Le mari qui continue, après la mort de sa femme, les œuvres de bienfaisance commencées par celle-ci, ne peut, pour en mettre les dépenses à la charge de la succession par elle délaissée, se prévaloir, ni des intentions qu'elle lui aurait manifestées, ni de la dispense d'inventaire et de caution qu'elle a ajoutée au legs d'usufruit dont elle l'a gratifié.

CONTRAT PIGNORATIF.

Voy. *Nantissement.* — Antichrèse. Vente à réméré. Relocation. Simulation. Contrat licite. Gage. Détention. Tiers acquéreur.
Pignoratif (Contrat).

CONTRAVENTION.

Voy. *Notaire.* — 11, 12, 13, 14.

CONTRE-LETTRE.

Voy. *Obligation.* — 12. Simulation. Preuve testimoniale. Rescision. Preuve littérale. Contre-lettre.

CONTRIBUTIONS.

SOMMAIRE.

Compétence administrative. — I. Contestations. Contribuable. — II. Tiers. Juridiction ordinaire. Notaire. — III. Percepteur. Agent du gouvernement. Action civile.

RENVOIS.

Voy. *Eau.* — 18. Etang. Droits d'usage. Assec. Commune. Copropriété. Rachat. Exercice périodique du droit. Contribution. Part proportionnée à la jouissance.
Usage forestier. — 13. 32. Cantonnement. — III. Impôt. Frais de garde. Valeur représentative. — 22 à 33 inclus. Contributions. Usager. Jouissance. Charge proportionnelle.

3 janvier 1835. — Fromental C. Coinze et Joblot. — 1re Ch. — MM. de Metz, p. pr., Poirel, p. av. gén., concl. contr., Antoine, Volland, d'Ubexi, av.

I. A l'autorité administrative seule appartient la connaissance des contestations qui s'élèvent entre les contribuables et l'administration, relativement à la quotité et à la légalité des contributions.

II. Mais quand des tiers, étrangers à la dette du contribuable envers l'Etat, se trouvent engagés dans la contestation, ils peuvent réclamer le bénéfice du droit commun, et la juridiction ordinaire. — En conséquence, un notaire poursuivi par un percepteur, sous prétexte qu'il est dépositaire de deniers appartenants à des contribuables en retard (Loi 12 novembre 1808, art. 2), a pu valablement saisir de son opposition les tribunaux civils. (Même loi, art. 4, et loi du 28 pluviôse an VIII, art. 4.)

III. Mais le percepteur étant agent du gouvernement ne peut être poursuvi, même à fins civiles, pour un fait relatif à ses fonctions, qu'en vertu d'une autorisation du préfet, remplaçant, au cas particulier, le conseil d'Etat. (L. du 12 nov. 1808, art. 4, L. 5 nov. 1790. Constit. 22 frim. an VIII, art. 75. — Arrêté du 10 floréal an X.)

COPIE.

Voy. *Exploit.* — 3. Acte d'appel. Copie remise au maire. Silence sur les voisins. Nullité. — 4. Acte d'appel. Date. Différence entre l'original et la copie. — 6. Acte d'appel. Epoux. Intérêt commun. Copie unique. — 8. Acte d'appel. Epoux. Intérêt non distinct. Propre de la femme. Assistance du mari. Copie unique. Validité. — 10. Acte d'appel. Epoux communs en biens. Copie unique. Propre de la femme. — 11. Acte d'appel. Epoux séparés de biens. Intérêt distinct. Copies séparées. — 12. Acte d'appel. Copie. Quantième du mois. — 15. Acte d'avoué à avoué. Formalité. Copie. Remise. Parlant à. — 18. Acte d'avoué à avoué. Formalité. Signification de jugement. Copie. Remise. Parlant à. — 22. Copie. Maire ou adjoint. Partie. Parent. Serviteur. Voisin. — 24. Huissier. Immatricule omise. Copie d'un autre exploit. Omission réparée. — 26. Jugement. Signification. Epoux communs. Garantie solidaire. Propre du mari. Intérêts distincts. Copie unique. Nullité. — 29. Original adiré. Copie. Refus de la produire. Serment. — 30. Parlant à. Indication de la personne à qui la copie est remise.

COPIE DE PIÈCES.

Voy. *Avoué.* — 1. Huissier. Purge d'hypothèques. Extrait de contrat de vente. Tableau d'inscription. Copie de pièces. Concurrence.

COPIE DE TITRE.

Voy. *Obligation.* — 5. Copie de titres. Délimitation diplomatique de deux Etats. Commissaires. Question de propriété. Délivrance de copies aux parties intéressées.

COPROPRIÉTÉ.

Voy. *Usage forestier.* — 34. Copropriété. Présomption. Partage de la futaie entre une commune et son seigneur. Transaction.

COUPE DE BOIS.

Voy. *Faillite.* — 22. Revendication. Coupe de bois. Meuble. Rétention. Clause du cahier des charges. Parterre de la coupe. Magasin de l'acheteur.
Obligation. — 1. Adjudicataire d'une coupe de bois. Caution. Double qualité. Payement comme acquéreur, non comme caution.

Voy. *Preuve littérale.* — 10. Coupe de bois. Vente par un propriétaire à un marchand de bois. Contrat civil. Commencement de preuve par écrit. Présomption.
Société commerciale. — 3. Coupe de bois. Exploitation en commun. Partage.
Vente. — 4. Coupe de bois. Faillite de l'acheteur. Revendication. Magasins du failli. Effets de commerce. Novation. Privilége sur le prix de vente des bois. — 5. Coupe de bois. Privilége du vendeur. Parterre de la coupe. Revente de bonne foi à un tiers. Arbres frappés du marteau de la marine. — 6. Coupe de bois. Revente par l'acheteur commerçant à un autre commerçant. Revendication. Privilége sur le prix de revente.

COUR DE CASSATION.

Voy. *Règlement de juges.* — 3. Juge de paix. Tribunal de première instance. Déclarations successives d'incompétence. Cour de cassation. Cour royale.

COURS D'EAU.

Voy. *Eau.* — 11. Cours d'eau. Riverain. Irrigation. Obligation de rendre l'eau à son cours naturel. Obstacle. Règlement. — 12. Cours d'eau. Riverain. Irrigation. Règlement. — 13. Cours d'eau. Usine. Prairie. Prise d'eau. Règlement.

COUTUME.

Voy. *Voirie.* — 27. — 111. Terrain en défense. Prescription. Coutume.

COUTUME DE BAR.

Voy. *Servitude.* — 25. Fossé. Mitoyenneté. Forêt. Axe du fossé et des bornes. Rejet des terres des deux côtés. Coutume de Bar.

COUTUME D'ÉPINAL.

Voy. *Prescription.* — 6. Communiste. Possession exclusive. Coutume d'Epinal.

COUTUME DE L'ÉVÊCHÉ.

Voy. *Prescription.* — 7. Coutume de l'Evêché. Commune. Eglise. Prescription de 40 ans. Droits d'usage. Vaine pâture. Bois mort.

COUTUME DE LORRAINE.

Voy. *Affectation.* — 3. Prescription. Servitude. Coutume. Titre.
Contrat de mariage. — Coutume de Lorraine. Gain de survie. Abrogation. Loi du 17 nivôse an II. — 3. Coutume de Lorraine. Acquêt d'un immeuble indivis avec la femme. — 5. Dette hypothécaire postérieure au Code civil non à la charge du survivant. — 8. Propre

de la femme. Vente. Remploi. Mari copropriétaire. — 14. Coutume de Lorraine. Acquêt d'un immeuble indivis avec la femme. Propre.
Voy. *Louage*. — 7. Coutume de Lorraine. Bail verbal. Locataire. Congé à signifier trois mois d'avance.
Prescription. — 8. Coutume de Lorraine. Bonne foi. Prescription acquisitive. Prescription libérative. — 9. Coutume de Lorraine. Minorité. Interruption. Prescription commencée avant le Code.
Propre. — 11. Coutumes. Silence sur le remploi de la femme. Vente de propre.
Saisie immobilière. — 9. Vente sur décret. Ancien droit. Droit lorrain. Servitude. Charges réelles. Usufruit. Purge. Mineur. Commune.
Servitude. — 3. Coutume de Lorraine. Passage. Possession. Prescription. Terrain en garde et défense. — 4. Coutume de Lorraine. Passage. Prescription. Terrain en garde et défense. Possession. — 5. Coutume de Lorraine. Possession immémoriale. Terrain en garde et défense. Propriété close de haies et de fossés. — 32. — 11. Coutume de Lorraine. Vaine pâture. Titre. Prescription trentenaire depuis la contradiction du seigneur. Possession immémoriale depuis le Code.
Succession. — 2. Coutume de Lorraine. Loi du 17 nivôse an II. — 3. Coutume de Lorraine. Rapport. Dot. Président. Mobilier. Gain de survie. Dot constituée en commun.
Usage forestier. — 51. Tiers denier. Lorraine. Forêt usagère.

COUTUME DE METZ.

Voy. *Prescription*. — 21. — III. Coutume de Metz. Possession de 20 ans avec bonne foi. Mineur. Commune.
Servitude. — 6. Coutume de Metz. Tour d'échelle. Saillie de la toiture. Soupirail de cave. Fenêtre à barreaux en saillie. Propriété. Servitude de jours et de gouttière.

COUTUME DE SAINT-MIHIEL.

Voy. *Contrat de mariage*. — 9. Coutume de Saint-Mihiel. Bien de ligne. Récompense. Réassignal. Donation. — 10. Coutume de Saint-Mihiel. Immeubles indivis. Epoux copropriétaire. Acquisition par la communauté.
Prescription. — 27. — II. Coutume de Saint-Mihiel. Abreuvoir. Source accessible par un terrain non clos ni cultivé.
Voirie. — 25. — V. Possession immémoriale. Coutume de Saint-Mihiel. Servitude de passage. Titres anciens. Limite.

COUTUME DE VERDUN.

Voy. *Prescription*. — 10. Commune. Prescription de 40 ans. — 11. Coutume de Verdun. Commune. Prescription de 40 ans. Revendication. Loi du 28 août 1792.

CRÉANCIER.

Voy. *Commune*. — 15. Créancier d'une commune. Action en indemnité. Autorisation.

Voy. *Donation.* — 2. Créancier cédulaire du donateur postérieur à la donation. Défaut de transcription. — 9. — 1. Donation frauduleuse. Créancier.
Emigré. — 1. Créancier. Prescription de 30 ans sans poursuites.
Succession. — 9. Séparation de patrimoines. Créancier du défunt. Créancier de l'héritier. Effet. Forme. — 10. Succession bénéficiaire. Créancier. Intervention.
Transport. — 2. — I. Rétrocession. Faillite du cédant. Action en nullité de la rétrocession par les syndics. Premier transport non signifié. — II. Tiers. Action en nullité. Créanciers du cédant. — III. Signification de transport après la faillite.
Vente. — 7. Créancier hypothécaire. Inscription périmée. Surenchère omise. Production à l'ordre. Vente en fraude de son droit. Concert frauduleux. Insolvabilité du vendeur connue de l'acquéreur. Prix dissimulé au contrat. — 25. Résolution faute de payement du prix. Acquéreur. Améliorations. Créancier.

CURATEUR.

Voy. *Succession vacante.* — I. Curateur. Comptes provisoires à remettre au receveur des domaines. — III. Publicité du jugement qui nomme un curateur. — IV. Fonctions du curateur. Versement des deniers dans la caisse du receveur.
Testament. — 23. — II. Mineur émancipé. Legs à son curateur. Validité.

CURATEUR AU VENTRE.

Voy. *Tutelle.* — 7. Mère tutrice. Curateur au ventre. Compte. Erreurs. Responsabilité. Réserves.

DABO.

Voy. *Forêt.* — 2. Dabo. Anciens règlements forestiers. Abrogation. Actes administratifs. Ordonnance du roi. Décision ministérielle. Cahier des charges. Interprétation. Compétence administrative. — 3. — I. Dabo. Anciens règlements forestiers. Abrogation. Mode d'exercice des droits concédés. Fond du droit. — II. Compétence judiciaire. Acte administratif. — III. Prix du bois. Fixation par le règlement de 1613. Enchère publique.
Usage forestier. — 20. Comté de Dabo. Etranger. Fille d'usager. Mariage avec un étranger. Droit d'usage.

DATE.

SOMMAIRE.

Acte authentique daté de l'heure. — Autre acte daté seulement du jour. Antériorité.

RENVOIS.

Voy. *Appel.* — 18. Expertise. Assistance sans réserves. Appel non recevable. Acquiescement.

Voy. *Exploit.* — 4. Acte d'appel. Date. Différence entre l'original et la copie. *Testament.* — 5. Date fausse. Nullité. Testament olographe. Preuve à la charge de l'héritier. Foi de la date. Inscription de faux. Preuve puisée dans le testament même. — 6. Date fausse rectifiée par le testament même.

18 juin 1833. — Guyot C. Lévy et Liégois. — 1re Ch. — MM. de Metz, p. pr., Pierson, av. gén., Chatillon, Moreau, Cuny, av.

Lorsqu'un acte authentique est daté de *huit heures du matin*, on peut, sans autre preuve, le considérer comme antérieur à un autre passé le même jour sans indication d'heure.

DATE CERTAINE.

Voy. *Obligation.* — 6. Signification. — 13. Transport de créance. Acte libératif sous seing privé. Défaut de date certaine. Présomption de sincérité.

DÉCLARATION.

Voy. *Bornage.* — 5. Contenances. Titres. Possession. Déclaration ou pied terrier. Renseignement.

DÉCLINATOIRE.

Voy. *Compétence.* — 2. 3. 4. Déclinatoire. Rejet. Jugement immédiat du fond. Nullité. — 5. Déclinatoire. Rejet. Jugement immédiat du fond. Nullité. Tribunal de commerce. Garant non commerçant. Incompétence. Tribunal civil. Garant non commerçant. — 6. Défendeurs. Choix du domicile de l'un d'eux par le demandeur. Faillite. Syndics demandeurs. Tribunal du domicile du défendeur seul compétent.
Compétence administrative. — 4. Déclinatoire proposé par le préfet. Conclusions des parties.
Garantie. — 1. Garant appelé tardivement au procès. Déclinatoire. Compétence. Droits compromis. Rejet de la demande.
Jugement par défaut. — 4. Déclinatoire. Rejet. Exécution du jugement. Délai de huitaine. Signification préalable.

DÉCRET.

Voy. *Compétence administrative.* — 8. — 11. Décret impérial non inséré au bulletin des lois. Acte administratif. Cession d'un domaine national à un hospice. Son caractère. Compétence du conseil d'État.
Domaine de l'État. — 8. Décret du 9 avril 1811. — Acte administratif. Interprétation. Acte législatif. Compétence judiciaire. Édifices consacrés aux tribunaux et à l'instruction publique.
Saisie immobilière. — 9. Vente sur décret. Ancien droit. Droit lorrain. Servitude. Charges réelles. Usufruit. Purge. Mineur. Commune.
Société commerciale. — 1. Décret. Loi. Régence de l'impératrice Marie-Louise. Décret du 14 janvier 1814. Illégalité.

DÉFENDEUR.

Voy. *Exploit.* — 32. Pluralité des défendeurs. Choix du tribunal. Obligation principale. Obligation éventuelle. Garant. Ajournement.

DÉFENSABILITÉ.

Voy. *Compétence administrative.* — 6. Forêt. Défensabilité. Administration forestière. Déclaration non contradictoire. Compétence des tribunaux pour statuer entre le propriétaire et l'usager.

DÉFENSES.

Voy. *Exécution provisoire.* — Marché écrit. Signatures reconnues par les parties. Défenses demandées à la cour royale.

DÉFRICHEMENT.

SOMMAIRE.

Dessèchement. — I. Propriété. Exemption d'impôts. — II. Lorraine. — III. Prescription décennale. Titre antérieur au Code civil.

RENVOIS.

Voy. *Usage forestier.* — 11. — II. Pâturage. Défrichement. Interversion du mode d'exploitation. Vente de la superficie d'une coupe entière. Préjudice causé à l'usager.

---

22 août 1840. — Valence C. la commune de Laforge. — 1re Ch. — MM. Moreau, p. pr., Garnier, av. gén., concl. conf., La Flize, Volland, av.

I. Les édits des 1er octobre 1698, 14 novembre 1709 et 12 janvier 1715 attribuaient aux auteurs des défrichements la propriété incommutable des terrains défrichés. Mais l'édit du mois de mai 1773, la déclaration du 7 novembre 1778 et l'arrêt d'enregistrement du 18 août 1776 n'accordent à ceux qui se livrent aux travaux indiqués que l'exemption, pendant un temps déterminé, des dîmes, subventions et impositions.

II. L'art. 7, sect. 4, de la loi du 10 juin 1793, qui maintient les possesseurs des terrains desséchés et défrichés aux termes et en exécution de l'édit et de la déclaration des 14 juin 1764 et 13 avril 1776, doit être étendu aux possesseurs de terrains desséchés et défrichés en Lorraine, en vertu de l'édit de mai 1773. — Mais il ne change pas la nature et l'étendue de leurs droits, et ne transforme pas leur possession momentanée en propriété incommutable.

III. Un titre antérieur au C. civ. ne peut servir de fondement à la prescription décennale.

DEGRÉ DE JURIDICTION.

SOMMAIRE.

1. *Acquiescement partiel à une demande supérieure à 1500 fr.* — Dernier ressort.
2. *Acquiescement partiel à une demande supérieure à 1500 fr.* — Dernier ressort.
3. *Acquiescement partiel à une demande supérieure à 1500 fr.* — Dernier ressort.
4. *Acquiescement partiel à une demande supérieure à 1500 fr.* — Dernier ressort.
5. *Cens perpétuel d'une certaine quantité de blé.* — Demande indéterminée.
6. *Cessionnaires.* — I. Divisibilité de la créance cédée. Part inférieure à 1500 fr. Dernier ressort. — II. Intérêts échus avant la demande. Prescription suppléée d'office. — III. Réduction des intérêts à cinq ans pour l'enregistrement de la cession. — IV. Ministère public. Fin de non recevoir proposée d'office.
7. *Commandement.* — Somme inférieure à 1500 fr. Délaissement d'immeubles de valeur indéterminée. Premier ressort.
8. *Compensation d'un billet supérieur à 1000 fr.* — I. Contestation d'un intérêt inférieur. Premier ressort. — II. Compte courant. Créance liquide. Condamnation judiciaire.
9. *Conclusions.* — Evaluation inférieure à 1500 fr. pour la perception des droits d'enregistrement. Valeur réelle du litige supérieure au taux du dernier ressort. Remplacement militaire. Résiliation.
10. *Conclusions de l'exploit introductif.* — Conclusions prises lors du jugement.
11. *Conclusions de pure forme.* — Chef indéterminé non contesté. Chef inférieur au taux du dernier ressort, seul contesté.
12. *Conclusions dernières.* — I. Jugement antérieur acquiescé. — II. Vente. Délivrance. Dommages-intérêts inférieurs à 1500 fr.
13. *Conclusions dernières.* — I. Règle du dernier ressort. — II. Conclusions déterminées contre le défendeur au principal, indéterminée contre un garant. Dernier ressort pour l'un, premier pour l'autre.
14. *Conclusions interlocutoires indéterminées.* — Conclusions définitives restreintes. Dernier ressort.
15. *Conclusions modifiées lors des plaidoiries.* — I. Règle du dernier ressort. — II. Jonction. Demandes distinctes. Personnes distinctes. — III. Demande inférieure au taux du dernier ressort. Qualité indéterminée. Appréciation. Premier ressort.
16. *Conclusions principales.* — Valeur inférieure à 1000 fr. Conclusions subsidiaires. Valeur supérieure à 1000 fr. Dernier ressort.
17. *Conclusions, règle du premier ou dernier ressort.* — Jugement. Imputation de payements. Réduction de la dette au-dessous de 1500 fr. Appel. Premier ressort.
18. *Demande inférieure à 1000 fr.* — Acte d'une valeur indéterminée. Appréciation de sa validité. Nullité non prononcée. Dernier ressort.
19. *Demande inférieure à 1000 fr.* — Acte d'une valeur supérieure. Appréciation de sa validité. Dernier ressort.
20. *Demande inférieure à 1500 fr.* — Acte d'une valeur indéterminée. Nullité demandée. Liquidation. Partage. Premier ressort.
21. *Demande primitive supérieure à 1000 fr.* — I. Compte. Réduction de la somme litigieuse au-dessous de 1000 fr. Dernier ressort. — II. Ministère public. Fin de non recevoir proposée d'office.
22. *Demande principale.* — Demande reconventionnelle en compensation. Excédant de l'une sur l'autre, règle du dernier ressort.
23. *Demande principale inférieure à 1000 fr.* — I. Demande incidente indéterminée. Renvoi en conciliation. Premier ressort. — II. Demande reconventionnelle en dommages-intérêts. Exécution d'une convention.

24. *Demande principale inférieure à 1500 fr.* — Demande incidente indéterminée. Connexité.
25. *Demande principale inférieure à 1500 fr.* — Demande reconventionnelle supérieure à 1500 fr., fondée sur la demande principale.
26. *Demande supérieure à 1000 fr.* — Acquiescement partiel du défendeur. Dernier ressort.
27. *Demandes alternatives.* — L'une déterminée, l'autre indéterminée. Premier ressort. Rente ou cens. Destruction d'ouvrages.
28. *Demandes réunies.* — Personnes distinctes. Disjonction. Intérêts distincts.
29. *Dommages-intérêts.* — Préjudice causé à un immeuble d'une valeur indéterminée. Question de propriété. Moyen de défense. Dernier ressort.
30. *Dommages-intérêts.* — Somme inférieure à 1500 fr. Frais de pansements et de médicaments. Demande indéterminée.
31. *Dommages-intérêts par jour de retard.* — Dommages calculés au jour du jugement dont appel.
32. *Dommages-intérêts pour faits antérieurs à la demande.* — Somme principale.
33. *Frais antérieurs à la demande.* — Accessoire. Premier ressort.
34. *Frais et intérêts antérieurs à la demande.* — I. Accessoires. Dernier ressort. Protêt. — II. Contrainte par corps. Appel.
35. *Héritiers.* — I. Division. Quote-part inférieure à 1000 fr. Dernier ressort. Demande collective. Titre commun. — II. Conclusions dernières. Règle du premier ou dernier ressort.
36. *Héritiers.* — I. Division. Quote-part inférieure à 1000 fr. Dernier ressort. — II. Garantie. Somme inférieure à 1000 fr. Dernier ressort.
37. *Immeubles.* — Loyer non supérieur à 60 fr. Revendication. Voie publique. Imprescriptibilité. Nullité du bail.
38. *Immeubles.* — Revenu net évalué à trois francs. Dernier ressort.
39. *Intérêts échus avant la demande.* — I. Dommages-intérêts non fondés sur la demande principale. — II. Affiches. Valeur indéterminée. Somme réclamée inférieure à 1500 fr. Premier ressort.
40. *Intérêts échus avant la demande.* — Frais antérieurs. Frais de protêt.
41. *Intérêts et frais.* — Compensation. Commandement.
42. *Intervention.* — Somme inférieure à 1500 fr. Demande principale. Somme supérieure. Dernier ressort.
43. *Livres.* — I. Franc. Loi du 24 août 1790. — II. Principal. Commandement de payer 1000 fr. et les intérêts échus avant la demande. Accessoire. Dernier ressort.
44. *Louage.* — Maison louée. Mise en état. Dommages-intérêts. Valeur locative.
45. *Nourriture à tant par jour.* — I. Valeur déterminée. — II. Qualité. Sous-intendant. Demande incidente.
46. *Offres non acceptées.* — Valeur supérieure à 1000 fr. Premier ressort.
47. *Ordre.* — I. Collocation. A-compte reçu. Reliquat inférieur à 1500 fr. Dernier ressort. — II. Collocation contestée. Priorité. Valeur du litige. Chiffre des créances. Somme à distribuer.
48. *Ordre.* — Contredits. Créanciers. Intérêt individuel inférieur à 1500 fr. Intérêt collectif supérieur. Appel collectif. Dernier ressort.
49. *Protêt.* — I. Compte de retour. Accessoire. — II. Intervention au protêt. Payement pour le premier endosseur. Recours. Frais. Accessoire. — III. Ministère public. Fin de non recevoir proposée d'office.
50. *Provision.* — I. Appel avant le jugement définitif. — II. Demande reconventionnelle ou incidente contre une autre partie. — III. Liquidation. Contredits.
51. *Requête civile.* — I. Appel. Moyens communs. — II. Chose demandée. Valeur déterminée au-dessous du dernier ressort. Condamnation. Valeur indéterminée. Premier ressort.
52. *Saisie.* — Dette inférieure à 1500 fr. Revendication. Valeur indéterminée. Premier ressort.
53. *Saisie.* — Distraction. Demande indéterminée. Cause de la saisie inférieure à 1500 fr.

DEGRÉ DE JURIDICTION. 131

54. *Saisie.* — Somme inférieure à 1000 fr. Nullité. Dommages-intérêts supérieurs à 1000 fr. Accessoire. Dernier ressort.
55. *Saisie.* — Validité. Somme inférieure à 1000 fr. Nullité prononcée d'un acte d'une valeur indéterminée. Premier ressort.
56. *Saisie-exécution.* — Demande en nullité. Cause de la saisie inférieure à 1000 fr. Premier ressort.
57. *Saisie-exécution.* — Dette inférieure à 1500 fr. Revendication des meubles saisis. Demande indéterminée. Premier ressort.
58. *Saisie-exécution.* — Revendication. Capital inférieur à 1500 fr. Meubles saisis évalués à moins de 1500 fr. dans une donation, mais non évalués dans la demande. Premier ressort.
59. *Saisie immobilière.* — Créance inférieure à 1500 fr. Demande en nullité de la Saisie. Premier ressort.
60. *Transport de marchandises.* — Valeur indéterminée. Premier ressort.

RENVOIS.

Voy. *Arbitrage.* — 21. Pouvoirs des arbitres. Dernier ressort.
Compétence. — 8. Exécution d'arrêt. Contestation nouvelle. Violation d'une défense de l'arrêt. Dommages-intérêts.

1. — 5 février 1842. — Huart C. Antoine. — 1re Ch. — MM. Mourot, pr., Poirel, p. av. gén., Maire, Volland, av.

Lorsque, de 2000 francs réclamés, on reconnaît devoir 40 p. 0/0, la contestation est de nature à être jugée en dernier ressort par le tribunal.

2. — 30 décembre 1843. — Chevalier C. Varin-Bernier. — 1re Ch. — MM. Mourot, pr., Poirel, p. av. gén., Volland, La Flize, av.

Est en dernier ressort le jugement qui prononce sur une demande en payement d'une somme de 9000 francs en principal, lorsque le défendeur a conclu en personne à ce qu'il lui fût donné acte de ce qu'il reconnaissait devoir au demandeur, sur le montant de cette somme, celle de 8442 francs 50 cent., ce qui réduisait l'intérêt du litige à moins de 1500 francs. (1)

3 — 10. février 1844. — Friry C. Demimuid. — 1re Ch. — MM. Mourot, pr., Escudié, subst., d'Arbois, Volland, av.

Est en dernier ressort le jugement qui statue sur la demande en payement d'une somme supérieure à 1500 fr., si l'intimé a reconnu, devant les premiers juges, devoir une partie de cette somme, de telle sorte que le litige ne portait, en réalité, que sur une valeur inférieure à 1500 fr. (Le demandeur réclamait 1571 fr. 29 c. Le défendeur reconnaissait devoir 856 fr. 36 c. : partant, la somme en litige se réduisait à 714 fr. 93. c.) (2)

4. — 24 août 1844. — Lelièvre C. Florentin. — 1re Ch. — MM. Mourot, pr., Garnier, av. gén., concl. conf., Lefèvre, Louis, av.

Est en dernier ressort le jugement qui statue sur une demande su-

---

(1—2) Conf. cass. req. 7 avril 1847. (Gaz. trib. 8 avril.)

périeure à 1500 fr., lorsque le défendeur se reconnaît le débiteur d'une partie de cette somme, de telle sorte que le litige ne porte plus que sur une valeur qui n'excède point 1500 fr. Les concessions expresses du défendeur restreignent la demande, tout aussi bien que celles du demandeur (1).

5. — 12 mars 1841. — Cloquard C. Gérard. — 1re Ch. — MM. Costé pr., Poirel p. av. gén., Louis, Welche, av.

Un cens perpétuel de 7 hectolitres 80 litres de blé est une valeur indéterminée.

6. — 10 juillet 1841. — Rouyer et Deleau C. Thomas — 1re Ch. — MM. Moreau, p. pr., Garnier, av. gén., concl. conf., d'Ubexi, Maire, av.

I. Est en dernier ressort le jugement qui statue sur une demande en payement d'une créance de 1800 fr., lorsque cette demande est formée par deux cessionnaires, et que la créance cédée n'était ni solidaire ni indivisible.

II. Pour fixer l'importance de la demande principale, il faut ajouter au capital de la créance tous les intérêts échus avant la demande, quand ces intérêts ont été compris sans restriction dans la cession; on ne peut les réduire à cinq ans, la prescription ne pouvant être suppléée d'office par le juge.

III. On ne peut non plus se prévaloir de ce que l'un des cessionnaires aurait déclaré réduire sa demande d'intérêts à cinq ans, lors surtout que cette déclaration n'a été faite par lui que pour l'évaluation des droits d'enregistrement de l'acte de cession de la créance.

IV. Le ministère public peut proposer d'office contre l'appel la fin de non recevoir résultante de ce que la créance, étant de plein droit divisible entre les deux cessionnaires, se trouve inférieure, pour chacun d'eux, à 1500 fr.

7. — 25 août 1829. — Gouguenheim C. Weldel. — 2e Ch. — MM. Rolland de Malleloy, ff. pr., Berlet, La Flize, av.

Un jugement rendu sur une opposition à un commandement de payer une somme de 400 fr., ou de délaisser des immeubles d'une valeur indéterminée affectés à cette créance, n'est pas rendu en dernier ressort; il est toujours susceptible d'appel.

8. — 18 juin 1833. — Fleur C. Chardin. — 2e Ch. — MM. Rolland de Malleloy, ff. pr., Poirel, p. av. gén., d'Ubexi, La Flize, av.

I. Une demande en compensation, fondée sur des billets dont le montant est supérieur à 1000 fr., empêche le tribunal de prononcer en dernier ressort, quoique saisi d'une contestation d'un intérêt inférieur.

II. Encore qu'à raison des relations d'affaires existantes entre le porteur et le souscripteur, des billets soient susceptibles d'entrer dans un compte entre eux, ils n'en constituent pas moins, en faveur du premier, des créances liquides, qu'il peut opposer en compensation d'une condamnation judiciaire prononcée au profit du second.

---

(1) Voyez la note de la page précédente.

DEGRÉ DE JURIDICTION.   133

9. — 20 janvier 1843. — Matern C. Gerné. — 1re Ch. — MM. Mourot, pr., Poirel, p. av. gén., Lefèvre, Mamelet, Mengin fils, av.

Ce n'est pas l'évaluation donnée à l'objet du litige *pour la perception des droits d'enregistrement* qu'il faut prendre pour base de la fixation de la compétence en premier ou dernier ressort, mais bien la valeur réelle du litige. — Ainsi, est rendu en premier ressort seulement le jugement qui statue sur la demande en payement d'une somme de 1600 fr., prix convenu d'un remplacement militaire, ou sur la demande en résiliation de ce traité, avec 300 fr. de dommages-intérêts, encore que, dans les conclusions retenues au jugement, la somme portée au traité de remplacement n'ait été évaluée qu'à 800 fr., pour la perception des droits d'enregistrement.

10. — 29 mai 1838. — Mathieu C. Jacob. — 1re Ch. — MM. Breton, pr., Bresson, av. gén., Maire, Volland, av.

Le dernier ressort est fixé, non par les conclusions de l'exploit introductif d'instance, mais par celles qui sont prises au moment même du jugement.

11. — 7 mars 1838. — Dœrflinger C. Thomassin. — 1re Ch. — MM. de Metz, p. pr., Poirel, p. av. gén., d'Ubexi, Chatillon, av.

Quand les parties sont d'accord sur un point du litige d'une valeur indéterminée, et qu'il n'y a de contestation réelle que sur un objet d'une valeur inférieure au taux du dernier ressort, il ne suffit pas à l'une d'elles, pour rendre le jugement susceptible d'appel, de prendre des conclusions sur le chef non contesté : ce sont là des conclusions de pure forme, qui ne peuvent pas dénaturer le différend et changer la compétence.

12. — 20 juin 1842. — Clément C. Klaub. — 1re Ch. — MM. Moreau, p. pr., Poirel, p. av. gén., Catabelle, Welche, av.

I. Quand le tribunal prononce, par des jugements distincts, sur les difficultés existantes entre les parties, de telle sorte que, lors du dernier, le premier était déjà acquiescé et exécuté, on ne peut évaluer l'objet du litige que d'après la discussion sur laquelle est intervenu le dernier jugement.

II. La demande relative à une vente de 70 sacs de farine doit être jugée en dernier ressort, lorsque la demande en délivrance se réduit à des dommages-intérêts inférieurs à 1500 fr., pour la différence du cours du jour convenu pour la livraison comparé à celui du jour de la demande.

13. — 19 août 1843. — Toussaint C. Dupuis et Brion. — 1re Ch. — MM. Moreau, p. pr., Garnier, av. gén., concl. conf., Maire, Catabelle, Volland, av.

I. C'est d'après les conclusions dernières que doit s'apprécier la question de savoir si le jugement a été rendu en premier ou dernier ressort.

II. Un jugement peut tout à la fois contenir des conclusions d'une valeur fixe et déterminée, dans les limites du dernier ressort, contre le défendeur au principal, et des conclusions indéterminées, de la part du défendeur contre un appelé en garantie. — Dans ce cas, le jugement est en dernier ressort vis-à-vis du demandeur au principal, tandis qu'il n'est qu'en premier ressort entre le défendeur et l'appelé en garantie. (Résolu implicitement.) (1).

14. — 13 janvier 1843. — Roussel C. la ville de Vézelise et Eauclaire. — 1re Ch. MM. Mourot, pr., Leclerc, subst., Besval, Volland, Louis, av.

Les limites de la compétence ne sont pas établies sur les conclusions vagues et indéterminées formulées dès l'origine, à raison d'un jugement interlocutoire, qui ordonne une vérification de laquelle doit résulter la fixation du dommage qui donne lieu à la demande, mais bien sur les conclusions définitives, retenues au jugement qui fait l'objet de l'appel. (Les conclusions contenaient la demande d'une somme de 822 fr. 44 c.)

15. — 4 février 1839. — La commune de Gibaumeix C. Leclerc, Demorgon et autres. — 2e Ch. — MM. Mourot, pr., Garnier, av. gén., concl. conf., Volland, Chatillon, av.

I. La compétence se règle par les conclusions modifiées et restreintes au moment des plaidoiries.

II. La jonction de différentes demandes, formées par différentes personnes, ne change pas la compétence du tribunal.

III. Une demande inférieure au taux du dernier ressort, mais qui suppose nécessairement l'examen et l'appréciation d'une qualité indéterminée, est susceptible d'appel, même quand les conclusions ne comprennent pas explicitement la reconnaissance de cette qualité.

16. — 11 novembre 1831. — Minon C. Bérenger. — 1re Ch. — MM. de Metz, p. pr., Poirel, p. av. gén., Antoine, Berjet, av.

C'est par les conclusions principales des parties, et non par leurs conclusions subsidiaires, que se détermine le taux du dernier ressort. En conséquence, il faut regarder comme rendu en dernier ressort le jugement qui accueille des conclusions principales d'une valeur inférieure à 1000 fr., quand bien même les conclusions principales auraient été accompagnées de conclusions subsidiaires d'une valeur indéterminée.

17. — 7 janvier 1841. — Guyot C. Marie et Thonin. — 1re Ch. — MM. Costé, pr., Poirel, p. av. gén., Welche, Volland, av.

Ce sont les conclusions prises dans l'exploit introductif d'instance, et retenues dans les qualités du jugement, qui déterminent la compétence en premier ou dernier ressort. — Ainsi, quand les sommes réclamées dépassent 1500 fr., le jugement est en premier ressort; peu importe que les premiers juges, par une imputation de payements erronée, et contestée sur l'appel, aient réduit la dette de l'une des parties à une somme inférieure à 1500 fr.

18. — 25 novembre 1835. — La compagnie d'assurance mutuelle C. Gentilhomme. — 1re Ch. — MM. de Metz, p. pr., Poirel, p. av. gén., concl. conf., Chatillon, Welche, av.

Un jugement qui statue sur une demande inférieure à 1000 fr. est

---

(1) Voy. arrêt conf., 20 avril 1844. — Massin et Bizot C. Jambille.

en dernier ressort, quoique, pour statuer sur cette demande, il ait fallu apprécier la validité ou la nullité d'un acte d'une valeur indéterminée, quand d'ailleurs cette nullité n'a été ni demandée ni prononcée.

19. — 21 mai 1858. — La ville de Saint-Mihiel C. Barré. — 1re Ch. — MM. Mourot, pr., Garnier, av. gén., concl. conf., Bonnaire, Volland, av.

Est en dernier ressort le jugement qui statue sur une demande inférieure à 1000 fr., quoique, pour prononcer sur cette demande, il faille apprécier la validité d'une obligation portant somme supérieure, surtout quand cette obligation a été réduite à la somme demandée par un payement antérieur.

20. — 12 février 1844. — Riondé C. Jacquot. — 1re Ch. — MM. Costé, pr., Poirel, p. av. gén., La Flize, Mamelet, av.

Est en premier ressort seulement, et susceptible d'appel, le jugement qui a statué sur une demande en payement d'une créance inférieure à 1500 fr., si, pour arriver à ce payement, le créancier a conclu à la nullité d'un acte d'une valeur indéterminée qui lui était opposé, par exemple, d'une liquidation ou d'un partage.

21. — 9 décembre 1853. — Montluisant C. Clément. — 1re Ch. — MM. de Metz, p. pr., Poirel, p. av. gén., Chatillon, La Flize, av.

I. Est rendu en dernier ressort le jugement qui statue sur une demande primitivement portée pour 4000 fr. devant un tribunal de commerce, lorsque, ensuite d'un compte ordonné par le tribunal, elle se trouve restreinte à une somme inférieure au taux du dernier ressort.

II. Le ministère public peut, sur l'appel, présenter d'office la fin de non recevoir résultante du dernier ressort, lorsqu'elle n'a point été opposée par l'intimé.

22. — 27 février 1844. — Bignard C. Bertraud. — 2e Ch. — MM. Masson, ff. pr., Garnier, av. gén., concl. conf., Fleury, Antoine, av.

Dans le concours d'une demande principale formée par une partie, et d'une demande reconventionnelle opposée en compensation par son adversaire, ce qui doit servir à déterminer le chiffre du dernier ressort, c'est l'excédant de celle-ci sur l'autre : le jugement est en dernier ressort, si cet excédant, seule chose en litige, n'est pas supérieur à 1500 fr.

23. — 16 avril 1853. — Tisserand C. Drouot. — 1re Ch. — MM. de Metz, p. pr., Pierson, av. gén., Moreau, Chatillon, av.

I. Lorsqu'un tribunal statue sur une action principale inférieure à 1000 fr., et qu'avant de s'occuper des demandes incidentes, dont la valeur est indéterminée, il renvoie les parties à se pourvoir en conciliation, son jugement n'est pas rendu en dernier ressort.

II. Une demande reconventionnelle en dommages-intérêts doit concourir à fixer le taux du dernier ressort, quand elle a pour objet l'inexécution d'une convention alléguée par le défendeur.

24. — 20 avril 1844. — Massin et Bizot C. Jambille. — 1re Ch. — MM. Mourot, pr., Garnier, av. gén., concl. conf., La Flize, Catabelle, av.

Une demande incidente indéterminée, entée sur une demande principale qui n'excède pas 1500 fr., ne rend pas susceptible d'appel le jugement intervenu sur ce dernier chef, si les deux demandes principale et incidente n'ont pas une connexité nécessaire, comme si elles pouvaient faire l'objet de deux instances séparées, et si ce n'est qu'accessoirement que la seconde a été jointe à la première.

L'une peut alors être jugée en dernier ressort, tandis que l'autre pourra donner lieu à un appel.

25. — 14 juillet 1842. — Thérin C. Stpierre. — 1re Ch. — MM. Moreau, p. pr., Garnier, av. gén., concl. conf., Maire, Catabelle, av.

Celui qui, poursuivi en payement de deux billets montants à 1070 francs, demande reconventionnellement 2000 fr., pour le préjudice qu'on lui a causé en lui faisant souscrire des engagements pour prix d'achats imaginaires pour son compte, est jugé en dernier ressort (1).

26. — 14 août 1838. — Batremeix C. Dengler. — 1re Ch. — MM. Mourot, pr., Garnier, av. gén., concl. conf., La Flize, Volland, av.

Est en dernier ressort le jugement qui statue sur une demande supérieure à 1000 fr., mais à laquelle le défendeur acquiesce pour partie : dans ce cas, il n'y a vraiment litige que sur la somme contestée.

27. — 14 juillet 1845. — Noël, Turck et Germain C. la ville de Nancy. — 2e Ch. — MM. Lallemand, ff. pr., Poirel, p. av. gén., Fleury, Volland, av.

Lorsque, de deux demandes alternatives, l'une est d'une valeur indéterminée, les premiers juges ne peuvent statuer qu'en premier ressort. Tel serait le cas où une ville conclurait, contre plusieurs de ses habitants, soit au payement de rentes ou cens d'une valeur déterminée, inférieure à 1500 fr., soit à la destruction ou à l'enlèvement d'ouvrages d'art, qui mettent les latrines de leurs maisons en communication avec les égouts publics.

28. — 20 janvier 1854. — Bruneau C. Hacherelle et Masson. — 2e Ch. — MM. Troplong, pr., Bresson, av. gén., La Flize, Berlet, Humbert, av.

Quand deux personnes distinctes, ayant deux intérêts différents, se réunissent pour former deux demandes, par une seule et même action, il faut, pour apprécier la compétence du juge et la recevabilité de l'appel, considérer chaque demande séparément.

29. — 2 juin 1840. — Desloy C. David et Thirobois. — 2e Ch. — MM. Mourot, pr., Garnier, av. gén., concl. conf., Fleury, Mamelet, Maire av.

Est en dernier ressort le jugement qui statue sur une demande de 600 fr. de dommages-intérêts, pour réparation du préjudice causé à un immeuble d'une valeur indéterminée, même quand la question de propriété est soulevée comme moyen de défense, mais sans qu'aucune demande reconventionnelle soit formée à cet égard.

---

(1) Voy. page 131, à la note.

30. — 20 juillet 1859. — Heitz C. Engel. — 1re Ch. — MM. de Metz, p. pr., Garnier, av. gén., concl. conf., Chouez, Louis, av.

Est en premier ressort, et susceptible d'appel, le jugement qui statue sur une demande en payement d'une somme de 600 fr., pour dommages-intérêts, et en remboursement de frais de pansements et médicaments : ce dernier chef de conclusions constitue une demande principale indéterminée.

31. — 19 mars 1842. — Boureiff C. Liébaut. — 1re Ch. — MM. Mourot, pr., Poirel, p. av. gén., Louis, Fleury, av.

Pour fixer le montant du litige et le dernier ressort, les dommages-intérêts, par chaque jour de retard, n'entrent dans le calcul de la somme demandée que jusqu'au jour de la sentence dont est appel.

32. — 9 mai 1833. — Busselot C. Colas. — 1re Ch. — MM. de Metz, p. pr., Pierson, av. gén., Volland, Moreau, av.

Les dommages-intérêts forment un capital distinct de la somme principale réclamée, et doivent y être ajoutés pour déterminer la compétence en premier ou dernier ressort, quand ils sont réclamés à raison de *faits antérieurs à la demande*.

33. — 19 décembre 1857. — Salmon C. Vuillemin. — 1re Ch. — MM. de Metz, p. pr., Poirel, p. av. gén., Châtillon, Antoine, av.

Le jugement qui statue sur une demande supérieure à 1000 fr. est toujours en premier ressort, quand même la demande aurait en partie pour cause des frais faits *antérieurement*.

34. — 18 juillet 1838. — Schwab C. Lévylier. — 2e Ch. — MM. de Sansonetti, ff. pr., Poirel, p. av. gén., Lefèvre, Catabelle, av.

I. Pour calculer le taux du dernier ressort, il ne faut s'attacher qu'à la somme principale demandée ; les frais et intérêts *antérieurs* à la demande, quoique nominativement compris dans cette demande, ne doivent pas être pris en considération. — Ainsi, est en dernier ressort le jugement qui prononce une condamnation à une somme principale de 1000 fr. et au payement de frais de protêt et d'intérêts échus avant la demande.

II. Néanmoins, le chef de ce jugement qui prononcerait la contrainte par corps est susceptible d'appel.

35. — 9 février 1841. — Cugnot C. Schmidt. — 2e Ch. — MM. Mourot, pr., Garnier, av. gén., concl. conf., Fleury, La Flize, av.

I. Est en dernier ressort le jugement rendu sur la demande formée (avant 1838), par *plusieurs cohéritiers*, d'une somme excédant 1000 francs, mais dans laquelle la part revenant à chacun d'eux est inférieure à 1000 fr., alors même que la demande est intentée par *les héritiers collectivement, et procède d'un titre ou d'une cause commune à tous*.

II. C'est d'après les conclusions dernières, prises devant le tribunal de première instance, que se règle la compétence en premier ou dernier ressort.

(Dans l'espèce, sept cohéritiers demandaient à un mandataire de leur faire état, chacun pour leur part et portion, d'une somme de 15077 fr. 03 c., dans laquelle ils avaient, tous ensemble, un cinquième, soit 3029 fr. 84 c., et, par conséquent, chacun individuellement 432 fr. 74 c., formant le 7ᵉ de ce 5ᵉ, plus les intérêts. — Sur l'appel, ils convenaient même qu'il ne leur était redu, à chacun, que 128 fr. 03 c.) Conf. Douai, 15 février 1840. (D. 40. 2. 239.)—Rennes, 7 mars 1826. (D. 28. 2. 50.) — Besançon, 23 mars 1838. (S. 39, 2. 253.—D. 39. 2. 8.) — Aix, 17 décembre 1838. (D. 38. 2. 226.—S. 39. 2. 254.)

56. — 12 juillet 1833. — Jordy C. Jordy. — 1ʳᵉ Ch. — MM. Troplong, pr., Pierson, av. gén., Antoine, Fabvier, av.

I. Lorsqu'une dette supérieure à 1000 fr. s'est divisée entre plusieurs héritiers, le jugement rendu sur la poursuite dirigée contre l'un d'eux, tenu d'une portion inférieure à 1000 fr., est en dernier ressort.

II. Le recours en garantie, pour une somme inférieure à 1000 fr., est également en dernier ressort.

57. — 24 novembre 1845. — La commune de Saint-Maurice C. Botton. — 2ᵉ Ch. — MM. Mourot, pr., Garnier, av. gén., concl. conf., La Flize, Volland, av.

L'appel interjeté par une commune d'un jugement qui rejette une demande en revendication d'un terrain, comme faisant partie de la voie publique, est non recevable, si ce terrain a été loué par la commune elle-même à l'intimé, moyennant un loyer annuel qui n'excède pas 60 fr. — Vainement la commune exciperait-elle de ce que les immeubles imprescriptibles, et hors du commerce, ne sont pas susceptibles de produire un revenu quelconque, ou de ce que ce bail serait entaché de nullité, si la commune n'a cessé de l'invoquer elle-même comme une preuve de sa propriété sur le terrain litigieux. (Loi du 11 avril 1838, art. 1ᵉʳ.)

58. — 8 janvier 1831. — Lefebvre C. Rapnaux. — 1ʳᵉ Ch. — MM. de Riocour, p. pr., Poirel, p. av. gén., Berlet, Bresson, av.

Quand les parties, dans un acte d'échange ont évalué le revenu net des propriétés échangées à une somme de trois francs, le jugement rendu sur cet acte d'échange est en dernier ressort : l'appel n'en est pas recevable. (Loi des 16-24 août 1790.)

59. — 15 novembre 1844. — Aron C. Lévy. — 1ʳᵉ Ch. — MM. Moreau, p. pr., Poirel, p. av. gén., Louis, La Flize, av.

I. L'expression 1500 fr. de principal, dont se sert la loi du 11 avril 1838, comprend non-seulement le capital, mais encore ses accessoires, tels que les intérêts échus *avant la demande*, et les dommages-intérêts qui ne sont pas fondés exclusivement sur la demande principale elle-même.

II. Le chef de conclusions tendant à l'impression et à l'affiche du jugement à intervenir, et reposant sur des faits antérieurs à l'exploit introductif d'instance, doit être considéré comme ayant une valeur indéterminée : dès lors, l'appel du jugement qui statue sur cette demande est recevable, quand même la somme réclamée n'excéderait pas 1500 fr.

40. — 29 janvier 1851. — Houette C. Chenique. — 2ᵉ Ch. — MM. Rolland de Mallcloy, ff. pr., Troplong, av. gén., concl. conf., Bresson, de Saint-Ouen, av.

Pour calculer le taux du dernier ressort, il faut ajouter à la somme principale, contenue dans la demande, les intérêts échus avant cette demande, et les frais qui ont pu la précéder, du moins quand ces intérêts et ces frais ont été compris expressément dans les conclusions. — Ainsi, le jugement qui statue sur la demande en payement d'un billet de 1000 fr., plus des intérêts échus et des frais de protêt, n'est pas un jugement en dernier ressort.

41. — 16 décembre 1844. — Petit C. Germain. — 2ᵉ Ch. — MM. Riston, pr., Garnier, av. gén., concl. conf., Poirel, La Flize, av.

Est en premier ressort le jugement qui statue sur une demande en payement d'une somme même inférieure à 1500 fr., si, à cette réclamation, se joint celle d'intérêts et de frais qui, réunis au capital, portent l'importance du litige à une somme supérieure à 1500 fr. — Vainement, pour faire descendre le taux de sa demande au-dessous du chiffre du dernier ressort, le demandeur invoquerait-il l'intention où il aurait été de faire des compensations à son adversaire, et produirait-il des décomptes, par lui présentés depuis l'instance, à l'aide desquels il entendrait restreindre le montant total de ses répétitions au-dessous de 1500 fr. : le seul point de départ, pour déterminer la compétence, doit être l'exploit de commandement, basé sur le contrat qui fonde la demande.

42. — 10 décembre 1845. — Moreau C. Clasquin et Mauvais. — 2ᵉ Ch. — MM. Mourot, pr., Garnier, av. gén., concl. conf., d'Arbois, Antoine, Calabelle, av.

Est non recevable l'appel d'un jugement rendu sur une demande en intervention, lorsque l'intervenant a conclu au payement d'une somme qui n'excède pas 1500 fr., bien que la demande principale ait pour objet une somme supérieure, et que celle de l'intervenant soit subordonnée à la validité du titre sur lequel repose la demande principale elle-même.

43. — 1ᵉʳ février 1850. — Lapique C. Mangin. — 1ʳᵉ Ch. — MM. de Metz, p. pr., Garnier, subst., concl. conf. sur le 1ᵉʳ point, contr. sur le second, Mamelet, Welche, av.

I. La limite du dernier ressort, fixée à 1000 *livres* par la loi du 24 août 1790, tit. 4, art. 5, s'étend aujourd'hui jusqu'à 1000 *francs*. — En conséquence, le jugement qui statue, en matière civile, sur une demande de 1000 fr. n'est pas sujet à appel, encore que 1000 fr. vaillent 1012 *livres* 12 *sous*.

II. Pour calculer le taux du dernier ressort, il ne faut s'attacher qu'à la somme principale demandée. — Les intérêts échus *avant la demande*, quoique compris nominativement dans cette demande, ne doivent pas être pris en considération. — Ainsi, le jugement qui statue sur la validité d'un commandement fait pour une somme de 1000 francs en principal, et 7 fr. 50 c. d'intérêts échus, est un jugement en dernier ressort.

44. — 27 août 1844. — Michaud C. Contal. — 2ᵉ Ch. — MM. Costé, pr., Leclerc, subst., La Flize, d'Arbois, av.

Est en premier ressort le jugement qui statue sur une demande tendante à la mise en état d'une maison louée, avec dommages-intérêts, à peine de résiliation : quelle que soit la valeur locative des terrains loués, une semblable demande doit être considérée comme étant d'une valeur indéterminée.

45. — 1ᵉʳ mars 1843. — Delatouche C. Pettmann. — 1ʳᵉ Ch. — MM. Mourot, pr., Poirel, p. av. gén., Volland, Louis, av.

I. On ne doit point considérer comme *indéterminée*, en ce qui touche la fixation de la compétence, une demande tendante à obtenir le remboursement d'une somme de tant par chaque jour de nourriture d'un cheval en litige, depuis telle époque jusqu'au jour où le cheval sera repris par le défendeur : le jugement qui statue sur cette demande est en dernier ressort, si la somme réclamée, calculée jusqu'au jour où les conclusions définitives ont été prises, n'excède pas 1500 fr., le défendeur pouvant, ce jour-là, mettre fin à la demande, en reprenant le cheval.

II. Les conclusions prises par le défendeur, et tendantes à ce qu'un sous-intendant militaire, qui a formé cette demande au nom de l'État, soit déclaré *sans qualité*, n'étant qu'une demande incidente à la demande en payement d'une somme non supérieure à 1500 fr., et un moyen de la repousser, ne sauraient avoir pour effet de rendre le jugement susceptible d'appel.

46. — 17 décembre 1829. — Bellange C. Vuillot. — 1ʳᵉ Ch. — MM. Breton, pr., de Bouvier fils, cons. aud., ff. subst., Moreau, Bresson, av.

Quand, sur une demande qui excède 1000 fr., des offres partielles sont faites par le défendeur, de manière à réduire la somme au-dessous de 1000 fr., mais que ces offres ne sont pas acceptées, le jugement qui statue sur la contestation n'est rendu qu'en premier ressort, et l'appel en est recevable.

47. — 16 juillet 1844. — Petit C. Benoit. — 2ᵉ Ch. — MM. Masson, ff. pr., Poirel, p. av. gén., Louis, Besval, av.

I. Lorsque le créancier d'une somme excédant 1500 fr. déclare, en demandant sa collocation dans un ordre, avoir reçu un à-compte qui réduit sa créance au-dessous de cette somme, le tribunal statue en dernier ressort sur le mérite de cette créance.

II. Le tribunal juge également en dernier ressort, lors même que, s'agissant d'une collocation contestée, l'une des deux créances qui se disputent la priorité est supérieure à la somme de 1500 fr., si ce droit de priorité, seul objet du litige, est d'une valeur inférieure à cette somme ; par exemple, si le créancier préféré ne doit recevoir, dans la masse en distribution, qu'une somme inférieure à 1500 fr. C'est par le chiffre de cette somme à délivrer au créancier préféré que doit se fixer le taux du dernier ressort, et non par celui des deux créances contendantes réunies, ni par celui de l'une d'elles, encore moins par celui de la somme à distribuer entre tous les créanciers, quand celle-ci dépasse 1500 fr.

48. — 26 juin 1841. — Dehousse C. Chaudoye. — 1re Ch. — MM. Costé, pr., Garnier, av. gén., concl. conf., Maire, Volland, av.

Est en dernier ressort le jugement d'ordre qui statue sur les contredits formés par plusieurs créanciers ayant chacun un intérêt individuel inférieur à 1500 fr., bien que plusieurs de ces créanciers, ayant ensemble un intérêt supérieur à cette somme, se soient réunis pour interjeter collectivement appel de ce jugement.

49. — 25 août 1843. — Risler C. Spony et Franel. — 1re Ch. — MM. d'Arbois, ff. pr., Garnier, av. gén., concl. conf., Volland, La Flize, Fleury, av.

I. Est en dernier ressort le jugement qui statue sur la demande en payement de deux lettres de change dont le principal n'excède pas 1500 fr., encore que cette somme soit dépassée si l'on y ajoute les *frais de protêt et de compte de retour :* ces frais sont de simples accessoires, qui ne doivent pas être pris en considération pour la détermination de la compétence en premier ou dernier ressort (1).

II. Il en est ainsi lors même qu'un négociant, indiqué *au besoin* sur les lettres de change, est intervenu au protêt, et a payé le porteur, pour le compte du premier endosseur, et que les poursuites sont exercées par ce premier endosseur, contre le tireur et le tiré : les frais de protêt et de compte de retour, réclamés par ce premier endosseur, qui les a remboursés à l'intervenant, ne doivent être considérés que comme des frais faisant partie intégrante de ceux de l'action en payement des lettres de change, action dont le protêt est le préliminaire indispensable.

III. Le ministère public est recevable à proposer d'office, contre l'appel, la fin de non recevoir résultante de ce que le jugement attaqué a été rendu en dernier ressort, le principal de la demande n'excédant pas 1500 fr.

50. — 22 août 1843. — Florentin C. Arnould et François. — 1re Ch. — MM. Moreau, p. pr., Garnier, av. gén., concl. conf., Louis, La Flize, Mengin, av.

I. Un jugement qui accorde une provision est susceptible d'appel avant le jugement définitif (C. pr. 451); mais il faut pour cela que le jugement définitif soit lui-même susceptible d'appel, c'est-à-dire que la demande excède 1500 fr. en principal, conformément à l'article 1er de la loi du 11 avril 1838.

II. Vainement, pour rendre recevable l'appel d'un jugement intervenu sur la demande d'une provision qui n'excède pas 1500 fr., voudrait-on se prévaloir d'une prétendue demande reconventionnelle excédant cette valeur, si la demande incidente présentée comme reconventionnelle n'a pas été dirigée contre la partie qui réclamait la provision, mais bien contre une autre partie en cause.

---

(1) Conf. Cass. civ., 2 juin 1845. (D. 45. 1. 343.)

III. Une semblable demande ne saurait être considérée comme reconventionnelle, surtout si elle n'est appuyée que sur les énonciations d'une liquidation dressée par un notaire commis par le tribunal pour procéder aux comptes, liquidation et partage d'une succession et d'une communauté, et se rattache ainsi essentiellement, en la forme et au fond, à ces opérations sur lesquelles il doit être procédé et prononcé par voie de contredits, et sur rapport du juge-commissaire, de la manière prescrite par les art. 883 et suivants du C. civ., 966 et suivants du C. de pr. civ. — Dans un tel état de choses, le chiffre de cette demande ne peut être pris en considération pour déterminer la compétence du tribunal en premier ou dernier ressort.

51. — 24 février 1836. — Puton C. Rollin. — 2ᵉ Ch. — MM. de Sansonetti, ff. pr., Bresson, av. gén., Chatillon, Mamelet, av.

I. Les moyens qui donneraient ouverture à la requête civile peuvent être aussi employés comme griefs d'appel, toutes les fois que les jugements n'ont pas été rendus en dernier ressort.

II. Un jugement n'est pas rendu en dernier ressort quand la condamnation prononcée est d'une valeur indéterminée, ou supérieure à 1000 fr., quoique la chose demandée ait été au-dessous de cette limite ; dans ce cas, c'est à la condamnation, et non à la demande, qu'il faut s'attacher pour déterminer le taux du dernier ressort.

52. — 16 mai 1843. — Picquant C. Girin et Eve. — 1ʳᵉ Ch. — MM. Mourot, pr., Poirel, p. av. gén., Louis, Catabelle, La Flize, av.

L'appel est recevable, lors même que la somme due par le saisi au créancier saisissant est inférieure à 1500 fr., si le litige ne porte pas sur cette somme, mais uniquement sur la valeur d'objets revendiqués par un tiers, et si cette valeur est indéterminée.

53. — 24 mai 1831. — Aubry C. Salzard. — 1ʳᵉ Ch. — MM. Breton, pr., Pierson, subst., concl. conf., d'Ubexi, Chatillon, av.

Quand une saisie est faite pour une somme inférieure à 1000 fr., et que le saisi, en demandant la nullité de cette saisie, demande en même temps, pour le tort qu'elle lui a causé, des dommages-intérêts qui excèdent cette somme, la demande en dommages-intérêts doit être considérée comme une demande accessoire, qui ne change pas la compétence du tribunal. — Le jugement rendu sur cette double difficulté est en dernier ressort.

54. — 18 juin 1831. — Kremeur C. Sabotier. — 2ᵉ Ch. — MM. Chippel, pr., La Flize, Chatillon, av.

Même décision.

55. — 25 août 1835. — Gadel C. Mangenot, Lévy et Gadel. — 1ʳᵉ Ch. — MM. Breton, pr., Bresson, av. gén., concl. conf., Gazin, Volland, La Flize, Fabvier fils, av.

Le jugement qui a statué sur la validité d'une saisie faite pour une somme inférieure à 1000 fr. n'est pas rendu en dernier ressort quand, pour apprécier la validité de la saisie, il a fallu que les parties demandassent que le tribunal prononçât en même temps la nullité d'un acte d'une valeur indéterminée.

DEGRÉ DE JURIDICTION.   145

56. — 5 janvier 1835. — Fromental C. Coinze et Joblot. — 1re Ch. — MM. de Metz, p. pr., Poirel, p. av. gén., concl. contr., Antoine, Volland, d'Ubexi, av.

Le tribunal de première instance n'a pu juger qu'en premier ressort la demande en nullité d'une saisie-exécution, formée par un tiers, quelque minime que soit la cause originaire de la saisie.

57. — 29 mars 1841. — Crédit C. Colin. — 2e Ch. — MM. Mourot, pr., Garnier, av. gén., concl. conf., May, Welche, av.

Une demande en revendication d'objets mobiliers saisis, formée par un tiers, est une demande principale indéterminée, qui ne peut être jugée qu'en premier ressort, lors même que la saisie est faite pour une somme inférieure à 1500 fr.

58. — 22 août 1839. — Annesser C. Kaen. — 1re Ch. — MM. de Metz, p. pr., Garnier, av. gén., concl. conf., La Flize, d'Ubexi, av.

Est rendu en premier ressort le jugement qui rejette une demande en revendication de meubles saisis, encore que le capital pour lequel la saisie a été faite soit inférieur à 1500 fr., et que les meubles saisis aient été évalués à une somme inférieure dans un acte de donation, sur lequel le tiers demandeur fonde sa demande en revendication, si, dans la demande, le tiers revendiquant ne leur a donné aucune évaluation (1).

59. — 25 mars 1841. — Péché C. Vautrin. — 1re Ch. — MM. Costé, pr., Poirel, p. av. gén., Poirel, Volland, av.

Les demandes en nullité d'une saisie immobilière formalisée pour 150 fr. sont soumises aux deux degrés de juridiction.

60. — 21 janvier 1843. — Bailly C. Massey. — 2e Ch. — MM. Riston, pr., Garnier, av. gén., concl. conf., La Flize, d'Arbois, av.

La valeur du litige doit être considérée comme indéterminée, quand elle porte sur l'exécution d'une convention qui avait pour objet le transport d'une quantité de charbon indéterminée elle-même : ainsi l'appel d'un jugement qui statue sur une telle demande est recevable.

DÉLAI.

SOMMAIRE.

1. *Acte d'appel.* — Distance. Délai additionnel. Mention omise. Nullité.
2. *Assignation à bref délai.* — Distance. Pays étranger. Alger. Ordonnance du président. Nullité.
3. *Distance.* — Myriamètre. Fraction.
4. *Jour férié.* — I. Délai d'opposition. — II. Jugement par défaut. Délai d'appel.

RENVOIS.

Voy. *Appel.* — 12. Distribution. Ordre. Délai d'appel.
Effet de commerce. — 3. Délai du recours non applicable au souscripteur. Prescription quinquennale.

---

(1) Voy. arrêt conf., 29 mars 1841.—Crédit C. Colin, n° 57.—Cass., 21 juillet 1839, Gaz. Trib., 22 juillet 1839.—*Contrà* Nancy, 21 mars 1826.—Limoges, 25 janvier 1828. D. 29, 2, 100.

DÉLAI.

Voy. *Élection législative.* — 9. Délai du pourvoi. Dix jours. Déchéance.
Enquête. — 2. Délai. Assignation à comparaître à l'enquête. Notification des noms des témoins. Distance. Augmentation. — 3. Délai. Assignation à comparaître à l'enquête. Tableau des distances. Décret du 18 juin 1811. — 4. Délai. Distance.
Expertise. — 8. Récusation. Délai. — 11. Taxe. Opposition. Chambre du conseil. Audience publique. Délai.
Exploit. — 5. Acte d'appel. Délai. Indication. Distance.
Faillite. — 1. Appel. Délai de quinzaine. Jugement sur les opérations de la faillite. Vente. Hypothèque. Simulation. Nullité. — 2. Appel. Jour de l'échéance du délai. — 16. Opposition au jugement déclaratif de la faillite. Délai. Affiche du jugement.
Jugement par défaut. — 3. Opposition. Délai. Refus d'occuper. — 4. Déclinatoire. Rejet. Exécution du jugement. Délai de huitaine. Signification préalable. — 5. Délai. Péremption. Six mois sans poursuites régulières. — 9. Jugement de commerce par défaut faute de plaider. Opposition. Délai.
Louage. — 17. Pied terrier ou déclaration. Fermier. Sommation. Délai.
Obligation. — 9. Payement. Poursuites en vertu d'un titre exécutoire. Délai. Tiers détenteur. Fraude. — 10. Payement. Sursis à l'exécution d'un jugement. Débiteur malheureux et de bonne foi. Stellionataire.
Ordre. — 6. — 11. Délai d'appel. Point de départ. Clôture de l'ordre.
Rente. — 5. Rente viagère. Condition résolutoire. Nullité de plein droit en cas de non payement de la rente. Dérogation à l'art. 1978 C. civ. Délai.
Séparation de corps. — 3. Rejet de la demande en séparation. Délai accordé pour réintégrer le domicile conjugal.
Serment décisoire et supplétif. — 1. Délai pour la prestation du serment. Signification de l'arrêt.
Usage forestier. — 5. C. for. Art. 61. Révocation. Vérification. Délai de deux ans.

---

1. — 23 janvier 1833. — Potier C. Jean, Monchablon, Blaise, Potier, Guibaut. — 2ᵉ Ch. — MM. Rolland de Malleloy, ff. pr., Pierson, av. gén., concl. conf., Moreau, La Flize, Bresson, Berlet, Mamelet, Fabvier fils, av.

Est nul l'acte d'appel qui, signifié à une partie domiciliée à plus de trois myriamètres, ne contient aucune mention du délai additionnel des distances.

2. — 17 octobre 1834. — Tabouillot C. de Poully. — 2ᵉ Ch. — MM. Troplong, pr., Volland, Chatillon, av.

Il n'est permis d'assigner à bref délai, même en vertu d'une ordonnance du président, que les parties qui sont domiciliées en France. — Ainsi, l'intimé, domicilié à Alger, doit profiter du délai entier qui lui est accordé par l'art. 73 C. pr. — Le tribunal, saisi par l'assignation à bref délai, a le droit d'annuler cette assignation nonobstant l'ordonnance du président qui l'avait permise. (Rés. impl.)

3. — 5 février 1838. — d'Hugonet C. Ferry. 1ʳᵉ Ch. — MM. de Metz, p. pr., La Flize, Volland, av.

Les fractions de 3 myriamètres ne comptent pas dans le calcul du délai des distances : on ne doit s'attacher qu'aux distances de trois myriamètres au moins.

4. — 18 janvier 1833. — Gérardin C. Collignon de Videlange. — 1re Ch. — MM. de Metz, p. pr., Bouchon, subst., La Flize, Volland, av.

I. Les jours fériés sont compris dans le délai de huitaine accordé pour former opposition aux jugements par défaut. — Ainsi le délai ne peut être prorogé au neuvième jour, par cela seul que le huitième est un jour férié.

II. Le délai de l'appel d'un jugement par défaut ne court que du jour où expire celui de l'opposition, de sorte que, dans ce cas, le délai de l'appel est de trois mois et huit jours.

DÉLIMITATION.

Voy. *Obligation*. — Copie de titres. Délimitation diplomatique de deux États. Commissaires. Question de propriété.

DÉLIT.

Voy. *Responsabilité*. — 6. Délit. Fait préjudiciable. Enfant. Discernement. Responsabilité civile du père. Surveillance d'un instituteur.

DÉLIVRANCE.

Voy. *Vente*. — 8. Délivrance. Frais à la charge du vendeur. Charbons vendus en magasin. Cubage.

DEMANDE EN DISTRACTION.

Voy. *Distraction*.

DEMANDE INCIDENTE.

Voy. *Appel*. — 6. Demande incidente. Exécution d'un marché. Accessoire.
Degré de juridiction. — 24. Demande principale inférieure à 1500 fr. Demande incidente indéterminée. Connexité. — 45. — II. Qualité. Sous-intendant. Demande incidente. — 50. — II. Demande incidente contre une autre partie.
Expertise. — 1. Demande incidente. Pouvoirs des experts.
Incident. — Demande principale. Demande incidente étrangère à celle-ci. Jonction prohibée.
Prescription. — 34. — IV. Demande incidente en dommages-intérêts. Silence des parties.

DEMANDE NOUVELLE.

SOMMAIRE.

1. *Bail*. — Réparations demandées en première instance. Autorisation de les faire faire demandée en appel.

10

2. *Dommages-intérêts demandés pour la première fois en appel.* — Enchère. Nullité de la vente.
3. *Intervention contestée en première instance.* — Nullité d'acte invoquée en appel. Moyen nouveau.
4. *Licitation d'immeubles.* — Changements opérés par une des parties. Rétablissement des lieux demandé en appel pour la première fois.
5. *Liquidation de société en participation.* — Indemnité pour frais de maison réclamée en appel pour la première fois.
6. *Revendication de la propriété d'une forêt.* — Droit d'usage. Exception proposée en appel.
7. *Revendication de la propriété d'une forêt.* — Droit d'usage. Exception proposée en appel.

RENVOIS.

Voy. *Appel.* — 7. Demande nouvelle. Résolution de contrat en première instance. Nullité en appel. — 22. Garantie. Demande nouvelle non recevable. — 25. Infirmation d'un jugement fixant les bases d'une liquidation. Contredits nouveaux. Défense à l'action principale. — 41. Option. Modification de la demande principale. Demande nouvelle.
Bornage. — 1. — III. Acte nouveau. Moyen nouveau. Demande nouvelle.
Commune. — 11. Chemin. Propriété. Servitude. Autorisation. Demande incidente de la commune.
Conciliation. — Mandat. Mandataire. Réclamation de sommes touchées. Dénégations. Réclamation de titres confiés.
Contrat de mariage. — 23. Reprise. Demande nouvelle.
Hypothèque. — 4. Demande en payement. Supplément d'hypothèque. Demande nouvelle en appel.
Incident. — Demande principale. Demande incidente étrangère à celle-ci. Jonction prohibée.
Louage. — 1. — II. Résiliation demandée en première instance. Nullité demandée en appel. Demande nouvelle.
Saisie-arrêt. — 1. Demande en validité. Contestation sur la forme en première instance. Nullité de la créance, proposée en appel. Moyen nouveau. Recevabilité.
Saisie immobilière. — 2. Adjudication définitive non contestée. Nullité proposée sur l'appel. Procédure. Fond du droit. Titres. Demande nouvelle.
Usage forestier. — 17. Cantonnement. Suspension d'exploitations. Demande formée en appel pour la première fois. — 48. — VI. Demande nouvelle. Appel. Prix de futaies. Règlement d'usage. Dommages-intérêts.
Vente publique d'immeubles. — 9. — II. Appel. Moyens nouveaux. Demande nouvelle.

---

1. — 28 janvier 1845. — Michaud C. Contal. — 2ᵉ Ch. — MM. Riston, pr., Garnier, av. gén., concl. conf., La Flize, d'Arbois, av.

L'autorisation demandée pour la première fois en appel, par un locataire, de faire exécuter des réparations promises par le propriétaire, en cas de refus ou de retard de la part de celui-ci, ne constitue pas une demande nouvelle, mais seulement l'indication d'un moyen légal pour arriver à l'exécution de sa demande principale, formulée devant les premiers juges, et qui tendait à obtenir *la mise en état convenable d'habitation*, selon les termes du bail.

2. — 2 août 1845. — Henry C. Miclo. — Ch. civ. et corr. réun; — MM. Moreau, p. pr., Garnier, av. gén., concl. conf., La Flize, Louis, Volland, av.

Des dommages-intérêts, demandés pour la première fois en appel, constituent une demande nouvelle non recevable. (C. pr. 464.)

Tel est le cas où, après avoir demandé, en première instance, que l'enchérisseur soit déclaré propriétaire de l'immeuble enchéri, en son nom personnel, le vendeur demande subsidiairement, pour la première fois en appel, qu'il soit condamné, en vertu de l'article 1382 du C. civ., à lui payer des dommages-intérêts pour la nullité de la vente.

3. — 25 mars 1844. — Florentin C. François, Florentin et Clément. — 2ᵉ Ch. — MM. Masson, ff. pr., Garnier, av. gén., concl. conf., Louis, La Flize, Fleury, Volland, av.

Quand une partie a contesté, d'une manière vague et indéfinie, l'intervention d'une autre partie en première instance, elle peut, en appel, invoquer à l'appui de cette contestation la nullité de l'acte sur lequel l'intervention s'appuie : ce n'est pas là former une *demande nouvelle*, mais seulement faire valoir un *moyen nouveau*.

4. — 18 février 1845. — Armbruster C. Collon. — 2ᵉ Ch. — MM. Riston, pr., d'Ubexi, Volland, av.

Lorsque, sur une demande en licitation de divers immeubles, auxquels l'une des parties prétend qu'il a été fait, par son adversaire, des changements qui peuvent nuire à la vente, cette partie demande, pour la première fois en appel, que les lieux soient rétablis dans leur état primitif, avant de procéder à la licitation, c'est là une *demande nouvelle*, non recevable devant la cour ; car ce rétablissement ne pourrait modifier en rien la demande en licitation, qui n'en devrait pas moins continuer d'être accueillie dans les termes et avec toute l'étendue des conclusions prises par le demandeur : cette demande nouvelle doit être déclarée non recevable, sauf au défendeur à produire ses prétentions devant les premiers juges, même avant l'adjudication.

5. — 25 janvier 1844. — Grandidier C. Houbre. — 1ʳᵉ Ch. — MM. Mourot, pr., Fleury, Louis, av.

Dans une affaire relative à la liquidation d'une société en participation, on ne peut former, devant la cour, une demande nouvelle tendante à l'allocation d'une indemnité pour frais de maison, indemnité qui n'a point été réclamée devant les arbitres. — Bien qu'une instance en liquidation ait pour résultat de constater le reliquat actif ou passif de chaque associé, il ne dépend pas d'eux de saisir les juges d'appel de demandes dont les arbitres n'ont pu apprécier la nature.

6. — 19 mars 1841. — Le préfet de la Meuse C. la commune de Sivry. — 1ʳᵉ Ch. — MM. Costé, pr., Poirel, p. av. gén., Volland, La Flize, av.

Celui qui est attaqué en désistement d'une forêt peut, en appel, pour la première fois, conclure à ce que le demandeur soit déclaré usager.

7. — 3 juillet 1841. — Le préfet de la Meuse C. la commune de Liny-devant-Dun.

— 1re Ch. — MM. Moreau p. pr., Garnier, av. gén., concl. conf., Volland, La Flize, av.

Le défendeur à un désistement peut, en appel, conclure à ce que le demandeur soit déclaré simple usager.

DEMANDE RECONVENTIONNELLE.

Voy. *Appel.* — 8. Demande reconventionnelle. Omission d'y statuer. Requête civile. Appel.
Degré de juridiction. — 22. Demande principale. Demande reconventionnelle en compensation. Excédant de l'une sur l'autre, règle du dernier ressort. — 23. — Il. Demande reconventionnelle en dommages-intérêts. Inexécution d'une convention. — 25. Demande principale inférieure à 1500 fr. Demande reconventionnelle supérieure à 1500 fr. fondée sur la demande principale. — 53. — Il. Demande reconventionnelle ou incidente contre une autre partie.
Mandat. — 6. — Il. Demande reconventionnelle. Règlement de compte courant. Salaire de mandat. Compensation.
Vente. — 10. Demande reconventionnelle en suppression de passages injurieux et diffamatoires.

DÉMENCE.

Voy. *Interdiction.*
Testament. — 7. Démence. Imbécillité. Intervalle lucide. Preuve. Dictée incohérente. Divagation. Inscription de faux.

DÉNOMBREMENT.

Voy. *Domaine engagé.* — 2. Aveux et dénombrements. Preuve.

DÉPENS.

Voy. *Frais et dépens.*

DÉPORT.

Voy. *Appel.* — 10. Déport. Acte d'avoué. Arrêt. Dépens. — 11. Déport. Préfet. Acte d'avoué. Arrêt. Dépens.
Désistement. — Préfet. Déport. Arrêt. Frais.
Domaine de l'État. — 9. Déport. Préfet. Arrêt inutile. Frais à la charge de l'intimé.

DERNIER RESSORT.

Voy. *Degré de juridiction.*

DESCENTE SUR LES LIEUX.

SOMMAIRE.

Demande des parties. — Nécessité.

10 août 1842. — Robin C. Pichon. — 1re Ch. — MM. Mourot, pr., d'Arbois, Volland, av.

A moins que les parties ne le demandent, il ne doit point être, sans nécessité, ordonné de descente et vue des lieux. (C. pr. 295.)

DÉSISTEMENT.

SOMMAIRE.

1. *Appel.* — Désistement. Acceptation.
2. *Interprétation de jugement.* — Renonciation tacite. Appel. Déport. Acceptation.
3. *Préfet.* — Déport. Arrêt. Frais.

RENVOIS.

Voy. *Acquiescement.* — 4. Frais. Désistement. Domaine engagé. Offre du quart de la valeur. Acceptation pure et simple.
Appel. — 11. Déport. Préfet. Acte d'avoué. Arrêt. Dépens.
Faillite. — 12. Désistement d'instance. Désistement d'action. Pouvoirs des syndics.
Voirie. — 2. Chemin. Anticipation. Désistement. Compétence judiciaire.

---

1. — 22 mai 1834. — Sauce C. Caillard. — 2e Ch. — MM. Troplong, pr., Berlet, Humbert, av.

Le désistement d'appel, à la différence de la demande formée en première instance, n'a pas besoin d'être accepté pour produire son effet.

2. — 14 juin 1844. — Aubry C. Saint-Michel. — 1re Ch. — MM. Mourot, pr., Garnier, av. gén., concl. conf., Jorant, La Flize, Louis, av.

La partie qui a formé une demande en interprétation d'un jugement, devant les juges qui l'ont rendu, peut ensuite y renoncer, soit tacitement en interjetant appel de ce même jugement, soit expressément par un déport de cette demande incidente, signifié à son adversaire, pendant l'instance d'appel. Il importe peu que ce déport n'ait pas été accepté.

3. — 24 décembre 1834. — Le préfet de la Meurthe. C. de Tonnoy. — 2e Ch. — MM. Troplong, pr., Bresson, av. gén., Volland, La Flize, av.

Le préfet peut se déporter d'un appel en matière domaniale. — Il n'est pas besoin d'un arrêt pour donner acte de ce déport, et l'intimé qui en exige un doit en supporter les frais.
— *Contrà*, Nancy, 29 mars 1831. — *Id.*, 15 novembre 1831. —
Voy. appel, 10, 11, p. 25, 26.

DESSÈCHEMENT.

Voy. *Défrichement.* — 1. Propriété. Exemption d'impôts.

DESTINATION DU PÈRE DE FAMILLE.

Voy. *Prescription.* — 14, File de tuyaux. Absence du signe extérieur. Destination du père de famille.
Servitude. — 7. Destination du père de famille. Servitude. Passage d'eau par un canal. — 8, 9. Destination du père de famille. Servitude continue et apparente. Passage.

DESTITUTION.

Voy. *Notaires* 5, 6.

DÉVERSOIR.

Voy. *Eau.* — 15. Etang. Changement de destination pendant trente ans. Prescription trentenaire. Conservation des digues et déversoirs. — 17. Etang. Déversoir moderne non autorisé. Riverains. Possession. Prescription. — 19. Etang. Hauteur du déversoir. Possession trentenaire. — 21. Etang. Vaine pâture. Droits d'usage. Hauteur du déversoir modifiée par l'administration. Mise en culture.

DEVIS ET MARCHÉS.

Voy. *Louage d'ouvrage et d'industrie.* — 4. Vices de constructions. Réparations pendant le temps de la garantie.

DIFFAMATION.

SOMMAIRE.

1. *Acte de procédure.* — Suppression ordonnée d'office. Loi du 17 mai 1819.
2. *Désistement.* — Suppression d'expressions injurieuses. Dommages-intérêts.

RENVOIS.

Voy. *Vente.* — 10. — III. Demande reconventionnelle en suppression de passages injurieux et diffamatoires.

---

1. — 24 mars 1831. — Mandray C. Dolmaire. — 1re Ch. — MM. Breton, pr., de Luxer, Bresson, av.

Les tribunaux peuvent, en vertu de l'article 23 de la loi du 17 mai 1819, ordonner, même d'office, la suppression des actes de procédure diffamatoires et injurieux. (Arrêt cassé le 15 avril 1835, mais sur un autre chef. — S. 35. 1. 359.)

2. — 5 janvier 1841. — Boulangé C. Briot. — 2e Ch. — MM. Mourot, pr., La Flize, Volland, av.

Lorsque, dans un acte de désistement, et pour le motiver, une partie se sert d'expressions injurieuses, de nature à porter atteinte à l'honneur et à la délicatesse de son adversaire, et à nuire à son crédit en jetant des doutes sur sa solvabilité, il y a lieu d'ordonner la suppression de ces termes injurieux, et d'accorder à la partie injuriée des dommages-intérêts.

DISCIPLINE.

SOMMAIRE.

1. *Avocat stagiaire.* — Suspension. Billet souscrit d'avance pour honoraires par un accusé.
2. *Censure avec réprimande.* — Faits qui peuvent la motiver, Notaire.
3. *Huissier.* — Signification. Termes irrespectueux envers un préfet et un conseil de préfecture.
4. *Notaire.* — I. Poursuites disciplinaires. Forme de procéder. — II. Matière sommaire. Enquête. C. pr. 407.
5. *Officier ministériel, créancier du vendeur d'effets mobiliers.* — Vente opérée par lui-même. Incompatibilité. Injonction d'être plus circonspect, prononcée d'office à l'audience.
6. *Partage d'opinions.* — Renvoi des poursuites.

RENVOIS.

Voy. *Notaire.* — 4. — II. Partage d'opinions. Action disciplinaire. Acquittement. — 5. Compétence. Chambre de discipline. Suspension. Destitution. — 6. Compétence. Chambre de discipline. Suspension. Destitution. Tribunal civil. Peine disciplinaire. Incompétence. — 7. Compétence. Peines disciplinaires. Tribunal civil. Chambres de discipline. — 11. Peine disciplinaire. Contraventions multipliées. Suspension. — 18. Vente en détail d'immeubles par un notaire copropriétaire de ces immeubles. Changement dans des actes sous seing privé qui le concernent. Suspension.

---

1. — 30 avril 1842. — Le ministère public C. C.... — Ch. réun. — MM. Breton, ff. pr., Poirel, p. av. gén., Antoine, bâtonnier, Bonnaire, av.

Un avocat stagiaire peut, de même que l'avocat inscrit au tableau, être condamné à la suspension pour des actes d'indélicatesse commis dans l'exercice et à l'occasion de l'exercice de sa profession, et notamment pour s'être fait souscrire à l'avance, par un accusé, un billet pour le montant d'honoraires, en lui promettant de le faire acquitter. (Ord. 20 novembre 1822, art. 14, 15.)

2. — 26 juin 1845. — Le procureur du roi de Toul C. M. . . . . . . — 1re Ch. — MM. Mourot, pr., Garnier, av. gén., concl. conf., sauf quant à la nature de la peine, Volland, av.

Un notaire méconnaît les devoirs de sa profession, compromet la dignité de son caractère, manque aux règles de la délicatesse, et encourt la peine disciplinaire de la censure avec réprimande, notamment : 1° lorsque, chargé de procéder à la vente de biens hypothéqués et insuffisants pour payer les dettes à la sûreté desquelles ils sont affectés, il souffre qu'une partie du prix de vente soit dissimulé au moyen de billets souscrits par les acquéreurs, et dont il se charge d'opérer le recouvrement : mesure qui peut avoir pour résultat de forcer les créanciers à recourir à une surenchère, pour obtenir l'intégrité de leur gage; — 2° lorsque, à l'aide de la portion de prix ainsi dissimulée, il acquitte une créance chirographaire, appartenante à un tiers, et se paye, par ses propres mains, d'une autre créance de même nature à lui personnelle, et cela, quand même, dans cette circonstance, il n'aurait pas agi dans un but frauduleux, mais, au contraire, pour éviter des frais de poursuites, et quand même la solvabilité des vendeurs suffirait pour assurer le payement intégral des créanciers hypothécaires ; — 3° lorsqu'il consent à prêter son ministère pour la passation d'un emprunt contracté par un mineur, sous le cautionnement d'un majeur, mais sans l'autorisation du conseil de famille, surtout s'il est établi que les habitudes de dissipation ou de prodigalité de ce mineur étaient notoires ; — 4° lorsqu'il prête son ministère à la vente qu'un subrogé tuteur passe à un tuteur d'un immeuble appartenant à son pupille, au mépris de la double prohibition des articles 450, 457 et 1596 du C. civ. ; — 5° lorsque, chargé par un de ses clients de lui acheter un immeuble, après avoir accepté cette mission comme notaire, il traite pour lui-même, et devient acquéreur au prix qu'il était chargé d'offrir ; — 6° lorsque, connaissant la nullité d'une donation par le défaut d'acceptation de la part du donataire, avant le décès du donateur, il provoque une partie à acheter du donataire un des immeubles compris dans cette donation ; — 7° lorsqu'il reçoit la convention d'une femme en puissance de mari, sans s'être assuré de l'autorisation nécessaire à cette femme ; — 8° lorsqu'il néglige de faire expliquer catégoriquement les parties sur le point de savoir si tel objet, sur lequel des discussions se sont élevées en sa présence, est, ou non, compris dans une vente, et lorsqu'il ne rend pas fidèlement la pensée des parties sur ce point.

3. — 17 novembre 1842. — R....., C. le préfet des Vosges. — 1re Ch. — MM. Moreau, p. pr., Poirel, p. av. gén., concl. conf.

Il y a lieu d'enjoindre à un huissier d'être plus circonspect à l'avenir, et d'ordonner qu'une expédition de l'arrêt sera levée et signifiée à cet officier ministériel, à ses frais, lorsqu'il s'est permis d'employer, dans un acte de son ministère, des expressions irrespectueuses pour des autorités publiques ; par exemple, lorsque, dans un exploit de citation au préfet, en matière électorale, il énonce : « Que ce mépris » de la loi, de la part de M. le préfet, en recevant l'intervention du » sieur B..., de même que l'oubli de la même loi, de la part du con- » seil de préfecture, en faisant mention de cette intervention dans » son arrêté de rejet, obligent le requérant à recourir à l'autorité » compétente, par voie d'appel. »

4. — 9 mai 1843. — Le procureur du roi de Toul C. M..... — 1re Ch. — MM. Mourot, pr., Garnier, av. gén., concl. conf., Volland, av.

I. Les poursuites disciplinaires dirigées contre un notaire sont des poursuites civiles, ou assimilées aux poursuites civiles. C'est ce qui résulte, non-seulement de la compétence attribuée, en cette matière, aux tribunaux civils, mais encore de ce que les peines encourues par les notaires, pour fait de discipline, n'ont pas le caractère de celles que prononcent les lois pénales proprement dites, pour faits qualifiés crimes, délits ou contraventions de police. Aussi, l'art. 122 du décret du 18 juin 1811, relatif à la taxe des frais des poursuites faites en conformité de la loi du 25 ventôse an XI, sur le notariat, est-il placé sous le chapitre 2, intitulé *des poursuites d'office* en matière civile. Les formes à suivre sont donc les formes tracées par le C. de pr. civ., et non celles du C. d'inst. crim., qui sont exclusivement réservées pour la poursuite des faits qualifiés crimes, délits ou contraventions de police par le C. pén., ou par les lois criminelles spéciales qui n'ont pas dérogé à ces règles. — On ne saurait en effet induire du silence de la loi du 25 ventôse an XI sur les formes à suivre, qu'aucune espèce de formes ne soient obligatoires. Lorsque certaines lois spéciales ont voulu déroger au droit commun de la procédure, elles l'ont fait en termes exprès : telles sont, par exemple, les lois sur l'enregistrement, et sur l'expropriation pour cause d'utilité publique. Ainsi, l'absence d'une dérogation semblable, en matière disciplinaire, rend applicables les règles du C. de pr. civ.

II. Les poursuites disciplinaires intéressent l'ordre public et requièrent célérité : elles doivent, dès lors, être considérées comme matières sommaires, et instruites comme telles. Si donc il y a lieu d'entendre des témoins, il faut se conformer aux règles fixées par l'art. 407 du C. de pr.

5. — 26 mars 1836. — Baraban C. Hardy et Lelièvre. — 1re Ch. — MM. de Metz, p. pr., Garnier, subst., Chatillon, Catabelle, Lefevre, av.

L'officier ministériel qui se trouve lui-même créancier du vendeur d'effets mobiliers, comme lui ayant, par exemple, fait, sur le produit de la vente future, l'avance des deniers nécessaires pour payer d'autres créanciers, doit s'abstenir de procéder lui-même à cette vente. — S'il y procède, il commet un acte d'inconvenance, ou d'indélicatesse, qui peut donner lieu contre lui à une injonction d'être plus circonspect à l'avenir. — Cette injonction peut être prononcée en audience publique, par l'arrêt même qui statue sur la difficulté, et sans que, d'ailleurs, les parties l'aient demandé, ou que le ministère public l'ait requis.

6. — 17 août 1839. — Le ministère public C. Bosson. — 1re Ch. — MM. de Metz, p. pr., Garnier, av. gén., concl. conf., Volland, av.

En matière disciplinaire, le partage d'opinions n'entraîne pas le renvoi de l'inculpé.

DISCUSSION.

Voy. *Hypothèque*. — 4. Hypothèque générale, Hypothèque spéciale, Discussion préalable des biens soumis à l'hypothèque spéciale.

DISSIMULATION DE PRIX.

Voy. *Obligation*. — 7. Dissimulation de prix de vente. Fraude des droits des créanciers, Rapport, Créanciers inscrits, Défaut de surenchère.

Voy. *Vente.* — 7. Créancier hypothécaire. Inscription périmée. Surenchère omise. Production à l'ordre. Vente en fraude de son droit. Prix dissimulé au contrat. Nullité de la vente. — 16. Dissimulation. Amende à la charge de l'acheteur.

DISTANCE.

Voy. *Délai.* — 1. Acte d'appel. Distance. Délai additionnel. Mention. — 2. Assignation à bref délai. Distance. Pays étranger. Alger. Ordonnance du président. Nullité. — 3. Distance. Myriamètre. Fractions.
Enquête. — 2. Délai. Assignation à comparaître à l'enquête. Notification des noms des témoins. Distance. Augmentation. — 3. Délai. Assignation à comparaître à l'enquête. Tableau des distances. Décret du 18 juin 1811. — 4. Délai. Distance.
Exploit. — 5. Acte d'appel. Délais. Indication. Distance.
Servitude. — 24. Mitoyenneté. Arbres. Distance calculée du milieu du fossé.

DISTRACTION.

Voy. *Degré de juridiction.* — 53. Saisie. Distraction. Demande indéterminée. Cause de la saisie inférieure à 1500 fr. — 56. Saisie-exécution. Dette inférieure à 1500 fr. Revendication de meubles saisis. Demande indéterminée.
Saisie immobilière. — 5. Distraction non contestée d'immeuble saisi. Nullité. Proposition tardive. Aveu. Chose jugée. Fin de non-recevoir. — 7. Femme mariée. Distraction. Acquiescement. Renonciation tacite à l'hypothèque légale.
Tutelle. — 5. Demande en distraction sans autorisation. Poursuite régularisée. Intervention.

DISTRIBUTION PAR CONTRIBUTION.

Voy. *Appel.* — 12. Distribution. Ordre. Délai d'appel.

DOL.

Voy. *Partage.* — 3. Action en rescision pour cause de lésion. Aliénation du lot. Dol. Violence. Ratification expresse ou tacite.
Pignoratif (contrat.) — 1. Vente à réméré. Relocation au vendeur. Dol. Fraude. Usure.
Preuve testimoniale. — 9. Dol et fraude. Défendeur. Preuve contraire.
Testament. — 3. 11. Antidate d'un testament olographe. Preuve testimoniale. Dol.

DOMAINE DE L'ÉTAT.

SOMMAIRE.

1. *Acte d'appel.* — Constitution d'avoué.
2. *Acte d'appel.* — Constitution d'avoué. Élection de domicile au parquet du procureur général.
3. *Arrêt par défaut.* — L'État représenté par le ministère public. Opposition. Délai. Signification au parquet.
4. *Avocat.* — Avoué. Ministère public. Droit exclusif de représenter l'État.
5. *Avocat.* — Avoué représentant l'État. Droits d'usage et d'affectation.

6. *Barrois mouvant.* — Souveraineté des ducs de Lorraine. Inaliénabilité du domaine. Dernier ressort. Attribut de la souveraineté. Lois françaises en Lorraine. Lois lorraines. Enregistrement au parlement de Paris. Traité de réunion. Retrait des aliénations antérieures. Terres enclavées. Clause de réversibilité. Imprescriptibilité.
7. *Bosquet de Lunéville.* — Domaine public. Imprescriptibilité. Porte ouverte sur un terrain de l'Etat. Suppression.
8. *Décret du 9 avril 1811.* — Acte administratif. Interprétation. Acte législatif. Compétence judiciaire. Edifices consacrés aux tribunaux et à l'instruction publique.
9. *Déport.* — Préfet. Arrêt inutile. Frais à la charge de l'intimé.
10. *Emigré.* — Restitution des biens invendus. Juste titre. Prescription décennale. Réserve. Loi du 14 ventôse an VII.
11. *Inaliénabilité du domaine en Lorraine.* — Révocation des aliénations postérieures à 1600.
12. *Maison canoniale.* — Bien d'église. Droit d'usage ou d'habitation. Droit de retour. Loi du 12 mars 1820. Prescription de 40 ans. Propriété domaniale.
13. *Petit domaine ou domaine privé.* — Lorraine. Aliénabilité. Anciennes fortifications. Fossés des villes.
14. *Réunion de la Lorraine à la France.* — I. Traité de 1736. Préliminaires. Accession du duc de Lorraine. Aliénations intermédiaires. — II. Edit de 1720. Exceptions à la révocation. Terres vagues. Bois dépérissant. — Preuve.
15. Extrait d'un mémoire de l'administration des Domaines sur l'inaliénabilité du Domaine dans le Barrois mouvant.

RENVOIS.

Voy. *Affectation.* — 6. — III. Concession perpétuelle. Forêt domaniale. Aliénation. Inaliénabilité du Domaine en Lorraine et dans le Barrois mouvant. — 7. — II. Inaliénabilité du Domaine en Lorraine.
Appel. — 11. Déport. Préfet. Acte d'avoué. Arrêt. Dépens.
Donation. — 1. — IV. Domaine de l'Etat. Règles de réversibilité applicables à une seigneurie patrimoniale.
Enseignement. — 2. Écoles secondaires. Concession de locaux. Aliénation. Jouissance conditionnelle et temporaire. Domaine de l'Etat.
Servitude. — 10. Domaine de l'Etat. Inaliénabilité. Servitude.
Usage forestier. — 36. — II. Domaine. Restitution des frais de garde et de clôture pour la part de l'Etat.

---

1. — 1ᵉʳ juin 1832. — Le préfet de la Meuse C. Demimuid et de Soubise. — 1ʳᵉ Ch. — MM. de Metz, p. pr., Troplong, av. gén., concl. conf., Bresson, Berlet, Moreau, av.

Le Domaine de l'Etat n'est pas tenu, pour la validité d'un acte d'appel, de constituer avoué.

2. — 11 juillet 1833. — Le préfet de la Meuse C. Janvier. — 1ʳᵉ Ch. — MM. de Metz, p. pr., Bouchon, subst., Bresson, Chatillon, av.

Le préfet plaidant au nom de l'Etat n'est pas tenu de constituer avoué dans son exploit d'appel : il lui suffit d'élire domicile au parquet du procureur général.

3. — 24 novembre 1831. — Le préfet de la Meuse C. la commune de Lavignéville. — 1ʳᵉ Ch. — MM. de Metz, p. pr., Pierson, subst., Bresson, Moreau, av.

Le Domaine de l'Etat est représenté devant les tribunaux par les officiers du parquet. En conséquence, les arrêts rendus par défaut contre le Domaine, en présence du ministère public, sont censés rendus contre une partie ayant avoué, et le délai pour y former opposition n'est que de huit jours. La signification de cet arrêt est valablement faite au parquet du procureur général.

4. — 11 juin 1850. — Le préfet de la Meurthe C. Barabino. — 2ᵉ Ch. — MM. Chippel, pr., Thiriet, p. av. gén., concl. conf.

Le Domaine de l'Etat ne peut être représenté à l'audience, devant les tribunaux, par un avocat ou un avoué. — Ce droit appartient au ministère public seul.

5. — 28 mars 1831. — Le préfet de la Meurthe C. Saltzmann. — 1ʳᵉ Ch. — MM. de Rioceur, p. pr., Pierson, subst., concl. conf., Fabvier, av.

Le Domaine de l'Etat peut se faire représenter devant les tribunaux par un avoué et un avocat, dans toutes les causes où il s'agit d'appliquer l'art. 58 C. for., c'est-à-dire, en matière de droits d'usage, d'affectation, etc.

6. — 10 mai 1832. — Le préfet de la Meuse C. de Vendières. — 1ʳᵉ Ch. — MM. de Metz, p. pr., Troplong, av. gén., concl. conf., Bresson, Moreau, av.

Avant la réunion de la Lorraine à la France, le duché de Bar avait un domaine public régi par une législation qui lui était propre : en d'autres termes, les ducs de Lorraine avaient, sur la partie du Barrois connue sous la dénomination de *Barrois mouvant*, des droits de souveraineté tels qu'ils ont pu imprimer à leur domaine le caractère de l'inaliénabilité.

Le dernier ressort n'est pas l'attribut essentiel de la souveraineté.

Les lois françaises n'avaient, dans le duché de Bar, d'autre autorité que la raison écrite.

Les édits des ducs de Bar n'avaient pas besoin, pour être exécutoires, de la formalité de l'enregistrement au parlement de Paris.

Le traité de réunion de la Lorraine à la France, de 1736, ne contient aucune disposition qui s'oppose au retrait des aliénations domaniales faites précédemment.

L'assurance donnée par Stanislas et Louis XV, contre toute idée de réunion, n'est relative qu'aux terres enclavées dans les deux duchés, et qui appartenaient à différents princes ou Etats de l'Empire.

Une clause de réversibilité, écrite dans un acte d'engagement domanial, constitue un droit domanial imprescriptible, comme le domaine lui-même.

Nota. Il n'y a pas eu de pourvoi en cassation contre cet arrêt ; mais l'arrêt Soubise, qui était identique, a été cassé le 15 mars 1837. (S. 37. 1. 722. — D. 37. 1. 269.) (1)

---

(1) Voy. ci-après, page 158, extrait d'un mémoire de l'administration des Domaines du 29 août 1837 ; — le réquisitoire de M. Troplong, et le Mémoire de M. Moreau, imprimé en 1832.

DOMAINE DE L'ÉTAT.

7. — 23 juillet 1842. — Le préfet de la Meurthe C. Keller. — 1re Ch. — MM. Moreau, p. pr., Garnier, av. gén., concl. conf.; Volland, La Flize, av.

Les bâtiments, emplacements et terrains confiés au ministère de la guerre, pour être employés au service de l'armée, notamment le bosquet de Lunéville, font, suivant la loi du 10 juillet 1791, partie du domaine public de l'Etat, et se trouvent absolument imprescriptibles. — Ainsi, une porte ouverte par un voisin sur ce terrain, en 1781, doit être condamnée en 1842, si, alors, le préfet en demande la suppression.

8. — 20 mai 1832. — Le préfet de la Meurthe C. la ville de Nancy. — 1re Ch. — MM. de Metz, p. pr., Fabvier, proc. gén., Bresson, Berlet, av.

Le décret du 9 avril 1811 n'est pas un de ces actes administratifs d'un intérêt spécial et individuel dont l'interprétation soit réservée à l'autorité de laquelle il est émané. C'est un acte législatif, disposant d'une manière générale, et soumis à l'interprétation de l'autorité judiciaire. Ce décret attribue aux villes la pleine propriété des édifices et bâtiments nationaux actuellement occupés pour le service de l'administration des cours et tribunaux et de l'instruction publique.

9. — 24 décembre 1834. — Le préfet de la Meurthe C. de Tonnoy. — 2e Ch. — MM. Troplong, p. ., Bresson, av. gén., Volland, La Flize, av.

Le préfet peut se déporter d'un appel en matière domaniale. Il n'est pas besoin d'un arrêt pour donner acte de ce déport, et l'intimé qui en exige un doit en supporter les frais.

10. — 31 août 1832. — Le préfet de la Meuse C. Couchot et de Soubise. — 1re Ch. — MM. de Metz, p. pr., Troplong, av. gén., concl. conf., Bresson, Volland, Moreau, av.

La remise faite par l'Etat, en 1814, aux émigrés rentrés, de leurs biens non vendus, ne constitue pas le juste titre nécessaire pour fonder la prescription décennale, surtout quand l'acte de remise contient des réserves faites par le Domaine, pour l'application ultérieure de la loi du 14 ventôse an VII.

11. — 28 mars 1833. — Le préfet des Vosges C. d'Hoffelize. — 1re Ch. — MM. de Metz, p. pr., Poirel, p. av. gén., Bresson, Moreau, av.

Le domaine de l'Etat en Lorraine était inaliénable, et toutes les aliénations postérieures à 1600 sont révoquées.

12. — 4 décembre 1832. — Le préfet de la Meurthe C. Gabriel. — 1re Ch. — MM. de Metz, p. pr., Poirel, p. av. gén., Bresson, Quintard, av.

L'expression de *maison canoniale* désigne une propriété de l'église, dont les anciens chapitres disposaient en faveur de leurs membres, qui y conservaient, leur vie durant, un droit d'usage ou privilége d'habitation, mais toujours sous la charge d'un droit de retour au profit du chapitre.

Ce droit de retour grevait la maison passée entre les mains d'un laïque.

Les détenteurs de ces maisons ne peuvent invoquer le bénéfice de la loi du 12 mars 1820, tant qu'ils n'ont pas reçu quittance pour solde des sommes qu'ils doivent payer à l'Etat, en vertu de la loi du 24 juillet 1790.

Le droit de retour, nonobstant la faculté laissée aux détenteurs de le racheter par le payement d'une somme d'argent, constitue un droit réel, immobilier et prescriptible, comme la propriété domaniale elle-même, seulement par 40 ans.

13. — 21 mars 1834. — Drouville. C. le préfet de la Meurthe — 1re Ch. — MM. de Metz, p. pr., Poirel, p. av. gén., Chatillon, Volland, av.

En Lorraine, il y avait, outre le domaine de l'Etat, un petit domaine ou domaine privé, essentiellement aliénable. Ce petit domaine comprenait notamment les anciennes fortifications et les fossés des villes.

14. — 2 août 1834. — Le préfet de la Meurthe C. Noisette. — 1re Ch. — MM. de Metz, p. pr., Poirel p. av. gén., Volland, Chatillon, av.

I. La réunion définitive de la Lorraine et du Barrois à la France ne s'est réellement opérée que par l'accession du duc de Lorraine et de Bar, souverain de ces deux pays, aux articles préliminaires arrêtés à Vienne, le 3 octobre 1735, et aux conventions additionnelles des 11 avril et 28 août 1736. Jusqu'à cette accession, le duc de Lorraine n'a pas cessé de gouverner les deux pays, soit par lui-même, soit par la régente, et d'y exercer tous les actes de souveraineté. — En conséquence, les aliénations domaniales, opérées dans l'intervalle de temps qui s'est écoulé entre la signature des articles préliminaires et l'acte d'accession du prince, doivent encore être régies par la loi lorraine.

II. L'art. 8 de l'édit du 14 juillet 1720, qui excepte de la révocation les acensements de quelques portions de terres vagues, friches et crues en bois, pour les défricher, remettre en valeur et y bâtir, peut s'appliquer à une lisière de bois dont les arbres seraient dépérissants et de nulle valeur.

III. La preuve de la nature et de l'état du terrain acensé peut se puiser, en dehors de l'acte même d'aliénation, dans tous les documents du procès. (Cet arrêt a été cassé le 6 décembre 1836. — S. 37. 1. 61. — D. 37. 1. 77.)

---

15. — EXTRAIT d'un *Mémoire de l'administration des domaines*, fait au conseil d'administration le 29 août 1837, sur l'affaire de Louppy-le-Château, concernant la question de l'inaliénabilité du domaine, dans le Barrois mouvant. (V. l'arr. cass. du 15 mars 1837. — S. 37. 1. 722. — D. 37. 1. 269.)

Depuis la mort de Charlemagne, jusqu'à la fin du treizième siècle, le comté de Bar était un fief de l'empire germanique.

1288. Difficultés entre le roi Philippe-le-Bel et Thiébaut, comte de Bar, relativement à l'abbaye de Beaulieu. Le roi prétendait qu'elle était située en Champagne ; le comte soutenait qu'elle faisait partie du Barrois.

1298. Le comte de Bar, fait prisonnier du roi de France.

Renonciation de l'empereur à la suzeraineté de la partie du Barrois située du côté de la France.

Le comte de Bar promet l'hommage lige pour cette partie de ses états.

1301. Traité de Bruges, entre le roi de France et le comte Thiébaut, contenant cette stipulation.

1353. Erection du comté de Bar en duché, par l'empereur d'Allemagne.

1466 (8 mars).—1472 (12 mars).—Lettres de Louis XI, dans lesquelles il reconnaît que les Barisiens ne sont pas ses sujets.

1475. Louis XI, en guerre avec le duc de Bourgogne, s'empare du château de Bar, sous prétexte de défendre le duc de Bar, son allié, contre les Bourguignons.

1483. Sous la minorité de Charles VIII, René réclame l'évacuation du château et de tout le duché de Bar. — Elle eut lieu. (D. Calmet, t. 5, p. 407, 408.)

1471. Le mariage de René d'Anjou, duc de Bar, avec Isabelle de Lorraine, avait uni sous le même sceptre les deux duchés de Lorraine et de Bar.

1539. François Ier propose au duc Antoine de signer un traité portant que ses sujets de Bar-le-Duc et autres lieux, en deçà de la Meuse, porteraient à l'avenir leurs appels devant les juges royaux à Sens, Vitry, Chaumont et Troyes, etc.

Refus d'Antoine.

1541 (18 novembre). Déclaration du duc Antoine et de son fils portant qu'ils ne jouiront du droit de régale que pendant leur vie,... et cession de Stenay.

Ce traité donne de l'ombrage à Charles-Quint, chef de la confédération germanique, dont la Lorraine et le Barrois faisaient alors partie.

1542. La guerre éclate.

1544 (18 septembre). Traité de paix de Crépy : François 1er renonce à la cession qu'il avait obtenue du duc Antoine.

1552 (7 janvier). Déclaration du roi Henri II, portant que les édits et impositions du royaume n'ont jamais existé dans le Barrois mouvant.

Toutefois, depuis le traité de Bruges, l'usage s'était établi de laisser aux habitants du Barrois mouvant la faculté de porter leurs appels, soit aux grands jours de Saint-Mihiel, Cour souveraine des ducs de Lorraine et de Bar, soit au bailliage de Sens, qui rendait la justice au nom du roi de France.

1570 (25 septembre). Conférence à ce sujet, en présence du roi Charles IX.

1571 (25 janvier). Concordat entre le roi de France et le duc de Lorraine. Le roi reconnaît au duc les droits de régale et de souveraineté du bailliage de Bar, prévôté de la Marche, Châtillon, Conflans et Gondrecourt, tenus mouvants dudit seigneur roi, et dont le seigneur duc lui a fait foi et hommage lige; — excepté toutefois que, pour les sentences et jugements donnés par le bailli de Bar ou de Bassigny, ès terres mouvantes du roi, les appellations ressortiront au parlement de Paris...

1575 (8 août). Déclaration du roi Henry III qui reconnaît au duc de Lorraine les droits de régale et de souveraineté, le droit de faire des lois obligeant ses sujets, d'imposer des tailles et subsides, de forger monnaies ; — sous la seule réserve du *fief et ressort* réservé par ledit traité..., droits de féodalité et connaissance des causes d'appel.

Guerres de Charles IV avec la France.

Occupation des duchés de Lorraine et de Bar par les armées françaises, sous Richelieu et Mazarin.

1634 (5 septembre). Arrêt du parlement de Paris qui prononce la confiscation du Barrois mouvant, à cause du refus de Charles IV de rendre au roi de France l'hommage qu'il lui devait comme à son suzerain, pour le château de Bar. (Application du droit féodal.)

1661 (février). Traité de Vincennes. Louis XIV restitue au duc de Lorraine le duché de Bar, qu'il s'était réservé par le traité des Pyrénées; — sous la réserve de la mouvance de la couronne, comme par le passé, et de l'hommage à prêter par le duc au roi, pour les terres mouvantes. (Art. 16.)

1669. La guerre recommence.

1670. Conquête de la Lorraine et du Barrois par la France.

1697 (30 octobre). Traité de Ryswick.

Restitution de ces deux provinces (sauf la ville de Sarrelouis et la prévôté de Longwy, qui sont cédées au roi). Art. 28, 32, 33, 36, 38, 41. — Maintien des concordats de 1571 et 1575.

1736 (28 août). Traité de Vienne, qui pose les bases de la cession de la Lorraine à la France.

1766. Réunion effective. — Jusque là, l'autorité souveraine résida dans la personne de Stanislas.

(Voy. Lettres patentes du 18 janv. 1737.)

Discussion des 6 motifs de l'arrêt du 15 mars 1837 (*) qui a cassé l'arrêt de la cour royale de Nancy, du 31 août 1832. Soubise. (D. 37. 1. 269. — S. 37. 1. 722.)

1er motif de l'arrêt :

« *La liberté d'aliéner est de droit naturel ; l'inaliénabilité est une exception au droit commun.* »

Le domaine de la couronne a toujours été soumis à des lois particulières.

Le prince n'en a que la jouissance : il n'en a la disposition ni d'après la loi naturelle, ni d'après la loi civile. La nue propriété appartient à la couronne.

Dans le duché de Bar, ce principe reposait sur des lois positives et spéciales :

1° Ordonnance du d. Robert, du 28 septembre 1373, qui semble indiquer que le principe de l'inaliénabilité existait déjà antérieurement.

2° Ordonnance du roi René, du 20 décembre 1446.

3° Ordonnance du roi René, du 15 novembre 1479, spéciale pour le Barrois.

4° Ordonnance du duc Charles III, du 27 juin 1561.

5° Déclaration de Henri II, du 17 juillet 1613.

6° Ordonnance de Charles IV, du 12 septembre 1661.

7° Ordonnance de Léopold, du 18 mars 1722.

8° Ordonnance de Léopold, du 10 mai 1722.

9° Ordonnance de François III, du 9 juillet 1729.

2e motif de l'arrêt :

Au souverain seul appartient le pouvoir législatif ; or, par le traité de Bruges, le comte de Bar s'est reconnu l'homme lige du roi de France, et a soumis son état à la cour en dernier ressort de son seigneur suzerain, ou du parlement de Paris. — Dans cette position, le comte de Bar avait perdu le droit de faire des lois ; le pouvoir législatif, l'institution de juges sont des attributs indivisibles de la souveraineté. »

(*) Conf. cass. req. 30 janv. 1821, sous la présidence de M. Henrion de Pansey. (D. 6. 508. — S. 21. 1. 146).

Réponse. Le traité de Bruges ne parle pas du dernier ressort.

Quant à *l'hommage*, dans le système féodal, il n'excluait pas la souveraineté. Il existe deux sortes d'hommages : l'hommage simple, l'hommage lige.

Le premier imposait : 1° Le service militaire ; 2° L'assistance du seigneur dans ses plaids ; 3° La reconnaissance de la cour du seigneur, en cas de forfaiture ou de félonie, ou de procès avec les autres vassaux. L'hommage lige n'imposait que les mêmes devoirs ; seulement, le service militaire était plus long, et se faisait en personne. (Brussel, t. 1. p. 105.—Beaumanoir, sur le Beauvoisis, ch. iv. — Grotius, *De jure belli et pacis*, lib. 1. cap. 3. n° 33. — Annotateur de Lefevre de la Planche (préface.) — Loyseau, Traité des seigneuries, ch. ii. n° 95 et chap. iii. n° 8. — Hertius, *De superioritate territoriali*, § 70. — Réal, Science du gouvernement, t. 4. p. 140.)

Exemples conformes à cette doctrine : 1° Les Ducs de Normandie étaient hommes liges du roi de France ; cependant ils étaient souverains ; ils avaient la puissance législative. — 2° Les Ducs de Bretagne, idem. — 3° Les Comtes de Flandre, avant 1515, idem. — 4° Les Princes et états d'Allemagne, qui relevaient de l'empereur, Id. — 5° Les Princes d'Italie, ducs de Mantoue, de Modène, etc., idem. (Hertius.) — 6° Le Roi de Naples, vis-à-vis de l'Eglise. (Vatel, Droit des gens, liv. 1er. n° 8. — Loyseau, ch. ii. n° 48.)

Dernier ressort : A la vérité ce droit reçut quelque atteinte par suite de l'occupation du Barrois par Louis XI, en 1475. (V. Thibaut, p. 167.) — Le 28 janvier 1571, un concordat intervint entre le roi de France et le duc de Lorraine, qui attribua le ressort exclusif au parlement de Paris ; mais les droits de souveraineté du duc furent réservés.

Déclaration conforme de Henri III (8 août 1575). — Traité de Ryswick, 1697, Art. 41.

3e *motif de l'arrêt :*

Objection. Point de souverain sans cour souveraine.

Réponse. Le cas actuel fait exception ; il y a eu réserve expresse du droit de faire des lois : — et l'on ne peut faire de distinction entre les lois de police ou d'administration et les autres. Il y avait des lois d'impôts : or, les lois sur les domaines s'y rattachaient.

Le domaine est inaliénable de son essence ; les ordonnances des ducs n'ont fait qu'appliquer ce principe à leur domaine.

(Cujas, ch. 33, *de jure jurando*, aux décrétales. — Vatel, liv. 2. n° 260, 261.)

4e *motif de l'arrêt :*

Défaut d'enregistrement au parlement de Paris.

L'enregistrement n'était pas nécessaire pour rendre les lois lorraines applicables par le parlement de Paris : un simple dépôt au greffe suffisait pour les porter à sa connaissance.

Dans l'usage, les affaires du Domaine étaient jugées souverainement par les officiers du duc. (Voy. édit du 14 juillet 1729.)

5e *motif de l'arrêt :*

« Le prétendu domaine seigneurial des ducs de Bar, dans le Barrois mou-
» vant, n'a point été, lors de la réunion définitive du Barrois, incorporé de

DOMAINE ENGAGÉ OU ÉCHANGÉ.

SOMMAIRE.

1. *Cens.* — Commune. Affranchissement. Confusion. Lois des 14 ventôse an VII et 12 mars 1820. Compétence administrative.
2. *Cession des droits de haute, moyenne et basse justice, des cens, rentes, redevances, prestations.* — I. Exclusion des immeubles, des bois. Déchéances. Loi du 12 mars 1820. Loi du 14 ventôse an VII. Futaie. Revendication. — II. Aveux et dénombrements. Preuve. Possession. — III. Arrêt du conseil des finances. Titres anciens. Commune usagère. Preuve testimoniale de propriété, non recevable.
3. *Édit de 1729.* — Commission. Arrêt. Chose jugée. Avis administratif.

» plein droit au domaine de la couronne de France, et rien ne prouve qu'il
» y ait été réuni depuis. »
Réponse. Voy. art. 2 du traité du 28 août 1736.

6° *motif de l'arrêt.*

La donation de 1660, qui n'avait donné à la princesse de Lislebonne que l'usufruit de la terre de Louppy, a été remplacée par celle de 1670, qui lui en a donné la pleine propriété.

Réponse. L'acte de 1660 était une simple antichrèse. Arrêt du parlement de Paris, du 22 mai 1691; l'antichrèse était reçue dans le Barrois. (Domat, L. civ., liv. 3, tit. 1, § 1, n° 28.)

En 1670, pas plus qu'en 1660, le duc Charles IV n'avait le droit de disposer de la propriété de la terre de Louppy, laquelle lui avait été donnée par Raoul, sous la condition expresse qu'elle serait à jamais réunie au domaine de la couronne. — C'eût été enfreindre en outre le testament de René II, du 28 mai 1506, qui défendait de doter en terres les princesses de la famille ducale.

L'acte de 1670 n'est qu'une confirmation ou prorogation de l'antichrèse de 1660.

Donc, le duc de Lorraine a toujours conservé la propriété de la terre de Louppy, et le traité de 1736 l'a transmise au roi de France.

Ainsi se trouvaient justifiées les conclusions subsidiaires de l'État, pour le cas où l'application de la loi du 14 ventôse an VII serait écartée.

A part la question historique du pouvoir législatif des ducs de Lorraine sur le Barrois mouvant, le Domaine présentait le moyen suivant.

L'art. 2 de la loi du 14 ventôse an VII veut qu'on suive les *lois en usage* dans les pays réunis après l'édit de février 1766. Or, 1° la Lorraine a été réunie à la France en 1766 seulement, à la mort de Stanislas, en vertu du traité de Vienne de 1736.

2° Les lois en usage en Lorraine, sur le domaine de la couronne, étaient les édits et déclarations de 1373, 1446, 1470, 1561, 1613, 1661, 1722, 1729. En fait, elles y étaient exécutées : cela suffit; inutile de rechercher si ces lois là étaient le résultat d'une usurpation de pouvoirs. (Merlin, plaidoyer relatif à terre de Morley; — L. 22 nov. — 1ᵉʳ déc. 1790, art. 37. — L. 14 ventôse an VII.)

3° Les traités de paix et de réunion n'ont point dérogé à ces lois en usage. (Voy. prélim. du 2 oct. 1735, acte du 11 avril 1736, art. 2 du traité définitif du 28 août 1736.)

(Voy. le mémoire imprimé en 1832, signé Moreau, dans l'affaire de Soubise contre le préfet de la Meuse).

4. *Édit de* 1729. — I. Commission de réunion. Commission spéciale. Acte illégal. Chose jugée. — II. Terrain en friche contigu à une forêt domaniale. Défrichement. Preuves de la nature du domaine aliéné. Bail. Expertise. Abornement. — III. Acensement gratuit. — IV. Réunion de plein droit. — V. Réintégration postérieure au traité de 1736.

5. *Édit de* 1729. — I. Loi du 14 ventôse an VII. Lois en usage en 1736. Inaliénabilité du domaine. Acensement. — II. Terres vagues. Friches. Crues de bois. — III. Ducs de Lorraine. Pouvoir législatif. — IV. Cens. Possession et jouissance postérieures à l'édit de 1729.

6. *Forêt.* — I. Futaie. Le quart. Compétence judiciaire. — II. Chose jugée. Législation lorraine. Loi du 14 ventôse an VII. Loi du 15 mai 1818.

7. *Loi du 14 ventôse an* VII, art. 2. — I. Lois en usage. Lois en vigueur. Inaliénabilité du domaine en Lorraine. — II. Domaines situés en pays étranger. — III. Petit domaine. Barrois mouvant. Aliénabilité. — IV. Traité de 1736. Réunion à la France en 1766. Pouvoirs de Stanislas. Édit du 14 juillet 1729. Terres vagues. Masures.

8. *Prescription.* — Interruption par sommation. Loi du 12 mars 1820. Dérogation au C. civ.

9. *Prescription décennale depuis le Code civil.* — Titre et bonne foi. Tiers détenteur.

10. *Redevance.* — I. Échangistes. Payement du quart. Affranchissement. Arrêté de maintenue. Clause spéciale. — II. Exécution volontaire.

RENVOIS.

Voy. *Affectation.* — 2. — III. Loi du 14 ventôse an VII. Clause révocatoire et de bon plaisir. Titre primitif. Acte postérieur. — 7. — III. Loi du 14 ventôse an VII. Droit d'usage et d'affectation. Révocation.

Domaine de l'État. — 10. Émigrés. Restitution des biens invendus. Juste titre. Prescription décennale. Réserve. Loi du 14 ventôse an VII.

---

1. — 6 mai 1837. — Le Domaine C. la ville de Mirecourt. — 1re Ch. — MM. de Metz, p. pr., Fabvier, proc. gén., concl. conf., Volland, Chatillon, av.

Ni la loi du 14 ventôse an VII, ni la loi du 12 mars 1820 n'ont affranchi les détenteurs des biens domaniaux des cens qu'ils devaient.

L'autorité administrative est seule compétente pour décider si ces cens, quand ils sont dus à l'État par une commune, sont éteints par la confusion, en vertu de la loi du 24 août 1793.

2. — 10 mars 1835. — La commune de Lorey C. le préfet de la Meurthe. — 2e Ch. — MM. Troplong, pr., Bresson, av. gén., Antoine, Volland, av.

I. La cession par le prince des droits de haute, moyenne et basse justice, cens, rentes, redevances et prestations, qui lui appartiennent dans un domaine, ne comprend pas les immeubles, et notamment les bois qui existent dans ce domaine. Les déchéances prononcées contre le Domaine de l'État, par la loi du 12 mars 1820, ne s'appliquent qu'aux poursuites relatives aux domaines engagés, et faites en exécution de la loi du 14 ventôse an VII, mais non aux demandes qui ont leur principe dans le droit commun, notamment à la revendication d'une futaie que l'État prétend n'avoir pas été comprise dans l'engagement. La futaie des bois domaniaux engagés n'était jamais censée comprise dans l'engagement, et restait attachée au fonds non aliéné.

II. Les officiers municipaux des communes avaient qualité pour fournir les aveux et dénombrements exigés par l'édit des 3-8 mai 1738. Les déclarations fournies en vertu de cet édit ne forment pas, contre les communes, des preuves *juris et de jure*; mais, tant qu'une preuve d'ignorance, de fraude ou de lésion ne leur est pas opposée, elles subsistent comme expression de la vérité, et comme moyen de qualifier la possession.

III. Les arrêts du conseil des finances, en matière de domaines, étaient souverains, et se rendaient sans qu'il fût nécessaire d'y appeler les parties intéressées, sauf leur droit d'opposition, si elles se croyaient lésées. Quand des titres anciens attribuent à une commune la qualité d'usagère, elle ne peut être admise à prouver par témoins une possession à titre de propriétaire.

3. — 26 novembre 1833. — Le préfet de la Meurthe C. de Blanchaud. — 1re Ch. — MM. de Metz, p. pr., Poirel, p. av. gén., concl. contr., Antoine, Moreau, av.

De la commission instituée par l'édit du 14 juillet 1729, pour la réunion des domaines engagés, émanaient des arrêts ayant l'autorité de la chose jugée, et non de simples avis administratifs. — Ainsi les détenteurs, maintenus par elle, ne peuvent plus être recherchés aujourd'hui.

Nota. Le pourvoi en cassation dirigé contre cet arrêt a été rejeté par la chambre des requêtes, le 2 avril 1835. Mais l'arrêt Racine, du 28 décembre 1833, n° 6, p. 165, a été cassé le 2 août 1837. (S. 37. 1. 855. — D. 37. 1. 418.)

4. — 25 avril 1839. — Le préfet de la Meurthe C. de Maillier. — 1re Ch. — MM. de Metz, p. pr., Poirel, p. av. gén., concl. contr., Volland, d'Ubexi, av.

I. Une décision, en matière de domaines engagés, émanée de l'ancien conseil des ducs de Lorraine, sur le rapport d'une commission spéciale, autre que la commission de réunion créée par l'édit du 14 juillet 1729, est un acte illégal, qui ne peut avoir l'autorité de la chose jugée.

II. Un terrain de la contenance de cent jours, contigu à une forêt domaniale, rentre dans l'exception de l'art. 5 de l'Édit du 14 juillet 1729, s'il a été défriché et mis en valeur. — Ce n'est pas seulement dans l'acte même d'aliénation émané du prince qu'il faut chercher des indications sur la nature du domaine aliéné : on peut les puiser, soit dans la requête de la partie, soit dans des actes extrinsèques, comme un bail, ou un procès-verbal d'expertise ou d'abornement. —

III. Le mot *accensement*, dont se sert l'art. 5 de l'Édit de 1729, ne s'entend pas seulement des aliénations faites à la charge d'une rente annuelle, mais de toute espèce d'aliénation domaniale, même de celle faite à titre purement gratuit, et par lettres patentes du prince.

IV. L'Édit de 1729 n'opérait pas de plein droit la révocation des aliénations, et, par suite, la réunion immédiate au domaine des biens aliénés. — Il fallait qu'une décision ultérieure et spéciale prononçât cette réunion. — En conséquence, était illégale et nulle la réunion de fait qui avait été opérée par les agents du prince; et le propriétaire ainsi dépossédé a pu obtenir plus tard, du prince lui-même, sa réintégration. — Cette décision n'ayant pas été contradictoire avec le premier détenteur, ne peut lui être opposée.

V. La réintégration a pu être accordée par le duc de Lorraine, même après la signature du traité de réunion de la Lorraine à la France. (1)

5. — 28 décembre 1833. — Le préfet de la Meurthe C. Racine. — 1re Ch. — MM. de Metz, p. pr., Poirel, p. av. gén., Volland, Louis, av.

I. Les aliénations des domaines, dans la province de Lorraine, doivent être réglées suivant les lois en usage en 1736, époque de la réunion de cette province à la France.

L'édit du 14 juillet 1720 était, en 1736, la loi en usage en Lorraine; ainsi, c'est d'après les dispositions de cet édit qu'on doit déterminer quels sont les domaines aliénés en Lorraine qui doivent être soumis à la révocation prononcée par la loi de l'an VII, et aux mesures prescrites par cette loi pour la conservation de ces domaines.

Par l'édit de 1729, qui maintient ce principe de l'inaliénabilité du domaine, le souverain prononce seulement la révocation actuelle des domaines aliénés depuis 1697.

II. Par l'art. 8, le souverain déclare ne pas comprendre dans la révocation les accensements, accordés à plusieurs particuliers, de quelques portions de terres vagues, friches et crues de bois, pour les défricher, mettre en valeur, et y bâtir.

III. Les ducs de Lorraine avaient le pouvoir législatif.

IV. On doit considérer comme compris dans l'exception établie, par l'art. 8 de l'édit du 14 juillet 1720, à la révocation des aliénations domaniales, un accensement de terrains à convertir en prés ou terres arables, lesquels terrains ont été essartés et défrichés, et dans la *possession de jouissance* desquels le cessionnaire a été confirmé, à charge d'un cens, depuis l'édit de 1720.

Nota. Cet arrêt a été cassé le 2 août 1837. (D. 37. 1. 418.)

6. — 24 juin 1837. — d'Hoffelize C. le préfet des Vosges. — 1re Ch. — MM. de Metz, p. pr., Fabvier, proc. gén., Welche, av.

I. L'autorité judiciaire est seule compétente pour décider si la somme à payer par l'engagiste d'une forêt domaniale, en exécution de la loi du 14 ventôse an VII, doit comprendre la totalité de la futaie, ou seulement le quart; — alors surtout qu'il est intervenu un premier arrêt qui a prononcé sur l'application de la loi au domaine litigieux: dans ce cas, en effet, on peut dire qu'il s'agit, avant tout, d'une interprétation d'arrêt.

L'engagiste ne doit en réalité que le quart de la futaie.

II. L'arrêt qui l'a condamné à payer le quart de la valeur du domaine engagé peut être invoqué par lui comme ayant, sur cette question, l'autorité de la chose jugée, même quand il serait certain que la distinction entre la futaie et le reste n'a été ni proposée ni aperçue.

---

(1) Cet arrêt a été cassé le 11 juillet 1842. (D. 42. 1. 517.)

La question fût-elle intacte devrait encore être résolue de même, soit d'après l'ancienne législation lorraine, soit d'après les lois du 14 ventôse an VII et du 15 mai 1818.

7. — 29 juin 1843. — Le préfet de la Meuse C. Hurbal, Quilleau-Franchot et autres. — 1re Ch. — MM. Mourot, pr., Garnier, av. gén., concl. conf., Volland, d'Ubexi, Catabelle, La Flize, av.

I. Par ces mots *les lois lors en usage*, employés dans l'art. 2 de la loi du 14 ventôse an VII, il faut entendre *les lois en vigueur*, et non pas seulement de simples usages non sanctionnés par la loi du temps. (Voy. art. 6 de la même loi.)

II. L'inaliénabilité du domaine ne s'applique point aux domaines que le prince possède hors du territoire de ses États, en pays étranger.

Le droit de frapper un bien d'inaliénabilité est un attribut inhérent à la souveraineté. Les biens que possède un prince en pays étranger, sont nécessairement des biens patrimoniaux.

III. En Lorraine, comme en France, on distinguait le petit domaine du domaine proprement dit, et il fallait certaines conditions de temps et d'administration pour en opérer la confusion. Ainsi, en supposant que tel domaine, situé dans le Barrois mouvant, ait pu être frappé d'inaliénabilité à ce titre, il resterait à démontrer qu'il faisait partie du domaine proprement dit.

IV. L'époque de la réunion de la Lorraine à la France est l'année 1766, date de la mort de Stanislas, et non celle de 1736, date de la signature du traité de Vienne. — Le roi de France n'avait, en vertu de ce traité, qu'un droit de réversibilité à la mort de Stanislas; Stanislas était investi des mêmes pouvoirs que les ducs de Lorraine, ses prédécesseurs; Stanislas avait donc le droit d'administrer le petit domaine conformément aux principes de l'édit du 14 juillet 1720. Or, cet édit autorisait l'aliénation des terres vagues, friches et crues en bois pour les défricher, remettre en valeur et y bâtir, ainsi que des masures à rebâtir; — et cet édit s'appliquait à l'avenir comme au passé.

8. — 1er août 1833. — Le préfet de la Meurthe C. Poinsignon. — 1re Ch. — MM. Troplong, pr., Poirel, p. av. gén., Bresson, Moreau, av.

La loi du 12 mars 1820 déroge à l'art. 2244 C. civ., et introduit un mode particulier d'interruption de prescription par simple sommation.

9. — 12 mars 1833. — Le préfet des Vosges C. Lallemand de Mont. — 1re Ch. — MM. Troplong, pr., Poirel, p. av. gén., Berlet, Volland, av.

Les tiers détenteurs de domaines engagés qui les ont acquis, depuis le Code civil, par juste titre et avec bonne foi, en ont prescrit la propriété contre l'État, s'ils ont possédé ces immeubles sans trouble pendant 10 ans.

10. — 30 janvier 1835. — L'administration des Domaines C. Villemin. — Aud. solenn. — MM. de Metz, p. pr., Fabvier, proc. gén., Volland, La Flize, av.

I. Les engagistes qui, pour devenir propriétaires des biens dont ils étaient détenteurs, se sont soumis au payement du quart de la valeur estimative, et l'ont en effet payé, sont affranchis des redevances annuelles qui grevaient ces mêmes biens, même quand l'arrêté de maintenue leur a imposé l'obligation d'en continuer le payement, si d'ailleurs cette condition n'a été acceptée par eux ni expressément, ni tacitement.

II. L'exécution volontaire et complète d'une des clauses d'un acte n'est pas une preuve suffisante de l'acceptation des autres stipulations du même acte.

La maintenue en possession de l'engagiste est plutôt une modification de son contrat primitif que le résultat d'un contrat nouveau.

DOMAINE NATIONAL.

SOMMAIRE.

Adjudication. — Omission de la contenance. Compétence des tribunaux pour la fixer.

---

19 janvier 1833. — Souhait C. Essling. — 2ᵉ Ch. — MM. Rolland de Malleloy, ff. pr., Poirel, p. av. gén., Chatillon, Antoine, av.

Lorsqu'une adjudication de biens nationaux ne porte aucune contenance, c'est aux tribunaux à en déterminer une, d'après les actes antérieurs.

DOMAINE PUBLIC.

Voy. *Voirie.* — 10. — I. Chemin. Commune. Rue. Domaine public. Imprescriptibilité. — 11. — VI. Domaine public. Imprescriptibilité.

DOMESTIQUE.

Voy. *Testament.* — 8. Domestique. Promesse écrite de son maître, sous la condition de rester à son service jusqu'à sa mort.

DOMICILE.

SOMMAIRE.

1. *Domicile réel.* — I. Intention. Preuve. Domicile politique. Double résidence de fait. — II. Dépens. Erreur forcée du demandeur.
2. *Lettre de change.* — I. Lieu du payement. Poursuites dans ce lieu. — II. Exécution des jugements au domicile réel.

RENVOIS.

Voy. *Élection législative.* — 13. Domicile politique. Transfert. Payement antérieur d'une contribution dans l'arrondissement. — 14. Domicile politique. Transfert. Payement antérieur d'une contribution dans l'arrondissement. — 15. Domicile politique. Transfert. Payement antérieur d'une contribution dans l'arrondissement. — 16. Domicile réel. Fonctionnaire amovible. Preuve. Circonstance. Double déclaration. Droits électoraux acquis après l'établissement du domicile au lieu de l'exercice des fonctions. Réunion du domicile politique au domicile réel. — 17. Domicile réel. Lieu de naissance. Changement. Fonctions révocables. Intention. — 28. Pièces nouvelles produites devant la cour. Domicile politique. Transfert. Double déclaration. Voy. *Exploit.* — 7. Acte d'appel. Domicile de l'appelant. Omission. Nullité.

Jugement par défaut. — 8. Jugement de commerce. Exécution dans les six mois. Procès-verbal de saisie. Carence. — 11. Radiation du rôle. Péremption. Compétence. Changement de domicile.

Louage. — 15. Obligation imposée au fermier d'exploiter par lui-même. Résidence obligée dans les bâtiments de la ferme.

Revendication. — 2. Compétence. Tribunal du domicile du tiers saisi. Contestation entre le saisissant et le saisi sur la propriété des objets saisis.

Vente publique d'immeubles. — 9. — IV. Exception d'incompétence. Domicile. Déchéance.

1. — 7 juillet 1843. — Souhait C. Souhait. — 1re Ch. — MM. Mourot, pr., Garnier, av. gén., concl. conf., sauf sur les dépens, La Flize, Catabelle, av.

I. En l'absence d'une déclaration expresse, un individu ne doit pas nécessairement être considéré comme ayant son domicile réel dans une ville, par cela seul : 1° qu'il y a son domicile d'origine ; — 2° qu'il y a toujours, de fait, exercé ses droits politiques ; — 3° qu'il y payait sa contribution personnelle, et y possédait une maison et un mobilier ; — 4° qu'il y a soutenu plusieurs procès, et que, dans les actes de la procédure, il s'est dit demeurant en ladite ville ; — 5° enfin qu'il a déposé son testament dans l'étude d'un notaire de la même ville. Il peut, nonobstant toutes ces circonstances, être déclaré avoir établi, intentionnellement, son domicile réel dans une autre ville, s'il y a acheté et meublé une maison, dont il a fait sa résidence habituelle ; — si, dans plusieurs actes de procédure récents, il s'est dit domicilié dans cette dernière ville ; — si, dans des baux, congé de bail, procurations, quittances, inscriptions hypothécaires, etc., il est désigné comme demeurant dans cette ville ; — s'il est porté sur les registres de la population, et paye l'impôt foncier et mobilier dans la même ville ; — si, dans des passeports récents, pris soit pour l'étranger, soit pour l'intérieur, il s'est dit demeurant en la même ville ; — si l'un de ces passeports a été pris dans cette dernière ville pour se rendre dans celle de son domicile d'origine ; — si son testament est daté de la première, s'il déclare y être domicilié, et s'il le déclare aussi dans l'acte de dépôt de ce testament ; — s'il a établi des régisseurs ou mandataires dans les autres villes, notamment dans celle de son domicile d'origine, et n'en a point constitué dans celle où il a fait son testament, et où il est décédé ; — si, lors de l'inventaire fait à son décès, la majeure partie de son mobilier, son argenterie, ses titres de créances et de propriété ont été trouvés dans ce dernier lieu ; — enfin, et surtout, si, dans une lettre récente, émanée du testateur, il déclarait que, depuis l'acquisition de sa maison dans la ville où il a fait son testament, il avait fixé son *domicile civil* dans cette ville, et n'avait conservé que son *domicile politique* dans la ville où il avait eu son domicile d'origine.

II. Si les principaux de ces faits ont été ignorés en première instance, et si, dès lors, les demandeurs ont pu être induits en erreur sur le domicile réel du défunt, il y a lieu de laisser à la charge de la succession les dépens du procès, bien que les demandeurs succombent sur l'appel du jugement qui avait jugé que le testateur avait conservé son domicile d'origine.

2. — 21 novembre 1831. — Reydellet C. Delorey et Pignee. — 1re Ch. — MM. Bresson, pr., Poirel, p. av. gén., Goult, La Flize, Chatillon, av.

I. La désignation, faite dans une lettre de change, d'une maison où le payement doit s'effectuer, permet d'y faire, aux termes de l'art. 111 du C. civ., les significations de demandes et poursuites relatives à cette lettre de change.

II. Mais il n'en est pas de même des actes relatifs à l'exécution des jugements qui ont condamné le souscripteur au payement de cette lettre de change : ceux-ci ne peuvent être faits qu'au domicile réel.

DOMICILE ÉLU.

Voy. *Arbitrage*. — 9. Bail. Election de domicile. Juridiction. Incompétence *ratione personæ.*
Exploit. — 1. Acte d'appel. Constitution d'avoué. Election de domicile. — 2. Acte d'appel. Constitution d'avoué. Election de domicile. Equipollent.

DOMMAGES AUX CHAMPS.

Voy. *Compétence*. — 13. Juge de paix. Dommages aux champs. Tribunal de première instance. Incompétence couverte par le silence des parties.
Manufacture insalubre. — Dommages aux fruits. Dépréciation d'immeuble. Juge de paix. Tribunal de première instance. Compétence.

DOMMAGES-INTÉRÊTS.

SOMMAIRE.

1. *Convention des parties.* — Fixation.
2. *Faux frais et démarches occasionnés par un procès injuste.*
3. *Travaux ordonnés.* — Inexécution. Incident. Acte d'avoué. Demande principale en dommages-intérêts. Frais frustratoires.
4. *Vente commerciale.* — Clause pénale réciproque. Dommages-intérêts fixes. Intérêts du retard. Usure.

RENVOIS.

Voy. *Cautionnement*. — 4. Contrainte par corps au profit de la caution. Indemnité. Payement.
Commissionnaire. — 2. Négligence. Dommages-intérêts.
Compétence. — 9. Flottage. Arrêté préfectoral. Infraction. Dommages-intérêts. — 10. Juge de paix. Dommages aux champs. Tribunal de première instance. Incompétence couverte par le silence des parties. — 16. Juge de paix. Rixes ou voies de fait. Dommages-intérêts. Délit correctionnel. Incompétence.
Compétence administrative. — 10. Ruisseau. Nouveau lit ouvert par l'administration. Dommages. Incompétence des tribunaux déclarée d'office.

Voy. *Compétence civile.* — 14. Travaux publics. Commune. Voie publique. Dommages-intérêts. Destruction des travaux. Compétence judiciaire. *Contrainte par corps.* — 4. Dommages-intérêts. Délit. Tribunal civil. *Degré de juridiction.* —12. — II. Vente. Délivrance. Dommages-intérêts inférieurs à 1500 fr.—23. Demande reconventionnelle en dommages-intérêts. Inexécution d'une convention. — 29. Dommages-intérêts. Préjudice causé à un immeuble d'une valeur indéterminée. Dernier ressort. — 30. Dommages-intérêts. Somme inférieure à 1500 fr. Frais de pansements et de médicaments. Demande indéterminée. — 31. Dommages-intérêts par jour de retard, calculés au jour du jugement dont appel. — 32. Dommages-intérêts pour faits antérieurs à la demande. Somme principale. — 39. Intérêts échus avant la demande. Dommages-intérêts non fondés sur la demande principale. — 54. Saisie. Somme inférieure à 1000 fr. Nullité. Dommages-intérêts supérieurs à 1000 fr. Accessoire. Dernier ressort.
Demande nouvelle. — 2. Dommages-intérêts demandés pour la première fois en appel.
Diffamation. — 2. Désistement. Suppression d'expressions injurieuses. Dommages-intérêts.
Exécution des jugements et actes. — 7. Usurpation de terrains. Restitution. Tiers détenteur. Obligation de faire. Dommages-intérêts. Distinction.
Femme. — 1. Cohabitation. Domicile conjugal. Moyens coercitifs. Saisie des revenus de la femme. Dommages-intérêts.
Louage. — 11. Force majeure. Cas fortuit. Privation de jouissance. Acte d'administration. Réduction du loyer. Dommages-intérêts.
Office. — 2. — III. Nullité absolue prononcée d'office. Dommages-intérêts. Restitution.
Prescription. — 34. — IV. Demande incidente en dommages-intérêts. Silence des parties.
Responsabilité. — 5. Certificat. Fait faux. Responsabilité du signataire. Recrutement. Maire. Témoin. Dommages-intérêts. Dommage direct. Dommage indirect. — 6. Délit. Fait préjudiciable. Enfant. Discernement. Responsabilité civile du père. Surveillance d'un instituteur.— 7. Dommage. Impossibilité de l'éviter. Prudence ordinaire. — 8. Maîtres et commettants. Commis marchand. Dommage causé par imprudence. Responsabilité du marchand. — 10. Notaire. Vente aux enchères. Nullité. Dommage. Frais de procès. Dépenses accessoires.
Saisie. — 2. Offres. Refus. Appel. Maintien de la saisie. Dommages-intérêts envers le saisi.
Usage forestier. — 30. — III. Maronage. Cessation de délivrance. Dommages-intérêts. Commune sans qualité pour les réclamer. — 35. Délivrance de bois. Compétence administrative. Dommages-intérêts. Compétence judiciaire. — 48. — VI. Demande nouvelle. Appel. Prix de futaies. Règlement d'usages. Dommages-intérêts.
Vente. — 7. Créancier hypothécaire. Prix dissimulé au contrat. Nullité de la vente. Dommages-intérêts.
Voirie. — 18. — V. Vente. Garantie. Offres insuffisantes. Dommages-intérêts et loyaux coûts.

---

1. — 1⁰ décembre 1850. — Bloquelle C. Brichard. — 1ʳᵉ Ch. — MM. de Riocour, p. pr., Moreau, Bresson, av.

Quand la quotité des dommages-intérêts, pour un cas prévu, a été déterminée par la convention des parties, il n'est pas au pouvoir du juge de la modérer.

2. — 2 février 1843. — Denis C. Jacquinot-Jourdain. — 1re Ch. — MM. Mourot, pr., Mamelet, Volland, av.

Il peut être alloué à une partie des dommages-intérêts pour faux frais et démarches occasionnés par un procès injuste, que lui a suscité son adversaire. (Ainsi jugé par le tribunal. — Appel. — Confirmation pure et simple.)

3. — 19 août 1842. — Robin C. Pichon. — 1re Ch. — MM. Mourot, pr., d'Arbois, Volland, av.

Quand un jugement a ordonné certains travaux sans prononcer de peine moratoire, ni autoriser la partie qui les a demandés à les faire exécuter elle-même, il y a lieu, en cas d'inexécution, d'introduire un incident par acte d'avoué, et non de former une demande principale en dommages-intérêts. Cependant, s'il était autrement procédé, la demande ne serait point irrecevable; les frais frustratoires seuls seraient à la charge du demandeur.

4. — 17 juin 1845. — Simonet C. Franck. — 2e Ch. — MM. Riston, pr., La Flize, Catabelle, av.

Lorsque, dans un marché, l'une des parties s'est engagée envers l'autre à lui livrer, dans un délai déterminé, une quotité fixe de bois, sous peine d'une certaine somme de dommages-intérêts; et que, par réciprocité, l'autre partie a promis, dans le cas où le prix convenu de ce bois ne serait pas payé dans tel délai, de subir la même peine de dommages-intérêts : si l'acheteur manque à cette obligation, il doit payer les dommages-intérêts convenus. — Il ne peut pas, pour se soustraire à cette obligation, invoquer la disposition de l'article 1153 du C. civ., portant que, dans les obligations qui se bornent au payement d'une certaine somme, les dommages-intérêts résultants du retard ne consistent jamais que dans la condamnation aux intérêts fixés par la loi. — Dans un marché pareil, il ne s'agit pas d'une simple obligation unilatérale, dont l'exécution entraîne toujours une peine qui n'est pas réciproque, comme, par exemple, la peine résultante du retard qu'apporte un débiteur à se libérer de sa dette envers son créancier. Ici, la peine stipulée est réciproque : c'est donc le cas d'appliquer, non l'art. 1153, mais l'art. 1152, lequel dispose que, si la convention porte que celui qui manquera de l'exécuter payera une certaine somme à titre de dommages-intérêts, il ne peut être alloué une somme plus forte ni moindre. — Une pareille indemnité n'a rien d'usuraire, puisqu'elle est réciproque, et que, d'ailleurs, en affaires commerciales, le défaut d'un payement, réglé à jour fixe, peut causer à celui qui y avait compté un dommage très-sensible, en l'empêchant lui-même de satisfaire à des engagements contractés pour le même jour.

DONATION.

SOMMAIRE.

1. *Clause de retour.* — I. Seigneurie patrimoniale. Duc de Lorraine. — II. Changements apportés à la propriété par le donataire. — III. Créancier. Acte conservatoire. — IV. Domaine de l'Etat. Règles de la réversibilité inapplicables à une seigneurie patrimoniale. — V. Biens d'origine domaniale. Mode de jouissance. — VI. Tiers détenteur d'un bien d'origine domaniale. Etendue de ses droits.
2. *Créancier chirographaire du donateur, postérieur à la donation.* — Défaut de transcription.
3. *Donation déguisée.* — Billet. Bon pour.
4. *Donation déguisée.* — Rapport à la succession.
5. *Donation déguisée.* — Validité.
6. *Donation déguisée.* — Validité. Réduction à la quotité disponible.
7. *Donation déguisée.* — I. Validité. — II. Transport de créances. Double original. Conditions synallagmatiques. Cessionnaire. Prix payé comptant. — III. Mention du fait double. Foi qui lui est due. Copie transcrite sur les registres de l'enregistrement. — IV. Aveu. Son indivisibilité. — V. Nullité de l'acte non fait double. Remise des titres par le cédant au cessionnaire. — VI. Commencement de preuve par écrit. Acte sous seing privé non fait double.
8. *Donation déguisée.* — I. Vente à un successible. Nullité. Simulation de prix. Appel. Rapport. — II. Dispense de rapport. — III. Mobilier. Possession. Présomption.
9. *Donation frauduleuse.* — I. Créancier. — II. Supplément d'hypothèque. Déchéance de terme. Révocation de donation. — III. Créancier hypothécaire du donataire. Ordre sur le prix des biens donnés et vendus. Collocation. Renonciation tacite à attaquer la donation. — IV. Nullité de la donation poursuivie contre quelques-uns des donataires seulement. — V. Indivisibilité de la donation, entre le donateur et les donataires. — VI. Preuve testimoniale de la fraude d'une donation.
10. *Héritier du donateur.* — I. Exécution réclamée des charges de la donation. Fin de non recevoir contre l'action en nullité. Réserves impuissantes. — II. Réduction à la quotité disponible. — III. Prescription trentenaire. — IV. Donation avec charges. Vente. Distinction.
11. *Mari.* — I. Fraude des droits de la femme. Loi du temps de la donation. Loi du temps du mariage. — II. Enfant naturel. Acte de naissance. Correspondance. Recherche de la paternité.
12. *Mineur.* — I. Acceptation de donation. Rétractation. — II. Donateur. Mise en demeure du tuteur de ratifier.
13. *Notaire.* — I. Allié du mari de la donataire. Mari assistant sa femme. Mari partie dans l'acte. Nullité. — II. Acceptation explicite. Sa nécessité. — III. Nullité couverte par l'exécution, mais non par une ratification écrite. — IV. Acceptation certaine. Mention omise. Responsabilité du notaire. — V. Etendue de la responsabilité. — VI. Pouvoir discrétionnaire des tribunaux.
14. *Partage anticipé.* — Acte authentique. Contrat de mariage.
15. *Partage anticipé.* — I. Survenance d'enfant. Nullité relative. Légataire. Acte sous seing privé. Nullité absolue. — II. Quotité disponible. Réunion fictive. Possession. Equité. — III. Testament. Part d'enfant. Interprétation.
16. *Révocation de la donation par survenance d'enfant.* — I. Acte à titre onéreux qualifié de donation. — II. Interprétation de la donation (C. civ. 1150).
17. *Témoins.* — Présence à la lecture. Validité.
18. *Termes sacramentels.* — Préciput. Acte postérieur. Donation déguisée. Interposition de personnes. Contrat onéreux. Rapport à succession.

DONATION.

RENVOIS.

Voy. *Prescription.* — 12. Donation. Réserve d'usufruit. Donataire de bonne foi. Prescription décennale à partir de l'extinction de l'usufruit. — 31. Servitude. Droit d'usage. Prescription décennale. Donation.
Rapport à succession. — 2. 3. Donation déguisée. Contrat onéreux. Dispense de rapport. — 4. Donation déguisée. Contrat onéreux. Dispense de rapport. Portion disponible. — 5. Donation déguisée. Vente. Mari d'une successible. Rapport. — 6. Donation déguisée. Vente. Portion disponible. Rapport.
Succession. — 6. Majeur. Donation. Legs. Préciput.
Vente. — 28. Succession future. Vente par une femme, de concert avec son enfant, d'un immeuble de la succession. Donation. Nullité.

---

1. — 3 avril 1845. — Ficatier-Villemart C. de Raigecourt, de Villemotte et Mengin. — 2ᵉ Ch. — MM. d'Arbois, ff. pr., Poirel, p. av. gén., Volland, d'Ubexi, Louis, La Flize, av.

I. La clause de retour, stipulée par le duc de Lorraine, dans un acte de donation d'une seigneurie patrimoniale, pour le cas d'extinction de la descendance en ligne directe du donataire, a pu être valablement cédée à un tiers, par l'État, comme étant aux droits du duc de Lorraine.

II. Ce droit de retour ne saurait mettre obstacle à ce que le donataire, qui est maître de la chose donnée, jusqu'à l'événement prévu par la clause résolutoire, puisse apporter à sa propriété tous les changements ou améliorations commandés à un bon père de famille par les nécessités du moment, par les exigences de l'agriculture, ou par les progrès de l'industrie. — Décider autrement, et prétendre forcer le donataire à respecter l'état de choses existant au moment de la donation, ce serait faire produire un effet à un événement futur et incertain, et méconnaître les principes les plus constants en cette matière.

III. Vainement objecterait-on que l'art. 1180, du C. civ. donne au créancier, avant que la condition soit accomplie, le droit de faire tous actes conservatoires ; cette faculté a toujours été restreinte aux simples actes qui, sans porter atteinte aux droits du propriétaire actuel, sans entraver en rien sa jouissance, peuvent cependant ajouter quelque garantie nouvelle, l'événement venant à se réaliser. — Si l'art. 952 du C. civ. dispose implicitement ainsi, sous l'empire d'une législation qui n'autorise le droit de retour qu'en faveur du donateur seul, à plus forte raison doit-on décider de même dans le silence de l'ancienne législation, lorsque cette condition casuelle de réversion était subordonnée à l'existence d'un grand nombre de générations, pouvait franchir l'espace de plusieurs siècles, était suspendue pendant un temps illimité.

IV. Les lois exceptionnelles, concernant la réversibilité de certains biens au domaine de l'État, et les règles particulières de surveillance établies par ces lois, ne sont point applicables à la donation d'une seigneurie patrimoniale. L'État n'a, sur cette donation, qu'un droit éventuel, incertain, une simple espérance, qui, pouvant ne jamais se réaliser, ne saurait dominer le droit actuel et né du possesseur, ni paralyser entre ses mains le libre exercice de ce droit.

V. Il n'en serait pas de même des biens dont l'État était originairement propriétaire, et qui, même momentanément, avaient été détachés de son domaine, et indûment aliénés : comme il n'a pas cessé, un seul instant, d'en être propriétaire ; qu'il était maître de rentrer en leur possession par la seule force de la loi; il a pu imposer, à leurs possesseurs, telle condition, tel mode de jouissance, qu'il lui a plu de leur prescrire.

VI. Quand même les propriétés d'origine patrimoniale devraient être assimilées, sous ce rapport, aux propriétés d'origine domaniale, le tiers détenteur, substitué aux droits de l'État, quant à l'exercice éventuel du droit de retour, ne pourrait se prévaloir de l'ancienne qualité de biens domaniaux ; car, à l'époque où le droit de réversion s'exercerait, il ne posséderait les mêmes biens que comme patrimoniaux.

2. — 18 mai 1838. — de Reinswalt C. Favre. — 1re Ch. — MM. Mourot, pr., Garnier, av. gén., concl. conf., La Flize, Chatillon, Louis, av.

Un créancier du donateur, purement chirographaire, et postérieur à la donation, peut se prévaloir du défaut de transcription : il n'est point l'*ayant cause* du donateur.

3. — 19 mars 1842. — Lecourtier C. Lecourtier. — 1re Ch. — MM. Mourot, pr., Poirel, p. av. gén., Volland, Lefèvre, av.

Les donations déguisées sont aussi valables que les autres ; mais elles doivent demeurer, quant à la forme, soumises aux règles du contrat employé : par exemple, s'il s'agit d'un billet émané d'un propriétaire ou rentier, il doit être revêtu du *bon pour*.

4. — 26 novembre 1831. — Saillet C. Saillet. — 2e Ch. — MM. Troplong, pr., Bresson, av. gén., concl. conf., Namelet, Volland, Berlet, av.

Les donations faites à un successible du donateur, sous la forme d'un contrat onéreux, ne sont pas pour cela considérées comme faites par préciput. Elles doivent être rapportées à la succession du donateur, non-seulement pour ce qui excède la portion disponible, mais pour le tout.

5. — 16 janvier 1843. — Michel C. Vauthier et Subille. — 1re Ch. — MM. Mourot, pr., Volland, d'Ubexi, Fleury, av.

On peut faire *indirectement* ce qui pourrait être fait *directement*, même lorsque les actes et les dispositions réelles, que les parties ont eus en vue, seraient des conventions ou des dispositions soumises, par leur nature, à la forme authentique même la plus solennelle. (C. civ. 911.)

6. — 19 mars 1831. — Geoffroy C. Thiéry. — 2e Ch. — MM. Chippel, pr., Collard, Moreau, av.

Les donations déguisées sous la forme d'un contrat onéreux ne sont pas nulles ; elles sont seulement réductibles à la quotité disponible.

7. — 4 août 1843. — Doyen frère C. Dauphin. — 1re Ch. — MM. Moreau, p. pr., Garnier, av. gén., concl. conf., Antoine, Fleury, Volland, av.

I. Les donations déguisées sous la forme d'un transport de créances à titre onéreux sont valables, pourvu que la cession soit revêtue de toutes les formalités essentielles à ces sortes d'actes.

II. Un acte de vente ne doit être fait double que quand il renferme des conditions synallagmatiques, c'est-à-dire qu'il énonce des engagements respectifs de la part de chacune des parties. — Il n'y a pas d'engagement de la part du cessionnaire quand le prix est stipulé payé comptant. — On ne peut considérer comme un engagement pris par le cessionnaire la réserve faite par le cédant d'intérêts échus avant la cession des créances; car l'acte de cession est inutile au cédant pour exiger le payement de ces intérêts. — Il en est de même de la garantie de la solvabilité actuelle des débiteurs par le cédant : ce n'est qu'une obligation unilatérale.

III. La mention du fait double, quand elle est nécessaire, suffit et fait foi entre les parties. — Elle ne saurait être infirmée par cette circonstance que la copie de l'acte sous seing privé de la cession, transcrite sur les registres du receveur de l'enregistrement, ne contiendrait point cette mention, surtout si d'autres omissions importantes se rencontrent dans cette même copie.

IV. L'aveu du cessionnaire que la mention *fait double* a été apposée après coup, mais en présence et du consentement du cédant, est indivisible.

V. La nullité d'un acte sous seing privé, résultante de ce qu'il n'a pas été fait double, est-elle couverte par la remise faite par le cédant au cessionnaire des titres des créances cédées ?

VI. Cet acte vaut-il du moins comme commencement de preuve par écrit de la cession, de telle sorte que des présomptions graves, précises et concordantes puissent être invoquées pour compléter cette preuve ?

Nota. Ces deux dernières questions avaient été résolues affirmativement par le tribunal ; mais cette solution a paru au moins douteuse à la cour; car elle a déclaré ne point adopter cette partie des motifs des premiers juges.

8. — 7 mars 1835. — Harchambois et autres C. Harchambois. — 1re Ch. — MM. de Metz, p. pr., Poirel, p. av. gén., La Flize, Velche, Moreau, av.

I. La partie qui a soutenu, en première instance, que la vente faite à l'un des successibles était nulle, soit pour cause de simulation de prix, soit comme renfermant une donation déguisée, est encore recevable à proposer, en appel seulement, la question de savoir si une pareille donation ne devait pas être assujettie au rapport.

II. Les donations déguisées, faites à l'un des successibles en ligne directe, sont dispensées du rapport à la succession du donateur, bien qu'aucun acte exprès ne prononce cette dispense.

III. Si un contrat de vente renferme une donation déguisée de tous les objets mobiliers appartenants au donateur qui réside avec son fils donataire, les meubles dont celui-ci est en possession à l'époque du décès du donateur, et qui ne sont pas désignés dans la donation, ne sont pas présumés faire partie de la succession.

9. — 24 mai 1845. — Cuny C. Demangeon et Amet. — 1re Ch. — MM. Mouroi, pr., Poirel, p. av. gén., d'Ubexi, La Flize, Volland, av.

I. Un créancier est recevable à attaquer, comme faite en fraude de ses droits, une donation entre vifs par laquelle son débiteur a donné à ses enfants la majeure partie de ses immeubles.

II. Une demande en supplément d'hypothèque et en déchéance de terme, formée, dans ce cas, par le créancier, n'est pas exclusive de la demande en révocation de la donation comme faite en fraude de ses droits. Cette demande supplétive n'implique pas une renonciation à la demande principale en révocation.

III. Le fait, de la part du créancier hypothécaire, de se présenter à la distribution du prix de biens vendus sur l'un des donataires (lesquels biens étaient compris dans la donation attaquée), ne constitue pas une renonciation tacite à demander la révocation de cette donation. — Le créancier hypothécaire de l'enfant donataire n'est point appelé, dans l'instance d'ordre, à approuver la donation faite à son débiteur, par le père de celui-ci : sommé de produire, ainsi que les autres créanciers, les titres qu'il a, comme créancier hypothécaire du fils, s'il ne produisait point, il serait forclos, et le père, donateur, pourrait légitimement lui reprocher de n'avoir pas produit dans cet ordre. — Un créancier ne peut être privé du droit que lui confère l'art. 1167 du C. civ., qu'autant qu'on lui oppose une renonciation incontestable et formelle.

IV. Le créancier hypothécaire, qui a touché une partie de sa créance dans l'ordre ouvert sur le prix de la vente des biens donnés à l'un des enfants du donateur, n'est pas non recevable à demander la nullité de cette donation contre les autres enfants donataires seuls : ceux-ci ne peuvent écarter sa demande sous prétexte que la donation ne peut être valable pour une partie et annulée pour une autre. — En produisant dans l'ordre ouvert sur le prix des biens possédés par l'un des enfants donataires, et vendus à la requête d'un tiers (le syndic de sa faillite), le créancier hypothécaire ne fait qu'obéir à la sommation qui lui est faite : il n'a pas plus que le syndic à s'occuper du mérite de cette donation. — Si, postérieurement, il demande l'annulation de la partie de la donation concernant les lots conférés par elle aux autres enfants, il s'adresse, comme créancier, à ces enfants, en leur qualité de détenteurs de biens qui faisaient le gage de sa créance, et non en leur qualité de donataires. — Il n'attaque cette disposition de la donation que quant aux biens passés entre les mains de ces autres enfants, comme il aurait pu le faire à l'égard d'un acte de vente, d'un contrat obligatoire, ou de telle clause de l'un ou de l'autre de ces actes qui aurait servi à faire passer, en tout ou en partie, le gage de sa créance dans les mains d'un tiers.

V. La fin de non recevoir, résultante de l'indivisibilité d'une donation, ne peut être opposée que par le donateur aux donataires, ou par ceux-ci au donateur, lorsqu'il s'agit d'une demande en révocation de donation entre vifs, pour les causes énoncées aux articles 953 et 955 du C. civ.

VI. On peut prouver par témoins qu'une donation entre vifs a été faite en fraude des droits d'un créancier.

10. — 6 mars 1840. — Dessain C. Dessain. — 1re Ch. — MM. de Metz, p. pr., Garnier, av. gén., concl. conf., Boinvilliers (de Paris), Volland, av.

I. L'héritier du donateur, qui a réclamé contre le donataire l'exécution des charges d'une donation, ne peut pas, plus tard, demander la nullité de cette donation, même quand il aurait fait, à cet égard, des réserves expresses; ces réserves étant en opposition directe avec le fait même des poursuites, sont impuissantes, et doivent être considérées comme non avenues.

II. Mais cette ratification n'empêche pas de demander la réduction de la donation à la quotité disponible.

III. Cette action en réduction ne rentre point dans le cas prévu par l'article 1304 du code civil, et ne se prescrit que par 30 ans.

IV. On ne doit point assimiler à une vente une donation avec charges. Un acte de cette nature conserve son caractère de donation, et reste soumis aux principes qui régissent cette sorte de contrat, notamment à l'action en réduction.

11. — 4 mai 1850. — Deville C. Lacoste. — 1re Ch. — MM. Breton, pr., Moreau, Bresson, av.

I. Pour apprécier si une donation, faite par un homme marié à un tiers, a été faite en fraude des droits de la femme du donateur, il ne faut pas consulter la loi du temps de la donation, mais la loi du temps du mariage, et les conventions matrimoniales des parties.

II. La partie qui demande la nullité d'une donation, sous prétexte qu'elle est faite à un enfant naturel, ne peut pas chercher, dans les réticences d'un acte de naissance, ou dans les énonciations d'une correspondance particulière, des inductions tendantes à établir la paternité du donateur : ce serait contrevenir au principe qui défend toute recherche de la paternité.

12. — 4 février 1839. — Marchal C. Blanchard. — 2e Ch. — MM. Mourot, pr., Catabelle, La Flize, av.

I. L'acceptation d'une donation par un donataire mineur rend la donation parfaite à l'égard du donateur; mais le donataire qui a accepté sans son tuteur peut rétracter son acceptation.

II. Le donateur, en ce cas, s'il veut savoir à quoi s'en tenir sur la validité de la donation, doit mettre le tuteur en demeure de ratifier lui-même, ou de déclarer son refus.

13. — 2 février 1838. — Martel C. Contant, Barret et Albert. — 1re Ch. — MM. de Metz, p. pr., La Flize, Volland, Louis, Chatillon, av.

I. Le mari qui comparaît dans l'acte d'une donation faite à sa femme, uniquement pour l'assister et l'autoriser, n'est pas réputé partie dans cet acte; en conséquence, l'acte peut être reçu par un notaire qui lui soit allié au degré prohibé. — Mais il en est autrement si l'acte contient quelques dispositions qui lui soient personnelles, ou dont il puisse profiter, par exemple, une donation d'objets mobiliers tombant dans la communauté.

II. L'acceptation d'une donation doit être explicite : elle ne peut pas s'établir par des clauses et conditions qui, sans l'exprimer, la supposent nécessairement.

III. La nullité résultante de cette omission ne peut pas se couvrir par une ratification écrite; mais elle sera effacée par l'exécution volontaire.

IV. Quand l'acceptation des donataires est certaine, et qu'ainsi c'est seulement la mention qui en a été omise, le notaire est responsable de cette omission.

V. Cette responsabilité peut aller jusqu'à l'obligation d'indemniser entièrement le donateur de la valeur des biens compris dans la donation annulée.

VI. Les tribunaux ont un pouvoir discrétionnaire pour fixer l'étendue de cette responsabilité.

14. — 21 août 1845. — Venner C. Venner. — 1re Ch. — MM. Moreau, p. pr., Garnier, av. gén., concl. conf., La Flize, Louis, av.

Un acte contenant donation entre vifs, à titre de partage anticipé, est nul, s'il n'a pas été fait par acte authentique, et entre tous les enfants du donateur, aux termes des art. 931, 1076 et 1078 du C. civ. — Vainement, pour repousser la demande en nullité d'un pareil acte, le donataire ou ses ayants cause objecteraient-ils que cet acte porte la même date que le contrat de mariage souscrit par le donataire; qu'il a été fait au même lieu que le contrat de mariage; qu'il est écrit de la main du notaire qui a reçu ce contrat; qu'ainsi, les conventions contenues dans cet acte de donation ou de partage sous seing privé sont des conventions de mariage, qu'on n'a pas cru devoir insérer dans le contrat, mais qui devaient être considérées comme sacrées entre les parties, et sans la souscription desquelles le mariage n'aurait pas eu lieu. — Quelque équitables que soient ces considérations, elles ne s'auraient prévaloir sur les dispositions des art. 1394, 1396 et 1397 du C. civ., d'après lesquels toutes conventions matrimoniales doivent, à peine de nullité, être rédigées avant le mariage, par acte devant notaire, et des art. 931, 932, 1075, 1076 et 1078 du même Code, d'après lesquels les partages faits par un père entre ses enfants, autrement que par testament, doivent présenter l'accomplissement de toutes les formalités et conditions des donations entre vifs, c'est-à-dire, être faits entre tous les enfants, passés devant notaire, avec acceptation en termes exprès par les donataires.

15. — 28 août 1858. — Bassoux C. Bassoux. — 1re Ch. — MM. de Metz, p. pr., Garnier, subst., concl. conf., Chatillon, Volland, av.

I. Quand un partage anticipé a été fait par le père de famille au profit de ses enfants, et qu'un autre enfant est né après ce partage, la nullité qui en résulte, aux termes de l'art. 1078 C. civ., est entièrement relative à cet enfant, et ne saurait être invoquée par aucun légataire, même par le légataire d'une part d'enfant. — Il n'en est pas ainsi de la nullité résultante de ce qu'un acte de cette nature aurait été fait sous seing privé : cette nullité est absolue, et peut être invoquée par le légataire d'une part d'enfant, s'il y a intérêt : on objecterait en vain que cette nullité a été couverte, de la part du donateur, par la longue exécution de la donation ainsi faite sous seing privé.

II. Pour calculer la quotité disponible, il faut réunir fictivement à la masse des biens existants au jour du décès, ceux qui ont été donnés par actes entre vifs réguliers, et ceux qui ont été donnés par actes irréguliers et nuls, tels que la donation sous seing privé.

Néanmoins, dans ce dernier cas, s'il se trouve dans la succession des biens suffisants pour remplir la quotité disponible, le legs de cette quotité doit être pris tout entier sur ces biens, de manière à laisser, autant que possible, entre les mains des anciens possesseurs, les biens donnés entre vifs, même par actes irréguliers : ainsi le veulent l'équité et le respect dû à une longue possession, et les tribunaux peuvent l'ordonner d'office.

III. Quand un individu, qui a fait ainsi un partage entre vifs révocable, et qui, en effet, a été révoqué par la survenance d'un enfant, dispose par testament, après la naissance de cet enfant, et lègue à sa femme une part d'enfant le moins prenant dans les biens qu'il laissera à son décès, il faut décider qu'ayant connu, ou dû connaître la loi, et par conséquent la nullité de ces actes entre vifs, il a voulu que la part de sa femme portât, non-seulement sur les biens qu'il détenait réellement à l'époque de son décès, mais encore sur ceux qui devaient s'y réunir par suite de cette nullité.

16. — 1ᵉʳ août 1848. — Forgeot C. Audinot. — 1ʳᵉ Ch. — MM. Moreau, p. pr., Garnier, av. gén., concl. conf. sur le point de droit, contr. sur le fait, Volland, La Flize, av.

I. Aux termes de l'art. 960 du C. civ., toutes donations entre vifs faites par personnes qui n'avaient point d'enfants vivants à l'époque de la donation, demeurent révoquées de plein droit par la survenance d'un enfant légitime du donateur. Le motif de cette disposition est que la donation a sa cause impulsive dans un sentiment de libéralité, dans l'affection du donateur pour le donataire ; or cette cause disparaît et s'anéantit devant la survenance d'un enfant, auquel la loi suppose qu'il n'a pas voulu préférer un étranger. — Ainsi, lorsque, d'après les stipulations et les circonstances de l'affaire, l'acte, qualifié donation, n'est pas une libéralité réelle, mais un contrat commutatif, que le donateur avait un intérêt et des motifs sérieux de souscrire, cet acte n'est pas soumis à la révocation pour cause de survenance d'enfant prononcée par l'art. 960 du C. civ.

II. Dans la donation entre vifs, qui est un contrat, on doit, comme dans les conventions en général, et conformément à l'art. 1156 du C. civ., « rechercher quelle a été la commune intention des parties contractantes, plutôt que de s'arrêter au sens littéral des termes. »

17. — 23 mars 1841. — Poinsignon C. Poinsignon, Bastien et Reinert. — 2ᵉ Ch. — MM. Mourot, pr., Garnier, av. gén. concl. conf., d'Ubext, Volland, Catabelle, La Flize, av.

Une donation entre vifs est parfaitement régulière si les témoins étaient présents à la lecture de l'acte ; il n'est point nécessaire qu'ils aient assisté à sa confection.

18. — 4 juillet 1834. — Fimayer C. Boulangier et Dumaire. — 1re Ch. — MM. de Metz, p. pr., Bresson, av. gén., La Flize, d'Ubexi, Louis, av.

L'ancien droit, comme le nouveau, soumettait au rapport tout avantage direct ou indirect, à moins que le donateur n'en eût autrement ordonné. — Cette disposition atteignait l'avantage indirect par interposition de personnes, comme l'avantage déguisé sous la forme d'un contrat onéreux. — Pour être exemptes du rapport, les donations indirectes doivent être faites par préciput ; la loi ne permet pas d'établir la dispense du rapport sur de simples conjectures : elle veut que cette dispense soit exprimée. Elle ne prescrit pas, sans doute, de termes sacramentels ; mais la volonté de donner par préciput et hors part doit être rendue manifeste par le langage dont le donateur s'est servi. — Le choix d'un contrat à titre onéreux pour déguiser la donation, ne contient pas cette dispense expresse du rapport. Il est impossible d'admettre qu'une telle simulation, dont les motifs sont inconnus, et fort éloignés, peut-être, de l'intention de dispenser du rapport, puisse équivaloir à ce préciput formel exigé par la loi. On violerait cette loi en substituant, à la dispense expresse du rapport, l'intention présumée du donateur, ou même son silence sur la clause du préciput. — Ce serait agir contre les règles d'une saine morale que d'accorder à un contrat déguisé, à la simulation ou à la fraude, plus de valeur qu'à la manifestation franche et non équivoque de la volonté du donateur. — L'article 919 du C. civ. détruit l'argument fondé sur l'impossibilité prétendue d'exprimer la clause du préciput, relativement à une donation faite sous la forme d'un contrat onéreux. Cet article indique, en effet, qu'on peut faire la déclaration du préciput, soit par l'acte qui contient la disposition, soit postérieurement, dans la forme des dispositions entre vifs ou testamentaires. Ainsi, rien ne s'oppose à ce qu'il en soit de même de la donation indirecte, qui aurait été faite sous la forme d'un contrat onéreux. Un acte postérieur peut affranchir, dans ce cas, de l'obligation du rapport ; mais, sans cela, la donation reconnue avoir été faite indirectement se trouve atteinte par la disposition de l'art. 843, qui n'admet que les exceptions spéciales, indiquées par quelques articles subséquents du Code, exceptions qui sont elles-mêmes confirmatives de la règle générale.

DONATION DÉGUISÉE.

Voy. *Donation.* — 3. Donation déguisée. Billet. Bon pour. — 4. Donation déguisée. Rapport à succession. — 5. Donation déguisée. Validité. — 6. Donation déguisée. Validité. Réduction à la quotité disponible. — 7. Donation déguisée. Validité. — 8. Donation déguisée. Vente à un successible. Nullité. Simulation de prix. Appel. Rapport.

Rapport à succession. — 2. 3. Donation déguisée. Contrat onéreux. Dispense de rapport. — 4. Donation déguisée. Contrat onéreux. Dispense de rapport. Portion disponible. — 5. Donation déguisée. Vente. Mari d'une successible. — 6. Donation déguisée. Vente. Portion disponible. Rapport.

DOT.

Voy. *Femme.* — 3. Dot. Apports tombés en communauté. Douaire éventuel. *Succession.* — 3. Coutume de Lorraine. Rapport. Dot. Préciput. Mobilier. Gain de survie. Dot constituée en commun.

DOUAIRE.

Voy. *Femme.* — 3. Dot. Apports tombés en communauté. Douaire éventuel.

DOUBLE DROIT.

Voy. *Vente.* — 16. Prix de vente. Dissimulation. Amende à la charge de l'acheteur.

DROIT ACQUIS.

Voy. *Pignoratif (contrat.)* — 1. — III. Préjudice causé à des tiers. Droit acquis. — 3. 4. Vente à réméré. Relocation au vendeur. Nantissement. Antichrèse. Fraude. Tiers. Droit acquis.
Voirie. — 23. Rue. Riverain. Droit acquis. Jours et issues. Constructions nuisibles.

DROIT ALSACIEN.

Voy. *Usage forestier.* — 45. — II. Droit Alsacien. Possession immémoriale. Servitude discontinue. Signe extérieur.

DROIT DE RETOUR.

Voy. *Domaine de l'État.* — 12. Bien d'église. Droit d'usage ou d'habitation. Droit de retour. Loi du 12 mars 1820. Prescription de 40 ans. Propriété domaniale.
Donation. — 1. Clause de retour. Seigneurie patrimoniale. Duc de Lorraine.
Substitution. — 1. Condition. Charge de conserver et de rendre. Droit de retour.

DROIT D'USAGE.

Voy. *Usage forestier.*

DROIT GERMANIQUE.

Voy. *Usage forestier.* — 41. Mort bois. Sa définition en Lorraine. Droit germanique.

DROIT LITIGIEUX.

Voy. *Avocat.* — Achat de droits litigieux. Nullité. Avoué.

EAU.

DROIT LORRAIN.

Voy. *Lorraine.*

DROIT SUCCESSIF.

Voy. *Succession.* — 8. Retrait successoral. Revente. Successible acquéreur.

EAU.

SOMMAIRE.

1. *Canal artificiel.* — I. Bords. Accessoire. — II. Cours d'eau naturel. Bords. Propriété. Travaux. — III. Riverain. Récolte. Passage du propriétaire de l'usine. dépôt des résidus du curage.
2. *Canal artificiel.* — Bords. Moulin. Propriété.
3. *Canal artificiel.* — I. Bords. Moulin. Propriété. — II. Possessions contraires. Coupe de l'herbe, tonte des saules par le riverain. Pêche, curage du canal, dépôt de terres et déblais, par le propriétaire de l'usine. — III. Servitude. Tolérance. — IV. Largeur des francs bords. Sa détermination par experts. Bornes.
4. *Canal artificiel.* — I. Bords. Propriété. Présomption. — II. Largeur des francs bords. Titre. Usage. Circonstances de localité.
5. *Canal artificiel.* — Bords. Propriété. Présomption simple. Titre contraire.
6. *Canal artificiel.* — Bords. Usine. Propriété. Présomption simple. Possession des riverains. Coupe de l'herbe. Dépôt des résidus du curage.
7. *Canal artificiel.* — Canal de fuite. Usine hydraulique. Présomption de propriété.
8. *Canal artificiel.* — Encombrement. Curage. Compétence administrative. Compétence judiciaire.
9. *Canal artificiel.* — Riverains. Inondation. Curage. Ponts sur les chemins vicinaux qui coupent le canal. Entretien.
10. *Canal artificiel, pour l'écoulement des eaux de fontaine et de pluie.* — Eaux ménagères. Contravention.
11. *Cours d'eau.* Riverain. Irrigation. Obligation de rendre l'eau à son cours naturel. Obstacle. Règlement.
12. *Cours d'eau.* — I. Riverain. Irrigation. Règlement. — II. Riverains non réclamants. Identité de droit. Règlement partiel provisoire.
13. *Cours d'eau.* — Usine. Prairie. Prise d'eau. Règlement.
14. *Etang.* — Abornement ancien. Niveau d'eau. Préférence.
15. *Etang.* — Changement de destination, pendant 50 ans. Prescription trentenaire. Conservation des digues et déversoirs.
16. *Etang.* — Chaussée. Accessoire. Possession par un tiers. Prescription.
17. *Etang.* — Déversoir moderne, non autorisé. Riverains. Possession. Prescription.
18. *Etang.* — I. Droit d'usage. Assec. Commune. Copropriété. Rachat. — II. Exercice périodique du droit. Contribution. Part proportionnée à la jouissance.
19. *Etang.* — I. Hauteur du déversoir. Possession trentenaire. — II. Envahissement des eaux. Riverains. Restitution.
20. *Etang.* — Propriété. Mode de jouissance. Indivisibilité. Procédure. Nullité à l'égard d'un des copropriétaires.
21. *Etang.* — Vaine pâture. Droit d'usage. Hauteur du déversoir modifiée par l'administration. Mise en culture.
22. *Etang.* — Vaine pâture. Son étendue.
23. *Prescription des eaux.* — Propriété privée. Voie publique traversée.
24. *Prise d'eau.* — I. Concession par une ville à un de ses habitants. Titre primordial. Actes recognitifs. Possession. — II. Interprétation des titres. — III. Concession perpétuellement révocable. — IV. Reconnaissance du droit de révocation. Mise en cause de tous les intéressés.

25. *Rivière.* — Nouveau lit. Atterrissement. Alluvion. Riverains. Ancien lit. Noue. Lac. Étang.
26. *Rivière navigable ou flottable.* — Travaux. Préjudice. Plainte.
27. *Ruisseau.* — Riverain. Immondices. Préjudice causé aux riverains inférieurs. Compétence judiciaire.

RENVOIS.

Voy. *Compétence civile.* — 6. Canal de la Marne au Rhin. Entrepreneur. Louage d'industrie. Sous-traitant. Salaire. Incompétence *ratione materiæ*. Ministère public. Exception proposée d'office.
Louage. — Réparations locatives. Canal d'une forge. Fermier.
Servitude. — 11. Eaux pluviales. Écoulement. Changement. Travaux. Mur mitoyen. Frais des ouvrages. — 12. Eaux pluviales. Écoulement. Ouvrages nuisibles. Enlèvement. Fossé. Rigole. — 13. Eaux pluviales. Écoulement naturel. Fonds supérieur. Fonds inférieur. Aggravation. Fonds séparés. — 14. Eaux pluviales. Tour d'échelle. Toit en saillie sur le terrain voisin. Propriété de ce terrain. Servitude d'égout. — 25. Fontaine. File de corps. Copropriété du sol sur lequel elle repose. — 26. Irrigation de prairie. Droit acquis par prescription sur le canal d'une usine. Emploi de l'eau destinée à la prairie, au roulement d'une usine nouvelle. Aggravation de servitude. — 28. Moulin. Canal. Droit de servitude sur les bords. Dépôt des vases provenantes du curage. Enlèvement des dépôts.— 29. Moulin. Curage du canal et dépôt des résidus sur une propriété riveraine. Vente du moulin à une personne, et de la propriété riveraine à une autre. Servitude conventionnelle tacite. — 38. Source nécessaire à une commune, à un village ou hameau. Prescription de l'indemnité. Riverains du cours de la source réduits au superflu des eaux nécessaires à la commune. Mise en cause de tous les riverains.

---

1. — 22 juillet 1839. — Demimuid C. la fabrique de Commercy. — 2ᵉ Ch. — MM. Mourot, pr., Poirel, p. av. gén., Volland, La Flize, av.

I. Le propriétaire d'une usine mise en mouvement par les eaux d'un canal creusé pour cette destination a un droit de propriété non-seulement sur le lit du canal, mais encore sur les bords, qui en sont l'accessoire indispensable.

II. Mais si le cours d'eau est un cours d'eau naturel, le propriétaire de l'usine n'a aucun droit sur les bords, quelques travaux qu'il y ait fait exécuter.

III. Les propriétaires riverains qui continuent à récolter jusqu'au fil de l'eau, conservent par là leurs droits de propriété primitive, nonobstant le passage exercé par le propriétaire de l'usine, et le dépôt, même perpétuel, des résidus du curage.

2. — 29 décembre 1832. — Jacquot C. Cunin. — 2ᵉ Ch. — MM. Rolland de Malleloy, ff. pr., Chatillon, La Flize, av.

Le propriétaire d'un moulin n'est propriétaire du canal qui conduit les eaux à son moulin, et des bords de ce canal, que quand il prouve que celui-ci est creusé de main d'homme.

3. — 30 mai 1843. — Bertier C. Trompette. — 2ᵉ Ch. — MM. Riston, ff. pr., La Flize, d'Ubexi, av.

I. Un canal artificiel constitue une partie intégrante de l'usine qu'il est destiné à faire mouvoir, et doit, en l'absence de titres contraires, être considéré comme appartenant exclusivement au propriétaire du moulin : il y a même présomption naturelle pour décider que les bords de ce canal, partie indispensable de son existence, sont également une dépendance de la propriété.

II. La coupe de l'herbe pendant plus de 30 ans, jusqu'au fil de l'eau du canal, et la tonte de quelques saules qui y étaient crus, ne suffisent pas pour établir la prescription de la propriété lorsque, de son côté, le propriétaire du moulin, sans avoir égard à ces actes de possession, y a constamment exercé son droit de pêche, de conservation et de surveillance, soit en allant et venant, en toutes saisons, sur les bords du canal, soit en le faisant curer chaque fois que cette opération lui paraissait nécessaire, et en y déposant les terres et déblais qui en provenaient.

III. Cette possession incertaine, de la part du riverain du canal, ne saurait davantage constituer un droit de servitude, mais seulement une tolérance, une simple concession révocable à la volonté du propriétaire.

IV. Quant à la largeur des francs bords, reconnus une dépendance de la propriété du canal, pour la fixer, il faut comprendre, de chaque côté, l'étendue de terrain strictement indispensable pour satisfaire convenablement aux besoins de l'usine, tout en ayant égard à l'importance du cours d'eau et aux circonstances de localité ; des hommes de l'art peuvent seuls déterminer la largeur de ces francs bords, et ils doivent poser des bornes pour indiquer et conserver cette délimitation.

4. — 29 juillet 1842. — d'Andelarre C. Descomtes. — 1ʳᵉ Ch. — MM. Mourot, pr., Volland, La Flize, av.

I. Lorsqu'un cours d'eau est artificiel, creusé de main d'homme, et formé par des travaux, on présume que ses francs bords en font partie intégrante.

II. A défaut de titre ou d'usage constant, la largeur de ces francs bords est arbitrée d'après les circonstances de localité.

5. — 1ᵉʳ février 1844. — Husson C. Georges. — 1ʳᵉ Ch. — MM. Mourot, pr., Villiaumé, Volland, Louis, av.

Si la présomption de propriété des bords d'un canal peut être souvent invoquée par le propriétaire de l'usine qu'alimente ce canal, cette présomption n'a cependant qu'une autorité de raison, et non un caractère légal ; elle doit, dès lors, céder à un titre contraire, et s'effacer devant des stipulations inconciliables avec elle.

6. — 3 juin 1841. — Kelte C. la commune de Billy. — 1ʳᵉ Ch. — MM. Costé, pr., Garnier, av. gén., concl. conf., La Flize, Welche, av.

La présomption que les bords d'un canal creusé de main d'homme appartiennent au propriétaire de l'usine est une simple présomption de l'homme, que le juge doit appliquer ou modifier selon les cas. — Elle doit être rejetée si le creusage ne paraît pas émaner du propriétaire de l'usine, ou si les riverains justifient de la possession trentenaire de faucher jusqu'à l'eau, de répandre sur leurs terres la vase provenante du curage, etc.

7. — 4 août 1838. — Noël C. Kapp. — 1re Ch. — MM. Mourot, pr., Chatillon, Volland, av.

Le propriétaire d'une usine hydraulique est réputé propriétaire du canal creusé de main d'homme qui y amène les eaux, ainsi que du canal de fuite.

8. — 3 avril 1840. — Vivaux C. Consselmann. — 1re Ch. — MM. Costé, pr., Poirel, p. av. gén., Volland, La Flize, av.

C'est à l'autorité judiciaire, non à l'administration, que doivent être soumises les contestations relatives à l'encombrement et au curage d'un canal artificiel.

9. — 18 avril 1834. — Mathis C. la commune de Vuisse. — 1re Ch. — MM. de Metz, p. pr., Bresson, av. gén., Volland, Chatillon, av.

Les riverains d'un canal artificiel, dont les propriétés peuvent être inondées par les débordements de ce canal, ont intérêt, et par conséquent qualité, pour exiger judiciairement le curage, de la part des propriétaires. Le propriétaire d'un canal artificiel est obligé de parer à tous les inconvénients qui peuvent résulter pour les tiers de la construction de ce canal, notamment d'entretenir, sur les chemins vicinaux qui coupent le canal, les ponts que cette construction a rendus nécessaires.

10. — 29 avril 1842. — Barbe-Schmitz C. Florentin et Mougenot. — 1re Ch. — MM. Mourot, pr., La Flize, Volland, Catabelle, av.

Lorsqu'un canal a été construit seulement pour l'écoulement des eaux de fontaine et de pluie, aucun des copropriétaires ne peut y jeter des eaux ménagères, etc. La contravention de l'un d'entre eux ne le rendrait pas non recevable à se plaindre des contraventions des autres.

11. — 24 janvier 1859. — Nocas C. André et de Noailles. — 1re Ch. — MM. de Metz, p. pr., Poirel, p. av. gén., Chatillon, Volland, av.

Le riverain n'est pas toujours obligé, quand la disposition des lieux s'y oppose, de rendre, après l'irrigation, l'eau à son cours naturel : c'est le cas d'un règlement.

12. — 26 juillet 1850. — Bonvié C. Joyeux et Vautrot. — 1re Ch. — MM. de Riocour, p. pr., Bresson, Moreau, av.

I. L'obligation imposée au riverain, dont la propriété borde une eau courante, de rendre cette eau à son cours naturel, après s'en être servi pour l'irrigation de sa propriété, n'est pas tellement impérieuse qu'il doive être privé de son droit d'irrigation si, par la disposition des lieux, il ne peut y satisfaire. Seulement, c'est le cas, pour les tribunaux, de faire un règlement qui concilie l'intérêt de l'agriculture avec le respect dû à la propriété.

11. Quand les tribunaux ordonnent un règlement, ils ne doivent le faire qu'en faveur de ceux des riverains qui réclament ; il ne doivent pas y comprendre ceux qui, pouvant avoir les mêmes droits, n'élèvent pas cependant les mêmes réclamations. — Les règlements partiels ainsi faits n'empêchent pas que, plus tard, il n'en soit fait un plus complet entre toutes les parties intéressées.

13. — 10 mars 1830. — Fariné C. Pierron et autres. — 1re Ch. — MM. de Riocour, p. pr., Fabvier, Poirel, av.

Le règlement d'un droit de prise d'eau, entre une usine et des prairies, doit prendre en grande considération :

1° La continuité du service de l'usine ;

2° Les intervalles plus ou moins longs où les prairies n'ont pas besoin d'irrigation.

Ainsi, de la supputation du temps nécessaire à l'irrigation, il faut retrancher les mois de janvier, février, septembre, novembre, décembre, la seconde quinzaine de juin et la première de juillet, pendant lesquelles l'irrigation est inutile, et le plus souvent nuisible.

14. — 19 août 1841. — Morin C. Philippe et Gillon. — 1re Ch. — MM. Moreau, p. pr., d'Ubexi, La Flize, Volland, av.

L'abornement ancien d'un étang doit prévaloir sur le niveau d'eau, et il est naturel que, par la configuration du terrain, certaines parties ne soient jamais baignées par les eaux.

15. — 4 décembre 1838. — Wolff C. Hangenviller. — 2e Ch. — MM. Mourot, pr., Fabvier, proc. gén., La Flize, Antoine, av.

Le principe en vertu duquel un étang résiste toujours à la possession des tiers, dans les limites que l'eau pourrait atteindre, montée à la hauteur du déversoir, cesse d'être applicable quand le terrain n'est plus réellement en nature d'étang, malgré la conservation, désormais inutile, de déversoirs, digues et autres signes extérieurs. Seulement, le changement de destination ne se présume pas facilement : il ne peut résulter que d'un mode d'exploitation différent, prolongé pendant un temps indéterminé, qui variera suivant les circonstances, mais qu'on peut, par analogie, et sauf les cas particuliers, fixer à 30 ans. — Ce ne sera qu'après cette première période de 30 années que la possession des riverains pourra devenir utile à prescrire, et se transformer réellement en prescription, si elle s'est prolongée, avec ce caractère, pendant 30 ans encore. — Ainsi, est inadmissible la preuve d'une possession de 30 années seulement.

16. — 21 août 1834. — Gambette C. Péridon. — 2e Ch. — MM. Troplong, pr., Fabvier, proc. gén., Chatillon, Berlet, av.

Le propriétaire d'un étang possède, par cela même et nécessairement, la chaussée de l'étang qui en est un accessoire inséparable, et qui, dès lors, ne peut être, de la part d'un tiers, l'objet d'une possession suffisante à prescrire.

17. — 1er août 1838. — Morin C. Philippe et Gillon. — 2e Ch. — MM. Costé, pr., Fabvier, proc. gén., Chatillon, La Flize, Volland, av.

Le terrain d'un étang, que couvrent les eaux arrivées à la hauteur du déversoir, ne peut être, de la part des riverains, l'objet d'aucune possession utile à prescrire, même quand le déversoir serait tout moderne, et construit sans autorisation.

18. — 30 janvier 1840. — Galliard C. la commune d'Ansauville. — 1re Ch. — MM. de Metz, p. pr., Poirel, p. av. gén., Galliard fils, Voland, av.

I. Le droit d'*assec*, appartenant à une commune sur un étang, est un droit d'usage, non de copropriété. La commune, propriétaire de son droit, ne peut être contrainte d'en subir le rachat à prix d'argent.

II. Ce droit ne s'exerçant que tous les quatre ans, et pendant une partie de l'année, la commune ne doit payer qu'une part de contribution proportionnée à sa jouissance.

19. — 9 mars 1837. — Morin C. la commune de Rouvres et Richard. — 2e Ch. — MM. Costé, pr., Presson, av. gén., d'Ubexi, La Flize, Volland, av.

I. L'étendue d'un étang est nécessairement fixée, abstraction faite de tous titres, par la hauteur du déversoir existant sans changement depuis plus de 30 années.

II. Les propriétaires riverains, dont les terres ont été rongées par l'action des eaux, ne peuvent demander la restitution de ces portions de terrain envahies par l'étang, si, pour opérer cette restitution, il faut baisser le déversoir d'une manière telle que des portions non usurpées soient mises à découvert.

20. — 27 novembre 1838. — Bachelier C. la commune de Lachaussée. — 2e Ch. — MM. Mourot, pr., Garnier, av. gén., concl. conf., Volland, Chatillon, av.

La propriété des étangs, ainsi que le mode d'en jouir, sont des choses indivisibles de leur nature ; d'où il suit que la procédure en ces matières, nulle à l'égard de l'un des copropriétaires, est nulle pareillement à l'égard de l'autre.

21. — 30 mai 1838. — Dégoutin C. la commune de Nonsard. — 2e Ch. — MM. Costé, pr., Poirel, p. av. gén., Volland, Chatillon, av.

Quand l'autorité administrative modifie la hauteur du déversoir d'un étang, de manière que les eaux laissent à découvert une quantité plus ou moins grande de terrain, le propriétaire de l'étang a le droit de mettre en culture cette portion découverte par les eaux, nonobstant les droits d'usage et de vaine pâture dont son étang peut être grevé. Dans ce cas, ces droits ne s'exercent plus sur le terrain cultivé qu'après l'enlèvement des récoltes.

22. — 17 avril 1837. — La commune d'Hamonville C. de Clermont-Tonnerre. — 1re Ch. — MM. Mourot, pr., Fabvier, proc. gén., Chatillon, Catabelle, av.

Le droit de vaine pâture, dans les étangs, s'étend à tout le terrain que les eaux couvrent, quand elles sont à la hauteur de la décharge, et par conséquent il s'oppose à ce que les propriétaires mettent en culture, dans les années où l'étang est en eau, les parties de l'étang qui se trouvent dans ces limites.

23. — 30 mai 1835. — Lecomte C. Biétrix. — 1re Ch. — MM. de Metz, p. pr., Bresson, av. gén., Antoine, Chatillon, av.

Des eaux qui ne sont pas *simplement pluviales*, mais qui proviennent, en majeure partie, de sources découlant de caves appartenantes aux parties en cause, sont une propriété privée, et par conséquent prescriptible; elles ne perdent pas ce caractère quand elles traversent momentanément la voie publique et se trouvent accidentellement mélangées d'*eaux simplement pluviales*.

24. — 14 août 1843. — Noël C. la ville de Nancy. — 2e Ch. — MM. Costé, pr., Garnier, av. gén., concl. conf., La Flize, Volland, av.

I. Le titre primordial de concession d'une prise d'eau par une ville à un de ses habitants peut être suppléé par la production de plusieurs actes récognitifs conformes, soutenus de la possession.

II. Bien que ces titres n'accordent au concessionnaire que 4 lignes d'eau superficielle, ou 4/144, ou 36 centilitres d'eau par minute, quantité suffisante pour l'établissement d'une fontaine, il y a lieu de décider que le concessionnaire a droit à $2/12^{es}$ de pouce de fontaine, si telle paraît être l'interprétation que les parties ont entendu donner à l'acte de concession.

III. Les concessions de prises d'eau, faites par une ville à un de ses habitants, sont-elles perpétuellement révocables, dans le cas d'insuffisance, ultérieurement constatée, des eaux de la ville pour les usages publics? — (Non résolu.)

IV. Une ville qui ne demande pas, dès à présent, la révocation de la concession dont un particulier réclame l'exécution, mais seulement la reconnaissance du droit qui lui appartiendrait de la faire prononcer, le cas échéant, n'est pas fondée dans cette prétention, laquelle ne saurait être accueillie tant qu'il n'est point justifié que les causes qui pourraient motiver cette mesure subsistent, et sans qu'au préalable tous les concessionnaires, ayant un intérêt commun dans la contestation, aient été appelés en cause.

25. — 22 novembre 1843. — La commune de Sauvigny C. Perrin. — 1re Ch. — MM. Moreau, p. pr., Poirel, p. av. gén., d'Ubexi, La Flize, av.

Lorsque les eaux d'une rivière coulent dans un nouveau lit, et que l'eau, qui a pu rester, ou s'introduire accidentellement dans l'ancien lit, a cessé d'être une eau courante, elle a cessé, par cela même, de former, en se retirant, des atterrissements ou alluvions appartenants aux propriétaires riverains : l'ancien lit n'est plus qu'une noue, qui doit être assimilée à un lac ou à un étang, et relativement à laquelle l'alluvion ne saurait avoir lieu. (C. civ. 556, 557, 558.)

26. — 4 juin 1831. — Houillon C. Raillard. — 2e Ch. — MM. Chippel, pr., Chatillon, Bresson, av.

Un particulier ne peut se plaindre de travaux effectués par un autre particulier, sur le bord, ou dans le lit des rivières navigables et flottables, qu'autant que ces travaux lui causent quelque préjudice.

27. — 20 mars 1834. — Bompard C. Jacob. — 2e Ch. — MM. Troplong, pr., Bresson, av. gén., Chatillon, Antoine, av.

L'autorité judiciaire est compétente pour connaître d'une contestation fondée sur le tort que le riverain d'un ruisseau cause aux propriétaires inférieurs, en jetant dans ce ruisseau des immondices qui en altèrent l'eau.

EAUX ET FORÊTS.

Voy. *Compétence.*— 7. Eaux et forêts. Anciens tribunaux spéciaux. Décisions, Exécution. Compétence des tribunaux ordinaires.

ÉCOLE.

Voy. *Enseignement.* — 2. Écoles secondaires. Concession de locaux. Aliénation. Jouissance conditionnelle et temporaire. Domaine de l'Etat. Décret du 11 décembre 1808. Dotation de l'Université. Décret de 1811.

EFFET DE COMMERCE.

SOMMAIRE.

1. *Billet à ordre.* — Acte authentique. Créance résultante de ces deux titres. Porteur du billet préférable au cessionnaire de l'acte authentique. Société de prêts mutuels sur garantie.
2. *Billet à ordre.* — Billet à domicile. Simple prêt. Signataire non commerçant. Contrainte par corps.
3. *Délai du recours non applicable au souscripteur.* — I. Prescription quinquennale. — II. Contrainte par corps. Commerçant. Qualification écrite d'une autre main.
4. *Lettre de change.* — I. Acceptation. — II. Délai pour requérir l'acceptation.
5. *Lettre de change.* — I. Acceptation. Forme. — II. Acceptation par acte séparé. — III. Lettres. Usages commerciaux. — IV. Compte courant. Remises de valeur, sauf rentrée. — V. Privilége. — VI. Affectation spéciale. — VII. Convention. Lettres. Interprétation.
6. *Lettre de change.* — Acceptation. Payement par un tiers, sans intervention ni protêt. *Negotiorum gestor.* Déchéance du recours contre l'accepteur.
7. *Lettre de change.* — Acceptation formelle. Autorisation donnée d'avance de tirer la lettre.
8. *Lettre de change.* — Acceptation par lettre missive adressée au tireur.
9. *Lettre de change.* — I. Formalités essentielles. Omission. Conséquences.—II. Tiré, Indication douteuse. Domicile élu.
10. *Lettre de change.* — I. Non commerçant. Contrainte par corps. Formalités. Omission. Valeur fournie. — II. Billet à domicile. — III. Contrat de change. Remise de place en place. Acte de commerce. Commerçant.
11. *Lettre de change.* — I. Remise de place en place. — II. Simple prêt. Contrainte par corps.
12. *Tiers porteur.* — Bonne foi. Exceptions proposables contre le créancier direct. Teneur du titre. Contrebande.

EFFET DE COMMERCE.

RENVOIS.

Voy. *Cautionnement.* — 4. Lettre de change. Contrainte par corps. Recours de la caution avant le payement.
Compétence commerciale. — 3. Billet à domicile. Acte de commerce. Contrainte par corps. — 5. Effet de commerce souscrit par des négociants et des non négociants. Non négociants seuls poursuivis. Tribunal de commerce seul compétent. Délai pour appeler garant. — 6. Effet de commerce souscrit par des négociants et des non négociants. Non négociants seuls poursuivis. Incompétence du tribunal de commerce.
Domicile. — 2. Lettre de change. Lieu du payement. Poursuites dans ce lieu. Exécution des jugements au domicile réel.
Preuve littérale. — 5. Bon pour. Billet à ordre. Femme d'un non commerçant.
Serment décisoire, supplétif. — 2. Effet de commerce. Prescription. Payement. Serment déféré à la caution. Fait d'un tiers.
Société commerciale. — 4. Billet. Endossement. Censeur d'une compagnie de commerce. Engagement personnel. Porteur.
Vente. — 4. Coupe de bois. Faillite de l'acheteur. Revendication. Magasins du failli. Effet de commerce. Novation. Privilége sur le prix de vente des bois.

---

1. — 23 août 1838. — Bouvier C. Berment et Sponville. — 2e Ch. — MM. Costé, pr., Fabvier, proc. gén., d'Arbois, Volland, Louis, av.

Quand une créance est constatée à la fois par un titre authentique et par un billet à ordre négociable, la propriété de la créance se transmet par l'endossement du billet à ordre. Le porteur de ce billet doit donc être préféré au cessionnaire du contrat authentique, et le débiteur ne peut pas être contraint au payement, si les billets à ordre ne lui sont pas représentés. Il en est ainsi surtout à l'égard des obligations de la société de prêts mutuels sur garantie.

2. — 6 mars 1840. — Clère C. Lippmann. — 1re Ch. — MM. de Metz, p. pr., Fabvier, proc. gén., concl. conf., d'Ubexi, Volland, av.

Des billets à ordre, ou même *à domicile*, qui n'ont pas pour cause une opération de change, mais un simple prêt d'argent, *quoique datés d'une place de commerce* et payables *dans une autre*, n'entraînent pas la contrainte par corps contre des signataires ou endosseurs non commerçants (1).

3. — 10 novembre 1845. — Lamarine C. Aubry-Febvrel et Miston. — 2e Ch. — MM. Mourot, pr., Garnier, av. gén., concl. conf. sur le 1er point, contr. sur le 2e, Mamelet, Louis, av., Quillen, avoué.

I. Le délai fixé par les articles 165 et 168 du C. de com., pour l'exercice du recours du porteur d'un effet de commerce contre son cédant, ou contre les endosseurs qui le précèdent, n'est point appli-

---

(1) Voy. Aix, 5 novembre 1830. (D. 31. 2. 259. — S. 31. 2. 337.) Lettre de change souscrite au profit d'agents de remplacements militaires par de jeunes soldats.

cable au souscripteur même de cet effet, lequel ne peut invoquer que la prescription de cinq ans, établie par l'article 189 du même Code.

II. La contrainte par corps ne peut être prononcée que contre les négociants, et pour faits relatifs à leur commerce, si ce n'est dans le cas de souscription de lettres de change, qui emportent cette contrainte en toutes circonstances, et contre toutes personnes.

Spécialement : il en est ainsi lors même qu'au bas de la signature se trouvent les mots *corroyeur en cette ville*, si ces mots ne font pas partie du contexte du billet ; s'ils ne sont pas écrits de la main du souscripteur, ni de celle de la personne qui a écrit le corps du billet, et si l'état matériel du billet semble indiquer que cette addition, faite à une date postérieure, aurait eu pour objet de désigner la demeure du souscripteur, plutôt que de lui assigner la qualification de commerçant ; si, en tout cas, elle paraît si visiblement en dehors de l'obligation, qu'elle n'a pu être, pour les tiers, la source d'aucune erreur sur la véritable profession du souscripteur, ni, par suite, sur l'exercice de la contrainte par corps qui pouvait en être la conséquence.

4. — 15 juin 1834. — Tisserand C. Aubry-Febvrel et Bernard. — 1re Ch. — MM. de Metz, p. pr., Bresson, av. gén., Chatillon, Moreau, d'Ubexi, av.

I. L'obligation de faire accepter une lettre de change peut être établie par la convention des parties. — Cette convention résulte suffisamment de ces mots : *à charge de faire accepter*, ajoutés à la lettre de change, ou à un endossement. Elle rend le porteur, qui a reçu l'endossement ainsi formulé, et qui n'a pas fait accepter ou protester faute d'acceptation, responsable de la valeur de la lettre de change, si le tiré tombe en faillite avant l'échéance.

II. Quand il n'y a pas eu de délai fixé pour requérir cette acceptation, c'est aux tribunaux à arbitrer, en fait, quel était le délai nécessaire et suffisant.

5. — 21 novembre 1844. — Antoine C. Cuny-Chibaux. — 1re Ch. et Ch. correct. réun. — MM. Moreau, p. pr., Poirel, p. av. gén., Volland, d'Ubexi, av.

I. En règle générale, l'acceptation d'une lettre de change doit être faite sur la lettre même, ou par le mot *acceptée*, ou en des termes équipollents. (C. com. 122.)

II. Si les termes de l'art. 122 du C. com. n'excluent pas absolument tout mode d'acceptation autre que celui qu'il prescrit, dans l'intérêt et pour la sécurité du commerce et du porteur, par écriture et signature sur la lettre même, il faut du moins que l'acte séparé, dans lequel le porteur prétend trouver l'obligation, de la part du tiré, de lui en payer le montant, soit positif et formel dans ses termes, et sans condition expresse ou tacite.

III. On ne peut induire l'acceptation du rapprochement de deux lettres, dont l'une ne contient qu'une invitation, dans les termes d'usage, par un correspondant à son correspondant, avec lequel il est en compte courant, de payer sa traite, et dont l'autre, émanée de ce correspondant, ne contient que l'expression, aussi en style commercial, de la disposition dans laquelle il était d'acquitter cette traite en compte courant, s'il jugeait à propos de continuer les relations ainsi établies entre eux, et si des événements, dont il se réservait l'appréciation, ne le déterminaient pas à arrêter ces relations, et à ne pas effectuer ce payement. Il ne résulte d'une semblable lettre aucun engagement formel et irrévocable de payer, quels que soient les événements ultérieurs, la traite dont il s'agit.

IV. Dans les relations entre banquiers, qui consistent dans des remises de valeurs établies et constatées par un compte courant, les remises d'effets de portefeuille et négociables ne sont, d'après les usages du commerce, portées au crédit de celui qui les fournit et au débit de celui qui les reçoit, que provisoirement, et sous la condition que ces effets seront encaissés à l'échéance.

Il en doit être ainsi surtout lorsque, en accusant réception de semblables remises, le banquier répond à son correspondant qu'il les porte à son crédit, *sauf rentrée*.

Quand des effets ainsi reçus, et portés en compte courant, ne sont pas acquittés à l'échéance, le banquier qui les a reçus a le droit de les déduire, au compte courant, du crédit de son correspondant, qui les lui a fournis.

V. Le privilége proprement dit est de droit étroit, et ne peut exister qu'en vertu d'une disposition expresse de la loi : aucun texte ne constitue un tel privilége, ni en faveur de la traite tirée par un correspondant sur son correspondant, ni sur les valeurs qu'il lui aurait transmises pour les porter à son crédit, sauf encaissement.

VI. Lorsque deux banquiers sont en compte courant, les remises qu'ils se font respectivement doivent, en règle générale, entrer dans ce compte; sans doute, il peut être dérogé à cette règle, et des valeurs peuvent être envoyées par l'un, et reçues par l'autre, avec une affectation spéciale et déterminée; par exemple, celle d'acquitter une traite tirée par le premier sur le second; et alors, le banquier qui les a reçues doit les employer à la destination qui leur a été donnée par celui qui les a fournies; mais, pour cela, il faut une convention particulière de tous deux à ce sujet.

VII. Cette affectation et cette convention ne résultent pas de deux lettres portant notamment ces mots *à votre débit*, lesquels excluent cette affectation spéciale, et indiquent que, d'une part, les remises envoyées, et, de l'autre, la traite tirée, devaient entrer dans le compte courant. — Il en est ainsi surtout quand le tireur, dans un état de sa situation tracé par lui, a porté l'une et l'autre de ces valeurs dans le compte courant.

6. — 26 mai 1842. — Germain C. Jambois et Marlier. — 1re Ch. — MM. Mourot, pr., Garnier, av. gén., concl. conf., La Flize, Catabelle, Welche, av.

Lorsqu'un tiers paye un effet de commerce sans protêt ni intervention, il agit comme simple *negotiorum gestor*, et se trouve ainsi sans recours, si celui auquel il s'adresse prouve avoir donné à quelqu'un les fonds nécessaires pour payer, et si ce dernier (qui l'eût fait dans le cas où le tiers ne s'en fût point chargé) est depuis devenu insolvable.

En d'autre termes :

Le banquier qui, à la prière d'un de ses correspondants, acquitte une lettre de change *acceptée par un tiers*, et cela sans protêt, et sans avoir reçu, de ce tiers accepteur, la mission de la payer pour lui, n'a point d'action récursoire contre ce dernier, si le correspondant, à l'invitation duquel il a payé la lettre de change, vient à tomber en faillite depuis le payement.

Nota. Jambois avait chargé un commis de *Marlier* de payer pour lui; *Germain* avait payé; puis, *Marlier* était tombé en faillite.

7. — 28 décembre 1839. — Béthune C. Lippmann. — 1re Ch. — MM. Costé, pr., Poirel, p. av. gén., concl. conf., La Flize, Volland, av.

Le tiré d'une lettre de change ne devient garant du payement que par une acceptation formelle. — L'autorisation, donnée d'avance, de tirer cette lettre n'équivaut pas à l'acceptation. En conséquence, en cas de non payement à l'échéance, le donneur d'autorisation ne peut être assigné en recours par le tireur, poursuivi par un tiers porteur.

8. — 25 août 1843. — Risler C. Spony et Benner. — 1re Ch. — MM. d'Arbois, ff. pr., Garnier, av. gén., concl. conf., Volland, La Flize, av.

L'acceptation d'une lettre de change, par lettre missive du tiré est valable, quand même la lettre missive est adressée, non au porteur, mais au tireur, si, dans cette lettre missive, l'accepteur charge le tireur de faire connaître cette acceptation aux endosseurs. (Résolu seulement par le tribunal. La cour ayant écarté l'appel par une fin de non-recevoir, tirée de ce que le jugement avait été rendu en dernier ressort, n'a pas eu à s'occuper de ce moyen; mais il paraît que l'opinion unanime de la cour était pour la confirmation du jugement au fond.)

9. — 8 avril 1845. — Oliva C. Nicque. — 2e Ch. — MM. Riston, pr., Leclerc, subst., Besval, Volland, av.

I. En présence des dispositions de l'art. 2063 du C. civ., sur la prohibition de souscrire l'engagement de la contrainte par corps hors des cas déterminés par la loi, il y a lieu de restreindre l'exception apportée par le C. de com., en matière de lettre de change, aux cas où les conditions exigées par l'art. 110 de ce Code ont été strictement remplies. — S'il n'existe pas à cet égard de formule sacramentelle, il faut toutefois reconnaître que tout est de rigueur, et qu'aucun doute, aucune équivoque ne doit résulter de l'emploi des termes dont on a pu se servir. — D'ailleurs, la conséquence de l'omission, ou de l'imperfection des formes de la lettre de change, n'est pas d'en annuler la valeur, mais seulement de la faire dégénérer en une obligation purement civile, lorsqu'elle a été souscrite pour dette non commerciale.

II. L'une des conditions rigoureuses d'une lettre de change est d'indiquer le nom de la personne qui doit payer. Cette indication ne résulterait pas suffisamment, par exemple, de ces expressions : « *La lettre sera payée à tel endroit*, CHEZ UN TEL, *notaire; et elle sera présentée à l'acceptation* CHEZ MON PÈRE. » En effet, cette mention laisse ignorer si c'est le notaire, ou le père du tireur, qu'il faut considérer comme le tiré ; et, en outre, ces mots : CHEZ *un tel, notaire*, et ceux-ci : CHEZ *mon père*, ne sont qu'une désignation des domiciles où devait avoir lieu l'acceptation ou le payement, mais ne sont pas nécessairement, et en même temps, la désignation de la personne chargée d'opérer ce payement, cette personne pouvant être supposée toute autre que le notaire, ou que le père du tireur, chez lesquels il n'y a eu qu'une simple élection de domicile.

10. — 5 avril 1845. — Hennequin C. Husson. — 1re Ch. — MM. Mourot, pr., Poirel, p. av. gén., Louis, Volland, av.

I. Pour qu'une lettre de change soit réputée effet de commerce, et entraîne juridiction commerciale et contrainte contre un non commerçant, il faut qu'elle soit revêtue de toutes les formalités exigées par l'article 110 du C. com. Toutes ces conditions sont de l'essence du contrat, et prescrites, dès lors, à peine de nullité. — Si l'une des formalités a été omise, l'acte cesse d'être une lettre de change, et devient une simple obligation commerciale, si elle est signée par des commerçants ; civile, si elle est signée par des non commerçants.

Spécialement : si la lettre ne contient pas la mention de la *valeur fournie*, elle manque d'un des caractères voulus par l'article 110, et doit être réputée simple promesse.

II. Les billets *à domicile*, c'est-à-dire, les billets souscrits dans un lieu et payables, par le souscripteur, dans un autre lieu, ne sont pas des *lettres de change* : la lettre de change doit être tirée *sur un tiers*, pour lequel on s'engage, tandis que le souscripteur du billet à domicile n'engage que lui-même. — Le billet à domicile n'est qu'une variété du *billet à ordre* (Locré, page 148) : les mêmes règles doivent lui être appliquées.

III. Le *contrat de change*, ou *remise de place en place*, n'est pas, par lui-même, un acte de commerce. La lettre de change, qui ne contient pas tous les caractères voulus, dégénère en simple promesse, quand même elle contiendrait la remise de place en place.

On ne pourrait davantage considérer comme acte de commerce la convention verbale, ou même authentique, par laquelle un débiteur, touchant de l'argent dans un lieu, s'engagerait à le rembourser personnellement, ou à le faire rembourser dans une autre ville, et cela surtout dans le cas où l'obligation ne serait pas transmissible par endossement, bien qu'il y eût là remise de place en place. — Le contrat de change, la remise de place en place, ne sont actes de commerce qu'autant qu'ils sont passés par un commerçant, ou dans la forme de la lettre de change.

11. — 13 décembre 1844. — Hennequin C. Jarry-Paillet. — 1re Ch. — MM. Moreau, p. pr., Poirel, p. av. gén., La Flize, d'Ubexi, av.

I. Des billets souscrits pour une somme d'argent remise au souscripteur dans une ville, à charge d'en opérer le remboursement dans une autre ville, constituent des remises d'argent de place en place.

II. Si quelquefois ces sortes de billets sont exigés par un créancier pour simple prêt, afin de se créer, contre son débiteur, la voie d'exécution par la contrainte par corps, qu'il n'aurait pas eue sans cela ; et si, dans ce cas, les tribunaux doivent, en ramenant l'acte à ce qu'il est réellement, refuser cette contrainte, il en est autrement lorsque rien ne justifie que cette fraude existe, et lorsque, au contraire, les billets ont été évidemment souscrits en parfaite connaissance de cause, et dans le but, de la part du souscripteur et du porteur, de se procurer, par le moyen d'effets de commerce, des fonds que probablement ils n'eussent pas obtenus autrement. (C. com. 631, 632, 637).

12. — 8 juillet 1843. — Durand C. Claude. — 1ʳᵉ Ch. — MM. Mourot, pr., Catabelle, Galliard, av.

En matière commerciale, un tiers porteur de bonne foi ne peut être atteint par les exceptions que le débiteur eût pu opposer à son créancier, à moins que le titre lui-même ne les révèle. — Ainsi, le débiteur n'est point fondé à demander à faire preuve, contre le tiers porteur, dont il ne conteste pas la bonne foi, que les billets dont il se prévaut ont été causés pour faits de contrebande.

EFFET RÉTROACTIF.

Voy. *Contrat de mariage*. — 13. Effet rétroactif de la célébration du mariage au jour du contrat. Donation d'immeubles en mariage. Vente postérieure, dans l'intervalle du contrat de mariage à la célébration. Nullité.

ÉGOUT.

Voy. *Servitude*. — 14. Eaux pluviales. Tour d'échelle. Toit en saillie sur le terrain voisin. Propriété de ce terrain. Servitude d'égout. — 15. Egout des toits. Eau déversée sur le propriétaire inférieur.

ÉLECTION DÉPARTEMENTALE.

SOMMAIRE.

Domicile réel. — I. Domicile politique. Transfert. Payement de contributions dans le canton. — II. Cour royale. Compétence. Inscription sur les listes électorales de canton.

25 novembre 1839. — Lebrun C. de l'Espée. — 2ᵉ Ch. — MM. Mourot, pr., Fabvier, proc. gén., Louis, Volland, av.

I. L'électeur qui, ayant son domicile réel dans un arrondissement, transfère son domicile politique dans un autre, ne peut être inscrit, pour les élections départementales, que sur la liste d'un canton où il paye quelques contributions directes.

II. Les cours royales sont compétentes, non-seulement pour décider si un électeur a le droit d'être inscrit sur la liste électorale d'arrondissement, mais encore s'il doit être inscrit, pour les élections départementales, dans tel ou tel canton.

ÉLECTION LÉGISLATIVE.

SOMMAIRE.

1. *Attribution d'impôt.* Patente. Industrie exercée depuis plus d'un an. Preuve. Certificat de Maire. Preuve contraire. Facture. Lettre d'avis. Pièces nouvelles produites devant la cour. Fils. Mère. Propriété d'usine.
2. *Bail.* — Cercle de lecture. Contribution des portes et fenêtres. Cens électoral.
3. *Bail.* — Portes et fenêtres. Fils au pot et feu de son père. Présomptions de bail. Position sociale. Présomptions contraires.
4. *Bail authentique antérieur aux premières opérations de révision des listes.* — Fermier absent de la ferme. Surveillant. Comptable établi.
5. *Bail authentique antérieur aux premières opérations de révision des listes.* — Intervalle du 1er au 10 juin. Arrêté administratif fixant le jour où commencera la révision dans chaque canton.
6. *Biens communaux.* — Produits partagés entre les habitants. Contributions payées par eux. Cens électoral.
7. *Certificat de maire.* — I. Contribution d'un champ comptée en totalité à celui qui n'en possède qu'une partie. — II. Bail emphytéotique réduit par transaction à un bail de 9 ans.
8. *Contribution personnelle d'une veuve.* — Décès. Partage de cette contribution entre ses héritiers.
9. *Délai du pourvoi.* — Dix jours. Déchéance.
10. *Délégation.* — Mère. Biens d'un enfant mineur d'un premier lit. Jouissance légale.
11. *Délégation.* — Mère. Biens d'un enfant mineur d'un second lit. Jouissance légale.
12. *Délégation.* — Mère adoptive. Fils adoptif.
13. *Domicile politique.* — I. Transfert. Payement antérieur d'une contribution dans l'arrondissement. — II. Double déclaration au greffe de deux tribunaux.
14. *Domicile politique.* — I. Transfert. Payement antérieur d'une contribution dans l'arrondissement. — II. Inscription sur la liste de l'année précédente. Erreur.
15. *Domicile réel.* — Fonctionnaire amovible. Preuve. Circonstances. Double déclaration. Droits électoraux acquis après l'établissement du domicile au lieu de l'exercice des fonctions. Réunion du domicile politique au domicile réel.
16. *Domicile réel.* — Lieu de naissance. Changement. Fonctions révocables. Intention.
17. *Donation d'usufruit d'immeubles par un père à ses enfants.*
18. *Exploit d'assignation à une ancienne résidence.* — I. Nullité de l'assignation. — II. Nullité déclarée d'office, au profit du défendeur défaillant. — III. Remise refusée.
19. *Mandat verbal.* — I. Preuve. Avoué. Extraits de rôles. — II. Pièces nouvelles produites devant la cour.
20. *Mandat verbal.* — Preuve. Mandat reconnu par l'électeur devant la cour.
21. *Partage d'acquêts de communauté entre un père et ses enfants.* — Usufruit. Nue propriété. Acte déclaratif de droits antérieurs. Possession.
22. *Patente.* — Timbre. Cens électoral.
23. *Patente.* — Timbre. Cens électoral.
24. *Patente d'un marchand de fer en détail, prise depuis plus d'un an.* — Addition d'une patente de marchand de bois en gros, depuis moins d'un an.
25. *Pièces nouvelles produites devant la cour.*
26. *Pièces nouvelles produites devant la cour.* — Domicile politique. Transfert. Double déclaration.
27. *Pièces nouvelles produites devant la cour.* — I. Justification du cens. — II. Frais. Préfet.
28. *Pièces nouvelles produites devant la cour.* — I. Justifiation du cens. — II. Frais à la charge du tiers réclamant.

ÉLECTION LÉGISLATIVE. 197

29. *Prestations en nature.* — Chemins vicinaux. Contributions.
30. *Preuve.* — Donation attaquée par un tiers, non produite par lui. Donataire défaillant. Assertion du demandeur en radiation, tenue pour vraie. Radiation ordonnée.
31. *Preuve.* — I. Relevé de contributions certifié par le maire. Preuve contraire. Certificat. Acte de notoriété. — II. Procès-verbal du contrôleur des contributions directes. Renseignements contraires fournis par le même fonctionnaire.
32. *Radiation.* — Réclamation antérieure au 30 septembre. Preuve de sa réception à cette date par le préfet.
33. *Société anonyme.* — Contribution foncière. Membre de la société. Immeuble omis sur le rôle des contributions.
34. *Société en commandite.* — Gérant. Part proportionnelle de l'impôt foncier. Cens électoral.

— — —

1. — 8 novembre 1841. — Boulay C. Mougin et le Préfet des Vosges. — 2ᵉ Ch. — MM. Costé, pr., Garnier, av. gén., concl. conf. sur le point de droit, contr. sur le fait, Catabelle, av. (Arrêt par défaut contre Mougin.)

Un tiers peut prouver, par des lettres et factures, qu'un commerce, dont quelqu'un veut s'attribuer l'impôt, appartient à une personne différente du prétendu électeur.

Spécialement : Bien qu'un certificat du maire d'une commune, mis à la suite d'un extrait du rôle des contributions directes, atteste qu'une patente a été prise et *que l'industrie est exercée depuis plus d'un an*, par l'individu qui s'est prévalu de cette patente pour se faire inscrire sur la liste électorale, cependant, il y a lieu de réformer l'arrêté du préfet qui a ordonné le maintien de cet individu sur la liste, en lui comptant la patente, s'il est justifié, devant la cour, que l'industrie n'est réellement pas exercée par lui, mais bien par sa mère, seule propriétaire de l'établissement industriel. Cette preuve peut résulter, notamment : 1° d'une facture de vente de produits de l'usine, faite *au nom de la mère* ; 2° d'une lettre d'avis, accompagnant cette facture, et que le fils signe, *pour sa mère*.

2. — 20 octobre 1840. — Dumont C. le préfet des Vosges. — Ch. des vacations. — MM. Moreau, p. pr., Messine, subst., concl. contr., Louis, av.

L'individu qui reçoit, dans son domicile, un cercle ou réunion de simples particuliers, pour lire les journaux, etc., moyennant une rétribution annuelle, payée par chacun d'eux, ne se dépouille pas de la jouissance de sa chose, comme par une location proprement dite. En conséquence, il peut faire entrer, dans la supputation de son cens électoral, les contributions des portes et fenêtres de l'appartement ainsi occupé.

3. — 10 novembre 1840. — Rambaud C. Pierson et le préfet des Vosges. — 2ᵉ Ch. — MM. Mourot, pr., Poirel, p. av. gén., concl. conf., Louis, Volland, av.

On ne peut retrancher à un père l'impôt des portes et fenêtres de l'appartement occupé dans sa maison par son fils unique, sous prétexte que ce dernier doit être présumé locataire de son père, attendu qu'il est avocat, juge suppléant, membre du conseil municipal, lorsqu'il résulte des pièces produites que ce fils n'est point marié ; qu'il n'est point dans ses meubles ; qu'il vit au pot et feu de son père, qu'enfin il n'est point imposé à la contribution personnelle et mobilière.

4. — 9 novembre 1840. — Leroux C. Salle et le préfet des Vosges. — 2ᵉ Ch. — MM. Mourot, pr., Poirel, p. av. gén., concl. conf., Velland, Barbier, av.

Celui qui a pris à ferme des héritages par bail authentique antérieur aux premières opérations de la révision des listes électorales, est fondé à se prévaloir, pour compléter son cens, du tiers des contributions des biens pris à ferme.

Vainement lui objecterait-on qu'il a abandonné sa ferme, parce que, depuis plusieurs mois, il se serait marié dans une autre commune, et serait demeuré, depuis lors, dans la famille de sa femme, laissant dans la ferme un tiers pour la gérer, si rien ne prouve que ce tiers soit autre chose qu'un simple surveillant comptable de tous les actes de sa régie envers le fermier.

5. — 16 novembre 1840. — Hachard C. le préfet des Vosges. — 2ᵉ Ch. — MM. Mourot, pr., Garnier, av. gén., concl. conf., Volland, av.

Les contributions foncière, personnelle et mobilière et des portes fenêtres ne sont comptées que lorsque la propriété foncière a été possédée, ou la location faite, avant les premières opérations de la révision des listes électorales (Loi du 19 avril 1831, art. 7). Ces opérations commencent au 1ᵉʳ juin; d'où il semblerait résulter que, dans tous les cas, la propriété doit être possédée, ou louée, *avant le 1ᵉʳ juin*. Mais les premières opérations ne commencent pas dans toutes les localités à la même époque du 1ᵉʳ juin; elles doivent seulement être commencées, dans tous les cantons, dans l'intervalle du 1ᵉʳ au 10 juin, aux jours qui seront indiqués par les préfets. — Ainsi, pour déterminer, au regard de chaque canton, le dernier terme fixé par l'art. 7, il est nécessaire de recourir à l'arrêté administratif qui a fixé le jour où l'opération de la révision devait commencer, par la réunion des maires de toutes les communes qui le composent. — Si donc, la réunion d'un canton ne devait avoir lieu, par exemple, que le 10 juin, un bail authentique du 3 du même mois pourrait être invoqué, et le fermier pourrait se prévaloir du tiers des contributions de la ferme. (1)

6. — 18 novembre 1839. — Uzunier C. Villemin et le préfet des Vosges. — 2ᵉ Ch. — MM. Mourot, pr., Fabvier, proc. gén., Maire, Volland, av.

Quand une section de commune possède quelques biens, ou bois communaux, dont les produits se partagent entre ses habitants, qui supportent une part proportionnelle dans les contributions frappant le bien communal, ceux-ci ne peuvent comprendre, dans la formation de leur cens électoral, cette portion de contributions.

7. — 10 novembre 1840. — Lhuillier C. le préfet des Vosges. — 2ᵉ Ch. — MM. Mourot, pr., Poirel, p. av. gén., concl. contr., Louis, Volland, av.

I. Il y a lieu de rayer de la liste électorale celui qui, par exemple, ne justifie que d'un cens de 200 fr. 02 c., lorsqu'il résulte d'un certificat de maire que, dans cette somme, figure pour le tout une contri-

---

(1) Conf. Cass. 8 juillet 1840. (D. 40. 1. 240.) Vallée C. Jouan.

bution de 55 cent., assise sur un champ qui n'appartient que pour partie à celui qui se prévaut de ce cens.

II. Lorsqu'une transaction a réduit un bail emphytéotique aux termes d'un simple bail de neuf années, le fermier ne peut compter au-delà du tiers des contributions des biens qu'il exploite en cette qualité.

8. — 9 novembre 1840. — Boulay C. Grobert. — 2e Ch. — MM. Mourot, pr., Poirel, p. av. gén., concl. contr., Catabelle, Volland, av.

Le payement de la contribution personnelle d'une veuve, décédée au commencement de l'année, est une charge de sa succession, que ses héritiers supportent en proportion de leurs droits à l'hérédité; ainsi chacun d'eux peut se prévaloir, pour établir son cens électoral, de la quote-part qu'il a eu à acquitter dans cette contribution.

9. — 17 novembre 1842. — Rossignol C. le préfet des Vosges. — 1re Ch. — MM. Moreau, p. pr., Poirel, p. av. gén., concl. conf. (Arrêt par défaut).

Est nul le pourvoi en matière électorale qui n'est pas formé dans les dix jours de la signification de l'arrêté du préfet aux parties intéressées : par exemple, le pourvoi dirigé le 18 octobre contre un arrêté signifié le 7 du même mois. (Loi du 19 avril 1831, art. 35.)

10. — 9 novembre 1840. — Salle C. Vautier et le Préfet des Vosges. — 2e Ch. — MM. Mourot, pr., Poirel, p. av. gén., concl. contr., Mangin, Volland, av.

L'article 6 de la loi électorale, qui permet au père de se prévaloir des contributions des biens de ses enfants mineurs, dont il a la jouissance, s'étend naturellement à la mère, dans l'exercice du droit de délégation qui lui est accordé par l'art. 8 de la même loi. Il n'est aucune distinction à établir sur l'origine des biens dont elle a la jouissance; par conséquent, elle peut déléguer à un enfant du premier lit les contributions des biens des enfants d'un deuxième mariage, biens dont elle a la jouissance légale.

11. — 10 novembre 1840. — Boulay C. Petot et le préfet des Vosges. — 2e Ch. — MM. Mourot, pr., Poirel, p. av. gén., concl. conf., Barbier, Volland, av.

Une veuve peut déléguer, à celui de ses fils ou petits-fils qu'elle désigne, les contributions directes payées par elle, soit à raison de ses biens propres, soit à cause de ceux dont elle a la jouissance légale.

Cette faculté n'est soumise à aucune restriction; ainsi, rien n'empêche que les contributions des biens des enfants mineurs d'un second lit soient déléguées en faveur d'un fils d'un premier mariage, tant que la mère conserve la jouissance légale de ces biens.

12. — 9 septembre 1829. — Caillet de Beauchamps C. le préfet de la Meurthe. — Ch. des vacations. — MM. Chappel. pr., Thiériet, av. gén., concl. conf.

La mère adoptive peut déléguer ses contributions à son fils adoptif.

13. — 9 novembre 1840. — Boulay C. Buquet et le préfet des Vosges. — 2e Ch. — MM. Mourot, pr., Poirel, p. av. gén., concl. conf., Maire, av.

I. La faculté de transférer son domicile politique dans un autre arrondissement est subordonnée à la condition d'y payer une contribution directe *avant la déclaration de transfert.*

II. Pour que l'élection de domicile politique soit valable, il faut une double déclaration expresse, l'une au greffe du tribunal dans l'arrondissement où l'on a son domicile politique actuel, et l'autre dans celui du tribunal de l'arrondissement où l'on a l'intention de le transférer. (Loi du 19 avril 1831, art. 10.)

14. — 9 novembre 1840. — Grandgeorge C. Maire, Bertier et autres. — 2ᵉ Ch.— MM. Mourot, pr., Poirel, p. av. gén., concl. conf., Volland, Antoine, av.

I. La faculté de transférer son domicile politique dans un autre arrondissement est subordonnée à la condition d'y payer une contribution directe *avant la déclaration de transfert*. Il ne suffit pas que l'immeuble soit acquis avant les premières opérations de révision des listes électorales, il faut, de plus, que cette acquisition soit antérieure à la déclaration de transfert (1).

II. Il importerait peu que l'électeur, qui ne payait pas de contributions dans l'arrondissement avant cette déclaration, et dont la radiation est demandée pour cette cause, eût été porté sur la liste électorale de l'année précédente : la révision annuelle donne ouverture à toutes les réclamations que peut motiver une erreur, ou un vice originaire dont serait entachée une inscription antérieure.

15. — 11 novembre 1839. — Lebrun C. Bernard et le préfet de la Meurthe. — 2ᵉ Ch. — MM. Mourot, pr., Fabvier, proc. gén., concl. conf., Louis, Volland, av.

Un fonctionnaire public amovible peut, comme tout autre citoyen, prouver, par des faits et des circonstances, l'établissement de son domicile réel dans le lieu où il réside. — La double déclaration qui lui est imposée en matière électorale, par les art. 10 et 11 de la loi du 19 avril 1831, n'est exigée que quand il veut séparer son domicile réel de son domicile politique, et le transporter d'un lieu dans un autre : elle n'est donc pas exigée de celui qui n'acquiert ses droits électoraux qu'après l'établissement de son domicile réel dans le lieu où il exerce ses fonctions. Dans ce cas, le domicile politique se réunit de plein droit au domicile réel.

16. — 24 novembre 1842. — Didelot C. Marin Malgras. — 1ʳᵉ Ch. — MM. Moreau, p. pr., Poirel, p. av. gén., concl. conf., Volland, av.

Le domicile réel de tout français est au lieu de sa naissance, quand il ne justifie pas, de la manière prescrite par les art. 103, 104 et 105 du C. civ., qu'il en ait choisi un autre. — L'exercice, pendant plusieurs années, dans une ville, de fonctions révocables, telles que celles de principal d'un collège communal, ne suffit point, à lui seul, pour établir l'intention de fixer son domicile réel dans cette ville.

17. — 9 novembre 1840. — Talotte et Beurnel C. le préfet des Vosges.— 2ᵉ Ch.— MM. Mourot, pr., Poirel, p. av. gén., d'Arbois, av.

Une donation d'usufruit d'immeubles, faite le 27 septembre par un père et une mère à leurs enfants, autorise ceux-ci à se prévaloir des

---

(1) Conf. Bastia, 23 novembre 1833. (D. 34. 2. 68.)—Favard, Législation électorale, p. 56, nᵒ XVIII.

impôts attachés à leur quote-part dans cet usufruit, pour composer leur cens électoral.

18. — 11 novembre 1842. — Salle C. Collard et le Préfet des Vosges. — 1re Ch. — MM. Moreau, p. pr., Poirel, p. av. gén., concl. conf., Catabelle, av. (Arrêt par défaut.)

I. Est nulle l'assignation donnée par un électeur à un autre électeur, pour faire prononcer la radiation de ce dernier attendu qu'il n'a plus son domicile réel dans l'arrondissement, lorsque cette assignation est donnée à une ancienne résidence de l'électeur dont l'inscription est attaquée, et non à son domicile actuel.

II. Cette nullité peut et doit être déclarée d'office par la cour, même en l'absence de l'électeur dont l'inscription est attaquée, et qui fait défaut.

III. La cour ne peut accorder au demandeur une remise motivée sur ce que, selon lui, il est encore dans les délais pour renouveler son action ; sauf à lui à réitérer son pourvoi par action nouvelle, s'il s'y croit fondé.

19. — 17 novembre 1842. — Morel C. le préfet des Vosges. — 1re Ch. — MM. Moreau, p. pr., Poirel, p. av. gén., concl. conf., d'Arbois, av.

I. Le mandat en vertu duquel un tiers vient réclamer une inscription sur la liste électorale *en qualité de fondé de pouvoir*, peut être donné verbalement. (Loi du 19 avril 1831, art. 25. — C. civ. 1985.) — Mais il doit être prouvé, et le préfet a pu ne pas trouver une preuve suffisante du mandat prétendu donné par un citoyen à un avoué, à l'effet de réclamer son inscription sur la liste électorale, dans de simples extraits de rôles joints à une lettre de cet avoué au préfet ; — surtout lorsque cette lettre a été signée par ce même avoué, non-seulement comme fondé de pouvoir, mais encore en sa qualité d'*électeur inscrit*.

II. Des pièces nouvelles peuvent être produites devant la cour, sur les pourvois dirigés devant elle, contre les décisions rendues par le préfet, en matière électorale. (Loi du 19 avril 1831, art. 33.)

20. — 18 novembre 1839. — Bazin C. le préfet des Vosges. — 2e Ch. — MM. Mourot, pr., Fabvier, proc. gén., Fleury, av.

Le préfet ne peut refuser d'inscrire, sur la liste électorale, l'électeur dont les pièces sont présentées par un tiers qui se dit *mandataire verbal*, sous prétexte que le mandat n'est pas suffisamment justifié, alors surtout que, devant la cour, l'électeur reconnaît formellement avoir donné le mandat contesté.

21. — 9 novembre 1840. — Grandgeorge C. Bailly et le Préfet des Vosges. — 2e Ch. — MM. Mourot, pr., Poirel, p. av. gén., concl. conf., d'Arbois, Volland, av.

L'acte authentique du partage d'acquêts de communauté entre un père et ses enfants, qui attribue au père l'usufruit de tous les biens immeubles, et aux enfans la nue propriété, n'est pas constitutif, mais simplement déclaratif de droits antérieurs. Ainsi, la possession du père, en vertu d'un pareil acte, daté, par exemple, du 22 septembre, suffit pour établir une possession antérieure aux premières opérations de la révision annuelle des listes électorales, si l'indivision est antérieure à ces opérations.

22. — 12 novembre 1839. — Fleurot C. le préfet des Vosges. — 2ᵉ Ch. — MM. Mourot, pr., Fabvier, proc. gén., concl. conf., Catabelle, av.

Le timbre de la patente doit être considéré comme faisant partie de celle-ci, et compter par conséquent dans la supputation du cens électoral.

23. — 11 novembre 1842. — Guérard C. le préfet des Vosges. — 1ʳᵉ Ch. — MM. Moreau, p. pr., Poirel, p. av. gén., concl. conf., Catabelle, av.

Le droit de timbre de la feuille destinée à justifier de l'inscription au rôle des patentables doit être compris dans le cens électoral.

24. — 8 novembre 1841. — Boulay C. le préfet des Vosges. — 2ᵉ Ch. — MM. Costé, pr., Garnier, av. gén., concl. conf., Catabelle, av.

Quand un marchand de fer en détail, payant patente en cette qualité depuis plus d'un an, prend une patente de marchand de bois en gros, l'augmentation qui en résulte, dans l'impôt de sa patente, ne peut lui être comptée pour établir son cens électoral, qu'autant qu'elle est constatée par une patente prise depuis un an avant la clôture de la liste électorale. — Il importe peu que les deux patentes aient été confondues en une seule, et que, de fait, le marchand de fer ait exercé, depuis plusieurs années, le commerce des bois, si la patente nouvelle, qu'il a prise en cette dernière qualité, ne résulte que d'un rôle supplétif, formé seulement au mois de janvier de l'année dans laquelle il demande son inscription sur la liste électorale.

25. — 10 novembre 1840. — Rollin C. le préfet des Vosges. — 2ᵉ Ch. — MM. Mourot, pr., Poirel, p. av. gén., Volland, av.

Un électeur, dont le nom a été retranché de la liste électorale par arrêté du préfet, est recevable à produire, devant la cour royale, de nouvelles pièces, à l'effet de justifier qu'il peut se prévaloir du cens voulu par la loi. (Rés. impl.)

Nota. Du même jour, mêmes arrêts dans les affaires Gillet et Schmidt C. le préfet des Vosges. Du 16 novembre 1830, même décision implicite dans l'affaire Drouin C. le préfet des Vosges. — 2ᵉ Ch. — MM. Mourot, pr., Garnier, av. gén., concl. conf., d'Arbois, av.

26. — 24 novembre 1842. — Poirot C. le préfet des Vosges. — 1ʳᵉ Ch. — MM. Moreau, p. pr., Poirel, p. av. gén., Volland, av.

Un citoyen est recevable à justifier, devant la cour, de la double déclaration prescrite par la loi du 19 avril 1831, pour transférer son domicile politique dans un autre arrondissement, et à demander, en conséquence, la réformation de l'arrêté du préfet qui a refusé d'inscrire son nom sur la liste électorale de cet arrondissement, bien qu'il n'ait pas produit, devant le préfet, les pièces justificatives de la double déclaration prescrite par la loi, pour opérer le changement de domicile politique.

27. — 8 novembre 1841. — Laprevote C. le Préfet des Vosges. — 2ᵉ Ch. — MM. Costé, pr., Garnier, av. gén., concl. conf., Volland, av.

I. Lorsque le réclamant produit, devant la cour, des pièces nouvelles qui justifient qu'il paye le cens voulu pour être électeur, l'arrêté du préfet qui rejetait sa demande en inscription doit être réformé.

II. Le préfet dont l'arrêté est réformé ne peut être condamné aux frais.

28. — 20 novembre 1845. — Bert C. le préfet des Vosges et Contaut. — 1ʳᵉ Ch. — MM. Moreau, p. pr., Poirel, p. av. gén., concl. conf., Martz, av., Poirel, avoué.

I. L'électeur radié par le préfet comme ne payant pas le cens, peut produire devant la cour royale, saisie de son pourvoi, des pièces nouvelles, pour établir qu'il paye le cens voulu par la loi. (Loi du 19 avril 1831, art. 33.) (1)

II. Il ne doit pas être condamné aux frais occasionnés par cette instance devant la cour, envers un tiers, partie au procès, lorsque surtout, dans sa réponse à la réclamation de ce tiers, il avait indiqué à celui-ci ses titres à l'inscription sur la liste, titres que, depuis, il a complétement justifiés.

29. — 13 octobre 1837. — Croué C. le préfet de la Meurthe. — 2ᵉ Ch. — MM. de Sansonetti, ff. pr., Fabvier, proc. gén., concl. conf., Louis, av.

Les prestations en nature, pour la réparation des chemins vicinaux, ne sont point classées parmi les contributions directes qui confèrent le droit électoral.

30. — 23 novembre 1840. — Galland C. Lafosse et le préfet des Vosges. — 2ᵉ Ch. — MM. Mourot, pr., Garnier, av. gén., concl. conf., Volland, av.

Lorsqu'un individu a été inscrit sur la liste électorale ; que son inscription est attaquée par un tiers, sur le fondement qu'une donation, dont cet individu se prévaut, est irrégulière et insuffisante pour l'autoriser à faire admettre dans son cens certaines contributions ; et qu'après avoir demandé plusieurs remises successives, pour justifier régulièrement d'un cens suffisant pour être électeur, cet individu fait défaut, la cour peut considérer comme exacte l'assertion de l'appelant, touchant l'irrégularité de la donation, et ordonner la radiation demandée.

31. — 9 novembre 1840. — Grandgeorge C. Barbier. — 2ᵉ Ch. — MM. Mourot, pr., Poirel, p. av. gén., concl. conf., Volland, Catabelle, av.

I. Un relevé des contributions, certifié par le maire, constitue une preuve légale, qui ne peut être combattue par aucun certificat ou acte de notoriété produit par la partie adverse.

II. Un procès-verbal du contrôleur des contributions directes, qui attribue à un contribuable le même nombre d'ouvertures de portes et fenêtres que l'extrait du rôle des contributions certifié par le maire, ne peut être infirmé par des renseignements pris ou reçus par ce même contrôleur, en dehors d'une opération consommée et régulièrement faite.

---

(1) Même décision implicite par arrêt du 28 novembre 1845. 1ʳᵉ Ch. — Collard C. le préfet des Vosges. — MM. Moreau, p. pr., Poirel, p. av. gén., concl. conf. — Conf. cass. req., 2 février 1846. (Gaz. Trib. 2–3 février 1846.)

32. — 13 novembre 1845. — Masson C. le préfet des Vosges. — 1re Ch. — MM. Moreau, p. pr., Poirel, p. av. gén., concl. conf., Catabelle, av.

L'électeur inscrit dans un autre arrondissement que celui dans lequel il a son domicile réel, qui a été radié comme ne payant point 25 fr. de contributions dans le premier de ces arrondissements, et qui réclame contre cette radiation, doit justifier que sa réclamation est parvenue au préfet avant le 30 septembre inclusivement. (Loi du 19 avril 1831, art. 24.) — Cette justification ne résulte pas suffisamment de l'allégation de l'électeur qu'il a écrit au préfet, et qu'il a mis sa lettre à la poste le 29, si, sur cette lettre, ne se voit pas le timbre d'arrivée, et si le préfet déclare, dans une lettre adressée au procureur général, que cette réclamation ne lui est parvenue que le 1er octobre.

33. — 12 novembre 1839. — Dumont C. le préfet des Vosges. — 2e Ch. — MM. Mourot, pr., Fabvier, proc. gén., concl. conf., Maire, av.

On ne doit pas compter, dans la supputation du cens électoral, au membre d'une société anonyme, une part quelconque des contributions foncières payées par la société; — ni au propriétaire d'un immeuble, omis par erreur sur le rôle des impositions, les contributions que devrait payer cet immeuble.

34. — 11 octobre 1841. — Lefebure C. le préfet de la Meurthe. — Ch. des vacations. — MM. Mourot, pr., Poirel, p. av. gén., concl. conf.

Le gérant d'une société en commandite, qui ne possède que le septième des actions, ne peut s'attribuer plus du septième de l'impôt foncier, pour le cens électoral.

ÉMANCIPATION.

SOMMAIRE.

Mineur. — Cession des revenus de l'année courante, avant l'échéance. Utilité.

---

11 juillet 1831. — Gérardin C. Thomas et Trucher. — 1re Ch. — MM. Breton, pr., Bresson, La Flize, Berlet, av.

Le mineur émancipé peut recevoir ses revenus et en donner décharge, sans l'assistance de son curateur; mais il ne peut pas en faire la cession avant l'échéance, ou il ne le peut tout au plus que pour l'année courante, et à condition que le prix de cette cession tourne réellement à son profit.

ÉMIGRÉ.

SOMMAIRE.

1. *Créancier.* — Prescription. Trente ans sans poursuite.
2. *Intérêts.* — I. Déchéance. — II. Intérêts capitalisés, prescriptibles par trente ans.
3. *Prescription décennale.* — Restitution des biens invendus. Juste titre. Loi du 14 ventôse an VII.

RENVOIS.

Voy. *Domaine de l'État.* — 10. Émigré. Restitution des biens invendus.

Juste titre. Prescription décennale. Réserve. Loi du 14 ventôse an VII.

1. — 13 avril 1832. — de Mitry C. Gormand. — 1re Ch. — MM. Rolland de Malleloy, ff. pr., Pierson, subst. concl. conf., Chatillon, Moreau, av.

L'article 18 de la loi du 27 avril 1825 n'a pas relevé les créanciers des émigrés de la prescription qu'ils auraient encourue, par 30 années écoulées sans poursuite de leur part.

2. — 26 juin 1837. — de Pouilly C. Tabouillot. — 1re Ch. — MM. de Metz, p. pr., Fabvier, proc. gén., concl. conf., Chatillon, Volland, av.

I. L'article 18 de la loi du 27 avril 1825 n'a pas affranchi l'émigré indemnisé du payement des intérêts non prescrits des sommes qu'il devait ; il interdit seulement au créancier le droit de s'en faire payer sur le capital de l'indemnité, mais il laisse subsister la créance.

II. La prescription de cinq ans ne peut atteindre des intérêts capitalisés dans un règlement définitif de distribution : ceux-ci ne se prescrivent plus que par 30 ans.

3. — 31 août 1832. — Le préfet de la Meuse C. Paillot, Adrien et de Soubise. — 1re Ch. — MM. de Metz, p. pr., Troplong, av. gén., concl. conf., Bresson, Berlet, Volland, Moreau, av.

La remise faite par l'État, en 1814, aux émigrés rentrés, de leurs biens invendus, ne constitue pas le juste titre nécessaire pour fonder la prescription décennale, surtout quand l'acte de remise contient des réserves faites par le Domaine pour l'application ultérieure de la loi du 14 ventôse an VII.

EMPRISONNEMENT.

Voy. *Contrainte par corps.* — 2. Appel. Exécution provisoire. Demande en nullité. — 6. Jugement. Nullité d'emprisonnement. Exécution provisoire sur minute.

ENCLAVE.

Voy. *Servitude.* — 4. — II. Enclave. Titre. Equipollent. — 16. Enclave. Chemin d'exploitation. Communication médiate avec la voie publique. — 17. Enclave. Issue impossible. Obstacle. Travaux. Trajet plus long. Chemin public. — 18. Enclave. Issue possible. Obstacle d'un cours d'eau. Travaux. — 19. — I. Enclave. Issue impossible pour les récoltes. Prescription. Passage. — 20. Enclave. Passage. Trajet qui n'est pas le plus court. Longue possession. Convention présumée. — 21. Enclave. Titre au passage. Prescription de l'indemnité. — 36. Prescription. Passage réciproque pour l'exploitation des héritages. Contrat tacite présumé. Changement de culture. Bâtisse. Clôture. Prescription de l'indemnité. Enclave.

ENDOSSEMENT.

Voy. *Faillite.* — 5. Compétence du tribunal du domicile du failli. Endossement fictif. Tiers distrait de ses juges naturels.
Société commerciale. — 1. Billet. Endossement. Censeur d'une compagnie de commerce. Engagement personnel. Porteur.

ENFANT NATUREL.

Voy. *Donation.* — 11. — II. Enfant naturel. Acte de naissance. Correspondance. Recherche de la paternité.
Filiation naturelle.

ENGAGISTE.

Voy. *Domaine engagé ou échangé.*

ENQUÊTE.

SOMMAIRE.

1. *Assignation au défendeur.* — I. Irrégularité. Nullité de l'enquête.— II. Contre-enquête. Nullité couverte. — III. Deux défendeurs à l'enquête. Fait indivisible. Hauteur du déversoir d'un étang.
2. *Délai.* — Assignation à comparaître à l'enquête. Notification des noms des témoins. Distance. Augmentation.
3. *Délai.* — Assignation à comparaître à l'enquête. Tableau des distances. Décret du 18 juin 1811.
4. *Délai.* — Distances.
5. *Nullité.* — Comparution Protestation.
6. *Prorogation d'enquête.* — I. Exécution d'arrêt. Compétence de la cour. — II. Juge de paix commissaire à l'enquête. Indication de jour pour statuer sur la prorogation.
7. *Reproche.* — I. Témoin parent au degré prohibé. Parent du défendeur. — II. Habitant de la commune litigante. Reproche.

RENVOIS.

Voy. *Acquiescement.* — 5. Enquête. Comparution. Réserves. Déchéance d'appel. — 10. Jugement. Propriété. Prescription. Enquête. Déchéance d'appel.
Affouage. — 2. — I. Enquête. Habitant. Conseiller municipal. Garde champêtre. Appariteur. Reproche.
Appel. — 55. Jugement interlocutoire. Enquête. Exécution. Acquiescement.
Arbitrage. — 13. Enquête par des arbitres non amiables compositeurs. Nécessité des formes légales.
Commune. — 16. Habitant. Conseiller municipal. Reproche. Intérêt direct et personnel.
Témoin. — 1. Commune. Habitant. Enquête. Intérêt indirect. — 2. Commune. Habitant. Enquête. Propriété communale. Revendication.
Vérification d'écritures. — 1. Pouvoir discrétionnaire des tribunaux. Enquête. Renseignements extrajudiciaires.

1. — 8 avril 1830. — Gand et Magot C. la commune de Liouville, Thiéry, Ruche et Dieu. — 1re Ch. — MM. de Riocour, p. pr., Troplong, av. gén., concl. conf., Moreau, Fabvier, Chatillon, La Flize, Bresson, Berlet, av.

I. Le défendeur à l'enquête devant, à peine de nullité, être assigné pour y être présent, l'enquête est nulle, si l'assignation n'était pas régulière.

II. Cette nullité n'est pas couverte par la contre-enquête à laquelle il aurait fait procéder, puisque la contre-enquête n'est point la conséquence de l'assignation entachée de nullité.

III. Mais quand il y deux défendeurs à l'enquête; que cette enquête est régulière à l'égard de l'un d'eux, et qu'il s'agit d'un fait indivisible, comme la hauteur du déversoir et des eaux d'un étang, la preuve est indivisible, comme le fait lui-même sur lequel elle porte, et si elle est accomplie à l'égard de l'un des défendeurs, elle l'est également à l'égard de l'autre.

2. — 27 juillet 1843. — Boyé C. Duchâteau et la compagnie d'assurance le Réparateur. — 1re Ch. — MM. Moreau, p. pr., La Flize, Louis, Volland, av.

Le délai fixé par l'art. 261 du C. pr., pour l'assignation à donner à comparaître à une enquête, et pour la notification des noms des témoins, doit être augmenté à raison de la distance entre les domiciles de l'avoué et de la partie (1).

3. — 14 mars 1839. — Guérin C. Lallemand. — 1re Ch. — MM. de Metz, p. pr., Welche, de Saint-Ouen, av.

L'assignation donnée à la partie, au domicile de son avoué, pour être présente à l'enquête, ne saurait être assimilée à un acte d'avoué. En conséquence, elle doit être augmentée du délai des distances entre le domicile de l'avoué et celui de la partie. — Le tableau des distances dressé dans chaque département, en exécution de l'art. 93 du décret du 18 juin 1811, n'a aucune autorité en matière civile, surtout quand il s'agit de prononcer une nullité.

4. — 15 mars 1842. — Claudel C. Mayeur. — 2e Ch. — MM. Jannot de Morey, ff. pr., Garnier, av. gén., concl. conf., Fleury, Volland, av.

L'enquête commencée, par exemple, à Nancy, le 3 novembre, doit, à moins de prorogation, être finie à Paris, aussi bien qu'à Nancy, le 11 du même mois : les distances sont insignifiantes.

5. — 10 janvier 1833. — Odinot C. Simonet et Baudot. — 1re Ch. — MM. de Metz, p. pr., Berlet, Châtillon, Antoine, av.

Les nullités résultantes de l'inobservation des formalités prescrites par l'article 261 du C. de pr. ne sont pas couvertes par la comparution de la partie, surtout si elle a protesté contre l'audition des témoins.

6. — 19 novembre 1842. — Menestrier C. Garcin. — 1re Ch. — MM. Moreau, p. pr., Garnier, av. gén., concl. conf., Volland, d'Ubexi, av.

I. Quand une cour, usant de la faculté que lui accorde l'article 472 du C. pr. civ., a renvoyé devant un tribunal le jugement du fond d'une affaire, sur des procès-verbaux d'enquête et de contre-enquête qui doivent être adressés en minute au greffe de ce tribunal, elle ne s'est point dessaisie par là du droit de connaître des incidents qui pourraient s'élever sur l'exécution de son arrêt, qui ordonnait l'enquête, et relativement à la confection de ces procès-verbaux. — C'est à la cour, qui a fixé le délai de l'enquête, qu'il appartient d'accorder, s'il y a lieu, une prorogation.

---

(1) Cass. Ch. réun., 28 janvier 1826. (D. 26. 1. 81. — S. 26. 1. 259.) — *Contrà*. Cass. req., 10 février 1813. (D. 6. 866, n° 1. — S. 13. 1. 204.) — Conf. Cass. 12 juillet 1819. (D. 6. 867, n° 2. — S. 19. 1. 597.)

II. Le juge de paix, commissaire à l'enquête, ne commet pas de nullité en s'abstenant d'indiquer le jour où il sera statué, par qui de droit, sur la demande en prorogation d'enquête, consignée sur son procès-verbal.

7. — 15 janvier 1834. — Jacopin C. la commune de Charmois-l'Orgueilleux. — 2ᵉ Ch. — MM. Troplong, pr., Fabvier, proc. gén., Volland, Moreau, av.

I. Le témoin, parent au degré prohibé de l'une ou de l'autre des parties, peut être reproché; il peut l'être, lors même qu'il n'est pas parent du demandeur à l'enquête, mais seulement du défendeur : la loi ne fait aucune distinction.

II. La qualité d'habitant de la commune litigante ne peut faire l'objet d'un reproche légal, sauf à avoir aux dires des témoins tel égard que de droit.

ENREGISTREMENT.

Voy. *Frais et dépens.* — 16. Enregistrement d'un acte d'échange litigieux. Amende. Soulte.

Preuve littérale. — 2. Acte sous seing privé. Ayant cause. Exhibition. Extrait des registres de l'enregistrement. Mention dans un acte authentique. — 23. Titre sous seing privé. Production. Équivalent. Extrait de l'enregistrement.

ENSEIGNEMENT.

SOMMAIRE.

1. *Instruction primaire.* — I. Brevet de capacité. Instituteur primaire. Certificat de moralité. Déclaration. Inconduite. Immoralité. — II. Maître de pension. Cumul. Compétence.
2. *Université.* — I. Écoles secondaires. Concession de locaux. Aliénation. Jouissance conditionnelle et temporaire. Domaine de l'État. — II. Décret du 11 décembre 1808. Dotation de l'université. Concession de propriété. Bâtiments concédés aux communes. Immeubles non provenants des anciens établissements d'instruction. — III. Décret de 1811. Donation aux villes.

---

1. — 23 novembre 1843. — Le ministère public C. Bastien. — 1ʳᵉ Ch. — MM. Moreau, p. pr., Poirel, p. av. gén.

I. Le brevet de capacité, indispensable pour être apte à exercer la profession d'instituteur primaire, ne donne pas, par lui-même, la qualité d'instituteur primaire privé; il faut, de plus, que l'individu, porteur de ce brevet, ait remis au maire de la commune qu'il habite le certificat de moralité exigé, et sa déclaration qu'il entend exercer la profession d'instituteur primaire; que cette déclaration ait été inscrite sur le registre spécial tenu à cet effet à la mairie; qu'un récépissé lui en ait été donné : certificat et déclaration dont le maire doit envoyer des copies au comité de l'arrondissement et au recteur. (Loi du 28 juin 1833, art. 4; ordonnance du 16 juillet 1833, art. 16.) — Dès lors, le porteur d'un pareil brevet de capacité ne peut être poursuivi, conformément à la loi du 28 juin 1833, pour inconduite et immoralité.

II. Les déclarations qu'il aurait faites devant le tribunal, qu'il cumulait en sa personne les fonctions d'instituteur privé et celles de maître de pension secondaire, ne pourraient constituer, à son égard, une compétence exceptionnelle, les juridictions étant d'ordre public.

2. — 18 juillet 1857. — Le ministre de l'Instruction publique C. la ville de Bar. — 1re Ch. — MM. de Metz, p. pr., Bresson, av. gén., concl. conf., Volland, Chatillon, av.

I. L'arrêté des consuls, du 30 frimaire an XI, qui autorisait le gouvernement à concéder aux communes et aux particuliers des locaux destinés à l'établissement d'écoles secondaires, n'autorisait pas l'aliénation définitive de ces locaux : c'était une simple concession de jouissance conditionnelle et temporaire, qui laissait dans le domaine de l'Etat l'immeuble ainsi concédé.

II. Le décret du 11 décembre 1808, qui constitue la dotation de l'Université, lui donne au contraire, en toute propriété, tous les édifices ayant autrefois appartenu à des établissements d'instruction publique qui n'étaient ni aliénés, ni affectés à un autre service que celui de l'instruction, et par conséquent il comprend, dans cette dotation, les bâtiments concédés aux communes en exécution de l'arrêté des consuls, du 30 frimaire an XI, pour l'établissement d'écoles secondaires.

III. Le décret du 9 avril 1811, qui porte donation, au profit des villes, des bâtiments affectés à l'instruction publique, ne révoque pas la donation antérieure faite à l'Université par celui du 11 décembre 1808; il s'applique aux immeubles qui ne provenaient pas des anciens établissements d'instruction, et qui ainsi n'étaient pas compris dans les dispositions du décret de 1808.

ENTREPRENEUR.

Voy. *Acte de commerce.* — 2. 3. 4. Canal de la Marne au Rhin. Tâcheron. Compétence commerciale.
  Caution. — 3. Privilége. Ouvrier de l'entrepreneur.
  Commerçant — 1. Entrepreneur de charpente. Construction et location de baraques. Acte de commerce.
  Compétence administrative. — 5. Entrepreneur de travaux publics. Extraction de matériaux. Terrain désigné par un arrêté administratif. Bail d'une carrière. Sous-fermier. Compétence judiciaire.
  Louage d'ouvrage et d'industrie. — 1. Architecte. — Entrepreneur. Fontaine publique. File de corps. Vice du sol. Vice des matériaux. Responsabilité. Recours en garantie de l'architecte contre l'entrepreneur. — 2. Entrepreneur. Architecte. Responsabilité. Plans et devis. Omissions. Travaux publics. — 3. Ouvrier maçon. Entrepreneur. Responsabilité. Restriction. Surveillance du propriétaire.
  Notaire. — 10. Patente. Entrepreneur de travaux publics.
  Payement. — 2. Imputation. Entrepreneur de travaux publics. Deux traités avec un sous-traitant. A-comptes payés.
  Travaux publics. — Entrepreneur. Sous-traitant. Convention étrangère à l'administration. Payement. Déchéance.

ERREUR DE DROIT.

Voy. *Testament.* — 11. Erreur de droit. Légataire particulier se croyant légataire universel. Prise de possession de la succession sans délivrance. Fruits siens.

ERREUR DE FAIT.

Voy *Aveu.* — 1. Révocation. Erreur de fait. Offre non agréée.

ERREUR DU JUGE.

Voy. *Frais et dépens.* — 17. Erreur du juge. Dépens.

ÉTABLISSEMENT INSALUBRE.

Voy. *Manufacture insalubre.*

ÉTABLISSEMENT PUBLIC.

Voy. *Exploit.* — 23. Etablissement public. Séminaire. Acte d'appel. Visa. Omission. Nullité.
Testament. — 15. Legs. Etablissement public. Demande en délivrance. Nécessité d'une autorisation préalable.

ÉTANG.

Voy. *Eau.* — 14. Etang. Abornement ancien. Niveau d'eau. Préférence. — 15. Etang Changement de destination pendant 30 ans. Prescription trentenaire. Conservation des digues et déversoirs. — 16. Etang. Chaussée. Accessoire. Possession particulière. Prescription. — 17. Etang. Déversoir moderne non autorisé. Riverains. Possession. Prescription. — 18. Etang. Droit d'usage. Assec. Commune. Copropriété. Rachat. — 19. Etang. Hauteur du déversoir. Possession trentenaire. — 20. Etang. Propriété. Mode de jouissance. Indivisibilité. Procédure. Nullité à l'égard d'un des copropriétaires. — 21. Etang. Vaine pâture. Droit d'usage. Hauteur du déversoir modifiée par l'administration. Mise en culture. — 22. Etang. Vaine pâture. Son étendue. — 25. Rivière. Nouveau lit. Atterrissement. Alluvion. Riverains. Ancien lit. Noue. Lac. Etang.
Voirie. — 27. — 1. Usine. Chaussée. Pont. Etang. Passage. Commune. Copropriété. Titre.

ÉTAT CIVIL.

Voy. *Acte de l'état civil.*

ÉTRANGER.

SOMMAIRE.

1. *Appel.* — I. Signification au parquet du procureur du roi. Nullité. — II. Réassignation au parquet du procureur général. Nullité.

2. *Naturalisation.* — I. Déclaration de Naturalité. Différence. — II. Date de l'ordonnance royale. Insertion au bulletin des lois. Date des lettres patentes.
3. *Recrutement.* — Liste du contingent. Radiation. Compétence administrative.

RENVOIS.

Voy. *Exception.* — 3. Séparation de corps. Incompétence *ratione personæ*. Défense au fond. Fin de non recevoir.
Usage forestier. — 20. Comté de Dabo. Étranger. Fille d'usager. Mariage avec un étranger. Droit d'usage.

---

1. — 26 mai 1834. — Leclerc C. Schmidborn. — 1re Ch. — MM. Breton, pr., Bresson, av. gén. Moreau, d'Arbois, av.

I. Est nul l'acte d'appel signifié à des étrangers au parquet du procureur du roi du tribunal qui a rendu le jugement. Cette signification ne peut se faire qu'au parquet du procureur général.

II. Cette nullité n'est pas couverte par la réassignation qui aurait été donnée régulièrement au parquet du procureur général, en vertu d'un arrêt de réassignation, profit joint. L'intimé, touché de cette réassignation, peut demander la nullité de l'acte d'appel primitif, et de toute la procédure qui a suivi.

2. — 21 août 1843. — Le préfet de la Meuse C. Henrion. — Aud. solen., Ch. civ. et Ch. corr. réun. — MM. Moreau, p. pr., Garnier, av. gén., concl. conf., Volland, av. (Arrêt par défaut.)

I. L'étranger devenu français par la réunion de son pays à la France (le Luxembourg) a pu, après la séparation de ce pays de la France, par les traités de 1814 et de 1815, obtenir, aux termes des articles 1 et 2 de la loi du 14 octobre 1815, des lettres de *déclaration de naturalité*, lesquelles, en droit, reconnaissent et conservent la qualité de français préexistante, à la différence des lettres de naturalisation qui confèrent, à titre de droit nouveau, la même qualité.

II. C'est la date de l'ordonnance royale portant déclaration de naturalité, insérée au bulletin des lois, et non la date des lettres patentes expédiées sur parchemin en vertu de cette ordonnance, qu'il faut considérer pour vérifier si le fils de l'étranger est né avant ou depuis la déclaration de naturalité de son père, et si, par suite, il est tenu de satisfaire à la loi du recrutement en France.

3. — 2 août 1831. — Le préfet de la Meurthe C. Prince dit Clottu. — 1re Ch. — MM. de Metz, p. pr., Pierson, subst., Paullet, av.

L'étranger, résidant en France, ne peut pas être appelé au service militaire; mais quand il a été porté sur la liste du contingent annuel, ce n'est pas aux tribunaux d'ordonner la radiation de son nom. Ils doivent se borner à déclarer sa qualité d'étranger, et laisser l'administration prescrire les mesures qui sont la conséquence de cette décision.

ÉVOCATION.

Voy. *Appel.* — 13. 14. 15. Évocation. Incompétence. Cause en état. — 16. Évocation. Infirmation. Jugement préparatoire. Cause en état. Question préjudicielle. — 25. Infirmation d'un jugement fixant les bases d'une liquidation. Exécution. Compétence de la cour. — 26. Infirmation sur un chef. Evocation. Exécution du jugement. Compétence de la cour. — 37. Jugement par défaut. Nullité en la forme. Fond. Evocation. Arrêt interlocutoire.

Voy. *Faillite*. — 15 — I. Incompétence matérielle. Tribunal de commerce. — II. Appel. Evocation du fond.

ÉVICTION.

Voy. *Vente*. — 9. Eviction à craindre. Refus de payement. Mouvance expliquée au contrat. Risques connus. Payement obligatoire. Bien de mineur.

EXCEPTION.

SOMMAIRE.

1. *Appel.* — Conclusions au fond en première instance. Expertise. Nullité non proposée. Demande nouvelle non recevable devant la cour.
2. *Défaut de qualité.* — Moyen du fond proposable en appel. Commune. Chemin de servitude.
3. *Séparation de corps.* — Incompétence *ratione personæ*. Défense au fond. Fin de non recevoir.

RENVOIS.

Voy. *Acquiescement.* — 2. Compétence. Fin de non recevoir. Rejet. Mise en cause.
Obligation. — 9 Payement. Délai. Tiers détenteur. Fraude. Exception. — 11. Rescision. Lésion. Minorité. Exception personnelle au mineur. Caution.
Vente publique d'immeubles. — 9. — IV. Exception d'incompétence. Domicile. Déchéance.

---

1. — 1ᵉʳ décembre 1840. — Salzard C. Marc. — 2ᵉ Ch. — MM. Mourot, pr., Maire, Volland, av.

Lorsque l'appelant a conclu au fond devant le tribunal de première instance, sans exciper d'une nullité dont serait entaché un procès-verbal d'expertise, il est non recevable à se prévaloir de cette nullité devant la cour (C. pr. 173).

2. — 19 janvier 1841. — Humbert C. la commune de Beulay. — 2ᵉ Ch. — MM. Mourot, pr., Garnier, av. gén., concl. contr., La Flize, Volland, av.

L'exception tirée du défaut de qualité, de la part d'une commune, pour demander le maintien, dans son ancienne largeur, d'un chemin de servitude, est un moyen du fond, une véritable défense au fond, en dehors des termes de l'art. 173 C. pr. ; elle peut donc être proposée en tout état de cause, même en appel (*et même après avoir été rejetée par un jugement interlocutoire, exécuté sans réclamation par les deux parties*).

Nota. Cette dernière circonstance n'est pas mentionnée dans l'arrêt ; or, c'est celle sur laquelle le ministère public avait fondé ses conclusions contraires ; la *qualité* du maire lui paraissait avoir été jugée *définitivement* par un jugement passé en force de chose jugée sur ce point. — Quant à la question de savoir si le défaut de qualité peut être opposé pour la première fois en appel, elle a été résolue affirmativement par une foule d'arrêts cités dans la Gaz. des Trib. du 29 septembre 1841, au bas d'un arrêt contraire de la cour royale de Lyon.

3. — 22 août 1834. — Orlando C. sa femme. — 1re Ch. — MM. de Metz, p. pr., Fabvier, proc. gén., Chatillon, Volland, av.

Une demande en séparation de corps étant une demande purement personnelle, les incompétences, en cette matière, sont des incompétences *ratione personæ*, qui doivent être proposées avant toute défense au fond.

EXÉCUTEUR TESTAMENTAIRE.

Voy. *Intérêts*. — 1. Exécuteur testamentaire. Usufruitier. Dettes payées de leurs propres deniers. Départ des intérêts.

EXÉCUTION.

Voy *Appel*. — 17. Exécution d'arrêt. Difficulté sur le dispositif. — 25. Infirmation d'un jugement fixant les bases d'une liquidation. Exécution, Compétence de la cour. — 26. Infirmation sur un chef. Evocation. Exécution du jugement. — 30. Jugement définitif. Exécution volontaire. Réservés. — 33. Jugement exécutoire nonobstant opposition ou appel. Exécution. Réserves. — 34. Jugement infirmé. Tribunal composé de deux chambres. Exécution renvoyée au même tribunal composé d'autres juges.

Compétence. — 2. Exécution provisoire du jugement sur la compétence. Jugement immédiat du fond. — 8. Exécution d'arrêt. Contestation nouvelle. Double degré de juridiction. Violation d'une défense de l'arrêt. Dommages-intérêts. — 12. Déclinatoire. Rejet. Jugement immédiat du fond. Exécution du jugement sur la compétence.

Contrainte par corps. — Jugement. Nullité d'emprisonnement. Exécution provisoire sur minute.

Exécution de jugement. — 1. Acte d'exécution. Signification du titre à l'héritier du débiteur. Commandement de payer.

Exécution des jugements et actes. — 6. Redevance. Payement. Exécution.

Femme. — 2. Cohabitation. Domicile conjugal. Moyens coërcitifs. Saisie des revenus de la femme. Inconduite notoire du mari. Signification de jugement. Commencement d'exécution.

Jugement par défaut. — 8. Jugement de commerce. Exécution dans les six mois. Saisie. Procès-verbal de carence. Résidence actuelle. Résidence abandonnée.

Ratification. — Exécution. Action en nullité ou en rescision. Intention certaine de renonciation. Syndic. Tuteur.

Vente. — 29. Transport de créance. Cession. Acte authentique. Exécution parée. Cession par acte sous seing privé.

EXÉCUTION DES JUGEMENTS ET ACTES.

SOMMAIRE.

1. *Acte d'exécution.* — Signification du titre à l'héritier du débiteur. Commandement de payer.
2. *Formule exécutoire.* — Charte de 1814. Sénatus-consulte du 28 floréal an XII. Ordonnance du 30 août 1816. Nouvelle formule. Mandement aux huissiers.
3. *Formule exécutoire.* — I. Grosse. Restauration, Révolution de juillet. Ordonnance du 16 août 1830. Effet rétroactif. — II. Irrégularité de la formule, proposable en appel pour la première fois.
4. *Formule exécutoire.* — Grosse. Restauration, Révolution de juillet. Rectification.
5. *Infirmation partielle du jugement.* — I. Exécution quant aux chefs confirmés. Indivisibilité. Vente de biens de mineur au-dessous de l'estimation. Choix du notaire. — II. Attribution de juridiction. Liquidation de succession.
6. *Redevance.* — Payement. Exécution.
7. *Usurpation de terrain.* — Restitution. Tiers détenteur. Obligation de faire. Dommages-intérêts. Distinction.

RENVOIS.

Voy. *Compétence commerciale.* — 7. Exécution de jugement commercial. Marchandises délivrées en vertu de ce jugement. Refus de les recevoir. Appel. Infirmation partielle du jugement. Compétence de la cour pour connaître de l'exécution. Retard. Peine moratoire.

Jugement par défaut. — 6. Exécution. Commandement. Opposition. — 7. Exécution. Saisie-arrêt. Demande en nullité de donation. — 8. Jugement de commerce. Exécution dans les six mois. Saisie. Procès-verbal de carence. — 10. Jugement d'interdiction. Signification. Affiche. Acte d'exécution. Opposition. Appel. — 12. Solidarité. Exécution contre l'un des débiteurs. Péremption.

Jugement préparatoire, interlocutoire, etc. — 1. Jugement interlocutoire. Exécution. Acquiescement. — 2. Jugement interlocutoire. Exécution sans réserve.

---

1. — 2 mai 1836. — Colin C. Morel. — 1re Ch. — MM. de Metz, p. pr., Chatillon, d'Ubexi, av.

La signification du titre à l'héritier du débiteur, et le commandement de payer, ne sont point, par eux-mêmes, des actes d'exécution, auxquels soient applicables les dispositions de l'art. 545 C. pr.

2. — 31 août 1852. — Ferry C. Trexon. — 1re Ch. — MM. de Metz, p. pr., Moreau, av. (Arrêt par défaut).

La charte de 1814 a abrogé le sénatus-consulte du 28 floréal an XII, qui prescrivait la formule exécutoire des arrêts et actes judiciaires. — Sous l'empire de la charte et du Code de procédure, en vertu de l'ordonnance du 30 août 1816, la formule exécutoire ne s'adresse plus aux *procureurs généraux, procureurs du roi, commandants et officiers de la force publique*, mais seulement aux *huissiers*, officiers de justice, chargés de la mise à exécution.

3. — 14 mars 1836. — Goublin C. Bouvard. — 1re Ch. — MM. Mourot, pr., Garnier, subst., concl. conf., Volland, Chatillon, av.

I. Une grosse, délivrée sous la restauration, avec la formule exécutoire de ce temps, peut être mise à exécution depuis la révolution de juillet, sans qu'il soit besoin de substituer la nouvelle formule à l'ancienne. Le décider autrement, ce serait donner à l'ordonnance du 10 août 1830 un effet rétroactif.

II. Le moyen tiré de l'irrégularité de cette formule n'est pas une nullité de procédure, qui doive être proposée avant toute autre exception : c'est un moyen d'ordre public, qu'on peut invoquer, pour la première fois, même devant la cour.

4. — 16 septembre 1830. — Carbonnier C. Irroy. — 2e Ch. — MM. Chippel, pr., Masson, subst., concl. conf., La Flize, Chatillon, av.

Une grosse, délivrée sous la restauration avec la formule exécutoire de ce temps, ne peut être mise à exécution depuis la révolution de juillet qu'après la substitution de la nouvelle formule à l'ancienne.

5. — 14 août 1835. — Veuve Rollin. — 1re Ch. — MM. Moreau, p. pr., Garnier, av. gén., concl. conf., Cabasse, avoué. (Arrêt sur requête.)

I. Lorsqu'un jugement est infirmé en partie et confirmé sur d'autres chefs, l'exécution de l'arrêt, pour les chefs confirmés, appartient au tribunal dont est appel. C'est là une conséquence de la règle : *tot capita, tot sententiæ*.

Pour qu'il en fût autrement, il faudrait qu'il existât, entre les différentes décisions comprises dans le même jugement, une indivisibilité absolue.

Spécialement : La question de savoir s'il y a lieu de vendre au-dessous de l'estimation des immeubles appartenants à des mineurs, est indépendante du choix qui a été fait de l'officier public commis pour procéder à la vente. Un tribunal n'est donc point fondé à refuser de statuer sur une semblable demande par le motif qu'ayant désigné tel notaire, la cour, sur l'appel de la partie, en aurait désigné un autre, et qu'ainsi le tribunal serait dessaisi et incompétent. — Le tribunal n'est point autorisé à prononcer ainsi, lorsque le choix du notaire n'est plus en question ; qu'aucune des parties intéressées ne se plaint que le non-succès de la vente provienne d'une faute imputable au notaire qui a été désigné pour y procéder, et ne demande la nomination d'un autre officier public pour continuer les opérations commencées ; que la seule question en litige est celle de savoir s'il convient d'autoriser la vente au-dessous de l'estimation, pour arriver au payement des dettes et à la liquidation d'une succession : vente et liquidation qui sont l'objet de deux dispositions principales d'un jugement antérieur, confirmé en appel sur ces deux chefs ; qu'il s'agit uniquement de l'exécution de ce jugement sur ces deux points, et de lever l'obstacle qui s'oppose à une vente jugée nécessaire par le tribunal et par la cour. — Ainsi, sous ce premier rapport, le tribunal de première instance, dans un cas pareil, est compétent pour statuer sur la requête qui lui est présentée à l'effet d'arriver à cette vente (1).

---

(1) Voy. Amiens, 15 juin 1822. (S. 23. 2. 350.) — Paris, 18 janvier 1825. (S. 25. 344.) — Rennes, 1er juillet 1827. (S. 28. 45.) — Cass., 16 mai 1834 (S. 35. 1. 122. — D. 34. 1. 218.)

II. Sous un second rapport, le tribunal, dans le cas ci-dessus indiqué, est encore compétent, aux termes du dernier § de l'art. 472 du C. pr. civ., suivant lequel un tribunal connaît de l'exécution de son jugement, même quand il a été infirmé, s'il s'agit d'une demande pour laquelle la loi lui attribue juridiction ; en effet, il en est ainsi, notamment, des demandes en liquidation de succession, aux termes de l'art. 822 du C. civ., de l'art. 59 du C. pr. civ., et suivant une jurisprudence constante. (1)

6. — 14 juillet 1845. — Noël, Turck et Germain C. la ville de Nancy. — 2ᵉ Ch. — MM. Lallemand, ff. pr., Poirel, p. av. gén., Fleury, Volland, av.

Le payement d'une redevance est un acte d'exécution de l'engagement de la payer, qui emporte ratification de ce même engagement, et reconnaissance du droit de la percevoir sur les bases fixées par l'acte de concession.

7. — 30 janvier 1845. — La ville de Sarrebourg C. Aimé. — 2ᵉ Ch. — MM. Riston, pr., Garnier, av. gén., concl. conf., Louis, La Flize, av.

Le désistement et la restitution d'un terrain sont la conséquence légale et forcée du fait de l'usurpation. Il ne suffit pas de les prononcer, en laissant à l'usurpateur le choix de satisfaire à cette prescription, ou de payer une indemnité : le propriétaire injustement dépossédé doit rentrer dans la possession réelle et effective de sa propriété : cette rentrée doit être assurée et sanctionnée par toutes les voies légales ; elle peut l'être notamment par l'autorisation donnée au propriétaire d'effectuer lui-même sa prise de possession. — Il ne faut pas confondre l'obligation imposée par la loi au tiers détenteur, qui a usurpé la propriété d'autrui, de la restituer au propriétaire qui la revendique, avec les obligations conventionnelles dont parle l'art. 1142 du C. civ. — Ce n'est pas ici une obligation personnelle de faire ou de ne pas faire, dans le sens de cet article ; c'est une obligation réelle, qui ne peut s'accomplir que par la dépossession de l'usurpateur, et la restitution au propriétaire : elle ne peut donc se résoudre en des dommages-intérêts, qui ne peuvent être, en pareille matière, que la réparation du préjudice résultant de la privation momentanée de jouissance. — Décider autrement, ce serait sanctionner un mode d'expropriation forcée autre que celui qui est autorisé par la loi.

EXÉCUTION PROVISOIRE.

SOMMAIRE.

Marché écrit. — Signatures reconnues par les parties. Défenses demandées à la cour royale.

---

(1) Voy. Thomine, t. 1, p. 715, n° 222. — Cass. 12 juin 1806. (S. 7. 2. 974.) — Bordeaux, 6 février 1829 et 2 juin 1831. — Toulouse, 21 août 1809. — Orléans, 29 avril 1822. — Bourges, 19 avril 1823. — Amiens, 20 février 1824. — Limoges, 30 avril 1833. — Cass., 17 novembre 1840. (Pal., t. 1ᵉʳ de 1841, p. 145. — S. 41. 1. 155.)

EXPERTISE.

RENVOIS.

Voy. *Compétence.* — 2. 3. Déclinatoire. Rejet. Exécution provisoire du jugement sur la compétence. Jugement immédiat du fond. Nullité.
Contrainte par corps. — 2. Appel. Exécution provisoire. — 6. Jugement. Nullité d'emprisonnement. Exécution provisoire sur minute.

---

30 août 1842. — Benoît C. Denis. — 2ᵉ Ch. — MM. Moreau, p. pr., Poirel, p. av. gén., Louis, La Flize, av.

Lorsqu'il s'agit de l'exécution d'un marché écrit, dont les signatures sont reconnues par les parties, le tribunal peut ordonner l'exécution provisoire, sans que la cour puisse accorder de défenses.

EXÉCUTOIRE.

Voy. *Frais et dépens.* — 18 — 1. Jugement confirmé. Exécutoire. Opposition. Compétence du tribunal. Compétence de la cour.

EXPERTISE.

SOMMAIRE.

1. *Demande incidente.* — Pouvoir des experts.
2. *Expert unique.* — Nullité. Consentement.
3. *Expert unique.* — Nullité. Consentement.
4. *Expert unique.* — Nullité. Consentement incertain.
5. *Expert unique.* — Nullité. Consentement tacite. Acquiescement. Jugement définitif.
6. *Expert unique.* — Offre à la partie adverse de choisir les deux autres.
7. *Formalités de l'art.* 317 C. pr. — Inobservation. Nullité ?
8. *Récusation.* — Délai. Art. 283 C. pr. énonciatif.
9. *Serment.* — Omission. Nullité couverte.
10. Serment prêté avant la signification des noms des experts. — Irrégularité couverte.
11. *Taxe.* — Opposition. Chambre du conseil. Audience publique. Délai.

RENVOIS.

Voy. *Acquiescement.* — 9. Jugement non signifié. Expertise. Présence des parties.
Appel. — 18. Expertise. Assistance sans réserves. Appel non recevable.
Arbitrage. — 14. Experts arbitres. Partage de succession. Bases convenues entre cohéritiers. Estimation d'immeubles. Soultes.
Contrat de mariage. — 15. Immeuble indivis entre un des conjoints et des enfants d'un premier lit. Construction. Remploi. Plus-value. Experts amiables.
Exception. — 1. Appel. Conclusions au fond en première instance. Expertise. Nullité non proposée. Demande nouvelle non recevable devant la cour.
Jugement. — 2. Jugement commun. Expertise. Mise en cause. Assistance à l'expertise.
Jugement préparatoire, interlocutoire, définitif. — 8. Jugement préparatoire. Expertise. Expert unique. Appel recevable. — 9. Jugement préparatoire. Expertise. Licitation. Liquidation.

Voy. *Partage.* — 5. Indivisibilité de la licitation. Nullité de procédure. Expertise.

Preuve. — Revendication d'un terrain usurpé. Emplacement incertain. Expertise. Fin de non-recevoir.

Usage forestier. — 35. — II. Expertise. Agents forestiers. Pouvoirs des tribunaux.

Vente. — 11. Machines. Réception. A-compte sur le prix. Mise en activité. Fin de non-recevoir. Vice caché. Expertise. — 14. Preuve testimoniale. Vente d'immeubles. Valeur n'excédant pas 150 fr. Contestation sur la valeur. Expertise.

---

1. — 4 juin 1831. — Houillon C. Raillard. — 2ᵉ Ch. — MM. Chippel, pr., Chatillon, Bresson, av.

Quand des experts ont été nommés par un tribunal pour vérifier un fait litigieux, les parties, fussent-elles même d'accord pour cela, ne peuvent les charger de vérifier d'autres faits relatifs à une contestation qu'elles engageraient ensuite par forme de demande incidente.

2. — 24 mars 1832. — Aubel C. Dieudonné. — 2ᵉ Ch. — MM. Chippel, pr., Troplong, av. gén., Paullet, Bresson, av.

Une expertise ne peut, à peine de nullité, être faite que par trois experts, à moins que les parties majeures n'aient consenti à ce qu'il y soit procédé par un seul.

3. — 26 janvier 1843. — Millot C. Ferry. — 1ʳᵉ Ch. — MM. Mourot, pr., La Flize, Simonin, av.

Toute expertise doit être faite par trois experts, à moins que les parties ne consentent à ce qu'il y soit procédé par un seul; ainsi, en l'absence du consentement des parties, un tribunal ne peut, sans contrevenir à la loi, se borner à nommer un seul expert.

4. — 27 août 1844. — Michaud C. Contal. — 2ᵉ Ch. — MM. Costé, pr., Leclerc, subst., La Flize, d'Arbois, av.

Doit être réformé le jugement qui nomme un seul expert, en exprimant qu'*il a été reconnu* qu'un seul suffisait, s'il est incertain que les parties aient donné leur approbation à cette mesure, et si l'une d'elles avait même pris des conclusions dans un sens contraire. (C. pr. 303.)

5. — 11 mai 1832. — Colle C. Gérardin. — 1ʳᵉ Ch. — MM. Bresson, pr., La Flize, Paullet, av.

Une expertise ne peut, à peine de nullité, être faite que par trois experts, à moins que les parties ne consentent à ce qu'il y soit procédé par un seul.

Mais ce consentement peut s'induire :

1º Du silence que garde l'une des parties, en présence des conclusions de l'autre, qui ne demande qu'un seul expert;

2º De l'acquiescement au jugement qui accueille ces conclusions, et qui, interlocutoire au fond, est définitif sur la forme de l'expertise;

3º De la présence des parties à l'expertise, sans réclamation.

6. — 18 mai 1845. — Veuve Paradis C. femme Sorel. — 1re Ch. — MM. Mourot, pr., Louis, Catabelle, av.

Une partie ne peut se faire un grief d'appel de ce que les premiers juges n'ont désigné qu'un seul expert, lorsque, dans l'acte de signification de ce jugement, la partie adverse lui a offert de faire elle-même le choix de deux autres experts pour compléter le nombre voulu par la loi.

7. — 27 mars 1841. — de Saint-Ouen C. le préfet des Vosges. — 1re Ch. — MM. Costé, pr., Poirel, p. av. gén., La Flize, Volland, av.

L'inexécution de l'art. 317 C. pr. n'entraîne pas la nullité de l'expertise.

8. — 12 novembre 1841. — Toussaint C. Dupuis. — 1re Ch. — MM. Moreau, p. pr., Poirel, p. av. gén., Maire, Catabelle, av.

Quand un jugement interlocutoire a donné aux parties trois jours pour convenir d'experts, le délai, pour récuser les experts nommés d'office ne commence qu'à l'expiration de ces trois jours. — On peut admettre des moyens de récusation autres que ceux qui sont écrits dans l'art. 283 C. pr., cet article est seulement énonciatif.

9. — 6 juillet 1838. — Le préfet de la Meurthe, C. les Scieries de Dabo. — 1re Ch. — MM. Mourot, pr., Garnier, av. gén., concl. conf., Volland, Gide (de Sarrebourg), La Flize, Louis, av.

La prestation de serment par les experts n'est pas une formalité dont l'inobservation entraîne la nullité de l'expertise; ou du moins cette nullité est couverte, si elle n'est proposée avant toute défense au fond.

10. — 25 novembre 1841. — Grandelbrück C. Framont. — 2e Ch. — MM. Costé, pr., Antoine, Volland, av.

Il est irrégulier de faire prêter serment à des experts avant d'avoir signifié leurs noms à la partie adverse, et d'avoir laissé écouler le délai accordé pour la récusation.

Mais la partie qui a assisté à la prestation de serment, sans réserves ni protestation, ne peut ultérieurement exciper de cette irrégularité.

11. — 1er décembre 1829. — Maire C. Grody. — 1re Ch. — MM. Charlot, ff. pr., Troplong, av. gén., concl. conf., de Saint-Ouën, Moreau, av.

Une taxe de vacations d'experts, faite par ordonnance du président du tribunal, est susceptible d'opposition.

Cette opposition doit être portée, non en chambre du conseil, mais à l'audience publique, même quand un premier jugement, accepté par toutes les parties, aurait renvoyé l'affaire en chambre du conseil.

Elle n'est pas soumise au délai de trois jours, fixé par l'art. 6 du décret du 16 février 1807.

EXPLOIT.

SOMMAIRE.

1. *Acte d'appel.* — Constitution d'avoué. Election de domicile. — II. Equipollent. Acte postérieur d'avoué à avoué. Réserves. Protestations.
2. *Acte d'appel.* — I. Constitution d'avoué. Election de domicile. Equipollent. — II. Notification par l'intimé de sa constitution d'avoué.
3. *Acte d'appel.* — Copie remise au maire. Silence sur les voisins. Nullité.
4. *Acte d'appel.* — Date. Différence entre l'original et la copie.
5. *Acte d'appel.* — Délais. Indication. Distance.
6. *Acte d'appel.* — I. Deux jugements. Appel d'un seul. Désignation. — II. Epoux. Intérêt commun. Copie unique.
7. *Acte d'appel.* — I. Domicile de l'appelant. Omission. Nullité. Domicile notoire. — II. Dernier ressort. Incompétence. Fin de non recevoir. — III. Compagnie d'assurance. Domicile de l'agent.
8. *Acte d'appel.* — Epoux. Intérêt non distinct. Propre de la femme. Assistance du mari. Copie unique. Validité.
9. *Acte d'appel.* — Epoux. Signification. Termes équivoques. Interprétation.
10. *Acte d'appel.* — Epoux communs en biens. Copie unique. Propre de la femme.
11. *Acte d'appel.* — Epoux séparés de biens. Intérêt distinct. Copies séparées.
12. *Acte d'appel.* — I. Nullité. Fin de non recevoir. — II. Copie. Quantième du mois. — III. Mise en cause inutile. Frais.
13. *Acte d'appel.* — Signification. Changement de domicile de l'intimé avant l'appel. Nullité.
14. *Acte d'appel.* — Visa. Adjoint.
15. *Acte d'avoué à avoué.* — Formalités. Copie. Remise. Parlant à.
16. *Acte d'avoué à avoué.* — Formalités. Ordre. Signification de jugement.
17. *Acte d'avoué à avoué.* — Formalités. Parlant à. Omission. Validité.
18. — *Acte d'avoué à avoué.* — Formalités. Signification de jugement. Copie. Remise.
19. *Acte d'avoué à avoué.* — Signication de jugement. Omission du nom du requérant. Equipollent.
20. *Adjoint.* — Visa. Présomption d'absence ou d'empêchement.
21. *Commandement.* — Créancier désintéressé. Subrogation dans les poursuites.
22. *Copie.* — Maire ou adjoint. Partie. Parent. Serviteur. Voisin.
23. *Etablissement public.* — Séminaire. Acte d'appel. Visa. Omission. Nullité.
24. *Huissier.* — Immatricule omise. Copie d'un autre exploit. Omission réparée.
25. *Jour férié.* — Exploit valable. Amende contre l'huissier. Interruption de la prescription.
26. *Jugement.* — Signification. Epoux communs. Garantie solidaire. Propre du mari. Intérêts distincts. Copie unique. Nullité.
27. *Maire et adjoint.* — Omission de leurs noms, profession, domicile. Validité.
28. *Noms du défendeur.* — Omission d'un des noms dans l'exploit. Copie de pièces. Omission réparée.
29. *Original adiré.* — Copie. Refus de la produire. Serment.
30. *Parlant à.* — Indication de la personne à qui la copie est remise.
31. *Parlant à son épouse.* — Cité non marié. Nullité.
32. *Pluralité de défendeurs.* — Choix du tribunal. Obligation principale. Obligation éventuelle. Garant. Ajournement.
33. *Société.* — Raison sociale.

RENVOIS.

Voy. *Appel.* — 10. Déport. Acte d'avoué. Arrêt. Dépens. — 11. Déport. Préfet. Acte d'avoué. Arrêt. Dépens.

Voy. *Commune.* — 17. Exploit. Copie. Décès du maire. Absence de l'adjoint. Conseiller municipal. C. pr. 69.

Délai. — 1. Acte d'appel. Distance. Délai additionnel. Mention omise. Nullité.

Domaine de l'État. — 1. Acte d'appel. Constitution d'avoué. — 2. Acte d'appel. Constitution d'avoué. Élection de domicile au parquet du procureur général.

Élection législative. — 18. Exploit d'assignation à une ancienne résidence. Nullité déclarée d'office au profit du défendeur défaillant.

1. — 18 mai 1843. — Barat C. Husson. — 1re Ch. — MM. Mourot, pr., Volland, Calabelle, av.

I. L'acte d'appel, comme l'exploit d'ajournement, doit, à peine de nullité, contenir la constitution de l'avoué qui occupera pour l'appelant, et chez lequel l'élection de domicile sera de droit, à moins d'une élection contraire par le même exploit. (C. pr. 61.)

II. L'élection de domicile chez un avoué ne peut, en aucun cas, suppléer à la constitution, qui seule confère à l'avoué le pouvoir de représenter la partie dans tous les actes de procédure qui se rattachent à l'affaire en litige.

Mais la nullité résultante de l'omission de la constitution d'avoué est couverte si, par un exploit postérieur à l'acte d'appel, l'intimé a fait signifier la constitution d'un avoué à celui chez qui l'appelant a élu domicile, en le qualifiant *d'avoué de ce dernier.*

Vainement l'intimé exciperait-il de ce que, dans son acte de constitution, il a fait la réserve de tous *droits, actions, fins de non recevoir et moyens de nullité à faire valoir, le cas échéant, tant en la forme qu'au fond* : les réserves et protestations, exprimées d'une manière générale dans un acte, ne peuvent détruire ou atténuer les conséquences qui résultent de cet acte même.

2. — 15 novembre 1844. — Grandidier C. Gérardin. — 1re Ch. — MM. Moreau, p. pr., Louis, Volland, av.

I. A la différence de la constitution, qui emporte de droit élection de domicile chez l'avoué, l'élection de domicile chez cet officier ministériel n'emporte pas constitution de sa personne pour occuper dans l'instance. — Sans doute, le terme de *constitution* n'a rien de sacramentel, et peut être remplacé par des équipollents, qui indiquent que l'avoué dénommé par l'appelant est chargé d'occuper pour lui dans l'instance d'appel; mais, en l'absence de toute expression de cette nature, soit dans l'exploit d'appel, soit dans tout autre acte auquel l'exploit se référerait, il est impossible d'admettre l'élection de domicile pure et simple comme étant un de ces équipollents.

II. Il en doit être ainsi encore que l'intimé ait notifié la constitution de son avoué à celui chez lequel l'appelant a élu domicile, soit dans l'acte de constitution, soit dans la notification de cet acte, si l'intimé n'a employé aucun terme indiquant qu'il considérait cet avoué comme ayant été constitué par l'appelant, et chargé d'occuper pour lui. — La circonstance que cette notification aurait été faite dans la forme et avec le coût, non pas d'une signification à personne, mais d'une signification à avoué, ne peut suffire pour emporter, de la part de l'intimé, la reconnaissance que l'officier ministériel chez qui l'appelant a élu domicile était son avoué constitué; surtout si, par les termes de cette notification et de l'acte qui la précède, l'intimé indique qu'il considère ce même officier ministériel, non comme ayant ce caractère d'avoué constitué et occupant, mais comme une personne ayant le titre général d'avoué, et chez qui l'appelant a simplement fait élection de domicile.

Dans ces circonstances, la nullité de l'exploit d'appel ne peut être réputée couverte. (C. pr. 61, 456, 470.)

3. — 27 janvier 1834. — Pichelin C. Martin. — 1re Ch. — MM. de Metz, p. pr., Poirel, p. av. gén., La Flize, Berlet, av.

Est nul l'exploit d'appel qui a été remis au maire de la commune, sans que l'huissier constate qu'il a inutilement cherché à le remettre aux voisins.

4. — 8 février 1833. — Foller C. Robert et Foller. — 1re Ch. — MM. Troplong, pr., Bouchon, subst., Berlet, La Flize, Bresson, av.

Une différence de date entre l'original et la copie d'un exploit d'appel n'est pas une cause de nullité de cet appel, si d'ailleurs il n'a pu en résulter un dommage pour l'intimé.

5. — 21 novembre 1844. — Tisserand C. Tisserand. — Ch. civ. et Ch. correct. réun. — MM. Moreau, p. pr., Paillart, proc. gén., Louis, d'Ubexi, av.

L'acte d'appel portant intimation à comparaître *dans les délais de la loi, qui sont de huitaine franche,*.... comprend, par ces premiers termes, *dans les délais de la loi*, et le délai de huitaine, indiqué par l'article 72, comme étant le délai ordinaire des ajournements, pour ceux qui sont domiciliés en France, et celui qui est ajouté par l'art. 1033, à raison de la distance entre le lieu où l'exploit est signifié, et le lieu de la comparution : l'addition des mots, *qui sont de huitaine franche*, ne détruit pas la généralité et la portée de ceux qui les précèdent, *dans les délais de la loi*: l'indication prescrite par le § 4 de l'art. 61 est donc ici suffisante.

6. — 12 août 1845. — Sanclasse C. Henriet. — 2e Ch. — MM. Riston, pr., La Flize, Maire, av.

I. Lorsque deux jugements ont été rendus le même jour, entre les mêmes parties, par le même tribunal, et que l'acte d'appel n'indique pas, d'une manière expresse, contre lequel de ces deux jugements l'appelant entend se pourvoir, l'acte d'appel est néanmoins valable, s'il renferme des énonciations desquelles il soit possible d'induire, sans équivoque, quel est celui des deux jugements que l'appelant a voulu attaquer.

Spécialement : Aucune équivoque ne peut exister lorsque l'exploit d'appel exprime qu'il est intenté contre un tel *et sa femme*, et que, des deux jugements prononcés le même jour, par le même tribunal, un seul est relatif à la femme, l'autre ne concernant que son mari.

II. Une seule copie de l'exploit d'appel, donnée au mari, est suffisante pour valider l'appel, encore que le mari et la femme, tous deux intimés, aient eu d'abord un intérêt distinct dans un usufruit de survie qui leur avait été assuré par une convention antérieure, si, d'une part, cet avantage, qui avait été stipulé au profit de la femme par le mari, n'a depuis été accepté par elle dans aucun acte, et si le mari a renoncé seul à cet usufruit dans une convention postérieure. — Il en doit être ainsi surtout lorsque cet usufruit, stipulé par le mari en faveur de sa femme, avait pris son principe et sa base dans des stipulations concernant des biens de communauté, dont le mari avait la disposition exclusive.

7. — 16 mars 1835. — La compagnie royale d'assurance C. de Colligny. — 1re Ch. — MM. de Metz, p. pr., Poirel, p. av. gén., Chatillon, Volland, av.

I. Est nul l'acte d'appel qui ne contient pas l'indication du domicile de l'appelant, même quand ce domicile est notoire et connu de tous.

II. L'exception tirée du dernier ressort, rentrant dans la classe des exceptions d'incompétence, peut être proposée avant la demande en nullité de l'exploit d'appel.

III. Si l'appelant est une société commerciale, par exemple, une compagnie d'assurance, la désignation du domicile de l'agent mandataire de la société ne peut pas suppléer à l'indication du domicile de la société elle-même.

8. — 2 mars 1857. — Crétaille C. Poncet. — 2e Ch. — MM. Costé, pr., Volland, d'Ubexi, av.

Dans une instance relative à la propriété partielle ou totale d'un immeuble propre à la femme, et où, par conséquent, le mari ne figure que pour l'assister, il n'est pas nécessaire, à peine de nullité, que l'appel soit signifié au mari et à la femme par copies séparées : ils n'ont point, par rapport à cet appel, d'intérêt distinct et opposé.

9. — 11 juillet 1844. — Grison C. Millon. — 1re Ch. — MM. Mourot, pr., La Flize, Volland, av.

Les nullités étant de droit étroit, il faut plutôt s'attacher à l'intention des parties qu'à une énonciation incorrecte et équivoque des actes.

Spécialement : lorsque, dans un acte d'appel, il est dit : « *signifié à la requête de N., épouse séparée de corps, et de N..., son mari, qui l'autorise;* » bien qu'on puisse induire de là que la femme est seule appelante, et que son mari ne figure dans l'acte que pour l'autoriser, néanmoins il faut tenir pour certain que le mari est appelant lui-même, si d'autres énonciations de l'exploit induisent à le penser ainsi ; par exemple, s'il est dit que « *les requérants sont appelants, comme en effet ils interjettent appel du jugement rendu contre eux, etc.* »

10. — 24 mars 1832. — Aubel C. Dieudonné. — 2e Ch. — MM. Chippel, pr., Troplong, av. gén., Paullet, Bresson, av.

Est valable l'acte d'appel signifié en une seule copie à deux époux communs en biens, même quand le litige porterait sur un propre de la femme.

11. — 7 juin 1833. — Chapelot C. Pierre. — 1re Ch. — MM. Troplong pr., Volland, Catabelle, av.

Le mari et la femme séparés de biens qui procèdent en justice, la femme en son nom personnel, et le mari pour l'autoriser, ont un intérêt distinct et séparé. En conséquence, tout exploit qui leur est signifié, et notamment un exploit d'appel, doit, à peine de nullité, être signifié à chacun d'eux, par copie séparée.

12. — 17 mai 1833. — Le préfet des Vosges C. Pourel et Réveillé. — 1re Ch. — MM. de Metz, p. pr., Pierson, av. gén., Bresson, Antoine, Chatillon, av.

I. La nullité d'un exploit d'appel doit être proposée, même avant la non recevabilité de l'appel : postérieurement, elle est couverte.

II. La copie d'un exploit doit, comme l'original, à peine de nullité, être datée du quantième du mois.

III. La partie qui, en proposant une exception irrecevable ou mal fondée, occasionne une mise en cause inutile, doit en supporter les frais.

13. — 18 juillet 1839. — Argence C. Belleville. — 1re Ch. — MM. de Metz, p. pr., Louis, Volland, av.

Est nul l'exploit d'appel signifié au domicile désigné par l'intimé dans la procédure de première instance, lorsque, dans la signification du jugement, antérieure à la signification de l'acte d'appel, il a déclaré avoir quitté le domicile primitivement indiqué, et l'avoir transféré dans un autre lieu qu'il désigne.

14. — 10 juillet 1830. — Marchal C. les communes de Brémenil et d'Angomont. — 2e Ch. — MM. Rolland de Malleloy, ff. pr., Thieriet, p. av. gén., concl. conf., Moreau, Poirel, av.

L'adjoint d'une commune a qualité, en l'absence du maire, pour recevoir et viser l'original d'un exploit d'appel.

15. — 8 janvier 1834. — Carez C. André et de Brancion — 2e Ch. — MM. Troplong, pr., Bresson, av. gén., Chatillon, Antoine, Moreau, av.

Tout acte d'avoué à avoué, qui fait courir un délai, doit être signifié avec les formes substantielles des exploits, appropriées à cette espèce de signification, et notamment avec la mention de la personne à laquelle la copie est laissée. — Mais quand cette mention s'y trouve, le *parlant à* n'est pas nécessaire à la validité de l'exploit.

16. — 30 mai 1843. — de Romécourt C. Wolff et autres. — 2e Ch. — MM. Riston, ff. pr., Escudié, subst., d'Ubexi, Volland, Catabelle, av.

Les formalités des exploits, prescrites par l'art. 61 C. pr., ne sont pas exigées pour la validité des actes signifiés entre avoués, pour et pendant l'instruction des procès. — Ainsi, dans une instance d'ordre, il suffit que l'acte de signification à avoué d'un jugement fasse connaître à la partie que ses adversaires, utilement colloqués à son préjudice, entendent faire courir, à son égard, le délai de l'appel ; comme, par exemple, si la copie du jugement, annexée à la signification, fait connaître qu'expédition en avait été levée au greffe, puis avait été délivrée à l'avoué qui avait représenté tous les créanciers colloqués, parmi lesquels figuraient les adversaires de la partie à l'avoué de laquelle la signification est faite.

17. — 16 mai 1834. — Germain C. Bonnejoie, Clément, Gilbert et Dufresne. — 1re Ch. — MM. de Metz, p. pr., Bresson av. gén., La Flize, Chatillon, Moreau, Louis, d'Ubexi, av.

La loi n'ayant pas tracé les formes de la signification, faite d'avoué à avoué, soit d'actes de procédure, soit de jugements rendus, a laissé, par cela même, aux tribunaux le droit d'apprécier, dans les contestations relatives à la régularité de ces mêmes significations, s'il a été satisfait aux conditions que la raison indique comme essentielles pour la validité de pareils actes; ainsi, notamment, le *parlant à* n'est pas nécessaire.

18. — 7 janvier 1831. — Roguet. C. Villiaumé — 2e Ch. — MM. Chippel, pr., Chatillon, Volland, av.

Les actes d'avoué à avoué, notamment les significations de jugement, doivent, à peine de nullité, contenir toutes les formalités exigées par l'art. 61 C. pr., pour les exploits d'ajournement, et plus particulièrement la mention de la personne à laquelle la copie a été remise.

19. — 31 juillet 1834. — Mathieu C. Simon. — 2e Ch. — MM. Troplong, pr., Antoine, Chatillon, av.

Est valable, même pour faire courir les délais de l'opposition, la signification d'un jugement à avoué qui, sans mentionner à la requête de qui la signification a été faite, porte qu'elle est faite à M...., avoué adverse. — Dans ce cas, la signification se référant nécessairement au jugement qui précède, indique clairement, par un équipollent irrésistible, qu'elle est faite à la requête de l'avoué qui, dans l'instance, était l'adversaire de celui à qui la signification était faite.

20. — 11 juillet 1837. — Le préfet des Vosges C. la ville de Remiremont, la commune de Saint-Nabord et Vairel. — 1re Ch. — MM. de Metz, p. pr., Collard, subst., Volland, Chatillon, Antoine, d'Arbois, av.

L'adjoint au maire d'une commune a qualité, en cas d'absence ou d'empêchement du maire, pour recevoir et viser l'original d'un exploit d'appel. — Le même droit appartient au second adjoint, en cas d'absence ou d'empêchement du premier. — Il y a présomption suffisante que le maire ou l'adjoint, qui n'ont pas visé l'original, étaient absents ou empêchés.

21. — 3 décembre 1841. — Guérin et Cretaille C. Leroy et autres. — 1re Ch. — MM. Moreau, p. pr., d'Ubexi, Louis, La Flize, av.

Lorsque celui au nom duquel est fait un commandement était créancier à ce jour, le commandement est régulier; ceux qui l'ont désintéressé ultérieurement peuvent se faire subroger dans la poursuite.

22. — 18 juin 1838. — Hannel C. Simon et Ligny. — 1re Ch. — MM. Mourot, pr., Fabvier, proc. gén., Chatillon, Mamelet, La Flize, av.

L'huissier ne peut remettre la copie de son exploit au maire, ou à l'adjoint de la commune, qu'à deux conditions : c'est qu'il n'ait trouvé au domicile ni la partie, ni aucun de ses parents ou serviteurs ; c'est qu'il ne lui ait pas été possible de remettre la copie à un voisin qui ait pu ou voulu signer l'original. — La première condition ne suffit pas, même quand l'huissier constaterait avoir rencontré, par hasard, au domicile de la partie, un parent qui n'y réside pas habituellement, et qui a refusé d'ailleurs de recevoir la copie.

23. — 11 avril 1842. — Voinier C. le Séminaire de Nancy. — 2⁰ Ch. — MM. Costé pr., de Saint-Ouen, d'Arbois, av.

Les séminaires sont des établissements publics. — Les exploits d'appel contre des établissements publics sont nuls, s'ils ne sont point soumis au visa de la personne préposée pour recevoir la copie.

24. — 15 juillet 1837. — Mathieu C. Cherrier. — 1ʳᵉ Ch. — MM. de Metz, p. pr., Bonnaire, La Flize, av.

Un exploit d'huissier, qui ne contient pas l'immatricule de cet officier ministériel, n'est pas nul, si, dans le même acte, se trouve la copie régulière d'un autre exploit du même huissier, où cette immatricule est rapportée.

25. — 24 décembre 1834. — Le Domaine de l'Etat C. Feyen et Millet de Chevers. — 2⁰ Ch. — MM. Troplong, pr., Bresson, av. gén., Volland, Catabelle, d'Ubexi, av.

Un exploit fait un jour férié n'est pas nul ; il y a seulement lieu à une amende contre l'huissier. — La prescription est interrompue par un exploit de ce genre.

26. — 19 juin 1835. — Lefebvre C. de Noailles, Fréminet et Clément. — 1ʳᵉ Ch. — MM. de Metz, p. pr., d'Ubexi, Chatillon, Louis, Volland, av.

Est nul l'exploit signifié en une seule copie à des époux communs en biens, qui ont des intérêts distincts ou opposés. — Il y a des intérêts distincts, et même opposés, entre deux époux, même communs en biens, qui ont fait et garanti solidairement la vente d'un immeuble propre au mari, quand l'acquéreur, troublé dans sa possession, a obtenu condamnation solidaire contre le mari et la femme ; le jugement qui prononce cette condamnation doit donc, à peine de nullité, être signifié au mari et à la femme par copies séparées.

27. — 16 avril 1842. — La commune de Resson C. Thieriot-Colon. — 1ʳᵉ Ch. — MM. Mourot, pr., Garnier, av. gén., concl. conf., d'Ubexi, Volland, av.

L'assignation donnée à la requête des maire et adjoint d'une commune, en cette qualité, est valable, quoiqu'elle ne porte pas explicitement leurs noms, ni leur profession, ni leur domicile.

28. — 14 décembre 1841. — Simon-Collin C. Paturet. — 2⁰ Ch. — MM. Costé, pr., Welche, La Flize, av.

Lorsque, dans une copie de pièces signifiée en tête d'un exploit, tous les noms du défendeur sont écrits exactement, il n'y a point de nullité pour avoir omis un des noms dans l'exploit.

29. — 2 février 1832. — Lataye C. Thiéry et Quesnu. — 1re Ch. — MM. Bresson, pr., Poirel, p. av. gén., Bresson, Berlet, Moreau, av.

La représentation d'un exploit original n'est pas absolument nécessaire pour en admettre la régularité. Quand l'existence de cet acte est certaine et avouée, et que les parties, qui en ont reçu des copies, refusent de les produire, l'acte doit être tenu pour régulier ; sauf à celui qui l'invoque, sans le représenter, à affirmer, sous la foi du serment, que l'original en est véritablement adiré.

30. — 30 juillet 1833. — Poirson C. la commune de Gironcourt, Guérin et Pernin. — 1re Ch. — MM. Troplong, pr., Bouchon, subst., La Flize, Moreau, Chatillon, Welche, av.

Il n'est pas nécessaire, pour la validité d'un exploit, qu'il porte à qui l'huissier a parlé ; il suffit qu'il mentionne à qui l'exploit est laissé en copie. L'existence d'un *parlant à*, laissé en blanc dans l'exploit, ne saurait suffire pour le vicier.

31. — 10 mars 1835. — Giffon C. Boivin et Brossard. — 1re Ch. — MM. de Metz, p. pr., Poirel, p. av. gén., La Flize, Volland, Chatillon, av.

Est nul l'acte d'appel signifié en parlant à *la personne de son épouse, laquelle a dit être*, du moins quand il est prouvé que la partie à qui cet acte est signifié n'est point mariée.

32. — 28 janvier 1841. — Méquignon C. Marcel, Delandine et Gentil. — 1re Ch. — MM. Costé, pr., Poirel, p. av. gén., Lefèvre, Catabelle, Poirel, Louis, av.

L'art. 59 C. pr., qui permet, lorsqu'il y a plusieurs défendeurs, d'assigner devant le tribunal du domicile de l'un d'eux, au choix du demandeur, n'est applicable que lorsque tous les défendeurs sont obligés également, et non lorsque les uns sont obligés principalement, et les autres éventuellement, comme le garant.

33. — 14 juillet 1843. — La compagnie d'assurance pour la libération du service militaire C. Fleurent et Fremion. — 2e Ch. — MM. Riston, pr., La Flize, Lalande (de Lunéville), d'Ubexi, av.

En principe, une société, partie en nom collectif, partie en commandite, ne peut valablement être représentée et agir que sous la raison sociale indiquée et publiée dans ses statuts : il suffit cependant, pour la désignation de cette raison sociale, que les termes dont on s'est servi ne puissent pas laisser d'équivoque, ni faire confusion avec une autre société existante.

Spécialement : est valable et régulière l'assignation faite à la requête « *de la compagnie d'assurance pour la libération du service militaire,* » *établie à Paris, rue de la Chaussée-d'Antin, n° 44, agissant par* » *MM. Jean Rey, Ange-Hennezel de Victorin baron de Mautort,* » *Francisque Barbet-Duclosel, ses administrateurs gérants.* » — Ces expressions, quoique non suivies des mots *et compagnie*, que comprend la *raison sociale*, ne laissent cependant aucun doute que les demandeurs agissaient au nom de cette même compagnie, organisée par acte authentique, s'il est certain, en fait, que les sieurs Rey, de Mautort et Duclosel ne sont administrateurs gérants que de cette seule compagnie, et si, d'ailleurs, les statuts, après avoir établi, par l'article 1er, le nom de la raison sociale, ont ajouté : « l'entreprise prend le titre de *compagnie générale pour la libération du service militaire*. »

EXPROPRIATION.

SOMMAIRE.

1. *Ancien droit.* — Formalités pour la prise de possession. Fortifications. Jouissance postérieure de l'ancien propriétaire. Son inefficacité. Imprescriptibilité.
2. *Cimetière.* — Ville. Campagne voisine. Dépréciation. Indemnité.

RENVOIS.

Voy. *Commune*. — 33. Voie publique. Places et rues. Droits des riverains. Expropriation publique. Indemnité.
  Saisie immobilière.
    Voirie. — 16. — IV. Ouverture et redressement des chemins. Expropriation. Compétence judiciaire. — 23. — II. Chemin vicinal classé. Expropriation. Indemnité.

---

1. — 11 mars 1841. — Le préfet de la Meuse C. la ville de Verdun. — 1re Ch. — MM. Costé, pr., Poirel, p. av. gén., Volland, d'Ubexi, av.

Autrefois il n'y avait point de formalités rigoureuses pour la prise de possession et l'expropriation pour cause d'utilité publique, par exemple, pour les fortifications. La prise de possession suffisait; et dès lors, les actes de jouissance postérieurs de l'ancien propriétaire auraient été de nulle valeur pour conserver son droit, la chose étant devenue imprescriptible.

2. — 29 mai 1843. — Lamoureux C. la ville de Nancy. — 2e Ch. — MM. Riston, ff. pr., Poirel, p. av. gén., Catabelle, Volland, av.

Une ville qui établit un nouveau cimetière à proximité d'une maison de campagne appartenante à un particulier, n'est point tenue d'indemniser ce dernier de la dépréciation qui peut résulter de ce voisinage pour sa propriété.
  (Charte, art. 8. 9. — C. civ., Art. 544. — L. 151. 155. ff. de reg. juris. — D. 23 prairial an XII. — Déclaration du 10 mars 1776.)

EXTRANÉITÉ.

Voy. *Étranger.*

FACTEUR.

Voy. *Mandat.* — 2. — II. Facteur garde-vente. Commerçant. Homme de service.

FACTURE.

Voy. *Compétence.* — 18. Lieu de payement. Domicile du vendeur. Compétence du tribunal. Facture. Traite tirée sur l'acheteur. Protêt.

FAILLITE ET BANQUEROUTE.

SOMMAIRE.

1. *Appel.* — I. Délai de quinzaine. Jugement sur les opérations de la faillite. — II. Vente. Hypothèque. Simulation. Nullité.
2. *Appel.* — Jour de l'échéance du délai.
3. *Banqueroute simple.* — I. Peine subie. — II. Rétention provisoire du failli dans la maison de détention, à la demande des syndics. — III. Transport dans la prison pour dettes. — IV. Consignation d'aliments.
4. *Compétence du tribunal du domicile du failli.* — I. Contestation entre les syndics et des tiers. Contestation née du fait même de la faillite. — II. Engagement entre le failli et des tiers avant la faillite.
5. *Compétence du tribunal du domicile du failli.* — Contestation née du fait même de la faillite. Réclamations des syndics contre les débiteurs du failli. Endossement fictif. Tiers distrait de ses juges naturels.
6. *Concordat.* — Failli. Action personnelle. Sursis au concordat. Fixation de l'ouverture de la faillite.
7. *Concordat.* — Opposition. Jugement. Tierce opposition des créanciers de la faillite. Syndic. Failli.
8. *Concordat.* — Résolution pour inexécution. Nullité. Demande nouvelle non recevable en appel.
9. *Créance civile.* — Déclaration de faillite. Absence de dettes commerciales en souffrance.
10. *Créancier hypothécaire.* — Inscription annulée par la faillite. Tierce opposition. Délai.
11. *Créancier unique.* — Liste triple du nombre des syndics provisoires. Refus de nommer par le tribunal de commerce. Appel. Requête.
12. *Désistement d'instance.* — Désistement d'action. Pouvoirs des syndics.
13. *Dette échue.* — Payement en effets de commerce, en règlements. Cessation de payements. Connaissance.
14. *Effets souscrits par le failli.* — Protêt avant l'échéance. Dette rendue exigible par la faillite.
15. *Incompétence matérielle.* — I. Tribunal de commerce. Société commerciale. Acte de partage. Vente de parts d'associés. Prêt hypothécaire. — II. Appel. Évocation du fond. — III. Solidarité. Restitution d'une somme d'argent représentative de la valeur d'objets mobiliers. Abandon d'objets mobiliers par un failli à un créancier. Présomption de fraude. Restitution. — IV. Hypothèque sur actions commerciales dans une usine. Part sociale mobilière. — V. Vente de part sociale. Vileté du prix. Donation. — VI. Acte simulé. Novation. — VII. Vente ou partage d'une usine entre associés. Acte non commercial. Compétence du tribunal civil. — VIII. Licitation ou partage. Failli, seul propriétaire de l'immeuble social. Hypothèque valable. — IX. Hypothèque consentie par les associés, sur les immeubles sociaux, pendant la société. Nullité. — X. Hypothèque consentie par le failli, après la faillite. — XI. Payement par le failli, débiteur principal. Action des syndics contre la caution.
16. *Opposition au jugement déclaratif de la faillite.* — Délai. Affiche du jugement.
17. *Ouverture de la faillite.* — Protêts. Commandements. Lettres missives. Cessation de payements. Son caractère. Payements modiques. Salaires d'ouvriers.
18. *Projet de concordat.* — Inexécution des conditions. Nullité. Preuve des créances y mentionnées.
19. *Réhabilitation.* Failli décédé. Payement de ses dettes par son fils. Mémoire du failli réhabilité. Audience solennelle. Question d'état. Réunion facultative de la chambre civile à la chambre correctionnelle. Réunion nécessaire des deux chambres.

230 FAILLITE ET BANQUEROUTE.

20. *Reprise d'instance par le syndic, après la déclaration de faillite.* — Intervention sur l'appel. Tierce opposition.
21. *Revendication.* — Bois et planches vendus et non payés. Port et terrain vague loués par le failli. Magasin de l'acheteur.
22. *Revendication.* — Coupe de bois. Meuble. Rétention. Clause du cahier des charges. Parterre de la coupe. Magasin de l'acheteur.
23. *Supplément de dividende.* — I. Concordat. Billet. Nullité. Compétence commerciale. — II. Menace écrite. Violence. Action du failli. Action des créanciers.
24. *Supplément de dividende.* — Concordat. Billet. Nullité, même au regard du débiteur.
25. *Supplément de dividende.* — Concordat. Billet. Validité vis-à-vis du souscripteur. Menace d'opposition au concordat.
26. *Supplément de dividende.* — Concordat. Billet. Violence. Fraude. Nullité. Créanciers intervenants.
27. *Syndics.* — I. Indemnité de leur gestion. Jugement du tribunal de commerce. Appel. — II. Requête. — III. Motifs du jugement. Omission. Nullité. Publicité de l'audience.
28. *Syndics.* — Leurs pouvoirs. Représentants de la masse. Contestation des créances individuelles, dans leur principe, dans leur quotité.
29. *Vente par le failli, avant la déclaration, mais après l'ouverture, ultérieurement fixée, de la faillite.* — Connaissance de la cessation de payements par l'acquéreur. Prix avantageux. Mauvais emploi de ce prix. Validité de la vente.

RENVOIS.

Voy. **Compétence commerciale.** — 8. Faillite. Compte courant avec un commerçant. Tribunal du lieu de la faillite. Tribunal du domicile du défendeur.

Contrainte par corps. — 5. Faillite. Banqueroute frauduleuse. Frais. Incarcération. Grâce. Chose jugée. Dessaisissement du failli. Engagements postérieurs à la faillite. Cessation de l'état de faillite. Cessation de la suspension de la contrainte par corps.

Renvoi. — 1. Faillite. Contestations nées et à naître. Tribunal de commerce. Contestations civiles. Tribunal civil. Dépens.

Saisie-arrêt. — 3. Premier saisissant. Privilège sur les deniers saisis. Jugement de validité de saisie. Attribution. Chose jugée. Faillite. Signification de jugement.

Transport. — 2. Rétrocession. Faillite du cédant. Action en nullité de la rétrocession par les syndics. Premier transport non signifié. Signification du transport après la faillite.

Vente. — 4. Coupe de bois. Faillite de l'acheteur. Revendication. Magasin du failli. Effet de commerce. Novation. Privilège sur le prix de vente des bois. — 21. Résolution de vente. Faillite. Frais d'instance. Rétention sur le prix de vente.

---

1. — 15 janvier 1842. — Aubert C. Laurent et Gaze. — 1re Ch. — MM. Mourot pr., Poirel, p. av. gén., Fleury, d'Ubexi, La Flizé, av.

I. Le délai de quinzaine, établi par l'article 582 C. com., pour interjeter appel en matière de faillite, n'est applicable qu'aux jugements rendus sur les *opérations de la faillite*, et non à ceux qui interviennent sur les *actions dirigées par les syndics* contre un particulier en annulation d'une vente, ou d'une constitution d'hypothèque.

II. Lorsque le failli a fait une vente dont la simulation était connue de ceux au profit de qui l'acquéreur fictif a consenti l'hypothèque, cette constitution est sans valeur.

2. — 9 janvier 1845. — Durand C. la faillite Schlinger. — 1re Ch. — MM. Mourot, pr., Poirel, p. av. gén., Mengin, Catabelle, av.

En matière de faillite, comme en toute autre matière, l'appel est valablement interjeté le jour de l'échéance du délai. L'art. 582 du C. de com. n'a pas dérogé aux dispositions générales de l'art. 1033 du C. de pr. civ. : ces dispositions sont applicables au délai de quinze jours comme à celui de trois mois.

3. — 50 août 1833. — Gandar C. Ruff-André. — 1re Ch. — MM. de Metz, p. pr., Poirel, p. av. gén., Fabvier, Moreau, av.

I. Le failli dont le dépôt dans la maison d'arrêt pour dettes a été ordonné, et qui, par suite de sa faillite, a été condamné comme banqueroutier simple, peut, après avoir subi sa peine dans la maison de détention, y être retenu prisonnier sur la demande des syndics définitifs, jusqu'à son transport dans la maison d'arrêt pour dettes.

II. Cette mesure provisoire peut être requise par les syndics sans l'intervention du ministère public.

III. Elle ne constitue pas la recommandation sur contrainte par corps, et n'est pas assujettie aux formalités prescrites par les articles 780 et suivants du C. de pr. civ.

IV. Notamment, les syndics ne sont pas obligés de consigner à l'avance les aliments que la loi exige d'un créancier qui exerce la contrainte par corps contre son débiteur : il suffit qu'ils veillent à ce que le débiteur ne manque pas un seul jour des aliments nécessaires.

4. — 17 février 1844. — Houdelaire C. la faillite Gerber. — 1re Ch. — MM. Mourot, pr., Poirel, p. av. gén., Catabelle, Louis, av.

I. Si l'art. 59, § 7, du C. de pr. civ. porte qu'en matière de faillite, les défendeurs seront assignés devant le tribunal du domicile du failli, cette disposition n'a pas pour effet d'attribuer exclusivement à ce tribunal la connaissance de toutes les contestations qui peuvent exister entre les syndics et des tiers ; elle constitue seulement à la faillite, c'est-à-dire, à la masse des créanciers et aux syndics qui la représentent, un domicile légal et indépendant du domicile réel de chacun d'eux, et défère au tribunal, qui a déclaré la faillite, le jugement de celles de ces contestations qui constituent des matières de faillite, ou, en d'autres termes, qui prennent naissance dans le fait même de la faillite, qui sont soulevées à l'occasion de ce fait, et qui en sont des conséquences nécessaires.

II. On ne peut considérer comme formant des matières de faillite les engagements intervenus plus ou moins longtemps avant la faillite, entre celui qui a depuis failli et des tiers.

5. — 27 février 1841. — Barbier C. Simonin et Mayer-David. — 1re Ch. — MM. Costé, pr., Poirel, p. av. gén., concl. conf., Poirel, Louis, Catabelle, av.

L'art. 59 C. pr., qui porte qu'en matière de faillite, les défendeurs seront assignés devant le juge du domicile du failli, n'est pas applicable à toutes les contestations où le failli est intéressé, mais seulement à celles qui prennent naissance dans le fait même de la faillite, qui sont soulevées à raison de ce fait, et qui en sont la conséquence nécessaire. — Il en est autrement des réclamations dirigées par les syndics contre les débiteurs du failli.

On ne peut, par une disposition et un endossement fictif, soustraire quelqu'un à ses juges naturels, en l'enveloppant dans des poursuites contre le prétendu endosseur.

6. — 19 mars 1839. — Boullet C. la faillite Boullet. — 1re Ch. — MM. Mourot, pr., Garnier, av. gén., concl. conf., La Flize, d'Ubexi, av.

Le dessaisissement dont la loi frappe le failli, à compter du jour de la faillite, n'a trait qu'à l'administration de ses biens. — En conséquence, le failli conserve le droit d'intenter en justice toutes les actions qui ont pour objet le règlement, le mode, les conditions et l'époque d'un acte qui exige sa participation personnelle, par exemple, du concordat.—Il doit être sursis au concordat jusqu'à ce que l'époque de l'ouverture de la faillite ait été fixée définitivement.

7. — 16 mars 1844. — Brunet C. Delhomme et Odiot. — 1re Ch. — MM. Mourot, pr., Poirel, p. av. gén., La Flize, Catabelle, d'Ubexi, av.

Les créanciers d'une faillite sont non recevables à intervenir et à former tierce opposition au jugement, ou à l'arrêt, qui statue sur une opposition faite à un concordat, le syndic et le failli devant seuls être assignés pour en discuter le mérite. (C. de pr. civ. 466, 474, C. de com. 512.)

8. — 22 décembre 1837. — Perrin C. la faillite Perrin. — 1re Ch. — MM. de Metz, p. pr., Garnier, av. gén., concl. conf., Volland, d'Arbois, av.

Il n'est pas possible, en appel, de transformer une demande en résolution de contrat pour cause d'inexécution, en une demande en nullité de ce même contrat.

Un concordat, en matière de faillite, est-il susceptible de résolution pour cause d'inexécution?

Nota. L'art. 520 de la nouvelle loi des faillites, du 28 mai 1838, tranche la question pour l'affirmative. (Voy. Moniteur du 7 avril 1838.)

9. — 30 juillet 1842. — Georgel C. Pierrefitte. — 1re Ch. — MM. Mourot, pr., Garnier, av. gén., concl. contr., Catabelle, Louis, av.

Tout commerçant qui cesse ses payements peut être déclaré en état de faillite; ses créanciers civils ont le droit d'en provoquer la déclaration, lors même qu'il n'y aurait point de dette commerciale en souffrance (1).

10. — 30 mai 1832. — Ferlat C. Masson et Simonot. — 2e Ch. — MM. Chippel, pr., Poirel, p. av. gén., Chatillon, La Flize, av.

Le créancier hypothécaire, dont l'inscription est anéantie par le

---

(1) *Contrà.* Metz. 17 août 1818 (D. S. 40.) A. D. v° faillite, n. 44. 61. — Paris, 27 nov. 1841 (Gaz. trib. 24-25 janvier 1842. — D. 42. 2. 73).

jugement qui fait remonter l'époque de l'ouverture de la faillite, peut y former tierce opposition, quoique ce jugement ait été rendu contradictoirement avec le syndic, mandataire commun, et représentant des créanciers. — Il le peut même après l'expiration des délais accordés pour la vérification des créances, l'art. 457 C. com. ne s'appliquant qu'au jugement déclaratif de la faillite.

11. — 23 juillet 1833. — Germain C. Cerfon. — 1re Ch. — MM. de Metz, p. pr., Bouchon, subst., Xardel, avoué. (Arrêt sur requête.)

I. Lorsque, dans une convocation des créanciers d'une faillite, un seul se présente, il peut, à lui seul, comme le pourraient les créanciers réunis aux termes de l'art. 480 du C. de com., présenter au juge commissaire une liste triple du nombre des syndics provisoires qu'il estime devoir être nommés.

II. En cas de refus du tribunal de commerce de nommer, sur cette liste, un syndic provisoire, le créancier qui l'a présentée peut se pourvoir par appel contre ce refus.

III. Cet appel est recevable, quoiqu'il n'y ait pas eu d'instance contradictoire dans laquelle l'appelant ait été partie.

IV. C'est par requête adressée à la chambre du conseil que cet appel doit être formé.

12. — 13 août 1839. — Leblanc C. la faillite Boullet et Varin-Bernier. — 2e Ch. MM. Mourot, pr., Poirel, p. av. gén., La Flize, d'Ubexi, Volland, av.

Les syndics d'une faillite peuvent se désister d'une instance, mais non de l'action ou de la demande elle-même; pour donner un désistement de cette nature, qui attaque le fond même du droit, il faut avoir la capacité de transiger sur l'action qui en fait l'objet.

13. — 4 juin 1840. — Lafontaine C. la faillite de Mecquenem. — MM. Costé, pr., Fabvier, proc. gén., Volland, La Flize, av.

Les payements faits par un failli à un de ses créanciers *pour dettes échues*, dans l'intervalle du jour de la cessation des payements à celui où le jugement déclaratif de la faillite a été prononcé, sont valables, lorsqu'ils ont été faits au moyen de délégations de règlements, autrement dits, d'effets de commerce, consentis au profit du failli par des négociants qui avaient acheté des marchandises près de lui. Ces payements, autorisés par le dernier § de l'article 446 C. com., ne pourraient être annulés, aux termes de l'art. 447, qu'autant qu'il serait prouvé que le créancier avait connaissance, aux époques où il les a reçus, de la cessation des payements de son débiteur.

14. — 31 août 1831. — Tetet C. Varin-Bernier. — 1re Ch. — MM. Breton, pr., La Flize, Moreau, av.

La faillite rendant toutes les dettes exigibles, le protêt des billets souscrits par le failli peut être fait immédiatement, et sans attendre leur échéance.

Un protêt qui constate que l'huissier s'est présenté au domicile indiqué; qu'il y a trouvé telle personne, qui lui a répondu que le souscripteur de l'effet présenté n'avait remis ni ordre ni fonds pour l'acquitter, constate suffisamment l'absence de ce débiteur.

18. — 24 janvier 1842. — Bazin C. Arragain et autres. — 2ᵉ Ch. — MM. Costé, pr., Garnier, av. gén., concl. conf., La Flize, Volland, av.

I. Bien qu'aucune des parties n'ait proposé, en première instance, ni en appel, l'incompétence du tribunal de commerce, pour prononcer sur la validité d'actes de partage d'une société commerciale, d'une vente de parts d'associés, et d'un contrat de prêt constitutif d'hypothèques, l'incompétence étant matérielle peut être proposée pour la première fois en appel, par le ministère public, ou prononcée d'office par la cour.

II. La cour peut évoquer et prononcer au fond, si l'affaire est en état (C. pr. 473).

III. La solidarité ne doit pas être prononcée contre des défendeurs condamnés à restituer une somme d'argent, représentative de la valeur d'objets mobiliers, rien n'étant plus divisible qu'une somme d'argent. — Elle ne peut être prononcée non plus pour restitution d'objets mobiliers, abandonnés en payement à quelques-uns de ses créanciers, par un failli, depuis sa faillite, en contravention à l'art. 446 C. com. — La présomption de fraude, sur laquelle repose la disposition de cet article, ne suffit pas pour autoriser à prononcer cette solidarité.

IV. L'hypothèque consentie par un actionnaire sur ses actions dans une entreprise commerciale, de laquelle dépendent des immeubles, est nulle (C. com. 529). Les parts sociales, tant que dure la société, sont meubles.

V. On ne peut voir un acte de libéralité dans la vente faite par un associé à ses associés de sa part dans la société, quand même le prix de vente serait inférieur à la valeur de la chose vendue, si aucune des circonstances de la cause ne porte à penser qu'en effet le vendeur ait voulu avantager ses coassociés.

VI. Quand des actes sont simulés, il faut, pour en apprécier la validité, rechercher quels autres actes les parties ont entendu faire. — Des actes de partage, de vente et de prêt, faits par un failli, dans les dix jours de sa faillite, peuvent être déclarés valables comme vente, jusqu'à concurrence du prix réel de vente, et nuls comme actes constitutifs d'hypothèque pour sûreté de dettes anciennes chirographaires, ou garanties précédemment par une hypothèque qui était frappée de nullité. La novation dans le créancier n'empêche pas que l'hypothèque consentie ne soit nulle, si la dette est ancienne.

VII. Des actes de vente ou de partage d'une usine entre associés, après la dissolution de la société, n'ont point un caractère commercial, et leur nullité ne peut être demandée au tribunal de commerce : le tribunal civil seul peut en connaître.

VIII. Lorsque, après la suspension de payements, le failli (dont la faillite n'est pas encore déclarée) devient, par licitation ou partage, seul propriétaire de l'immeuble social, les hypothèques conférées par le même acte aux anciens associés, pour prix de leur part, sont valables, soit à leur profit, soit au profit de leurs créanciers délégués.

IX. L'hypothèque consentie pendant la société, sur les immeubles sociaux, par les associés, est nulle, quand même, plus tard, un partage attribuerait les immeubles à celui qui a constitué l'hypothèque.

FAILLITE ET BANQUEROUTE. 235

X. Après la suspension de payements, le failli ne peut pas plus constituer des hypothèques valables au profit de l'associé solvable, qui se charge de payer un créancier antérieur, qu'au profit de ce créancier lui-même.

XI. Lorsque le failli a fait, comme débiteur principal, un payement à un créancier, les syndics sont non recevables à attaquer ce payement contre la caution qui s'est trouvée déchargée ; ils ne peuvent lui demander de rapporter, puisqu'elle n'a pas reçu ; ils ne peuvent s'adresser qu'au créancier même qui a touché.

16. — 3 juin 1842. — Lévylier C. David Caen. — 1re Ch. — MM. Mourot, pr., Garnier, av. gén., concl. conf., La Flize, Volland, av.

Le délai accordé aux créanciers pour former opposition au jugement de déclaration de la faillite ne court point, tant que l'affiche du jugement dans l'auditoire n'est point constatée par procès-verbal du greffier.

17. — 16 février 1852. — La faillite Gandar C. Simoneau. — 1re Ch. — MM. Bresson, pr., Pierson, subst., Moreau, La Flize, av.

L'ouverture de la faillite d'un commerçant est fixée, non-seulement par des protêts ou commandements, mais par tous actes constatant le refus de payer, même par de simples lettres missives, si les tribunaux trouvent dans ces lettres la preuve de l'insolvabilité actuelle du débiteur.

La cessation de payements, qui constitue l'état de faillite, ne doit pas s'entendre d'une cessation absolue de tous payements, même des plus modiques et des plus nécessaires, comme le salaire des ouvriers d'une usine.

18. — 20 août 1852. — Moyse Mayer C. Joly et Asmont. — 1re Ch. — MM. de Metz, p. pr., Troplong, av. gén., La Flize, Fabvier, av.

Un projet de concordat ou d'atermoiement, nul pour inexécution des conditions résolutoires qu'il renferme, fait foi néanmoins des énonciations qui y sont contenues relativement à la somme pour laquelle chaque créancier figure dans l'arrangement.

19. — 24 août 1844. — Cochon-Lapie. — 1re Ch. — MM. Moreau, p. pr., Garnier, av. gén., Lombard, avoué (Arrêt sur requête).

Arrêt qui prononce la réhabilitation de la mémoire de Cochon-Lhôte, négociant failli décédé, dont le fils a payé toutes les dettes.

Nota. Cet arrêt a été rendu par la chambre civile seule ; la chambre n'a point discuté la question de savoir si l'arrêt devait être rendu en audience solennelle. On s'est conformé aux précédents ; mais ces précédents paraissent contraires à l'art. 3 de l'ordonnance du 24 septembre 1828, combiné avec l'art. 8 de la constitution du 22 frimaire an VIII, que la cour de cassation a déclaré être encore en vigueur.

La réhabilitation de la mémoire d'un failli, dont les dettes ont été intégralement payées par son fils (en principal, intérêts et frais), doit, ce semble, être prononcée en audience solennelle (c'est-à-dire, par deux chambres civiles réunies) si le fils est héritier immédiat, détenteur à titre gratuit de la succession de son père (1).

Sous l'empire du décret du 6 juillet 1810, dans une cour royale composée d'une seule chambre civile et d'une chambre correctionnelle, le président avait la faculté, et non l'obligation, de joindre à la chambre civile l'autre chambre, pour composer l'audience solennelle (2).

Cette faculté n'existe plus : l'ordonnance du 24 septembre 1828, art. 3, exige impérieusement, pour les audiences solennelles, la réunion de la chambre civile et de la chambre correctionnelle, dans les cours composées de trois chambres seulement. Cette ordonnance déroge à l'art. 7 du décret du 6 juillet 1810 (3).

Les audiences solennelles doivent se tenir dans la chambre présidée par le premier président, et la Cour doit alors être composée de deux chambres civiles, de sept juges au moins chacune (4).

20. — 22 mars 1844. — Lévy C. Jordy et Bournique. — 1re Ch. — MM. Mourot, pr., Poirel, p. av. gén., Catabelle, Louis, Volland, av.

Le syndic d'une faillite a le droit d'intervenir sur l'appel d'un jugement rendu avec le failli, et de reprendre l'instance, lorsque, pendant cette instance et avant le jugement, la faillite a été déclarée et que, par suite, le failli s'est trouvé dessaisi de plein droit de l'administration de tous ses biens (C. de com. 443. C. pr. 466, 474). Le syndic aurait pu, en effet, former tierce opposition au jugement.

21. — 15 avril 1836. — Verdun C. La faillite D'goutin. — 1re Ch. — MM. de Metz, p. pr., Poirel, p. av. gén., concl. contr., La Flize, Volland, av.

Il n'y a pas lieu de revendiquer, contre une faillite, des bois et

---

(1) *Droits civiques suspendus par l'état de faillite.* — *Application de la constitution de l'an VIII, sous la charte.*
Constitution du 22 frimaire an VIII, art. 3. — Favard, faillite, § 15, n° 1. — Dalloz, cod. p. 59, n° 1.—C. com. 614, 83.—Acte du 11 juin 1809, art. 14.—Pardessus t. 4, p. 565. — Déc. 16 janvier 1808, art. 50. — Boulay-Paty, t. 2. p. 297, n° 645. — Cass. 9 juillet 1832 (D. 32. 1. 504).
Question d'Etat, audience solennelle. — *Interdiction. Conseil judiciaire.*
Cass. 14 mars 1836 (D. 36. 1. 149). — Cass. 20 août 1836 (D. 36. 1. 448). Cass. — 11 juin 1839 (D. 59. 1. 243). — Bordeaux, 20 avril 1842 (D. 42. 2. 174). — Déc. 30 mars 1808. Art. 22. — Déc. 6 juillet 1810. Art. 7.
(2) Cass. req. 14 août 1828. Ricard (D. 28. 1. 283).—Cass. 26 février 1816 (S. 16. 1. 373. — D. 11. 76).—Cass. 27 décembre 1819 (S. 20. 1. 177. — D. 11. 16).—Cass. 4 décembre 1827 (D. 28. 1. 43).—Cass. 15 mai 1824 (S. 25. 1. 59. — D. 3. 188).—Cass. 28 février 1828 (D. 28. 1. 155.—S. 28. 1. 190). — Cass. 12 juillet 1843 (D. 43. 1. 450).
Nota. Ce dernier arrêt décide que si l'audience solennelle est tenue par la chambre civile seule, il n'est pas nécessaire que la cour déclare qu'elle siége en audience solennelle, et en robes rouges.
(3) Cass. 13 juillet 1842 (D. 42. 1. 397. — Deffuse).
(4) Déc. 6 juillet 1810, art. 7; — L. 27 ventôse an VIII, art. 27. — Ord. 24 septembre 1828.
Conf. Cass. 21 juin 1820 (S. 20. 2. 374).—Cass. 19 août 1822 (S. 22. 1. 440). — Cass. 20 janvier 1826 (S. 1. 537. — D. 26. 1. 161).—Cass. 31 juillet 1821 (S. 22. 1. 226).—Nismes, 22 février 1839 (D. 39. 2. 146).

planches vendus, et non payés, qui sont placés à la disposition de l'acheteur, sur un port ou terrain vague qui ne lui appartient pas, mais pour lequel il paye un loyer ou droit d'emmagasinage : quand il s'agit de marchandises d'un volume considérable, qui n'entrent jamais dans des magasins proprement dits, ces ports ou lieux de dépôt doivent être considérés comme les *magasins* de l'acheteur.

22. — 24 août 1844. — de Lesseux C. la faillite Poussardin. — 1re Ch. — MM. Moreau, pr., Garnier, av. gén., concl. conf., Volland, Antoine, av.

I. Le propriétaire qui a vendu une coupe de bois et délivré le permis d'exploiter à un négociant, lequel a commencé l'exploitation, puis est tombé en faillite avant de l'avoir terminée, ne peut prétendre exercer, sur les bois non encore abattus au jour de la faillite, le droit de *rétention*, consacré par l'art. 577 du C. de com.

II. Il ne peut non plus exercer, sur les bois abattus, façonnés ou non, ni sur les bois encore sur pied, le droit de *revendication* établi par l'art. 576 du même Code.

III. On ne saurait induire ce même droit exceptionnel de revendication d'une clause du cahier des charges ainsi conçue : « le vendeur » pourra, jusqu'à ce qu'il soit entièrement désintéressé par l'acqué- » reur du prix de l'adjudication, *revendiquer*, sur le parterre de la » coupe, les bois qui s'y trouveront encore, abattus ou sur pied, » façonnés ou non, si aux époques fixées pour les payements, l'acqué- » reur, ou ses cautions, négligent de se libérer. Cette revendication » sera exercée, quand même la coupe ne serait plus entière, et elle » s'étendra même aux troncs et planches conduites sur les scieries. »

IV. Les coupes de bois, vendues par un propriétaire à un marchand de bois, sont réputées meubles.

V. Dans les coupes jardinatoires, comme dans les coupes de taillis sous futaie, la chose vendue, c'est la coupe dont les limites sont désignées, et non un certain nombre de corps certains et déterminés, quoique le nombre des arbres marqués en délivrance soit mentionné au procès-verbal d'adjudication, surtout si le vendeur ne garantit point le nombre indiqué.

VI. Le véritable *magasin* du marchand de bois, c'est le parterre de sa coupe (C. com. 576).

23. — 27 juin 1836. — Mersey C. Rodier-Royer. — 1re Ch. — MM. Mourot, pr., Fabvier, proc. gén., Chatillon, d'Ubexi, av.

I. Le tribunal de commerce est seul compétent pour prononcer sur la validité d'un billet souscrit par un négociant failli, au profit d'un de ses créanciers, comme supplément secret au dividende promis par le concordat.

II. Une telle obligation est nulle comme illicite, non-seulement au regard des autres créanciers, mais même au regard du débiteur, qui a qualité pour demander cette nullité. — Elle est nulle surtout, quand elle n'a été obtenue du débiteur que par la menace écrite de s'opposer au concordat, et de le faire déclarer banqueroutier : il y a, dans cette seule menace, faite par écrit, un acte de contrainte et de violence qui vicie le consentement. — Le payement que le débiteur aurait fait d'autres obligations de cette nature n'est pas une ratification de celles qu'il n'a pas payées.

24. — 8 janvier 1838. — Mersey C. Vaulot. — 1re Ch. — MM. de Metz, pr. pr., Poirel, p. av. gén., Chatillon, La Flize, av.

Un billet souscrit par un failli, au profit d'un de ses créanciers, comme supplément secret au dividende promis par le concordat, est nul comme illicite, non-seulement au regard des autres créanciers, mais même au regard du débiteur : ce dernier a qualité pour demander cette nullité.

25. — 3 mai 1837. — Toussaint C. Tornier. — 2e Ch. — MM. Costé, pr., Garnier, subst., concl. conf., Catabelle, Louis, av.

Un billet souscrit par un négociant failli, au profit de l'un de ses créanciers, comme supplément secret au concordat, est obligatoire, du moins pour le souscripteur, même quand il y aurait eu, de la part du créancier, menace de s'opposer au concordat, et de poursuivre le failli comme banqueroutier frauduleux.

26. — 5 août 1834. — Rodier-Royer C. Mersey et Mancot.l. — 1re Ch. — MM. de Metz, p. pr., Moreau, Chatillon, La Flize, av.

Est nul, tant comme entaché de *violence* que comme fait *en fraude des droits des créanciers*, le billet souscrit par le failli, au profit de l'un de ses créanciers, pour lui assurer un supplément au concordat, et l'empêcher ainsi de s'y opposer. — Le souscripteur du billet peut lui-même faire valoir le premier moyen, et ses créanciers intervenants le second.

27. — 16 août 1845. — Harmand et Béon, syndics de la faillite Muel-Doublat. — 1re Ch. — MM. Moreau, p. pr., Bourdon, subst., concl. conf., Cabasse, avoué. (Arrêt sur requête.)

I. La décision de juges consulaires, chargés d'arbitrer, dans de justes proportions, l'indemnité réclamée par des syndics, pour leur gestion, est un véritable jugement, et la faculté d'en interjeter appel existe, la loi n'ayant pas déclaré cet appel inadmissible. — L'art. 583 du C. de com., qui détermine les cas où, en matière de faillite, l'appel n'est pas recevable, n'y a pas compris les jugements rendus sur la fixation de cette indemnité : dès lors, il y a lieu de rester dans le droit commun, et de reconnaître la recevabilité de l'appel.

II. Cet appel, formé par voie de requête, est régulier.

III. Le jugement qui statue sur l'indemnité réclamée par les syndics est nul, s'il ne contient pas les principaux motifs sur lesquels il est basé, et s'il n'a pas été rendu en audience publique.

28. — 22 décembre 1842. — La faillite Doublat C. la faillite de la société des marbres des Vosges. — 1re Ch. — MM. Moreau, p. pr., Poirel, p. av. gén., Volland, d'Ubexi, av.

Les syndics représentent la masse des créanciers de la faillite contre chacun de ceux qui se prétendent créanciers de cette faillite. Ils ont qualité pour contester cette prétention, non-seulement dans sa quotité, mais aussi dans son principe, en excipant, par exemple, de ce qu'elle repose sur des actes qui excèdent les pouvoirs de celui qui s'y est livré; contestation dont le résultat, si elle est admise, est de diminuer le passif de la faillite, et, par suite, d'augmenter les dividendes des créanciers reconnus.

29. — 23 juillet 1840. — La faillite Marcel C. Lejeune et Gentil. — 1re Ch. — MM. Costé, pr., Garnier, av. gén. concl. conf., Catabelle, Volland, Louis, av.

Il n'y a pas lieu d'annuler une vente faite par le failli avant la déclaration de faillite, mais, après l'époque qui est fixée plus tard comme celle de l'ouverture, à un acquéreur connaissant la cessation de payements, si d'ailleurs il est prouvé que cette vente a été, quant au prix, aussi avantageuse que possible pour la masse, et si le préjudice dont la masse se plaint résulte seulement du mauvais emploi du prix, depuis la vente.

FAIT DU PRINCE.

Voy. *Louage.* — 11. Force majeure. Cas fortuit. Privation de jouissance. Acte de l'administration. Réduction de loyer. Dommages-intérêts.

FAIT MATÉRIEL.

Voy. *Preuve testimoniale.* — 10. Fait matériel. Valeur excédant 150 fr. Preuve recevable.

FAUX INCIDENT.

SOMMAIRE.

1. *Altération matérielle.* — Rejet de l'acte sans inscription de faux.
2. *Inscription de faux.* — Circonstances accessoires, antérieures ou postérieures à l'acte. Relation. Preuve admissible.
3. *Inscription de faux.* — I. Faits précis, différents de la simple négation des faits constatés par l'acte. — II. Acte notarié. Assistance à la dictée et à l'écriture des testaments. Assistance à la lecture et à la signature des donations, etc. — III. Témoins présents à la lecture. Rejet de l'inscription de faux. Amende.
4. *Inscription de faux.* — I. Interrogatoire sur faits et articles. — II. Appel du jugement qui admet l'inscription de faux, par la partie qui a demandé l'interrogatoire. Recevabilité.
5. *Inscription de faux.* — I. Testament authentique. Témoins instrumentaires. Enquête. — II. Nouveau moyen de faux révélé par l'enquête. Fin de non-recevoir.

RENVOIS.

Voy. *Vérification d'écritures.* — 2. Pouvoir discrétionnaire des tribunaux. Vérification jugée superflue. Fraude. Simulation. Annulation immédiate.

---

1. — 19 juin 1835. — Lefèvre C. de Noaille, Fremynet et Clément. — 1re Ch. — MM. de Metz, p. pr., d'Ubexi, Chatillon, Louis, Volland, av.

Quand l'altération d'un acte est matérielle, cet acte peut être rejeté par les tribunaux sans inscription de faux.

2. — 25 février 1834. — Claudel C. Courard et Mairerichard. — 1re Ch. — MM. de Metz, p. pr., Poirel, p. av. gén., Chatillon, Moreau, d'Ubexi, av.

Les circonstances qui peuvent établir la fausseté d'un acte ne consistent pas seulement dans celles qui lui sont intrinsèques, et par lesquelles le faux est démontré dans les faits qui le constituent directement ; mais des circonstances accessoires peuvent corroborer la preuve du faux, en venant à l'appui des faits principaux auxquels ces circonstances se lieraient, comme causes ou comme conséquences. — Ainsi est admissible, dans une inscription de faux, la preuve des faits antérieurs ou postérieurs à la confection de cet acte, s'ils ont, avec ce même acte, une relation suffisante.

3. — 23 mars 1841. — Poinsignon C. Poinsignon et Bastien. — 2e Ch. — MM. Mourot, pr., Garnier, av. gén., concl. conf., d'Ubexi, Volland, Catabelle, av.

I. En matière d'inscription de faux, il ne suffit pas d'articuler des faits qui se réduisent à la négation de ceux qu'atteste l'acte authentique ; il faut préciser les faits, circonstances et preuves, c'est-à-dire, des faits différents de la simple négation de ceux qui sont constatés par l'acte, et desquels résulterait, s'ils étaient prouvés, la certitude de la fausseté de ce même acte.

II. Les actes notariés doivent, à peine de nullité, être reçus par deux notaires, ou par un notaire assisté de deux témoins. Toutefois, cette assistance n'est point exigée à la dictée et à l'écriture des actes, autres que les testaments : il suffit, pour les actes ordinaires, notamment pour les donations entre-vifs, que les témoins assistent à la *lecture* et à la signature, en présence du notaire et des parties, et signent eux-mêmes simultanément.

III. L'inscription de faux, fondée sur ce que les témoins ne sont arrivés que pour la lecture de l'acte, doit être rejetée, la preuve de ce fait n'étant pas pertinente, et la partie qui s'est inscrite en faux doit être condamnée à 300 fr. d'amende.

4. — 15 juillet 1844. — Suisse C. Digout. — 2e Ch. — MM. Masson, ff. pr., Poirel, p. av. gén., Lalande (de Lunéville), Louis, av.

I. Le jugement, qui admet une inscription de faux, ne fait pas obstacle à ce que l'une des parties provoque ensuite un interrogatoire sur faits et articles.

II. La demande tendante à une voie d'instruction ne constitue pas un acquiescement au jugement interlocutoire qui a prononcé l'admission de l'inscription de faux ; dès lors, elle n'a pas pour effet de rendre non recevable l'appel de ce jugement, de la part de celui qui a provoqué l'interrogatoire sur faits et articles.

5. — 4 juillet 1833. — Claudel C. Ruaux et Rochâtte. — 1re Ch. — MM. de Metz, p. pr., Pierson, subst., Chatillon, Moreau, Bresson, av.

I. Lorsqu'une inscription de faux a été admise contre un testament authentique, les témoins instrumentaires peuvent être entendus.

II. Si, de l'audition des témoins sur les faits dont la preuve a été admise, il ressort un nouveau moyen de faux, dont l'existence était jusqu'alors ignorée, la partie ne peut l'invoquer, lors du jugement définitif, pour faire annuler le testament.

FEMME.

SOMMAIRE.

1. *Cohabitation.* — Domicile conjugal. Moyens coercitifs. Saisie des revenus de la femme. Dommages-intérêts. Pension alimentaire.
2. *Cohabitation.* — Domicile conjugal. Moyens coercitifs. Saisie des revenus de la femme. Inconduite notoire du mari. Signification de jugement. Commencement d'exécution. Acquiescement. Réserve d'appel.
3. *Femme de commerçant.* — Apport mobilier. Acte authentique. Témoins. Commune renommée.
4. *Femme séparée de biens.* — I. Commerce. Autorisation contre la volonté du mari. — II. Succession. Capitaux. Défense de les toucher.

RENVOIS.

Voy. *Caution.* — 6. Somme indéterminée. Fixation ultérieure. Femme mariée.
Contrat de mariage. — 18. Propre de la femme. Aliénation. Prix propre à la femme. Saisie-arrêt par les créanciers du mari. Nullité.
Exploit. — 11. Acte d'appel. Epoux séparés de biens. Intérêt distinct. Copies séparées.
Hypothèque. — 4. — II. Femme, obligée solidaire. Supplément d'hypothèque.
Interdiction. — 3. Conseil judiciaire. Fille. Mariage.
Interrogatoire sur faits et articles. — 3. Femme mariée. Détournement d'effets de succession par elle et par son mari.
Louage. — 8. 9. 10. Femme cofermière avec son mari. Caution solidaire.
Ministère public. — 2. Femme mariée, non autorisée par son mari. Dot. Régime dotal.
Portion disponible. — 1. Préciput. Réduction. Mari. Femme. Avantage prohibé.
Preuve littérale. — 5. Bon pour. Billet à ordre. Femme d'un non-commerçant. — 6. — I. Bon pour. Femme de laboureur. — II. Exception. Preuve.
Preuve testimoniale. — 2. Commencement de preuve par écrit. Femme mariée. Lettres émanées de son mari seul.
Saisie immobilière. — 7. Femme mariée. Distraction. Acquiescement. Renonciation tacite à l'hypothèque légale.
Séparation de biens. — 1. Capitaux des reprises de la femme. Intérêts et fruits absorbés par les créanciers du mari. Cause de séparation de biens. Charges du ménage. — 2. Dépense du ménage. Revenus de la femme. Disposition par le mari. Puissance maritale. Refus du nécessaire. Dissipation. Injure grave. Séparation de corps.
Transaction. — 1. Acquiescement. Caractère de la chose jugée. Femme agissant comme tutrice.
Tutelle. — 6. Mère tutrice. Convol. Démission. Education de son enfant. Dépense. Fixation par le conseil de famille. — 7. Mère tutrice. Curateur au ventre. Compte. Erreurs. Responsabilité. Réserves. Reprises. Confusion. Bénéfice d'inventaire.

1. — 21 juillet 1835. — Collinet C. Collinet. — 1re Ch. — MM. Breton, pr., Garnier, av. gén., concl. conf., Chatillon, Volland, av.

La femme séparée de biens, qui a abandonné le domicile conjugal, doit être contrainte à y rentrer, même par une condamnation pécuniaire. Cette condamnation ne doit pas être prononcée à titre de dommages-intérêts, mais seulement comme moyen de coercition. Le mari n'a pas le droit de demander une pension alimentaire, soit pour lui, soit pour les enfants communs.

2. — 20 novembre 1832. — Chachoin C. Chachoin. — 1re Ch. — MM. de Metz, p. pr., Poirel, p. av. gén., Fabvier, Volland, av.

I. La signification à partie d'un jugement, qui ne prononce aucune condamnation au profit de celui qui le fait signifier, ne peut être considérée comme un commencement d'exécution qui emporte acquiescement, surtout quand il y a réserve d'appel.

II. La femme ne peut se soustraire à l'obligation d'habiter avec son mari, sous prétexte que celui-ci est dans l'impossibilité de lui offrir un logement convenable. — Dans ce cas, c'est à elle de faire tous les frais de l'habitation commune.

III. Dans le silence de la loi, les tribunaux peuvent et doivent déterminer les moyens coercitifs nécessaires pour assurer l'exécution de leurs décisions.

La femme peut être contrainte à recevoir son mari dans son domicile, par la saisie de la totalité ou de partie de ses revenus.

L'inconduite notoire du mari est un motif de réduire la quotité saisissable des revenus de la femme.

3. — 5 janvier 1835. — Larzillière C. Larzillière. — 1re Ch. — MM. de Metz, p. pr., Poirel, p. av. gén., Volland, Berlet, av.

L'art. 551 C. com., qui n'accorde d'hypothèque à la femme d'un commerçant, pour ses apports mobiliers, qu'autant qu'elle en justifie par des actes authentiques, ne déroge point aux principes du C. civ., qui lui permet de faire cette justification soit par témoins, soit même par la commune renommée. La créance subsiste; seulement, elle n'est pas garantie par une hypothèque.

4. — 23 juillet 1838. — Müller C. Müller. — 1re Ch. — MM. de Metz, p. pr., Garnier, av. gén., concl. conf., Bert, avoué, Welche, av. (Arrêt sur requête.)

I. Les tribunaux ne peuvent autoriser une femme mariée et séparée de biens à faire le commerce, contre la volonté de son mari.

II. En l'autorisant à liquider les successions à elle échues, ils peuvent lui défendre d'en toucher les capitaux.

FÉNÉTRANGE.

Voy. *Affectation*. — 7. — IV. Principauté de Salm. Baronnie de Fénétrange. *Aliénabilité*. — VII. Baronnie de Fénétrange. Indivision entre le prince de Salm et le duc de Lorraine.

FÉODALITÉ.

Voy. *Commune.* — 24. Puissance féodale. Acte passé par une commune avec un seigneur autre que le sien. Validité.
Rente. — 3. Rente constituée. Cens. Rente qualifiée de seigneuriale. Titre nouvel. Tiers détenteur. Charges prescrites.
Revendication. — 1. — III. Terres vaines et vagues. Commune. Féodalité. Parcelles de terrains attenantes à des habitations.
Usage forestier. — 42. — II. Commune. Possession ancienne de droits d'usage. Présomption légale de dépossession. Abus de la puissance féodale. Seigneur féodal. Seigneur du lieu.

FERMIER.

Voy. *Louage.* — 17. Pied terrier ou déclaration. Fermier. Sommation. Délai.
Mandat. — 9. Nul ne plaide par procureur. Fermier. Anticipations. Restitution. Revendication. Procuration du propriétaire.

FILIATION NATURELLE.

SOMMAIRE.

1. *Enfant naturel.* — Acte de naissance. Militaire absent.
2. *Enfant naturel.* — Décès. Reconnaissance. Maternité. Preuve testimoniale.
3. *Enfant naturel.* — Succession des père et mère. Frères et sœurs. Légataire universel. Réduction du droit de l'enfant naturel à moitié.
4. *Enfant naturel reconnu.* — Partage de succession. Demande en délivrance.

RENVOIS.

Voy. *Absence.* — 4. Militaire absent. Loi du 11 ventôse an II. Loi du 13 janvier 1817. Enfant naturel.

---

1. — 24 mai 1834. — Grosdemange C. Grandclaude. — 1re Ch. — MM. de Metz, p. pr., Bresson, av. gén., Moreau, Antoine, av.

Les énonciations faites dans un acte de naissance par la matrone jurée, en présence des parrain et marraine de l'enfant, que cet enfant est le fils naturel d'une femme dénommée dans l'acte, reproduites dans d'autres actes publics, et jamais contestées par la mère, suffisent pour faire considérer cet enfant comme ayant des droits apparents à la succession de sa prétendue mère. — En conséquence, si cet enfant est militaire et absent quand s'ouvre cette succession, il y a lieu de prendre en sa faveur les mesures prescrites par les articles 2, 3, 4 de la loi du 11 ventôse an II.

2. — 26 juillet 1830. — Le préfet de la Meurthe C. Fousson. — 1re Ch. — MM. de Riocour, p. pr., Troplong, av. gén., concl. conf., de Luxer, av.

La mère de l'enfant naturel, qui ne l'a pas reconnu de son vivant, ne peut le reconnaître après sa mort, ni être admise à prouver par témoins sa maternité.

3. — 25 août 1851. — Le bureau de bienfaisance de Bar C. Cellier. — 1re Ch. — MM. de Metz, p. pr., Pierson, subst., concl. conf., Volland, Moreau, av.

Le droit de l'enfant naturel dans la succession de ses père et mère est réduit à moitié de la portion qu'il aurait eue, s'il eût été légitime, par cela seul que les père et mère ont *laissé* des frères ou sœurs, encore que ces frères ou sœurs soient exclus de la succession, en ce que, par exemple, le défunt aurait institué un légataire universel; c'est *l'existence* des frères ou sœurs, et non *leurs concours comme héritiers*, qui a pour effet de réduire le droit de l'enfant naturel (C. civ. 757).

4. — 22 janvier 1838. — Masson C. Masson. 1re Ch. — MM. de Metz, p. pr., Garnier, av. gén., concl. conf., Mamelet, Volland, av.

L'enfant naturel reconnu peut, comme l'enfant légitime, provoquer le partage de la succession sans être assujetti à une demande en délivrance, ou à toute autre formalité préalable. — Il peut également demander le tirage au sort des lots qui ont été formés proportionnellement aux droits des parties.

FIN DE NON-RECEVOIR.

Voy. *Acquiescement.*
Appel.
Degré de juridiction.
Demande nouvelle.
Exception.
Exécution.
Nullité.

FLOTTAGE.

Voy. *Compétence.* — 9. Flottage. Arrêté préfectoral. Infraction. Dommages-intérêts. Compétence judiciaire. Acte administratif. Interprétation préalable. Sursis. Meunier. Flotteur. Echalas.

FONCTIONNAIRE PUBLIC.

SOMMAIRE.

Maire. — Obligation personnelle pour la commune. Poursuite sans autorisation.

RENVOIS.

Voy. *Élection législative.* — 16. Domicile réel. Fonctionnaire amovible. Preuve. Circonstances. Double déclaration. Droits électoraux acquis après l'établissement du domicile au lieu de l'exercice des fonctions.

1er juillet 1837. — Dieudé C. Marchand. — 1re Ch. — MM. Mourot, pr., Bresson, av. gén., d'Ubexi, Louis, av.

Quand le maire d'une commune s'est engagé personnellement pour les affaires de la commune, il peut être poursuivi, en exécution de cet engagement, sans l'autorisation du conseil d'État.

FONTAINE.

Voy. *Commune.* — 18. Fontaine communale. File de corps. Revendication du terrain sur lequel elle est établie. Titre. Possession. Présomption. Servitude d'aqueduc. Terrain vain et vague. Plan cadastral. Contribution.
Louage d'ouvrage et d'industrie. — 1. Architecte. Entrepreneur. Fontaine publique. File de corps. Vice du sol. Vice des matériaux.
Servitude. — 23. Fontaine. File de corps. Copropriété du sol sur lequel elle repose.
Usage forestier. — 58. — I. Maronage. — III. Fontaine publique et privée.
Voirie. — 16. — I. Conclusions. Moyens. Considérants. Litige. Dispositif. Sentier. Fontaine.

FORCE MAJEURE.

Voy. *Louage.* — 11. Force majeure. Cas fortuit. Privation de jouissance. Acte de l'administration. Réduction du loyer. Dommages-intérêts. — 12. Force majeure. Inondation. Moulin. Vanne d'une manœuvre difficile. Responsabilité du meunier.

FORÊT.

SOMMAIRE.

1. *Convention diplomatique de 1814.* — I. Vente de bois par les alliés. Annulation. Exploitation. — II. Saisie par l'administration forestière. Validité de la vente pour le surplus. — III. Adjudicataire. Payement du prix. Déduction proportionnelle. — IV. Procès-verbal de saisie. Régularité reconnue par l'adjudicataire. Fin de non-recevoir.
2. *Dabo.* — Anciens règlements forestiers. Abrogation. Acte administratif. Ordonnance du roi. Décision ministérielle. Cahier des charges. Interprétation. Compétence administrative.
3. *Dabo.* — I. Anciens règlements forestiers. Abrogation. Mode d'exercice des droits concédés. Fond du droit. — II. Compétence judiciaire. Acte administratif. — III. Prix du bois. Fixation par le règlement de 1613. Enchère publique.
4. *Possession simultanée.* — I. Jouissance exclusive. Pâturage. Déclaration ou remembrement de droits seigneuriaux. Titre. — II. Gruerie communale. Présomption de propriété. — III. Terrains vains et vagues. Lois de 1792 et 1793. Pâturages. Redevance.
5. *Possibilité des forêts.* — Compétence administrative. Délivrances. Réduction.
6. *Vaine pâture.* — Défrichement. Aménagement.

RENVOIS.

Voy. *Commune.* — 19. Loi de Beaumont. Droits d'usage. Propriété. Chartes particulières.
Compétence. — 7. Eaux et forêts. Anciens tribunaux spéciaux. Décisions. Exécution. Compétence des tribunaux ordinaires.
Compétence administrative. — 6. Forêts. Défensabilité. Administration forestière. Déclaration non contradictoire. Compétence judiciaire pour statuer entre le propriétaire et l'usager.

Voy. *Domaine engagé.* — 6. Forêt. Futaie. Le quart. Compétence judiciaire. Chose jugée. Législation lorraine.
Servitude. — 10. Domaine de l'Etat. Inaliénabilité. Servitudes. Passage dans une forêt de la couronne acquis par prescription. Bois en garde et défense.
Société civile. — 2. Forêt. Association en participation pour l'exploitation de la superficie. Compétence des tribunaux civils.

1. — 22 juillet 1833. — Le préfet de la Meurthe C. Charpy. — 1ʳᵉ Ch. — .MM Troplong, pr., Bouchon, subst., Bresson, Chatillon, av.

I. La convention diplomatique du 28 mai 1814 a annulé toutes les ventes de bois faites au nom des alliés, mais seulement en tant qu'elles n'auraient pas été consommées par l'exploitation et l'enlèvement des bois.

II. Ainsi, quand une quantité quelconque a été trouvée sur le parterre de la coupe, par l'administration forestière française, qui en a opéré la saisie, la vente demeure valable pour le reste, et l'adjudicataire est tenu de payer son prix.

III. Mais, par la saisie qu'elle a faite, l'administration a distrait de la vente les bois saisis : elle est présumée, jusqu'à preuve contraire, avoir empêché l'adjudicataire d'en profiter, et doit, par conséquent, déduire leur valeur du prix de l'adjudication.

IV. L'adjudicataire, qui a longtemps reconnu la régularité du procès-verbal de saisie, n'est plus recevable à prétendre que ce procès-verbal n'a pas suffisamment établi l'étendue de l'exploitation, parce qu'il s'est borné à constater la quantité de stères encore gisants.

2. — 28 décembre 1835. — Le préfet de la Meurthe C. Barabino. — 1ʳᵉ Ch. — MM. de Metz, p. pr., Poirel, p. av. gén., Volland, La Flize, Louis, av.

Les anciens règlements forestiers du comté de Dabo sont abrogés par le Code de 1827. En tout cas, les tribunaux sont incompétents pour apprécier les actes administratifs, comme ordonnances du roi, décisions ministérielles et cahier des charges, qui l'ont ainsi décidé (1).

3. — 30 juillet 1836. — Le préfet de la Meurthe C. les communes de Dabo et autres. — 1ʳᵉ Ch. — MM. de Metz, p. pr., Bresson, av. gén., concl. conf., Volland, La Flize, av.

I. Les anciens règlements forestiers du comté de Dabo sont abrogés par le Code de 1827, pour tout ce qui tient au mode d'exercice des droits concédés ; mais ils sont maintenus, nonobstant toute décision ministérielle, ordonnance du roi ou loi contraires, pour tout ce qui tient au fond même du droit.

II. Pour faire cette distinction, et décider les questions qui s'y rattachent, les tribunaux sont parfaitement compétents, et n'ont pas à s'inquiéter, le moins du monde, des actes administratifs qui sont intervenus.

III. La faculté, accordée aux usagers de ce pays, d'acheter les coupes

---

(1) Voy. l'arrêt Leclerc, du 24 mars 1831, et l'arrêt des communes du comté de Dabo, du 30 juillet 1836, n° 3 ci-après.

des forêts de l'Etat au prix d'un et deux florins la corde, fixé par le règlement de 1613, tient au fond même du droit, et n'a pu être modifiée par les dispositions du C. for., ou par les décisions ministérielles qui prescrivent de ne vendre les coupes faites dans les forêts de l'Etat qu'aux enchères publiques.

4. — 16 août 1832. — Le préfet des Vosges C. Hartmann et la commune de la Bresse. — 1re Ch. — MM. Rolland de Malleloy, ff. pr., Troplong, concl. contr., Berlet, Bresson, Chatillon, av.

I. Quand deux individus ont possédé simultanément, mais chacun d'une manière exclusive et absolue, les produits distincts d'un même sol, spécialement les forêts et les pâturages des Vosges, il faut reconnaître qu'il y a deux propriétés coexistantes et égales en droit. — Une déclaration ou un remembrement des droits seigneuriaux, donné par un maire et un juré d'une commune, ne peut être opposé à la commune comme un titre légal, surtout quand toutes les formalités prescrites par les lois du temps n'ont pas été observées.

II. Une gruerie communale est une forte présomption que les bois administrés par cette gruerie sont la propriété de la commune.

III. Les lois de 1792 et 1793, qui attribuent aux communes la propriété des terrains vains et vagues situés sur leurs bans, sont inapplicables à des *répandues* ou pâturages affermés moyennant une redevance annuelle.

Nota. Cet arrêt a été confirmé par la cour de cassation le 26 décembre 1833 (S. 34. 1. 720. — D. 34. 1. 72).

5. — 6 juillet 1838. — Le préfet de la Meurthe C. les scieries de Dabo. — 1re Ch. — MM. Mourot, pr., Garnier, av. gén., concl. conf., Volland, Gide (de Sarrebourg), La Flize, Louis, av.

L'administration est seule juge de la possibilité des forêts, et elle peut, suivant cette possibilité, réduire le nombre et la quotité des délivrances.

6. — 17 avril 1837. — La commune de Hamonville C. de Clermont-Tonnerre. — 1re Ch. — MM. Mourot, pr., Fabvier, proc. gén., Chatillon, Catabelle, av.

Un droit de vaine pâture, établi sur une forêt, forme un obstacle insurmontable au défrichement ultérieur de cette forêt, quand même le propriétaire consentirait à laisser exercer ce droit sur le terrain défriché. — Il n'astreint point le propriétaire de la forêt à suivre invariablement, dans son exploitation, un aménagement déterminé, pourvu que, dans la révolution que ce propriétaire assigne à ses coupes, la pâture puisse s'exercer, chaque année, sur une étendue convenable, et proportionnée à la contenance totale de la forêt ; mais il lui interdit de les exploiter entièrement en deux années consécutives, puisque, avant que la première partie ne soit arrivée à l'état défensable, l'usager se trouverait complètement privé de son droit, pendant plusieurs années.

FORGE.

Voy. *Affectation.* — 1. Forge ancienne. Affinerie. Martinet.

FORMULE EXÉCUTOIRE.

Voy. *Exécution des jugements et actes.* — 2. Formule exécutoire. Charte de 1814. Sénatus-consulte du 28 floréal an XII. Ordonnance du 30 août 1816. Nouvelle formule. Mandement aux huissiers. — 3. Formule exécutoire. Grosse. Restauration. Révolution de juillet. Ordonnance du 16 août 1830. Effet rétroactif. Irrégularité de la formule, proposable en appel pour la première fois. — 4. Formule exécutoire. Grosse. Restauration. Révolution de juillet. Rectification.
Preuve littérale. — 22. Titre authentique. Formule exécutoire irrégulière. Ordre. Collocation.

FORTIFICATIONS.

Voy. *Domaine de l'Etat.* — 13. Lorraine. Petit domaine ou domaine privé. Aliénabilité. Anciennes fortifications. Fossés des villes.
Expropriation. — 1. Ancien droit. Formalités pour la prise de possession. Fortifications. Jouissance postérieure de l'ancien propriétaire. Son inefficacité. Imprescriptibilité.

FOSSÉ.

Voy. *Commune.* — 9. Chemin. Arbres. Fossé. Terrain vain et vague.
Domaine de l'Etat. — 13. Petit domaine ou domaine privé. Lorraine. Aliénabilité. Anciennes fortifications. Fossés des villes. — 5. Coutume de Lorraine. Possession immémoriale. Terrain en garde et défense. Propriété close de haies et de fossés.
Servitude. — 12. Eaux pluviales. Ecoulement. Ouvrages nuisibles. Enlèvement. Fossé. Rigole. — 24. Fossé. Mitoyenneté. Arbres. Distance calculée du milieu du fossé. — 25. Fossé. Mitoyenneté. Forêt. Axe du fossé et des bornes. Rejet des terres des deux côtés. Coutume de Bar. Acte étranger au riverain. *Res inter alios acta.*
Voirie. — 17. Fossé. Dépendance du chemin. Présomption. Inaliénabilité.

FOUR A CHAUX.

Voy. *Société civile.* — 3. Mine de houille. Exploitation. Tuilerie. Four à chaux.

FRAIS DE GARDE ET D'ADMINISTRATION.

Voy. *Usage forestier.* — 11. Frais de garde, de marque, de clochettes... — 31. Contributions. Jouissance. Usager. Charge proportionnelle. Frais de garde et d'administration. — 32. Contributions. Usager. Jouissance. Charge proportionnelle. Frais de garde et d'administration. — 36. Frais de garde et de clôture. Part proportionnelle de l'usager. Domaine. Restitution des frais de garde et de clôture pour sa part.

FRAIS ET DÉPENS.

SOMMAIRE.

1. *Aliments.* — Totalité des dépens.
2. *Appel.* — Demande restreinte par l'intimé. Dépens à la charge de l'appelant.

FRAIS ET DÉPENS. 249

3. *Appel.* — Dépens à la charge de l'intimé, bien que l'appelant succombe sur plusieurs chefs.
4. *Appel.* — Infirmation partielle. Appel incident contre un tiers. Dépens à la charge de l'appelant.
5. *Appel.* — Infirmation sur un point accessoire. Décharge partielle des dépens.
6. *Appel.* — Infirmation sur un point accessoire. Dépens à la charge de l'appelant.
7. *Appel.* — Infirmation sur un point accessoire. Restitution de l'amende. Dépens à la charge de l'appelant.
8. *Appel.* — Infirmation sur un seul chef. Dépens à la charge de l'appelant.
9. *Appel.* — Point capital du procès.
10. *Appel.* — Point capital du procès.
11. *Appel principal.* — Appel incident. Double rejet. Dépens à la charge de l'appelant.
12. *Appel restreint à l'audience.* — Dépens à la charge de l'intimé.
13. *Avoué occupant pour plusieurs parties.* — Signification faite par lui à lui-même. Intérêts distincts.
14. *Avoué représentant plusieurs parties.* — Distraction de dépens. Compensation.
15. *Compensation de dépens.* — I. Base. Nombre, importance des chefs respectifs. — II. Visite des lieux. Répartition présumée exacte.
16. *Enregistrement d'un acte d'échange litigieux.* — Amer de. Soulte.
17. *Erreur du juge.* — Dépens.
18. *Jugement confirmé.* — I. Exécutoire. Opposition. Compétence du tribunal. Compétence de la cour. — II. Ministère public. — III. Avoué. Enquête. Vacations. Journées de campagne. Cumul. Fractions.
19. *Jugement par défaut.* — Dépens préjudiciaux. Surprise.
20. *Jugement par défaut.* — Réassignation. Défaut second. Dépens de la réassignation.
21. *Matière sommaire.* — Compétence. Tribunal de commerce. Appel. Taxe.
22. *Préfet.* — Droits d'usage. Dépens.
23. *Répartition de dépens.*
24. *Répartition de dépens.*
25. *Répartition de dépens.*
26. *Sous-intendant appelant au nom de l'État.*

RENVOIS.

Voy. *Acquiescement.* — 4. Frais. Désistement. Domaine engagé. Offre du quart de la valeur. Acceptation pure et simple.
Acte respectueux. — 1. — VII. Dépens. Compensation. — VIII. Compensation impossible avec le futur non parent.
Affectation. — 2. — IV. Frais de vérification des titres. Affectataire. Constatation.
Aliments. — 3. 4. 5. Compensation de dépens.
Appel. — 9. Dépens. Jugement en premier ressort. Appel recevable. — 10. Déport. Acte d'avoué. Arrêt. Dépens. — 11. Déport. Préfet. Acte d'avoué. Arrêt. Dépens. — 19. 20. Frais. Appel incident sur le barreau.
Commune. — 17. Exploit. Huissier. Nullité d'acte. Responsabilité, Frais. Appel mal fondé.
Degré de juridiction. — 33. Frais antérieurs à la demande. Accessoire. premier ressort. — 34. — I. Frais et intérêts antérieurs à la demande. Accessoires. Dernier ressort. Protêt. — 41. Intérêts et frais. Compensation. Commandement.
Domaine de l'État. — 9. Déport. Préfet. Arrêt inutile. Frais à la charge de l'intimé.
Domicile. — 1. — II. Dépens. Erreur forcée du demandeur.

FRAIS ET DÉPENS.

Voy. *Élection législative.* — 27. Pièces nouvelles produites devant la cour. — II. Frais. *Préfet.* — 28. Pièces nouvelles produites devant la cour. — II. Frais à la charge du tiers réclamant.
Intervention. — 4. Tiers. Intervention en appel. Interrogatoire de l'intervenant. Frais frustratoires.
Offres réelles. — Sommes offertes excédant ce qui est dû. Refus. Validité des offres. Distraction. Frais. Avoué.
Témoin. — 4. Intérêt d'une partie, tirée des qualités, dans les frais du procès. Parents reprochables.
Tutelle. — 1. Action immobilière. Défaut d'autorisation. Frais. Responsabilité. — 2. Action mobilière. Autorisation du conseil de famille. Omission. Dépens.
Usage forestier. — 4. — III. Dépens. Compensation. Droits divers, les uns accordés, les autres refusés.
Vente. — Résolution de vente. Faillite. Frais d'instance. Rétention sur le prix de vente.

1. — 16 décembre 1844. — Collignon C. Collignon. — 2ᵉ Ch. — MM. Riston, pr., Garnier, av. gén., concl. conf., La Flize, Lefèvre, av.

Lorsque l'époux séparé de corps, qui demande une pension alimentaire à son conjoint, succombe en partie dans ses prétentions, néanmoins il y a lieu de mettre la totalité des dépens à la charge de l'époux condamné à payer un secours à son conjoint, ce secours, jugé nécessaire à l'époux demandeur, n'étant susceptible d'aucun retranchement.

2. — 19 juillet 1845. — Husson C. Dubois de Méaricourt et Calot. — 1ʳᵉ Ch. — MM. Moreau, p. pr., Garnier, av. gén., concl. conf., Villiaumé, Mamelet, Louis, av.

La totalité des dépens doit être mise à la charge de l'appelant, bien que l'intimé ait restreint sa demande originaire, si l'appelant l'a toujours contestée pour le tout, en première instance et en appel, jusqu'à des offres faites par lui, offres jugées incomplètes et insuffisantes.

3. — 20 mai 1845. — Mirault C. Golzard. — 1ʳᵉ Ch. — MM. Mourot, pr., Catabelle, Louis, av.

La totalité des dépens peut être mise à la charge des intimés, quoique l'appelant succombe sur le plus grand nombre de ses chefs d'appel, si, par l'exagération de leur demande, les intimés ont donné lieu à la contestation, et si, loin d'être reconnus créanciers de l'appelant, ils deviennent au contraire ses débiteurs.

4. — 22 juillet 1845. — Vinot C. Dutac et Clément. — 2ᵉ Ch. — MM. Riston, pr., Catabelle, Volland, d'Ubexi, av.

La totalité des dépens peut être mise à la charge de l'appelant au principal, qui succombe sur la presque totalité de son appel, encore qu'un appel incident, formé par l'intimé, contre une autre partie en cause, ait été accueilli, si les dépens n'ont pas été augmentés par l'infirmation du jugement sur l'appel incident.

5. — 12 novembre 1844. — Tinseaux C. Hennequin. — 2ᵉ Ch. — MM. Riston, pr., Fleury, Catabelle, av.

Lorsque l'appelant obtient, du consentement des intimés, la réformation du jugement sur un point très-peu important du litige, et succombe sur tout le reste, il y a lieu, pour ne pas méconnaître les principes, de le décharger d'une portion quelconque des dépens.

6. — 23 janvier 1844. — Grandidier C. Houbre. — 1re Ch. — MM. Mourot, pr., Fleury, Louis, av.

Il y a lieu de mettre la totalité des dépens d'appel à la charge de l'appelant, bien qu'il réussisse sur un chef, s'il succombe sur un grand nombre d'autres, et si le chef sur lequel il obtient gain de cause ne concerne qu'une somme peu importante, dont l'intimé consent le retranchement.

7. — 2 janvier 1844. — Le préfet des Vosges C. les communes d'Etival, de Saint-Remy, de Lasalle, de Nompatelize et de la Bourgonce. — 2e Ch. — MM. Riston, pr., Garnier, av. gén., concl. conf., Volland, La Flize, av.

Il y a lieu de mettre les dépens à la charge de l'appelant, bien que le jugement soit infirmé en ce qu'il a improprement qualifié le droit reconnu au profit de l'intimé, si ce droit est maintenu au fond. — Seulement, l'amende d'appel doit être restituée.

Nota. Même décision dans l'affaire du préfet des Vosges C. la commune de Saint-Michel. — Arrêt du même jour.

8. — 29 mars 1844. — Anchier C. Boblique. — 1re Ch. — MM. Mourot, pr., Poirel, p. av. gén., Maire, Fleury, av.

Lorsque l'appelant a élevé de nombreux griefs, et qu'il succombe sur tous (hormis un seul), la totalité des dépens peut être mise à sa charge.

9. — 20 juin 1843. — La commune de Forges C. Jacob. — 2e Ch. — MM. Riston, ff. pr., Poirel, p. av. gén., La Flize, d'Ubexi, av.

Quand une partie succombe sur le point capital du procès, la totalité des dépens peut être mise à sa charge.

10. — 26 août 1843. — Rol C. Picard. — 1re Ch. — MM. d'Arbois, ff. pr., Garnier, av. gén., concl. conf., La Flize, Catabelle, Fleury, Maire, av.

Même décision.

11. — 21 janvier 1843. — Friry C. Mataillet et Lecoanet. — 1re Ch. — MM. Mourot, pr., d'Arbois, La Flize, Volland, av.

Quand l'appel principal et l'appel incident sont rejetés, il y a lieu de mettre tous les frais à la charge de l'appelant au principal, son appel ayant donné lieu à l'appel incident.

12. — 21 juin 1844. — Chevalier C. Jardel et Thiébaut. — 2e Ch. — MM. Masson, ff. pr., La Flize, Volland, Louis, av.

Les frais d'appel ne doivent pas être mis à la charge de l'appelant par le seul motif que son appel, indéfini dans l'origine, n'a été restreint qu'à l'audience à un seul chef, sur lequel il est reconnu bien fondé, ce grief unique étant suffisant pour rendre l'appel légitime et nécessaire. — Il y a lieu, surtout, de le décider ainsi, lorsque l'appel, pour avoir été formé d'une manière générale, n'a pas occasionné plus de frais que s'il eût été, tout d'abord, limité au seul chef sur lequel il est accueilli.

13. — 6 janvier 1842. — Guyot C. Guyot — 1re Ch. — MM. Mourot, pr., d'Ubexi, Volland, av.

Dans une cause où un avoué occupe pour plusieurs parties ayant des intérêts distincts, quoique non contraires, il peut et doit se signifier à lui-même, à la requête des uns, la copie d'un arrêt rendu sur la demande des autres. Il en serait autrement s'il avait été chargé d'occuper collectivement pour toutes les parties ayant un seul et même intérêt : il ne pourrait se faire aucune signification, parce que toutes sont censées ne faire qu'une seule partie.

14. — 2 août 1841. — George C. la commune de Gibaumeix. — 2e Ch. — MM. Mourot, pr., Paillart, proc. gén., La Flize, Bonnaire, av.

Quand un avoué, représentant plusieurs parties dont quelques-unes gagnent et dont les autres perdent, obtient distraction, la partie adverse ne peut prétendre à une compensation de dépens, et exciper de ce que, condamnée à la moitié des dépens, elle en a avancé plus de moitié. — Elle doit payer la portion adjugée aux gagnants.

15. — 6 mai 1845. — Toussaint C. Ferber. — 2e Ch. — MM. Masson, ff. pr., Louis, Mengin, av.

I. Lorsqu'il y a lieu au partage des dépens, entre les parties qui succombent l'une et l'autre dans quelques-unes de leurs prétentions, les juges doivent le faire, moins en vue du nombre que de l'importance des chefs de condamnation respectifs.

II. Quand les lieux contentieux ont été visités par un commissaire pris dans le sein du tribunal, il y a nécessairement présomption que le jugement a fait la répartition des dépens de première instance d'après une appréciation exacte de la valeur relative des divers chefs de condamnation qu'il a prononcés contre l'une et l'autre des parties : une telle présomption ne doit céder qu'à une preuve contraire.

16. — 23 juillet 1842. — Lecourtier C. Lecourtier. — 1er Ch. — MM. Mourot, pr., Cabasse, Parisel, avoués.

Le fait qu'un procès relatif à un échange a amené l'enregistrement de l'acte et la perception d'une amende, ne suffit pas pour que le droit ou l'amende fassent partie des dépens ; ils doivent être payés par moitié, et ceux de la soulte par celui qui en est débiteur.

17. — 15 février 1845. — France C. la commune de Franconville. — 1re Ch. — MM. Mourot, pr., Poirel, p. av. gén., concl. conf., La Flize, d'Ubexi, av.

Les dépens occasionnés par un jugement par défaut, lors duquel le tribunal a omis de se déclarer d'office incompétent, comme il l'a fait, en définitive, sur la demande de la partie qui avait fait défaut, tombent à la charge du demandeur, suivant le principe que le fait du juge est censé le fait de la partie.

18. — 16 février 1851. — Gand C. la commune de Liouville et Ruche. — 1re Ch. — MM. de Riocour, p. pr., Cabasse, Hallé, avoués.

I. Quand un jugement de première instance a été confirmé par arrêt ; qu'un exécutoire de dépens est délivré en vertu de ce jugement, et qu'opposition a été formée à cet exécutoire, c'est devant le tribunal qui a rendu le jugement, et non devant la cour, que cette opposition doit être portée. — Il en est autrement quand les frais de première instance ont été compris dans le montant de l'exécutoire décerné au nom de la cour : alors la cour seule est compétente pour statuer sur l'opposition formée à cet exécutoire.

II. Le ministère public n'est pas entendu sur cette question de compétence.

III. L'avoué qui procède à une enquête hors du lieu de son domicile peut réclamer deux droits distincts ; l'un pour vacations à l'enquête, l'autre pour journées de campagne ; mais il ne peut pas les cumuler ; le premier lui est accordé pour les jours où se fait l'opération, le deuxième pour le temps employé à se rendre sur les lieux. — Ce dernier droit, qui se compte à raison de cinq myriamètres pour un jour, doit se fractionner proportionnellement à la distance parcourue, c'est-à-dire qu'il est réduit à moitié, si la distance parcourue est seulement de deux myriamètres et demi.

19. — 23 juin 1843. — Rozet et de Ménisson C. Chantreaux. — 2e Ch. — MM. Riston, pr., Poirel, p. av. gén., Volland, La Flize, av.

Les dépens des jugements par défaut sont préjudiciaux, c'est-à-dire qu'ils sont à la charge du défaillant, comme une peine méritée de son refus de comparaître devant la justice ou de sa négligence à le faire, à moins que le défaillant ne justifie d'une surprise : il ne saurait exciper de ce moyen, s'il avait d'abord été valablement assigné dans les délais de la loi, et s'il n'a fait défaut qu'après avoir comparu, et s'être défendu en excipant d'une nullité d'assignation qui n'a pas été accueillie.

20. — 1er mars 1841. — Villemin C. Henriet et Louis. — 2e Ch. — MM. Mourot, pr., Garnier, av. gén., concl. conf., La Flize, d'Ubexi, Louis, av.

La partie qui fait défaut, et qui, réassignée, ne comparaît pas davantage, doit être condamnée aux dépens occasionnés par sa réassignation, encore qu'elle ne succombe pas au fond sur la demande intentée contre elle, ou qu'elle n'ait formé aucune demande, ni opposé aucune défense en appel.

Nota. Dans l'espèce, un sieur Villemin avait saisi des immeubles sur un sieur Meyer. Les héritiers Henriet avaient formé une demande en distraction de ces immeubles, comme leur ayant été vendus par Meyer. Villemin avait contesté cette demande en distraction et mis en cause le saisi Meyer, le premier créancier inscrit nommé Kahn, et l'avoué adjudicataire provisoire, Me Louis. — Le tribunal avait accueilli la demande en distraction des héritiers Henriet, malgré la résistance de Villemin. — Meyer faisait défaut ; Kahn et Louis s'en rapportaient à *la prudence.* — Appel par Villemin. Kahn et Meyer font défaut. Louis s'en rapporte à la prudence. — Arrêt qui ordonne la réassignation de Kahn et de Meyer. — Puis, arrêt définitif qui condamne Meyer et Kahn aux frais de la réassignation. — Meyer, faisant défaut, n'acquiesçait pas formellement à la demande des héritiers Henriet; donc il était censé contester; donc il succombait. — Kahn, en s'en rapportant à la prudence, n'acquiesçait pas non plus; il était censé contester; donc il succombait en première instance. — Faisant défaut en appel, il était aussi censé contester. — Donc, en effet, dans tous les cas, les dépens pouvaient être mis à la charge de Meyer et de Kahn, soit en vertu de l'art. 130 C. pr., soit en vertu du principe de l'art. 1382 du C. civ., qu'on invoque pour laisser à la charge du défaillant les frais du défaut.

21. — 23 janvier 1841. — Méquignon C. Marcel, Delandine et Gentil. — 1re Ch. — MM. Costé, pr., Poirel, pr. av. gén., Lefèvre, Catabelle, Poirel, Louis, av.

Doivent être taxés comme en matière sommaire les frais d'un procès où la cour n'a jugé qu'une question de compétence, sur l'appel du jugement d'un tribunal de commerce. — (C. com. 648. C. pr. 443. — Déc. 30 mars 1808, art. 6.)

22. — 18 janvier 1850. — Le préfet de la Meurthe C. Austett. — 1re Ch. — MM. de Riocour, p. pr., Thieriet, p. av. gén., concl. conf., Fabvier, av.

Le préfet, assigné en reconnaissance de droits d'usage, ne peut pas être condamné aux dépens.

23. — 15 janvier 1854. — Jacopin C. la commune de Charmois-l'Orgueilleux. — 2e Ch. — MM. Troplong, pr., Fabvier, proc. gén., Volland, Moreau, av.

L'appelant qui succombe au fond doit être condamné à tous les dépens, encore qu'il obtienne la réformation du jugement sur un point accessoire (par exemple, en faisant admettre par la cour des reproches contre des témoins, reproches que le tribunal avait rejetés), lorsque, du reste, l'erreur des premiers juges n'a eu aucune influence sur le fond du procès, lequel s'est décidé sur d'autres éléments, et qu'ainsi cette erreur n'était point un motif suffisant pour interjeter appel.

24. — 4 juillet 1854. — Fimayer C. Boulangier et Schneider. — 1re Ch. — MM. de Metz, p. pr., Bresson, av. gén., La Flize, d'Ubexi, Louis, av.

Quand deux parties succombent respectivement sur deux chefs de conclusions, qui seuls ont fait l'objet du débat, il y a lieu de répartir les dépens par moitié.

25. — 5 mars 1850. — Gilbert C. Clément et Thouvenin. — 1re Ch. — MM. Mourot, pr., Fabvier, proc. gén., La Flize, Chatillon, Catabelle, av.

Tous les frais doivent être mis à la charge de l'appelant qui succombe sur tous les chefs, encore que le jugement soit réformé sur quelques points, si ces derniers ne tiennent qu'au mode d'exécution : une pareille infirmation ne saurait motiver une compensation de dépens.

26. — 1er mars 1845. — Delatouche C. Pettmann. — 1re Ch. — MM. Mourot, pr., Poirel, p. av. gén., Volland, Louis, av.

Le sous-intendant qui succombe dans un appel interjeté par lui au nom de l'État doit être condamné aux dépens, mais seulement *en sa qualité*, lorsqu'il a agi en vertu d'ordres supérieurs, et en exécution de règlements auxquels il a dû se conformer.

FRANCS BORDS.

Voy. *Eau.* — 1 à 10. Canal artificiel. Bords. Accessoire, etc.

FRAUDE.

Voy. *Donation.* — 9. — 1. Donation frauduleuse. Créancier.
    Interdiction. — Acte sous seing privé antérieur à l'interdiction. Antidate. Fraude. Preuve.
    Obligation. — 7. Dissimulation de prix de vente. Fraude des droits des créanciers. Rapport. Créanciers inscrits. Défaut de surenchère.
    — 9. Payement. Poursuites en vertu d'un titre exécutoire. Délai. Fraude. Tiers détenteur. Exception.
    Pignoratif (contrat). — 1, 2, 3, 4.
    Preuve testimoniale. — 9. Dol et fraude. Défendeur.
    Saisie immobilière. — 4. — 11. Saisi. Vente frauduleuse. Saisissant. Surenchère.
    Surenchère. — 3. Omission de surenchérir. Fraude. Nullité. Mise en cause des autres créanciers.
    Testament. — 3. — 11. Antidate d'un testament olographe. Preuve testimoniale. Dol. Fraude. Inscription de faux.
    Vente. — 7. Créancier hypothécaire. Inscription périmée. Surenchère omise. Production à l'ordre. Vente en fraude des droits du créancier hypothécaire. Concert frauduleux. Insolvabilité du vendeur connue de l'acquéreur. Prix dissimulé au contrat. Nullité de la vente. Dommages-intérêts.
    Vérification d'écritures. — 1. Pouvoir discrétionnaire des tribunaux. Vérification jugée superflue. Fraude. Simulation. Annulation immédiate.

FRUITS.

Voy. *Testament.* — 11. — 11. Restitution de fruits. Legs particuliers délivrés sans fraude, par un légataire particulier se croyant légataire universel. *Negotiorum gestor.*

GAGE.

Voy. *Privilège.* — 1. Aubergiste. Voyageur. Effets. Gage. Nourriture. Logement. Traiteur. Propriétaire.

GAIN DE SURVIE.

Voy. *Contrat de mariage.* — 6, 7. Coutume de Lorraine. Gain de survie. Abrogation. Loi du 17 nivôse an 11.
    Succession. — 3. Coutume de Lorraine. Rapport. Dot. Préciput. Mobilier. Gain de survie. Dot constituée en commun.

GARANTIE.

SOMMAIRE.

1. *Garant appelé tardivement au procès.* — Déclinatoire. Compétence. Droits compromis. Rejet de la demande.
2. *Sous-garant.* — Appel. Garant. Omission d'appeler.

RENVOIS.

Voy. *Acquiescement.* — 5. Garant. Payement du principal et des frais. Déchéance d'appel.
Appel. — 21. Garant. Garanti. Acquiescement. — 22. Demande nouvelle non recevable en appel.
Compétence. — 5. Déclinatoire. Rejet. Garant non-commerçant. Incompétence. Tribunal civil. Garant commerçant.
Compétence commerciale. — 6. Effet de commerce souscrit par des négociants et des non-négociants. Non-négociants seuls poursuivis. Tribunal de commerce seul compétent. Délai pour appeler garant. Conclusions au fond.
Degré de juridiction. — 36. Héritiers. — 11. Garantie. Somme inférieure à 1000 fr. Dernier ressort.
Exploit. — Pluralité de défendeurs. Choix du tribunal. Obligation principale. Obligation éventuelle. Garant. Ajournement.
Intervention. — 2. Garant. Intervention en appel. Subrogation.
Louage d'ouvrage et d'industrie. — 4. Vice de construction. Réparations pendant le temps de la garantie.
Responsabilité. — 3. Aubergiste. Voiturier. Marchandises. Vol. Responsabilité civile. Demande en garantie. Incompétence du tribunal de commerce.
Testament. — 18. Legs universel. Obligations du testateur. Responsabilité du légataire. Vente. Nullité. Garantie.
Voirie. — 18. — V. Vente. Garantie. Offres insuffisantes. Dommages-intérêts et loyaux-coûts.

---

1. — 13 mai 1836. — Delaporte C. Lhôte. — 1re Ch. — MM. de Metz, p. pr., d'Ubexi, Chatillon, av.

Un garant, appelé tardivement, ou après des défenses au fond proposées contre la demande originaire, ne peut se faire un moyen de ce retard pour demander son renvoi devant les juges de son domicile. — Il peut seulement, ou demander un délai, si l'instruction, à son égard, n'est pas complète, ou faire déclarer la demande en garantie mal fondée, si les défenses au fond, proposées en son absence, ont compromis ses droits.

2. — 16 août 1841. — Burthé C. Cadiat, Génin, Thomas et Degalle. — 2e Ch. — MM. Mourot, pr., La Flize, Mengin, Welche, Louis, d'Ubexi, Volland, av.

Celui qui est condamné comme garant, avec recours contre un sous-garant, n'est pas tenu d'interjeter appel: l'appel du sous-garant, dans les délais, remet tout en question.

GÉRANT.

Voy. *Election législative.* — 34. Société en commandite. Gérant. Part proportionnelle de l'impôt foncier. Cens électoral.

GREFFIER.

Voy. *Contrainte par corps.* — 8. Ordonnance du juge. Signature du greffier. Omission. Nullité.

HOSPICE.

Voy. *Compétence administrative.* — 8. — 11. Décret impérial non inséré au bulletin des lois. Acte administratif. Cession d'un domaine national à un hospice. Son caractère. Compétence du conseil d'État.

HUISSIER.

Voy. *Avoué.* — 1. Huissier. Purge d'hypothèque. Extrait de contrat de vente. Tableaux d'inscriptions. Copie de pièces. Concurrence.
Commune. — 17. — 11. Huissier. Nullité d'acte. Responsabilité. Frais. Appel mal fondé.
Discipline. — 3. Huissier. Signification. Termes irrespectueux envers un préfet et un conseil de préfecture.
Exploit. — 24. Huissier. Immatricule omise. Copie d'un autre exploit. Omission réparée. — 25. Jour férié. Exploit valable. Amende contre l'huissier.
Surenchère. — 2. Notification. Transcription. Inscription. Créancier hypothécaire. Tiers détenteur. Huissier commis par un président incompétent.

HYPOTHÈQUE.

SOMMAIRE.

1. *Actions commerciales.* — Filature. Société.
2. *Biens à venir.* — Absence de biens présents. Débiteur solidaire.
3. *Biens grevés de substitution.* — Hypothèque. Expropriation.
4. *Éviction partielle des immeubles hypothéqués.* — I. Jugement. Titre exécutoire. — II. Femme, obligée solidaire. Supplément d'hypothèque. — III. Demande en payement. Supplément d'hypothèque. Demande nouvelle en appel.
5. *Hypothèque générale.* — Hypothèque spéciale. Antériorité des hypothèques spéciales.
6. *Hypothèque générale.* — Hypothèque spéciale. Discussion préalable des biens soumis à l'hypothèque spéciale.
7. *Purge.* — Notification aux créanciers inscrits. Désignation insuffisante des immeubles vendus. Nullité. Acquéreur, caution solidaire du débiteur.

RENVOIS.

Voy. *Contrat de mariage.* — 12. Déclaration de command. Transmission de la propriété. Immeuble indivis avec une femme mariée. Propre. Hypothèques consenties par l'ancien propriétaire.

Voy. *Faillite.* — 1. Appel... Hypothèque. Vente. Simulation. Nullité.— 15.
— IV. Hypothèque sur des actions commerciales dans une usine.
Part sociale mobilière.— IX. Hypothèque consentie par les associés,
sur les immeubles sociaux, pendant la société. Nullité.— X. Hypothèque consentie par le failli après la faillite.

Inscription hypothécaire. — 1. Désignation des immeubles dans l'inscription comme dans la vente. Acquéreur non recevable à exciper d'erreurs. Validité de la surenchère. — 2. Radiation. Consentement du créancier. Jugement qui ordonne la radiation. Extinction de la créance. Rôle passif du conservateur des hypothèques.

Obligation. — 12. Dissimulation de prix de vente. Fraude des droits des créanciers. Rapport. Créanciers inscrits. Défaut de surenchère.

Saisie immobilière. — 1. Adjudication. Purge d'hypothèque. Transcription inutile. Notification. Omission. Inscription périmée.

Surenchère. — 2. Notification. Transcription. Inscription. Créancier hypothécaire. Tiers détenteur. Huissier commis par un président incompétent.

---

1. — 24 janvier 1842.—Bazin C. Arragain. — 2ᵉ Ch. — MM. Costé, pr., Garnier, av. gén., concl. conf., La Flize, Volland, av.

L'hypothèque consentie sur des actions dans une entreprise commerciale (une filature de coton) de laquelle dépendent des immeubles, est nulle, les actions étant réputées meubles tant que dure la société. (C. civ. 529.)

2. — 16 août 1831. — Blocq C. Bataille et Vailly. — 1ʳᵉ Ch. — MM. de Metz, p. pr., Poirel, p. av. gén., Moreau, La Flize, av.

La disposition exceptionnelle de l'art. 2130 C. civ., qui permet au débiteur, en cas d'insuffisance de ses biens présents, d'hypothéquer ses biens à venir, ne peut être étendue au cas où il ne possède aucun bien, quand même, l'obligation étant solidaire entre deux débiteurs, l'un d'eux possèderait des immeubles qu'il hypothèquerait à cette obligation.

(*Nota.* Cet arrêt est critiqué par M. Troplong. Hyp. T. 2, p. 343.)

3. — 28 décembre 1830. — d'Alençon C. Schlapfer et Kepfler.— 1ʳᵉ Ch. — MM. Breton, pr., Masson, subst., concl. conf., Gadel, Bresson, av.

Les biens grevés de substitution peuvent être hypothéqués par le grevé, et, par suite, saisis immobilièrement par ses créanciers, sauf les droits éventuels des appelés.

4. — 16 novembre 1833. — Delaître C. Rayel. — 1ʳᵉ Ch. — MM. de Metz, p. pr., Poirel, p. av. gén., Chatillon, La Flize, av.

I. Le créancier, qui a un titre exécutoire contre son débiteur, peut, nonobstant ce titre, l'actionner devant les tribunaux en payement de la somme y portée, pour obtenir un jugement qui doit lui donner une garantie hypothécaire, quand une partie des immeubles primitivement hypothéqués a cessé d'appartenir au débiteur par suite d'une éviction.

II. La femme, obligée solidairement avec son mari, peut être tenue de fournir, dans ce cas, un supplément d'hypothèque, encore que l'immeuble sur lequel l'hypothèque primitive s'est évanouie ait été présenté par son mari comme lui appartenant.

III. Quoique, devant les premiers juges, le créancier n'ait conclu formellement qu'au payement de la somme portée dans son titre exécutoire, il ne peut être déclaré non recevable à demander, devant la cour, condamnation à l'effet d'obtenir un supplément d'hypothèque, surtout lorsque les actes signifiés en première instance indiquaient que c'était là le but qu'il se proposait.

5. — 21 novembre 1844. — Pierron C. Rigozzi. — 1re Ch. — MM. Moreau, p. pr., Lefèvre, Fleury, av.

En principe général, les collocations des créanciers sur le prix des biens hypothéqués doivent avoir lieu dans l'ordre et le rang de leurs inscriptions. (C. civ. 2134.) — Si, dans le concours d'hypothèques générales, ou portant sur deux ou plusieurs immeubles, et d'hypothèques spéciales sur chacun de ces immeubles, au profit de différents créanciers, l'application de ce principe a pu présenter quelque embarras et quelque doute, l'équité, l'esprit général du système hypothécaire et la jurisprudence prescrivent d'avoir, dans ce cas, égard à l'antériorité des droits acquis, et, en assurant l'efficacité de l'hypothèque générale, de pourvoir d'abord au payement des hypothèques spéciales le plus anciennement inscrites, surtout lorsque tous les biens hypothéqués ont été vendus, et que la distribution de leurs prix peut se faire par un ordre unique. — Il n'y a pas lieu de s'arrêter à un acte passé entre les créanciers jouissant de l'hypothèque générale, et un créancier inscrit spécialement sur l'un des immeubles soumis à cette hypothèque, acte par lequel le premier créancier renonce à son inscription sur cet immeuble, et se la réserve sur l'autre, dans le but d'assurer le payement du créancier inscrit sur le premier immeuble, au préjudice d'un autre créancier plus anciennement inscrit sur le second.

6. — 31 juillet 1840. — Clément C. Aubry. — 1re Ch. — MM. Costé, pr., Garnier, av. gén., concl. conf., Catabelle, La Flize, av.

L'hypothèque générale n'est que subsidiaire à l'hypothèque spéciale. En conséquence, le créancier qui a simultanément ces deux hypothèques, pour sûreté de la même créance, peut être tenu à la discussion préalable des biens soumis à son hypothèque spéciale.

7. — 20 juillet 1837. — Vatot C. Pernel. — 1re Ch. — MM. Mourot, pr., Fabvier, proc. gén., d'Arbois, de Saint-Ouen, av.

Est nulle et sans effet la notification faite par l'acquéreur au créancier inscrit, quand l'immeuble hypothéqué n'est désigné, dans cette notification, que d'une manière insuffisante, qui a pu autoriser le créancier à croire qu'une partie seulement de l'immeuble hypothéqué était comprise dans la vente, et lors surtout que l'acquéreur avait lui-même figuré comme caution du débiteur, ou comme son co-obligé solidaire, dans le contrat hypothécaire où l'immeuble était plus amplement désigné.

HYPOTHÈQUE CONVENTIONNELLE.

SOMMAIRE.

1. *Appel.* — I. Signification au domicile élu dans l'inscription. — II. Inscription. Mention de l'exigibilité de la créance. — III. Equipollent. — IV. Succession abandonnée. Exigibilité. — V. Inscription. Renouvellement. Saisie immobilière. Adjudication. Production à l'ordre.
2. *Spécialité.* — I. Désignation nominale. Réserve. — II. Biens d'autrui. Possession de fait. Acquisition postérieure. Nullité de l'hypothèque. — III. Ayant cause. Tiers. Cumul. Contre-lettre. Date certaine. — IV. Biens à venir. Prohibition d'ordre public.

1. — 10 août 1830. — de Beauffort C. Vatzonville, Tabouillot, Mangin, Hémard et de Pouilly. — 1ʳᵉ Ch. — MM. Breton, pr., Masson, subst., concl. conf., Bresson, Fabvier, Moreau, Berlet, Poirel, Paullet, av.

I. L'appel d'un jugement qui prononce sur une action à laquelle donne lieu une inscription hypothécaire est valablement signifié au dernier domicile élu sur le registre du conservateur. Il n'est pas nécessaire que cette signification se fasse au domicile réel. (C. civ. 2156).

II. L'inscription hypothécaire doit contenir, à peine de nullité, mention de l'époque de l'exigibilité de la créance : c'est là une formalité substantielle.

III. Néanmoins, il n'y a point de termes sacramentels pour la remplir, elle peut résulter de termes équipollents.

IV. L'indication qu'une inscription est prise contre une *succession abandonnée* montre suffisamment que la créance est actuellement exigible.

V. Une inscription hypothécaire n'a produit tout son effet, ni par l'enregistrement de la saisie immobilière, ni même par l'adjudication définitive des biens saisis, mais seulement par la production à l'ordre des titres de créances et des inscriptions y relatives. Ce n'est donc qu'après cette production que l'inscription n'a plus besoin d'être renouvelée.

2. — 30 mai 1843. — de Romécourt C. Wolff et autres. — 2ᵉ Ch. — MM. Riston, ff. pr., Escudié, subst., d'Ubexi, Volland, Catabelle, av.

I. L'acte par lequel un débiteur déclare hypothéquer *tous les immeubles* qui lui appartiennent, situés dans telle commune, et notamment une maison sise en ladite commune, contient une désignation spéciale suffisante pour satisfaire à la condition prescrite par l'art. 2129 C. civ., même à l'égard des immeubles autres que cette maison. La désignation précise et nominale de chacun des biens n'est nécessaire que dans le cas où les débiteurs auraient voulu s'en réserver quelques-uns de libres. (C. civ. 2148) (1).

II. L'hypothèque est nulle quand elle est donnée sur des biens dont le débiteur n'était pas propriétaire au moment du contrat, et qu'il n'a

---

(1) Conf. Nancy, 18 juin 1842. — Mathieu C. Georgel, *infrà*, p. 263, 1.

acquis que depuis. — Vainement le créancier voudrait-il s'étayer de la *possession de fait* qu'aurait eue son débiteur, au moment de la constitution de l'hypothèque, et de l'existence probable d'un titre de propriété sous seing privé, mais non enregistré, lequel aurait été, pour ce motif, ultérieurement remplacé par un acte authentique. — Entre le créancier et son débiteur, l'hypothèque est valable, parce que le débiteur est non recevable à alléguer sa *propre turpitude :* il en est autrement entre les créanciers d'un même débiteur.

III. Les qualités *d'ayant cause* et de *tiers* se cumulent quelquefois, et permettent, soit à un créancier, soit à un acquéreur, d'exercer des droits distincts de ceux de leur auteur, comme, par exemple, quand il s'agit d'écarter une contre-lettre, ou un acte sans date certaine. — Il en est de même toutes les fois que les créanciers du même débiteur ont à discuter entre eux, dans un ordre, la validité ou la nullité des hypothèques qu'ils ont acquises sur lui, dans des circonstances différentes. — Ils agissent comme *tiers* en ce cas.

IV. La prohibition de la loi d'hypothéquer les biens à venir est d'ordre public. (C. civ. 2130.)

HYPOTHÈQUE JUDICIAIRE.

SOMMAIRE.

Compte ordonné par jugement. — Date de l'hypothèque.

13 décembre 1836. — Valrof C. Laurent et Cottard. — 1re Ch. — MM. de Metz, p. pr., Fabvier, proc. gén., concl. conf., La Flize, Welche, Chatillon, av.

Le jugement qui ordonne une reddition de compte ne confère pas d'hypothèque prenant rang dès cette époque pour la créance reconnue plus tard résulter de ce compte.

HYPOTHÈQUE LÉGALE.

Voy. *Saisie immobilière.* — Femme mariée. Distraction. Acquiescement. Renonciation tacite à l'hypothèque légale.
Stellionat. — Hypothèque légale non déclarée.
Tutelle. — 11. Tuteur. Majorité. Deniers pupillaires. Intérêts du reliquat. Prescription quinquennale. Hypothèque légale.

IDENTITÉ.

Voy. *Acte de notoriété.* — 1. Identité attestée. Erreur. Préjudice. Responsabilité des signataires.

IMBÉCILLITÉ.

Voy. *Interdiction.*
Testament. — 7. Démence. Imbécillité. Intervalle lucide. Preuve.

IMPOTS.

Voy. *Contributions.*

IMPRESCRIPTIBILITÉ.

Voy. *Domaine de l'Etat.* — 7. Bosquet de Lunéville. Domaine public. Imprescriptibilité. Porte ouverte sur un terrain appartenant à l'Etat. Suppression.
Expropriation. — 1... Fortifications... Imprescriptibilité.
Prescription. — 23. — II. Droit d'usage imprescriptible. — 36. Voie publique. Rue. Imprescriptibilité.
Servitude. — 1. Cimetière. Clôture. Imprescriptibilité. Passage. — 2. Construction... Mur. Rempart de ville. Imprescriptibilité.
Voirie. — 10. — I. Chemin. Commune. Rue. Domaine public. Imprescriptibilité. — 11. — VI. Domaine public. Imprescriptibilité. (Rue.) — 12. — III. Imprescriptibilité. Possession postérieure au classement du chemin. — 19. — I. Rue. Imprescriptibilité.

IMPUTATION.

Voy. *Prescription.* — 2. Assurance mutuelle. — II. Imputation. Quittance. Prescription quinquennale. — III. Preuve de l'absence d'imputation.
Usure. — 1. — III. Restitution par imputation sur le capital. — 2. Intérêts usuraires. Restitution par imputation sur le capital.

INALIÉNABILITÉ.

Voy. *Affectation.* — 2. Inaliénabilité du domaine en Lorraine, 1er janvier 1600. Clause de bon plaisir. — 6. — III. Inaliénabilité du domaine en Lorraine et dans le Barrois mouvant. Révocation. Clause de retrait. — 7. — II. Inaliénabilité du domaine en Lorraine. Aliénation de fruits à perpétuité. Usine. Forêt domaniale.
Domaine de l'Etat. — 4. Barrois mouvant. Souveraineté des ducs de Lorraine. Inaliénabilité du domaine. — 8. Inaliénabilité du domaine en Lorraine. Révocation des aliénations postérieures à 1600. — 13. Petit domaine ou domaine privé. Lorraine. Aliénabilité. Anciennes fortifications. Fossés des villes.
Domaine engagé. — 5. Edit de 1720. Loi du 14 ventôse an VII. Lois en usage en 1730. Inaliénabilité du domaine. — 7. Loi du 14 ventôse an VII. Lois en usage. Lois en vigueur. Inaliénabilité du domaine en Lorraine.
Servitude. — 10. Domaine de l'Etat. Inaliénabilité. Servitudes.
Usage forestier. — 21. — III. Inaliénabilité du domaine en Lorraine. 1600. 1410. Précarité des droits.
Voirie. — Fossé. Dépendance du chemin. Présomption. Inaliénabilité.

INCAPACITÉ.

Voy. *Témoin.* — 3. Condamnation afflictive, commuée en peine correctionnelle. Incapacité. Témoin. Acte authentique. — 5. Parenté. Incapacité absolue. Acquiescement. Nullité non couverte.

INCENDIE.

Voy. *Louage.* — 13. Incendie. Présomption légale des art. 1733 et 1734, non proposable par le locataire contre le propriétaire.

Voy. *Usage forestier.* — 38. — IV. Incendie. Maison assurée. Compagnie d'assurance.

INCIDENT.

SOMMAIRE.

Demande principale. — Demande incidente étrangère à la demande principale. Jonction prohibée.

RENVOIS.

Voy. *Demande incidente.*
Vente publique d'immeubles. — 9. — III. Demande en nullité d'une poursuite en expropriation. Incident. Compétence.

---

25 novembre 1836. — Planté C. Guyot et Christophe. — 1re Ch. — MM. de Metz, p. pr., Chatillon, Volland, Louis, av.

Il n'est pas permis d'annexer à une demande principale une demande incidente qui lui est tout à fait étrangère.

INCOMPÉTENCE.

Voy. *Arbitrage.* — 9. Bail. Election de domicile. Juridiction. Incompétence *ratione personæ.*
Compétence.
Compétence administrative.
Compétence civile.
Compétence commerciale.
Exception. — 3. Séparation de corps. Incompétence *ratione personæ.* Défense au fond. Fin de non-recevoir.
Faillite. — 18. — I. Incompétence matérielle. Tribunal de commerce. Société commerciale. Acte de partage. Vente de part d'associés...
Réglement de juges. — 3. Juge de paix. Tribunal de première instance. Déclarations successives d'incompétence. Cour de cassation. Cour royale.

INCORPORATION.

Voy. *Servitude.* — 25. Fontaine. File de corps. Copropriété du sol sur lequel elle repose. — 39. Travaux d'incorporation ou d'inédification sur le fonds d'autrui. Propriété.

INDIVISIBILITÉ.

Voy. *Appel.* — 23. Immeuble indivis. Appel contre l'un des copropriétaires. Indivisibilité de cet appel. — 32. Jugement du tribunal de commerce, contradictoire sur la compétence, par défaut sur le fond... Indivisibilité...
Aveu. — 4. Interrogatoire. Bénéficiaire d'un billet. Valeur fournie. Indivisibilité de l'aveu. Preuve contraire. Dol et fraude.
Compétence civile. — 11. Connexité. Renvoi facultatif. Péremption. Indivisibilité. Immeuble situé dans deux arrondissements.

Voy. *Donation.* — 9. — V. Indivisibilité de la donation entre le donateur et les donataires.
Eau. — 20. Etang. Propriété. Mode de Jouissance. Indivisibilité. Procédure. Nullité à l'égard d'un des copropriétaires.
Enquête. — 1. — III. Deux défendeurs à l'enquête. Indivisibilité. Hauteur du déversoir d'un étang.
Exécution des jugements et actes. — 5. Infirmation partielle du jugement. Exécution quant aux chefs confirmés. Indivisibilité.
Interrogatoire sur faits et articles. — 1. Aveu. Indivisibilité. Réponses diverses opposées les unes aux autres.
Intervention. — 1. — II. Procédure antérieure à l'intervention, valable à l'égard de l'intervenant. Indivisibilité de la contestation.
Louage. — 10. — III. Obligation divisible. Effets de l'indivisibilité.
Obligation divisible et indivisible. — Cens. Copropriétaires indivis. Indivisibilité.
Partage. — 5. Indivisibilité de la licitation. Nullité de procédure. Expertise. — 6. Licitation. Majeurs et mineurs. Nullité de procédure. Absence de réclamation de la part des majeurs. Indivisibilité. — 7. Licitation. Majeurs et mineurs. Nullité de procédure. Majeurs non réclamants. Indivisibilité.
Servitude. — 23. — V. Conduite d'eau. Indivisibilité. Majeur relevé par le mineur.

INDIVISION.

Voy. *Appel.* — 23. Immeuble indivis. Appel contre l'un des copropriétaires. Indivisibilité de cet appel.
Contrat de mariage. — 3. Coutume de Lorraine. Acquêt d'un immeuble indivis avec la femme. Propre. — 12. Déclaration de command. Transmission de la propriété. Immeuble indivis avec une femme mariée. Propre.
Prescription. — 4. 5. Communiste. Possession exclusive. — 6. Communiste. Possession exclusive. Coutume d'Epinal. — 21. Indivision. Partage de fruits. Possession. Prescription de la propriété. — 32. — III. Pâturage. Droit indivisible. Nullité d'exploit.

INJURE.

Voy. *Diffamation.* — 1. Acte de procédure. Suppression ordonnée d'office. Loi du 17 mai 1819. — 2. Désistement. Suppression d'expressions injurieuses. Dommages-intérêts.
Vente. — 10. — III. Demande reconventionnelle en suppression de passages injurieux et diffamatoires.

INSAISISSABILITÉ.

Voy. *Saisie.* — 1. Choses insaisissables. Compensation. Aliments. Quotité saisissable.

INSCRIPTION DE FAUX.

Voy. *Faux incident.* — 2. Inscription de faux. Circonstances accessoires, antérieures ou postérieures à l'acte. Relation. Preuve admissible. —

3. Inscription de faux. Faits précis différents de la dénégation des faits constatés par l'acte. — 5. Inscription de faux. Testament authentique. Témoins instrumentaires. Enquête. Nouveau moyen de faux révélé par l'enquête, non proposable.

Voy. *Testament.* — 3 — II. Antidate d'un testament olographe. Preuve testimoniale. Dol. Fraude. Inscription de faux. — 5. Date fausse. — III. Foi de la date. Inscription de faux. Preuve puisée dans le testament même. — 7. Démence. Imbécillité. Intervalle lucide. Preuve. Dictée incohérente. Divagation. Inscription de faux. — 12. Inscription de faux. Moyen. Témoins instrumentaires. Présence à la rédaction entière de l'acte. Interrogat. Nullité du testament.

INSCRIPTION HYPOTHÉCAIRE.

SOMMAIRE.

1. *Désignation identique des immeubles dans l'inscription et dans la vente.* — Acquéreur non recevable à exciper d'erreurs. Validité de la surenchère.
2. *Radiation.* — I. Consentement du créancier. Jugement qui ordonne la radiation. Extinction de la créance. — II. Rôle passif du conservateur des hypothèques. — III. Mise en cause du créancier.

RENVOIS.

Voy. *Hypothèque conventionnelle.* — 1. — II. Inscription. Mention de l'exigibilité de la créance.
Inscription. — 1. — V. Renouvellement. Saisie immobilière. Adjudication. Production à l'ordre.
Ordre. — 2. Créancier hypothécaire. Radiation des inscriptions postérieures en ordre utile. Instance principale. Ordre sommaire.
Privilège. — 2. Inscription. Effet. Rang. Tiers. Acquéreur. Vendeur.
Responsabilité. — 4. Avoué. Expropriation. Titre hypothécaire. Péremption de l'inscription durant les poursuites.
Surenchère. — 1. Notification. Inscription. Effet.
Vente. — 7. Créancier hypothécaire. Inscription périmée. Surenchère omise. Production à l'ordre. Vente en fraude des droits du créancier hypothécaire...

---

1. — 18 juin 1842. — Mathieu C. Georgel. — 1re Ch. — MM. Moreau, p. pr., Catabelle, d'Ubexi, av.

Une inscription hypothécaire est valable lorsqu'elle est telle que les tiers n'ont pu être induits en erreur ; ainsi, notamment, quand elle désigne des immeubles de la même manière que le contrat de vente ultérieur, l'acquéreur ne peut exciper des inexactitudes de désignation, pour échapper à la surenchère.

2. — 20 décembre 1840. — Boulangé C. Germain. — 1re Ch. — MM. Costé, pr., Welche, La Flize, av.

I. L'inscription hypothécaire, prise en vertu d'une obligation qui, depuis, a été déclarée nulle par un arrêt, ne peut toutefois être radiée que du consentement du créancier, exprimé dans un acte authentique, ou en vertu d'un jugement en dernier ressort, ou passé en force de chose jugée, rendu *avec le créancier*, et qui autorise formellement la radiation.

II. Le ministère du conservateur est purement passif, et se réduit à accomplir la volonté des parties, ou, en cas de contestation, la sentence de la justice. — Le conservateur n'a pas qualité pour représenter le créancier ou ses héritiers, à l'effet de faire valoir, devant le tribunal, les moyens que ceux-ci pourraient opposer à la demande en radiation.

III. Le conservateur qui a radié l'inscription par provision, en exécution d'un jugement qui le lui ordonnait, doit, sur sa demande, être autorisé à la rétablir, par l'arrêt qui annule ce jugement. — Ainsi, un conservateur des hypothèques ne peut être condamné, *en l'absence du créancier*, à radier une inscription hypothécaire régulièrement prise, quand même le débiteur lui représenterait un arrêt déclarant que la créance n'existe pas, ou est acquittée.

INSTITUTEUR.

Voy. *Enseignement*. — 1. — I. Brevet de capacité. Instituteur primaire. Certificat de moralité. Déclaration. Inconduite. Immoralité. — II. Maître de pension. Cumul. Compétence.

INSTRUCTION CRIMINELLE.

Voy. *Preuve littérale*. — 13. Instruction criminelle. Elément de preuve.

INSTRUCTION PRIMAIRE.

Voy. *Enseignement*.

INSTRUCTION PUBLIQUE.

Voy. *Enseignement*. — 1. — I. Instruction primaire. Brevet de capacité. Instituteur primaire. Certificat de moralité. Déclaration. Inconduite. Immoralité. — II. Maître de pension. Cumul. — 2. — I. Université. Ecoles secondaires. Concession de locaux. Aliénation. Jouissance conditionnelle et temporaire. Domaine de l'Etat.

INTERDICTION.

SOMMAIRE.

1. *Acte sous seing privé antérieur à l'interdiction*. — I. Antidate. Fraude. Preuve. — II. Jugement d'interdiction. Chose jugée. Démence notoire. — III. Preuve. Tuteur. — IV. Preuve testimoniale.
2. *Conseil de famille*. — I. Femme de l'interdit. — II. Admission facultative de la femme au conseil de famille.
3. *Conseil judiciaire*. — Fille. Mariage. Cessation des fonctions du conseil.
4. *Partage*. — Tuteur. Autorisation. Appel.

RENVOIS.

Voy. *Jugement par défaut*. — 10. Jugement d'interdiction. Signification. Affiche. Actes d'exécution. Opposition. Appel.

Voy. *Preuve littérale.* — 6. — IV. Interdiction. Autorisation donnée antérieurement par l'interdit. Démence notoire. — V. Femme.

---

1. — 21 mars 1842. — Lévy C. Louis et Michaut. — 2ᵉ Ch.— MM. Costé, pr., Garnier, av. gén., concl. conf., Volland, Antoine, Louis, av.

I. L'acte sous seing privé fait foi de sa date entre les parties qui l'ont souscrit, lors même que le souscripteur a été depuis interdit. — C'est au tuteur de l'interdit, qui ne méconnaît pas la signature de son pupille, d'établir la preuve de l'antidate frauduleuse du billet signé par celui-ci. (C. civ. 1322, 502.)

II. Le Jugement d'interdiction n'a pas l'autorité de la chose jugée sur la question de savoir si, à telle époque donnée, antérieure à ce jugement, l'interdit était déjà en état de *démence notoire* (C. civ. 503), lorsqu'il a signé un billet dont le payement est demandé. — La preuve de la démence notoire, à la date du billet, doit être faite contradictoirement avec le bénéficiaire du billet.

III. C'est au tuteur de l'interdit de prouver qu'à l'époque où ce billet a été signé, l'interdit était dans un état de démence notoire, et que le porteur du billet a connu cet état de démence de son débiteur (1).

IV. La preuve testimoniale de ce fait peut, s'il y a lieu, être ordonnée d'office par la cour. (C. pr. 254, 470.)

2. — 21 novembre 1844. — Tisserand C. Tisserand. — Ch. civ. et Ch. corr. réun. — MM. Moreau, p. pr., Paillart, proc. gén., Louis, d'Ubexi, av.

I. Le conseil de famille d'un individu marié, dont on provoque l'interdiction, est régulièrement composé par trois parents de la ligne paternelle et trois parents de la ligne maternelle, encore que la femme du défendeur (qui, du reste, dans l'espèce, ne l'avait point demandé, ni personne pour elle) n'y ait pas été appelée. (C. civ. 407.)

II. L'admission de la femme au conseil de famille, sans y avoir voix délibérative, est purement facultative, et le conseil est maître, alors même qu'elle est réclamée, de la permettre, ou de l'interdire. (C. civ. 495.)

3. — 5 décembre 1838. — Deville C. Serrière. — 2ᵉ Ch.— MM. Mourot, pr., Garnier, av. gén., concl. conf., d'Ubexi, Volland, av.

La fille sous l'assistance d'un conseil judiciaire en est relevée par le fait seul de son mariage, quand même il serait prouvé que le conseil lui avait été donné pour la défendre des prodigalités auxquelles l'entraînait celui qui, depuis, est devenu son mari. Pour qu'il en fût autrement, il faudrait prouver que, postérieurement au mariage, le mari a jeté sa femme dans des prodigalités blâmables.

---

(1) Cette proposition semble trop générale ; il n'est pas indispensable que le créancier ait eu une connaissance personnelle de la démence pour que le billet puisse être annulé ; la notoriété suffit ; quand elle est constatée, les tribunaux ont un pouvoir discrétionnaire pour l'annulation, selon les circonstances.

4. — 8 février 1833. — Foller C. Robert et Foller. — 1re Ch. — MM. Troplong, pr., Bouchon, subst., Berlet, La Flize, Bresson, av.

Le tuteur d'un interdit, autorisé par le conseil de famille à intenter et à poursuivre une action en partage pour son pupille, est suffisamment autorisé à se pourvoir par appel contre un jugement rendu sur cette demande, qui fait grief à celui qu'il représente.

INTÉRÊTS.

SOMMAIRE.

1. *Exécuteur testamentaire.* — Usufruitier. Dettes payées de leurs propres deniers. Départ des intérêts.
2. *Héritier.* — I. Créance contre la succession. Intérêts dus du jour de la demande. — II. Capital réclamé dans l'inventaire. Intérêts demandés dans la liquidation.

RENVOIS.

Voy. *Absence.* — 5. Militaire absent... Curateur. Intérêts.
Contrainte. — Demande judiciaire. Intérêts.
Degré de juridiction. — 6. — II. Intérêts échus avant la demande. Prescription suppléée d'office. — III. Réduction des intérêts à cinq ans, pour l'enregistrement de la cession. — 34. Frais et intérêts antérieurs à la demande. — I. Accessoires. Dernier ressort. Protêt. — 39. Intérêts échus avant la demande. — I. Dommages-intérêts non fondés sur la demande principale. — 40. Intérêts échus avant la demande. Frais antérieurs. Frais de protêt. — 41. Intérêts et frais. Compensation. Commandement.
Émigré. — 2. Intérêts. Déchéance. Indemnité. Intérêts capitalisés, prescriptibles par trente ans.
Legs. — 3. Legs particulier. Intérêts du jour de la demande en délivrance. Exception. Usufruit grevant les biens légués.
Liquidation. — 2. Intérêts omis dans un projet de liquidation. Rétablissement.
Prescription. — 16. Intérêts. Commandement. Prescription quinquennale. Interruption. Prescription trentenaire. — 17. Intérêts. Commandement. Prescription quinquennale. Prescription trentenaire. — 18. Intérêts capitalisés. Prescription quinquennale. Prescription trentenaire. Émigré. — 19. Intérêts de choses sujettes à rapport. Prescription quinquennale.
Puissance paternelle. — II. Mandat. Intérêts des sommes employées par le père à son usage.
Surenchère. — 1. Notification. Inscription. Effet. Surenchère. Année courante. Intérêts. Ventes antérieures. Rapport des intérêts.
Testament. — 19. Mari légataire universel de sa femme. Possession des choses léguées. Demande en délivrance. Tutelle de l'héritier à réserve. Fruits et intérêts des choses léguées. Restitution.
Tutelle. — 11. Tuteur. Majorité. Deniers pupillaires. Intérêts du reliquat. Prescription quinquennale. Hypothèque légale.
Usure. — 1. Convention antérieure à la loi du 3 septembre 1807. Durée du crédit primitif. Prorogation tacite. Réduction d'intérêts. — II. Preuve testimoniale d'intérêts usuraires... — IV. Transaction sur

des intérêts usuraires. Son inefficacité. — 2. Intérêts usuraires. Restitution par imputation sur le capital.

1. — 11 juillet 1833. — Mandel C. Poirson. — 1re Ch. — MM. de Metz, p. pr., Pierson, av. gén., Chatillon, La Flize, Antoine, av.

Les intérêts ne courent pas de plein droit au profit de l'exécuteur testamentaire qui a payé, de ses propres deniers, des sommes dues par la succession ; — ni au profit de l'usufruitier qui a payé des dettes grevant la propriété dont il a l'usufruit.

2. — 14 août 1845. — Moisset C. Mouginet et Perrin. — 1re Ch. — MM. Moreau, p. pr., Garnier, av. gén., concl. conf., Fleury, Louis, Besval, av.

I. Le cohéritier qui réclame à ses cohéritiers le payement d'une somme, non à titre de rapport, ou de prélèvement équivalant à rapport, mais à titre de dette, ne peut exiger les intérêts du jour de l'ouverture de la succession, d'après l'art. 856 C. civ., mais seulement du jour où ils ont été demandés. (C. civ. 1153, 1207.)

II. Cette demande d'intérêts ne résulte pas d'un inventaire lors duquel l'héritier, créancier de la succession, s'est borné à réclamer le principal. Mais elle peut résulter d'une réclamation formelle de ces intérêts, faite par lui devant le notaire liquidateur, lors de sa comparution devant cet officier public. (C. pr. 977.)

INTERLOCUTOIRE.

Voy. *Acquiescement.* — 7. Jugement définitif et interlocutoire. Avoué. Comparution à l'opération ordonnée. Réserves contre la partie définitive du jugement.
Compétence commerciale. — 11. Jugement de la compétence. Preuve préalable des faits qui l'établissent. Préjugé du fond.
Jugement préparatoire, interlocutoire, définitif. — 1 à 6.
Revendication. — 1. — 11. Interlocutoire. Moyen rejeté. Appel du jugement définitif. Fin de non-recevoir.

INTERROGATOIRE SUR FAITS ET ARTICLES.

SOMMAIRE.

1. *Aveu.* — Indivisibilité. Réponses diverses opposées les unes aux autres.
2. *Commencement de preuve par écrit.* — Présomptions.
3. *Femme mariée.* — Détournement d'effets de la succession par elle et par son mari.

RENVOIS.

Voy. *Aveu.* — 4. Interrogatoire... Indivisibilité de l'aveu. Preuve contraire. Dol et fraude.
Faux incident. — 4. Inscription de faux. Interrogatoire sur faits et articles.
Intervention. — 4. Tiers. Intervention en appel. Interrogatoire de l'intervenant.
Preuve testimoniale. — 3. Commencement de preuve par écrit.

1. — 14 août 1845. — Moisset C. Mouginet et Perrin. — 1re Ch. — MM. Noreau, p. pr., Garnier, av. gén., concl. conf., Fleury, Louis, Bésval, av.

L'indivisibilité de l'aveu ne met pas obstacle à ce que les diverses réponses à un interrogatoire sur faits et articles soient isolées, divisées, opposées les unes aux autres, afin d'arriver à la découverte de la vérité par cette voie d'instruction, qui serait toujours illusoire, s'il n'était pas permis au juge de procéder ainsi.

2. — 29 juin 1843. — Thuillié C. Arnould et veuve Arnould. — 1re Ch. — MM. Mourot, pr., Louis, Lefèvre, Mamelet, av.

Les déclarations consignées dans un interrogatoire sur faits et articles forment, contre celui qui les a faites, un commencement de preuve par écrit, qui rend admissibles les présomptions résultantes de la cause.

3. — 28 janvier 1845. — Speich C. Stutel et Versil. — 2e Ch. — MM. Riston, pr., Garnier, av. gén., concl. conf., Legros, avoué. (Arrêt sur requête.)

On peut faire interroger sur faits et articles une femme mariée qui est partie dans un procès où un cohéritier de cette femme réclame la restitution de valeurs qu'il prétend avoir été détournées de la succession, par elle et par son mari. (C. pr. 324.)

INTERVENTION.

SOMMAIRE.

1. *Appel.* — I. Servitude. Copropriétaire du fonds assujetti. Tierce opposition. — II. Procédure antérieure à l'intervention, valable à l'égard de l'intervenant. Indivisibilité de la contestation. Mise en cause des cointéressés.
2. *Garant.* — Intervention en appel. Subrogation dans les poursuites.
3. *Partage de succession.* — I. Comptes. Intervention des créanciers. — II. Cessionnaire d'une créance de la succession. Hypothèque.
4. *Tiers.* — Intervention en appel. Interrogatoire de l'intervenant. Frais frustratoires.

RENVOIS.

Voy. *Appel.* — 27. Intervenant. Omission de conclure en première instance. Appel non recevable. — 39. Mise en état. Intervention simulée. Mise en cause des intervenants.
Degré de juridiction. — 42. Intervention. Somme inférieure à 1500 fr. Demande principale. Somme supérieure. Dernier ressort.
Demande nouvelle. — 5. Intervention contestée en première instance. Nullité d'acte invoquée en appel. Moyen nouveau.
Faillite. — 20. Reprise d'instance par le syndic après la déclaration de faillite. Intervention sur l'appel...
Succession. — 10. Succession bénéficiaire. Créancier. Intervention.
Tutelle. — 8. Demande en distraction intentée sans autorisation. Poursuite régularisée. Intervention.

1. — 10 décembre 1840. — Legens C. Guerrier de Dumast. — 1re Ch. — MM. Costé, pr., Volland, d'Ubexi, av.

I. Le copropriétaire d'un terrain sur lequel une servitude, dérivant de la situation des lieux, est réclamée, et qui n'a été ni appelé ni représenté dans l'instance, est recevable à intervenir sur l'appel; car il pourrait former tierce opposition à l'arrêt qui viendrait à décider que la servitude est due par le fonds dont il est copropriétaire. (C. pr. 474, 466.)

II. L'intervenant n'est point fondé à demander la nullité de toute la procédure faite hors de sa présence : cela s'induit de ce que l'intervention ne peut arrêter le jugement de la cause principale, lorsqu'elle est en état. (C. pr. 340.) — Il importe peu que l'objet de la contestation soit indivisible : cette circonstance n'impose pas au demandeur l'obligation d'appeler en cause tous les copropriétaires du terrain sur lequel la servitude est réclamée. — Seulement, le défaut de présence de toutes les parties intéressées devient un obstacle à ce que le jugement puisse être opposé à celles qui, n'ayant été ni appelées ni représentées, voudraient contester le droit réclamé. — On objecterait vainement qu'il pourrait résulter de ce mode de procéder des décisions contraires, dont l'exécution deviendrait impossible à raison de l'indivisibilité de l'objet litigieux. — Si, en principe général, la tierce opposition n'a pour effet de faire rétracter la décision attaquée que dans le seul intérêt personnel de l'opposant, cette règle reçoit exception lorsque l'objet de la contestation est indivisible : c'est-à-dire que la décision attaquée se trouve anéantie à l'égard de toutes les parties, même de celles qui auraient figuré dans la première instance.

2. — 1er avril 1841. — de Saint-Victor C. Conter. — 1re Ch. — MM. Costé, pr., Poirel, p. av. gén., Catabelle, La Flize, Antoine, av.

Lorsque celui qui est poursuivi par quelqu'un prétend lui dénier la qualité de créancier, et appelle en garantie une autre personne avec laquelle il a eu des relations d'affaires, celle-ci peut, devant la cour, intervenir pour se faire subroger aux droits du créancier apparent, et faire valider les poursuites.

3. — 23 mars 1844. — Florentin C. François et Florentin. — 1re Ch. — MM. Masson, ff. pr., Garnier, av. gén., concl. conf., Louis, La Flize, Fleury, av.

I. Le droit d'intervenir dans un partage de succession, accordé par l'art. 882 C. civ. aux créanciers et ayants cause d'un cohéritier, comporte nécessairement celui d'intervenir aussi dans les comptes auxquels est subordonné l'effet du partage lui-même.

II. Est non recevable à intervenir dans un procès né à l'occasion d'un acte attaqué par un des héritiers, le cessionnaire d'une créance de la succession, si cette créance est garantie par une hypothèque générale, primant tous les droits résultants de l'acte attaqué.

4. — 23 novembre 1842. — de Saint-Ouen et de Vernon C. Georges. — 1re Ch. — MM. Moreau, p. pr., Poirel, p. av. gén., de Saint-Ouen, Catabelle, d'Arbois, av.

Un tiers est non recevable à intervenir en appel, si ce n'est quand il aurait le droit de former tierce opposition à l'arrêt. Il n'y a pas d'exception à cette règle quand une des parties a demandé l'interrogatoire sur faits et articles de la partie intervenante, lequel a été ordonné, si, dans cette demande, elle s'est réservé expressément de critiquer l'intervention. Seulement, en ce cas, les frais auxquels a donné lieu cette voie d'instruction frustratoire doivent rester à la charge de celui qui l'a provoquée. (C. pr. 466. 474.)

INVENTAIRE.

SOMMAIRE.

1. *Acte authentique.* — I. Foi jusqu'à inscription de faux. — II. Enonciation détaillée des créances. Omission. Validité. — III. Dol ou fraude. Erreur matérielle.
2. *Testament.* — I. Legs d'usufruit. Dispense d'inventaire. Héritiers à réserve. Nu propriétaire. Frais d'inventaire à sa charge. — II. Clôture. Défaut de réserves. Rectifications.
3. *Tuteur.* — Enonciations de l'inventaire. Preuve d'erreur à la charge du tuteur. Responsabilité.

RENVOIS.

Voy. *Contrat de mariage.* — 26. — II. Testament. Usufruit. Dispense d'inventaire et de caution.
    Partage. — 7. Licitation. Mineur. Notaire. Membre du tribunal. Inventaire. Liquidation. Choix du notaire. Motifs propres à déterminer ce choix.
    Preuve littérale. — 14. Inventaire. Billet transcrit dans l'inventaire. Dette d'un failli envers sa mère. — 15. Inventaire. Commencement de preuve par écrit. Présomptions.

---

1. — 26 août 1843. — La faillite Picard, et Galtier C. Picard. — 1re Ch. — MM. d'Arbois, ff. pr., Garnier, av. gén., concl. conf., La Flize, Calabelle, Fleury, Maire, av.

I. Un inventaire est un acte authentique qui fait foi jusqu'à inscription de faux entre les parties (notamment entre une veuve, tutrice légale, et ses enfants mineurs, représentés par leur subrogé tuteur).

II. L'omission volontaire et motivée d'une énumération détaillée et nominative des créances composant l'actif de la communauté n'est pas une cause de nullité de l'inventaire. — Ainsi la veuve d'un commerçant a pu valablement refuser de désigner par leurs noms tous les débiteurs de son mari, et se borner à désigner en masse, et par un seul chiffre, un certain nombre de créances : cette désignation sommaire n'est point une cause de nullité de l'inventaire lorsque, d'une part, le subrogé tuteur y a donné les mains, et que, d'autre part, le notaire constate que le chiffre des créances ainsi indiquées en bloc a été justifié par le dépouillement du livre journal. — A supposer que le défaut de spécialité dans la désignation des créances fût une cause de nullité de l'inventaire, la veuve qui a provoqué ce mode de procéder serait non recevable à s'en prévaloir pour faire annuler l'acte : par suite, si elle vient à tomber en faillite, les syndics de sa faillite ne sont pas non plus recevables à proposer ce moyen de nullité.

III. Ils peuvent seulement attaquer l'inventaire pour cause de dol ou de fraude, ou d'erreurs matérielles. Mais, s'ils ne se plaignent d'aucune fraude et ne signalent aucune erreur, ils ne sont point fondés à réclamer la nomination d'un arbitre-expert, pour vérifier les erreurs *possibles* de l'inventaire, erreurs que rendrait vraisemblables, selon eux, l'omission d'une énumération nominative des créances.

2. — 11 juillet 1833. — Mandel C. Poirson. — 1re Ch. — MM. de Metz, p. pr., Pierson, av. gén., Chatillon, La Flize, Antoine, av.

I. Celui qui n'a point d'héritiers à réserve peut léguer l'usufruit avec dispense d'inventaire. Si cependant les nu propriétaires font procéder à un inventaire, quelque utile qu'il soit pour liquider les droits des parties, cette opération reste définitivement à leur charge.

II. La clôture d'un inventaire, par autorité de justice ou même du consentement des parties, sans aucune réserve de leur part, ne les prive pas du droit d'en demander plus tard la rectification.

3. — 28 mai 1839. — Mathey C. Demangeot. — 2e Ch. — MM. Mourot, pr., Poirel, p. av. gén., concl. conf., Volland, La Flize, av.

L'inventaire signé par le tuteur fait preuve contre lui de ses énonciations, et le tuteur est responsable de toutes les valeurs qui y sont portées, s'il ne prouve pas que l'énonciation est le résultat d'une erreur.

ISRAÉLITE.

Voy. *Serment décisoire, supplétif.* — 5. Serment décisoire. Israélite. Serment *more judaico.* Serment ordinaire. Option.

JONCTION.

SOMMAIRE.

Connexité. — Nécessité d'apprécier le même acte dans les deux causes.

RENVOIS.

Voy. *Degré de juridiction.* — 15. Conclusions modifiées lors des plaidoiries. — 11. Jonction. Demandes distinctes. Personnes distinctes.
Incident. — Demande principale, Demande incidente étrangère à la demande principale. Jonction prohibée.
Règlement de juges. — 1. Connexité. Deux ordres ouverts sur les biens du même débiteur. Deux tribunaux. Jonction...

17 juillet 1843. — Durand C. Jolain. — 2e Ch. — MM. Riston, ff. pr., Maire, Mengin fils, av.

La connexité de deux causes, et par suite leur jonction, sont suffisamment justifiées par cette circonstance que, dans l'une et l'autre instance, il est nécessaire d'apprécier le mérite et les conséquences d'un même acte, sur lequel ont porté les discussions du procès.

JOUR FÉRIÉ.

Voy. *Délai.* — 4. Jour férié. Délai d'opposition.
Exploit. — 25. Exploit valable. Amende contre l'huissier.

JUGE COMMISSAIRE.

Voy. *Liquidation.* — 3. Succession. Juge commissaire. Empêchement. Remplacement.

JUGE DE PAIX.

Voy. *Compétence.* — 12. Juge de paix. Apprenti ouvrier. Apprenti négociant. Art. Profession libérale. Contrat d'apprentissage. Acte de commerce. Compétence commerciale. — 13. Juge de paix. Dommages aux champs. Tribunal de première instance. Incompétence couverte par le silence des parties. — 14. Juge de paix. Question préalable d'une valeur indéterminée. Compétence du tribunal de première instance. — 15. Juge de paix. Rixes ou voies de fait. Dommages-intérêts. Délit correctionnel. Incompétence. — 16. Juge de paix. Rixes ou voies de fait. Dommages-intérêts. Délit correctionnel. Incompétence. — 17. Juge de paix. Rixes ou voies de fait. Dommages-intérêts. Délit correctionnel. Incompétence.
Manufacture insalubre. — Dommages aux fruits. Dépréciation d'immeuble. Juge de paix. Tribunal de première instance. Compétence.
Règlement de juges. — 3. Juge de paix. Tribunal de première instance. Déclarations successives d'incompétence. Cour de cassation. Cour royale.
Testament. — 10. Envoi en possession d'un legs universel. Ordonnance du président. Erreur. Référé. Juge de paix. Appel. Deuxième ordonnance illégale.

JUGE SUPPLÉANT.

SOMMAIRE.

Tribunaux de commerce. — Composition.

RENVOIS.

Voy. *Tribunaux.* — Composition. Récusation. Suppléant. Avocat.

30 août 1836. — Legris C. Derycke. — 1re Ch. — MM. de Roguier, fl. pr., Bresson, av. gén., Chatillon, Volland, av.

Les juges suppléants, surtout dans les tribunaux de commerce, ont, en l'absence des titulaires, tout le pouvoir et toutes les attributions des juges. Ils peuvent donc, à eux seuls, constituer un tribunal régulier.

JUGEMENT.

SOMMAIRE.

1. *Conclusions.* — Sentence arbitrale. Equipollent.
2. *Jugement commun.* — Expertise. Mise en cause. Assistance à l'expertise.
3. *Jugement de commerce.* — Qualités. Points de fait et de droit. Omission. Nullité. Tribunaux de commerce.
4. *Qualités.* — Faits tenus pour exacts, faute d'opposition.
5. *Qualités.* — Faits tenus pour exacts, faute d'opposition.
6. *Qualités.* — Faits tenus pour exacts, faute d'opposition. Réassignation.
7. *Qualités non signifiées.* — Opposition devant la cour. Validité du jugement.
8. *Signification.* — Acquiescement.

JUGEMENT.

RENVOIS.

Voy. *Appel.* — 31. Jugement distinct d'autres jugements. Dates différentes. Expédition unique. Appel du dernier jugement applicable à tous. — 33. Jugement exécutoire nonobstant opposition ou appel. Exécution. Réserves. Appel recevable. Acquiescement.

Aveu. — 3. Comparution en personne. Déclarations sans précision. Foi due au jugement qui les constate. Aveux contraires à la défense de l'une des parties.

Contrainte par corps. — 6. Jugement. Nullité d'emprisonnement. Exécution provisoire sur minute. — 7. Jugement portant contrainte par corps. Huissier commis pour la signification. Tribunal de commerce. Compétence. Exécution.

Succession vacante. — II. Chef de conclusions combattu dans les motifs, omis dans le dispositif du jugement. — III. Publicité du jugement qui nomme un curateur. Chambre du conseil.

Vacations. — Jugement en matière ordinaire, rendu pendant les vacations. Nullité.

---

1. — 17 février 1845. — Drappier C. Decondé et Pottier. — 2ᵉ Ch. — MM. Riston, pr., La Flize, Catabelle, Fleury, av.

L'insertion des conclusions des parties dans les jugements est substantielle, c'est-à-dire, nécessaire à l'existence légale de toute décision judiciaire (C. pr. 141). Si, à l'égard des sentences arbitrales surtout, les formes ordinaires de la procédure ne sont pas sacramentelles, la seule conséquence qu'il faille en tirer est que, quels que soient la place choisie et le mode employé par les arbitres, pour faire connaître, dans leur jugement, les conclusions des parties, il suffit qu'on puisse en apercevoir la teneur, ou même l'équipollent, soit explicitement, soit d'une manière implicite.

2. — 23 novembre 1840. — Pollet C. Pierson et Moinot. — 2ᵉ Ch. — MM. Mourot, pr., La Flize, Volland, Welche, av.

Un jugement, qui a ordonné une expertise entre deux parties seulement, et cette expertise elle-même ne peuvent pas plus tard être déclarés communs avec une troisième partie, appelée nouvellement en cause, quand bien même cette partie aurait assisté en personne à l'expertise.

3. — 5 décembre 1836. — Bezel C. Brison et Andreau. — 1ʳᵉ Ch. — MM. de Metz, p. pr., Volland, Chatillon, Louis, av.

Les jugements des tribunaux de commerce doivent, comme les jugements civils, contenir, à peine de nullité, l'exposition sommaire des points de fait et de droit. Cette nullité peut être prononcée d'office par le tribunal supérieur.

4. — 20 juin 1843. — Le préfet de la Meuse C. Hurbal, Baillot et Pierron. —1ʳᵉ Ch.—MM. Mourot, pr., Garnier, av. gén., concl. conf., Volland, d'Ubexi, Catabelle, La Flize, av.

Les termes d'un procès-verbal d'expertise non produit au procès, mais analysé dans les qualités d'un jugement, peuvent être tenus pour reconnus comme exacts par la partie à laquelle on les oppose, lorsqu'elle n'a point formé opposition à ces qualités.

5. — 29 juin 1843. — *Le préfet de la Meuse C. Quilleau-Franchot.*
Même décision. (Même chambre.)

6. — 21 mai 1844. — *Pierre C. de Vendières.* — 2e Ch. — MM. Masson, ff. pr., Volland, La Flize, av.

Quand les qualités du jugement contiennent des énonciations desquelles il résulte que les parties ont respectivement reconnu qu'un jugement a été rendu sur réassignation, après un premier jugement de profit joint; si les parties n'ont point formé opposition à ces qualités, elles sont non recevables à contester ensuite ce caractère et cette qualification du jugement, surtout si elles ne produisent aucune preuve, aucun indice même, qu'à cet égard elles aient été induites en erreur.

7. — 4 février 1839. — *La commune de Gibaumeix C. Leclère, Demorgon et autres.* — 2e Ch. — MM. Mourot, pr., Garnier, av. gén., concl. conf., Volland, Chatillon, av.

Un jugement n'est pas nul à défaut de signification des qualités. Seulement la partie qui a levé ce jugement ne peut les opposer, et son adversaire peut former opposition à ces qualités, tant qu'elles ne lui ont pas été signifiées, et même les contester devant les juges d'appel.

8. — 26 juillet 1833. — *Vidal C. Flajollet.* — 1re Ch. — MM. Troplong, pr., Bouchon, subst., La Flize, Mamelet, av.

On ne peut exciper d'un jugement lorsqu'il n'est ni signifié, ni formellement acquiescé.

JUGEMENT INTERLOCUTOIRE.

Voy. *Jugement préparatoire, interlocutoire, définitif.* — 1 à 6.

JUGEMENT PAR DÉFAUT.

SOMMAIRE.

1. *Acquiescement.* — Correspondance.
2. *Acquiescement.* — Péremption.
3. *Avoué.* — Opposition. Délai. Refus d'occuper.
4. *Déclinatoire.* — Rejet. Exécution du jugement. Délai de huitaine. Signification préalable.
5. *Délai.* — Péremption. Six mois sans poursuites régulières.
6. *Exécution.* — Commandement. Opposition.
7. *Exécution.* — Saisie-arrêt. Demande en nullité de donation.
8. *Jugement de commerce.* — Exécution dans les six mois. Saisie. Procès-verbal de carence. Résidence actuelle. Résidence abandonnée.
9. *Jugement de commerce par défaut faute de plaider.* — Opposition. Délai.
10. *Jugement d'interdiction.* — Signification. Affiche. Actes d'exécution. Opposition. Appel.
11. *Radiation du rôle.* — Péremption. Compétence. Changement de domicile.
12. *Solidarité.* — Exécution contre l'un des débiteurs. Péremption.

JUGEMENT PAR DÉFAUT.

RENVOIS.

Voy. *Appel.* — 36. Jugement par défaut. Délai d'appel. Signification à partie.
Délai. — 4. — II. Jugement par défaut. Délai d'appel.
Frais et dépens. — 19. Jugement par défaut. Dépens préjudiciaux.
Surprise. — 20. Jugement par défaut. Réassignation. Défaut second. Dépens de la réassignation.
Présomptions. — 1. Rue. Régularité présumée. Jugement par défaut. Réassignation.

1. — 16 février 1831. — Aubry C. Roard de Clichy. — 1re Ch. — MM. Breton, pr., Fabvier, proc. gén., concl. conf., d'Ubexi, Welche, av.

L'acquiescement à un jugement par défaut peut résulter de la correspondance des parties, et le jugement par défaut ainsi acquiescé devient définitif, quoique non suivi d'exécution dans les six mois de son obtention.

2. — 16 août 1830. — Gérardin C. Fabing et Pierre. — 1re Ch. — MM. de Riocour, p. pr., La Flize, Antoine, de Luxer, av.

Un jugement par défaut, auquel le défaillant a acquiescé, termine définitivement l'instance, et le met à l'abri de toute péremption.

3. — 29 juillet 1837. — Cholley C. Claudel et Bouvier. — 1re Ch. — MM. de Metz, p. pr., Fabvier, proc. gén., concl. conf., La Flize, d'Ubexi, Welche, av.

Un jugement rendu contre une partie ayant avoué constitué ne peut être attaqué par opposition que dans la huitaine de la signification à avoué, quand même, avant cette signification, l'avoué constitué aurait signifié à sa partie, par acte extrajudiciaire, qu'il ne veut plus occuper pour elle.

4. — 4 février 1839. — La commune de Gibaumeix C. Leclère, Demorgon et autres. — 2e Ch. — MM. Mourot, pr., Garnier, av. gén., concl. conf., Volland, Chatillon, av.

Le jugement qui rejette un déclinatoire n'est exécutoire, comme tout autre jugement, qu'après la huitaine expirée, et la signification préalable à avoué. En conséquence, est nul le jugement par défaut rendu sur le fond, soit avant l'expiration de la huitaine, soit avant la signification à avoué.

5. — 25 mars 1841. — Péché C. Vautrin. — 1re Ch. — MM. Costé, pr., Poirel, p. av. gén., Poirel, Volland, av.

Si, depuis la prononciation d'une condamnation par défaut, six mois s'écoulent sans que les poursuites ultérieures soient faites *régulièrement*, le jugement est périmé.

6. — 30 juin 1835. — Pariset C. Cosson et Belliot. — 1re Ch. — MM. Breton, pr., Bresson, av. gén., concl. conf., d'Ubexi, Louis, La Flize, av.

Un jugement par défaut est suffisamment exécuté quand la partie qui l'a obtenu a fait à son adversaire défaillant commandement de l'exécuter, et que, sur ce commandement, le défaillant a déclaré former opposition au jugement, même quand cette opposition n'aurait eu aucune suite.

7. — 25 mai 1844. — Etienne C. Collin. — 1ʳᵉ Ch. — MM. d'Arbois, ff. pr., Mamelet, Volland, av.

Des saisies-arrêts, suivies de dénonciations, et une demande en nullité de donation, formées en vertu d'un jugement par défaut, constituent une exécution suffisante de ce jugement, dans le sens de l'art. 159 C. pr., pour rendre applicables les dispositions des art. 158 et 443 du même Code.

8. — 21 novembre 1831. — Reydellet C. Delorey et Pigace. — 1ʳᵉ Ch. — MM. Bresson, pr., Poirel, p. av. gén., Goutt, La Flize, Chatillon, av.

Les jugements par défaut des tribunaux de commerce doivent être assimilés aux jugements rendus contre une partie n'ayant pas d'avoué, et, en conséquence, être exécutés dans les six mois de leur obtention, à peine de nullité.

Pour qu'ils soient réputés exécutés, il faut au moins une saisie ou un procès-verbal de carence. Ce procès-verbal, pour être efficace, doit être fait au lieu de la résidence actuelle du débiteur, et non pas à un domicile ou à une résidence qu'on sait abandonné depuis longtemps.

9. — 27 janvier 1838. — Lamiral C. Thiriet-Gloxin. — 1ʳᵉ Ch. — MM. Mourot, pr., Mamelet, Chatillon, av.

En matière de commerce, l'opposition à un jugement rendu par défaut faute de plaider, contre une partie qui a comparu en personne, ou par mandataire, doit être formée, à peine de nullité, dans la huitaine de la signification.

10. — 26 janvier 1844. — Hussenot C. Hussenot. — 1ʳᵉ et 2ᵉ Ch. réun. — MM. Mourot, pr., Garnier, av. gén., concl. conf., Lombard, avoué, Catabelle, av.

La signification du jugement par défaut, par huissier commis, ne constitue pas, par elle-même, un acte d'exécution. Il en est de même de l'affiche du jugement d'interdiction, rendu par défaut, dans les études de notaire de l'arrondissement. (C. pr. 159.)

En conséquence, l'appel d'un pareil jugement n'est point recevable, tant que l'opposition le serait encore elle-même. (C. pr. 455, 158, 159.) (1)

11. — 25 avril 1857. — Lang C. Kahn et Meyer. — 1ʳᵉ Ch. — MM. Mourot, pr., Bresson, av. gén., Louis, La Flize, Antoine, av.

Quand une instance, terminée par un jugement par défaut, a été rayée du rôle, et que ce jugement par défaut est réputé non avenu, à cause de son inexécution dans les six mois, la procédure revit à la réquisition de l'une des parties ; le tribunal est censé, malgré la radiation du rôle, n'avoir jamais été dessaisi, et il reste compétent comme il l'était au jour de l'assignation primitive, quand bien même,

---

(1) *Contrà*, Cass. req., 50 novembre 1846 (Gaz. Trib., 50 novembre. — 1ᵉʳ décembre 1846).

depuis le jugement par défaut, le défendeur aurait changé de domicile, et quitté le ressort.

12. — 7 janvier 1834. — Cœurdacier C. Virmont. — 1re Ch. — MM. de Metz, p. pr., d'Ubexi, Chatillon, av.

Un jugement par défaut qui prononce condamnation contre plusieurs débiteurs solidaires, et qui est exécuté dans les six mois de son obtention à l'égard d'un seul, est maintenu par cela même à l'égard de tous, et ne peut plus être atteint par la péremption de l'art. 156 C. pr. civ.

JUGEMENT PRÉPARATOIRE, INTERLOCUTOIRE, DÉFINITIF.

SOMMAIRE.

1. *Jugement interlocutoire.* — Exécution. Acquiescement.
2. *Jugement interlocutoire.* — Exécution sans réserve. Acquiescement. Dispositions définitives. Chose jugée.
3. *Jugement interlocutoire.* — Jugement définitif. Appel du dernier seulement.
4. *Jugement interlocutoire.* — Préjugé du fond. Jugement définitif. Appel recevable.
5. *Jugement interlocutoire.* — Prescription. Preuve testimoniale exclusive de ce moyen.
6. *Jugement interlocutoire.* — Titres. Appréciation. Preuve de prescription. Appel recevable.
7. *Jugement préparatoire.* — Descente sur les lieux. Plan. Appel.
8. *Jugement préparatoire.* — Expertise. Expert unique. Appel recevable.
9. *Jugement préparatoire.* — Expertise. Licitation. Liquidation.

RENVOIS.

Voy. *Acquiescement.* — 3. Enquête. Comparution. Réserves. Déchéance d'appel.
Appel. — 18. Expertise. Assistance sans réserves. Acquiescement. — 35. — 1. Jugement interlocutoire. Enquête. Exécution. Acquiescement.

---

1. — 6 décembre 1832. — Denis C. Denis. — 1re Ch. — MM. Troplong, pr., La Flize, Mamelet, av.

Un jugement interlocutoire ne lie pas les juges qui l'ont rendu, ni par conséquent les parties qui l'ont exécuté.

2. — 23 mars 1831. — Joffin C. Fabvier et autres. — 1re Ch. — MM. Breton, pr., Berlet, Chatillon, av.

Un jugement interlocutoire, même exécuté sans réserve ni protestation, ne lie les parties qu'autant qu'elles y auraient formellement acquiescé d'ailleurs, ou qu'il renfermerait sur quelques points des dispositions définitives, auxquelles la simple exécution donnerait l'autorité de la chose jugée.

3. — 25 août 1829. — Gouguenheim C. Weldel et Messemer. — 2e Ch. — MM. Rolland de Malleloy, ff. pr., Berlet, La Flize, Fabvier fils, av.

Un jugement interlocutoire ne liant pas les juges mêmes qui l'ont rendu, lie encore bien moins les juges d'appel. On peut donc interjeter appel d'un jugement définitif, sans appeler du jugement interlocutoire qui l'a précédé.

4. — 16 août 1841. — Burthé C. Cadiat, Génin, Thomas et Degalle. — 2ᵉ Ch. — MM. Mourot, pr., La Flize, Mengin, Welche, Louis, d'Ubexi, Volland, av.

Quelque préjugé qu'établissent les motifs d'un jugement interlocutoire, il n'en résulte point de fin de non-recevoir contre l'appel du jugement définitif.

5. — 30 décembre 1842. — Degoutin C. la commune de la Chaussée. — 1ʳᵉ Ch. — MM. Moreau, p. pr., Poirel, p. av. gén., Volland, Louis, av.

Un jugement interlocutoire ne lie pas le juge ; il ne peut que préjuger les questions qui lui sont soumises, et ces questions peuvent être reproduites devant la cour, sans que ni les appelants, ni les intimés puissent en repousser la discussion par des fins de non-recevoir quelconques, tirées du dispositif ou des motifs de ce jugement. Ainsi, les appelants sont recevables à invoquer soit la prescription trentenaire, dont ils avaient parlé en première instance, soit la prescription décennale, dont ils ont excipé devant la cour, bien que le jugement interlocutoire ait ordonné une preuve testimoniale exclusive de ce moyen de prescription.

6. — 5 juillet 1841. — Kugler C. Meyer. — 2ᵉ Ch. — MM. Mourot, pr., La Flize, Louis, av.

Quelque clairement que les juges aient énoncé leur opinion sur les titres des parties, dans le jugement interlocutoire qui admet la preuve de la prescription, cette sentence n'est pas pour cela définitive, et l'appel en est toujours facultatif.

7. — 2 décembre 1842. — Durand C. Fixard. — 1ʳᵉ Ch. — MM. Moreau, p. pr., Louis, Volland, av.

Le jugement qui ordonne que les lieux en litige seront vus et visités par un juge commissaire assisté d'un architecte, lequel en dressera un plan topographique, est un jugement purement préparatoire : l'appel n'en peut être interjeté qu'après le jugement définitif. (C. pr. 451, 452.)

8. — 5 février 1844. — Bernard C. Bernard. — 2ᵉ Ch. — MM. Masson, ff. pr., Louis, d'Ubexi, av.

I. Un jugement qui nomme un expert sans rien préjuger au fond est purement préparatoire : vainement objecterait-on qu'il est définitif *quant à l'unité d'expert*. Dès lors, l'appel en est recevable après le jugement définitif, malgré le consentement donné à l'exécution de ce jugement préparatoire, de la part de l'appelant. (C. pr. 451.)

II. Au fond, un tel jugement doit être réformé, les juges ne pouvant ordonner une expertise par un seul expert, sans le consentement de toutes les parties. (C. pr. 303.)

9. — 27 juillet 1844. — Laheurte C. Laheurte. — 1re Ch. — MM. Mourot, pr., Garnier, av. gén., concl. conf., La Flize, Antoine, Fleury, av.

Doit être considéré comme un simple jugement préparatoire, dont l'appel n'est pas recevable avant la décision définitive, le jugement qui, sur des demandes tendantes, d'une part, à l'homologation d'un procès-verbal d'experts et à un partage, et, d'autre part, à la licitation préalable d'acquêts de communauté, se borne à ordonner, avant faire droit, que les parties entreront préalablement en liquidation par-devant un notaire qu'il commet, et à nommer un juge commissaire à cette liquidation.

LÉGATAIRE PARTICULIER.

Voy. *Legs.* — 3. Legs particulier. Intérêts du jour de la demande en délivrance. Exception. Usufruit grevant les biens légués.
   Testament. — 11. Erreur de droit. Légataire particulier se croyant légataire universel. — 14. Légataire universel. Héritier. Doute. Interprétation favorable à l'héritier. — 19. Mari, légataire universel de sa femme. Possession de choses léguées. Demande en délivrance...

LÉGATAIRE UNIVERSEL.

Voy. *Legs.* — 4. Legs universel. Exclusion des biens légués contre l'héritier. Dispense de rapport.
   Succession. — 5. Légataire universel. Bénéfice d'inventaire.

LEGS.

SOMMAIRE.

1. *Femme, légataire universelle de son mari, sous condition du partage des biens restants à son décès entre ses héritiers.* — I. Inventaire. — II. Héritiers mineurs du mari. Formalités judiciaires.
2. *Legs à titre universel.* — I. Généralité des meubles. Exception. Préciput conventionnel. Déduction. — II. Dettes de communauté. — III. Demande en délivrance de legs. Renonciation tacite au préciput.
3. *Legs particulier.* — Intérêts du jour de la demande en délivrance. Exception. Usufruit grevant les biens légués.
4. *Legs universel.* — Exclusion des biens légués contre l'héritier. Dispense de rapport.
5. *Renonciation à un legs.* — I. Forme de procéder. Acte sous seing privé. — II. Demande en délivrance. — III. Formalités de la donation inapplicables à la renonciation.

RENVOIS.

Voy. *Succession.* — 5. Légataire universel. Bénéfice d'inventaire. — 6. — IV. Donation. Legs. Préciput.
   Testament. — 9. Envoi en possession d'un legs universel. Ordonnance du président. Appel non recevable. Opposition. — 10. Envoi en possession d'un legs universel. Ordonnance du président. Erreur. Référé. Juge de paix. Appel. Deuxième ordonnance illégale. — 11. le droit. Légataire particulier se croyant légataire universel.

Prise de possession de la succession sans délivrance. Fruits siens. Demande en délivrance. Effets du jour de sa date... — 15. Legs. Etablissement public. Demande en délivrance. Nécessité d'une autorisation préalable... — 16. Legs. Interdiction temporaire de vendre des immeubles légués. Payement des dettes. Vente des immeubles. — 17. Legs du mobilier. Meubles meublants. Valeurs mobilières. Argent. — 18. Legs universel. Obligation du testateur. Responsabilité du légataire. Vente. Nullité. Garantie. — 19. Mari légataire universel de sa femme. Possession des choses léguées. Demande en délivrance... Fruits et intérêts des choses léguées. Restitution. — 20. Meubles. Legs. Argent. Dettes actives. Denrées. Interprétation. Doute. Héritier préférable au légataire. — 23. — II. Mineur émancipé. Legs à son curateur. Validité. — 24... Legs par une femme à son mari, à condition du partage égal des biens de celui-ci entre les deux familles. — 25. Usufruit. Nue propriété. Légataire à titre universel. Concours de légataires avec les héritiers. Prédécès des héritiers. — 26. Vérification de l'écriture du testament. Preuve à la charge du légataire. Ordonnance d'envoi en possession obtenue par le légataire. Opposition par l'héritier.

---

1. — 21 février 1845. — Pécheur C. Jacquemin. — 1re Ch. — MM. Mourot, pr., Poirel, p. av. gén., La Flize, Catabelle, av.

I. Lorsqu'un mari, en instituant sa femme sa légataire universelle, a néanmoins ordonné que ceux de ses biens qui existeraient encore au décès de sa femme, seraient partagés entre ses propres héritiers, cette disposition éventuelle donne aux légataires ainsi appelés intérêt et qualité pour faire constater, à l'ouverture de la succession du testateur, la nature des biens qui la composent, afin de pouvoir en réclamer la délivrance, le cas échéant.

II. Si, parmi les héritiers présomptifs du mari, se trouvent des mineurs, la volonté exprimée par le testateur que ses héritiers ne puissent recourir à aucune mesure judiciaire, ne saurait recevoir son exécution, s'agissant d'une disposition qui aurait pour effet de s'opposer à ce qui est prescrit par la loi dans un intérêt d'ordre public.

2. — 23 mars 1845. — Gillet C. Martin. — 1re Ch. — MM. Mourot, pr., Poirel, p. av. gén., d'Ubexi, Volland, av.

I. La disposition par laquelle un testateur lègue *la généralité des biens meubles et effets mobiliers qui pourront lui appartenir au jour de son décès*, constitue un legs universel, encore qu'il ait ajouté : *à l'exception de l'or, de l'argent, des créances et actions en remploi.*

Un legs à titre universel ainsi conçu doit s'exécuter sur les meubles, déduction faite de ceux qui constituent un préciput conventionnel, d'après le contrat de mariage du testateur. On doit considérer comme un préciput conventionnel irrévocable, la disposition du contrat de mariage qui attribue au survivant des époux, par préciput et avant partage, *tous les meubles meublants, ustensiles de ménage, linges, couchers, qui se trouveront appartenir à la communauté.* Une telle disposition ne peut être considérée comme un avantage, mais seulement comme une convention de mariage.

II. L'époux qui prélève ce préciput n'est pas tenu de contribuer aux dettes et charges de la communauté, quand d'ailleurs le surplus de la masse suffit pour acquitter ces charges.

III. En formant, en des termes généraux, une demande en délivrance d'un legs fait à son profit par sa femme, le mari ne peut être censé avoir renoncé au préciput qui lui était assuré par son contrat de mariage, et avec lequel ce legs était tout-à-fait conciliable.

3. — 12 février 1841.—Martin C. Brichard.— 1re Ch.— MM. Costé, pr., Volland, d'Ubexi, av.

Le principe qui donne au légataire particulier, à compter du jour de sa demande en délivrance, les intérêts des capitaux qui lui sont légués, souffre exception lorsque, avant le testament, les capitaux légués ont été grevés d'un usufruit, et lorsque le testateur, loin d'imposer à celui qui doit acquitter le legs l'obligation de le dégager de cette charge, a déclaré, au contraire, que ces capitaux devaient être prélevés sur les biens et argent de la succession frappée de cet usufruit.

4. — 22 janvier 1858. — Masson C. Masson, — 1re Ch. — MM. de Metz, p. pr., Garnier, av. gén., concl. conf., Mamelet, Volland, av.

Un legs universel, prononçant de plus contre tel ou tel héritier l'exclusion formelle des biens légués, emporte nécessairement dispense de rapport.

5. — 7 juin 1845. — La faillite de Biarnais de Baine C. la veuve de Biarnais de Baine. — 1re Ch. — MM. Mourot, pr., Garnier, av. gén., concl. conf., Catabelle, Volland, av.

I. Les articles 784 et 1459 C. civ. déterminent, d'une manière positive, la forme dans laquelle doivent être faites les renonciations à une succession, ou à une communauté ; mais aucune formalité n'est prescrite pour la validité d'une renonciation à une disposition testamentaire, et particulièrement à un legs fait à titre particulier ; il suit de là qu'une renonciation faite en termes formels, par un acte sous seing privé, ne peut être, sous le rapport de la forme, l'objet d'une critique fondée.

II. Si le legs pur et simple donne au légataire un droit à la chose léguée, néanmoins le légataire particulier ne peut se mettre en possession de la chose léguée qu'à compter de sa demande en délivrance, ou par le consentement volontaire donné à cette délivrance. — La conséquence de cette restriction, c'est que le légataire particulier ne devient propriétaire de la chose léguée qu'autant qu'il donne à son droit le complément qui lui est nécessaire, par une demande en délivrance, ou par le consentement volontaire donné à cette délivrance.

III. La renonciation au bénéfice d'un legs particulier ne constitue pas une donation, mais seulement l'abnégation d'un droit ouvert, et encore incomplet ; ainsi, sous ce second rapport, elle ne peut être astreinte aux formalités exigées par la loi pour la validité des donations par acte entre-vifs, ni soumise aux causes de révocation qui frappent les donations proprement dites.

LÉSION.

Voy. *Obligation.* — 11. Rescision. Lésion. Minorité. Exception personnelle au mineur. Caution.
Partage. — 3. Action en rescision pour cause de lésion... Ratification expresse ou tacite. — 14. Tuteur... Action en rescision pour lésion de plus du quart.
Tutelle. — 8. Rescision... Vente d'immeuble par un tuteur, sans formalités. Nullité. Lésion. Restitution de fruits...
Vente. — 22. Rente viagère. Prix de vente. Lésion. Rescision. Mode d'évaluation. Tables de mortalité. Capitalisation de l'excédant de la rente sur le revenu de l'immeuble vendu.

LETTRE DE CHANGE.

Voy. *Caution.* — 4. Lettre de change. Contrainte par corps. Recours de la caution avant le payement.
Domicile. — 2. Lettre de change. Lieu du payement. Poursuites dans ce lieu. Exécution des jugements au domicile réel.
Effet de commerce. — 5. — 1. Lettre de change. Acceptation. Forme. — 11. Acceptation par acte séparé... — 6. Lettre de change. Acceptation. Payement par un tiers, sans intervention ni protêt. *Negotiorum gestor.* Déchéance du recours contre l'accepteur. — 7. Lettre de change. Acceptation formelle. Autorisation donnée d'avance de tirer la lettre. — 8. Lettre de change. Acceptation par lettre missive adressée au tireur. — 9. Lettre de change. Formalités essentielles. Omission. Conséquences... — 10. Lettre de change. Non commerçant. Contrainte par corps. Formalités. Omission. Valeur fournie.
Prescription. — 25. Lettre de change. Prescription quinquennale. Renonciation. Caution.

LETTRE MISSIVE.

SOMMAIRE.

Lettre confidentielle. — Tiers. Réclamation. Lecture à l'audience, interdite.

RENVOIS.

Voy. *Louage.* — 2. Bail verbal. Dénégation. Preuve. Écrits émanés de celui qui nie le bail. Lettres.

---

11 juin 1830. — Boulangé C. Mangel et Didot. — 2ᵉ Ch. — MM. Chippel, pr., Thieriet, p. av. gén., Chatillon, La Flize, Moreau, av.

Des lettres confidentielles, adressées à un tiers, ne peuvent être lues à l'audience, surtout quand le tiers à qui elles ont été adressées intervient pour les réclamer.

LICITATION.

Voy. *Partage.* — 5. Indivisibilité de la licitation. Nullité de procédure.
Expertise. — 6. Licitation. Majeurs et mineurs. Nullité de procé-

dure. Majeurs non-réclamants. Indivisibilité. — 7. Licitation. Mineur. Notaire. Membre du tribunal. Inventaire. Liquidation. Choix du notaire. Motifs propres à déterminer ce choix. — 8. Licitation ou partage. Inexécution. Résolution. — 11. Mineur. Nécessité du tirage au sort ou de la licitation. Prohibition du partage par attribution. Licitation ordonnée d'office contre le gré de toutes les parties. — 14. Tuteur. Action en partage ou licitation. Vente de la portion indivise des mineurs. Formalités des transactions de mineurs. Action en rescision pour lésion de plus du quart.

Voy. *Société civile.* — 5. — 11. Licitation. Dissolution.

LIQUIDATION.

SOMMAIRE.

1. *Double emploi.* — Acceptation. Réparation.
2. *Intérêts omis dans un projet de liquidation.* — Rétablissement.
3. *Succession.* — Juge commissaire. Empêchement. Remplacement.

RENVOIS.

Voy. *Demande nouvelle.* — 5. Liquidation de société en participation. Indemnité pour frais de maison, réclamée en appel pour la première fois.
Exécution des jugements et actes. — 5. — 11. Attribution de juridiction. Liquidation de succession.
Jugement préparatoire, interlocutoire, définitif. — 9. Jugement préparatoire. Expertise. Licitation. Liquidation.
Mandat. — 3. Cohéritiers. Mandataire commun. Liquidation définitive. Erreurs. Omissions et doubles emplois.
Notaire. — 8. Liquidation de succession. Partie défaillante. Mode de procéder.
Partage. — 2. Acte de partage. Preuve écrite. Présomption... — 7. Licitation. Mineur. Notaire. Membre du tribunal. Inventaire. Liquidation. Choix du notaire. Motifs propres à déterminer ce choix. — 13. Action en rescision pour cause de lésion. Acte de partage ou de liquidation. Clauses transactionnelles.

---

1. — 9 avril 1834. — Delépée C. Dufour. — 2e Ch. — MM. Troplong, pr., Poirel, p. av. gén., Volland, La Flize, av.

Un double emploi, dans une liquidation, peut toujours être réparé, quoique la liquidation ait été primitivement acceptée par les parties.

2. — 11 janvier 1840. — De Keller C. de Bock. — 1re Ch. — MM. de Metz, p. pr., d'Ubexi, d'Arbois, av.

Aucune liquidation ne peut avoir lieu, en matière de successions, sans l'assistance d'un juge commissaire. — Ainsi, quand le juge commissaire, d'abord nommé, vient à être empêché par un motif quelconque, il faut, avant de continuer, en faire nommer un autre.

3. — 4 mai 1840. — Mathey C. Demangeot. — 2e Ch. — MM. Mourot, pr., Garnier, av. gén., concl. conf., Volland, La Flize, av.

Des intérêts, qui ont été omis, même sans réclamation des parties, dans un premier projet de liquidation, dont quelques points seulement ont été contestés, peuvent être rétablis dans l'acte primitif de liquidation.

LIVRE.

Voy. *Degré de juridiction.* — 43. Livre. Franc. Loi du 24 août 1790.

LIVRES DE COMMERCE.

Voy. *Preuve littérale.* — 16. Livres de commerce non timbrés. Régularité. Foi en justice. Serment supplétif. — 17. Livres de commerce réguliers. Erreurs constatées par expert. Preuve incomplète.
Revendication. — 3. Possession. Présomption de propriété. Meubles. Preuve contraire. Livres. Irrégularité. Correspondance. Failli. Syndics. Tiers.
Société commerciale. — 6. — II. Répartition des bénéfices et des pertes entre les parties. Preuve. Livres.

LOGEUR EN GARNI.

Voy. *Commerçant.* — 2. Achat de meubles. Acte de commerce.

LOI DE BEAUMONT.

Voy. *Commune.* — 19. Loi de Beaumont. Droits d'usage. Propriété. Chartes particulières.
Usage forestier. — 48. — IV. Loi de Beaumont. Propriété.

LORRAINE.

Voy. *Affectation.* — 2. Inaliénabilité du domaine en Lorraine. 1er janvier 1600. Maintien des aliénations antérieures. — 6. — III. Concession perpétuelle. Forêt domaniale. Aliénation. Inaliénabilité du domaine en Lorraine et dans le Barrois mouvant. Révocation... — 7. — II. Inaliénabilité du domaine en Lorraine. Aliénation de fruits à perpétuité... — VII. Baronnie de Fénétrange. Indivision entre le prince de Salm et le duc de Lorraine. Aliénabilité pour une partie, inaliénabilité pour l'autre.
Défrichement. — 11. Desséchement. Propriété. Exemption d'impôts. Lorraine.
Domaine engagé. — 4. Edit de 1729. Commission de réunion... Réintégration postérieure au traité de 1736. — 6. Forêt. Futaie. Le quart. Compétence judiciaire. Chose jugée. Législation lorraine. Loi du 14 ventôse an VII. Loi du 15 mai 1818.
Domaine de l'Etat. — 11. Inaliénabilité du domaine en Lorraine. Révocation des aliénations postérieures à 1600. — 13. Petit domaine ou domaine privé. Lorraine. Aliénabilité. Anciennes fortifications. Fossés des villes. — 14. Réunion de la Lorraine à la France. Traité de 1735. Préliminaires. Accession du duc de Lorraine. Aliénations intermédiaires. Edit de 1729. Exceptions à la révocation. Terres vagues. Bois dépérissants. Preuve.

Voy. *Prescription.* — 9. Coutume de Lorraine. Minorité. Interruption. Prescription commencée avant le Code.
Saisie immobilière. — 9. Vente sur décret. Ancien droit. Droit lorrain. Servitude. Charges réelles. Usufruit. Purge. Mineur. Commune.
Servitude. — 32. — II. Coutume de Lorraine. Vaine pâture. Titre. Prescription trentenaire depuis la contradiction du seigneur. Possession immémoriale. Preuve depuis le Code.
Succession. — 3. Coutume de Lorraine. Rapport. Dot. Préciput. Mobilier. Gain de survie. Dot constituée en commun.
Usage forestier. — 3. — II. Lois lorraines. Code forestier. Maintien des droits fondés par des titres. Prohibition d'ordre public. — 21. — III. Inaliénabilité du domaine en Lorraine. 1660. 1446. Précarité des droits. — 41. Mort-bois. Sa définition en Lorraine. Droit germanique. — 51. Tiers denier. Lorraine. Forêt usagère. Prescription.

LOUAGE.

SOMMAIRE.

1. *Acquéreur.* — I. Demande en résiliation de bail, fondée sur des faits antérieurs à l'acquisition et permis par le vendeur. — Résiliation demandée en première instance. Nullité demandée en appel. Demande nouvelle.
2. *Bail verbal.* — Dénégation. Preuve. Ecrits émanés de celui qui nie le bail. Lettres.
3. *Bail verbal, passé par l'acquéreur au vendeur.* — Loyer non fixé. Evaluation judiciaire à 5 p. 0/0 du prix de la vente.
4. *Cas fortuit.* — I. Atterrissements nuisibles à une usine, dans la rivière qui l'alimente. — II. Preuve de consentement à une cession de bail. Quittance de loyer par le propriétaire au cessionnaire.
5. *Changement de destination des lieux par le locataire.* — Résiliation demandée. Rejet. Rétablissement des lieux ordonné.
6. *Congé verbal avoué.* — I. Validité. Prolongation de jouissance. Tacite reconduction. — II. Refus de vider les lieux. Enlèvement des portes et fenêtres par le propriétaire.
7. *Coutume de Lorraine.* — Bail verbal. Locataire. Congé à signifier trois mois d'avance.
8. *Femme cofermière avec son mari.* — Caution solidaire.
9. *Femme cofermière avec son mari.* — I. Caution solidaire. — II. Chose jugée avec le mari. Créanciers du mari non recevables à remettre le même point en question. — III. Séparation de corps. Renonciation à la communauté. Droit au bail, personnel à la femme. — IV. Exploitation de la ferme par la femme. Frais et avances. *Negotiorum gestor.*
10. *Femme cofermière avec son mari.* — I. Caution solidaire. — II. Séparation de corps. Renonciation à la communauté. Droit au bail, personnel à la femme. — III. Obligation divisible. Effets de l'indivisibilité.
11. *Force majeure.* — Cas fortuit. Privation de jouissance. Acte de l'administration. Réduction du loyer. Dommages-intérêts.
12. *Force majeure.* — Inondation. Moulin. Vanne d'une manœuvre difficile. Responsabilité du meunier.
13. *Incendie.* — Présomption légale des art. 1733 et 1734 C. civ., non proposable par le locataire contre le propriétaire.
14. *Loyer échu.* — Réparations à la charge du propriétaire. Compensation.
15. *Obligation imposée au fermier d'exploiter par lui-même.* — Résidence dans les bâtiments de la ferme. Domicile éloigné. Surveillance suffisante.
16. *Pailles et fumiers.* — Vente interdite au fermier, à moins de clause contraire, ou de superflu.

17. *Pied terrier ou déclaration.* — I. Fermier. — II. Sommation. Délai.
18. *Remise sur le prix du bail.* — Dommage. Cause naturelle. Mesure administrative. Abus de jouissance par le fermier.
19. *Réparations locatives.* — Canal d'une forge. Fermier.
20. *Résiliation.* — Défaut de garantie. Inexécution. Droit aux récoltes pendantes. Bail à moitié fruits. Remboursement des frais de culture et de semailles.
21. *Sursis.* — I. Sursis à la mise en possession du preneur, sous prétexte d'une visite des lieux. — II. Prairies artificielles sur les blés et avoines. Indemnité. — III. Préjudice. Preuve testimoniale.
22. *Travaux d'incorporation par le fermier.* — Consentement tacite du propriétaire. Enlèvement demandé aux frais du fermier. Dépenses utiles.

RENVOIS.

Voy. *Degré de juridiction.* — 44. Louage. Maison louée. Mise en état. Dommages-intérêts. Valeur locative.
Demande nouvelle. — 1. Bail. Réparations demandées en première instance. Autorisation de les faire faire, demandée en appel.
Louage d'ouvrage et d'industrie. — 2. Entrepreneur. Architecte. Responsabilité. Plans et devis. Omissions. Travaux publics.
Mines. — 4.—I... Extraction de minerai. Bail. Loyer.
Preuve testimoniale. — 1. Commencement de preuve par écrit. Bail, écrit mais non signé par le propriétaire.
Transaction. — 1. — II. Bail. Interprétation onéreuse pour le mineur. Pouvoirs du tuteur. Autorisation du conseil de famille.

---

1. — 2 avril 1835. — Pariset C. Jolain. — 2ᵉ Ch. — MM. Troplong, pr., d'Ubexi, Volland, av.

I. L'acquéreur d'un immeuble rural ne peut pas se prévaloir de faits antérieurs à son acquisition pour demander, contre le fermier de cet immeuble, soit la résiliation du bail, soit des dommages-intérêts, quand, des circonstances de la cause, il résulte que le vendeur avait connu et permis à son fermier les différents faits qui font grief.

II. La partie qui, en première instance, s'est bornée à conclure à la résiliation du bail pour cause d'inexécution, ne peut pas, devant la cour, en demander la nullité comme émanant d'une partie qui était sans droit pour consentir ce bail. — Ce n'est pas là seulement un moyen nouveau, mais une demande nouvelle.

2. — 4 avril 1840. — George C. Galliard et Duparge. — 1ʳᵉ Ch. — MM. de Metz, p. pr., Catabelle, Lefèvre, Welche, av.

Quoique, aux termes de l'art. 1715 C. civ., le bail verbal, nié par l'une des deux parties, ne puisse être prouvé par témoins, il peut l'être par des écrits émanés de la partie qui conteste l'existence de cette convention, et notamment par des lettres.

3. — 17 juillet 1843. — Jolain C. Durand. — 2ᵉ Ch. — MM. Riston, ff. pr., Maire, Mengin fils, av.

Le prix d'un bail verbal, passé par un acquéreur à son vendeur, et non fixé entre eux, ne peut être déterminé par les juges sur le taux de cinq pour cent du prix principal de la vente ; car il est notoire que les biens fonds sont d'un revenu inférieur à celui des capitaux ; il convient de fixer le taux annuel du loyer à trois pour cent du prix de la vente des immeubles loués par l'acquéreur au vendeur.

4. — 13 décembre 1834. — Picquot C. Husson, Jean et Billieux. — 1re Ch. — MM. de Metz, p. pr., Chatillon, d'Ubexi, La Flize, Cuny, av.

I. Des atterrissements nuisibles à une usine, et qui se forment dans le lit de la rivière qui l'alimente, sont des cas fortuits dont le locataire de l'usine n'est pas tenu, si le bail ne les met expressément à sa charge. — Du moins, cela est vrai pour la rivière de Moselle.

II. Il y a preuve suffisante d'un consentement exprès et par écrit à une cession de bail, dans une quittance de loyer donnée par un propriétaire au cessionnaire du fermier, avec indication de cette qualité.

5. — 27 août 1836. — Hubert C. Dalenconte. — 1re Ch. — MM. de Metz, p. pr., La Flize, Louis, av.

Les tribunaux, tout en reconnaissant qu'il y a eu changement dans la destination des lieux loués, peuvent refuser la résiliation du bail, demandée par le laisseur, et se borner à ordonner le rétablissement des lieux dans leur état primitif, surtout quand le changement opéré par le locataire n'a pas encore causé de préjudice au bailleur. (C. civ. 1729.)

6. — 7 août 1834. — Toussard C. Françonnet. — 2e Ch. — MM. Troplong, pr., d'Ubexi, Catabelle, av.

I. Un congé verbal, mais avoué, a la même valeur qu'un congé écrit. — Le propriétaire qui, après avoir donné congé à son locataire, le laisse en possession des lieux loués quelques jours après l'expiration du bail, n'est pas censé pour cela consentir une tacite reconduction : ce n'est qu'un acte de tolérance qui ne peut fonder aucun droit.

II. Quand le bail est expiré, le propriétaire peut, si son locataire s'obstine à ne pas vider les lieux, enlever les portes et les fenêtres de l'appartement, et le rendre ainsi complétement inhabitable. Cette voie de fait est légitimée par la résistance illégale du locataire (1).

7. — 12 juillet 1833. — Rousselot C. la veuve Toen. — 1re Ch. — MM. Troplong, pr., d'Ubexi, La Flize, av.

Dans les lieux autrefois régis par la coutume de Lorraine, le locataire d'un appartement par bail verbal ne peut être obligé de le quitter à l'expiration de l'année, si un congé ne lui a pas été signifié trois mois d'avance ; ces trois mois doivent être francs.

8. — 11 juillet 1844. — Grison C. Millon. — 1re Ch. — MM. Mourot, pr., La Flize, Volland, av.

On doit considérer la femme comme cofermière avec son mari, et non pas seulement comme caution solidaire de ce dernier, lorsque le bail les qualifie tous deux de *preneurs*, et que la femme *s'est obligée conjointement et solidairement, avec son mari, à l'exécution pleine et entière des charges, clauses et conditions auxquelles il s'est engagé;*

---

(1) Conf. M. Troplong, Du louage, t. 2, p. 240, n. 435.

enfin, lorsque l'acte stipule surabondamment que la mort de l'une ou l'autre des parties ne donnera pas lieu à la cessation du bail.

9. — 2 mai 1845. — Grison C. Couturier, Jarry-Paillet et Millon. — 1re Ch. — MM. Mourot, pr., La Flize, Volland, d'Ubexi, av.

I. Lorsque, dans un bail souscrit par un mari et par sa femme, celle-ci figure, non comme simple caution solidaire de son mari, pour la complète exécution des conventions que renferme ce bail, mais bien comme cofermière, copreneuse de celui-ci, elle a droit, comme son mari, et à son défaut, de réclamer les bénéfices du bail, comme les laisseurs seraient en droit d'exiger qu'elle en remplît personnellement les charges.

II. Lorsque cette question a déjà été résolue au profit de la femme, en présence du mari, qui figurait dans l'instance, les créanciers de celui-ci sont non recevables à la soulever de nouveau.

III. La séparation de corps, et la renonciation à la communauté par la femme, n'ont pu avoir pour résultat de porter atteinte à des droits que cette femme exerce, non comme une dépendance de la communauté, mais de son chef, comme cofermière, coassociée de son mari. — Elles n'ont pu porter atteinte à des droits qu'elle exerce, non contre son mari (la liquidation ayant mis fin à toute réclamation de ce genre), mais contre le propriétaire de la ferme, par suite de la réciprocité des engagements personnels qu'elle a pris envers lui, d'exploiter par elle-même, et d'habiter la maison dépendante de la ferme. (C. civ. 1401, 1492.)

IV. La femme, cofermière avec son mari, qui, après l'abandon de la ferme par celui-ci, et la vente du mobilier à lui appartenant, a repris et continué exclusivement l'exploitation, à l'aide d'un mobilier qui lui était propre, et d'avances qu'elle a faites, a droit de recueillir les récoltes crues, par ses soins personnels et ses propres avances, sur des terres qui, sans elle, seraient probablement restées incultes : on ne peut pas ne la considérer que comme un simple *negotiorum gestor*, qui ne devrait être remboursé que de ses frais et avances : une telle position serait celle d'un tiers, qui se serait immiscé dans l'exploitation de la ferme : elle ne peut appartenir au cofermier, intéressé dans les résultats de l'exploitation, et qui, par son abstention, aurait gravement compromis ses propres intérêts : c'est le cas d'appliquer cette maxime qu'*à chacun revient le produit de ses œuvres*.

10. — 13 décembre 1844. — Grison C. Millon. — 1re Ch. — MM. Moreau, p. pr., La Flize, Volland, av.

I. La femme qui a souscrit un bail conjointement et solidairement avec son mari, comme *cofermière*, et non comme simple caution solidaire de son mari, a droit, comme celui-ci, ou à son défaut, de réclamer les bénéfices que ce bail peut lui procurer, et de continuer, dans son intérêt, l'exploitation de la ferme, comme le propriétaire aurait le droit d'exiger qu'elle le fît, s'il y trouvait son avantage.

II. La séparation de corps intervenue entre les époux cofermiers n'enlève point à la femme la qualité et les droits de cofermière, et sa renonciation à la communauté ne porte point atteinte à des droits qu'elle était fondée à exercer de son chef. — Si les effets du bail ont dû tomber dans la communauté, tant que celle-ci a existé, la dissolution de cette communauté a donné ouverture à un droit personnel, dont la femme peut réclamer les avantages, non plus comme femme commune en biens, mais comme partiaire dans une chose commune, née d'une convention contractée sous la clause de solidarité.

III. L'obligation résultant d'un tel bail est divisible de sa nature : elle l'est pareillement dans la prévision des parties, lorsqu'elle doit subsister nonobstant le décès de l'une d'elles. D'ailleurs, le seul effet de l'indivisibilité d'une obligation consiste en ce que chacun de ceux qui l'ont contractée conjointement en est tenu pour le total, encore que l'obligation n'ait pas été contractée solidairement.

11. — 30 décembre 1837. — de Cholet C. Harmand. — 2º Ch. — MM. de Sansonetti, ff. pr., d'Ubexi, Volland, av.

Le locataire, privé de la jouissance momentanée de tout ou partie de la chose louée, par un acte de l'administration, ne peut réclamer au propriétaire des dommages-intérêts, mais seulement une réduction proportionnelle sur le loyer : c'est un cas de force majeure qui doit être assimilé au cas fortuit dont parle l'art. 1722 C. civ.

12. — 19 mars 1842. — Desaux C. Lachambre. — 1ʳᵉ Ch. — MM. Mourot, pr., Volland, La Flize, av.

Lorsque la manœuvre d'une vanne est extrêmement difficile, le propriétaire d'un moulin ne peut rendre le meunier responsable des dégradations causées par une inondation arrivée faute de levée de la vanne : c'est un cas de force majeure.

13. — 12 avril 1834. — Chesney C. Marx-Picard. — 1ʳᵉ Ch. — MM. de Metz, p. pr., d'Ubexi, La Flize, av.

La présomption légale établie en cas d'incendie par les art. 1733 et 1734 du C. civ., contre le locataire au profit du propriétaire, ne peut pas être invoquée contre le propriétaire au profit du locataire.

14. — 31 janvier 1840. — Etienne C. Lippmann. — 1ʳᵉ Ch. — MM. de Metz, p. pr., Maire, Volland, av.

Un locataire ne peut refuser le payement du loyer échu sous prétexte que le propriétaire doit faire à l'immeuble loué des réparations urgentes et indispensables : ce serait établir une compensation entre deux créances ou deux droits inégaux.

15. — 12 juin 1840. — Thiriet C. Fawtier. — 1ʳᵉ Ch. — MM. de Metz, p. pr., Volland, La Flize, av.

L'obligation imposée par un bail au fermier d'un bien rural d'exploiter par lui-même n'a pas pour conséquence nécessaire de le contraindre à habiter les bâtiments mêmes de cette ferme. Il peut transporter son domicile dans une commune éloignée, pourvu que la distance ne soit pas un obstacle à ce qu'il imprime aux travaux une direction intelligente, et qu'il exerce par lui-même une surveillance suffisante.

16. — 23 juillet 1841. — de Fréhaut C. Brice. — 1re Ch. — MM. Moreau, p. pr., Volland, Villiaumé, av.

Les pailles et fumiers sont destinés à l'engrais des terres, et doivent être considérés comme faisant partie de l'héritage. Le fermier ne peut donc en vendre, s'il n'y est autorisé par une clause expresse du bail, ou du moins s'il ne prouve n'avoir vendu que le superflu.

17. — 30 mars 1841. — Duhoux d'Hennecourt C. Munier. — 2e Ch. — MM. Mourot, pr., d'Arbois, Meaume, av.

I. Lorsqu'un fermier s'est engagé, par bail authentique, à fournir au propriétaire, à l'expiration de son bail, une déclaration nouvelle des héritages qui composent la ferme, il ne remplit pas son engagement en se bornant à rendre au propriétaire, qui la lui avait remise, à son entrée dans la ferme, une copie, sur papier libre, sans signature et sans date, d'un ancien pied terrier. — Le fermier sortant doit, pour satisfaire à l'obligation que lui impose le bail, remettre, à sa sortie, au propriétaire, un nouveau pied-terrier, indiquant la *contenance* et les tenants et aboutissants de chaque pièce d'héritage de la ferme.

II. Au 24 octobre, le propriétaire est à temps pour sommer le fermier de fournir la déclaration du bail expiré au 23 avril précédent.

18. — 17 mai 1837. — de Cholet C. Harmand. — 2e Ch. — MM. Costé, pr., d'Ubexi, Volland, av.

L'art. 1771 C. civ., qui refuse au fermier le droit de demander une remise sur le prix du bail, quand la cause du dommage était connue à l'époque où le bail a été passé, n'est applicable qu'autant que la cause du dommage est naturelle, et indépendante du fait de l'homme. — Il ne l'est pas à un dommage résultant d'une mesure prise par l'autorité administrative, dans les limites de ses attributions ; — à moins toutefois que cette mesure administrative n'ait été provoquée par un abus de jouissance du fermier.

19. — 8 août 1831. — La comtesse d'Alsace C. Gauguier. — 1re Ch. — MM. de Metz, p. pr., Pierson, subst., concl. contr., Moreau, Bresson, av.

Les réparations annuelles à faire au canal d'une forge sont des réparations locatives à la charge du fermier.

20. — 22 novembre 1838. — Ouchard C. Manuel et Remy. — 1re Ch. — MM. Costé, pr., Chatillon, Louis, d'Ubexi, av.

La résiliation forcée d'un bail, prononcée en justice contre le fermier, pour défaut de garanties suffisantes, ou pour cause d'inexécution de ce bail, ne lui ôte pas ses droits à la récolte alors aux champs. — Il a le droit de la faire par lui-même, *ou de la vendre à un tiers, même quand il s'agit d'un bail à moitié fruits*; et le propriétaire ne peut pas se borner à lui offrir le remboursement de ses frais de culture, semailles, etc.

21. — 3 juin 1841. — Desaux C. Bigeon. — 1re Ch. — MM. Costé, pr., Volland, Mamelet, av.

I. Quand on loue une propriété, on ne peut surseoir à la mise en possession du preneur, sous prétexte de faire procéder à une visite des lieux.

II. Lorsque, dans le bail d'un bien rural, il est stipulé que le preneur aura le droit de semer des prairies artificielles sur les blés et les avoines du bailleur, il est présumé que ce sera sans indemnité.

III. Si, dans une lettre, le preneur s'oblige à indemniser le bailleur du tort qui pourra résulter de cette semaille, suivant visite contradictoire avant la moisson, celui-ci est déchu de tout droit, si, avant la récolte, il ne réclame point la visite. Il ne peut offrir la preuve testimoniale du préjudice qu'il prétendrait avoir souffert.

22. — 14 décembre 1835. — Guillot C. Viard et Thuillière. — 1re Ch. — MM. de Metz, p. pr., Chatillon, La Flize, Welche, av.

Un fermier qui a fait, sur le bien affermé, des travaux d'incorporation, sans résistance de la part du propriétaire, ou avec son assentiment tacite, ne peut pas être contraint de les enlever à ses frais, en exécution de l'art. 555 C. civ. Il peut même réclamer les dépenses utiles qu'il a faites pour ces constructions.

LOUAGE D'OUVRAGE ET D'INDUSTRIE.

SOMMAIRE.

1. *Architecte.* — Entrepreneur. Fontaine publique. Fîte de corps. Vice du sol. Vice des matériaux. Responsabilité. Recours en garantie de l'architecte contre l'entrepreneur.
2. *Entrepreneur.* — Architecte. Responsabilité. Plans et devis. Omissions. Travaux publics.
3. *Ouvrier maçon.* — Entrepreneur. Responsabilité. Restriction. Surveillance du propriétaire.
4. *Vice de construction.* — Réparations pendant le temps de la garantie.

RENVOIS.

Voy. *Cautionnement.* — 3. Entrepreneur de travaux publics. Privilége de l'Etat. Privilége de deuxième ordre, au profit d'un tiers. Ouvriers de l'entrepreneur.

Commerçant. — 1. Entrepreneur de charpente. Construction et location de baraques. Acte de commerce.

Compétence administrative. — 5. Entrepreneur de travaux publics. Extraction de matériaux. Terrain désigné par un arrêté administratif. Bail d'une carrière. Sous-fermier. Compétence judiciaire.

Compétence civile. — 6. Canal de la Marne au Rhin. Entrepreneur. Louage d'industrie. Sous-traitant. Salaire. Incompétence *ratione materiæ*. Ministère public. Exception proposée d'office. Acte de commerce.

Payement. — 2. — I. Imputation. Entrepreneur de travaux publics. Deux traités avec un sous-traitant. A-compte payés. — II. Provision sur le reliquat avant la réception des travaux.

---

1. — 20 juillet 1835. — Labrosse et Grandidier C. la commune de Villers-les-

Affroicourt. — 1re Ch. — MM. Breton, pr., Garnier, subst., concl. conf., d'Ubexi, Chatillon, Volland, av.

La file de corps d'une fontaine publique est un de ces édifices, ou gros ouvrages, à l'égard desquels la responsabilité des architectes et entrepreneurs dure dix années, même quand les détériorations seraient la conséquence d'un vice du sol. — Néanmoins, s'il est constaté que les matériaux en eux-mêmes étaient défectueux, et non conformes aux devis, l'architecte a un recours en garantie contre l'entrepreneur.

2. — 18 août 1840. — La commune de Maizières C. Antoine et Saint-Omer. — 2e Ch. — MM. Mourot, pr., Garnier, av. gén., concl. conf., d'Ubexi, Louis, Welche, av.

Tout entrepreneur qui se rend adjudicataire de travaux publics, reconnaît par là qu'il réunit les connaissances théoriques et pratiques suffisantes pour se conformer aux règles de l'art, et conduire à bien les travaux. — Il a pu et dû examiner antérieurement les plans et devis dressés par l'architecte, et quand il accepte l'adjudication sans réclamations ni réserves, il s'approprie ces plans et devis avec les vices dont ils peuvent être entachés ; il assume sur lui, à l'égard du propriétaire qui fait construire, toute la responsabilité résultante de leur exécution, surtout lorsque le devis pèche plutôt par son silence et par un défaut d'indications précises, que par des prescriptions contraires aux règles de l'art, capables d'induire en erreur un entrepreneur peu expérimenté (1).

3. — 4 juillet 1834. — Chaxel C. Bilgry. — 1re Ch. — MM. de Metz, p. pr., La Flize, Louis, av.

De simples ouvriers maçons, qui se chargent d'une construction, sont soumis à la même responsabilité que l'entrepreneur. — Néanmoins cette responsabilité peut être restreinte dans des limites plus étroites, s'il est démontré que le propriétaire s'était réservé sur eux une certaine surveillance, et qu'il a exigé, dans l'exécution de ces mêmes travaux, une économie mal entendue.

4. — 11 mai 1852. — Colle C. Gérardin. — 1re Ch. — MM. Bresson, pr., La Flize, Paullet, av.

Les vices de construction qui se manifestent dans un bâtiment, pendant le temps fixé pour la garantie de l'entrepreneur, doivent être réparés aussitôt qu'ils ont été constatés, sans qu'il soit nécessaire d'attendre l'effet qu'ils auraient pu produire pendant tout le temps de cette garantie.

MACHINE.

Voy. *Vente.* — 11. Machine. Réception. A-compte sur le prix. Mise en activité. Fin de non-recevoir. Vice caché. Expertise.

---

(1) Voy. Cass., 12 novembre 1844 (D. 45. 1. 8).

MAIRE.

Voy. *Commune.* — 27. Serment. Maire, sans qualité pour le déférer.
Fonctionnaire public. — Obligation personnelle pour la commune. Poursuite sans autorisation.
Responsabilité. — 5. Certificat. Fait faux. Responsabilité du signataire. Recrutement. Maire. Témoin. Dommages-intérêts...

MAISON CANONIALE.

Voy. *Domaine de l'État.* — 12. Bien d'Église. Droits d'usage ou d'habitation. Droit de retour. Loi du 12 mars 1820. Prescription de 40 ans. Propriété domaniale.

MANDAT.

SOMMAIRE.

1. *Avoué.* — Mandataire *ad lites.* Honoraires d'avocat.
2. *Bon pour.* — I. État de dépense présenté par le mandataire au mandant. — II. Facteur garde-vente. Commerçant. Homme de service. — III. Révocation. Reddition de compte. Responsabilité.
3. *Cohéritiere.* — Mandataire commun. Liquidation définitive. Erreurs. Omissions. Doubles en...
4. *Commis voyageur.* — Pouvoirs limités. Connaissance de ces pouvoirs donnée aux parties.
5. *Mandat commercial.* — Compétence commerciale. Liquidation. Crédit commercial.
6. *Mandat commercial.* — I. Compétence commerciale. Liquidation. Crédit commercial. — II. Demande reconventionnelle. Règlement de compte courant. Salaire de mandat. Compensation. — III. Mandat commercial réputé gratuit.
7. *Mandat salarié.* — I. Placements. Responsabilité. — II. Danger actuel. Garantie anticipée.
8. *Mandat salarié pour recouvrements.* — Responsabilité. Preuve de diligences inutiles ou d'insolvabilité.
9. *Nul ne plaide par procureur.* — Fermier. Anticipations. Restitution. Revendication. Procuration du propriétaire.
10. *Pouvoir de vendre, de donner des quittances subrogatoires.* — I. Pouvoir virtuel de faire des cessions et transports. — II. Cessionnaire. Mandataire substitué.
11. *Preuve de payement par le mandataire, de ses deniers.* — Billet souscrit par le mandant, acquitté par le créancier. Possession du billet par le mandataire ou *negotiorum gestor.*
12. *Procuration pour vendre.* — Clauses non insérées au contrat. Payement reçu. Renonciation présumée aux clauses de la procuration.
13. *Substitution de pouvoirs.* — Biens éloignés du domicile du mandataire. Responsabilité du substituant. Capacité, solvabilité du substitué.

RENVOIS.

Voy. *Conciliation.* — 1. Mandant. Mandataire. Réclamations de sommes touchées. Dénégation. Réclamation de titres confiés...
Élection législative. — 19. Mandat verbal. — I. Preuve. Avoué. Extraits de rôles. — 20. Mandat verbal. Preuve. Mandat reconnu par l'électeur devant la cour.
Obligation solidaire. — 1. Associés. Obligation souscrite par un seul.

Part payée par deux autres. Recours contre le premier par le créancier.
Voy. *Procuration.*
Puissance paternelle. — II. Mandat. Intérêts des sommes employées par le père à son usage.
Société commerciale. — 4. Coupe de bois. Exploitation par un des associés. Mandat salarié. Présomption. *Negotiorum gestor.*

1. — 8 février 1845. — Legros C. Nicaise. — 1re Ch. — MM. Mourot, pr., Legros, Antoine, avoués.

L'avoué est le mandataire *ad lites* de la partie : il a droit d'être remboursé des dépenses qu'il fait en cette qualité, lorsqu'elles sont renfermées dans les justes bornes que comporte ce mandat ; — dans ces dépenses, on doit comprendre les honoraires des avocats, qui ont donné leurs soins à l'affaire dont la direction lui était confiée.

2. — 11 juillet 1833. — Morifin C. Pilotelle. — 1re Ch. — MM. de Metz, p. pr., d'Ubexi, Volland, av.

I. La formalité du *bon pour* n'est exigée que dans les billets ou promesses : elle ne l'est pas dans tout autre acte qui, au fond, constitue pourtant celui qui l'a souscrit débiteur d'une certaine somme ; par exemple, dans un état de dépense présenté par un mandataire à son mandant.

II. Un facteur garde-vente, rentrant dans la classe des commerçants, ou dans celle des hommes de service, ne peut se prévaloir de l'omission de cette formalité.

III. La responsabilité d'un mandataire, pour les objets confiés à sa garde, cesse, avant toute reddition de compte, du jour même de la révocation de son mandat. C'est au mandant à constater, à cette époque, le véritable état des choses et le déficit, s'il y en a, dans les objets qu'il avait confiés au mandataire.

3. — 19 avril 1842. — Robinot C. Choppin. — 2e Ch. — MM. Jannot de Morey, ff. pr., d'Ubexi, La Flize, av.

Lorsqu'un mandataire commun des cohéritiers a fait une liquidation, elle est réputée définitive : aucun d'eux n'en peut demander une nouvelle; il peut seulement coter les erreurs, omissions et doubles emplois.

4. — 16 janvier 1836. — Mame C. Lippmann et Soumy. — 1re Ch. — MM. de Metz, p. pr., Poirel, p. av. gén., Volland, Chatillon, Fabvier fils, av.

Le commis voyageur d'une maison de commerce est un mandataire dont les pouvoirs doivent être appréciés d'après le mandat lui-même, ou d'après les circonstances, si le mandat n'est pas représenté, et notamment d'après les catalogues, prix courants, ou autres pièces dont il serait porteur. — Les traités que le commis voyageur passerait au mépris des conditions stipulées dans ces pièces n'obligeraient pas la maison qu'il représente. — En cas d'inexécution de ces traités, le commis voyageur qui les aurait passés ne serait pas même personnellement passible de dommages-intérêts, s'il était prouvé qu'il eût donné aux parties avec lesquelles il a contracté connaissance suffisante des pièces qui limitaient ses pouvoirs.

5. — 2 juin 1845. — Pierron et Thomas C. Chantreaux. — 2ᵉ Ch. — MM. Riston, pr., Poirel, p. av. gén., Volland, La Flize, av.

On doit considérer comme un *mandat commercial*, qui autorise le mandataire à assigner ses mandants devant les juges consulaires, l'acte par lequel les créanciers d'un négociant, menacé de faire faillite, confient à un tiers, du consentement de ce négociant, le mandat spécial d'opérer la liquidation des affaires de leur débiteur commun ; avec pouvoir, non pas seulement de surveiller ce négociant, qu'on voulait empêcher de tomber en faillite, mais encore de se substituer à son lieu et place, par la continuation provisoire de ses affaires, et cela, en conservant les apparences au profit du même négociant, c'est-à-dire, en lui conservant la signature nominale, pendant la gestion ou la liquidation de ses affaires. — Il en est ainsi surtout quand un crédit commercial a été ouvert par les mandants au profit du mandataire chez un banquier ; circonstance qui démontre que le mandataire ne devait pas opérer une liquidation simple, mais continuer le roulement des affaires commerciales du négociant dont il s'agit, pendant le temps qui serait nécessaire pour arriver, sans interruption et sans éclat, à une liquidation finale, favorable aux intérêts de tous.

6. — 23 juin 1845. — Rozet et de Ménisson C. Chantreaux. — 2ᵉ Ch. — MM. Riston, pr., Poirel, p. av. gén., Volland, La Flize, av.

I. Même décision que celle de l'arrêt du 2 juin 1845 (n° 5 ci-dessus). Affaire Chantreaux. — Mandat commercial.

II. Toute exception qui tend à faire rejeter, ou seulement à faire diminuer la demande principale, est qualifiée de reconventionnelle.

Spécialement : il y a lieu de considérer comme reconventionnelle la demande par laquelle le défendeur à une action en règlement d'un compte courant, réclame une certaine somme à titre de salaire d'un mandat que lui a confié le demandeur, prétention dont le résultat serait d'amoindrir le débit de son compte, par la compensation de cette somme avec celles dont il peut être personnellement débiteur.

III. Le mandat est réputé gratuit, à moins de conventions contraires, même en matière de commerce, bien qu'il soit vrai de dire qu'en cette matière, le temps, les soins et les peines du négociant ont une valeur qui s'estime et se paye : ces considérations d'équité ne peuvent l'emporter sur le principe de droit que le mandat, de sa nature, est gratuit. Ce principe, formellement écrit dans l'art. 1986 du C. civ., n'a été modifié par aucune disposition exceptionnelle du Code de commerce.

7. — 18 novembre 1835. — Bigotte C. Druaux. — 1ʳᵉ Ch. — MM. Breton, pr., Poirel, p. av. gén., Moreau, Mamelet, av.

I. Le mandataire salarié peut être déclaré responsable des placements de capitaux qu'il a faits pour son mandant.

II. Mais cette responsabilité n'est encourue qu'autant qu'il est prouvé qu'il y a danger, pour le créancier, de perdre les capitaux prêtés en son nom. Jusque-là, il ne peut demander à son mandataire une garantie anticipée.

8. — 7 juin 1842. — Maix C. Perrin. — 2ᵉ Ch. — MM. Costé, pr., Volland, Louis, av.

Celui qui, par mandat salarié, s'est obligé de faire des recouvrements, en demeure chargé tant qu'il ne justifie pas de diligences inutiles de sa part, ou de l'insolvabilité du débiteur.

9. — 18 mai 1839. — Chenut C. Sauveget. — 1ʳᵉ Ch. — MM. de Metz, p. pr., Mamelet, La Flize, av.

Nul ne peut plaider par procureur : ainsi, un fermier, qui a été condamné à restituer à son propriétaire les anticipations qu'il avait laissé commettre par des tiers, ne peut pas prendre une procuration de ce propriétaire pour assigner les tiers en revendication.

10. — 22 janvier 1842. — Baumann C. Bornert. — 1ʳᵉ Ch. — MM. Mourot, pr., Poirel, p. av. gén., Louis, d'Ubexi, av.

I. Lorsqu'on donne pouvoir de vendre, de toucher le prix et de donner des quittances subrogatoires, on donne virtuellement le pouvoir de faire des transports et cessions.

II. Lorsque le cessionnaire agit en qualité de mandataire substitué, au lieu d'agir comme cessionnaire, il ne préjudicie point à ses droits, et conserve la faculté de se prévaloir de la cession, quand il le juge à propos.

11. — 23 juillet 1842. — Villaume C. Villaume. (26ᵉ grief.) — 1ʳᵉ Ch. — MM. Moreau, p. pr., Garnier, av. gén., concl. contr., Antoine, Fleury, Mengin, av.

Lorsqu'un mandataire, ou un *negotiorum gestor*, se trouve nanti de billets souscrits par son mandant, et acquittés par les créanciers, il n'en résulte pas la preuve que ce soit lui, mandataire, qui ait fourni les deniers. La remise du titre prouve bien la libération; mais elle ne peut prouver ni la transmission de la créance, ni la formation d'une obligation nouvelle du souscripteur au profit du détenteur des effets : décider autrement ce serait le bouleversement des principes sur la transmission des obligations (1).

12. — 3 décembre 1841. — Guérin et Crétaille C. Leroy et autres. — 1ʳᵉ Ch. — MM. Mourot, p. pr., d'Ubexi, Louis, La Flize, av.

Lorsqu'en donnant une procuration pour vendre, on a exigé certaines clauses qui n'ont pas été insérées au contrat, la réception ultérieure de payements n'est point une renonciation aux droits stipulés dans la procuration.

13. — 31 août 1832. — de Kœller C. Laurent et de Blair. — 1ʳᵉ Ch. — MM. de Metz, p. pr., Husson, cons. aud. rapp., Pierson, subst., d'Arbois, Welche, Chatillon, av.

Quand un propriétaire donne à un mandataire le pouvoir d'admi-

---

(1). Voy. anal., Cass., 9 juillet 1844, aff. Sébastiani. (Le Droit, 28 juillet 1844, p. 782. — D. 44. 1. 516. — S. 44. 1. 609.) — *Contrà*. Paris, 11 janvier 1843. (D. 44. 2. 48. — Pal. 43. 1. 252.)

nistrer des biens éloignés du domicile de ce mandataire, il lui confère implicitement, et comme conséquence forcée de son mandat, le pouvoir virtuel de se substituer un gérant dans son administration. Dans ce cas, la seule garantie qui demeure imposée au mandataire est celle de choisir, ou de se substituer, un remplaçant qui offre des garanties vraisemblables de capacité et de solvabilité. (C. civ. 1994.)

MANDAT DE PAYEMENT.

Voy. *Rente.* — 2. — V. Recette municipale. Mandat visé par le sous-préfet. Opposition.

MANUFACTURE INSALUBRE.

SOMMAIRE.

Dommages aux fruits. — I. Dépréciation d'immeuble. Juge de paix. Tribunal de première instance. Compétence. — II. Action personnelle, réelle, mixte. Compétence du tribunal des lieux. — III. Ordonnance royale. Indemnité. Compétence judiciaire.

14 janvier 1850. — L'Administration des salines de l'est C. Ancelon. — 1re Ch. — MM. Breton, pr., Masson, subst., concl. conf., Chatillon, La Flize, av.

I. Le juge de paix, seul compétent pour connaître d'une demande en indemnité du tort causé aux fruits, récoltes et arbres, ne l'est plus quand, à cette demande, s'en joint une autre tendante à obtenir des dommages-intérêts pour la dépréciation de l'immeuble. Dans ce cas, le tribunal de première instance doit connaître de l'affaire en premier ordre.

II. Une demande de cette nature n'est pas une demande simple personnelle, mais mixte, quand le dommage provient d'un établissement insalubre ; elle doit donc être portée devant le tribunal de la situation des lieux.

III. L'ordonnance royale qui a autorisé cet établissement insalubre ou incommode ne fait pas obstacle à ce que les parties, qui se prétendent lésées par cet établissement, s'adressent aux tribunaux pour obtenir de justes indemnités.

MARIAGE.

Voy. *Acte respectueux.* — 1. — V. Opposition. Mainlevée demandée par le futur époux.
Contrat de mariage.
Interdiction. — 3. Conseil judiciaire. Fille. Mariage.
Obligation. — 2. Cause. Billet. Valeur reçue. Cause illicite. Preuve.
Dédit de mariage.

MARONAGE.

Voy. *Usage forestier.* — 50. — III. Maronage. Cessation de délivrance. Dommages-intérêts. Commune sans qualité pour les réclamer. — 37. Maronage. Commune. Édifices communaux. Silence des titres de concession et des titres récognitifs. — 38. Maronage. Droit concédé à une commune. Église. Augmentation aux maisons depuis le 4 août 1789. Fontaines publiques et privées... — 39. Maronage. Droit conditionnel. Prescription par le non-usage. Point de départ. Preuve à la charge du propriétaire asservi. — 40. Maronage. Grasse et vaine pâture. Maisons existantes en 1789... — 45. — V. Règlement général pour l'exercice des droits d'usage. Maronage. Affouage. Incompétence des tribunaux.

MATIÈRE DE COMMERCE.

Voy. *Preuve testimoniale.* — 7. Commerce (matière de). Achats et ventes. Acte libératoire. — 8. Commerce (matière de). Preuve testimoniale facultative.

MATIÈRE SOMMAIRE.

Voy. *Frais et dépens.* — 21. Matière sommaire. Compétence. Tribunal de commerce. Appel. Taxe.

MEUBLE.

Voy. *Portion disponible.* — Office. Prix. Mobilier.
Revendication. — 3. Possession. Présomption de propriété. Meuble. Preuve contraire. Présomptions. Livres de commerce. Irrégularité. Correspondance...
Testament. — 20. Meubles. Legs. Argent. Dettes actives. Denrées...

MEUNIER.

Voy. *Commerçant.* — 3. Meunier. Achat de grains pour les convertir en farines. Meules. Acte de commerce.
Compétence commerciale. — 19. Meunier. Commerçant. Achat de grains pour les convertir en farine. Acte de commerce. Achat de meules.
Louage. — 12. Force majeure. Inondation. Moulin. Vanne d'une manœuvre difficile. Responsabilité du meunier.

MILITAIRE.

Voy. *Absence.* — 3. Militaire absent. Cohéritier. Succession. Envoi en possession. — 4. Militaire absent. Loi du 11 ventôse an 11. Loi du 13 janvier 1817. Enfant naturel. — 5. Militaire absent. Loi du 11 ventôse an 11. Présomption de vie. Code civil. Présomption de mort. Loi du 13 janvier 1817.
Filiation naturelle. — 1. Enfant naturel. Acte de naissance. Militaire absent.

MINES.

SOMMAIRE.

1. *Concession* temporaire expirée avant le 21 avril 1810.
2. *Concessionnaire.* — Propriété perpétuelle et transmissible. Partage.

MINES. 501

3. *Extraction, en* 1810, *de minerai en filons.* — Concessionnaire.
4. *Prescription.* — I. Possession. Extraction de minerai. Bail. Loyer. — II. Exploitants de 1810. Concession. Propriété de la mine. Autorisation. Conventions. Mine en filons ou couches. Gîte de minerai d'alluvion. Ciel ouvert. Galeries et travaux d'art.

RENVOIS.

Voy. *Compétence civile.* — 13. Société. Concession. Exploitation. Acte de commerce. Houille. Tuilerie. Four à chaux et à plâtre. Accessoire.
Société commerciale. — 8. Société en nom collectif. Mine de houille. Exploitation. Société commerciale.
Société civile. — 3. Mine de houille. Exploitation. Tuilerie. Four à chaux.

---

1. — 11 juillet 1839. — Thiriet C. Wenger. — Aud. solen. — MM. de Metz, p. pr., Garnier, av. gén., concl. conf., d'Ubexi, Volland, av.

L'art. 51 de la loi du 21 avril 1810, qui maintient les exploitations de mines faites sans concession, n'est pas applicable à une exploitation qui se fait en vertu d'une concession temporaire, expirée au jour de la promulgation de la loi.

2. — 31 décembre 1839. — Lormont C. Gauguier et Denizot. — 2ᵉ Ch. — MM. Mourot, pr., La Flize, d'Ubexi, Mamelet, av.

L'art. 7 de la loi du 21 avril 1810 assure au concessionnaire d'une mine la propriété perpétuelle et transmissible, comme tous les autres biens, de la mine concédée, sauf les cas de partage prévus par la loi.

3. — 23 novembre 1841. — La commune de Grandelbrück C. les forges de Framont. — 2ᵉ Ch. — MM. Costé, pr., Poirel, p. av. gén., Antoine, Volland, av.

Lorsqu'en 1810 un particulier se livrait à une extraction, avec fosse et lumière, de minerai en filons, et que cette extraction s'est continuée, il n'a point cessé d'être considéré comme concessionnaire, quand même cette exploitation aurait été peu importante.

4. — 19 janvier 1841. — La commune de Grandelbrück C. les forges de Framont. — 2ᵉ Ch. — MM. Mourot, pr., Garnier, av. gén., concl. conf., Antoine, Volland, av.

I. L'extraction, pendant un certain nombre d'années, sans interruption, par une compagnie de forges, et du consentement d'une commune, d'une certaine quantité de cuveaux de minerai, provenant d'une mine appartenante à cette commune, en payant chaque année à celle-ci une redevance fixée par cuveaux, ne peut engendrer, au profit de la compagnie des forges, contre la commune, une possession efficace pour prescrire la propriété de la mine. — Une telle convention ne peut être considérée que comme une simple location, relative à la totalité ou à une partie des produits de la mine, et non comme un acte translatif de la propriété même de cette mine.

II. L'art. 53 de la loi du 21 avril 1810, sur les mines, confère aux simples exploitants de mines à l'époque de sa promulgation les mêmes droits qu'aux concessionnaires, et conséquemment la propriété même des mines exploitées, à charge par eux, seulement, de demander à l'autorité administrative la concession de leurs exploitations, et d'exécuter les conventions faites avec les propriétaires de la surface. Toutefois, il faut pour cela : 1° que les faits d'extraction de minerai, pratiqués à l'époque de la promulgation de la loi de 1810, constituent une véritable exploitation dans le sens de la loi ; 2° que la mine, d'après sa nature, ne se trouve point régie par les règles exceptionnelles des art. 59 et suivants et 69 de cette même loi, c'est-à-dire qu'elle constitue une mine véritable en filons ou couches, et non un simple gîte de minerai d'alluvion, encore qu'elle ne soit pas susceptible d'être exploitée à ciel ouvert, ou ne puisse l'être de cette manière que pendant un petit nombre d'années ; c'est-à-dire que l'établissement de puits, galeries et travaux d'art soit nécessaire, ou que l'exploitation à ciel ouvert, quoique possible encore, doive durer peu d'années, et doive rendre ensuite impossible l'exploitation avec puits et galeries.

MINEUR.

Voy. *Emancipation.* — Cession des revenus de l'année courante avant l'échéance. Utilité.

Obligations. — 11. Rescision. Lésion. Minorité. Exception personnelle au mineur. Caution.

Partage. — 6. Licitation. Majeurs et mineurs. Nullité de procédure. Majeurs non réclamants. Indivisibilité. — 7. Licitation. Mineur. Notaire. Membre du tribunal. Inventaire. Liquidation. Choix du notaire. Motifs propres à déterminer ce choix. — 10. Majeurs et mineurs. Tuteur agissant tant en son nom que pour le mineur. Partage définitif quant au tuteur, provisionnel quant au mineur. — 11. Mineur. Nécessité du tirage au sort ou de la licitation. Prohibition du partage par attribution. Licitation ordonnée d'office contre le gré de toutes les parties.

Prescription. — 9. Coutume de Lorraine. Minorité. Interruption. Prescription commencée avant le Code. — 21. — III. Coutume de Metz. Possession de 20 ans, avec bonne foi. Mineur. Commune.

Requête civile. — Jugement en dernier ressort. Chose jugée. Minorité.

Saisie immobilière. — 9. Vente sur décret. Ancien droit français. Droit lorrain. Servitude. Charges réelles. Usufruit. Purge. Mineur...

Succession. — 6. Renvoi devant un juge-commissaire et un notaire. Mesure facultative.

Testament. — 23. — 11. Mineur émancipé. Legs à son curateur. Validité.

Tutelle.

Usufruit légal. — 2. Statut personnel. Mineur. Père ou survivant des époux. Promulgation du Code. Tutelle ouverte auparavant.

Vente. — 9. Éviction à craindre. Refus de payement. Mouvance expliquée au contrat. Risques connus. Payement obligatoire. Bien de mineur.

Vente publique d'immeubles. — 1 à 8. Choix du mode de procéder. Notaire. Juge. Pouvoir discrétionnaire. Intérêt des parties. Vœu de la famille. Bien de mineur.

MINISTÈRE PUBLIC.

SOMMAIRE.

1. *Communication tardive.* — Condamnation des avoués aux dépens de l'audience.
2. *Femme mariée non autorisée par son mari.* — Dot. Régime dotal.
3. *Tribunal civil jugeant en matière commerciale.* — Présence du ministère public. Conclusions. Irrégularité.

RENVOIS.

Voy. *Compétence civile.* — 7. Canal de la Marne au Rhin. Entrepreneur. Louage d'industrie. Sous-traitant. Salaire. Incompétence *ratione materiæ*. Ministère public. Exception d'office.

Degré de juridiction. — 6. — IV. et 49. — III. Ministère public. Fin de non-recevoir proposée d'office. — 21. Demande primitive supérieure à 1000 fr. — I. Compte. Réduction de la somme litigieuse au-dessous de 1000 fr. Dernier ressort. — II. Ministère public. Fin de non-recevoir proposée d'office.

Domaine de l'Etat. — 3. Arrêt par défaut. L'Etat représenté par le ministère public. Opposition. Délai. Signification au parquet. — 4. Avocat. Avoué. Ministère public. Droit exclusif de représenter l'Etat. — 5. Avocat. Avoué représentant l'Etat. Droits d'usage et d'affectation.

Frais et dépens. — Jugement confirmé. Exécutoire. Opposition. Compétence du tribunal. Compétence de la cour. Ministère public.

1. — 15 juin 1850. — Poirson C. Henry et Burné. — 1re Ch. — MM. Adam, ff. pr., Masson, subst., concl. conf., Chatillon, Moreau, Poirel, av.

Le défaut de communication, en temps utile, au ministère public, des pièces d'une cause communicable, peut entraîner contre les avoués personnellement une condamnation aux dépens de la double audience que cette négligence nécessite.

2. — 14 juin 1844. — Aubry C. Saint-Michel et Aubry. — 1re Ch. — MM. Mourot, pr., Garnier, av. gén., concl. conf., Jorant, La Flize, Louis, av.

Le ministère public doit être entendu dans toutes les affaires concernant les femmes mariées, non autorisées par leur mari, mais seulement par la justice, lors même qu'il ne s'agit pas de leur dot, et qu'elles ne sont pas mariées sous le régime dotal.

3. — 21 avril 1842. — Thirion-Coudray C. Marouque-Feytou et Lanel. — 1re Ch. — MM. Mourot, pr., Garnier, av. gén., concl. conf., Maire, Volland, La Flize, av.

La présence du ministère public à un jugement commercial n'est point une irrégularité, s'il n'a point conclu (1).

MINORITÉ.

Voy. *Mineur.*
 Tutelle.

---

(1) Voy. arrêts de la cour de cassation, des 21 avril et 15 juillet 1846 (D. 46. 1. 151. 270. — S. 46. 1. 500. — Pal. 46. 2. 684), qui exigent la présence des officiers du ministère public aux audiences des tribunaux civils remplissant les fonctions de tribunal de commerce, et les conclusions de ces magistrats dans les affaires commerciales communicables.

MISE EN CAUSE.

Voy. *Acquiescement.* — Conclusions tendantes à la mise en cause d'un tiers. Exception d'incompétence non proposable ?
Appel. — 39. Mise en état. Intervention simulée. Mise en cause des intervenants.
Intervention... — Indivisibilité de la contestation. Mise en cause des cointéressés.
Servitude. — 38. — V. Règlement des eaux. Inutilité de la mise en cause de tous les riverains.

MISE EN JUGEMENT.

Voy. *Fonctionnaire public.* — Maire. Obligation personnelle pour la commune. Poursuite sans autorisation.

MITOYENNETÉ.

Voy. *Servitude.* — 2. Construction. Incorporation au sol. Superposition. Mitoyenneté. Servitude. Mur. Rempart de ville. Imprescriptibilité. — 11. Eaux pluviales. Ecoulement. Changement. Travaux. Mur mitoyen. Frais des ouvrages. — 23. Fossé. Mitoyenneté. Forêt. Axe du fossé et des bornes. Rejet des terres des deux côtés. Coutume de Bar... — 27. Mitoyenneté de mur. *Droit d'appuyer.* Equivalent.

MOBILIER.

Voy. *Meuble.*
Testament. — 17. Legs du mobilier. Meubles meublants. Valeurs mobilières. Argent.
Usufruit légal. — 1. Mère tutrice. Jouissance du mobilier. Compte à rendre à partir de la cessation de l'usufruit.

MONT-DE-PIÉTÉ.

Voy. *Responsabilité.* — 9. Mont-de-piété. Préposé. Négligence ou imprudence. Responsabilité civile de l'administration.

MORT-BOIS.

Voy. *Usage forestier.* — 41. Mort-bois. Sa définition en Lorraine. Droit germanique.

MOTIFS.

Voy. *Faillite.* — 27. Syndics. Indemnité de leur gestion. Jugement. Motifs. Omission. Nullité.

MOULIN.

Voy. *Eau.* — 2. 3. Canal artificiel. Bords. Moulin. Propriété.
Louage. — 12. Force majeure. Inondation. Moulin. Vanne d'une manœuvre difficile. Responsabilité du meunier.

Voy. *Servitude.* — 28. Canal. Droit de servitude sur les bords. Dépôt de vases provenantes du curage. Enlèvement des dépôts. — 29. Moulin. Curage du canal, et dépôt des résidus sur une propriété riveraine. Vente du moulin à une personne, et de la propriété riveraine à une autre. Servitude conventionnelle tacite.

MUR.

Voy. *Servitude.* — 2. Mur. Rempart de ville. Imprescriptibilité. — 31. Mur, point d'appui d'une toiture.
Voirie. — 20. — II. Mur d'enceinte d'une ville. Imprescriptibilité. Ouverture. Suppression. — III. Ouverture dans un mur de maison. Octroi. Fraude.

MUR MITOYEN.

Voy. *Servitude.* — 11. Eaux pluviales. Ecoulement. Changement. Travaux. Mur mitoyen. Frais des ouvrages. — 27. Mitoyenneté de mur. Droit d'appuyer. Equivalent.

MUTATION (DROITS DE).

Voy. *Partage.* — 2. Acte de partage. Preuve écrite. Présomption. Droits de mutation payés par un des cohéritiers. Quittance conservée par lui. Payement présumé fait des deniers de l'auteur commun.

NANTISSEMENT.

SOMMAIRE.

Antichrèse. — I. Vente à réméré. Relocation. Simulation. Contrat licite. Contrat pignoratif. — II. Gage. Détention. — III. Tiers acquéreur. Impenses et améliorations. Bonne foi. — IV. Vendeur. Silence sur l'antichrèse. Stellionat.

RENVOIS.

Voy. *Commissionnaire.* — Consignation commerciale. Nantissement... Déposant et dépositaire habitant la même ville. Code civil applicable...
Pignoratif (contrat). — 1. Vente à réméré. Relocation au vendeur. Dol. Fraude. Usure. Nantissement. Antichrèse. Possession... — 2. Vente à réméré. Relocation au vendeur. Simulation. Dol. Fraude. — 3, 4. Vente à réméré. Relocation au vendeur. Vileté de prix. Intérêts usuraires.

---

12 janvier 1837. — Ozilliau C. Jandel et Viguier. — 2ᵉ Ch. — MM. Costé, pr., Bresson, av. gén., concl. contr., Volland, La Flize, Mamelet, av.

I. Le contrat d'antichrèse peut être fait sous la forme d'un acte de vente à réméré avec relocation au vendeur : il n'y a pas, dans cette forme simulée, donnée à un contrat licite, un moyen détourné, de la part du vendeur, de rendre le créancier propriétaire de l'immeuble par le seul défaut de payement au terme convenu, ni par conséquent motif à la nullité prononcée par l'art. 2088 C. civ.

II. La détention du gage, par le créancier antichrésiste, n'est pas non plus de l'essence du contrat d'antichrèse; l'antichrèse peut être valable, quoique le gage reste entre les mains du débiteur par une relocation feinte. L'effet d'un contrat ainsi formulé est d'autoriser le créancier à se mettre en possession de l'immeuble donné en antichrèse, même au préjudice du tiers auquel le débiteur l'aurait ultérieurement vendu, jusqu'à ce que les revenus de l'immeuble aient payé intégralement sa créance, en principal, intérêts et frais.

III. Si le tiers acquéreur a fait, dans l'immeuble à lui vendu, des impenses et améliorations, il n'a pas le droit de réclamer, au créancier antichrésiste envoyé en possession, le prix ni même l'intérêt du prix de ces améliorations, et cela quand bien même il aurait été de bonne foi, dans une ignorance complète de l'antichrèse qui le primait. Il sera indirectement dédommagé de ces impenses par l'abréviation de la jouissance du créancier.

IV. Le vendeur, qui ne déclare pas une antichrèse par lui antérieurement constituée, ne se rend pas coupable de stellionat, et dès lors n'encourt pas la contrainte par corps.

NATURALISATION.

Voy. *Étranger.* — 2. Naturalisation, Déclaration de naturalité. Différence, Date de l'ordonnance royale. Insertion au bulletin des lois. Date des lettres patentes.

NEGOTIORUM GESTOR.

Voy. *Effet de commerce.* — 6. Lettre de change. Acceptation. Payement par un tiers sans intervention ni protêt. *Negotiorum gestor.*
Louage. — 9. — IV. Exploitation d'une ferme par une femme, cofermière avec son mari. Frais et avances. *Negotiorum gestor.*
Mandat. — 11. Preuve de payement par le mandataire, de ses deniers, Billet souscrit par le mandant... Possession du billet par le mandataire ou *negotiorum gestor.*
Société commerciale. — 4. Coupes de bois. Exploitation par un des associés. Mandat salarié. Présomption. *Negotiorum gestor.*
Testament. — 11. Erreur de droit. Légataire particulier se croyant légataire universel. Legs particuliers délivrés sans fraude... *Negotiorum gestor.*

NEMO TENETUR EDERE CONTRA SE.

Voy. *Succession.* — 2. — II. Production. *Nemo tenetur edere contra se.*

NOBLESSE.

Voy. *Acte de l'État civil.* — Acte de naissance. Rectification. Titre de noblesse. Particule nobiliaire. Acte reçu pendant la révolution.

NON-USAGE.

Voy. *Servitude.* — 22. Extinction. Date ancienne du titre. Non-usage pendant trente ans. Preuve du non-usage à la charge du débiteur de la servitude. — 35. Passage avec voiture par une porte cochère. Co-propriété. Faculté imprescriptible. Non-usage.

Usage forestier. — 14. — II. Prescription par le non-usage. Jouissance de l'usager. Preuve testimoniale. — 39. Maronage. Droit conditionnel. Prescription par le non-usage. Point de départ. Preuve à la charge du propriétaire du fonds asservi. — 40. — II. Extinction du droit d'usage. Prescription. Preuve à la charge du propriétaire. Non-jouissance. Fait négatif.

NOTAIRE.

SOMMAIRE.

1. *Amende.* — Décès du notaire contrevenant. Extinction de l'action publique.
2. *Amende.* — Noms, prénoms, domicile des parties. Omission. Vente. Quittance à la suite de l'acte.
3. *Amende.* — Prénoms du mandant, ou de celui qui se porte fort. Omission. Procuration.
4. *Amende.* — I. Vente par un tuteur, sans formalités. Omission des prénoms du pupille. — II. Partage d'opinions. Action disciplinaire. Acquittement.
5. *Compétence.* — Chambre de discipline. Suspension. Destitution.
6. *Compétence.* — I. Chambre de discipline. Suspension. Destitution. Tribunal civil. Peine disciplinaire. Incompétence. — II. Appel du condamné seul. Aggravation de peine.
7. *Compétence.* — Peines disciplinaires. Tribunal civil. Chambres de discipline.
8. *Liquidation de succession.* — Partie défaillante. Mode de procéder.
9. *Minute d'acte reçu par deux notaires.* — Dépôt. Motif de préférence.
10. *Patente.* — Entrepreneur de travaux publics.
11. *Peine disciplinaire.* — Contraventions multipliées. Suspension.
12. *Procuration.* — Substitution de mandataire. Pouvoir primitif non annexé. Contravention.
13. *Procuration en minute.* — Noms du mandataire en blanc. Contravention. Amende.
14. *Procuration en minute.* — I. Noms du mandataire en blanc. Contravention. Amende. — II. Peine pécuniaire. Appel.
15. *Responsabilité.* — Prix de vente. Distribution. Quasi-contrat.
16. *Responsabilité.* — Prix de vente remis au vendeur, au préjudice des créanciers inscrits. Restitution.
17. *Responsabilité.* — Vente. Omission de la signature d'une des parties. Eviction. Remboursement du prix.
18. *Vente en détail d'immeubles, par un notaire copropriétaire de ces immeubles.* — Changement dans des actes sous seing privé qui le concernent. Suspension.

RENVOIS.

Voy. *Commissaire-priseur.* — Procès-verbal de vente à l'enchère. Acte authentique. Stipulation de terme. Vente au comptant. Notaire. Terme. Objets mobiliers. Résidence du commissaire-priseur.

Compte. — 3. Notaire. Vente d'immeubles. Gestion. Mandat. Compte civil. Compte courant. Cumul d'intérêts...

Voy. *Contributions.* — II. Tiers, Juridiction ordinaire, Notaire.
Discipline. — 2. Censure avec réprimande. Faits qui peuvent la motiver. Notaire. — 4. — I. Notaire. Poursuites disciplinaires. Forme de procéder.
Donation. — 13. Notaire allié du mari de la donataire. Mari assistant sa femme. Mari partie dans l'acte. Acceptation certaine. Mention omise. Responsabilité du notaire. Etendue de la responsabilité. Pouvoir discrétionnaire des tribunaux. — 17. Témoins. Présence à la lecture. Validité.
Exécution des jugements et actes. — 5... Vente de biens de mineur au-dessous de l'estimation. Choix du notaire.
Faux incident. — 3. Inscription de faux... Acte notarié. Assistance à la dictée et à l'écriture des testaments. Assistance à la lecture et à la signature des donations...
Partage. — 7. Licitation. Mineur. Notaire. Membre du tribunal. Inventaire. Liquidation. Choix du notaire. Motifs propres à déterminer ce choix.
Prêt. — Obligation unilatérale. Comparution du prêteur. Acceptation par le notaire.
Responsabilité. — Notaire. Vente aux enchères. Nullité. Dommage. Frais du procès. Frais accessoires.
Succession. — 6. Mineur. Renvoi devant un juge-commissaire et un notaire. Mesure facultative. — 11. Succession bénéficiaire. Notaire. Vente d'immeubles. Prix.
Testament. — 22. Signature. Impossibilité physique. Déclaration du notaire.
Tutelle. — 7. Mère tutrice... — III. Succession bénéficiaire. Administrateur. — IV. Notaire.
Vente publique d'immeubles. — 1 à 8. Choix du mode de procéder. Notaire. Juge. Pouvoir discrétionnaire. Intérêts des parties. Vœu de la famille. Biens de mineur. Succession bénéficiaire. Succession vacante. — 10. Tarif. Avoué. Notaire. Prohibition de remises illégales.

1. — 30 août 1844. — Le ministère public C. les héritiers Labouille. — 1re Ch. — MM. d'Arbois, ff. pr., Leclerc, subst., concl. contr., Antoine, av.

L'amende encourue par un notaire pour contravention à l'art. 13 de la loi du 25 ventôse an XI doit être considérée comme une véritable *peine*, bien qu'elle soit applicable par les tribunaux civils seuls. En conséquence, le décès du notaire contrevenant éteint l'action du ministère public et ce dernier est non recevable à reprendre l'instance contre la veuve et les héritiers. (C. inst. 2.) (1)

2. — 2 juillet 1850. — Collesson C. le procureur général. — 1re Ch. — MM. Mourot, pr., Fabvier, proc. gén., Volland, av.

Un acte authentique, mis à la suite d'un autre auquel il se réfère nécessairement, par exemple, une quittance à la suite d'un acte de

---

(1) Voy. arrêts du conseil des 24 août 1727 et 14 février 1728. Les amendes dont il s'agit ne peuvent être considérées comme des réparations civiles, puisqu'elles sont fixes, et qu'elles sont requises par le ministère public seul, par action directe et principale.

vente, n'en doit pas moins contenir explicitement les noms, prénoms et domicile des parties contractantes. Il ne suffit pas qu'il les désigne par un renvoi au premier acte, par exemple, par ces mots : *dénommés, qualifiés et domiciliés comme dans l'acte qui précède :* il y aurait là contravention à l'art. 13 de la loi du 25 ventôse an XI.

3. — 25 novembre 1841. — Le ministère public C. Sommeillier. — 1re Ch. — MM. Moreau, p. pr., Poirel, p. av. gén., Cabasse, avoué.

Il y a contravention de la part du notaire qui ne relate point les prénoms du mandant, ou de celui pour qui l'on se porte fort. Le mandant est partie à l'acte.

4. — 17 août 1839. — Le ministère public C. Bosson. — 1re Ch. — MM. de Metz, p. pr., Garnier, av. gén., concl. contr. sur le 1er chef, conf. sur le 2e, Volland, av. (Arrêt rendu après partage.)

I. L'art. 13 de la loi du 25 ventôse an XI, sur le notariat, qui prescrit, sous peine d'amende, aux notaires d'énoncer dans leurs actes les noms, *prénoms*, etc., des parties, n'est pas applicable au cas où un tuteur vend, sans formalités de justice, et en se portant fort pour son pupille, un immeuble appartenant à celui-ci ; le notaire n'est pas tenu, dans ce cas, d'énoncer les *prénoms* du pupille.

II. Le partage, sur une poursuite contre un notaire, pour contravention à la loi de ventôse an XI, n'emporte pas acquittement ; le partage doit être vidé conformément à l'art. 468 C. pr.

Nota. Cet arrêt a été cassé (sur le 1er chef) le 29 décembre 1840. — (D. 41. 1. 48. — S. 41. 1. 36. — Pal. 41. 1. 25.)

5. — 30 mai 1834. — Le ministère public C. T...., — 1re Ch. — MM. de Metz, p. pr., Fabvier, proc. gén., La Flize, av.

Les chambres de discipline ne sont pas compétentes pour prononcer des décisions sur les fautes des notaires qui peuvent amener la suspension ou la destitution. Elles sont seulement appelées à donner leur avis. Les décisions qu'elles auraient prises sur une affaire de cette nature ne font pas obstacle à ce que l'affaire soit portée devant le tribunal civil.

6. — 2 juin 1834. — C... C. le ministère public. — 1re Ch. — MM. de Metz, p. pr., Fabvier, proc. gén., Volland, av.

I. Si les chambres de discipline des notaires sont incompétentes pour statuer sur des faits qui motiveraient une suspension ou une destitution, par une réciprocité, qui est aussi rationnelle que légale, le tribunal civil est incompétent pour appliquer les moyens disciplinaires énumérés dans l'art. 1er de l'arrêté du 2 nivôse an XII. — En conséquence, si le tribunal, saisi par le procureur du roi, en vertu de l'art. 53 de la loi du 25 ventôse an XI, dégageant le fait de sa gravité, ne le considère plus que comme passible de mesures disciplinaires, il doit s'abstenir de prononcer lui-même ces mesures, et se déclarer incompétent.

II. En matière disciplinaire, comme en toute autre matière, la position de l'appelant ne peut être aggravée sur son seul appel : si donc le ministère public n'interjette pas appel de la décision qui aurait prononcé une peine trop douce, la cour ne peut pas l'augmenter.

7. — 9 juin 1843. — Le procureur du roi de Mirecourt C. L....., — 2ᵉ Ch. — MM. Mourot, pr., Escudié, subst., concl. contr., Cabasse, avoué.

Les tribunaux civils sont incompétents pour prononcer l'application des peines édictées par l'arrêté du 2 nivôse an XII. (L. 25 ventôse an XI.) — Ce droit ne peut être attribué qu'aux chambres de discipline créées par l'arrêté précité.

8. — 14 mars 1835. — Balland C. Balland. — 1ʳᵉ Ch. — MM. de Metz, p. pr., Gazin, Chatillon, Antoine, av.

Le notaire commis pour procéder à la liquidation d'une succession ne doit pas, quand l'une des parties intéressées refuse de comparaître, se borner à dresser acte des dires et prétentions des autres parties ; mais il doit donner défaut contre la partie non comparante, et procéder régulièrement, comme si elle était présente, d'après les titres, à l'opération qui lui a été confiée.

9. — 24 août 1835. — Viry C. Bastien. — 1ʳᵉ Ch. — MM. Breton, pr., Bresson, av. gén., d'Ubexi, Chatillon, av.

Quand un acte a été reçu par deux notaires, la minute doit en rester au plus ancien, à moins toutefois que l'une des parties n'ait à cet acte un intérêt exclusif, auquel cas ce serait le notaire choisi par elle qui devrait être constitué dépositaire de cette minute.

10. — 4 mars 1843. — Le ministère public C. Collin. — 1ʳᵉ Ch. — MM. Mourot, pr., Leclerc, subst., concl. contr., Louis, av.

Un notaire ne contrevient pas à l'art. 1ᵉʳ de la loi du 1ᵉʳ brumaire an VII, sur les patentes, en ne faisant pas mention qu'un entrepreneur de travaux publics, partie dans un acte reçu par ce notaire, *n'est pas patenté*.

11. — 6 juillet 1838. — H..... C. le procureur général. — 1ʳᵉ Ch. — MM. de Metz, p. pr., Collard, subst., Volland, av.

Des contraventions multipliées, de la part d'un notaire, peuvent motiver contre lui des peines de discipline, même la suspension, quoiqu'elles ne présentent d'ailleurs aucune intention frauduleuse.

12. — 4 juillet 1839. — Le ministère public C. Bosson. — 1ʳᵉ Ch. — MM. Costé, pr., Garnier, av. gén., concl. conf., Volland, av.

Quand un notaire reçoit un acte dans lequel figure un mandataire substitué, il doit, à peine de contrevenir à l'art. 13 de la loi du 25 ventôse an XI, annexer à sa minute, non-seulement l'expédition de la procuration du mandataire substitué, mais encore celle de la procuration primitive contenant pouvoir de substituer.

13. — 20 août 1841. — Le procureur général C. Barrault. — 1ʳᵉ Ch. — MM. Moreau, p. pr., Poirel, p. av. gén., Xardel, avoué.

Le notaire qui reçoit une procuration en minute, sans y insérer les noms du mandataire, doit être condamné à l'amende.

14. — 20 janvier 1842. — Le ministère public C. Labouille. — 1re Ch. — MM. Mourot, pr., Poirel, p. av. gén., concl. conf., Antoine, av.

I. Dans les procurations en minute les blancs, notamment celui qui est destiné à recevoir le nom du mandataire), sont aussi réprouvés que dans les contrats ordinaires.

II. Les jugements portant une peine pécuniaire sont sujets à l'appel.

15. — 11 juin 1835. — Noël C. Joly, Collot et Baraban. — 2e Ch. — MM. de Metz, p. pr., Poirel, p. av. gén., concl. conf., Chatillon, Welche, d'Ubexi, La Flize, av.

Le notaire qui reçoit, dans son étude, les capitaux provenants d'une vente, et qui, volontairement, gère l'affaire des acquéreurs, en distribuant aux créanciers inscrits les deniers destinés à éteindre les dettes hypothécaires dont les biens vendus étaient grevés, contracte par là un engagement tacite qui, aux termes de l'art. 1372 du C. civ., le soumet à toutes les obligations du mandataire. En conséquence, il est responsable du bon ou du mauvais emploi de ces fonds.

16. — 21 juin 1838. — Noël C. Joly et Paradis. — 2e Ch. — MM. Costé, pr., Poirel, p. av. gén., Chatillon, Welche, Louis, av.

Le notaire qui, sachant qu'un immeuble vendu par-devant lui est grevé d'inscriptions qui doivent être soldées avec le prix de la vente, reçoit ce prix en son étude, est responsable de l'emploi de cette somme envers les créanciers hypothécaires, et leur en doit la restitution, s'il l'a remise au vendeur.

17. — 2 décembre 1853. — Bertrand C. Lafrogne. — 2e Ch. — MM. Waultrin, ff. pr., Bresson, av. gén., concl. conf., Volland, Louis, av.

Le notaire qui omet de faire signer un acte de vente par l'une des parties est responsable de la nullité qui résulte de cette omission. Dans ce cas, il doit rembourser à l'acquéreur évincé, non le prix porté au contrat, mais la valeur réelle de l'immeuble au jour de l'éviction.

18. — 20 novembre 1841. — B..... C. le ministère public. — 1re Ch. — MM. Moreau, p. pr., Poirel, p. av. gén., d'Ubexi, av.

Un notaire mérite la suspension, quand il fait des ventes en détail d'immeubles qu'il a achetés seul, ou en société avec d'autres personnes; et qu'il fait, dans des actes sous seing privé qui le concernent, des changements, même sans importance.

NOTIFICATION.

Voy. *Hypothèque.* — 7. Purge. Notification aux créanciers inscrits. Désignation insuffisante des immeubles vendus. Nullité...

NOVATION.

Voy. *Faillite.* — 15. — VI. Acte simulé. Novation.
Vente. — 4. Coupe de bois. Faillite de l'acheteur. Revendication. Magasins du failli. Effet de commerce. Novation. Privilège sur le prix de ces bois.

NULLITÉ.

Voy. *Contrainte par corps.* — 1. Acquiescement à un jugement portant contrainte par corps. Nullité. — 2. Appel. Exécution provisoire. Demande en nullité d'emprisonnement. Compétence. — 3. Commandement. Acte de poursuite. Incarcération. Huissier non porteur de l'ordonnance sur référé qui l'autorise... Nullité. — 8. Ordonnance du juge. Signature du greffier. Omission. Nullité.

Délai. — 1. Acte d'appel. Distance. Délai additionnel. Mention omise. Nullité. — 2. Assignation à bref délai. Distance. Pays étranger. Alger. Ordonnance du président. Nullité.

Donation. — 7. — V. Nullité de l'acte non fait double...

Expertise. — 2. 3. Expert unique. Nullité. Consentement. — 4. Expert unique. Nullité. Consentement incertain. — 5. Expert unique. Nullité. Consentement tacite. Acquiescement. Jugement définitif. — 6. Expert unique. Offre à la partie adverse de choisir les deux autres. — 7. Formalités de l'art. 317 du C. pr. Inobservation. Nullité. — 9. Serment. Omission. Nullité couverte. — 10. Serment prêté avant la signification du nom des experts. Irrégularité couverte.

Exploit. — 3. Acte d'appel. Copie remise au maire. Silence sur les voisins. Nullité. — 7. Acte d'appel. Domicile de l'appelant. Omission. Nullité. Domicile notoire. — 12. Acte d'appel. Nullité. Fin de non-recevoir. — 13. Acte d'appel. Signification. Changement de domicile de l'intimé avant l'appel. Nullité. — 23. Etablissement public. Séminaire. Acte d'appel. Visa. Omission. Nullité. — 26. Jugement. Signification. Epoux communs... Intérêts distincts. Copie unique. Nullité. — 31. Parlant à son épouse. Cité non marié. Nullité.

Faillite. — 1. Appel... Vente. Hypothèque. Simulation. Nullité. — 8. Concordat. Résolution pour inexécution. Nullité. Demande nouvelle non recevable en appel. — 15. — IX. Hypothèque consentie par les associés sur les immeubles sociaux, pendant la société. Nullité. — 18. Projet de concordat. Inexécution des conditions. Nullité. Preuve des créances y mentionnées. — 23. Supplément de dividende. Concordat. Billet. Nullité. Compétence commerciale. Menace écrite. Violence... — 24. Supplément de dividende. Concordat. Billet. Nullité, même au regard du débiteur. — 26. Supplément de dividende. Concordat. Billet. Violence. Fraude. Nullité. — 27. Syndics. Indemnité de leur gestion. Jugement. Motifs. Omission. Nullité.

Hypothèque. — 7. Purge. Notification aux créanciers inscrits. Désignation insuffisante des immeubles vendus. Nullité.

Jugement. — 3. Jugement de commerce. Qualité. Point de fait et point de droit. Omission. Nullité.

Obligation. — 8. Doubles originaux. Acte synallagmatique. Signatures des deux parties sur chaque double. Omission. Nullité. Vente.

Office. — 1. Cession d'office. Acheteur non agréé par le roi. Nullité du traité. — 2. — I. Prête-nom. Traité illicite. Nullité. — II. Avoué. Trafic d'affaires. Association. Nullité. — III. Nullité absolue prononcée d'office. Dommages-intérêts. Restitution.

Ordre. — 1. Contestation sur le procès-verbal de collocation. Plaidoirie. Nullité du jugement.

Payement. — 1. — II. Vente d'effets mobiliers par un débiteur à son créancier. Fraude. Nullité.

Voy. *Partage*. — 5, Indivisibilité de la licitation. Nullité de procédure. Expertise. — 6. Licitation. Majeurs et mineurs. Nullité de procédure. Absence de réclamation de la part des majeurs. Indivisibilité.
Prescription. — 32. — III. Pâturage. Droit indivisible. Nullité d'exploit.
Preuve littérale. — 1. Acte notarié. Refus de signer. Nullité. Vente publique. Enchérisseur sans mandat. — 11. — II. Nullité relative. Exécution. Renonciation.
Rente. — 4. Rente viagère. Condition résolutoire. Clause pénale. Nullité de plein droit. — 5. Rente viagère. Condition résolutoire. Nullité de plein droit, en cas de non payement de la rente. Dérogation à l'art. 1978 du C. civ. Délai.
Saisie-arrêt. — 2. Deniers provenants d'une vente volontaire d'objets mobiliers. Officier ministériel. Opposition. Nullité.
Saisie immobilière. — 2. Adjudication définitive non contestée. Nullité proposée sur l'appel. Procédure. Fond du droit. Titres. Demande nouvelle. — 6. Enregistrement de la saisie immobilière au greffe. Dénonciation antérieure. Nullité. — 8. Procès-verbal de saisie immobilière. Désignations insuffisantes. Nullité. Adjudication préparatoire.
Société commerciale. — 6. 7. Publication. Omission. Nullité.
Surenchère. 3. Omission de surenchérir. Fraude. Nullité...
Témoin. — 5. — I. Parenté. Incapacité absolue. Acquiescement. Nullité non couverte.
Testament. — 2. Captation. Nullité. — 5. Date fausse. Nullité. Testament olographe... — 12. — III. Interrogat. Nullité du testament. — 18. Legs universel. Obligations du testateur. Responsabilité du légataire. Vente. Nullité. Garantie.
Tutelle. — 8. Rescision. Prescription... Vente d'immeubles par un tuteur, sans formalités. Nullité. Lésion. Restitution de fruits...
Vacations. — Jugement en matière ordinaire, rendu pendant les vacations. Nullité.
Vente. — 7. Créancier hypothécaire... Concert frauduleux. Insolvabilité du vendeur connue de l'acquéreur. Prix dissimulé au contrat. Nullité de la vente. Dommages-intérêts. — 15. Prix (défaut de). Nullité. Transport de créances. — 28. Succession future. Vente par une femme, de concert avec son enfant, d'un immeuble de sa succession. Donation. Nullité.
Vente publique d'immeubles. — 9. — III. Demande en nullité d'une poursuite en expropriation. Incident. Compétence. — 10. — III. Nullité du cahier des charges. Acquéreur non recevable à la proposer.

OBLIGATION.

SOMMAIRE.

1. *Adjudicataire d'une coupe de bois*. — Caution. Double qualité. Payement comme acquéreur, non comme caution.
2. *Cause*. — Billet. Valeur reçue. Cause illicite. Preuve. Dédit de mariage.
3. *Cause*. — Je reconnais devoir. Preuve.
4. *Cause*. — Je reconnais devoir. Preuve contraire.
5. *Copie de titres*. — Délimitation diplomatique de deux états. Commissaires. Question de propriété. Délivrance de copies aux parties intéressées.
6. *Date certaine*. — Signification.

7. *Dissimulation de prix de vente.* — Fraude des droits des créanciers. Rapport. Créanciers inscrits. Défaut de surenchère.
8. *Doubles originaux.* — Acte synallagmatique. Signatures des deux parties sur chaque double. Omission. Nullité. Vente.
9. *Payement.* — Poursuite en vertu d'un titre exécutoire. Délai. Tiers détenteur. Fraude. Exception.
10. *Payement.* — Sursis à l'exécution d'un jugement. Débiteur malheureux et de bonne foi. Stellionataire.
11. *Rescision.* — Lésion. Minorité. Exception personnelle au mineur. Caution.
12. *Simulation.* — Preuve testimoniale. Rescision. Preuve littérale. Contre-lettre.
13. *Transport de créance.* — Acte libératif sous seing privé. Défaut de date certaine. Présomption de sincérité.

RENVOIS.

Voy. *Compensation.* — 3. Créances liquides et personnelles. Héritier. Dette personnelle. Créance de la succession.
Compte. — 4. Révision. Application de l'article 541 du C. pr. à une obligation résultante d'un compte. Erreur. Omission.
Prêt. — Obligation unilatérale. Comparution du prêteur. Acceptation par le notaire.
Preuve littérale. — 5. Billet à ordre. Femme d'un non-commerçant. — 21. Terme. Avertissement. Interprétation. Prorogation de crédit.
Vente. — 13. Porte fort. Ratification. Droit éventuel. Action. Immeuble.

---

1. — 27 avril 1840. — Dégoutin C. Ficatier. — 2ᵉ Ch. — MM. Mourot, pr., Poirel, p. av. gén., Maire, Volland, av.

La partie qui est obligée au payement d'une dette à un double titre, en son nom personnel et comme caution du débiteur principal, et qui acquitte cette dette, est censée faire ce payement en son nom personnel, plutôt que comme caution. — *Spécialement :* la caution d'un adjudicataire de coupes de bois, qui rachète à cet adjudicataire une partie de son adjudication, en stipulant que le prix sera payé par l'acquit des traites souscrites pour l'adjudication primitive, et qui, plus tard, acquitte réellement ces traites, est censée avoir fait ce payement comme acquéreur, plutôt que comme caution : elle acquitte sa dette personnelle plutôt que la dette d'autrui.

2. — 2 août 1839. — Jacquier C. Matry. — 1ʳᵉ Ch. — MM. de Metz, p. pr., Poirel, p. av. gén., Catabelle, Maire, av.

Un billet qui est causé *valeur reçue*, mais qui n'indique pas la nature de la valeur fournie, ne fait pas obstacle à ce que le souscripteur prouve qu'aucune valeur réelle n'a été fournie ; que le billet n'a qu'une cause illicite, par exemple, un dédit de mariage.

3. — 1ᵉʳ février 1830. — Jozan C. Charpentier. — 1ʳᵉ Ch. — MM. de Riocour, p. pr., Moreau, av. (Arrêt par défaut.)

Ces mots *je reconnais devoir* indiquent suffisamment la cause de l'obligation. — En tout cas, si la cause n'est pas suffisamment indiquée, ce n'est pas au créancier d'en prouver la réalité ; c'est au débiteur de prouver qu'il n'en existe pas.

4. — 25 avril 1833. — Petit C. Thomassin. — 1re Ch. — MM. de Metz, p. pr.,
Pierson, av. gén., Chatillon, Berlet, av.

Jusqu'à preuve contraire, une obligation est suffisamment causée par ces mots *je reconnais devoir*.

5. — 29 novembre 1837. — La commune de Grimonviller C. la commune de Beuvezin. — 2e Ch. — MM. de Sansonetti, ff. pr., Fabvier, proc. gén., concl. conf., Catabelle, Volland, av.

Des commissaires chargés de régler diplomatiquement les limites de deux états contigus ont qualité pour délivrer aux communes, ou aux particuliers intéressés, une copie de l'acte par eux rédigé, en tant que cet acte tranche des questions de propriété privée. — Ces copies font foi, aux termes du § 1er de l'art. 1335, comme ayant été tirées par l'autorité du magistrat.

6. — 3 mai 1842. — Jeannot C. Sornin. — 2e Ch. — MM. Costé, pr., Volland, Catabelle, av.

Celui qui signifie à un autre son intention d'attaquer tel acte donne dès lors à cet acte une date certaine antérieure à la signification.

7. — 9 mai 1840. — Barret C. Michel. — 1re Ch. — MM. de Metz, p. pr., Mamelet, Louis, av.

Le défaut de surenchère n'enlève pas aux créanciers inscrits sur l'immeuble aliéné par leur débiteur le droit de prouver, en vertu de l'art. 1167 du C. civ., qu'il y a eu dissimulation du prix de vente en fraude de leurs droits, et que, par suite, la somme dissimulée doit être rapportée, et distribuée hypothécairement.

8. — 3 juin 1836. — Friry C. la ville de Remiremont et Collenne. — 1re Ch. — MM. de Metz, p. pr., Bresson, av. gén., concl. contr., d'Arbois, Volland, La Flize, av.

L'acte synallagmatique n'a de valeur qu'autant qu'il est revêtu de la signature des deux parties contractantes : ainsi, notamment, l'acheteur produit en vain un double de l'acte de vente revêtu de la signature du vendeur : il faut qu'il prouve que lui-même, au même instant, a signé le double destiné à être remis au vendeur.

9. — 24 février 1832. — Voirgard C. Chelin. — 1re Ch. — MM. de Metz, p. pr., Mamelet, Moreau, av.

Les tribunaux peuvent accorder un délai au débiteur poursuivi en vertu d'un titre exécutoire, aussi bien qu'à celui qui est actionné en payement. — Ils peuvent accorder ce délai au tiers détenteur comme au débiteur direct, et les exceptions de fraude et de mauvaise foi, qui seraient personnelles à ce dernier, ne peuvent être opposés au premier qui y est étranger. (C. civ., 1244, 2167, 2170 et suiv.)

10. — 6 mai 1836. — Montluisant C. Contal. — 1re Ch. — MM. de Metz, p. pr., Bresson, av. gén., concl. conf., Antoine, avoué, Volland, av.

Ce n'est qu'en faveur des débiteurs malheureux et de bonne foi que les tribunaux doivent user du droit que la loi leur donne d'accorder un sursis à l'exécution de leurs jugements ; le stellionataire ne peut pas réclamer ce privilége.

11. — 11 juillet 1831. — Gérardin C. Thomas et Truchel. — 1re Ch. — MM. Breton, pr., Bresson, La Flize, Berlet, av.

La rescision d'une obligation, pour cause de lésion, est un privilége de minorité, et, par conséquent, constitue une exception personnelle au mineur, que la caution ne peut pas invoquer.

En conséquence, quand un mineur obtient d'être déchargé d'une partie de ses obligations, comme lésionnaires, le majeur qui l'a cautionné, est obligé d'indemniser, jusqu'à due concurrence, le créancier.

12. — 12 mars 1832. — Larombardière C. Barbé. — 1re Ch. — MM. de Metz, p. pr., La Flize, Bresson, av.

Quoique en général la simulation puisse se prouver par témoins ; cependant, quand elle résulte du fait même des parties contractantes, elle ne peut être invoquée par l'une d'elles comme cause de rescision du contrat, à moins qu'elle n'en rapporte une preuve écrite. — Dans ce cas, en effet, la partie plaignante doit s'imputer de n'avoir pas, à l'instant même, exigé une contre-lettre, qui aurait constaté le véritable caractère de la convention.

13. — 25 novembre 1836. — Planté C. la dame Christophe et son mari. — 1re Ch. — MM. de Metz, p. pr., Chatillon, Volland, Louis, av.

S'il est vrai, en droit, que les actes sous seing privé n'ont de date certaine contre les tiers que du jour où ils ont été enregistrés, néanmoins il est admis, en jurisprudence, et de l'avis des plus graves auteurs, que, lorsque le débiteur représente, dans un temps raisonnable et rapproché de la signification à lui faite du transport, un titre libératoire sous seing privé, il est du devoir des tribunaux de l'admettre, si, d'ailleurs, les circonstances de la cause concourent à en assurer la sincérité.

OBLIGATION DIVISIBLE ET INDIVISIBLE.

SOMMAIRE.

Cens. — Copropriétaires indivis. Indivisibilité.

RENVOIS.

Voy. *Louage.* — 10. — III. Obligation divisible. Effets de l'indivisibilité.

---

14 juillet 1845. — Noël, Germain et Turck C. la ville de Nancy. — 2e Ch. — MM. Lallemand, ff. pr.; Poirel, p. av. gén., Fleury, Volland, av.

Le cens dû à une ville, par deux copropriétaires indivis d'une même maison, est indivisible dans sa prestation, et doit être payé tout entier par l'un des copropriétaires, sauf le recours de celui-ci contre son copropriétaire.

OBLIGATION SOLIDAIRE.

SOMMAIRE.

1. *Associés.* — Obligation souscrite par un seul. Part payée par deux autres. Recours contre le premier par le créancier.
2. *Imputations diffamatoires dans des actes de procédure.* — Mari et femme. Solidarité.
3. *Somme d'argent représentative d'objets mobiliers.* — I. Divisibilité. — II. Faillite. Contravention à l'article 446 du C. com. Présomption de fraude.

RENVOIS.

Voy. *Aliments.* — 3, 8. Solidarité. Enfants. Aliments dus à leurs père et mère. Compensation de dépens.
Appel. — 32. Jugement du tribunal de commerce, contradictoire sur la compétence, par défaut sur le fond. Appel. Indivisibilité. Solidarité. Appel incident.
Faillite. — 15. — III. Solidarité. Restitution d'une somme d'argent représentative de la valeur d'objets mobiliers. Abandon d'objets mobiliers par un failli à un créancier.
Jugement par défaut. — 4. Débiteurs solidaires. Exécution. Péremption.

1. — 25 juin 1842. — Lévylier C. Vaultrin. — 1re Ch. — MM. Moreau, p. pr., Volland, La Flize, av.

Quoique trois personnes aient fait une affaire en commun, et que deux aient autorisé la troisième à s'engager au nom de toutes les trois; si, de fait, l'engagement n'a été souscrit qu'au nom d'un seul, et que les autres lui aient tenu compte de leur part, ils ne peuvent être inquiétés par celui avec qui l'affaire a été faite.

2. — 15 juillet 1843. — Durand C. Fixard. — 1re Ch. — MM. Moreau, p. pr., Besval, Volland, av.

Des imputations diffamatoires, adressées par les demandeurs aux défendeurs, dans une citation en conciliation, dans l'assignation et dans les conclusions prises à l'audience, constituent un délit. Dès lors, la condamnation à des dommages-intérêts doit être prononcée solidairement contre les demandeurs, si la diffamation est leur œuvre commune, bien que l'un d'eux soit une femme séparée de biens, et que son mari n'ait figuré au procès que pour l'assister.

3. — 24 janvier 1842. — Bazin C. Arragain. — 2e Ch. — MM. Costé, pr., Garnier, av. gén., concl. conf.; La Flize, Volland, av.

I. La solidarité ne doit pas être prononcée contre des défendeurs condamnés à restituer une somme d'argent représentative de la valeur d'objets mobiliers, rien n'étant plus divisible qu'une somme d'argent.
II. Elle ne peut être prononcée non plus pour restitution d'objets mobiliers, abandonnés en payement à quelques-uns de ses créanciers par un failli, depuis sa faillite, en contravention à l'art. 446 du C. de com. — La présomption de fraude sur laquelle repose la disposition de cet article ne suffit pas pour autoriser à prononcer la solidarité.

OCTROI.

Voy. **Compétence administrative.** — 7. Octroi. Partage de ses produits entre une commune et ses sections.

OFFICE.

SOMMAIRE.

1. *Cession d'office.* — Acheteur non agréé par le roi. Nullité du traité.
2. *Prête-nom.* — I. Traité illicite. Nullité. — II. Avoué. Trafic d'affaires. Association. Nullité. — III. Nullité absolue prononcée d'office. Dommages-intérêts. Restitution.

RENVOIS.

Voy. **Contrat de mariage.** — 16. Office de commissaire-priseur. Acquêt de communauté. Valeur. Produit. Capitalisation.
Portion disponible. — III. Office. Prix. Mobilier.

1. — 12 juillet 1834. — Collignon C. Riche. — 1re Ch. — MM. de Metz, p. pr., Bresson, av. gén., Moreau, Louis, av.

L'art. 91 de la loi du 28 avril 1816, qui a permis aux titulaires de certaines fonctions publiques de présenter des successeurs à l'agrément du roi, n'établit pas la vénalité de ces charges d'une manière absolue, sans restriction, et sans le contrôle de l'autorité publique. — Le traité de cession de la charge, qui intervient entre les parties, n'a pas pour objet l'office, qui n'est pas dans le commerce, et qui dépend d'un titre à conférer par le roi, en vertu de son droit de nomination, qui reste absolu et toujours prédominant. Cette cession ne consiste, en réalité, que dans l'avantage d'être présenté par le titulaire, et dans la chance de succès qui en résulte pour le postulant. — Ainsi, par sa nature même, l'efficacité de la convention est subordonnée à l'événement de la nomination, et, à moins de stipulation contraire bien explicite, la convention est nulle, si l'acheteur n'est pas agréé par le roi.

2. — 26 mars 1834. — Chevalier C. Castillon. — 2e Ch. — MM. Troplong, pr., Bresson, av. gén., Chatillon, Louis, av.

I. Est nul comme illicite, contraire aux bonnes mœurs et à l'ordre public, un traité par lequel un individu s'oblige à se faire investir d'un office ministériel, et à le gérer comme prête-nom d'un autre.

II. Le décret du 14 décembre 1810, qui interdit aux avocats de faire aucun négoce, doit être étendu, par identité de raison, aux avoués, qui partagent avec eux la défense des clients. Ainsi, est nul encore, sous ce rapport, le contrat contenant, entre deux avoués, une association pour un trafic d'affaires.

III. Cette nullité est absolue, et les tribunaux peuvent la prononcer d'office. Un contrat de cette nature ne peut enfanter aucune action en dommages-intérêts, ni demande en restitution pour les dépenses que l'une des parties aurait faites en l'exécutant.

OFFICIER MINISTÉRIEL.

Voy. *Discipline.* — 5. Officier ministériel, créancier du vendeur d'effets mobiliers. Vente opérée par lui-même. Incompatibilité. Injonction d'être plus circonspect, prononcée d'office à l'audience.

OFFRES.

Voy. *Caution.* — 5. Offres de caution, tardive après les plaidoiries.
Degré de juridiction. — 46. Offres non acceptées. Valeur supérieure à 1000 fr. Premier ressort.
Portion disponible. — III. Office. Prix. Mobilier. Communauté.
Saisie. — 2. Offres. Refus. Appel. Maintien de la saisie. Dommages-intérêts envers le saisi.
Vente. — 32. Vente par correspondance. Offres de l'acquéreur acceptées par le vendeur. Lieu de la vente. Domicile du vendeur.
Voirie. — 18. — V. Vente. Garantie. Offres insuffisantes. Dommages-intérêts et loyaux-coûts.

OFFRES RÉELLES.

SOMMAIRE.

Sommes offertes excédant ce qui est dû. — Refus. Validité des offres. Frais. Avoué. Distraction.

RENVOIS.

Voy. *Saisie.* — 2. Offres. Refus. Appel. Maintien de la saisie. Dommages-intérêts envers le saisi.

26 décembre 1837. — Mandavit C. Mouchot. — 1re Ch. — MM. Mourot, pr., Chatillon, Antoine, av.

Le créancier à qui l'on fait des offres réelles qui dépassent ce qui lui est dû, et qui comprennent des sommes qu'il n'a pas le droit de recevoir, par exemple, des frais dont la distraction a été prononcée au profit de son avoué, ne peut, par ce motif, refuser ces offres. Il doit recevoir ce qui lui est réellement dû, en laissant à l'avoué ses droits à faire valoir contre le débiteur.

OLOGRAPHE (TESTAMENT).

Voy. *Testament.* — 26. Vérification de l'écriture du testament. Preuve à la charge du légataire. Ordonnance d'envoi en possession, obtenue par le légataire. Opposition par l'héritier.

OPPOSITION.

Voy. *Appel.* — 38. Jugement par défaut. Opposition. Irrégularité. Appel recevable.
Domaine de l'État. — 3. Arrêt par défaut. L'État représenté par le ministère public. Opposition. Délai. Signification au parquet.

Voy. *Faillite.* — 7. Concordat. Opposition. Jugement. Tierce opposition des créanciers de la faillite. Syndic. Failli. — 16. Opposition au jugement déclaratif de la faillite. Délai. Affiche du jugement.
Jugement par défaut. — 3. Avoué. Opposition. Délai. Refus d'occuper. — 6. Exécution. Commandement. Opposition. — 9. Jugement de commerce par défaut faute de plaider. Opposition. Délai. — 10. Jugement d'interdiction. Signification. Affiche. Acte d'exécution. Opposition. Appel.
Ordre. — 5, 6, 7. Ordonnance du juge-commissaire. Opposition. Incompétence du tribunal. Appel.
Saisie-arrêt. — 2. Deniers provenants d'une vente volontaire d'objets mobiliers. Officier ministériel. Opposition. Nullité.
Testament. — 9. Envoi en possession d'un legs universel. Ordonnance du président. Appel non recevable.

OPPOSITION A MARIAGE.

Voy. *Acte respectueux.* — 1. — V. Opposition. Mainlevée demandée par le futur époux.

OPTION.

Voy. *Appel.* — 40. Option. Modification de la demande principale. Demande nouvelle.

ORDONNANCE.

Voy. *Contrainte par corps.* — 8. Ordonnance du juge. Signature du greffier. Omission. Nullité.
Délai. — 2. Assignation à bref délai. Distance. Pays étranger. Alger. Ordonnance du président. Nullité.
Ordre. — 5, 6, 7. Ordonnance du juge-commissaire. Opposition. Incompétence du tribunal. Appel.
Testament. — 9. Envoi en possession d'un legs universel. Ordonnance du président. Appel non recevable. Opposition. — 10. Envoi en possession d'un legs universel. Ordonnance du président. Erreur. Référé. Juge de paix. Appel. Deuxième ordonnance illégale.

ORDRE.

SOMMAIRE.

1. *Contestation sur le procès-verbal de collocation.* — Plaidoirie. Nullité du jugement.
2. *Créancier hypothécaire.* — Radiation des inscriptions postérieures, en ordre non utile. Instance principale. Ordre sommaire.
3. *Forclusion comminatoire.* — Ordre non clos.
4. *Forclusion comminatoire.* — Production tardive. Pièce nouvelle produite en appel. Frais du retard.
5. *Ordonnance du juge-commissaire.* — Opposition. Incompétence du tribunal. Appel.
6. *Ordonnance du juge-commissaire.* — 7. Opposition. Incompétence du tribunal. Appel. — 11. Délai d'appel. Point de départ. Clôture de l'ordre.

7. *Ordonnance du juge-commissaire.* — I. Opposition. Incompétence du tribunal. Appel. — II. Rejet de l'appel. Tierce opposition. Action principale.
8. *Ordre unique pour le prix de deux immeubles compris dans la même saisie.*

RENVOIS.

Voy. *Degré de juridiction.*—47. Ordre. — I. Collocation. A-compte reçu. Reliquat inférieur à 1500 fr. Dernier ressort. — 48. Ordre. Contredits. Créanciers. Intérêt individuel inférieur à 1500 fr. Intérêt collectif supérieur. Appel collectif. Dernier ressort.

Donation. — 9. — III. Créancier hypothécaire du donataire. Ordre sur le prix des biens donnés et vendus. Collocation. Renonciation à attaquer la donation.

Preuve littérale. — 22. Titre authentique. Formule exécutoire irrégulière. Ordre. Collocation.

Règlement de juges. — 1. Connexité. Deux ordres sur les biens du même débiteur. Deux tribunaux. Jonction...

---

1. — 25 août 1831. — Lapique C. Baulière, Rodier, Doublat, Dayma et Colson. — 1re Ch. — MM. Breton, pr., Poirel, p. av. gén., Bresson, Chatillon, Moreau, Berlet, Collard, Antoine av.

Toutes les contestations qui s'élèvent dans un ordre, sur un procès-verbal de collocation, doivent se juger sans plaidoirie, sur le rapport du juge-commissaire et les conclusions du ministère public. Tout jugement rendu contre cette règle est nul.

2. — 23 janvier 1840. — Florentin C. Joux. — 1re Ch. — MM. Costé, pr., Poirel, p. av. gén., Volland, Louis, av.

Le créancier hypothécaire qui s'est fait subroger dans toutes les créances qui paraissaient pouvoir être colloquées sur le prix de l'immeuble hypothéqué, ne peut pas demander directement, et par instance principale, la radiation des inscriptions postérieures, qui ne semblent pas pouvoir venir en ordre utile : il faut, pour opérer régulièrement, même quand il s'agit d'un ordre sommaire, une distribution à l'audience, par le tribunal, après une discussion contradictoire des titres.

3. — 8 janvier 1834. — Carez C. André et de Brancion. — 2e Ch. — MM. Troplong, pr., Bresson, av. gén., Chatillon, Antoine, Moreau, av.

La forclusion prononcée par l'article 756 C. pr., n'est que comminatoire, tant que l'ordre n'est pas clos et arrêté par le juge, en conformité de l'art. 759.

4. — 19 novembre 1838. — Bonnard C. Racchel. — 2e Ch. — MM. Mourot, pr., Garnier, av. gén., concl. conf., La Flize, Volland, av.

Il n'y a ni déchéance ni forclusion, en matière d'ordre, contre les productions tardives, quand la demande en collocation est d'ailleurs régulière, et présentée en temps utile. — Ainsi, une pièce nouvelle peut être produite même en cause d'appel. — Seulement le produisant doit supporter les frais que ce retard a pu entraîner.

5. — 6 avril 1832. — Lapique C. Rodier-Royer. — 1re Ch. — MM. Bresson, pr., Poirel, p. av. gén., Bresson fils, Moreau, av.

Le tribunal qui a commis un de ses membres pour procéder à un ordre n'est pas compétent pour réformer, sur opposition ou autrement, les ordonnances de ce juge, notamment celle qui prescrit *la délivrance d'un bordereau*: ce serait à la cour, et par appel, qu'une ordonnance de cette nature devrait être déférée.

Mais quand l'appel a été dirigé contre le jugement qui a statué sur cette ordonnance, et non contre l'ordonnance elle-même, la cour ne peut pas, même du consentement des parties, apprécier le mérite de cette ordonnance, d'après des conclusions postérieures à l'exploit d'appel.

6. — 1er juin 1832. — Lapique C. Rodier-Royer et Colson. — 1re Ch. — MM. de Metz, p. pr., Poirel, p. av. gén., Bresson, Moreau, Chatillon, av.

I. Une ordonnance de collocation définitive, délivrée par le juge commissaire à l'ordre, après le jugement et l'arrêt intervenus sur les contredits de l'ordre provisoire, n'est point susceptible d'opposition; elle ne peut être attaquée que par la voie de l'appel.

II. Le délai pour interjeter appel court du jour même de la clôture de l'ordre.

7. — 30 avril 1844. — Thiaville C. Georgel. — 2e Ch. — MM. Masson, ff. pr., Garnier, av. gén., concl. conf., Maire, d'Ubexi, av.

I. Est non recevable, en matière d'ordre, l'opposition à l'ordonnance du juge-commissaire, rendue en exécution de l'art. 759 du C. pr. Cette ordonnance a le caractère d'un jugement de forclusion : le tribunal ne peut donc être appelé à rechercher si le juge-commissaire a bien ou mal procédé, en n'accueillant pas telle ou telle production, et par suite à maintenir ou à réformer cet ordre.

II. L'arrêt qui rejette l'appel du jugement qui a déclaré non recevable l'opposition formée à l'ordonnance du juge-commissaire doit, en conséquence, déclarer non recevable aussi la tierce opposition formée devant la cour par un créancier hypothécaire, qui n'a point été appelé à l'ordre : cette tierce opposition doit être portée, par action principale, devant le tribunal qui a rendu le jugement attaqué.

8. — 21 novembre 1844. — Pierron C. Rigozzi. — 1re Ch. — MM. Moreau, p. pr., Lefèvre, Fleury, av.

La raison, la justice, l'économie des frais prescrivent de n'ouvrir qu'un seul ordre pour la distribution du prix de deux immeubles qui ont été compris dans une même saisie, mis en vente ensemble, en vertu du même jugement, devant le même notaire, adjugés à des époques rapprochées, sans qu'il y ait eu d'ordre provoqué sur le prix du premier avant l'adjudication du second ; et qui enfin sont grevés d'inscriptions dont les unes portent sur les deux immeubles, et les autres sur l'un d'eux seulement.

OUVRIER.

Voy. *Louage d'ouvrage et d'industrie.* — 3. Ouvrier maçon. Entrepreneur. Responsabilité. Restriction. Surveillance du propriétaire.

PAILLES.

Voy. *Louage.* — 16. Pailles et fumiers. Vente interdite au fermier, à moins de clause contraire, ou de superflu.

PARCOURS.

Voy. *Commune.* — 20. Parcours. Clôture. Renonciation. Pâtis communaux. Location.
Servitude. — 32. Parcours de paroisse à paroisse. Droit communal non susceptible de revendication à titre singulier. Coutume de Lorraine. Vaine pâture. Titre. Prescription trentenaire depuis la contradiction du seigneur. Possession immémoriale. Preuve depuis le Code.

PARTAGE.

SOMMAIRE.

1. *Acte de partage.* — Preuve écrite. Commencement de preuve par écrit. Présomptions.
2. *Acte de partage.* — I. Preuve écrite. Présomption. — II. Droits de mutation payés par un des cohéritiers. Quittance conservée par lui. Payement présumé fait des deniers de l'auteur commun.
3. *Action en rescision pour cause de lésion.* — I. Acte de partage ou de liquidation. Clauses transactionnelles. — II. Aliénation du lot. Dol. Violence. Lésion. Ratification expresse ou tacite.
4. *Chose jugée.* — I. État de situation. Partage provisionnel. Moyen nouveau. Demande nouvelle. — II. Partage provisionnel quant au mineur, définitif quant au majeur. — III. Mineur figurant lui-même dans l'acte. Art. 840 du C. civ. inapplicable. Art. 1123.
5. *Indivisibilité de la licitation.* — Nullité de procédure. Expertise.
6. *Licitation.* — Majeurs et mineurs. Nullité de procédure. Absence de réclamation de la part des majeurs. Indivisibilité.
7. *Licitation.* — Mineur. Notaire. Membre du tribunal. Inventaire. Liquidation. Choix du notaire. Motifs propres à déterminer ce choix.
8. *Licitation ou partage.* — Inexécution. Résolution.
9. *Lot joignant la propriété du copartageant.* — Interprétation. Longeant ou aboutissant. Possession.
10. *Majeurs et mineurs.* — Tuteur agissant tant en son nom que pour le mineur. Partage définitif quant au tuteur, provisionnel quant au mineur.
11. *Mineurs.* — Nécessité du tirage au sort, ou de la licitation. Prohibition du partage par attribution. Licitation ordonnée d'office, contre le gré de toutes les parties.
12. *Possession prolongée d'un héritage par un seul des cohéritiers.* — Vente de cet héritage par cet héritier seul. Partage présumé.
13. *Preuve.* — Présomptions. Témoins. Commencement de preuve par écrit.
14. *Tuteur.* — Action en partage ou licitation. Vente de la portion indivise des mineurs. Formalités des transactions de mineurs. Action en rescision pour lésion de plus du quart.

PARTAGE.

RENVOIS.

Voy. *Arbitrage*. — 14. Experts-arbitres. Partage de succession. Bases convenues entre cohéritiers. Estimation d'immeubles, Soultés.
Commune. — 21. Partage de pâtis indivis. Pièces à produire. Dommages-intérêts par chaque jour de retard.
Donation. — 15. Partage anticipé. Survenance d'enfants. Nullité relative. Légataire. Acte sous seing privé. Nullité absolue.
Faillite. — 13. — VIII. Licitation ou partage. Failli seul propriétaire de l'immeuble social. Hypothèque valable.
Filiation naturelle. — 4. Enfant naturel reconnu. Partage de succession. Demande en délivrance.
Interdiction. — 4. Partage. Tuteur. Autorisation. Appel.
Jugement préparatoire, interlocutoire, définitif. — 9. Jugement préparatoire. Expertise. Licitation. Liquidation.
Liquidation. — 5. Succession. Juge-commissaire. Empêchement. Remplacement.
Société commerciale. — 3. Coupes de bois. Exploitation en commun. Partage.
Succession. — 5. Coutume de Lorraine. Rapport. Dot. Préciput. Mobilier. Gain de survie. Dot constituée en commun. — 6. — I. Mineur. Renvoi devant un juge-commissaire et un notaire. Mesure facultative.

---

1. — 26 février 1836. — Watrinelle C. Brabant. — 1re Ch. — MM. de Metz, p. pr., Chatillon, Volland, av.

Pour repousser une demande en partage d'immeubles indivis, la représentation matérielle d'un acte de partage antérieur n'est pas toujours nécessaire. Il suffit de prouver que cet acte de partage, quoique non représenté, a véritablement existé, et cette preuve peut résulter d'un commencement de preuve par écrit, appuyé de présomptions graves, précises et concordantes. (C. civ. 1315, 1341, 1347.)

2. — 22 février 1841. — Perrin C. Beaudouin. — 2e Ch. — MM. Mourot, pr., La Flize, Volland, av.

I. L'art. 816 du C. civ., non plus qu'aucune autre disposition du Code, n'exige un acte écrit pour que le partage d'une succession, la liquidation des droits et reprises des copartageants qui précède le partage, et le partage lui-même, puissent être reconnus constants, définitifs et obligatoires : les présomptions suffisent ; — par exemple, si les deux héritiers ont ensemble remis des titres de créance à un huissier, avec commission de diviser entre eux par moitié les recouvrements.

II. Des présomptions suffisent aussi pour décider que celui qui a payé les droits de mutation, et a conservé la quittance, a payé des deniers de l'auteur commun.

3. — 12 août 1836. — Lemaire C. Lemaire. — 1re Ch. — MM. de Metz, p. pr., Chatillon, Volland, av.

I. L'action en rescision pour cause de lésion est recevable contre tout acte de partage, ou de liquidation, qui contient des clauses transactionnelles, si d'ailleurs cette transaction opère elle-même partage, et n'était pas un préalable au partage absolument nécessaire. (C. civ. 888, 2052.)

II. L'art. 892, qui fait de l'aliénation partielle ou totale du lot une fin de non-recevoir contre la rescision, ne s'applique qu'à la rescision pour dol et violence, et ne peut être étendu à la rescision pour lésion. Cette dernière action n'est éteinte que par la ratification expresse ou tacite dont parle l'art. 1338. Mais alors les tribunaux restent les maîtres d'apprécier les faits de ratification invoqués par le défendeur, et ils ne peuvent voir une ratification suffisante dans la conduite d'une venderesse qui, au moment même où elle poursuit sans relâche la rescision du contrat portant lésion, consomme, pour son usage personnel, ou même aliène les objets fongibles dépendants de son lot.

(L'affaire n'était pas communicable ; mais M. le procureur général, qui avait assisté aux plaidoiries, manifestait hautement son opinion, conforme à l'arrêt.)

4. — 8 août 1844. — Muel C. la faillite Doublat. — 1re Ch. — MM. Moreau, p. pr., Leclerc, subst., concl. conf., Volland, La Flize, av.

I. Lorsqu'un jugement confirmé sur l'appel a rejeté une demande en partage, en décidant que le partage demandé existait déjà, et en considérant comme tel un acte auquel le demandeur n'attribuait que le caractère d'un *état de situation* de la communauté et de la succession à partager, il y a *chose jugée* sur cette demande. Elle ne peut être reproduite, sous prétexte que l'acte litigieux constituait un *partage provisionnel*, et qu'il n'a point été attaqué sous ce point de vue dans l'instance première. — Il y a identité de *cause* dans les deux procès ; car la cause de toute demande en partage, c'est l'état d'indivision entre plusieurs, relativement à des choses communes. — L'allégation que l'acte, qualifié d'abord d'*état de situation* par le demandeur, serait un *partage provisionnel*, ne constitue qu'un *moyen nouveau* et non *une demande nouvelle*.

II. Le partage fait avec le mineur, sans l'observation des formes légales, n'est provisionnel qu'à l'égard du mineur, à moins qu'il ne résulte des termes mêmes de l'acte, et des circonstances, que l'intention de toutes les parties, même des majeurs, a été de ne faire qu'un partage provisionnel. (C. civ., 466, 840). — Toulouse, 7 avril 1834. (S. 34. 2. 341. — D. 34. 2. 243. — Pal. t. 26. p. 358.) — Cass. 24 juin 1839. (S. 39. 1. 613. — D. 39. 1. 372. — Pal. 39. 2. 29.)

III. Les termes de l'art. 840 du C. civ. ne s'appliquent textuellement qu'au cas où le mineur a été, dans l'acte de partage, représenté par son tuteur, ou bien, s'il est émancipé, assisté de son curateur, et non au cas où le mineur figure et stipule lui-même dans l'acte. Dans ce dernier cas, l'art. 1125 exerce tout son empire, et les majeurs ne peuvent opposer l'incapacité du mineur avec lequel ils ont contracté, lequel seul peut attaquer, pour cette cause, l'acte intervenu.

Nota. Un pourvoi en cassation a été formé contre cet arrêt : il a été rejeté par la chambre des requêtes le 9 mars 1840. (D. 40. 1. 285. — S. 40. 1. 481. — Pal. 40. 2. 521.)

5. — 23 novembre 1833. — Landois C. Bastien et Saugnier. — 1re Ch. — MM. de Metz, p. pr., Poirel, p. av. gén., Louis, Fabvier fils, Lefèvre, av.

Une licitation étant chose indivisible, la procédure, valable à l'égard de l'une des parties, couvre la nullité relative à l'autre. Par la même raison de l'indivisibilité de la procédure en licitation, une expertise faite pour savoir si l'immeuble peut être licité, quand elle est nulle par rapport à l'une des parties, est nulle par rapport à l'autre, qui n'a pu couvrir cette nullité, même par son acquiescement.

6. — 30 août 1833. — Engel C. Gassmann et Gœrtner. — 1re Ch. — MM. de Metz, p. pr., Bouchon, subst., La Flize, Antoine, Chatillon, av.

Lorsque, dans une licitation entre majeurs et mineurs, une nullité de procédure a été commise, l'annulation de la vente, prononcée sur la demande des mineurs, profite aux majeurs, même non réclamants : l'intérêt, le droit sont ici indivisibles.

7. — 9 décembre 1835. — Thomassin C. Aubert. — 2e Ch. — MM. Moreau, p. pr., Bresson, av. gén., La Flize, Fabvier fils, av.

Le tribunal peut renvoyer par-devant un de ses membres, ou par-devant un notaire, à son choix, les licitations d'immeubles, même quand des mineurs y sont intéressés ; mais il ne doit, dans ce choix, se laisser guider que par le plus grand intérêt des parties. — Quand un notaire a été choisi pour faire l'inventaire des biens dépendants d'une communauté, il est naturel de lui confier la liquidation. Il faudrait pour la lui enlever, des faits précis et des motifs graves.

8. — 27 juillet 1838. — Vairelle C. Richard, Bigotte et Pernel. — 1re Ch. — MM. de Metz, p. pr., Garnier, av. gén., concl. conf., d'Arbois, Meaume, Catabelle, Manielet, av.

Une licitation ou un partage n'est pas, comme les contrats synallagmatiques ordinaires, susceptible de résolution en cas d'inexécution.

9. — 12 avril 1842. — Chenin C. Drouard. — 2e Ch. — MM. Costé pr., Poirel, p. av. gén., d'Ubexi, Volland, av.

L'énonciation, dans un acte de partage, que l'un des copartageants prendra son lot *joignant* sa propriété, ne signifie pas nécessairement qu'il devra le prendre *longeant* sa propriété, lorsque, de fait, il est constant qu'aussitôt après le partage, et durant plusieurs années, il s'est mis en possession d'un lot qui *aboutit* seulement sur sa propriété.

10. — 11 décembre 1837. — Ronfort C. Didot. — 1re Ch. — MM. de Metz, p. pr., Fabvier, proc. gén., Volland, Chatillon, av.

Le partage d'une succession indivise entre majeurs et mineurs, souscrit par le père tuteur, tant en son nom qu'en sa qualité, est définitif à son égard, et provisionnel à l'égard du mineur : l'exécution donnée à ce partage par le père, et continuée même par le fils, ne s'oppose donc pas à ce que celui-ci en demande un nouveau.

11. — 6 juillet 1837. — Munier C. Larcher. — 1re Ch. — MM. Costé, pr., Poirel, p. av. gén., concl. conf., Volland, Antoine, av.

Dans tout partage où des mineurs sont intéressés, le tirage au sort des lots est impérieusement exigé, et les tribunaux ne peuvent procéder par voie d'attribution. Le tirage au sort est une des formalités substantielles destinées à assurer l'égalité dans les partages. — Mais quand il est reconnu que l'immeuble ne peut se partager commodément que par voie d'attribution, et qu'ainsi le tirage au sort est impossible ou nuisible, la licitation devient nécessaire, et les tribunaux peuvent et doivent l'ordonner d'office, quand même toutes les parties s'accorderaient à la repousser (1). — (C. civ. 466, 840, 834, 827. — C. pr 975, 982).

12. — 24 février 1840. — Bürckel C. Bürckel. — 2ᵉ Ch. — MM. Mourot, pr., Louis, Antoine, av.

Un acte de vente fait par un héritier seul, et sans le concours de ses cohéritiers, d'un héritage qui lui venait de la succession de son père, suppose nécessairement un partage antérieur qui lui confère la propriété exclusive de cet héritage, surtout quand une longue possession a suivi cet acte.

13. — 27 juillet 1838. — Ferry C. Denis. — 1ʳᵉ Ch. — MM. de Metz, p. pr., La Flize, Volland, av.

Un partage entre copropriétaires peut se prouver par présomptions et par témoins, quand il y a un commencement de preuve par écrit.

14. — 23 mai 1837. — Masson C. Brégy et Darcagne. — 2ᵉ Ch. — MM. Costé, pr., Poirel, p. av. gén., concl. contr., Louis, d'Arbois, d'Uubexi, Antoine, av.

Un tuteur peut, sur une action en partage ou licitation, et en remplissant les formalités prescrites par l'art. 467 du C. civ., pour la validité des transactions de mineurs, céder au copropriétaire de ses pupilles, moyennant un prix déterminé, la propriété entière de l'immeuble indivis. — Cette transaction ayant pour effet de faire cesser l'indivision entre les contractants, est soumise à l'action en rescision pour lésion de plus du quart.

PARTAGE ANTICIPÉ.

Voy. *Donation*. — 14. Partage anticipé. Acte authentique. Contrat de mariage. — 15. Partage anticipé. Survenance d'enfant. Nullité relative. Légataire. Acte sous seing privé. Nullité absolue.

PARTAGE D'ASCENDANT.

SOMMAIRE.

Lésion de plus du quart. — I. Valeur des biens à l'époque du décès du testateur. — II. Usufruit. Évaluation à moitié de la pleine propriété.

23 mai 1844. — La faillite Mégral C. Koob et Mégral. — 1ʳᵉ Ch. — MM. Cléret, ff. pr., Garnier, av. gén., concl. conf., La Flize, Lalande (de Lunéville), Louis, av.

I. Pour juger si un partage testamentaire, fait en vertu des art. 1075

---

(1) *Contrà*, Caen, 13 novembre 1813. — Festel C. Launay. (S. 46. 2. 141. — Pal. 46. 1. 580.)

et 1076 du C. civ.; contient, au préjudice d'un des héritiers, une lésion de plus du quart, il faut estimer la valeur des biens à l'époque du décès du testateur, et non à la date du testament. (C. civ. 890.)

II. L'usufruit des biens dont le testateur a légué la nue propriété doit, en ce cas, être évalué à la moitié de la valeur de la pleine propriété.

PARTAGE D'OPINIONS.

Voy. *Discipline.* — 6. Partage d'opinions. Renvoi des poursuites.

Notaire. — 4. — II. Partage d'opinions. Action disciplinaire. Acquittement.

PASSAGE.

Voy. *Prescription.* — 27. Passage. Abreuvoir. Prescription de la propriété. Coutume de Saint-Mihiel... Source accessible par un terrain non clos ni cultivé.

Servitude. — 1. Cimetière. Clôture. Imprescriptibilité. Passage. — 3. Coutume de Lorraine. Passage. Possession. Prescription. — 4. Coutume de Lorraine. Passage. Possession. Prescription. Terrain en garde et défense. Enclave. Titre. Equivalent. — 8. Destination du père de famille. Servitude continue et apparente. Passage. — 10. Domaine de l'Etat. Inaliénabilité. Servitude. Passage dans une forêt de la couronne acquis par prescription. Bois en garde et défense. Prescription trentenaire. Tranchée d'exploitation. — 19. Enclave. Issue possible pour les récoltes. Prescription. Passage. — 20. Enclave. Passage. Trajet qui n'est pas le plus court. Longue possession. Convention présumée. — 21. Enclave. Titre au passage. Prescription de l'indemnité. — 33. Passage. Changement de destination du fonds dominant. Aggravation. — 34. — I. Passage. Copropriété. Servitude. Interprétation. — III. Droit de passage par une allée. Servitude discontinue. — 35. Passage avec voiture par une porte cochère. Copropriété. Faculté imprescriptible. Non-usage. — 36. Passage réciproque pour l'exploitation des héritages. Contrat tacite présumé. Changement de culture. Bâtisse. Clôture. Prescription de l'indemnité. Enclave.

Voirie. — 3. Chemin. Avenue. Chemin privé. Titres. Possession. Passage. Tolérance. Entretien. Elagage. Location de pâture. — 6. Chemin. Commune. Propriété. Titre. Possession. Passage ancien. — 7. Chemin. Commune. Propriété. Titres douteux. Preuve testimoniale. Possession. Passage. Entretien. Baux de pâture. — 13. Chemin. Passage. Biens communaux. Aliénation. Exception. Loi du 20 mars 1813. — 25. — I. Sentier. Communication entre deux villages. Chemin rural. Arrêté du préfet. Compétence administrative. Compétence judiciaire. Servitude de passage... — V. Possession immémoriale. Coutume de Saint-Mihiel. Servitude de passage. Titres anciens. Limite. — 27. — I. Usine. Chaussée. Pont. Etang. Passage. Commune. Copropriété. Titre. — II. Servitude de passage. — VI. Changement à la chaussée et au pont. Réparations. Passage.

PATENTE.

Voy. *Election législative.* — 22. Patente. Timbre. Cens électoral. — 23. Patente. Timbre. Cens électoral. — 24. Patente de marchand de fer en détail, prise depuis plus d'un an. Addition d'une patente de marchand de bois en gros, depuis moins d'un an.

Voy. *Notaire.* — 10. Patente. Entrepreneur de travaux publics.

PATURAGE.

Voy. *Commune.* — 22. Pâtis Communaux. Portion. Habitant au pot et feu d'un de ses enfants. Année commencée.
Prescription. — 32. — III. Pâturage. Droit indivisible. Nullité d'exploit.
Servitude. — 32. Parcours de paroisse à paroisse. Droit communal, non susceptible de revendication à titre singulier. — II. Coutume de Lorraine. Vaine pâture. Titre. Prescription depuis la contradiction du seigneur. Possession immémoriale depuis le Code.
Usage forestier. — 4. — I. Alsace. Ordonnance de 1669. Révocation des droits d'affouage, de pâturage et de glandée. — 11. — II. Pâturage. Défrichement. Interversion du mode d'exploitation. Vente de la superficie d'une coupe entière. Préjudice causé à l'usager. — 43. — II. Pâturage. Prescription de la glandée. — 45. — I. Preuve testimoniale. Commencement de preuve par écrit. Pâturage. Jouissance... — III. Pacage. Titre. Code civil.

PAYEMENT.

SOMMAIRE.

1. *Cession de biens non saisis.* — I. Déconfiture. Validité de la cession faite, sans fraude, en payement d'une dette sérieuse. — II. Vente d'effets mobiliers par un débiteur à son créancier. Fraude. Nullité.
2. *Imputation.* — I. Entrepreneur de travaux publics. Deux traités avec un sous-traitant. A-compte payés. — II. Provision sur le reliquat avant la réception des travaux.

RENVOIS.

Voy. *Compétence commerciale.* — 15. Lieu de payement. Domicile du vendeur. Compétence du tribunal. Facture. Traite tirée sur l'acheteur. Protêt.
Obligation. — 1. Adjudicataire d'une coupe de bois. Caution. Double qualité. Payement comme acquéreur, non comme caution. — 9. Payement. Poursuite en vertu d'un titre exécutoire. Délai. Tiers détenteur. Fraude. Exception. — 10. Payement. Sursis à l'exécution d'un jugement. Débiteur malheureux et de bonne foi. Stellionataire.
Tutelle. — 10. — II. Compte du tuteur. Payement. Billets.
Vente. — 4. Coupe de bois.... Effet de commerce. Novation. Privilège sur le prix de vente des bois.

---

1. — 18 août 1845. — Kribs C. Marchal et Boisseau. — 2ᵉ Ch. — MM. Riston, pr., Louis, La Flize, av.

I. Si les biens du débiteur sont le gage commun de ses créanciers (C. civ. 2093, 2094), ce principe général, qui détermine seulement la nature et l'objet de la garantie des créanciers à défaut de payement, ne laisse pas moins, d'une part, le débiteur propriétaire de ses

biens, et toujours maître, jusqu'à saisie, d'en disposer comme tel, et, d'autre part, chaque créancier libre de se faire payer avant tout autre, soit en numéraire, soit par la cession équivalente de biens non saisis.
— C'est seulement en cas de faillite commerciale que ces droits sont arrêtés par la communauté de position établie entre les créanciers. Hors ce cas, la cession est valide, alors qu'elle n'est ni une disposition à titre gratuit, ou à vil prix, destinée à frauder les autres créanciers, ni une aliénation simulée pour rendre leurs poursuites impossibles ou vaines : elle est tout à la fois l'exercice du droit de celui qui acquitte une de ses obligations, et du droit de celui qui se fait payer.
— Peu importe que ce créancier sache qu'il en existe d'autres, et que la cession qu'il reçoit, épuisant les ressources du débiteur, ne laisse plus d'objet utile à des poursuites ultérieures. Ce créancier plus empressé a usé de son droit : l'exercice de ce droit n'est point une fraude à l'égard des autres : *Scriptum est eum qui suum recipiat nullam videri fraudem facere : hoc est, eum qui quod sibi debetur receperat : sibi enim vigilavit.* (L. 6, § 6 et 7, ff., *quæ in fraudem creditorum.*)

II. Une vente d'effets mobiliers, faite par un débiteur à son créancier, ne peut être réputée sérieuse que relativement aux objets dont la cession peut offrir une ressource véritable et utile au créancier qui acquiert.

Spécialement : une vente d'objets mobiliers, qui comprend tous les effets d'habillement du vendeur et du bois de chauffage, et qui néanmoins laisse à ce vendeur la jouissance de toutes les choses vendues pendant trois années, à partir de la vente, n'est point une cession sérieuse, en ce qui touche ces sortes d'objets. Il est évident, en effet, que l'usage devant consommer le bois de chauffage, et perdre ou dégrader les effets d'habillement, cette circonstance, la nature de ces effets, le besoin qu'en aura le vendeur tant qu'ils pourront lui servir, prouvent assez que c'est pour les soustraire aux poursuites de tiers créanciers qu'on les a ajoutés aux autres : ainsi donc, à l'égard de ces choses, la vente est nulle.

2. — 2 février 1841. — Savel C. Bellomet. — 2ᵉ Ch. — MM. Mourot, pr., Garnier, av. gén., concl. conf. sur le premier point, contr. sur le second, Louis, Antoine, av.

I. Lorsqu'un entrepreneur de travaux publics, notamment d'une portion d'un canal, a passé successivement deux traités avec le même sous-traitant, pour divers travaux du canal, les à-compte qu'il a payés à celui-ci, dans l'intervalle du premier traité au second, ne peuvent être imputés que sur les travaux exécutés durant cet intervalle, en vertu du premier traité. — Quant aux à-compte payés depuis que le second traité a commencé à recevoir son exécution, si les quittances ne portent aucune imputation, ils doivent s'imputer sur la dette la plus ancienne, et conséquemment sur le prix des premiers travaux. (C. civ. 1256.)

II. Toutefois, la cour peut ordonner le payement d'un nouvel à-compte, sans attendre la vérification et la réception complète des travaux non encore payés, s'il apparaît que ces payements d'à-compte sont entrés dans les prévisions et stipulations du traité verbal de l'entrepreneur avec le sous-traitant.

PEINE DISCIPLINAIRE.

Voy. *Discipline.*

PEINE MORATOIRE.

Voy. *Dommages-intérêts.* — 3. Travaux ordonnés. Inexécution. Incident. Acte d'avoué. Demande principale en dommages-intérêts. Frais frustratoires.

PERCEPTEUR.

Voy. *Contributions.* — III. Percepteur. Agent du gouvernement. Action civile.
Vente. — 12. Place de percepteur. Vente illicite. Chose hors du commerce.

PÉREMPTION.

SOMMAIRE.

Jugement périmé. — Demande subsistante. Reprise d'instance.

RENVOIS.

Voy. *Jugement par défaut.* — 2. Acquiescement. Péremption. — 3. Délai. Péremption. Six mois sans poursuites régulières. — 11. Radiation du rôle. Péremption. Compétence. Changement de domicile. — 12. Solidarité. Exécution contre l'un des débiteurs. Péremption.
Responsabilité. — 4. Avoué. Expropriation. Titre hypothécaire. Péremption de l'inscription durant les poursuites.
Usage forestier. — 48. — 1. Sentence antérieure à la loi du 28 août 1792. Commune. Chose jugée. Péremption.

21 mai 1844. — Pierre C. de Vendières. — 2ᵉ Ch. — MM. Masson, ff. pr., Vollund, La Flize, av.

La péremption prononcée par l'art. 156 du C. pr., n'affecte que le jugement, et laisse subsister la demande qui l'a provoqué : l'instance peut donc être reprise.

PETIT DOMAINE.

Voy. *Domaine de l'État.* — 13. Petit domaine ou domaine privé. Lorraine. Aliénabilité. Anciennes fortifications. Fossés des villes.

PHARMACIE.

Voy. *Art de guérir.* — Pharmacie. Sœurs hospitalières. Remèdes officinaux ou magistraux. Action civile.

PIÈCES NOUVELLES.

Voy. *Affectation.* — 7. — V. Cause communicable. Pièces nouvelles produites après les plaidoiries, les conclusions du ministère public et un arrêt de mise en délibéré.

PIED TERRIER.

Voy. *Bornage.* — 5. Contenance. Titres. Possession. Déclaration ou pied terrier. Renseignement.
Louage. — 17. Pied terrier ou déclaration. Fermier. Sommation. Délai.
Voirie. — 23. — VIII. Pied terrier. Sentier non mentionné. Seigneur haut justicier. Propriété des chemins.

PIGNORATIF (CONTRAT).

SOMMAIRE.

1. *Vente à réméré.* — I. Relocation au vendeur. Dol. Fraude. Usure. — II. Nantissement. Antichrèse. Possession. — III. Préjudice causé à des tiers. Droit acquis.
2. *Vente à réméré.* — Relocation au vendeur. Simulation. Dol. Fraude.
3. *Vente à réméré.* — Relocation au vendeur. Vileté de prix. Intérêts usuraires.
4. *Vente à réméré.* — I. Relocation au vendeur. Vileté de prix. — II. Intérêts usuraires.

RENVOIS.

Voy. *Nantissement.* — Vente à réméré. Relocation. Simulation. Contrat licite. Gage. Détention. Tiers acquéreur.

1. — 12 janvier 1837. — Ozilliau C. Jandel et Viguier. — 2ᵉ Ch. — MM. Costé, pr., Bresson, av. gén., Volland, La Flize, Mamelet, av.

I. Un contrat de vente à réméré, avec relocation au vendeur, peut être considéré comme un contrat pignoratif, quand même ce contrat ne serait point infecté de dol, ni de fraude, ni d'usure, auquel cas seulement la nullité devrait être prononcée.

II. Il vaut alors comme contrat de nantissement, comme antichrèse. L'antichrèse n'a pas besoin, comme le gage, d'une possession de la part du créancier, lequel n'est investi que d'un droit sur les revenus de l'immeuble qui s'en trouve grevé.

III. Il n'y a pas fraude dans un contrat toutes les fois qu'il doit en résulter un préjudice pour des tiers : ce principe n'est vrai, et ne peut recevoir d'application, qu'autant qu'il s'agit de droits acquis antérieurement au contrat.

2. — 23 mars 1836. — Maussée C. Lemonnecier. — 2ᵉ Ch. — MM. de Sansonetti, ff. pr., Louis, La Flize, av.

Quand il n'existe aucune présomption de simulation, de dol ou de fraude, la clause de relocation résultante d'un acte de vente à réméré ne suffit pas pour faire considérer cette vente comme un simple contrat pignoratif.

3. — 5 mars 1836. — Gilbert C. Clément et Thouvenin. — 1re Ch. — MM. Mourot, pr., Fabvier, proc. gén., La Flize, Chatillon, Catabelle, av.

Des actes qualifiés de vente et de réméré doivent être exécutés comme tels, si la vente offre les caractères essentiels à la nature de cet acte. Vainement voudrait-on n'y voir qu'un contrat pignoratif, à raison de la vileté du prix, si cette vileté n'est pas telle qu'elle puisse autoriser la rescision de la vente pour cause de lésion. (C. civ. 1674.) — Vainement encore exciperait-on de l'absence de toute tradition, la tradition n'étant plus une condition essentielle de la vente, qui est parfaite par le seul consentement des parties. Le contrat de vente à réméré, qui servait autrefois à déguiser des prestations d'intérêts, lorsqu'elles étaient prohibées, loin d'être vu avec défaveur, depuis qu'elles sont permises dans de justes limites, est spécialement autorisé par les lois. — La relocation, par l'acquéreur au vendeur à pacte de rachat, n'est pas non plus suffisante pour faire présumer l'existence d'un simple contrat pignoratif.

4. — 1er mars 1841. — Villemin C. Henriet et Louis. — 2e Ch. — MM. Mourot, pr., Garnier, av. gén., concl. conf., La Flize, d'Ubexi, Louis, av.

I. La vente à réméré, avec relocation immédiate des immeubles vendus au vendeur, moyennant un loyer qui représente exactement l'intérêt légal du prix de vente, augmenté des frais et loyaux-coûts du contrat, ne doit pas être considérée comme un contrat pignoratif, et réduite à la condition d'un simple contrat d'antichrèse, lors même qu'on offrirait de prouver la vileté du prix.

II. Pour attaquer une vente à réméré comme simulée, comme contrat pignoratif déguisé, il faut établir qu'elle a eu pour objet, et pour résultat, de cacher des intérêts usuraires. — La reconnaissance, par un acheteur, qu'il a considéré une acquisition comme un nantissement, et qu'il est prêt à s'en désister moyennant remboursement, n'empêche point que sa demande en distraction ne doive réussir.

PLACE A FUMIER.

Voy. *Voirie.* — 11. — III. Contrat ancien. Enonciations. Place à fumier. Aisance. Tolérance. — V. Transaction. Jouissance amiable de la place à fumier.

PLAN CADASTRAL.

Voy. *Cadastre.* — Preuve littérale. — 10. Revendication de terrain. Contenance. Titres. Cadastre. Désaccord.
Commune. — 18. Fontaine communale. File de corps. Revendication du terrain sur lequel elle est établie... Terrain vain et vague. Plan cadastral. Contribution.
Voirie. — 28. — II. Cadastre.

POLICE D'ASSURANCE.

Voy. *Assurance.*

PORTÉ FORT.

Voy. *Notaire.* — 3. Amende. Prénoms du mandant, ou de celui qui se porte fort. Omission. Procuration.
Partage. — 10. Majeurs et mineurs. Tuteur agissant tant en son nom que pour le mineur. Partage définitif quant au père tuteur, provisionnel quant au mineur.
Vente. — Porté fort. Ratification. Droit éventuel. Action. Immeuble.

PORTION DISPONIBLE.

SOMMAIRE.

Préciput. — I. Réduction. Mari. Femme. Avantage prohibé. — II. Quittance d'apport. Contrat de mariage. Simulation. Présomptions. — III. Office. Prix. Mobilier. Communauté. — IV. Avantage réductible. — V. Cautionnement.

RENVOIS.

Voy. *Succession.* — 6. Mineur. Portion disponible. Rapport. Frais d'éducation. Majeur. Donation. Préciput.
Testament. — 15. — II. Quotité disponible. Legs par préciput. Héritier. Transmission. Réduction des legs particuliers.

---

20 décembre 1832. — Montfalcon C. Montfalcon. — 1re Ch. — MM. de Metz, p. pr., Bouchon, subst., Moreau, Bresson, av.

I. Le préciput accordé par le mari à sa femme, à laquelle il a déjà donné toute la quotité disponible, est un avantage prohibé qui doit être annulé, ou précompté sur la portion disponible.

II. La quittance d'un apport de la femme, donnée par le contrat de mariage, est suffisante, et ne pourrait être combattue par les héritiers du mari comme simulée, que par des présomptions graves, précises et concordantes.

III. Le prix d'un office est mobilier de sa nature, et doit tomber dans la communauté.

IV. Mais l'entrée dans la communauté de ce prix constitue, au profit de la veuve, un avantage réductible. (C. civ. 1098.)

V. Il en est de même du cautionnement qui aurait été fourni par le titulaire antérieurement à la loi du 28 avril 1816.

POSSESSION.

Voy. *Action possessoire* — Action correctionnelle. Question préjudicielle de propriété. Tribunaux civils. Possession annale. Dispense de preuve.
Bornage. — 8. Possession. Prescription. Renonciation implicite. Expert. Application des titres. — 9. Possession. Titres. Contenance indiquée. Terre labourable. Surmesure.
Commune. — 30. Terrain vain et vague. Possession. Prescription.
Forêt. — 4. Possession simultanée. Jouissance exclusive. Pâturage. Déclaration. Remembrement de droits seigneuriaux.
Partage. — 9. Lot joignant la propriété du copartageant. Interprétation.

Longeant ou aboutissant, Possession. — 12. Possession prolongée d'un héritage par un seul des cohéritiers, Vente de cet héritage par cet héritier seul, Partage présumé.

Voy. *Pignoratif (contrat.)* — 1. — II. Nantissement. Antichrèse. Possession.
Prescription. — 3. Borne. Possession. — 4. 5. Communiste. Possession exclusive. — 6. Communiste. Possession exclusive. Coutume d'Epinal. — 10. — II. Action en réintégrande. Commune en possession. Interruption de prescription. — 15. Indivision. Partage de fruits. Possession. Prescription de la propriété. — 21. — III. Coutume de Metz. Possession de vingt ans avec bonne foi. Mineur. Commune. — 33. — II. Prescription. Possession. Œuvres nouvelles. Usine. — 34. — III. Commune. Possession annale.
Revendication. — 1. Action pétitoire. Aveu de la possession de l'adversaire... — 3. Possession. Présomption de propriété. Meubles. Preuve contraire. Présomptions. Livres de commerce. Irrégularité. Correspondance. Failli. Syndics. Tiers.
Servitude. — 3, 4. Coutume de Lorraine. Passage. Possession. Prescription. Terrain en garde et défense. — 23. — II. Propriétaire privilégié. Eglise. Prescription de 40 ans. Durée de la possession avant et après le Code. Calcul. — 32. — II. Coutume de Lorraine. Vaine pâture. Titre. Prescription trentenaire depuis la contradiction du seigneur. Possession immémoriale. Preuve depuis le Code. — 38. Source nécessaire à une commune, etc. Prescription de l'indemnité. Propriétaire de la source...
Usage forestier. — 42. — II. Commune. Possession ancienne de droits d'usage. Présomption légale de dépossession. Abus de la puissance féodale... — 44. Preuve de possession. Procès-verbaux de délivrance. — 46. — I. Propriété. Prescription par l'usager. Possession. — II. Etendue des droits d'usage. Titre et possession. — 47. Propriété. Prescription par l'usager. Possession. Interversion du titre. Commune usagère. — 48. — III. Possession. Prescription. Titre.
Vente. — 19. Réméré. Déchéance. Renonciation de l'acquéreur. Présomption. Possession du vendeur sans bail. Intérêts du prix de vente.
Voirie. — 3. Chemin. Avenue. Chemin privé. Titres. Possession. Passage. Tolérance. Entretien. Elagage. Location de pâture. — 4. — II. Servitude de passage. Coutume de Verdun. Titre. Possession. Preuve inadmissible. — 6. Chemin. Commune. Propriété. Titres. Possession. Passage ancien. — 7. Chemin. Commune. Propriété. Titres douteux. Preuve testimoniale. Possession. Passage. Entretien. Baux de pâture. — 9. — IV. Titres ou possession. Prescription. — 11. Chemin. Commune. Rue. Possession. — 12. — III. Imprescriptibilité. Possession postérieure au classement du chemin. — 18. — IV. Possession trentenaire. Possession immémoriale. — 24. Sentier. Commune. Prieuré. Eglise. Verrerie. Hameau. Possession trentenaire. Servitude de passage. — 25. — VII. *Res inter alios acta.* Titres anciens. Possession conforme.

POSSESSION IMMÉMORIALE.

Voy. *Servitude.* — 5. Coutume de Lorraine. Possession immémoriale. Terrain en garde et défense. Propriété close de haies et de fossés.
Usage forestier. — 4. — II. Possession immémoriale. Preuve testimo-

niale. Bois mort. Acquisition du droit. Titre. Servitude discontinue. Bois sec et gisant. Tolérance. — 45. — II. Droit alsacien. Possession immémoriale. Servitude discontinue.
Voy. *Voirie*. — 10. — VI. Possession immémoriale. — 18. — IV. Possession trentenaire. Possession immémoriale. — 23. — V. Possession immémoriale. Coutume de Saint-Mihiel. Servitude de passage. Titres anciens. Limite. — 27. — II. Servitude de passage. Possession immémoriale. Tolérance.

POURSUITES.

Voy. *Exploit*. — 21. Commandement. Créancier désintéressé. Subrogation.

POURSUITES DISCIPLINAIRES.

Voy. *Discipline*. — 6. Partage d'opinions. Renvoi des poursuites.

PRÉCOMPTE.

Voy. *Usage forestier*. — 15. Cantonnement. Précompte des ressources de l'usager. Aménagement antérieur. Présomption de précompte.

PRÉFET.

Voy. *Domaine de l'Etat*. — 9. Déport. Préfet. Arrêt inutile. Frais à la charge de l'intimé.
Frais et dépens. — 22. Préfet. Droits d'usage. Dépens.
Voirie. — 16. — III. Préfet. Classement des chemins. Propriété. Indemnité. Tribunaux... — V. Sentier. Chemin rural. Propriété. Chemin vicinal. Préfet.

PRÉNOM.

Voy. *Notaire*. — 3. Amende. Prénoms du mandant ou de celui qui se porte fort. Omission. Procuration. — 4. Amende. Vente par le tuteur sans formalités. Omission des prénoms du pupille.

PRESCRIPTION.

SOMMAIRE.

1. *Arrêt de cassation*. — Inexécution. Prescription trentenaire.
2. *Assurance mutuelle*. — I. Part contributive. Prime fixe. — II. Imputation. Quittance. Prescription quinquennale. — III. Preuve de l'absence d'imputation.
3. *Borne*. — Possession trentenaire.
4. *Communiste*. — Possession exclusive.
5. *Communiste*. — Possession exclusive.
6. *Communiste*. — Possession exclusive. Coutume d'Epinal.
7. *Coutume de l'Evêché*. — Commune. Eglise. Prescription de 40 ans. Droits d'usage. Vaine pâture. Bois mort.
8. *Coutume de Lorraine*. — Bonne foi. Prescription acquisitive. Prescription libérative.
9. *Coutume de Lorraine*. — Minorité. Interruption. Prescription commencée avant le Code.

PRESCRIPTION. 537

10. *Coutume de Verdun.* — I. Commune. Prescription de 40 ans. — II. Action en réintégrande. Commune en possession. Interruption de prescription.
11. *Coutume de Verdun.* — Commune. Prescription de 40 ans. Revendication. Loi du 28 août 1792.
12. *Donation.* — Réserve d'usufruit. Donataire de bonne foi. Prescription décennale, à partir de l'extinction de l'usufruit.
13. *Fermages.* — Prescription quinquennale. Lot de partage. Revenu. Prélèvement. Rapport.
14. *File de tuyaux.* — Absence de signe extérieur. Destination du père de famille. Prescription.
15. *Indivision.* — Partage de fruits. Possession. Prescription de la propriété.
16. *Intérêts.* — Commandement. Prescription quinquennale. Interruption. Prescription trentenaire.
17. *Intérêts.* — Commandement. Prescription quinquennale. Prescription trentenaire.
18. *Intérêts capitalisés.* — Prescription quinquennale. Prescription trentenaire.
19. *Intérêts des choses sujettes à rapport.* — Prescription quinquennale.
20. *Interruption de prescription.* — I. Acensement. Payement du cens. — II. Droit d'usage. Dépossession partielle.
21. *Interruption de prescription.* — I. Arrêt de surséance. Commune. — II. Loi 9 au Code, applicable au demandeur seul. — III. Coutume de Metz. Possession de 20 ans, avec bonne foi. Mineur. Commune. — IV. Commune. Église. Prescription de 50 ans.
22. *Interruption de prescription.* — I. Arrêt de surséance. Conseil des parties. — II. Pourvoi. Suspension de la prescription. Extinction du pourvoi.
23. *Interruption de prescription.* — I. Corrélatifs. Exécution d'un acte synallagmatique par l'une des parties, non proposable contre l'autre. Cens. Arrérages. — II. Droit d'usage imprescriptible.
24. *Interruption de prescription.* — Corrélatifs. Payement du cens par le censitaire.
25. *Interruption de prescription.* — Reconnaissance de la dette. Demande d'un délai.
26. *Lettre de change.* Prescription quinquennale. Renonciation. Caution.
27. *Passage.* — I. Abreuvoir. Prescription de la propriété. — II. Coutume de Saint-Mihiel. Abreuvoir. Source accessible par un terrain non clos ni cultivé. — III. Autorisation d'abreuvoir. Tolérance. Révocation.
28. *Prescription décennale.* — Titre antérieur au Code civil.
29. *Prescription décennale de l'art. 1304 C. civ.* — Commune.
30. *Prescription décennale de l'art. 1304 C. civ.* — I. Rejet. Plaidoirie au fond. Appel. Fin de non-recevoir. — II. Simulation. Prescription décennale. — III. Simulation de prix. Sous-acquéreurs. Revendication.
31. *Servitude.* — Droit d'usage. Prescription décennale. Donation.
32. *Servitude.* — I. Prescription décennale. Titre et bonne foi. — II. Interruption de prescription. Assignation nulle. — III. Pâturage. Droit indivisible. Nullité d'exploit.
33. *Servitude continue.* — I. Vestiges. — II. Prescription. Possession. OEuvres nouvelles. Usine.
34. *Thalweg du Rhin.* — I. — Limite de la France et de l'Allemagne. Terrain à la gauche du Rhin, possédé par des étrangers. Loi française. — II. Traités diplomatiques. Dérogation aux lois civiles sur la prescription. — III. Commune. Possession annale. — IV. Demande incidente en dommages-intérêts. Silence des parties.
35. *Voie publique.* — Chemin communal. Chose hors du commerce. Prescription décennale. Tiers détenteur. Titre et bonne foi.
36. *Voie publique.* — Rue. Imprescriptibilité.
37. *Voie publique.* — Rue. Place. Dépôt par un particulier. Aqueduc. Tolérance.

PRESCRIPTION.

RENVOIS.

Voy. *Affectation.* — 3. Prescription. Servitude. Coutume. Titre. — 6. — VI, Prescription. Interruption par le payement d'un cens. Renonciation tacite des agents de l'Etat.

Appel. — 41. Prescription trentenaire. Domaine. Appel non recevable.

Bornage. — 8. Possession. Prescription. Expert. Application des titres.

Commune. — 23. Prescription. Interruption. Déchéance. Lenteurs abusives de l'administration. — 30. Terrain vain et vague. Possession. Prescription depuis 1793. — 32. — III. Prescription quinquennale. Loi du 28 août 1792. Terres vaines et vagues. Prescription trentenaire. Biens productifs.

Défrichement. — III. Prescription décennale. Titre antérieur au Code civil.

Domaine de l'Etat. — 7. Bosquet de Lunéville. Domaine public. Imprescriptibilité. Porte ouverte sur un terrain de l'Etat. Suppression. — 10. Emigré. Restitution des biens invendus. Juste titre. Prescription décennale... — 12. Maison canoniale. Bien d'église. Droit d'usage ou d'habitation. Droit de retour... Prescription de 40 ans.

Domaine engagé. — 8. Prescription. Interruption par sommation. Loi du 12 mars 1820. Dérogation au Code civil. — 9. Prescription décennale depuis le Code civil. Titre et bonne foi. Tiers détenteur.

Donation. — 10... Réduction à la quotité disponible. Prescription trentenaire.

Eau. — 15. Etang. Changement de destination pendant trente ans. Prescription trentenaire. Conservation des digues et déversoirs. — 16. Etang. Chaussée. Accessoire. Possession par un tiers. Prescription. — 17. Etang. Déversoir moderne non autorisé. Riverains. Possession. Prescription. — 23. Prescription des eaux. Propriété privée. Voie publique traversée.

Effet de commerce. — 3. Délai du recours non applicable au souscripteur. Prescription quinquennale.

Emigré. — 1. Créancier. Prescription. Trente ans sans poursuites. — 2. — II. Intérêts capitalisés, prescriptibles par trente ans. — 3. Prescription décennale.

Exploit. — 25. Jour férié. Exploit valable. Amende contre l'huissier. Interruption de la prescription.

Expropriation. — 1. Ancien droit. Formalités pour la prise de possession. Fortifications. Jouissance postérieure de l'ancien propriétaire. Son inefficacité. Imprescriptibilité.

Mines. — 4. Prescription. Possession. Extraction de minerai. Bail. Loyer.

Puissance paternelle. — Administration légale. Compte. Prescription décennale.

Rente. — 3. Rente constituée. Cens. Rente qualifiée de seigneuriale. Titre nouvel. Tiers détenteur. Charges prescrites.

Servitude. — 1. Cimetière. Clôture. Imprescriptibilité. — 3. Coutume de Lorraine. Passage. Possession. Prescription. Terrain en garde et défense. — 4. Coutume de Lorraine. Passage. Possession. Prescription. Terrain en garde et défense. — 10. — I. Domaine de l'Etat. Inaliénabilité. Servitude. — II. Passage dans une forêt de la couronne, acquis par prescription. — III. Bois en garde et défense. Prescription trentenaire. — 19. Enclave. Issue possible pour les récoltes.

PRESCRIPTION. 359

Prescription. Passage. — 21. Enclave. Titre au passage. Prescription de l'indemnité. — 23. Propriétaire privilégié. Église. Prescription de 40 ans. Durée de la possession avant et après le Code. Calcul. Décret du 1er juillet 1791. Suspension de prescription pendant cinq ans. — 26. Irrigation de prairie. Droit acquis par prescription sur le canal d'une usine. — 32. — II. Coutume de Lorraine. Vaine pâture. Titre. Prescription trentenaire depuis la contradiction du seigneur. Possession immémoriale. Preuve depuis le Code. — 35. Passage avec voiture par une porte cochère. Faculté imprescriptible. Non-usage. — 36. Passage réciproque pour l'exploitation des héritages... Prescription de l'indemnité. Enclave. — 37. Puisage. Titres anciens. Baie. Puits. Pompe. Prescription trentenaire contre la servitude de puisage. — 38. Source nécessaire à une commune, etc. Prescription de l'indemnité.

Voy. *Succession.* — 12. Succession future. Pacte nul. Testament du mari. Succession de la femme. Transaction. Prescription.

Tutelle. — 8. Rescision. Prescription. Suspension par la minorité. Vente d'immeubles par un tuteur, sans formalités. Nullité... — 11. Tuteur. Majorité. Deniers pupillaires. Intérêts du reliquat. Prescription quinquennale. Hypothèque légale.

Usage forestier. — 14. Cantonnement... Prescription par le non-usage. Jouissance de l'usager. Preuve testimoniale. — 53. Contributions. Usager considéré d'abord comme propriétaire. Répétition des contributions indûment payées par l'usager. Prescription trentenaire. Prescription quinquennale. — 39. Maronage. Droit conditionnel. Prescription par le non-usage. Point de départ. Preuve à la charge du propriétaire du fonds asservi. — 40. — II. Extinction du droit d'usage. Prescription. Preuve à la charge du propriétaire. — 43. — I. Prescription au-delà du titre, ou contre le titre. Futaie. Droit d'usage. — II. Pâturage. Prescription de la glandée. — 46. Propriété. Prescription par l'usager. Totalité des produits absorbés par l'usager. — 47. Propriété. Prescription par l'usager. Possession. Interversion du titre. Commune usagère. — 48. — III. Possession. Prescription. Titre. — 51. Tiers denier. Lorraine. Forêt usagère. Prescription.

Voirie. — 8. Chemin. Commune. Titres non produits. Prescription trentenaire. Jouissance. Entretien. Réparations. — 9. — IV. Titres ou possession. Prescription. — 10. — IV. Prescription. — 14. Chemin. Sentier. Imprescriptibilité. Largeur ancienne. Rétrécissement. Empiétement. — 20. Rue. Parcelle contiguë. Prescription. Mur d'enceinte d'une ville. Imprescriptibilité. — 27. — III. Terrain en défense. Prescription. Coutume.

---

1. — 21 février 1839. — Les communes de Fribourg, Languimbert et autres C. le Préfet de la Meurthe. — 1re Ch. — MM. de Metz, p. pr., Poirel, p. av. gén., Châtillon, Volland, av.

Un arrêt de cassation est, comme tout autre acte, soumis à la prescription de 30 ans. En conséquence, il est réputé non avenu quand il est resté sans exécution pendant toute cette période de temps. L'anéantissement de l'arrêt de cassation fait revivre l'arrêt cassé.

2. — 27 novembre 1843. — Prugneaux C. la ville de Bitche. — Ch. réunies. —

MM. Mourot, p. pr., Poirel, p. av. gén., Louis, Volland, av. (Sur renvoi par la C. Cass., du 8 février 1843.)

I. La prescription quinquennale n'est point applicable à la part contributive des membres d'une société d'assurance mutuelle contre l'incendie, pour la réparation des sinistres variables et éventuels. — Elle est applicable à la prime fixe destinée à subvenir aux frais d'administration.

II. A défaut d'imputation faite dans les quittances, il appartient à l'assuré d'imputer les payements sur les sommes qu'il avait le plus d'intérêt à acquitter, et par conséquent sur celles qui ne peuvent être atteintes par la prescription.

III. Mais c'est à l'assuré, demandeur dans son exception, de produire ses quittances, pour justifier l'absence d'imputation.

3. — 23 janvier 1850. — Baudouin C. Pierre. — 1re Ch. — MM. de Riocour, p. pr., Moreau, Bresson, av.

Des bornes, dont l'existence trentenaire serait reconnue ou constatée, quand même cette existence ne serait pas appuyée d'un procès-verbal d'abornement, peuvent servir à prouver la limite de la possession des parties, pour arriver à une prescription trentenaire.

4. — 26 juillet 1852. — Toussaint C. Duprey. — 1re Ch. — MM. Bresson, pr., Bresson fils, Berlet, av.

Le copropriétaire peut prescrire contre son communiste la propriété de la chose commune, quand il a fait des actes absolument exclusifs de la jouissance en commun.

5. — 18 août 1842. — La commune de Jonville C. la commune de Sponville. — 1re Ch. — MM. Mourot, pr., Poirel, p. av. gén., d'Ubexi, Louis, av.

Lorsque des parties étaient à l'état d'indivision, la possession utile d'une ou plusieurs d'entre elles, sous l'ancienne ou la nouvelle législation, a besoin, pour engendrer une prescription, d'être beaucoup plus certaine, plus caractérisée, plus exclusive que la possession d'un tiers.

6. — 17 août 1850. — Le Bègue de Passoncourt C. Duhoux et de Clinchamp. — 1re Ch. — MM. Jannot de Morey, ff. pr., Garnier, av. gén., concl. conf., d'Arbois, d'Ubexi, Welche, av.

Sous l'ancien droit, comme sous le nouveau, notamment sous la coutume d'Epinal, le communiste pouvait prescrire contre son communiste, pourvu que sa possession, réunissant tous les caractères de la possession utile à prescrire, fût hautement exclusive vis-à-vis de celui-ci.

7. — 28 février 1845. — de Noailles C. la commune de Bertrambois. — 1re Ch. — MM. Mourot, pr., Poirel, p. av. gén., Volland, Louis, av.

La coutume de l'Evêché assimilait, en matière de prescription, les communes à l'église, et ne les soumettait point, dès lors, à la prescription ordinaire de 20 ans : ce n'était que par 40 ans de non-usage

PRESCRIPTION.   541

qu'une commune pouvait être privée de droits d'usage, tels que droits de vaine pâture ou de bois mort, dans une forêt.

8. — 13 avril 1852. — de Mitry C. Gormand. — 1re Ch. — MM. Rolland de Malleloy, ff. pr., Pierson, subst., concl. conf., Chatillon, Moreau, av.

La coutume de Lorraine n'exigeait la bonne foi, comme condition essentielle de la prescription, que pour acquérir un héritage, et non pour se libérer d'une créance.

9. — 31 juillet 1834. — Thomas C. Bernard. — 2e Ch. — MM. Troplong, pr., Poirel, p. av. gén., d'Arbois, Mamelet, Maire, av.

La coutume de Lorraine n'admettait pas l'interruption de prescription à raison des minorités survenues pendant que la prescription courait. — En conséquence, une prescription commencée avant le Code civil s'est accomplie même depuis le Code, nonobstant les minorités postérieurement arrivées.

10. — 19 mars 1841. — Le préfet de la Meuse C. la commune de Sivry. — 1re Ch. — MM. Costé, pr., Poirel, p. av. gén., Volland, La Flize, av.

I. Sous la coutume de Verdun, on ne prescrivait que par 40 ans contre les communes.

II. La prescription de l'action en réintégration n'a point couru contre les communes pendant le temps durant lequel elles étaient restées en possession.

11. — 3 juillet 1841. — Le préfet de la Meuse C. la commune de Liny. — 1re Ch. — MM. Moreau, p. pr., Garnier, av. gén., concl. conf., Volland, La Flize, av.

Sous l'empire de l'art. 3 du titre 13, de la la coutume de Verdun, il fallait 40 ans pour prescrire contre les communes, et, par conséquent, pour prescrire contre l'action en revendication ouverte par l'art. 8 de la loi du 28 août 1792.

12. — 3 juin 1841. — Vrankin C. Godfrin. — 1re Ch. — MM. Costé, pr., Poirel, d'Arbois, av.

Quand un donateur se réserve l'usufruit, il jouit ensuite de l'immeuble en son propre nom : par conséquent, le donataire de bonne foi ne commence à prescrire, contre le tiers propriétaire inconnu, que du jour de l'extinction de l'usufruit, et non du jour de la donation.

13. — 14 août 1845. — Moisset C. Mouginet et Perrin. — 1re Ch. — MM. Moreau, p. pr., Garnier, av. gén., concl. conf., Fleury, Louis, Besval, av.

Quand un cohéritier réclame contre ses cohéritiers le prélèvement d'une somme représentant le revenu d'un lot de partage à lui appartenant, et dont l'auteur commun a joui pendant plusieurs années, tandis que ses cohéritiers étaient en possession du leur, ceux-ci ne peuvent lui opposer la prescription quinquennale, établie par l'art. 2277 du C. civ., sous prétexte qu'il s'agit de fermages prescriptibles par cinq ans. Ce n'est pas à titre de fermages qu'un semblable prélèvement est demandé, mais à titre de rapport, fondé sur le principe de l'égalité entre cohéritiers. Le droit et l'action de l'héritier, dans ce cas, ne sont ouverts que par le décès de l'auteur commun ; la réclamation présentée par l'héritier, dans l'inventaire et dans la liquidation, suffit pour écarter toute fin de non-recevoir et toute prescription.

14. — 28 août 1834. — Chevresson C. la commune de Romain-aux-Bois. — 2⁰ Ch. — MM. Troplong, pr., Fabvier, proc. gén., Chatillon, Maire, av.

Une file de tuyaux enfouis sous terre, qui n'ont, à leur naissance, aucun signe, aucune saillie extérieure, ne peut servir à établir la destination du père de famille, ni à fonder aucune prescription.

15. — 21 février 1839. — Colnot C. Dumas, Richard et Lavé. — 1ʳᵉ Ch. — MM. Costé, pr., Messine, subst., La Flize, Welche, Bonnaire, Chatillon, av.

Le partage des fruits d'un immeuble indivis, que les copropriétaires ont opéré entre eux, dans une certaine proportion, même pendant un temps suffisant pour prescrire, n'établit pas une possession de nature à faire acquérir la prescription du fonds de la propriété pour autant. — Il n'y a pas eu possession distincte et séparée, à titre de propriétaire, d'une portion quelconque du fonds indivis, et, dès lors, aucune prescription n'a pu courir à l'effet d'enlever à l'un des copropriétaires, restés dans l'indivision, une fraction de sa propriété.

16. — 16 mai 1834. — Imhoff C. Seiler. — 1ʳᵉ Ch. — MM. Breton, pr., Bresson, av. gén., concl. contr., Moreau, La Flize, av.

Un commandement de payer des intérêts échus, ou une autre somme payable à des termes périodiques, a pour effet d'empêcher la prescription quinquennale des sommes ainsi réclamées. Ces sommes comprises dans le commandement ne se prescrivent plus que par 30 ans.

17. — 18 décembre 1837. — Lidonne C. Loustaud. — 1ʳᵉ Ch. — MM. de Metz, p. pr., Garnier, av. gén., concl. conf., Volland, Chatillon, av.

Un commandement de payer des intérêts, qui sont prescriptibles par cinq ans, n'a pas pour effet de conserver, pendant 30 années les sommes ainsi réclamées : il interrompt seulement la prescription de ces intérêts pour les cinq années précédentes ; mais ils sont atteints par la prescription après cinq années révolues sans poursuites. (C. civ. 2277.)

18. — 26 juin 1837. — de Pouilly C. Schneider. — 1ʳᵉ Ch. — MM. de Metz, p. pr., Fabvier, proc. gén., concl. conf., Chatillon, Volland, av.

La prescription de cinq ans ne peut atteindre des intérêts capitalisés dans un règlement définitif de distribution : ceux-ci ne se prescrivent plus que par 30 ans.

19. — 16 mai 1834. — Hallé C. Batail. — 1ʳᵉ Ch. — MM. de Metz, p. pr., Fabvier, proc. gén., Moreau, Chatillon, av.

Les intérêts des choses sujettes à rapport, dus à partir du jour de l'ouverture de la succession, sont néanmoins soumis à la prescription quinquennale.

20. — 30 juillet 1836. — Barabino C. le préfet de la Meurthe. — 1ʳᵉ Ch. — MM. Mourot, pr., Fabvier, proc. gén., La Flize, Volland, av.

I. La prescription d'un contrat d'acensement est interrompue par le payement annuel du cens, que fait le censitaire. — En d'autres termes :

quand un cens annuel a été constitué pour prix d'une concession quelconque, et que le concessionnaire ne jouit que d'une partie des terrains concédés, le payement intégral de la redevance stipulée interrompt, chaque année, la prescription: la réception de cette redevance, par le concédant, est une reconnaissance des droits du concessionnaire sur la partie qu'il ne possède pas.

II. L'usager dépossédé d'une partie de sa concession ne peut rien réclamer au propriétaire, à moins qu'il ne prouve que cette dépossession est l'œuvre de celui-ci : c'était à lui de se défendre contre les usurpations.

21. — 25 avril 1844. — de Noailles C. la commune de Landange. — 1re Ch. — MM. Mourot, pr., Leclerc, subst., concl. conf., Volland, Louis, av. (1).

I. La prescription n'a point couru contre une commune, tant qu'un arrêt de surséance l'a empêchée de faire valoir ses droits. — L'arrêt de surséance, qui paralyse les droits de la commune, en suspend en même temps la prescription ; cette prescription ne reprend son cours qu'à l'expiration des 30 ans nécessaires pour éteindre le pourvoi de son adversaire. (Loi 9 au Code.—Ord. 1563, art., 15.— C. pr. 401.)

II. La loi 9, au Code (à supposer que la règle qu'elle pose ait été reçue en France) ne s'appliquait qu'au demandeur seul, et ne prononçait aucune déchéance contre le défendeur.

III. Sous la coutume de Metz, la possession de 20 ans, avec bonne foi, faisait acquérir la prescription ; si cette règle souffrait exception à l'égard des mineurs, et *autres personnes qui ne peuvent agir et poursuivre leurs droits en jugement*, ces expressions n'étaient point applicables aux communes.

IV. Dans le silence de la coutume locale sur le temps nécessaire pour prescrire contre les communes, la prescription la plus longue (celle contre l'Eglise) leur était seule applicable, et si le temps nécessaire pour prescrire contre l'Eglise n'était point précisé, c'était la prescription de 30 ans qui seule pouvait être invoquée (2).

22. — 28 juin 1833. — de Noailles C. les communes de Saint-Georges et d'Hattigny. — 1re Ch. — MM. de Metz, p. pr., Pierson, av. gén., Bresson, Moreau, av.

I. Si, en général, les droits et les actions résultants d'un arrêt se prescrivent par 30 ans, cette règle ne peut plus recevoir son application lorsque, après un pourvoi formé devant le conseil des parties, sous l'ancienne législation, il a été obtenu un arrêt de surséance portant que toutes choses resteraient en état.

II. Dans ce cas, l'exécution de l'arrêt devenant impossible, le principe *contrà non valentem agere non currit præscriptio*, protège les droits en résultants, et la prescription ne commence plus à courir qu'à partir de l'instant où le pourvoi s'est éteint par une révolution de trente années sans poursuites.

---

(1) Voy. D. 44. 2. 156. — Pal. 44. 2. 277.
(2) Un pourvoi en cassation a été formé contre cet arrêt. Il a été rejeté par la chambre civile, le 15 juin 1847. (Gaz. trib. 17 juin 1847.)

23. — 28 mars 1831. — La commune de Gibaumeix C. Renaud, Borthon et Griveau. — 1re Ch. — MM. de Riocour, p. pr., Poirel, p. av. gén., concl. conf., Chatillon, Moreau, La Flize, Fabvier fils, av.

I. Le Code civil n'a pas admis l'ancienne doctrine des corrélatifs. — En conséquence, l'exécution, par l'une des parties, d'un acte synallagmatique n'interrompt pas la prescription de cet acte à l'égard de l'autre partie, à moins que cette exécution ne constitue une reconnaissance du droit qui se prescrivait. — *Spécialement :* la réception, par un propriétaire, des arrérages annuels d'un cens stipulé dans un contrat d'acensement, n'emporte pas reconnaissance du droit que les censitaires pourraient prétendre sur une portion de terrain plus grande que celle qu'ils possèdent réellement.

II. Un droit d'usage ne peut s'acquérir par aucune prescription.

24. — 29 janvier 1836. — Thomas C. le préfet de la Meurthe. — 2e Ch. — MM. Mourot, pr., Poirel, p. av. gén., La Flize, Volland, av.

La prescription d'un titre d'acensement n'est pas interrompue par le payement annuel du cens par le censitaire : l'antique doctrine des corrélatifs est proscrite par le Code civil.

25. — 2 mai 1836. — Colin C. Morel. — 1re Ch. — MM. de Metz, p. pr., Chatillon, d'Ubexi, av.

Il n'y a point reconnaissance de la dette, capable d'interrompre la prescription, dans la déclaration d'une femme qui, sur un commandement, répond qu'elle a connaissance de la somme répétée, et qu'elle demande un délai de deux mois pour prévenir la famille du véritable débiteur.

26. — 8 mars 1845. — Leblan C. Etienne. — 1re Ch. — MM. Mourot, pr., La Flize, Volland, av.

Si le débiteur d'une lettre de change, prescrite à défaut de payement dans les cinq années de l'échéance, peut, pour son propre compte, renoncer à la prescription acquise, il ne peut, par sa renonciation personnelle, enlever à sa caution un droit acquis, et une libération légalement consommée.

27. — 20 novembre 1833. — La commune de Moulainville C. Robinet. — 1re Ch. — MM. Troplong, pr., Bresson, av. gén., Berlet, Moreau, av.

I. Des faits de passage et d'abreuver sur un terrain ne peuvent en faire prescrire la propriété.

II. Sous l'empire de la coutume de Saint-Mihiel, on ne pouvait acquérir, par prescription, le droit d'abreuver sur une source accessible par un terrain non clos ni cultivé.

III. La déclaration qu'on n'entend pas empêcher les habitants d'une commune de venir abreuver leur bétail en un lieu, lors surtout qu'elle n'est pas acceptée formellement, n'est qu'une autorisation de pure tolérance, révocable à plaisir de la part du propriétaire.

28. — 22 août 1840. — Valence C. la commune de Laforge. — 1re Ch. — MM. Moreau, p. pr., Garnier, av. gén., concl. conf., La Flize, Volland, av.

Un titre antérieur au Code civil ne peut servir de fondement à la prescription décennale.

29. — 12 février 1835. — La commune de Taintrux C. Henrion et Henry. — 1re Ch. — MM. Breton, pr., Poirel, p. av. gén., Antoine, Chatillon, Berlet, av.

La prescription de dix années, établie par l'art. 1304 du C. civ., peut être opposée aux communes comme aux simples particuliers.

30. — 9 décembre 1841. — Simonin C. Didat. — 1re Ch. — MM. Moreau, p. pr., Antoine, Catabelle, av.

I. Quand une partie s'étant prévalue de la prescription de l'art. 1304, et ayant échoué par un jugement, plaide au fond à une autre audience, elle est non recevable à reproduire, devant la cour, ce moyen de prescription, tant qu'elle-même n'a point appelé de ce jugement.

II. Celui qui a été partie dans un acte attaqué pour simulation ne peut résister aux poursuites par la prescription de l'art. 2265 du C. civ.

III. Quand un acte est reconnu pour entaché seulement de simulation de prix, les sous-acquéreurs doivent être renvoyés de la demande en revendication.

31. — 14 mars 1842. — Borthon C. la commune d'Ainvelle. — 2e Ch. — MM. Costé, pr., Garnier, av. gén., concl. conf., Volland, La Flize, av.

La fille donataire d'une forêt, *avec ses servitudes actives et passives*, prescrit par dix ans les droits d'usage dont la forêt était grevée. (S. 42. 2. 153. — D. 42. 2. 106. — Pal. 43. 1. 190.)

Nota. Cet arrêt a été cassé le 31 décembre 1845. — (D. 46. 1. 39. — S. 46. 1. 103. — Pal. 46. 1. 40.)

32. — 30 décembre 1842. — Degoutin C. la commune de Lachaussée. — 1re Ch. — MM. Moreau, p. pr., Poirel, p. av. gén., Volland, Louis, av.

I. La prescription décennale, avec juste titre et bonne foi, non-seulement fait acquérir la propriété des immeubles, mais aussi les purge de toutes les charges réelles, servitudes ou autres, dont ils pouvaient être grevés. (C. civ. 706, 2262, 2264, 2265.)

II. La prescription peut être interrompue par une assignation déclarée nulle, si la nullité est autre qu'une nullité de forme; par exemple, si l'assignation, et toute la procédure qui l'a suivie, ont été déclarées irrégulières et nulles, en ce que deux des cités n'avaient aucun droit de propriété sur la chose grevée de servitude, laquelle appartenait à leurs femmes. (C. civ. 2244, 2245, 2246, 2247.)

III. Lorsqu'il s'agit d'un droit indivisible de pâturage, la validité de l'assignation, donnée à l'un des copropriétaires du droit, couvre la nullité de celles qui ont été signifiées à d'autres parties.

33. — 24 avril 1845. — Briguel C. Dutac. — 1re Ch. — MM. Mourot, pr., d'Arbois, Volland, av.

I. Les servitudes continues ne s'éteignent point par la prescription, tant qu'il subsiste des vestiges des ouvrages établis pour en user. Ces vestiges conservent le droit, suivant la maxime : *signum retinet signatum*.

II. On ne prescrit qu'autant qu'on possède : *tantum præscriptum quantum possessum*.

Spécialement : le possesseur d'usines n'a pas le droit d'étendre à des œuvres nouvelles le bénéfice de la possession de ses établissements anciens. — Il ne pourrait, par exemple, se faire une arme, contre ses adversaires, d'un obstacle (d'ailleurs douteux, et en tout cas fort léger), que le reflux, résultant d'un barrage litigieux, peut mettre à l'exercice de la partie de ses usines pour laquelle il ne peut invoquer le bénéfice d'une possession ancienne et utile.

54. — 31 juillet 1845. — Rambourg et Dreyfus C. la ville de Marckolsheim. — Ch. civ. et corr. réun. — MM. Moreau, p. pr., Poirel, p. av. gén., Volland, La Flize, av.

I. D'après les traités de Westphalie de 1648, et de Vienne du 18 novembre 1738, comme d'après les traités de Paris du 30 mai 1814, et du 20 novembre 1815, le thalweg du Rhin (*bras principal, et le plus propre à la navigation descendante, durant les basses eaux*), forme la limite de la souveraineté de la France et de l'Allemagne. — Cette limite règle l'application des lois civiles et criminelles. — Ainsi, des terrains qui, depuis 1738, ont toujours été situés à gauche du thalweg, ont constamment été régis par la loi française, alors même que ces terrains auraient été et seraient possédés par des étrangers. (C. civ. 3.)

II. Aux termes des art. 2219, 2229 et 2262 du C. civ., et 23 du C. de pr. civ., qui n'ont fait que confirmer les principes de l'ancien droit français, les immeubles sont prescriptibles; la possession légale s'en acquiert par un an, et la propriété par trente années de jouissance, même sans titre. Cette prescriptibilité s'applique même aux terrains qui touchent aux limites des propriétés. Ainsi, d'après ces principes, même en supposant qu'une ancienne ligne de limitation, tracée provisoirement en exécution d'un traité, ait été reconnue comme limite entre une commune et des propriétaires d'un ban voisin, la commune aurait pu, dès le lendemain de cette reconnaissance, prescrire au-delà de cette ligne, sur les terrains du ban voisin. — Les traités de 1648 et de 1738, le procès-verbal et la démarcation de 1781, dressés en conséquence de ces traités, n'ont point dérogé aux principes du droit en matière de possession et de prescription.

III. Lorsqu'une commune a pour elle la possession annale sur des terrains revendiqués, possession légitime dans son principe et reconnue dans sa durée, en l'absence de tout titre justificatif du droit de propriété de ses adversaires sur ces terrains, elle n'a pas besoin de la prescription trentenaire pour être maintenue dans les terrains en litige.

IV. Lorsque la commune intimée forme, contre les appelants, une demande incidente en dommages-intérêts à donner par déclaration, à raison du préjudice que lui ont causé des défrichements opérés par les appelants sur les terrains litigieux, si la commune n'a cherché à établir cette demande incidente ni en fait, ni en droit, dans aucun acte signifié, ni dans ses plaidoiries devant la cour; si les appelants n'y ont répondu ni par écrit, ni à l'audience, il n'y a pas lieu d'y statuer, sauf à la commune à la présenter où et quand il lui conviendra, et sous la réserve des défenses des appelants à cet égard.

35. — 20 mai 1830. — Stewart C. la commune de Lesse. — 1re Ch. — MM. de Metz, p. pr., Fabvier, proc. gén., La Flize, Volland, av.

La prescription décennale, avec juste titre et bonne foi, ne peut pas être invoquée par le tiers détenteur d'une chose qui, d'après l'article 2226 du C. civ., n'est pas dans le commerce, notamment d'un chemin communal.

36. — 3 juin 1830. — Crouvisier C. la commune de Reillon. — 1re Ch. — MM. Mourot, pr., Bresson, av. gén., d'Arbois, Louis, av.

Une rue ou voie publique, tant qu'elle n'a pas perdu cette destination, est absolument imprescriptible : peu importe que la possession de celui qui prétend prescrire ait été de nature à faire perdre à la partie possédée son caractère public.

37. — 10 février 1831. — Cabouat C. la commune de Laimont. — 1re Ch. — MM. de Riocour, p. pr., Poirel, p. av. gén., concl. conf., Moreau, Volland, av.

Le dépôt, par un simple particulier, sur le sol d'une rue ou d'une place publique, d'objets qui lui appartiennent, et même la construction d'un aqueduc destiné à l'écoulement des eaux de sa maison, ne sont, surtout dans une commune rurale, que des faits de tolérance, qui ne peuvent fonder une possession utile à prescrire.

PRÉSIDENT.

Voy. *Délai.* — 2. Assignation à bref délai. Distance. Pays étranger... Alger. Ordonnance du président. Nullité.

PRÉSOMPTIONS.

SOMMAIRE.

1. *Acte.* — Régularité présumée. Jugement par défaut. Réassignation.
2. *Remise de titre.* — Preuve de libération. Preuve de payement. Résiliation.

RENVOIS.

Voy. *Eau.* — 7. Canal artificiel. Canal de fuite. Usine hydraulique. Présomption de propriété.

Partage. — 1. Acte de partage. Preuve écrite. Commencement de preuve par écrit. Présomptions. — 2. Acte de partage. Preuve écrite. Présomption. Droits de mutation payés par un des cohéritiers. Quittance conservée par lui. Payement présumé fait des deniers de l'auteur commun. — 12. Possession prolongée d'un héritage par un seul des cohéritiers. Vente de cet héritage par cet héritier seul. Partage présumé. — 13. Preuve. Présomptions. Témoins. Commencement de preuve par écrit.

Preuve littérale. — 4. Bon pour. Billet. Exception. Preuve. Présomptions. — 10. Coupe de bois. Vente par un propriétaire à un marchand de bois. Contrat civil. Commencement de preuve par écrit. Présomptions.

Revendication. — 1. Action pétitoire. Aveu de la possession de l'adversaire. Présomption légale de propriété. — 3. Possession. Présomption de propriété. Meubles. Preuve contraire. Présomptions. Livres de commerce...

Voy. *Société commerciale.* — 4. Coupe de bois. Exploitation par un des associés. Mandat salarié. Présomption. *Negotiorum gestor.*

Testament. — 4. Copie de testament écrite, signée, datée par le testateur. Présomption de changement de volonté et de suppression de l'original.

Usage forestier. — 21. — 1. Concession sans réserve par un seigneur à une communauté. Présomption d'irrévocabilité. — II. Doute. Etendue des besoins. Présomption. — 42. — II. Commune. Possession ancienne de droits d'usage. Présomption légale de dépossession. Abus de la puissance féodale.

Usure. — 4. — II. Preuve testimoniale des intérêts usuraires. Présomptions.

Vente. — 19. Réméré. Déchéance. Renonciation de l'acquéreur. Présomption. Possession du vendeur, sans bail. Intérêts du prix de vente.

Voirie. — 4, 8. Chemin. Commune. Présomption de propriété. Jouissance. Entretien. Servitude de passage. — 9. — I. Chemin. Commune. Publicité du chemin. Présomption. — 17. Fossé. Dépendance du chemin. Présomption. Inaliénabilité. — 18. — I. Rue. Espace entre deux lignes de maisons. Présomption. Preuve contraire. Ruisseau. Quais. — 19. Rue... — III. Présomption.

---

1. — 21 mai 1844. — Pierre C. de Vendières. — 2ᵉ Ch. — MM. Masson, ff. pr., Volland, La Flize, av.

Dans le doute, la présomption est pour la régularité des actes ; par exemple, quand l'existence d'un jugement par défaut non produit est certaine, il y a présomption que le tribunal a joint le profit du défaut et ordonné la réassignation du défaillant, conformément à l'art. 153 du C. pr.

2. — 21 juin 1844. — Flamain C. la compagnie d'assurance la Sécurité. — 1ʳᵉ Ch. — MM. Mourot, pr., Collignon (de Saint-Mihiel), Volland, av.

La remise du titre sous seing privé, faite au débiteur, prouve sa libération ; mais elle ne prouve pas nécessairement le payement : la remise peut s'expliquer par la résiliation de la convention.

PRESTATIONS.

Voy. *Election législative.* — 29. Prestations en nature. Chemins vicinaux. Contributions.

PRESTIMONIE.

Voy. *Testament.* — 21. Prestimonie. Substitution. Curateur à la fondation.

PRÊT.

SOMMAIRE.

Obligation unilatérale. — Comparution du prêteur. Acceptation par le notaire.

---

14 mars 1836. — Goublin C. Bouvard. — 1re Ch. — MM. Mourot, pr., Garnier, subst., concl. conf., Volland, Chatillon, av.

Un contrat de prêt étant un acte unilatéral n'a pas besoin de contenir la preuve de la comparution et de l'acceptation du prêteur. — Si donc ce contrat est accepté au nom du prêteur, par le notaire instrumentaire, cette acceptation est une clause surabondante et vicieuse; mais elle n'oblige pas le notaire acceptant, et ne nuit en rien à la compétence qu'il avait pour recevoir l'acte, et à l'authenticité de cet acte.

PRÊTE-NOM.

Voy. *Office.* — 2. Prête-nom. Traité illicite. Nullité.

PREUVE.

SOMMAIRE.

Revendication d'un terrain usurpé. — Emplacement incertain. Expertise. Fin de non-recevoir.

RENVOIS.

Voy. *Élection législative.* — 1. Attribution d'impôts. Preuve. Lettres et factures. Commerce — 18. Domicile réel. Fonctionnaire amovible. Preuve. Circonstances... — 19. Mandat verbal. — 1. Preuve. Avoué. Extraits de rôles. 20. Mandat verbal. Preuve. Mandat reconnu par l'électeur devant la cour. — 30. Preuve. Donation attaquée par un tiers, non produite par lui. Donataire défaillant. Assertion du demandeur en radiation, tenue pour vraie. Radiation ordonnée. — 31. Preuve. — 1. Relevé de contributions certifié par le maire. Preuve contraire. Certificat. Acte de notoriété. — 32. Radiation. Réclamation antérieure au trente septembre. Preuve de sa réception à cette date par le préfet.

Faillite. — 18. Projet de concordat. Inexécution des conditions. Nullité. Preuve des créances y mentionnées.

Interdiction. — 1. Acte sous seing privé antérieur à l'interdiction. Antidate. Fraude. Preuve.

Louage. — 2. Bail verbal. Dénégation. Preuve. Écrits émanés de celui qui nie le bail. Lettres. — 4. — 11. Preuve de consentement à une cession de bail. Quittance du loyer par le propriétaire au cessionnaire.

Mandat. — 11. Preuve de payement par le mandataire, de ses deniers. Billet souscrit par le mandant, acquitté par le créancier. Possession du billet par le mandataire ou *negotiorum gestor*.

Obligation. — 2. Cause. Billet. Valeur reçue. Cause illicite. Preuve.

PREUVE LITTÉRALE.

Dédit de mariage. — 3. Cause. Je reconnais devoir. Preuve. — 4. Cause. Je reconnais devoir. Preuve contraire.

Voy. *Partage.* — 13. Preuve. Présomptions. Témoins. Commencement de preuve par écrit.

Présomptions. — 2. Remise du titre. Preuve de libération. Preuve de payement. Résiliation.

Preuve littérale. — 3. Aveu. Preuve. Projet de transaction. Notification. — 13. — 11. Compagnie d'assurance. Billet de prime. Signature sans acquit. Preuve du payement. — 20. Signature... — 11. Preuve de l'ignorance d'écrire.

Preuve testimoniale. — 2. Commencement de preuve par écrit. Femme mariée. Lettres émanées de son mari seul.

Servitude. — 22. — 11. Preuve du non-usage à la charge du débiteur de la servitude. — 32. — 11. Vaine pâture... Possession immémoriale. Preuve depuis le Code.

Testament. — 5. Date fausse. Nullité. Testament olographe. Preuve à la charge de l'héritier... Preuve puisée dans le testament lui-même. — 7. Démence. Imbécillité. Intervalle lucide. Preuve... Inscription de faux. — 13. Lacération. Signature. Volonté. Preuve. Testament postérieur. Testament lacéré parmi des papiers de rebut.

Transaction. — 2. Preuve de la transaction. Aveu. Serment décisoire.

Usage forestier. — 39. Maronage. Droit conditionnel. Prescription par le non-usage. Point de départ. Preuve à la charge du propriétaire du fonds asservi. — 40... — 11. Extinction du droit d'usage. Prescription. Preuve à la charge du propriétaire. Non-jouissance. Fait négatif. — 41. Preuve de possession. Procès-verbaux de délivrance.

Voirie. — 18. — 1. Rue. Espace entre deux lignes de maisons. Présomption. Preuve contraire. Ruisseau. Quais. — 19. Rue... — IV. Preuve contraire. Propriété privée.

28 mai 1844. — Lalloué C. Dutac. — 2ᵉ Ch. — MM. Masson, ff. pr., Besval, Volland, av.

Le demandeur en revendication d'un terrain prétendu usurpé, qui ne peut préciser l'emplacement du terrain qu'il revendique, et ne peut prouver que les titres qu'il produit, et la possession qu'il invoque, s'appliquent à ce même terrain, n'est point fondé à solliciter une expertise, dans le but unique de rechercher le terrain qu'il réclame : c'est au demandeur de se procurer les renseignements nécessaires pour formuler convenablement sa demande : jusque-là, il doit être déclaré, quant à présent, non recevable.

PREUVE ÉCRITE.

Voy. *Preuve littérale.*

PREUVE LITTÉRALE.

SOMMAIRE.

1. *Acte notarié.* — Refus de signer. Nullité. Vente publique. Enchérisseur sans mandat.
2. *Acte sous seing privé.* — Ayant cause. Exhibition. Extrait des registres de l'enregistrement. Mention dans un acte authentique.

PREUVE LITTÉRALE.   351

3. *Aveu*. — I. Preuve. — II. Projet de transaction. — III. Notification.
4. *Bon pour*. — Billet. Exception. Preuve. Présomptions.
5. *Bon pour*. — Billet à ordre. Femme d'un non-commerçant.
6. *Bon pour*. — I. Femme de laboureur. — II. Exception. Preuve. — III. Commencement de preuve par écrit. Présomptions graves, précises et concordantes. — IV. Interdiction. Autorisation donnée antérieurement par l'interdit. Démence notoire. — V. Femme. Exception. Preuve.
7. *Bon pour*. — Omission. Billet. Commencement de preuve par écrit.
8. *Bon pour*. — Omission. Billet. Commencement de preuve par écrit.
9. *Commune*. — I. Vente de terrain. Délivrance. Excédant. — II. Preuve testimoniale.
10. *Coupe de bois*. — Vente par un propriétaire à un marchand de bois. Contrat civil. Commencement de preuve par écrit. Présomptions.
11. *Doubles originaux*. — I. Seul original. Dépôt en mains tierces. Compromis. — II. Nullité relative. Exécution. Renonciation. — III. Remise du compromis aux arbitres.
12. *Doubles originaux non conformes*. — Mode de payement. Rature. Surcharge. Preuve testimoniale.
13. *Instruction criminelle*. — I. Elément de preuve. — I'. Compagnie d'assurance. Billet de prime. Signature sans acquit. Preuve du payement.
14. *Inventaire*. — Billet transcrit dans l'inventaire. Dette d'un failli envers sa mère.
15. *Inventaire*. — Commencement de preuve par écrit. Présomptions.
16. *Livres de commerce non timbrés*. — Régularité. Foi en justice. Serment supplétif.
17. *Livres de commerce réguliers*. — Erreurs constatées par expert. Preuve incomplète.
18. *Res inter alios acta* — Commune. Titres.
19. *Revendication de terrain*. — Contenance. Titre. Cadastre. Désaccord.
20. *Signature*. — I. Vendeur illétré. Main conduite. — II. Preuve de l'ignorance d'écrire. — III. Assistance prêtée au signataire. Validité de la signature.
21. *Terme*. — Billet. Avertissement. Interprétation. Prorogation de crédit.
22. *Titre authentique*. — Formule exécutoire irrégulière. Ordre. Collocation.
23. *Titre sous seing privé*. — I. Production. Equivalent. Extrait de l'enregistrement. — II. Mention de l'acte sous seing privé dans un acte authentique. *Res inter alios acta*.

RENVOIS.

Voy. *Compétence civile*. — 9. Commerçant. Billet. Cause commerciale présumée. Preuve contraire.

Donation. — 7. — I. Donation déguisée. Validité. Transport de créance. Double original. Conditions synallagmatiques.

Eau. — 21. — I. Prise d'eau. Concession par une ville à un de ses habitants. Titre primordial. Actes récognitifs. Possession.

Interdiction. — 1. Acte sous seing privé antérieur à l'interdiction. Antidate. Fraude. Preuve.

Inventaire. — 3. Tuteur. Énonciations de l'inventaire. Preuve d'erreur à la charge du tuteur.

Mandat. — 2. Bon pour. Etat de dépense présenté par le mandataire au mandant.

Partage. — 1. Acte de partage. Preuve écrite. Commencement de preuve par écrit. — 2. Acte de partage. Preuve écrite. Présomptions.

Obligation. — 2. Cause. Billet. Valeur reçue. Cause illicite. Preuve. Dédit de mariage. — 8. Copie de titres. Délimitation diplomatique de deux Etats. Commissaires. Question de propriété. Délivrance de copies aux parties intéressées. — 8. Doubles originaux. Acte synallagmatique. Signatures des deux parties sur chaque double. Omission. Nullité. Vente. — 12. Simulation. Preuve testimoniale. Rescision. Preuve littérale. Contre-lettre. — 13. Transport de créance. Acte libératif sous seing privé. Défaut de date certaine. Présomption de sincérité.

Voy. *Société commerciale.* — 6. — II. Preuve littérale. Livres.

Testament. — 1. Billet. Libéralité. Révocation. Testament ultérieur.

Voirie. — 4. — II. Servitude de passage. Coutume de Verdun. Titre. Possession. Preuve inadmissible. — 8. Chemin. Commune. Propriété. Titres non produits. Prescription trentenaire. Jouissance. Entretien. Réparations. — 9. — IV. Titres ou possession... Prescription. — 10. — III. Anticipation. Retraite en construisant. Titre.

---

1. — 2 août 1845. — Henry C. Miclo et Comment. — Aud. solenn. Ch. civ. et corr. réun. — MM. Moreau, p. pr., Garnier, av. gén., concl. conf., La Flize, Louis, Volland, av.

Les actes notariés, non signés des parties qui savent signer, mais qui ont refusé de le faire, sont nuls. (Loi du 25 ventôse an XI, art. 14 et 68.)

Spécialement : lorsque, dans une vente publique, un immeuble a été adjugé à un individu qui a déclaré, à l'instant, avoir acquis au nom de sa mère, non présente, mais toutefois sans signer cette déclaration, sans prétendre avoir pouvoir de sa mère pour enchérir, et sans se porter fort pour elle; — qu'après l'adjudication, le notaire se transporte au domicile de la mère de l'enchérisseur, laquelle refuse de signer; — l'enchérisseur, qui refuse également d'apposer sa signature au bas de cette même adjudication, ne peut être poursuivi comme personnellement engagé.

2. — 4 juillet 1834. — Fimayer C. Boulangier et Dumaire. — 1re Ch. — MM. de Metz, p. pr., Bresson, av. gén., La Flize, d'Ubexi, Louis, av.

Une partie à laquelle on oppose un acte sous seing privé émané de son auteur peut toujours en exiger la représentation. L'extrait des livres de l'enregistrement, constatant que ce titre a été enregistré, ou la mention qui en est faite dans un acte authentique, ne peuvent suppléer à l'exhibition de l'acte lui-même.

3. — 25 avril 1844. — de Nonilles C. la commune de Landange. — 1re Ch. — MM. Mourot, pr., Leclerc, subst., concl. conf., Volland, Louis, av.

I. Du moment qu'une transaction n'a point été définitivement conclue, mais est restée à l'état de simple projet, les parties ne peuvent s'opposer l'une à l'autre les aveux et déclarations qui s'y trouvent mentionnés.

II. Toutefois, cela n'est vrai qu'autant que ces aveux auraient été faits uniquement en vue de la transaction même.

III. L'aveu fait, dans un projet de transaction, par le mandataire d'une partie, de la notification d'un arrêt et de la date précise de cette notification, forme, non pas seulement un commencement de preuve écrite, mais une preuve entière et complète de ce fait (1).

4. — 8 février 1845. — Clément C. Clément. — 1re Ch. — MM. Mourot, pr., Poirel, p. av. gén., d'Ubexi, Villiaumé, av.

Le billet sous seing privé, par lequel une seule partie s'engage envers l'autre à lui payer une somme d'argent, doit être écrit en entier de la main de celui qui le souscrit, sinon revêtu d'un bon ou approuvé portant, en toutes lettres, la somme qui fait l'objet de l'obligation. — Si l'art. 1326 du C. civ. excepte le cas où l'acte émane de marchands, artisans, laboureurs, vignerons, gens de journée et de service, cette exception doit être prouvée par celui qui veut s'en prévaloir.

Spécialement : si, dans un billet, le souscripteur est qualifié de *propriétaire*, le créancier qui a accepté cette qualification doit rester soumis aux conséquences qu'elle entraîne, et ne peut, après plusieurs années de silence, être admis à contester, par des présomptions vagues et incertaines, ou par une preuve testimoniale plus incertaine encore, le fait résultant d'une déclaration qu'il pouvait repousser dès l'origine, s'il ne la trouvait pas conforme à la vérité.

5. — 14 mai 1841. — Bouteille C. Muscat. — 1re Ch. — MM. Costé pr., Garnier, av. gén., concl. conf., Maitre, d'Ubexi, av.

Même sur un billet à ordre, la signature de la femme d'un non négociant, jointe à celle de son mari, ne peut valoir sans un approuvé en toutes lettres. (C. civ. 1326.)

6. — 21 mars 1842. — Lévy C. la dame Louis et son mari. — 2e Ch. — MM. Costé, pr., Garnier, av. gén., concl. conf., Volland, Antoine, Louis, av.

I. La signature d'une *femme de laboureur* ne suffit pas pour la validité d'un billet non revêtu par elle d'un *bon pour* ou d'un approuvé, si elle n'exerce pas elle-même la profession de laboureur. (C. civ. 1326, § 2.)

II. C'est à celui qui excipe de cette qualité, pour soutenir la validité d'un billet, de la prouver, c'est-à-dire, d'établir que la femme concourt personnellement aux travaux d'agriculture de son mari.

III. Le billet non revêtu d'un *bon pour* ou d'un *approuvé* vaut comme commencement de preuve par écrit, et la preuve peut être complétée par des présomptions graves, précises et concordantes.

IV. L'autorisation donnée à l'effet de contracter à la femme, par le mari, depuis interdit, est valable, tant qu'il n'est pas prouvé qu'à l'époque où cette autorisation a été donnée, avant le jugement d'interdiction, la démence de l'interdit existait déjà notoirement.

V. C'est à la femme, qui oppose ce moyen de nullité, de prouver le fait sur lequel il repose.

---

(1) Un pourvoi en cassation a été formé contre cet arrêt. Il a été rejeté par la chambre civile, le 16 juin 1847. (Gaz. Trib. 17 juin 1847.)

7. — 22 mai 1834. — Maire C. Grandeury. — 2ᵉ Ch. — MM. Troplong, pr., Poirel, p. av. gén., La Flize, Louis, av.

Le billet qui n'est pas revêtu du *bon pour* n'est pas complétement nul; il vaut comme commencement de preuve par écrit.

8. — 4 juillet 1831. — François C. Simon. — 1ʳᵉ Ch. — MM. Breton, pr., Pierson, subst., concl. conf., Chatillon, Moreau, av.

Le billet qui n'est pas revêtu d'un *bon pour* n'est pas absolument nul; il peut valoir comme commencement de preuve par écrit.

9. — 30 janvier 1843. — La ville de Sarrebourg C. Almé. — 2ᵉ Ch. — MM. Riston, pr., Garnier, av. gén., concl. conf., Louis, La Flize, av.

I. Vainement le détenteur d'une portion de terrain communal, non comprise dans une vente qui lui a été faite par la commune, exciperait-il de ce que ce terrain lui a été délivré par l'autorité municipale: cette délivrance ne saurait être attributive de propriété; les représentants de la commune, qui l'auraient faite, ne pouvaient agir valablement que dans les limites et d'après les termes du contrat; ils n'avaient pas qualité pour abandonner au-delà de ce qui s'y trouvait compris.

II. La preuve par témoins d'un fait de cette nature ne pourrait être admise; car elle tendrait à établir, en dehors d'un acte synallagmatique, une chose qui donnerait à l'une des parties certain droit dont l'acte ne faisait pas mention, et qu'on ferait dériver de faits qui se seraient passés postérieurement à la réalisation du contrat; or, aux termes de l'art. 1341 du C. civ., il n'est reçu aucune preuve par témoins contre et outre le contenu aux actes, ni sur ce qui serait allégué avoir été dit avant, lors, ou depuis les actes, encore qu'il s'agisse d'une somme ou valeur moindre de 150 fr.

10. — 23 novembre 1843. — de Nettancourt C. Ficatier et Nève. — 1ʳᵉ Ch. — MM. Moreau, p. pr., d'Ubexi, La Flize, Catabelle, av.

La vente des coupes de bois, par un propriétaire à des marchands de bois, est, à l'égard du premier, un contrat purement civil, régi, quant à la preuve du contrat et de ses conditions, par les dispositions du Code civil: à défaut de preuve écrite et de commencement de preuve par écrit, les présomptions graves, précises et concordantes ne sont point admissibles.

11. — 14 juin 1843. — Bastien C. Lerch. — 1ʳᵉ Ch. — MM. d'Arbois, ff. pr., Volland, Catabelle, av.

I. Aux termes de l'article 1325 du C. civ., les actes sous seing privé, contenant des conventions synallagmatiques, ne sont valables qu'autant qu'ils ont été faits en autant d'originaux qu'il y a de parties ayant un intérêt distinct. — Néanmoins, lorsque les parties veulent, en parfaite connaissance de leur droit, que l'acte qu'elles souscrivent soit rédigé en un seul original, destiné à rester entre les mains d'un tiers: par exemple, lorsque, souscrivant un compromis, elles déclarent qu'il a été fait *en simple minute, du consentement des parties, pour rester entre les mains des arbitres;* dans ce cas, la nullité est couverte, s'il est certain que l'intention des parties a été fidèlement accomplie, notamment, si les arbitres ont déposé au greffe du tribunal ce compromis, en même temps que leur sentence, et si, dès lors, aucune des parties ne l'a eu en sa possession, et n'a pu en abuser au préjudice des autres.

II. Si, dans la rigueur des principes, l'acte synallagmatique sous seing privé est frappé de nullité, en général, par l'article 1325, lorsqu'il n'est pas fait en autant d'originaux qu'il y a de parties ayant des intérêts distincts, cette nullité n'est pas absolue; elle peut être couverte dans certaines circonstances. Il résulte, en effet, de la disposition finale de l'article 1338 que l'exécution volontaire d'un acte, quoique vicieux en la forme, emporte la renonciation aux moyens et exceptions qu'on pouvait y opposer.

III. L'exécution d'un compromis peut consister dans la remise du compromis, non fait double, entre les mains des arbitres, du consentement, et du fait même de chacune des parties.

12. — 27 avril 1844. — Lombal C. Beaufort. — 1re Ch. — MM. Mourot, pr., Antoine, Volland, av.

Quand les deux doubles d'une convention ne sont point conformes, par exemple, en ce qui touche le mode de payement du prix de certaines livraisons, si l'un des doubles ne présente ni rature, ni surcharge, tandis que l'autre est entaché d'altérations et de surcharges nombreuses, c'est au premier qu'il faut s'attacher, et le porteur du second est non recevable à offrir la preuve testimoniale contre les énonciations du double qui est régulier.

13. — 21 juin 1844. — Flamain C. la compagnie d'assurance la Sécurité. — 1re Ch. — MM. Mourot, pr., Collignon (de Saint-Mihiel), Volland, av.

I. Les documents résultants d'une instruction criminelle ne peuvent être considérés comme preuves juridiques : toutefois, des arbitres peuvent s'en servir comme d'éléments de conviction, lorsque les parties en ont fait usage, chacune de son côté, sans contestation de part ni d'autre.

II. La signature de l'agent d'une compagnie d'assurance non accompagnée d'un acquit, sur un billet de prime, ne fait pas preuve du payement.

14. — 23 mai 1844. — La faillite Mégrat C. Koob et Mégrat. — 1re Ch. — MM. Cléret, ff. pr., Garnier, av. gén., concl. conf., La Flize, Lalande (de Lunéville), Louis, av.

Une dette de failli, envers sa mère, résulte suffisamment de la transcription littérale de billets qu'il lui a souscrits, dans l'inventaire fait au décès de cette dernière, en présence du failli et des syndics de sa faillite. Bien que les billets ne soient pas représentés, l'obligation qui en résulte doit être tenue pour certaine, jusqu'à preuve contraire.

15. — 14 août 1845. — Moissel C. Mouginet et Perrin. — 1re Ch. — MM. Moreau, p. pr., Garnier, av. gén., concl. conf., Fleury, Louis, Besval, av.

Un inventaire, signé par une partie à qui l'on oppose les énonciations qu'il renferme, constitue, d'après l'art. 1347 du C. civ., un commencement de preuve par écrit du fait énoncé, qui peut, aux termes de l'article 1353 du même Code, être complété par des présomptions graves, précises et concordantes.

16. — 20 juillet 1831. — Bardet C. Will. — 1re Ch. — MM. de Metz, p. pr., La Flize, Moreau, av.

Les livres de commerce, quoique non timbrés, s'ils sont d'ailleurs tenus régulièrement, et de manière à mériter la confiance des tribunaux, peuvent être produits en justice, sauf aux juges à compléter la preuve qui en résulte par un serment supplétif.

17. — 20 mai 1843. — Mirault C. Golzard. — 1re Ch. — MM. Mourot, pr., Catabelle, Louis, av.

Les livres de commerce, bien que régulièrement tenus en apparence, peuvent être considérés comme ne faisant pas preuve complète de la réclamation du commerçant, s'il résulte de la différence considérable de ses prétentions originaires comparées à celles qui découlent de ses conclusions en appel, que ces livres ne présentent point le tableau fidèle de sa position vis-à-vis de son adversaire, et s'ils renferment un grand nombre d'erreurs, reconnues par des experts, qui toutefois les auraient pris pour base de leur décision.

18. — 23 avril 1844. — La commune de Tollaincourt C. Michel, Cochois, Joly, Soyer et Flogny. — 2e Ch. — MM. Masson, ff. pr., Garnier, av. gén., concl. conf., Maire, d'Ubexi, La Flize, Catabelle, Lefèvre, Liffort, Louis, av.

On ne peut opposer à une commune les énonciations de titres qui lui sont étrangers.

19. — 22 avril 1844. — Didier C. Crancée. — 2e Ch. — MM. Masson, ff. pr., d'Ubexi, Volland, av.

Lorsque la contenance, rappelée dans des titres produits par un demandeur en revendication de terrain, est contredite par la matrice cadastrale, et que le demandeur n'a point cherché à faire disparaître ce désaccord, en produisant ses titres anciens; lorsque, surtout, les seuls titres produits sont des procès-verbaux de vente en détail, actes dans lesquels l'exactitude des contenances est fréquemment en défaut, il n'est pas permis de prendre ces titres pour base unique des droits du demandeur.

20. — 24 juin 1844. — Antony C. Lanta et Richter. — 2e Ch. — MM. Masson, ff. pr., Poirel, p. av. gén., La Flize, Simonin, Louis, av.

I. L'allégation, de la part d'un vendeur, que, pour faire sa signature au bas d'un acte de vente, le rédacteur de l'acte lui a conduit la main, parce qu'il ne savait ni écrire ni signer, ne peut être considérée, de la part de ce même vendeur, comme une dénégation de signature.

II. La production d'un acte authentique, dans lequel une partie a déclaré ne savoir ni écrire ni signer, ne saurait établir la preuve de cette ignorance, surtout en présence d'un acte sous seing privé non contesté, au bas duquel se trouve la signature de cette même partie.

III. Signer un acte, c'est exprimer, par un symbole matériel, le consentement qu'on donne aux stipulations qu'il renferme : s'il est nécessaire que ce symbole soit l'œuvre personnelle et volontaire de celui qui doit le fournir, il n'est point interdit à celui-ci de se rendre plus facile l'accomplissement de cette formalité, en empruntant l'assistance d'un tiers, pour l'aider à tracer les caractères de sa signature (1).

21. — 4 juin 1831. — Montluisant C. Robert. — 2ᵉ Ch. — MM. Chippel, pr., Berlet, Maire, av.

Quand un billet ou une obligation contient l'indication d'un terme fixe de remboursement, et, de plus, la stipulation d'un avertissement à donner d'avance, il faut, pour concilier ces deux stipulations, entendre que l'avertissement n'est exigé que pour le cas où il y aurait prorogation de crédit après le terme.

22. — 28 août 1829. — Debailleul C. Herbinot. — 1ʳᵉ Ch. — MM. Breton, pr., Troplong, av. gén., concl. conf., La Flize, Moreau, av.

Un titre authentique peut être produit dans un ordre pour appuyer une demande en collocation, quoique la formule d'exécution dont il est revêtu soit irrégulière et nulle.

23. — 4 juillet 1834. — Fimayer C. Boulangier et Schneider. — 1ʳᵉ Ch. — MM. de Metz, p. pr., Bresson, av. gén., La Flize, d'Ubexi, Louis, av.

I. On ne peut suppléer à la représentation d'un acte de vente sous seing privé par la production d'un extrait de l'enregistrement de cet acte. L'enregistrement d'un acte sous seing privé n'en atteste pas la vérité. Il est indispensable qu'un acte de cette nature soit placé sous les yeux des parties intéressées, à l'effet de pouvoir être reconnu ou repoussé par elles.

II. On ne peut non plus suppléer à la représentation du même acte de vente par la mention qui en est faite dans un acte authentique, étranger à la partie à laquelle on oppose cette vente sous seing privé, laquelle partie n'a pu dès lors en reconnaître la signature. — On doit le décider ainsi surtout quand cet acte sous seing privé n'est pas demeuré joint à l'acte authentique qui le rappelle, mais paraît être resté entre les mains de la partie qui l'invoque sans le produire, et sans justifier qu'il ait été soustrait ou adiré par cas fortuit.

PREUVE NÉGATIVE.

Voy. *Usage forestier.* — 40. — 11. Extinction du droit d'usage. Prescription. Preuve à la charge du propriétaire. Non-jouissance. Fait négatif.

PREUVE TESTIMONIALE.

SOMMAIRE.

1. *Commencement de preuve par écrit.* — Bail écrit, mais non signé, par le propriétaire.
2. *Commencement de preuve par écrit.* — Femme mariée. Lettres émanées de son mari seul.

---

(1) Voy. Nancy, 10 février 1846, cass. req. rej. 28 juin 1847, Mempey C. Najotte. (Gaz. Trib. 28-29 juin 1847.)

3. *Commencement de preuve par écrit.* — Interrogatoire sur faits et articles.
4. *Commencement de preuve par écrit.* — Police d'assurance. Omission de l'approbation d'une des parties.
5. *Commencement de preuve par écrit.* — Simulation. Acte sans cause.
6. *Commencement de preuve par écrit.* — I. Vente publique. Enchère au nom d'un tiers. Procès-verbal du notaire. — II. Refus de signer de la part de l'enchérisseur. — III. Délit ou quasi-délit envers le vendeur.
7. *Commerce (Matière de).* — Achats et ventes. Acte libératoire.
8. *Commerce (Matière de).* — Preuve testimoniale facultative.
9. *Dol et fraude.* — Défendeur. Preuve contraire.
10. *Fait matériel.* — Valeur excédant 150 fr. Preuve recevable.

RENVOIS.

Voy. *Abus de blanc seing.* — Preuve testimoniale. Commencement de preuve par écrit. Valeur indéterminée.
  Acte de commerce. — 1. Assurance. Assuré. Preuve testimoniale.
  Donation. — 0. — VI. Preuve testimoniale de la fraude d'une donation.
  Filiation naturelle. — 2. Enfant naturel. Décès. Reconnaissance de maternité. Preuve testimoniale.
  Interrogatoire sur faits et articles. — 2. Commencement de preuve par écrit. Présomptions.
  Louage. — 2. Bail verbal. Dénégation. Preuve. Écrits émanés de celui qui nie le bail. Lettres. — 21. — III. Préjudice. Preuve testimoniale.
  Obligation. — 12. Simulation. Preuve testimoniale. Rescision. Preuve littérale. Contre-lettre.
  Partage. — 13. Preuve. Présomptions. Témoins. Commencement de preuve par écrit.
  Preuve littérale. — 9. Commune. Vente de terrain. Délivrance. Excédant. Preuve testimoniale. — 12. Doubles originaux non conformes. Mode de payement. Rature. Surcharge. Preuve testimoniale.
  Servitude. — 34. — IV. Preuve testimoniale.
  Société civile. — 4. Preuve testimoniale. Commencement de preuve par écrit. Associé. Tiers.
  Succession. — 2. — II. Production. *Nemo tenetur edere contra se.* Preuve testimoniale. Origine des biens. Propres. Commune renommée. Inventaire.
  Témoin. — 1. Commune. Habitants. Enquête. Intérêt indirect.
  Testament. — 3. — II. Antidate d'un testament olographe. Preuve testimoniale. Dol. Fraude. Inscription de faux.
  Tutelle. — 4. Compte de tutelle. Décharge. Preuve testimoniale.
  Usage forestier. — 4. — II. Possession immémoriale. Preuve testimoniale. Bois mort. Acquisition du droit. Titre. Servitude discontinue. Bois sec et gisant. Tolérance. — 14. — II. Prescription par le non-usage. Jouissance de l'usager. Preuve testimoniale. — 21. — VI. Preuve testimoniale. Jouissance de la futaie. — 43. Preuve testimoniale. Commencement de preuve par écrit. Pâturage. Jouissance.
  Usure. — 1. — II. Preuve testimoniale des intérêts usuraires. Présomptions.
  Vente. — 10. Interprétation. Pacte obscur. Commune intention. Preuve testimoniale. Acte d'exécution postérieur au contrat. — 14. Preuve testimoniale. Vente d'immeubles. Valeur n'excédant pas 150 fr. Contestation sur la valeur. Expertise. — 20. Réméré. Rembourse-

ment du prix non excédant 150 fr. Preuve testimoniale. Inadmissibilité. Immeuble. Valeur indéterminée.
Voy. *Vérification d'écritures.* — 2. — II. Preuve testimoniale. Faits invraisemblables ou démentis par des preuves écrites. Rejet.
Voirie. — 3. — II. Preuve testimoniale d'un aveu verbal d'anticipation. Commencement de preuve par écrit. — 7. Chemin. Commune. Propriété. Titres douteux. Preuve testimoniale. Possession. Passage. Entretien. Baux de pâture.

1. — 10 avril 1833. — Tisserand C. Drouot. — 1ʳᵉ Ch. — MM. de Metz, p. pr., Moreau, Chatillon, av.

Un projet de bail écrit de la main du propriétaire, mais non signé par lui, est un commencement de preuve par écrit rendant admissible la preuve testimoniale, à l'aide de laquelle le locataire demande à prouver l'existence même du bail qu'il dit lui avoir été passé.

2. — 21 février 1833. — La dame de Rennel née de Bouvet C. de Roys et Soulès. — 1ʳᵉ Ch. — MM. de Metz, p. pr., Poirel, p. av. gén., d'Ubexi, Chatillon, Volland, av.

On ne peut invoquer comme commencement de preuve par écrit, contre une femme mariée, des lettres émanées de son mari seul, quand même, dans ces lettres, il parle au nom de sa femme.

3. — 23 novembre 1843. — de Nettancourt C. Ficatier et Nève. — 1ʳᵉ Ch. — MM. Moreau, p. pr., d'Ubexi, La Flize, Catabelle, av.

Le commencement de preuve par écrit peut résulter d'un interrogatoire sur faits et articles.

4. — 21 juin 1844. — Flamain C. la compagnie d'assurance la Sécurité. — 1ʳᵉ Ch. MM. Mourot, pr., Collignon (de Saint-Mihiel), Volland, av.

Une police d'assurance contre l'incendie, à laquelle il manque l'approbation d'une des parties intéressées, constitue un commencement de preuve par écrit contre celle dont elle est émanée.

5. — 10 août 1844. — Héritiers Suisse C. Digout. — 2ᵉ Ch. — MM. Masson, ff. pr., Poirel, p. av. gén., Lalande (de Lunéville), d'Ubexi, Louis, av.

Celui qui a été partie dans un acte ne peut l'attaquer comme simulé et dépourvu de cause, qu'autant que son action est appuyée d'un commencement de preuve par écrit.

6. — 2 août 1845. — Henry C. Miclo et Comment. Aud. sollenn. — Ch. civ. et corr. réun. — MM. Moreau, p. pr., Garnier, av. gén., concl. conf., La Flize, Louis, Volland, av.

1. La preuve testimoniale d'une vente d'une valeur de plus de 150 fr. n'est admissible qu'autant qu'il existe un commencement de preuve par écrit. (C. civ. 1341, 1347). — On ne peut considérer comme commencement de preuve par écrit un procès-verbal par lequel le notaire, qui a procédé à la vente, constate s'être transporté au domicile de la personne pour laquelle un tiers a déclaré verbalement enchérir, à l'effet de l'engager à signer cette enchère. — Un tel procès-verbal doit être présumé, comme le procès-verbal d'adjudication lui-même, avoir été fait à la requête du vendeur ; en tout cas, s'il n'énonce

pas qu'il ait été fait à la requête de l'enchérisseur, qui n'y a pas comparu, qui ne l'a pas signé, et auquel il est complétement étranger, il ne peut fournir au vendeur le commencement de preuve écrite défini par l'article 1347 : « un acte par écrit, émané de celui contre lequel la » demande est formée, ou de celui qu'il représente, et qui rend vrai- » semblable le fait allégué. » Un pareil acte ne saurait donc rendre admissible la preuve testimoniale articulée par le vendeur.

II. L'art. 1348 du C. civ., contenant l'énumération des cas dans lesquels il n'a pas été possible au créancier de se procurer une preuve littérale de l'obligation contractée envers lui, et dans lesquels, par suite, la preuve testimoniale est admissible, ne comprend pas le cas du refus de signer, de la part d'une des parties qui sait signer. — En supposant que cette énumération ne soit pas limitative et exclusive de tous autres cas, il faudrait du moins que le nouveau cas auquel on voudrait appliquer l'exception présentât des caractères identiques avec ceux des cas énumérés. — Tel n'est pas le refus de signer un acte authentique qui, aux termes de l'article 14 de la loi du 25 ventôse an XI, n'est valable, en l'absence de la signature de l'une des parties, qu'autant qu'elle a déclaré qu'elle ne savait ou ne pouvait signer, et jamais quand elle refuse de le faire : refus qui emporte de sa part refus de s'engager, à un moment où l'engagement n'est pas formé, où la convention n'est point encore intervenue. — Il en est ainsi, notamment, quand le motif du refus de signer, de la part de l'enchérisseur, est formellement exprimé dans le procès-verbal : par exemple, lorsque le procès-verbal énonce que l'enchérisseur a déclaré acquérir *pour sa mère*, et non pour lui.

III. Le vendeur ne peut prétendre non plus qu'il y a, dans ce refus de la part de l'enchérisseur envers lui, méfait, délit ou quasi-délit, lequel, aux termes du même article 1348, n° 1, rendrait la preuve testimoniale admissible : il n'y a, de la part de l'enchérisseur qui n'était point engagé, qu'un acte parfaitement légitime de sa libre volonté, qui ne peut constituer, non-seulement ni délit ou quasi-délit, mais même une simple faute, de nature à le rendre passible, envers le vendeur, d'une réparation quelconque.

7. — 30 juillet 1836. — Fumerey C. Remy. — 1re Ch. — MM. de Metz, p. pr., Bresson, av. gén., La Flize, Chatillon, av.

L'art. 109 du C. com., qui permet la preuve par témoins en matière d'achats et de ventes, comprend nécessairement les actes libératoires de ces sortes d'engagements : ces actes peuvent aussi se prouver de la même manière.

8. — 8 juillet 1830. — Bacherelle C. Perroux dit Laval. — 1re Ch. — MM. Breton, pr., Chatillon, Berlet, av.

En matière commerciale, la preuve par témoins n'est pas obligatoire ; les juges peuvent, d'après les circonstances de la cause, la déclarer inadmissible.

9. — 1er décembre 1831. — Pelletier C. Ory. — 1re Ch. — MM. de Metz, p. pr., Chatillon, La Flize, av.

La preuve testimoniale étant toujours admissible en matière de dol et de fraude, le défendeur à une demande ainsi motivée peut réclamer, comme le demandeur lui-même, le bénéfice de cette disposition, et être admis à faire une preuve destructive des faits de fraude articulés.

10. — 2 juillet 1831. — Stribel C. Louis. — 2e Ch. — MM. Chippel, pr., Antoine, Chatillon, av.

La défense d'entendre des témoins pour les valeurs qui excèdent 150 fr. ne s'applique pas à la preuve des faits matériels.

PRIVILÉGE.

SOMMAIRE.

1. *Aubergiste.* — I. Voyageur. Effets. Gage. Traiteur. Nourriture. Logement. Propriétaire. — II. Enlèvement des effets lors d'un premier voyage. Réintégration. — III. Magasin. Vente par l'aubergiste, pour le voyageur. Marchandises. Identité.
2. *Inscription.* — Effet. Rang. Tiers. Acquéreur, Vendeur.
3. *Privilége général sur les meubles et les immeubles.* — Omission de l'exercer sur les meubles. Déchéance du privilége sur les immeubles.

RENVOIS.

Voy. *Cautionnement* — 3. Entrepreneur de travaux publics. Privilége de l'État. Privilége de deuxième ordre au profit d'un tiers. Ouvriers de l'entrepreneur.

Commissionnaire. — 1. Consignation commerciale. Nantissement. Commissionnaire. Déposant et dépositaire habitant la même ville. Code civil applicable.

Vente. — 4. Coupe de bois. Faillite de l'acheteur. Revendication. Magasins du failli. Effets de commerce. Novation. Privilége sur le prix de vente des bois. — 5. Coupe de bois. Privilége du vendeur l'arterre de la coupe. Revente de bonne foi à un tiers. Arbres frappés du marteau de la marine. — 6. Coupe de bois. Revente par l'acheteur commerçant à un autre commerçant. Revendication. Privilége sur le prix de revente.

1. — 20 mai 1845. — Pothenot C. Quarré. — 1re Ch. — MM. Mourot, pr., Garnier, av. gén., concl. conf. (sauf une modification sur la 1re question), La Flize, d'Ubexi, av.

I. L'aubergiste qui a fourni à un voyageur la *nourriture et le logement* ne peut réclamer, pour l'un et l'autre objet, que le privilége de l'art. 2102, § 5, du C. civ., sur les effets du voyageur qui forment son gage. — Il ne peut réclamer le privilége de l'art. 2101, § 5, relatif aux subsistances, lequel ne peut être accordé qu'au traiteur qui n'a fourni que la nourriture sans le logement, ni le privilége de l'art. 2102, § 1, relatif au propriétaire, pour le logement seulement.

II. L'aubergiste ne peut réclamer le privilége de l'art. 2102, § 5, sur les effets du voyageur qu'il a laissé enlever à celui-ci, lors d'un précédent voyage ; il n'a de privilége que pour les fournitures de logement et de nourriture faites dans le voyage actuel, lors même que le voyageur aurait rapporté ou ramené, à son second voyage, dans le même hôtel, les mêmes marchandises, les mêmes chevaux et voitures qu'il y avait amenés à son premier voyage.

III. Vainement l'aubergiste exciperait-il de ce que le voyageur avait chez lui, toute l'année, un magasin dans lequel, en partant au mois d'octobre pour revenir au mois de mars, il laissait quelques marchandises, si, en fait, il est établi que l'aubergiste se chargeait de vendre, l'hiver, pour le compte du voyageur, ce fonds de boutique, sur lequel il abandonnait ainsi son gage; et si, d'ailleurs, il lui est impossible de prouver l'identité des marchandises existantes dans ce magasin, avec celles qui s'y trouvaient lorsque les dépenses ont été faites.

2. — 28 août 1829. — De Bailleul C. Herbinot. — 1re Ch. — MM. Breton, pr., Troplong, av. gén., concl. conf., La Flize, Moreau, av.

Il ne faut pas confondre l'*effet* avec le *rang* des priviléges. L'effet résulte de la nature même du privilége; le rang dépend de la date de l'inscription. Il suit de là que le privilége du vendeur, qui ne prend rang, à l'égard des tiers, que du jour de l'inscription, subsiste, à l'égard des acquéreurs, sans inscription, et que, quand même l'inscription une fois prise serait périmée, le privilége n'en doit pas moins produire son effet.

3. — 12 juillet 1834. — L'administration des Domaines C. Michel. — 1re Ch. — MM. de Metz, p. pr., Poirel, p. av. gén., Berlet, Chatillon, av.

Le créancier qui a un privilége général sur les meubles et les immeubles de son débiteur (C. civ. 2101, 2104), et qui ne se présente pas pour l'exercer dans la distribution à faire du prix du mobilier, quand il le pouvait, n'est pas recevable à le porter ensuite sur les immeubles, au détriment des créanciers hypothécaires.

PRIX.

Voy. *Vente.* — 15. Prix (Défaut de). Nullité. Transport de créances. — 17. Prix sérieux. Soins donnés au vendeur par l'acquéreur. Vente immobilière.

PROCÉDURE.

Voy. *Acquiescement.* — 13. Signification à avoué sans réserve. Déchéance d'appel.
Eau. — 20. Propriété. Mode de jouissance. Indivisibilité. Procédure nulle à l'égard d'un des copropriétaires.
Expertise. — 7. Formalités de l'art. 317 du C. pr. Inobservation. Nullité.
Exploit. — 18. Acte d'avoué à avoué. Signification de jugement. Copie. Remise.
Liquidation. — 3. Succession. Juge-commissaire. Empêchement. Remplacement.
Succession. — 6. Mineur. Renvoi devant un juge-commissaire et un notaire. Mesure facultative.
Tutelle. — 3. Appel signifié au tuteur d'un mineur devenu majeur. Majorité non notifiée. Validité.

PROCÈS-VERBAL DE CARENCE.

Voy. *Jugement par défaut.* — 8. Jugement de commerce. Exécution dans les six mois. Saisie. Procès-verbal de carence. Résidence actuelle. Résidence abandonnée.

PROCURATION.

Voy. *Acte respectueux.* — 1. — 11. Procuration spéciale pour chacun des actes, inutile. — 2. Procuration unique.
Mandat.
Notaire. — 3. Amende. Prénoms du mandant, ou de celui qui se porte fort. Omission. Procuration. — 12. Procuration. Substitution de mandataire. Pouvoir primitif non annexé. Contravention — 13. Procuration en minute. Noms du mandataire en blanc. Contravention. Amende. — 14. Procuration en minute. Noms du mandataire en blanc. Contravention. Amende.

PROCUREUR.

Voy. *Mandat.* — 0. Nul ne plaide par procureur. Anticipations. Restitution. Revendication. Procuration du propriétaire.

PROMESSE DE VENTE.

Voy. *Vente.* — 18. Promesse de vente unilatérale. Validité.

PROPRES.

Voy. *Contrat de mariage.* — 3. Coutume de Lorraine. Acquêt d'un immeuble indivis avec la femme. Propre. — 4. Coutume de Lorraine. Acquêt d'un immeuble indivis avec la femme. Propre. — 8. Coutume de Lorraine. Propre de la femme. Vente. Remploi. Mari copropriétaire. — 10. Coutume de Saint-Mihiel. Immeuble indivis. Epoux copropriétaire. Acquisition pour la communauté. — 12. Déclaration de command... Immeuble indivis avec une femme mariée. Propre. — 14. Immeuble indivis. Acquisition par le mari copropriétaire. Propre. Stipulation contraire. Nullité. — 17. — 11. Propre. Preuve de sa qualité par notes et papiers domestiques. — 18. Propre de la femme. Aliénation. Prix propre de la femme. Saisie-arrêt par les créanciers du mari. Nullité. — 19. Propre de la femme. Vente. Cohéritier adjudicataire Reprise sur la soulte de partage. — 20. Propre de la femme. Vente. Prix. Cohéritier adjudicataire. Reprise sur la soulte de partage.
Succession. — 2. — 11... Origine des biens. Propre. Commune renommée. Inventaire.

PROPRIÉTÉ.

SOMMAIRE.

Alluvion. — 1. Propriété close de murs. Vente. Interprétation. — 11. Commune. Actes possessoires. Caractère. Terrain vain et vague. Loi de 1792 et 1793.

31 mai 1842. — Oiry C. la ville de Gondrecourt. — 2ᵉ Ch. — MM. Jannot de Morey, ff. pr., Poirel, p. av. gén., d'Ubexi, Volland, av.

I. Une propriété close de murs a, comme une autre, droit aux alluvions, et ces alluvions sont réputées vendues avec le clos, quoiqu'elles n'y communiquent point directement.

II. Le fait qu'un terrain de cette nature, large d'environ deux mètres, et aboutissant, à l'une des extrémités, sur un chemin, aurait été fréquenté par des pêcheurs à la ligne, des lavandières, des maçons pour fondre la chaux, ne pourrait autoriser la commune à le revendiquer.

PROTESTATION.

Voy. *Enquête.* — 5. Nullité. Comparution. Protestation.

PROTÊT.

Voy. *Degré de juridiction.* — 34. Frais et intérêts antérieurs à la demande. —1. Accessoires. Dernier ressort. Protêt.—49. Protêt.—1. Compte de retour. Accessoire.
Faillite. — 14. Effets souscrits par le failli. Protêt avant l'échéance. Dette rendue exigible par la faillite. — 17. Ouverture de la faillite. Protêts. Commandements. Lettres missives...

PROVISION.

Voy. *Degré de juridiction.* — 50. Provision. — 1. Appel avant le jugement définitif.

PRUDENCE.

Voy. *Acquiescement.* — 1. Acceptation. Conclusions à la prudence. Déchéance d'appel.
Aliments. — 8. — IV. Rapport à la prudence.

PUBLICITÉ.

Voy. *Faillite.* — 27. Syndics. Indemnité de leur gestion... Jugement... Publicité de l'audience.
Succession vacante. — III. Publicité du jugement qui nomme un curateur. Chambre du conseil.

PUISAGE.

Voy. *Servitude.* — 20. Puisage. Titres anciens. Bale. Puits. Pompe. Prescription trentenaire contre la servitude de puisage.

PUISSANCE FÉODALE.

Voy. *Commune.* — 24. Puissance féodale. Acte passé par une commune avec un seigneur autre que le sien. Validité. Loi du 28 août 1792.
Féodalité.

PUISSANCE MARITALE.

Voy. *Séparation de biens.* — 2. Dépense du ménage. Revenus de la femme. Disposition par le mari. Puissance maritale...

PUISSANCE PATERNELLE.

SOMMAIRE.

Administration légale. — I. Compte. Prescription décennale. — II. Mandat. Intérêt des sommes employées par le père à son usage.

19 avril 1844. — Guyot C. Planté, Labouille et Christophe. — 1re Ch. — MM. Mourot, pr., Garnier, av. gén., concl. conf.; d'Ubexi, Mamelet, Liffort, Louis, La Flize, av.

I. La prescription établie par l'art. 475 du C. civ., placé à la section des comptes de tutelle, ne peut s'appliquer aux sommes que le père a reçues pour ses enfants mineurs, non pas en qualité de tuteur, mais comme administrateur légal de leurs biens, en vertu du mandat inhérent à la puissance paternelle.

II. Ce mandat emporte avec lui les mêmes obligations que le mandat ordinaire : hors le cas où la loi donne au père la jouissance des biens de ses enfants, il devient comptable de l'intérêt des sommes qu'il a employées à son usage.

PURGE.

Voy. *Hypothèque.* — 7. Purge. Notification aux créanciers inscrits. Désignation insuffisante des immeubles vendus. Nullité. Acquéreur, caution solidaire du débiteur.

Saisie immobilière. — 1. Adjudication. Purge d'hypothèques. Transcription inutile. Notification. Omission. Inscription périmée. — 9. Vente sur décret. Ancien droit français. Droit lorrain. Servitude. Charges réelles. Usufruit. Purge. Mineur. Commune.

QUALITÉ.

Voy. *Exception.* — 2. Défaut de qualité. Moyen du fond proposable en appel. Commune. Chemin de servitude.

QUALITÉS DE JUGEMENT.

Voy. *Jugement.* — 3. Jugement de commerce. Qualités. Points de fait et de droit. Omission. Nullité. — 4. 5. Qualités. Faits tenus pour exacts, faute d'opposition. — 8. Qualités non signifiées. Opposition devant la cour. Validité du jugement.

QUASI-CONTRAT.

Voy. *Notaire.* — 15. Responsabilité. Prix de vente. Distribution. Quasi-contrat.

QUESTION DE PROPRIÉTÉ.

Voy. *Compétence administrative.* — 8. Application des titres. Interprétation des lois. Compétence judiciaire. Annulation ou modification d'actes administratifs.

QUESTION PRÉJUDICIELLE.

Voy. *Action possessoire.* — Action correctionnelle. Question préjudicielle de propriété. Tribunaux civils. Possession annale. Dispense de preuve.
Arbitrage. — 3. — 11. Existence de la société. Question préjudicielle. Incompétence des arbitres.
Compétence administrative. — 3. Commune. Rente en grains, pour concession de terrain. Dette communale à la charge de l'État. Loi du 24 août 1793, art. 82. Question préjudicielle administrative. Sursis.

QUOTITÉ DISPONIBLE.

Voy. *Donation.* — 10... Réduction à la quotité disponible. Prescription trentenaire... — 13. — 11. Quotité disponible. Réunion fictive. Possession. Équité.
Portion disponible.
Rapport à succession. — 4. Donation déguisée. Contrat onéreux. Dispense de rapport. Portion disponible. — 6. Donation déguisée. Vente. Portion disponible. Rapport.
Succession. — 6. — 11. Portion disponible.

RADIATION DU ROLE.

Voy. *Jugement par défaut.* — 11. Radiation du rôle. Péremption. Compétence. Changement de domicile.

RAPPORT A LA PRUDENCE.

Voy. *Conclusions.* — 2. 3. Rapport à la prudence.

RAPPORT A SUCCESSION.

SOMMAIRE.

1. *Abandon de jouissance d'immeuble.* — Avantage non sujet à rapport.
2. *Donation déguisée.* — Contrat onéreux. Dispense de rapport.
3. *Donation déguisée.* — Contrat onéreux. Dispense de rapport.
4. *Donation déguisée.* — Contrat onéreux. Dispense de rapport. Portion disponible.
5. *Donation déguisée.* — Vente. Mari d'une successible. Rapport.
6. *Donation déguisée.* — Vente. Portion disponible. Rapport.
7. *Rapport en moins prenant.* — Rapport en nature.

RENVOIS.

Voy. *Donation.* — 8. Donation déguisée. Vente à un successible. Nullité. Simulation de prix. Appel. Rapport.

Voy. *Legs.* — 4. Legs universel. Exclusion des biens légués contre l'héritier. Dispense de rapport.
Prescription. — 19. Intérêts de choses sujettes à rapport. Prescription quinquennale.
Succession. — 3. Coutume de Lorraine. Rapport. Mobilier. Gain de survie. Dot constituée en commun. — 6. Portion disponible. Rapport. Frais de nourriture et d'éducation. Majeur. Donation. Legs. Préciput.

---

1. — 25 février 1835. — Viardin C. Viardin. — 2ᵉ Ch. — MM. Troplong, pr., Bresson, av. gén., La Flize, Chatillon, Maire, av.

L'abandon gratuit, par le père de famille, pendant sa vie, à l'un de ses héritiers, de la jouissance d'un immeuble, ne constitue pas un avantage sujet à rapport. (C. civ. 843.)

Nota. Cet arrêt semble contraire à l'arrêt du 20 janvier 1830. (1)

2. — 4 juillet 1834. — Fimayer C. Boulanger et Schneider. — 1ʳᵉ Ch. — MM. de Metz, p. pr., Bresson, av. gén., La Flize, d'Ubexi, Louis, av.

Une donation faite par un père à son successible, sous la forme d'un contrat onéreux, doit être rapportée en entier à la succession. La forme du contrat n'équivaut pas à la dispense expresse du rapport qu'exige la loi.

3. — 26 novembre 1834. — Scaillet C. Scaillet. — 2ᵉ Ch. — MM. Troplong, pr., Bresson, av. gén., concl. conf., Mamelet, Volland, Berlet, av.

Même décision.

4. — 18 février 1840. — Antoine C. Evrot. — 2ᵉ Ch. — MM. Mourot, pr., Volland, d'Ubexi, av.

Des donations déguisées sous forme de contrats onéreux sont dispensées de rapport à la succession du donateur, du moins jusqu'à concurrence de la quotité disponible.

5. — 17 juillet 1841. — Grandidier C. Pâté, Pargon et Martin. — 1ʳᵉ Ch. MM. Moreau, p. pr., Louis, Volland, La Flize, Maire, av.

Lorsqu'une donation est faite, sous la forme d'une vente, au mari d'une successible, il n'y a pas lieu à rapport. (2)

6. — 27 juillet 1838. — Ferry C. Denis. — 1ʳᵉ Ch. — MM. de Metz, p. pr., La Flize, Volland, av.

Une donation déguisée sous forme de vente, faite par un père à l'un de ses enfants, doit être rapportée à la succession du donateur pour tout ce qui excède la portion disponible.

7. — 13 juillet 1841. — Perrin C. Thierry, Rol et Drouel. — 2ᵉ Ch. — MM. Mourot, pr., Poirel, p. av. gén., Antoine, Volland, d'Arbois, Fleury, av.

Lorsqu'un des cohéritiers a conclu à ce qu'un autre fît un rapport en moins prenant, il ne peut ensuite, sous prétexte d'erreur sur la mouvance, demander le rapport en nature.

---

(1) Succession. 6.
(2) Voy. M. Vazeille, t. 1. p. 518, n° 3. Donations déguisées. Rapport.

RATIFICATION.

SOMMAIRE.

Exécution. — Action en nullité ou en rescision. Intention certaine de renonciation. Syndic. Tuteur.

RENVOIS.

Voy. *Partage.* — 3. Action en rescision pour cause de lésion. Acte de partage ou de liquidation... Aliénation du lot. Dol. Violence. Lésion. Ratification expresse ou tacite.
Vente. — 13. Porté fort. Ratification. Droit éventuel. Action. Immeuble.

---

22 août 1844. — La faillite Lévylier C. Laurent. — 1re Ch. — MM. Mourot, pr., Escudié, subst., La Flize, Louis, av.

Les faits d'exécution, pour équivaloir à la ratification expresse d'une obligation contre laquelle la loi admet l'action en nullité ou en rescision, doivent être formels, et dictés surtout par l'intention positive de renoncer à la nullité qui pouvait être justement invoquée. Il doit en être ainsi principalement lorsque ces faits d'exécution sont opposés à des syndics, à des tuteurs, à ceux enfin qui n'ont pas la pleine disposition des intérêts qu'ils défendent, selon la maxime : *ubi non est potentia voluntatis expressæ, ibi cessat conjectura tacitæ.*

RECÉLÉ D'EFFETS DE LA COMMUNAUTÉ.

Voy. *Contrat de mariage.* — 21. Recélé. Sa définition. — 22. Recélé d'effets de la communauté par un mari, légataire de l'usufruit. Privation de l'usufruit de ces effets.

RECETTE MUNICIPALE.

Voy. *Rente.* — 2. — V. Recette municipale. Mandat visé par le sous-préfet. Opposition.

RECOMMANDATION.

Voy. *Contrainte par corps.* — 3. — III. Commandement. Recommandation après coup, pour le deuxième terme de la créance. Nullité.
Faillite. — 3. Banqueroute simple. Peine subie. Rétention provisoire du failli dans la maison de détention, à la demande des syndics. Transport dans la prison pour dettes. Consignation d'aliments.

RECRUTEMENT.

Voy. *Étranger.* — 5. Recrutement. Liste du contingent. Radiation. Compétence administrative.
Responsabilité. — 8. Certificat. Fait faux. Responsabilité du signataire. Recrutement. Maire. Témoin. Dommages-intérêts...

RÉCUSATION.

SOMMAIRE.

1. *Juge récusable non récusé.* — Cause de récusation ignorée de la partie. Moyen d'appel.
2. *Nombre insuffisant de magistrats non récusés pour composer le tribunal.* — I. Mode de procéder. Renvoi à un autre tribunal. — II. Cause de récusation. Testament. Inscription de faux. Ordonnance de chambre du conseil sur la poursuite criminelle. Peine disciplinaire contre le notaire rédacteur.

RENVOIS.

Voy. *Expertise.* — 8. Récusation. Délai. C. pr. Art. 283 énonciatif.
   Renvoi. — 2. Suspicion légitime. Mêmes motifs que pour la récusation. Formes différentes. Intimation devant le juge supérieur. Plaidoiries. Renvoi d'un tribunal de commerce à un autre, ou à un tribunal civil jugeant commercialement, autre que le tribunal civil du lieu où siége le tribunal de commerce dessaisi.
   Tribunaux. — Composition. Récusation. Suppléant. Avocat.

---

1. — 30 août 1836. — Legris C. Dericke. — 1re Ch. — MM. de Roguier, ff. pr., Bresson, av. gén., Châtillon, Volland, av.

Le juge qui était récusable, et qui n'a pas été récusé, a pu prendre part au jugement, sans que sa participation puisse être invoquée comme un moyen de nullité contre la décision à laquelle il a coopéré, à moins toutefois que le motif de récusation n'ait été ignoré de la partie, qui dans ce cas pourrait s'en prévaloir en cause d'appel.

2. — 6 janvier 1843. — Riesse et Colle C. le tribunal civil de Remiremont. — 1re Ch. — MM. Mourot, pr., Poirel, p. av. gén., concl. contr., Cabasse, avoué. (Arrêt sur requête.)

I. Lorsque les récusations tendent à réduire les magistrats composant un tribunal au-dessous du nombre nécessaire pour la validité des jugements, il y a lieu de procéder, par analogie, conformément à ce qui est prescrit par le Code de procédure, pour les renvois à un autre tribunal pour parenté ou alliance. (C. pr. 368.)

II. Sont récusables, dans une affaire en inscription de faux incident civil contre un testament, les magistrats qui ont connu, comme juges, des principaux faits sur lesquels se fonde l'inscription de faux incident, soit en renvoyant, par ordonnance rendue en la chambre du conseil, le défendeur devant la chambre d'accusation, soit en prononçant contre lui une peine disciplinaire, fondée sur l'existence des mêmes faits. (Le défendeur était un notaire, qui avait reçu un testament argué de faux.) (C. pr. 378, § 8.)

RÉGIME DOTAL.

Voy. *Contrat de mariage.* — 23. Régime dotal. Aliénation permise à charge de remploi. Justification du remploi exigée par l'acquéreur.

24

Voy. *Succession*. — 7. Régime dotal. Héritier de la femme. Dettes. Biens dotaux. Biens paraphernaux. Acceptation partielle. Bénéfice d'inventaire.

RÈGLEMENT DE JUGES.

SOMMAIRE.

1. *Connexité.* — Deux ordres sur les biens du même débiteur. Deux tribunaux. Jonction. Faillite. Syndic. Adjudicataire.
2. *Connexité.* — I. Litispendance. Tribunal de commerce. Tribunal civil. Juridiction épuisée. — II. Différence d'amplitude de juridiction. Appel. Même cour.
3. *Juge de paix.* — Tribunal de première instance. Déclarations successives d'incompétence. Cour de cassation. Cour royale.

RENVOIS.

Voy. *Acquiescement*. — 2. Compétence. Jugement. Pourvoi en règlement de juges. Déchéance d'appel...

---

1. — 18 décembre 1840 et 13 janvier 1841. — Thérin C. Salzard. — 1re Ch. — MM. Costé, pr., Poirel, p. av. gén., concl. conf., Lombard et George, avoués. (Le premier des deux arrêts a été rendu sur requête.)

Lorsque deux ordres sont ouverts devant deux tribunaux différents, pour parvenir à la distribution du prix de différentes adjudications, faites sur le syndic d'un failli, en sa qualité, ce syndic peut assigner l'adjudicataire des immeubles dont le prix est l'objet d'un ordre dans un arrondissement, pour voir dire que le règlement de cet ordre sera attribué au tribunal saisi de celui qui est ouvert sur le prix d'une autre adjudication, pour être statué sur les deux ordres par un seul et même tribunal ; — et la cour peut renvoyer les deux ordres devant le tribunal de l'arrondissement où le plus ancien a été ouvert, où le plus grand nombre des créanciers habitent, et où les productions ont déjà été faites. (C. pr. 363, 364.)

2. — 20 décembre 1844. — Lequeux C. Ancel, Desroches et Lecomte. — 1re Ch. — MM. Mourot, pr., Poirel, p. av. gén., Antoine, Calabelle, av.

I. Il n'y a pas lieu à règlement de juges, sous prétexte de connexité entre une instance pendante devant un tribunal de commerce et une autre instance pendante devant un tribunal civil, lorsque, au moment de l'introduction de cette seconde instance, la première était déjà complètement terminée, et que le tribunal de commerce avait épuisé sa juridiction par un jugement contradictoire sur la compétence, et par un jugement de défaut second prononcé sur le fond.

II. La voie tout exceptionnelle du règlement de juges ne peut être régulièrement prise au regard de deux tribunaux qui n'ont pas la même amplitude de juridiction, et dont les décisions, susceptibles d'appel, peuvent être déférées à la même cour.

3. — 7 mars 1834. — Foncin C. Demouzon. — 1re Ch. — MM. de Metz, p. pr., Bresson, av. gén., Humbert, Welche, av.

Quand un juge de paix et un tribunal de première instance se sont successivement déclarés incompétents pour connaître de la contestation qui leur est soumise, c'est devant la cour de cassation, et non devant la cour royale, que la demande en règlement de juges doit être portée.

RÉHABILITATION DE FAILLI.

Voy. *Faillite.* — 19. — I. Réhabilitation. Failli décédé. Payement de ses dettes par son fils. Mémoire du failli réhabilité. — II. Audience solennelle. Question d'Etat. — III. Réunion facultative de la chambre civile à la chambre correctionnelle. — IV. Réunion nécessaire des deux chambres.

RÉMÉRÉ.

Voy. *Nantissement.* — 1. Antichrèse. Vente à réméré. Relocation. Simulation. Contrat licite. Contrat pignoratif...
Pignoratif (Contrat.) — 1 à 5.
Vente. — 19. Réméré. Déchéance. Renonciation de l'acquéreur. Présomption. Possession du vendeur, sans bail. Intérêts du prix de vente. — 20. Réméré. Remboursement du prix non excédant 150 fr. Preuve testimoniale. Inadmissibilité. Immeuble. Valeur indéterminée. — 21. Réméré. Terme de rigueur. Prorogation interdite au juge. Déchéance. Payement de fermage. Clause pénale. Mise en demeure inutile.

REMISE DE TITRE.

Voy. *Présomptions.* — 2. Remise du titre. Preuve de libération. Preuve de payement..... Résiliation.

REMPART.

Voy. *Servitude.* — 2... Mur. Rempart de ville. Imprescriptibilité.

REMPLACEMENT MILITAIRE.

Voy. *Compétence commerciale.* — 20. Remplacement militaire. Acte de commerce. Engagement du remplaçant envers la compagnie. — 21. Remplacement militaire. Agent d'affaires. Traité. — 22. Remplacement militaire. Courtage. Commission. Acte de commerce. Saisie-arrêt. Tribunal civil. Existence de la créance. Tribunal de commerce.
Contrat de mariage. — 10. Remplacement militaire. Rapport du prix. Exception.

REMPLOI.

Voy. *Contrat de mariage.* — 1. Ancien droit. Remploi du propre de la femme. — 8. Coutume de Lorraine. Propre de la femme. Vente. Remploi. Mari copropriétaire. — 11. Coutumes. Silence sur le remploi de la femme. Vente de propre. — 15. Immeuble indivis entre un des conjoints et des enfants d'un premier lit. Construction. Remploi. Plus value. — 24. Remploi. Créance mobilière. Prélèvement du prix par les héritiers de la femme.

RENTE.

SOMMAIRE.

1. *Acensement.* — Habitant. Maire chargé de lever la rente. Charge communale.
2. *Cens.* — I. Erreur dans l'évaluation. Rectification. — II. Tarif municipal. Canaux. Egout. Payement du cens. Reconnaissance implicite du droit. — III. Egout public. Usage. — IV. Tarif ou taxe. Acte d'administration. Caractère variable. Elévation de la taxe. — V. Recette municipale. Mandat visé par le sous-préfet. Opposition.
3. *Rente constituée.* — Cens. Rente qualifiée de seigneuriale. Titre nouvel. Tiers détenteur. Charges prescrites.
4. *Rente viagère.* — Condition résolutoire. Clause pénale. Nullité de plein droit.
5. *Rente viagère.* — Condition résolutoire. Nullité de plein droit en cas de non payement de la rente. Dérogation à l'art. 1978 du C. civ. Délai.
6. *Rente viagère.* — I. Réversibilité de moitié de la rente. Décès du rentier dans les vingt jours. Annulation du contrat pour moitié. — II. Caution solidaire du débiteur de la rente. Remboursement du capital. Service des arrérages.

RENVOIS.

Voy. *Vente.* — 22. Rente viagère. Prix de vente. Lésion. Rescision. Mode d'évaluation. Tables de mortalité. Capitalisation de l'excédant de la rente sur le revenu de l'immeuble vendu.

1. — 27 décembre 1841. — La commune de Sarraltroff C. Henriet. — 2ᵉ Ch. — MM. Costé, pr., Poirel, p. av. gén., Louis, d'Ubexi, av.

Quand des acensements ont été faits aux habitants d'un village, la désignation du maire, comme devant lever la rente, n'en fait point une charge communale, et le propriétaire du cens est en droit de réclamer privativement contre chacun des détenteurs.

2. — 14 juillet 1845. — Noël, Germain et Turck C. la ville de Nancy. — 2ᵉ Ch. — MM. Lallemand, ff. pr., Poirel, p. av. gén., Fleury, Volland, av.

I. Le débiteur d'un cens ne peut se prévaloir de l'erreur qu'une ville aurait commise à son propre préjudice, dans l'évaluation de ce même cens, d'après la base adoptée dans un acte de concession. — Par exemple, si cette base étant d'un cinquantième du revenu imposable, la ville, pour établir ce cinquantième, s'est reportée à une ancienne matrice cadastrale, qui évaluait le revenu à un taux trop faible, et si, par suite, elle a perçu une redevance inférieure à celle qu'elle devait percevoir, le redevable, qui payait toujours sur le taux d'un cinquantième du revenu imposable, et qui avait accepté cette base, ne peut contester une redevance dont le chiffre plus élevé n'est que la rectification d'une erreur qui lui a été toute favorable.

II. Lorsqu'un tarif municipal a prescrit le payement d'un certain cens par tous ceux qui déverseraient à l'avenir des matières fécales dans les égouts publics, qu'ils y soient ou non autorisés, le payement du cens, de la part de l'habitant qui ne justifie d'aucune autorisation, depuis l'établissement de ce tarif, implique, de sa part, la reconnaissance du droit de la ville. — Peu importe que cet habitant ne profite pas d'un canal d'embranchement, mais fasse écouler directement le contenu de ses latrines dans l'égout public, passant au-dessous de sa maison, du moment qu'il y a reconnaissance du droit par le payement de la redevance.

III. Quand bien même cette reconnaissance n'existerait pas, le refus de payer ne serait pas plus fondé, du moment que l'égout est un égout public ; la seule circonstance que l'habitant profite de cet égout, pour les latrines de sa maison, met la ville en droit de réclamer une redevance.

IV. La convention intervenue entre la ville et l'habitant qui obtient l'autorisation de verser des matières fécales dans les égouts publics moyennant telle redevance, ne saurait être assimilée à celle par laquelle une commune aliène ou donne à bail ses biens communaux proprement dits. — Dans ce dernier cas, elle concède sans doute des droits aussi entiers que les concéderait un simple particulier : l'acte qu'elle souscrit lie l'avenir comme le présent, et ne lui permet plus de revenir sur des faits irrévocablement accomplis.

Mais il en est différemment lorsque cette commune, dans le but de concéder la jouissance de certains avantages sur des portions de son domaine inaliénable, sur des rues, par exemple, publie un tarif auquel chaque concessionnaire sera tenu de se conformer. — Ce tarif, avec les conditions qu'il impose, est un acte d'administration, et non une disposition de propriété ou de jouissance indéfinie : il participe bien plus de la nature d'un impôt qu'il ne devient, pour la commune et les concessionnaires, la source de véritables contrats : une taxe ou un tarif, fait pour subvenir à des charges qui se modifient avec le temps, a nécessairement un caractère mobile et variable, parce que, à l'instar de l'impôt, il doit se calquer sur les besoins auxquels il faut pourvoir. — Dans une pareille occurrence, il faut reconnaître, avec un auteur moderne, « que le public, dont l'existence n'a pas de fin, doit » être considéré non-seulement dans ses besoins présents, mais en » core dans ses besoins éventuels, et qu'il serait contraire à ses inté » rêts d'engager son avenir. » (M. Troplong, Traité de la prescription, vol. 1, p. 264). — En effet, pour une commune, comme pour l'Etat, les nécessités financières d'une époque ne sont plus celles de l'époque qui l'a précédée ; cette commune doit donc toujours conserver la possibilité de modifier ses tarifs, d'augmenter la rétribution qu'elle avait d'abord fixée à un chiffre inférieur, si l'équilibre se trouve rompu entre la redevance des concessionnaires et les frais d'entretien à la charge de cette commune. L'autorisation accordée à l'habitant concessionnaire n'a pu l'être qu'à cette condition : il ne peut donc pas se plaindre d'une élévation de taxe qui ne fait que rétablir une juste proportion entre la jouissance et la dépense qu'il occasionne à la commune qui le fait jouir. — L'augmentation qui lui est demandée est la juste conséquence de l'avantage que lui procure le voisinage des égouts publics, avantage dont il est aussi équitable qu'il supporte exclusivement la charge qu'il serait injuste de la faire peser sur la généralité des habitants, étrangers, pour un grand nombre, à l'avantage dont il jouit. —

Des excès de pouvoir, des augmentations indéfinies, signalés comme possibles de la part du conseil municipal, ne sont pas probables, puisque ce conseil, dans le sein duquel se débattent et se résolvent les questions de tarif, est le produit de l'élection libre des citoyens ; que sa mission est de protéger les intérêts des habitants comme ceux de la ville, et que, d'ailleurs, ses décisions n'ont force d'exécution que par l'approbation d'un pouvoir supérieur, placé en dehors des influences de localité, et qui arrêterait bien vite le conseil municipal, s'il substituait des prétentions déraisonnables à la juste intelligence des besoins de la cité. — Le refus, de la part du concessionnaire, d'acquitter les sommes réclamées par la ville, n'est donc point fondé, et il a, dès lors, à choisir entre le payement de ces sommes et la suppression de ses communications avec les égouts publics.

V. Aux termes de l'art. 63 de la loi du 18 juillet 1837, toutes les recettes municipales doivent s'effectuer sur des mandats dressés par le maire, états qui deviennent exécutoires après le visa du sous-préfet, et contre lesquels, en cas de contestations, on peut se pourvoir par voie d'opposition. — Les dispositions de cet article sont générales et s'appliquent à toutes les redevances, contestées ou non. — En conséquence le maire agit régulièrement en s'y conformant, ainsi qu'à l'art. 44 de la même loi, à l'effet de poursuivre, contre des concessionnaires, le recouvrement du prix des concessions d'embranchement de canaux particuliers avec les canaux de la ville, en exécution d'un règlement municipal approuvé par le préfet.

3. — 14 juin 1857. — Lévylier C. Jollain. — 2ᵉ Ch. — MM. Costé, pr., Poirel, p. av. gén., concl. conf., Louis, Volland, av.

Une rente constituée pour prix d'une concession de terrain, par un individu non seigneur du lieu où le bien se trouve situé, surtout dans un pays d'allodialité, n'est pas réputée féodale, encore que dans l'acte primitif elle soit qualifiée de *cens*, et de *rente seigneuriale* dans des actes postérieurs. Le créancier de cette rente a le droit d'en demander un titre nouvel, non-seulement à l'héritier du détenteur primitif, mais même au tiers détenteur, qui pourra seulement stipuler que son obligation de servir la rente ne subsistera que tant qu'il sera bientenant, et sous la déduction, d'ailleurs, des charges énoncées au titre primitif, et qui seraient prescrites.

4. — 27 juin 1856. — Etienne C. Jacob et Friant. — 1ʳᵉ Ch. — MM. Mourot, pr., Gadel, La Flize, Catabelle, av.

L'art. 1978 du C. civ. ne règle que l'effet de la condition résolutoire sous-entendue dans les contrats de rente viagère ; mais il ne fait point obstacle à ce que le créancier impose une clause pénale plus irritante, et stipule qu'en cas de non-payement de la rente aux termes convenus, le contrat deviendra nul de plein droit. — Mais c'est là une clause excessivement rigoureuse, et à laquelle il ne faudra donner effet qu'autant que tout autre mode de payement serait impossible.

5. 12 décembre 1842. — Barthélemy C. Jacob fils, Jacob père et Millot. — 2e Ch. — MM. Costé, pr., d'Ubexi, Volland, La Flize, Louis, av.

Lorsque, dans un contrat de rente viagère, passé entre un père et ses enfants, pour prix de la renonciation du premier à tous droits sur la communauté qui a existé entre lui et sa femme décédée, le père stipule qu'à défaut de payement exact de ladite rente viagère, il pourra contraindre ses enfants au rapport de tous les biens de la communauté, pour en opérer le partage légal, cette réserve ne saurait équivaloir à la clause résolutoire prévue par l'art. 1656 du C. civ; elle ne s'oppose pas, en conséquence, à ce qu'un délai soit accordé aux débiteurs de la rente pour le payement de celle-ci.—Le seul effet de cette stipulation est de déroger à l'art. 1978, qui, pour le cas de défaut de payement des arrérages de la rente viagère, refuse au rentier le droit de demander le remboursement du capital, ou de rentrer dans le fonds aliéné. — Cette clause n'est autre chose qu'une clause de résolution, telle qu'elle est sous-entendue dans tous les contrats synallagmatiques, pour le cas où l'une des parties manquerait à ses engagements. (C. civ. 1184.)

6. — 21 février 1835. — Huart C. Huard. — 1re Ch. — MM. de Metz, p. pr., Poirel, p. av. gén., Berlet, Volland, av.

I. Un contrat de rente viagère, dont moitié est réversible, après la mort du rentier, sur la tête d'un tiers, doit être annulé pour moitié seulement, et non pour le tout, quand le rentier décède dans les vingt jours de la date du contrat. (C. civ. 1975.)

II. Les cautions, même solidaires, des débiteurs de la rente viagère ne sont pas obligées de garantir le remboursement du capital de cette rente, en cas d'annulation ou de résolution du contrat, mais seulement le service exact des arrérages, à moins d'une stipulation expresse.

RENVOI.

SOMMAIRE.

1. *Faillite.* — Contestations nées et à naître. Tribunal de commerce. Contestations civiles. Tribunal civil. Dépens.
2. *Suspicion légitime.* — I. Mêmes motifs que pour la récusation. Formes différentes. Intimation devant le juge supérieur. Plaidoiries. — II. Renvoi d'un tribunal de commerce à un autre ou à un tribunal civil jugeant commercialement, autre que le tribunal civil du lieu où siège le tribunal de commerce dessaisi.
3. *Suspicion légitime.* — Procédure en règlement de juges.
4. *Suspicion légitime.* — Procédure en règlement de juges.

RENVOIS.

Voy. *Récusation*. — 2. Nombre insuffisant de magistrats non récusés pour composer le tribunal. Mode de procéder. Renvoi à un autre tribunal.

1. — 14 février 1840. — Gossel C. Braux, de Prautois, Lévylier frères, Pesson et la faillite Lévylier. — 1re Ch. — MM. de Metz, p. pr., Fabvier, proc. gén., Volland, Catabelle, Mamelet, d'Ubexi, La Flize, Louis, av.

En déclarant un tribunal en état de suspicion légitime pour juger les *contestations nées et à naître* d'une faillite, la cour peut *dessaisir ce tribunal des contestations relatives à cette faillite;* renvoyer en conséquence *ladite faillite, ses opérations et questions accessoires* devant *un autre tribunal de commerce,* pour y être procédé conformément à la loi, sur les derniers errements de la procédure, et ordonner que les contestations *en matière civile,* qui pourraient surgir de ladite faillite, seront portées devant le *tribunal civil* du lieu où siège le tribunal de commerce auquel la faillite est renvoyée : les dépens à prendre comme frais de faillite.

2. — 9 juin 1838. — Massenat C. Varin-Bernier. — 1re Ch. — MM. Mourot, pr., Garnier, av. gén., concl. conf., La Flize, Volland, av.

I. Une partie peut, en matière civile ou commerciale, demander, pour cause de suspicion légitime, son renvoi devant un autre tribunal que le tribunal légalement saisi. — Cette demande, pour cause de suspicion légitime, peut être fondée sur les mêmes motifs que la récusation ; mais elle n'est pas assujettie aux mêmes formes. — Elle se porte directement devant le tribunal supérieur par une intimation ordinaire, et se juge en audience et sur plaidoiries.

II. Quand le tribunal de commerce d'une ville est empêché, par un motif quelconque, de connaître d'une affaire commerciale de sa compétence, le tribunal civil de la même localité ne peut pas être appelé à juger l'affaire commerciale. — La cause doit nécessairement être renvoyée devant le tribunal de commerce le plus voisin, dût-on choisir un tribunal civil jugeant en matière commerciale.

3. — 25 janvier 1840. — Gossel et autres C. la faillite Lévylier. — 1re Ch. — MM. de Metz, p. pr., Fabvier, proc. gén., concl. conf., George, avoué. (Arrêt sur requête.)

Il résulte de la jurisprudence et de l'analogie de position, que, dans les demandes en renvoi pour cause de suspicion légitime, on doit se conformer aux dispositions des art. 363, 364 et suivants du C. de pr., relatifs aux règlements de juges.

4. — 25 mars 1839. — Tarbé C. la faillite Marcel. — 1re ch. — MM. de Metz, p. p., Garnier, av. gén., concl. conf., George, avoué. (Arrêt sur requête.)

Même décision (1).

RÉPARATIONS LOCATIVES.

Voy. *Louage.* — 19. — Réparations locatives. Canal d'une forge. Fermier.

---

(1) Voy. Merlin, rép., 4e éd., V°. Cassation, n° 3. Evocation, § 1, n° 4. Récusation, art. 11, § 4. Renvoi, § 4. — Questions de droit, 5e éd., V° Récusation, § 5. p. 271. Suspicion légitime, § 1er, p. 205. — Carré, Compétence. 2. 201. 199. Art. 300. — Dalloz, 11. 590. n° 3. 4. — 537. 8. — 89. 1. — 540. 3. — 588. § 2. 1. — Berriat, 336. — Pigeau, Comment. 1. 641. — Rennes, 20 décembre 1824 et 22 janvier 1833. — S. 25. 2. 340. — Carré, Comp. 2. 200. — D. 33. 2. 252.

REPRISE D'INSTANCE.

Voy. *Faillite*. — 20. Reprise d'instance par le syndic après la déclaration de faillite. Intervention sur l'appel. Tierce opposition.

REPRISES.

Voy. *Contrat de mariage*. — 25. Reprises. Demande nouvelle. Immeubles vendus avant le mariage. Prix. Meuble. — 26. Testament. Reprises. Liquidation.
Tutelle. — 7. Mère tutrice… — 11. Reprises. Confusion. Bénéfice d'inventaire.

REPROCHE.

Voy. *Témoin*. — 4. Intérêt d'une partie, tirée des qualités, dans les frais du procès. Parents reprochables. — 5. Parenté… — II. Autres causes de reproches. — III. Reproches légaux. Obligation pour le juge de les admettre. — 6. Reproche légal. Rejet obligatoire et absolu de la déposition. Lecture interdite. — 7. — I. Reproches rejetés par un premier jugement resté sans appel. Chose jugée. Appel du jugement du fond. Fin de non-recevoir contre les reproches. — II. Délai pour le jugement des reproches. — 8. Vigneron. Domesticité. Reproche…

REQUÊTE.

Voy. *Faillite*. — 27. Syndics. Indemnité de leur gestion. Jugement. Appel. Requête.

REQUÊTE CIVILE.

SOMMAIRE.

Jugement en dernier ressort. — Chose jugée. Minorité.

RENVOIS.

Voy. *Appel*. — 8. Demande reconventionnelle. Omission d'y statuer. Requête civile….
Degré de juridiction. — 51. — I. Requête civile. Appel. Moyens communs.

---

3 juin 1856. — Cherpitel C. Leclerc et Chéry. — 1re Ch. — MM. Mourot, pr., Bresson, av. gén., ncl. conf., Chatillon, Welche, Volland, av.

Il ne suffit pas qu'un jugement d'un tribunal de première instance ait acquis l'autorité de la chose jugée, ou que l'appel ait cessé d'en être recevable, pour que ce jugement soit attaquable par requête civile. — Il faut que le jugement ait été rendu *en dernier ressort*, c'est-à-dire que, de sa nature, et dans aucun cas, il n'y ait eu lieu à appel. — La circonstance de minorité, ou même de non valable défense, ne peut faire fléchir ce principe.

RES INTER ALIOS ACTA.

Voy. *Preuve littérale.* — 18. *Res inter alios acta.* Commune. Titres.
Voirie. — 18. — II. Titres récents d'acquisition. *Res inter alios acta.*
— 21. — II. Place à fumier. Aisances. Titre. *Res inter alios acta.*
— 23. — II. Mention d'un acte sous seing privé dans un acte authentique. *Res inter alios acta.* — 25. — VII. *Res inter alios acta.*

RESCISION.

Voy. *Obligation.* — 11. Rescision. Lésion. Minorité. Exception personnelle au mineur. Caution. — 12. Simulation. Preuve testimoniale. Rescision. Preuve littérale. Contre-lettre.
Partage. — 3. Action en rescision pour cause de lésion... Aliénation du lot. Dol. Violence. Lésion. Ratification expresse ou tacite. — 11. Tuteur. Action en partage ou licitation. Vente de la portion indivise du mineur. Formalités des transactions de mineurs. Action en rescision pour lésion de plus du quart.
Tutelle. — 8. Rescision. Prescription. Suspension par la minorité. Vente d'immeubles par un tuteur, sans formalités. Nullité. Lésion. Restitution des fruits. Cinq ans.
Vente. — 22. Rente viagère. Prix de vente. Lésion. Mode d'évaluation. Tables de mortalité. Capitalisation de l'excédant de la rente sur le revenu de l'immeuble vendu.

RÉSERVES.

Voy. *Acquiescement.* — 3. Enquête. Comparution. Déchéance d'appel. — 7. Jugement définitif et interlocutoire. Avoué. Comparution à l'opération ordonnée. Réserves contre la partie définitive du jugement. — 13. Signification à avoué sans réserves. Déchéance d'appel.
Appel. — 29. Jugement... Sommation de l'exécuter. Réserves. Appel recevable.
Tutelle. — 7. Mère tutrice. Curateur au ventre. Compte. Erreurs. Responsabilité. Réserves.

RÉSOLUTION.

Voy. *Appel.* — 7. Demande nouvelle. Résolution du contrat en première instance. Nullité en appel. Fin de non-recevoir.
Commissionnaire. — 2. Contrat de commission. Durée indéterminée. Marchandise. Garde. Négligence. Dommages-intérêts. Résiliation du contrat.
Partage. — 8. Licitation ou partage. Inexécution. Résolution.
Vente. — 23. Résolution de plein droit. Stipulation formelle. Termes sacramentels. — 24. Résolution de vente. Faillite. Frais d'instance. Rétention sur le prix de vente. — 25. Résolution faute de payement du prix. Acquéreur. Améliorations. Créancier.

RESPONSABILITÉ.

SOMMAIRE.

1. *Acte de notoriété.* — Identité attestée. Erreur. Préjudice. Responsabilité des signataires.
2. *Arpenteur forestier.* — Arpentage. Réarpentage. Erreur de plus d'un vingtième. Responsabilité envers l'administration. Responsabilité envers l'adjudicataire.
3. *Aubergiste.* — Voiturier. Marchandises. Vol. Responsabilité civile. Demande en garantie. Incompétence du tribunal de commerce.
4. *Avoué.* — Expropriation. Titre hypothécaire. Péremption de l'inscription durant les poursuites.
5. *Certificat.* — Fait faux. Responsabilité du signataire. Recrutement. Maire. Témoin. Dommages-intérêts. Dommage direct. Dommage indirect.
6. *Délit.* — I. — Fait préjudiciable. Enfant. Discernement. — II. Responsabilité civile du père. Surveillance d'un instituteur.
7. *Dommage.* — Impossibilité de l'éviter. Prudence ordinaire.
8. *Maîtres et commettants.* — Commis marchand. Dommage causé par imprudence. Responsabilité du marchand.
9. *Mont-de-piété.* — Préposé. Négligence ou imprudence. Responsabilité civile de l'administration.
10. *Notaire.* — I. Vente aux enchères. — II. Frais de procès. Nullité. Dommage. — III. Dépenses accessoires.

RENVOIS.

Voy. *Arbitrage.* — 3. — III. Tiers arbitre. Refus d'un arbitre de se réunir aux deux autres. Nullité du jugement. Responsabilité de l'arbitre refusant. Nouveaux arbitres.

Commune. — 17. Exploit. Huissier. Nullité d'acte. Responsabilité. Frais.

Donation. — 13. — IV. Acceptation certaine. Mention omise. Responsabilité du notaire. — V. Etendue de la responsabilité. — VI. Pouvoir discrétionnaire des tribunaux.

Inventaire. — 3. Tuteur. Enonciations de l'inventaire. Preuve d'erreur à la charge du tuteur. Responsabilité.

Louage. — 12. Force majeure. Inondation. Moulin. Vanne d'une manœuvre difficile. Responsabilité du meunier.

Louage d'ouvrage et d'industrie. — 1. Architecte. Entrepreneur. Fontaine publique. File de corps. Vice du sol. Vice des matériaux. Responsabilité. Recours en garantie de l'architecte contre l'entrepreneur. — 2. Entrepreneur. Architecte. Responsabilité. Plans et devis. Omission. Travaux publics. — 5. Ouvrier maçon. Entrepreneur. Restriction. Surveillance du propriétaire.

Mandat. — 2. Bon pour... Facteur garde-vente... Responsabilité. — 7. Mandat salarié. Placements. Responsabilité. Danger actuel. Garantie anticipée. — 8. Mandat salarié pour recouvrements. Responsabilité. Preuve de diligences inutiles ou d'insolvabilité. — 13. Substitution de pouvoirs... Responsabilité du substituant. Capacité, solvabilité du substitué.

Notaire. — 15. Responsabilité. Prix de vente. Distribution. Quasi-contrat. — 16. Responsabilité. Prix de vente remis au vendeur, au préjudice des créanciers inscrits. Restitution. — 17. Responsabilité. Vente. Omission de la signature d'une des parties. Éviction. Remboursement du prix.

Voy. *Testament.* — 18. Legs universel. Obligations du testateur. Responsabilité du légataire. Vente. Nullité. Garantie.

Tutelle. — 1. Action immobilière. Défaut d'autorisation. Frais. Responsabilité. — 7. Mère tutrice. Curateur au ventre. Compte. Erreurs. Responsabilité. Réserves.

---

1. — 20 mars 1841. — Veber C. Velden et Bella. — 1re Ch. — MM. Costé, pr., Poirel, p. av. gén., Lefèvre, Catabelle, La Flize, av.

Celui qui fait faire et signe un acte de notoriété, dans lequel il affirme l'identité de deux personnes différentes, est responsable, envers l'héritier légitime et véritable, de ce qu'il peut perdre soit sur un capital, soit sur des fruits perçus par des héritiers putatifs de bonne foi, ou insolvables. (C. civ. 549, 550, 1382.)

2. — 11 mars 1857. — Bert C. André-Husson. — 1re Ch. — MM. de Metz, p. pr., d'Arbois, La Flize, av.

L'arpenteur forestier est responsable envers son administration des erreurs de plus d'un vingtième qu'il commet, soit dans l'arpentage qui précède et prépare l'adjudication, soit dans le réarpentage qui la suit; mais, envers l'adjudicataire, il n'est responsable que des erreurs commises dans le réarpentage qui sert de base définitive à la fixation du prix.

3. — 30 décembre 1841. — Mathé C. Mougel. — 1re Ch. — MM. Mourot, pr., Poirel, p. av. gén., Fleury, Volland, av.

La responsabilité d'un aubergiste, pour les marchandises des voituriers et autres, n'est nullement commerciale.

Le voiturier, actionné consulairement par l'expéditeur ou le destinataire de la marchandise volée, ne pourrait appeler en garantie l'aubergiste devant le tribunal de commerce où il a été cité.

4. — 12 juillet 1857. — Guyot C. Diflot. — 2e Ch. — MM. de Sansonetti, ff. pr., La Flize, Chatillon, av.

L'avoué, à qui l'on a confié un titre de créance authentique et exécutoire pour suivre l'expropriation de l'immeuble hypothéqué, est responsable de la prescription de l'inscription survenue pendant le cours de la procédure en expropriation forcée.

5. — 14 juillet 1845. — La compagnie d'Assurance pour la libération du service militaire C. Fremion et Gascon. — 2e Ch. — MM. Riston, pr., La Flize, Lalande (de Lunéville), d'Ubexi, av.

Lorsqu'un jeune Français, après avoir obtenu sa libération du service militaire au moyen d'un certificat attestant faussement qu'il est fils unique de septuagénaire, s'est vendu comme remplaçant, mais qu'ensuite l'acte de remplacement militaire contracté par lui a été annulé, la compagnie d'assurance, qui avait traité avec lui, et qui s'est vue obligée de se procurer un autre remplaçant à prix d'argent, a, sans aucun doute, une action en indemnité contre lui; mais en a-t-elle une, en outre, contre le maire et les témoins, auteurs du certificat erroné auquel ce jeune soldat a dû sa libération?

Pour décider si la compagnie d'assurance est en droit d'invoquer, contre ce maire et ces témoins, l'article 1382 du C. civ., pour la réparation du dommage par elle éprouvé, il n'y a pas lieu de faire l'application du principe posé dans les art. 1150 et 1151 du même Code, lesquels ne sont applicables qu'aux dommages-intérêts résultants de l'inexécution des conventions, ce qui a permis au législateur de prescrire aux parties contractantes l'obligation de prévoir à l'avance les pertes qui devaient arriver.

Cette prévision ne pouvant avoir lieu en matière de délit ou de quasi-délit, l'art. 1382 a dû nécessairement abandonner aux tribunaux le soin d'apprécier, selon les circonstances particulières à chaque cause, jusques à quel point et à quelles limites tel et tel fait, en lui-même répréhensible, devait étendre la responsabilité de son auteur.

Cette responsabilité, pour être raisonnable et juste, ne doit pas s'appliquer indéfiniment à toutes les conséquences secondaires et éloignées, dont la cause première pourrait, de degrés en degrés, remonter au certificat erroné qui a motivé la décision du conseil de révision en faveur de la libération. — Sans chercher néanmoins une limite dans la définition grammaticale de ce qu'on peut appeler *dommage direct* ou *indirect*, on conçoit facilement qu'un tel certificat ayant été donné par les signataires dans le but d'empêcher le jeune homme qui en était l'objet de quitter ses foyers, et de créer en sa faveur une exoine légale de service militaire, on peut et on doit accorder des dommages-intérêts au jeune Français appelé au même tirage, puisqu'il est parti indûment à sa place. — Mais on conçoit aussi qu'une distance immense existe entre cette cause immédiate de dommage et celle que peut faire valoir la compagnie d'assurance. — A la différence du jeune Français qui, par suite de l'exoine illégale, a été forcé de partir à la place du jeune homme exoiné, rien n'obligeait la compagnie d'assurance à traiter avec ce dernier, à l'accepter comme remplaçant, surtout à lui payer d'avance (comme cela avait eu lieu dans l'espèce) une somme importante, sans prendre, dans son village, aucun renseignement sur sa position véritable.

En conséquence, la responsabilité des signataires du certificat erroné ne doit pas s'étendre jusqu'à faire prononcer contre eux une condamnation à une indemnité en faveur de la compagnie d'assurance, pour les pertes qu'elle a pu éprouver avec ce remplaçant.

6. — 27 janvier 1836. — Noël C. Emegembirn. — 2ᵉ Ch. — MM. de Sansonetti, ff. pr., Bresson, av. gén., concl. conf., Volland, Antoine, av.

I. L'enfant qui a commis un délit ou un fait préjudiciable à autrui, mais qui a agi sans discernement, n'est responsable personnellement d'aucuns dommages-intérêts.

II. La responsabilité civile du père cesse pendant le temps que l'enfant est placé sous la surveillance d'un instituteur.

7. — 9 juillet 1844. — Régnier C. Quinot. — 2ᵉ Ch. — MM. Masson, ff. pr., Louis, Catabelle, av.

Pour qu'un fait dommageable donne lieu à responsabilité, il n'est pas nécessaire qu'il ait été rigoureusement impossible d'échapper à ses conséquences ; il suffit qu'une prudence ordinaire n'ait pu l'éviter.

8. — 26 novembre 1842. — Lévy C. Guérard et Mangin. — 1re Ch. — MM. Moreau, p. pr., Garnier, av. gén., concl. contr. sur le point de fait, Louis, La Flize, d'Ubexi, av.

L'art. 1384 du C. civ., aux termes duquel les maîtres et les commettants sont responsables du dommage causé par leurs domestiques et préposés, *dans les fonctions auxquelles ils les ont employés*, est applicable au marchand épicier dont le commis salarié a, par imprudence, crevé l'œil d'un enfant qui s'était présenté dans la boutique de l'épicier, pour y acheter une denrée tenue par ce marchand.

La responsabilité ne peut être déclinée quand cet accident est arrivé, par exemple, par l'éclat d'une capsule que le commis a fait partir, soit par forme d'amusement, soit pour effrayer l'enfant, si ce fait s'est passé dans l'intérieur même de la boutique, tandis que le commis était au comptoir, et au moment où il venait de servir à l'enfant la marchandise que celui-ci était venu acheter. — Cette responsabilité pèserait sur l'épicier quand même la capsule dont l'éclat a causé le dommage ne sortirait pas de son magasin.

9. — 7 mars 1844. — Le Mont-de-Piété de Nancy C. Jacob, dit Saqui, Rozier et Lefèvre. — 1re Ch. — MM. d'Arbois, ff. pr., Escudié, subst., concl. conf., Volland, d'Ubexi, Louis, La Flize, av.

L'administration d'un Mont-de-Piété est civilement responsable de la gestion de ses préposés : elle ne peut se soustraire à cette responsabilité, en alléguant leur négligence ou leur imprudence : elle répond du dommage qui a pu être causé par eux dans les fonctions auxquelles elle les a employés. (C. civ. 1383.)

10. — 2 août 1845. — Henry C. Miclo et Comment. — Aud. solenn. Ch. civ. et corr. réun. — MM. Moreau, p. pr., Garnier, av. gén., concl. conf. sur tous les points, sauf sur le dernier, La Flize, Louis, Volland, av.

I. Le notaire qui a reçu des enchères est responsable des fautes graves par lui commises, et qui ont eu pour résultat la nullité de la vente. (C. civ. 1382). — Il doit réparer le dommage qu'il a causé, et conséquemment indemniser le vendeur de toutes les pertes qui en ont été la suite.

II. Au nombre de ces pertes, il y a lieu de comprendre tous les frais exposés par le vendeur, dans les différentes instances qu'il a soutenues à l'occasion de la vente annulée.

III. A l'évaluation de ces frais, selon les taxes judiciaires, il y a lieu d'ajouter une certaine somme pour les dépenses accessoires, les frais de vente et tous autres préjudices quelconques.

RETOUR LÉGAL.

Voy. *Absence*. — 5. Militaire absent. Loi du 11 ventôse an II. Présomption de vie... — VII. Retour légal.

RETRAIT SUCCESSORAL.

Voy. *Succession.* — 8. Retrait successoral. Revente. Successible acquéreur.

REVENDICATION.

SOMMAIRE.

1. *Action pétitoire.* — I. Aveu de la possession de l'adversaire. Présomption légale de propriété. — II. Interlocutoire. Moyen rejeté. Appel du jugement définitif. Fin de non-recevoir. — III. Terres vaines et vagues. Commune. Féodalité. Parcelles de terrain attenantes aux habitations.
2. *Compétence.* — Tribunal du domicile du tiers saisi. Contestations entre le saisissant et le saisi, sur la propriété des objets saisis.
3. *Possession.* — Présomption de propriété. Meubles. Preuve contraire. Présomptions. Livres de commerce. Irrégularité. Correspondance. Failli. Syndics. Tiers.

RENVOIS.

Voy. *Bornage.* — 3. Anticipation. Revendication. Forêt royale. Titre. Possession. Pièce nouvelle produite en appel. Ancien procès-verbal d'abornement. Application au terrain.
Faillite. — 21. Revendication. Bois et planches vendus et non payés. Port et terrain vague loués par le failli. Magasin de l'acheteur. — — 22. Revendication. Coupe de bois. Meuble. Rétention. Clause du cahier des charges. Parterre de la coupe. Magasin de l'acheteur.
Prescription. — 11. Coutume de Verdun. Commune. Prescription de 40 ans. Revendication. Loi du 28 août 1792. — 30. — III. Simulation de prix. Sous-acquéreurs. Revendication.
Preuve. — Revendication d'un terrain usurpé. Emplacement incertain. Expertise. Fin de non-recevoir.
Preuve littérale. — 19. Revendication de terrain. Contenance. Titres. Cadastre. Désaccord.
Vente. — 4. Coupe de bois. Faillite de l'acheteur. Revendication. Magasins du failli. Effets de commerce. Novation. Privilége sur le prix de vente des bois. — 6. Coupe de bois. Revente par l'acheteur commerçant à un autre commerçant. Revendication. Privilége sur le prix de vente.

———

1. — 2 février 1858. — La commune de Dieue C. Angelsberg. — 1ᵉ Ch. — MM. de Metz, p. pr., Poirel, p. av. gén., concl. conf. sur les deux premières questions, contr. sur la troisième, d'Arbois, Volland, av.

I. La partie qui porte une demande en revendication directement au pétitoire reconnaît, par ce fait seul, à son adversaire, la possession annale, et la présomption légale de propriété qui y est attachée.

II. Le jugement qui rejette explicitement, dans ses motifs, et implicitement dans son dispositif, un moyen proposé par le demandeur, et qui ordonne, à défaut de ce moyen, une preuve offerte subsidiairement, ne fait pas obstacle à ce que, sur l'appel du jugement définitif, le moyen primitivement écarté soit reproduit.

III. Les lois des 28 août 1792 et 10 juin 1793, qui attribuent aux communes la propriété des terres vaines et vagues, sont dirigées principalement contre la féodalité, et ne s'appliquent pas à des parcelles de terrain qui sont attenantes aux habitations particulières, et dont la propriété ne paraît pas avoir été entachée de féodalité.

2. — 18 janvier 1833. — Gérardin C. Collignon de Videlange. — 1re Ch. — MM. de Metz, p. pr., Bouchon, subst., La Flize, Volland, av.

C'est au tribunal du domicile du tiers sur lequel la saisie-revendication est faite, que doivent être portées les contestations qui s'élèvent entre la partie saisissante et la partie saisie, relativement à la propriété des objets saisis-revendiqués.

3. — 15 décembre 1840. — La faillite Lévylier C. Lévylier. — 2e Ch. — MM. Mourot, pr., Garnier, av. gén., concl. conf., La Flize, Volland, av.

La présomption de la propriété de marchandises ou denrées, résultante de la possession de ces objets, et de leur présence sur les greniers du failli, peut être combattue par des preuves ou présomptions contraires, invoquées par des tiers qui revendiquent ces denrées, et par les syndics de la faillite. — La preuve de la propriété de ces tiers sur ces denrées peut résulter des registres, même irrégulièrement tenus, du failli, ainsi que de la correspondance de ce dernier avec le mandataire des tiers demandeurs en revendication, et des registres régulièrement tenus par ces tiers, négociants eux-mêmes (1).

RIVIÈRE NAVIGABLE ET FLOTTABLE.

Voy. *Compétence administrative.* — 9. Rivière flottable. Lit réputé abandonné. Vérification contraire ordonnée par les tribunaux. Excès de pouvoir.
Eau. — 25. Rivière. Nouveau lit. Atterrissement. Alluvion. Riverains. Ancien lit. Noue. Lac. Etang. — 26. Rivière navigable ou flottable. Travaux. Préjudice. Plainte.

RUE.

Voy. *Voirie.* — 10. — 1. Chemin. Commune. Rue. Domaine public. Imprescriptibilité. — 11. — 1. Chemin. Commune. Rue. Possession. — 18. Rue. Espace entre deux lignes de maisons. Présomptions. Preuve contraire. Ruisseau. Quais. — 19. Rue. Imprescriptibilité. Définition du mot *rue.* Présomption. Preuve contraire. Propriété privée. Chaussée. Aisances. Tolérance. Chars. Charrues. Bois. — 20. Rue. Parcelle contiguë. Prescription. — 21. Rue. Place. Domaine public communal hors du commerce. Titre contraire. Imprescriptibilité. Place à fumier. Aisances. Titres. — 22. Rue. Riverain. Droit acquis. Jours acquis. Jours et issues. Alignement. Rectification. — 23. Rue. Riverain. Droit acquis. Jours et issues. Constructions nuisibles.

RUISSEAU.

Voy. *Compétence administrative.* — 10. Ruisseau. Nouveau lit ouvert par

---

(1) Toullier, t. 8, p. 567, n° 587. — Pailliet, C. com. Art. 13. — Pardessus, t. 2, p. 225, n° 258, *in fine.* — A. Dalloz, V°. Faillite, n° 344.

l'administration. Dommages. Incompétence des tribunaux déclarée d'office.

Voirie. — 18. — 1 Rue. Espace entre deux lignes de maisons. Présomption. Preuve contraire. Ruisseau. Quais.

SAISIE.

SOMMAIRE.

1. *Choses insaisissables.* — 1. Compensation. — II. Aliments. Quotité saisissable.
2. *Offres.* — Refus. Appel. Maintien de la saisie. Dommages-intérêts envers le saisi.

RENVOIS.

Voy. *Degré de juridiction.* — 52. Saisie. Dette inférieure à 1500 fr. Revendication. Valeur indéterminée. Premier ressort. — 53. Saisie. Distraction. Demande indéterminée. Cause de la saisie inférieure à 1500 fr. — 54. Somme inférieure à 1000 fr. Nullité. Dommages-intérêts supérieurs à 1000 fr. Accessoire. Dernier ressort. — 85. Saisie. Validité. Somme inférieure à 1000 fr. Nullité prononcée d'un acte d'une valeur indéterminée. Premier ressort.

Jugement par défaut. — 8. Jugement de commerce. Exécution dans les six mois. Saisie. Procès-verbal de carence. Résidence.

Revendication. — 2. Compétence. Tribunal du domicile du tiers saisi. Contestations entre le saisissant et le saisi sur la propriété des objets saisis.

---

1. — 31 mai 1845. — Labouverie C. Pognon. — 1re Ch. — MM. Mourot, pr., Volland, d'Ubexi, av.

I. Tout ce qui est insaisissable ne peut être compensé; car le but de toute saisie est d'arriver au payement; or la compensation est elle-même un mode de payement. Ainsi les mêmes motifs qui s'opposent à la saisie s'opposent à la compensation.

II. La compensation n'a pas lieu pour une dette qui a pour cause des aliments déclarés insaisissables (C. civ. 1293, n° 3). Or l'art. 581, n° 4, du C. pr. déclare insaisissables les sommes et pensions pour aliments, encore que le testament ou l'acte de donation ne les déclare pas insaisissables. A la vérité, l'article suivant pose une exception à ce principe, en décidant que les pensions alimentaires peuvent être saisies pour des créances postérieures à l'acte qui les a constituées, en ce qui touche la partie seulement qui sera déterminée par le juge. Mais les exceptions doivent être strictement renfermées dans les cas pour lesquels elles sont faites. — Une pension alimentaire n'étant accordée que pour subvenir à l'existence, la plupart des auteurs, dans l'ancien droit, pensaient qu'on pouvait faire une distinction entre les termes arrérages et ceux à venir, puisqu'à l'égard des premiers le créancier de la pension avait vécu sans ce secours. L'art. 582 du C. pr. paraît autoriser cette distinction, et s'en remettre à la prudence des juges pour décider, suivant l'équité et les circonstances, la quotité de la pension qui pourra être saisie.

2. — 29 juillet 1841. — Fréchard C. Jacquot. — 1re Ch. — MM. Moreau, p. pr., Garnier, av. gén., Catabelle, Volland, av.

Quand une saisie, interposée, par exemple, pour 2000 fr., n'a été validée que pour 180 fr., qui ont été immédiatement offerts, et que le saisissant a appelé du jugement, et maintenu la saisie, le saisi, sur l'appel, est recevable à demander des dommages-intérêts pour la perte résultante de la maintenue de la saisie.

SAISIE-ARRÊT.

SOMMAIRE

1. *Demande en validité.* — Contestation sur la forme, en première instance. Nullité de la créance, proposée en appel. Moyen nouveau. Recevabilité.
2. *Deniers provenants d'une vente volontaire d'objets mobiliers.* — Officier ministériel. Opposition. Nullité.
3. *Premier saisissant.* — Privilége sur les deniers saisis. Jugement de validité de saisie. Attribution. Chose jugée. Faillite. Signification du jugement.
4. *Tiers saisi.* — Défaut de production de pièces. Débiteur pur et simple. Preuve de l'existence des pièces.

RENVOIS.

Voy. *Jugement par défaut.* — 7. Exécution. Saisie-arrêt.

1. — 27 août 1838. — Roguet C. Lévy. — 1re Ch. — MM. de Metz, p. pr., Garnier, av. gén., concl. conf., Louis, Catabelle, av.

Le débiteur saisi, défendeur à une demande en validité de saisie-arrêt, qui, devant les premiers juges, a contesté, en la forme seulement, la régularité de la saisie, peut, devant la cour, pour la première fois, contester l'existence de la créance, cause de la saisie; ce n'est là qu'un moyen nouveau.

2. — 26 mars 1836. — Baraban C. Hardy et Lelièvre. — 1re Ch. — MM. de Metz, p. pr., Garnier, subst., concl. conf., Chatillon, Catabelle, Lefèvre, av.

Les deniers provenants d'une vente volontaire d'objets mobiliers ne peuvent être saisis, entre les mains de l'officier ministériel qui a procédé à cette vente, par une simple opposition : — il faut, à peine de nullité, une saisie-arrêt régulière, avec toutes ses formes.

3. — 14 décembre 1844. — La faillite Helluy C. Cremière. — 1re Ch. — MM. Moreau, p. pr., Leclerc, subst., La Flize, Catabelle, av.

La loi n'établit pas de privilége sur les deniers saisis en faveur du premier saisissant. Si, du jugement qui déclare la saisie-arrêt valable, et ordonne le versement de ces deniers entre les mains du saisissant, il peut, même avant le versement effectif des espèces entre ses mains, résulter une saisie, une attribution exclusive de ces espèces à son profit, ce ne peut être, en tout cas, que du jour où ce jugement est passé en force de chose jugée.

Spécialement : lorsque le jugement de validité de saisie n'a été signifié à partie, et n'a acquis l'autorité de la chose jugée, que postérieurement à la déclaration de faillite du saisi, ce jugement est complétement arrêté dans ses effets, et le saisissant est privé de tous les droits exclusifs qu'il aurait pu acquérir sur les deniers saisis par la signification du jugement, et l'expiration du délai d'appel avant la faillite.

4. — 21 mai 1832. — Veuve Hilaire C. Dieudonné, Claudel et Viriot. — 1re Ch.— MM. de Metz, p. pr., Poirel, p. av. gén., Bresson, Berlet, d'Ubexi, La Flize, av.

L'art. 577 du C. pr., qui déclare le tiers-saisi débiteur pur et simple des causes de la saisie, faute par lui d'avoir satisfait à l'art. 574, qui l'oblige à annexer à sa déclaration les pièces propres à la justifier, ne peut être invoqué par le saisissant qu'autant qu'il prouve que des pièces existent réellement, et que leur défaut de production est le fait du tiers saisi.

SAISIE-BRANDON.

SOMMAIRE.

Tenants et aboutissants omis. — Désignations suffisantes. Validité.

---

8 août 1840. — de Saint-Victor C. Conter. — 1re Ch. — MM. Costé, pr., Garnier, av. gén., concl. contr., Catabelle, Antoine, av.

Est valable la saisie-brandon dans laquelle n'ont pas été observées toutes les formalités prescrites par l'art. 627 du C. pr., et notamment l'indication de deux au moins des tenants et aboutissants des pièces de terre dont la récolte est saisie, si d'ailleurs les pièces de terre sont suffisamment désignées pour que le propriétaire ne puisse s'y méprendre. Il y a suffisante désignation dans la déclaration faite par l'huissier au saisi qu'il va saisir la totalité des terrains par lui possédés.

SAISIE-EXÉCUTION.

SOMMAIRE.

1. *Commandement.* — Acte d'exécution.
2. *Procès-verbal.* — Copie unique pour toutes les vacations. Nullité couverte par la défense au fond.
3. *Saisie opérée le jour où un appel du jugement est interjeté.*—Ignorance de l'appel par le saisissant. Validité de la saisie.

RENVOIS.

Voy. *Degré de juridiction.* — 55. Saisie. Distraction. Demande indéterminée. Cause de la saisie inférieure à 1500 fr. — 56. Saisie-exécution. Demande en nullité. Cause de la saisie inférieure à 1000 fr. Premier ressort. — 57. Saisie-exécution. Dette inférieure à 1500 fr. Revendication des meubles saisis. Demande indéterminée. Premier ressort. — 58. Saisie-exécution. Revendication. Capital inférieur à 1500 fr. Meubles saisis évalués à moins de 1500 fr. dans une donation, mais non évalués dans la demande. Premier ressort.

1. — 31 décembre 1842. — Puton C. Mast. — 1re Ch. — MM. Mourot, pr., Maire, La Flize, av.

Un commandement préalable à une saisie n'est autre chose qu'une mise en demeure de payer, une initiative nécessaire à toute exécution, mais n'est pas un acte d'exécution. Ce qui constitue l'exécution, c'est la saisie qui dépossède le débiteur, qui place sous la main de la justice ses meubles ou ses immeubles (1). Ainsi, un commandement signifié, par exemple, le 16 juillet, ne pourrait vicier une saisie-exécution tentée le 19, en vertu d'un jugement rendu le 8 du même mois, dans le cas prévu par l'art. 877 du C. civ.

2. — 14 décembre 1829. — Aubry C. Olry. — 1re Ch. — MM. de Riocour, p. pr., Binger, Chatillon, av.

Quand une saisie-exécution occupe plusieurs séances de l'huissier, il n'est pas nécessaire qu'il remette à la partie saisie copie de son procès-verbal à la fin de chaque vacation : une copie pour le tout suffit. — En tout cas, la nullité qui résulterait de cette omission est couverte, si elle n'a pas été proposée avant toute autre défense ou exception.

3. — 8 août 1840. — de Saint-Victor C. Conter. — 1re Ch. — MM. Costé, pr., Garnier, av. gén., concl. conf., Catabelle, Antione, av.

Est valable la saisie faite en vertu d'un jugement de première instance, le jour même où il est interjeté appel de ce jugement, quand il n'est pas prouvé que le saisissant avait, au moment de la saisie, connaissance de l'appel.

SAISIE IMMOBILIÈRE.

SOMMAIRE.

1. *Adjudication.* — Purge d'hypothèques. Transcription inutile. Notification. Omission. Inscription périmée.
2. *Adjudication définitive non contestée.* — Nullité proposée sur l'appel. Procédure. Fond du droit. Titres. Demande nouvelle.
3. *Adjudication préparatoire.* — Immeubles saisis. Dépossession. Appel.
4. *Demande incidente en nullité de vente.* — I. Dispense de conciliation. — II. Saisi. Vente frauduleuse. Saisissant. Surenchère.
5. *Distraction non contestée d'immeuble saisi.* — Nullité. Proposition tardive.
6. *Enregistrement de la saisie immobilière au greffe.* — Dénonciation antérieure. Nullité.
7. *Femme mariée.* — Distraction. Acquiescement. Renonciation tacite à l'hypothèque légale.
8. *Procès-verbal de saisie immobilière.* — Désignations insuffisantes. Nullité. Adjudication préparatoire.
9. *Vente sur décret.* — Ancien droit français. Droit lorrain. Servitude. Charges réelles. Usufruit. Purge. Mineur. Commune.

---

(1) Cass. req. 22 mars 1832. (D. 32. 1. 160. — S. 32. 1. 248. — P. 5e édit. t. 24. p. 884 et la note).

SAISIE IMMOBILIÈRE.

RENVOIS.

Voy. *Degré de juridiction.* — 59. Saisie immobilière. Créance inférieure à 1500 fr. Demande en nullité de la saisie. Premier ressort.
Responsabilité. — 4. Avoué. Expropriation. Titre hypothécaire. Péremption de l'inscription durant les poursuites.

1. — 23 août 1838. — Villemart C. la veuve Didelin, née Thirion, et Marchal. — 2ᵉ Ch. — MM. Costé, pr., d'Ubexi, Volland, Chatillon, av.

L'adjudication sur expropriation forcée purge de plein droit, et sans qu'il soit nécessaire de transcrire, toutes les hypothèques antérieures. — Ainsi, le créancier hypothécaire non payé ne peut plus poursuivre le recouvrement de sa créance contre le tiers détenteur. — Ce principe ne comporterait d'exception qu'à l'égard du créancier qui n'aurait pas reçu la notification prescrite par l'art. 695 du C. pr.; mais c'est au créancier qui invoque cette exception de la prouver; il y a, en faveur de l'adjudicataire, présomption de l'accomplissement de toutes les formalités prescrites par la loi. — Encore faudrait-il dire que cette exception elle-même cesserait, si l'inscription antérieure à l'expropriation était périmée: dans ce cas, le créancier, même non touché de la notification, ne pourrait pas reprendre une inscription nouvelle, après l'expropriation: il serait placé dans la même position que le créancier qui n'aurait jamais été inscrit.

2. — 28 février 1833. — Quinot C. Mougeot. — 1ʳᵉ Ch. — MM. Breton, pr., La Flize, Chatillon, av.

La partie saisie qui, lors du jugement d'adjudication définitive, n'a proposé aucuns moyens de nullité contre la poursuite, ne peut être admise à en proposer sur l'appel, quand même ces moyens seraient radicaux, et tiendraient au fond même du droit. La loi ne distingue pas ici entre les nullités de procédure et les nullités qui peuvent affecter les titres mêmes servant de base aux poursuites (C. pr. 735, 736).

3. — 3 décembre 1833. — Colin et Albert C. le préfet de la Meurthe. — 1ʳᵉ Ch. — MM. Breton, pr., Poirel, p. av. gén., d'Ubexi, Chatillon, Volland, av.

L'adjudication préparatoire d'immeubles saisis ne dépossède pas complétement le débiteur, de sorte qu'il est encore recevable, après l'adjudication préparatoire, à interjeter appel d'un jugement antérieur qui lui enlevait, en tout ou en partie, la propriété de ces immeubles.

4. — 28 août 1832. — Odinot C. Simonet et Baudot. — 1ʳᵉ Ch. — MM. de Metz, p. pr., Troplong, av. gén., Berlet, Chatillon, Antoine, av.

I. Une demande en nullité de vente, introduite incidemment à une poursuite en saisie immobilière, est dispensée du préliminaire de conciliation, comme requérant célérité.

II. La faculté laissée au saisi d'aliéner l'immeuble avant la dénonciation de la saisie, ne s'entend que d'une vente sincère et réelle. — Le saisissant peut attaquer, comme simulée et faite en fraude de ses droits, une vente de cette nature: il n'a pas besoin, pour cela, de prendre la voie de la surenchère.

5. — 8 décembre 1837. — Pistorius C. Marchal. — 1" Ch. — MM. de Metz, p. pr.,
Louis, Welche, av.

La partie qui a laissé prononcer la distraction d'un immeuble saisi, par application d'un acte de vente produit par le demandeur, est non recevable à demander plus tard la nullité de cet acte, comme fait en fraude de ses droits.

6. — 25 mars 1841. — Péché C. Vautrin. — 1re Ch. — MM. Costé, pr., Poirel, p. av. gén., Poirel, Volland, av.

Il y a nullité de la saisie immobilière si elle est dénoncée avant son enregistrement au greffe.

7. — 5 janvier 1858. — Duhattoy C. Gelhay et Errard. — 2e Ch. — MM. Costé, pr., Volland, La Flize, Chatillon, av.

La femme mariée, qui figure avec son mari, comme partie saisie, dans une instance en expropriation, et qui, dans cette instance, acquiesce à une demande en distraction formée par un tiers, en vertu d'un acte de vente signé seulement par son mari, n'est pas présumée, par cela seul, renoncer à son hypothèque légale sur les biens dont la distraction est ainsi demandée : on peut dire qu'elle n'a fait par là que reconnaître l'existence de la vente, et qu'elle ne l'a point ratifiée, en tant qu'elle lui serait préjudiciable à elle-même.

8. — 16 juillet 1836. — Lhuillier C. Chevresson. — 1re Ch. — MM. de Metz, p. pr., Cuny, Volland, av.

Des désignations insuffisantes et inexactes, dans un procès-verbal de saisie immobilière, constituent un moyen de nullité qui doit être proposé avant l'adjudication préparatoire.

9. — 28 mars 1831. — La commune de Gibeaumeix C. Schmidt, Borthon et Griveau. — 1re Ch. — MM. de Riocour, p. pr., Poirel, p. av. gén., concl. conf., Chatillon, Bresson, La Flize, Fabvier fils, av.

Dans l'ancien droit français et dans l'ancien droit lorrain, la vente sur décret, ou par expropriation forcée, purgeait en faveur de l'acquéreur, même contre les mineurs et les communes, non-seulement les servitudes et les charges réelles, mais aussi les droits d'usufruit et de propriété accessoires à l'objet mis en vente.

SALM (COMTÉ DE).

Voy. *Affectation.* — 7. — IV. Principauté de Salm. Baronnie de Fénétrange. Aliénabilité.
Usage forestier. — 51. Tiers denier. Lorraine. Forêt usagère. Prescription. Comté de Salm. Bois communaux.

SCIERIE.

Voy. *Société civile.* — 5. Scierie. Exploitation.

SÉMINAIRE.

Voy. *Exploit.* — 23. Séminaire. Acte d'appel. Visa. Omission. Nullité.

SENTENCE ARBITRALE.

Voy. *Arbitrage.* — 20. Ordonnance d'*exequatur*. Compétence du président. Date du lieu où la sentence a été rendue. Dépôt tardif de la sentence. Dépôt par un tiers. Doute sur la sincérité de l'acte.
Jugement. — 1. Conclusions. Sentence arbitrale. Equipollent.

SENTIER.

Voy. *Voirie.* — 10. — V. Sentier d'exploitation. — 14. Chemin. Sentier. Imprescriptibilité. Largeur ancienne. Rétrécissement. Empiétement. — 16. — I. Conclusions. Moyens. Considérants. Litige. Dispositif. Sentier... — V. Sentier. Chemin rural. Propriété. Chemin vicinal. Préfet. — VI. Caractère douteux d'un sentier. Interprétation administrative. — 24. Sentier. Commune. Prieuré. Eglise. Verrerie. Hameau. Possession trentenaire. Servitude de passage. — 25. — I. Sentier. Communication entre deux villages. Chemin rural. Arrêté du préfet. Compétence administrative. Compétence judiciaire. Servitude de passage... — IV. Sentier de tolérance. Terrain vain et vague. — VIII. Pied terrier. Sentier non mentionné. Seigneur haut justicier. Propriété des chemins. — 26. — I. Sentier. Tableau des chemins ruraux. Abornement aux frais de la commune. Location des herbes. Limite de la propriété dans les titres. — II. Sentier d'exploitation. Copropriété des riverains.

SÉPARATION DE BIENS.

SOMMAIRE.

1. *Capitaux des reprises de la femme.* — Intérêts et fruits absorbés par les créanciers du mari. Cause de séparation de biens. Charges du ménage.
2. *Dépense du ménage.* — I. Revenus de la femme. Disposition par le mari. Puissance maritale. — II. Refus du nécessaire. Dissipation. Injure grave. Séparation de corps.
3. *Dot.* — Apports tombés en communauté. Douaire éventuel.

1. — 28 novembre 1859. — femme Jambille C. son mari. — 1re Ch. — MM. de Metz, p. pr., Fabvier, proc. gén., Volland, d'Ubexi, av.

Il ne suffit pas au mari, pour éviter la séparation de biens, de pouvoir représenter, à la dissolution de la communauté, les capitaux formant les reprises de la femme ; il faut que, pendant le mariage, il puisse consacrer aux charges du ménage, et aux besoins de la vie, les intérêts et les fruits des biens de celle-ci, et que, par conséquent, ces intérêts et ces fruits ne soient point absorbés, durant le mariage, par ses créanciers personnels.

2. — 28 janvier 1841. — Femme Jambille C. son mari. — 1re Ch. — MM. Costé, pr., Poirel, p. av. gén., d'Ubexi, Volland, av.

I. La femme qui a obtenu la séparation de biens, et qui est tenue de pourvoir seule aux dépenses du ménage, son mari n'ayant aucun revenu ni aucune ressource, ne peut empêcher son mari de disposer lui-même de l'argent qu'elle doit apporter pour subvenir aux besoins communs, en offrant de se charger exclusivement de ce soin, et de fournir à son mari le logement, le vêtement, la nourriture quotidienne, plus une somme annuelle de cent francs, payable chaque mois, par douzième, pour ses menues dépenses particulières. — Une telle restriction blesserait les droits de la puissance maritale, que n'atteignent pas les effets civils de la séparation de biens (C. civ., 213, 214, 1388). La séparation de biens judiciaire est assimilée et restreinte, dans ses effets civils, aux effets produits par la séparation de biens contractuelle.

II. Si, par suite, et malgré la précaution autorisée par le jugement de séparation, de ne livrer à son mari que mois par mois, et par douzième, sa part contributive à l'alimentation commune, le mari aggravait ses torts et ses dissipations, au point de laisser sa femme manquer du nécessaire, ou de ne pas lui procurer un domicile convenable, le seul remède à cet état de choses, devenu alors intolérable, se trouverait dans la séparation de corps, motivée sur l'*injure grave* résultant de l'inexécution des obligations du mariage (C. civ. 213, 214).

3. — 14 mars 1837. — Patin C. Patin. — 1re Ch. — MM. de Roguier, ff. pr., Garnier, subst., concl. conf., Mamelet, Volland, av.

La dot, dont la mise en péril sert de motif à la demande en séparation de biens, doit s'entendre de tout le bien que la femme apporte au mari, pour supporter les charges du mariage, sans distinction de ce qui est tombé dans la communauté, et de ce qui est demeuré propre à la femme.

Le douaire éventuel, assuré à la femme par son contrat de mariage, doit également figurer dans l'évaluation des sommes pour lesquelles la femme a le droit d'exiger des garanties suffisantes.

SÉPARATION DE CORPS.

SOMMAIRE.

1. *Demande en séparation formée par la femme.* — Aliénation postérieure des biens de la communauté par le mari. Fraude. C. civ. 271. Définition.
2. *Injures graves.* — Éléments d'appréciation. Distinction. Publicité. Provocation. Condition des personnes.
3. *Rejet de la demande en séparation.* — Délai accordé pour réintégrer le domicile conjugal.

RENVOIS.

Voy *Exception.* 3. Séparation de corps. Incompétence *ratione personæ.* Défense au fond. Fin de non-recevoir.

Louage. — 9. 10. Femme cofermière avec son mari... Séparation de corps. Renonciation à la communauté. Droit personnel de la femme au bail.

---

1. — 20 janvier 1843. — Lafrenez C. sa femme et Simon. — 1re Ch. — MM. Mourot, pr., Poirel, p. av. gén., Fleury, La Flize, Louis, av.

Lorsqu'une demande en séparation de corps a été formée par la femme, le mari ne peut aliéner les biens de la communauté : toutefois, les ventes qu'il en ferait ne sont pas radicalement nulles ; pour en prononcer la nullité, il faut qu'il soit prouvé qu'elles ont été faites en fraude des droits de la femme (C. civ. 271). Il en est de la *fraude*, dans ce cas, comme dans celui de l'article 1167 ; il n'y a pas nécessité qu'il y ait dol ou manœuvres frauduleuses employées pour tromper ; il suffit qu'il y ait droit frustré, préjudice réel.

2. — 30 mars 1841. — La dame Errard C. son mari. — 2e Ch. — MM. Mourot, pr., Garnier, av. gén., concl. conf., La Flize, d'Ubexi, av.

Des injures, même graves, absolument parlant, telles que le reproche adressé par un mari à sa femme, à plusieurs reprises, d'avoir empoisonné son premier mari, et de vouloir en faire autant de lui, peuvent n'être pas jugées suffisantes pour prononcer la séparation de corps, lorsque : 1° ces injures n'ont pas été *publiques*, mais proférées dans l'intérieur du domicile conjugal, devant une ou deux personnes, habitant la même maison, ou parents de la femme ; 2° lorsque ces reproches ont été adressés *dans un mouvement d'emportement ou de colère*, provoqué par quelque tort de la part de la femme, laquelle avait déposé tous ses titres et ses papiers entre les mains d'un de ses beaux-frères, et refusait de les remettre à son mari ; 3° lorsque les parties appartiennent *à la classe du peuple*, où de semblables injures sont senties moins vivement que par les personnes qui ont reçu une éducation distinguée.

3. — 5 avril 1830. — Gabriel C. sa femme. — 1re Ch. — MM. Breton, pr., Thieriet, p. av. gén., de Saint-Ouen, de Luxer, av.

En rejetant une demande en séparation de corps, les tribunaux peuvent laisser à la femme, pour rentrer au domicile conjugal, un délai qui peut être un temps d'épreuve, et un moyen de réconciliation.

SÉPARATION DE PATRIMOINES.

Voy. *Succession*. — 9. Séparation de patrimoines. Créancier du défunt. Créancier de l'héritier. Effet. Forme.

SERMENT.

Voy. *Expertise*. — 10. Serment prêté avant la signification du nom des parties. Irrégularité couverte.

SERMENT DÉCISOIRE, SUPPLÉTIF.

SOMMAIRE.

1. *Délai pour la prestation du serment.* — Signification de l'arrêt.
2. *Effet de commerce.* — Prescription. Payement. Serment déféré à la caution. Fait d'un tiers.
3. *Retard dans la prestation du serment.* — Recevabilité du serment tardif.
4. *Serment décisoire.* — Faits accomplis par l'entremise d'un mandataire. Faits personnels.
5. *Serment décisoire.* — Israëlite. Serment *more judaïco*. Serment ordinaire. Option.
6. *Serment décisoire.* — Obligation pour le juge de le déférer.

RENVOIS.

Voy. *Acquiescement.* — 12. Serment supplétif ordonné. Dispense de sa prestation par l'adversaire. Jugement non signifié. Déchéance d'appel.
Amende. — Serment déféré à l'intimé. Restitution de l'amende.
Commune. — 27. Serment. Maire sans qualité pour le déférer.
Exploit. — 29. Original adiré. Copie. Refus de la produire. Serment.
Preuve littérale. — 16. Livres de commerce non timbrés. Régularité. Foi en justice. Serment supplétif.
Transaction. — 2. Preuve de la transaction. Aveu. Serment décisoire.
Usage forestier. — 4 — 11. Possession immémoriale. Preuve testimoniale. Bois mort. Acquisition du droit. Titre. Servitude discontinue. Bois sec et gisant. Tolérance.

---

1. — 14 juin 1832. — Chardin C. Fleur. — 1re Ch. — MM. de Metz, p. pr., La Flize, Goutt, av.

Le délai accordé pour une prestation de serment ne court que du jour de la signification de l'arrêt.

2. — 8 mars 1843. — Leblan C. Etienne. — 1re Ch. — MM. Mourot, pr., La Flize, Volland, av.

L'article 189 du C. com. n'autorisant à déférer le serment que contre les débiteurs, leurs veuves, héritiers ou ayants cause, le serment ne peut être déféré à la caution. D'ailleurs, le serment ne peut jamais être déféré que sur un fait personnel, et la caution ne peut être tenue d'affirmer par serment que le fait du payement, qui incombait non à elle, mais au débiteur principal, a été ou n'a pas été accompli par celui-ci. On ne peut être appelé à affirmer ce qu'on n'est pas tenu de savoir, ce qu'on peut légitimement ignorer.

3. — 29 juillet 1837. — Chollet C. Claudel et Bouvier. — 1re Ch. — MM. de Metz, p. pr., Fabvier, proc. gén., concl. conf., La Flize, d'Ubexi, Welche, av.

La partie qui ne comparaît pas à l'audience indiquée pour prêter le serment mis à sa charge ne doit point, pour cela seul, être déchue de cette faculté, si elle offre de le prêter plus tard.

4. — 21 décembre 1837. — d'Hoffelize C. Royer et Durand. — 2e Ch. — MM. Costé, pr., Volland, Chatillon, La Flize, av.

Le serment décisoire ne peut être déféré à une partie sur des faits qu'elle n'aurait accomplis que par l'entremise d'un mandataire, et qui ne lui seraient pas exclusivement personnels.

5. — 27 août 1838. — Roguet C. Lévy. — 1re Ch. — MM. de Metz, p. pr., Garnier, av. gén., concl. conf., Louis, Catabelle, av.

Quand le serment décisoire est déféré à un israélite, avec option de le prêter soit en la forme ordinaire, soit *more judaïco*, les tribunaux peuvent lui laisser l'option qui lui est proposée.

6. — 20 décembre 1844. — Christophe C. Blaise. — 1re Ch. — MM. Mourot, pr., Volland, d'Ubexi, av.

Le serment décisoire peut être déféré sur quelque cause que ce soit, et les tribunaux n'ont pas le pouvoir de priver une partie de ce moyen, admis par la loi, de prouver l'existence de l'obligation dont elle réclame l'exécution.

SERVITUDE.

SOMMAIRE.

1. *Cimetière.* — Clôture. Imprescriptibilité. Passage.
2. *Construction.* — I. Incorporation au sol. Superposition. Mitoyenneté. Servitude. — II. Mur. Rempart de ville. — III. Imprescriptibilité.
3. *Coutume de Lorraine.* — Passage. Possession. Prescription. Terrain en garde et défense.
4. *Coutume de Lorraine.* — I. Passage. Possession. Prescription. Terrain en garde et défense. — II. Enclave. Titre. Équivalent.
5. *Coutume de Lorraine.* — Possession immémoriale. Terrain en garde et défense. Propriété close de haies et de fossés.
6. *Coutume de Metz.* — Tour d'échelle. Saillie de la toiture. Soupirail de cave. Fenêtres à barreaux en saillie. Propriété. Servitude de jours et de gouttières.
7. *Destination du père de famille.* — Servitude. Passage d'eau par un canal.
8. *Destination du père de famille.* — Servitude continue et apparente. Passage.
9. *Destination du père de famille.* — Servitude continue et apparente. Passage.
10. *Domaine de l'État.* — I. Inaliénabilité. Servitudes. — II. Passage dans une forêt de la couronne, acquis par prescription. — III. Bois en garde et défense. Prescription trentenaire. — IV. Tranchée d'exploitation.
11. *Eaux pluviales.* — Écoulement. Changement. Travaux. Mur mitoyen. Frais des ouvrages.
12. *Eaux pluviales.* — Écoulement. Ouvrages nuisibles. Enlèvement. Fossé. Rigole.
13. *Eaux pluviales.* — Écoulement naturel. Fonds supérieur. Fonds inférieur. Aggravation. Fonds séparés par la voie publique.
14. *Eaux pluviales.* — Tour d'échelle. Toit en saillie sur le terrain voisin. Propriété de ce terrain. Servitude d'égout.
15. *Égout des toits.* — Eau déversée sur le propriétaire inférieur.
16. *Enclave.* — Chemin d'exploitation. Communication médiate avec la voie publique.
17. *Enclave.* — Issue possible. Obstacle. Travaux. Trajet plus long. Chemin public.
18. *Enclave.* — Issue possible. Obstacle d'un cours d'eau. Travaux.
19. *Enclave.* — I. Issue possible pour les récoltes. — II. Prescription. Passage.
20. *Enclave.* — Passage. Trajet qui n'est pas le plus court. Longue possession. Convention présumée.
21. *Enclave.* — Titre au passage. Prescription de l'indemnité.
22. *Extinction.* — I. Date ancienne du titre. Non-usage pendant trente ans. — II. Preuve du non-usage, à la charge du débiteur de la servitude.
23. *Fontaine.* — I. File de corps. Copropriété du sol sur lequel elle repose. — II.

SERVITUDE.

Propriétaire privilégié. Eglise. Prescription de 40 ans. — III. Durée de la possession avant et après le Code. Calcul. — IV. Décret du 1er juillet 1791. Suspension de prescription pendant cinq ans. — V. Conduite d'eau. Indivisibilité. Majeur relevé par le mineur.

24. *Fossé.* — Mitoyenneté. Arbres. Distance calculée du milieu du fossé.
25. *Fossé.* — I. Mitoyenneté. Forêt. Axe du fossé et des bornes. Rejet des terres des deux côtés. Coutume de Bar. Acte étranger au riverain. *Res inter alios acta.*
26. *Irrigation de prairie.* — Droit acquis par prescription sur le canal d'une usine. Emploi de l'eau destinée à la prairie, au roulement d'une usine nouvelle. Aggravation de servitude.
27. *Mitoyenneté de mur.* — Droit d'appuyer. Equivalent.
28. *Moulin.* — Canal. Droit de servitude sur les bords. Dépôts de vases provenantes du curage. Enlèvement des dépôts.
29. *Moulin.* — Curage du canal et dépôt des résidus sur une propriété riveraine. Vente du moulin à une personne, et de la propriété riveraine à une autre. Servitude conventionnelle tacite.
30. *Mur.* — Distance. Elévation facultative. Préjudice causé aux vues du voisin.
31. *Mur.* — Point d'appui d'une toiture.
32. *Parcours de paroisse à paroisse.* — I. Droit communal, non susceptible de revendication à titre singulier. — II. Coutume de Lorraine. Vaine pâture. Titre. Prescription trentenaire depuis la contradiction du seigneur. Possession immémoriale. Preuve depuis le Code.
33. *Passage.* — Changement de destination du fonds dominant. Aggravation.
34. *Passage.* — I. Copropriété. Servitude. Interprétation. — II. Acte antérieur au Code. Acte postérieur interprétatif. — III. Droit de passage par une allée. Servitude discontinue. — IV. Preuve testimoniale.
35. *Passage avec voiture par une porte cochère.* — Copropriété. Faculté imprescriptible. Non-usage.
36. *Passage réciproque pour l'exploitation des héritages.* — Contrat tacite présumé. Changement de culture, bâtisse, clôture. Prescription de l'indemnité. Enclave.
37. *Puisage.* — Titres anciens. Baie. Puits. Pompe. Prescription trentenaire contre la servitude de puisage.
38. *Source.* — I. Source nécessaire à une commune, à un village ou hameau. — II. Prescription de l'indemnité. — III. Riverains du cours de la source, réduits au superflu des eaux nécessaires à la commune. — IV. Travaux artificiels. — V. Règlement des eaux. Inutilité de la mise en cause de tous les riverains.
39. *Travaux d'incorporation ou d'inédification sur le fonds d'autrui.* — Propriété.

RENVOIS.

Voy. *Affectation.* — 3. Prescription. Servitude. Coutume. Titre.
  Commune. — 11. Chemin. Propriété. Servitude. Autorisation. Demande incidente de la commune.
  Intervention. — 1. — I. Appel. Servitude. Copropriétaire du fonds assujetti. Tierce opposition.
  Prescription. — 14. File de tuyaux. Signe extérieur. Destination du père de famille. Prescription. — 31. Servitude. Droit d'usage. Prescription décennale. Donation. — 32. Servitude. Prescription décennale. Titre et bonne foi. — 33. Servitude continue. Vestiges.
  Saisie immobilière. — 9. Vente sur décret. Ancien droit français. Droit lorrain. Servitude. Chose réelle. Usufruit. Purge. Mineur. Commune.
  Usage forestier. — 45. — II. Droit alsacien. Possession immémoriale. Servitude discontinue. Signe extérieur.
  Voirie. — 4. Chemin. Commune. Présomption de propriété. Jouissance. Entretien. Servitude de passage. — 8. Chemin. Commune. Propriété... Servitude de passage. — 15. Chemin. Servitude. Chemin

d'exploitation. Caractères d'un chemin public. Voie permanente. Largeur. Entretien. Communication avec une auberge. — 24. Sentier. Commune. Prieuré. Eglise. Verrerie. Hameau. Possession trentenaire. Servitude de passage. — 25. — I. Sentier. Communication entre deux villages. Chemin rural. Arrêté du préfet. Compétence administrative. Compétence judiciaire. Servitude de passage… — V. Possession immémoriale. Coutume de Saint-Mihiel. Servitude de passage. Titres anciens. Limite. — 26. Sentier. — III. Servitude de passage. — 27. — II. Servitude de passage. Possession immémoriale. Tolérance.

---

1. — 17 avril 1837. — La commune de Manonville C. le baron de Manonville. — 1re Ch. — MM. de Metz, p. pr., Bresson, av. gén., La Flize, d'Arbois, av.

Un cimetière clos de murs est imprescriptible, et ne peut être grevé d'une servitude de passage.

2. — 30 janvier 1843. — La ville de Sarrebourg C. Aimez. — 2e Ch. — MM. Riston, pr., Garnier, av. gén., concl. conf., Louis, La Flize, av.

I. Les constructions superficiaires constituent un droit de propriété foncière, et non un droit de servitude sur le fonds sur lequel elles ont été élevées ; mais, pour qu'elles produisent ce résultat, il faut qu'elles soient incorporées au sol, parce qu'alors il y a présomption que celui qui les a faites est propriétaire du terrain sur lequel elles reposent. — Mais si elles sont seulement appuyées, ou superposées sur une autre construction, elles ne peuvent constituer qu'un droit de servitude, ou quelquefois un droit de mitoyenneté.

II. Quand il s'agit d'une muraille construite originairement pour servir de rempart à une ville forte, la présomption de mitoyenneté ne saurait avoir lieu (C. civ. 653).

III. Le propriétaire qui a construit sur la moitié d'un semblable mur, ne peut pas non plus invoquer la servitude *oneris ferendi*, alors qu'à l'époque de cette construction, la ville, propriétaire de ce mur, était encore réputée ville de guerre ; car son rempart était imprescriptible ; il ne pouvait être l'objet que d'une possession précaire et de pure tolérance ; et la possession se continue telle qu'elle a été à son principe : c'est par son origine que son caractère demeure fixé.

3. — 18 août 1830. — La commune de Ménil-en-Xaintois C. Lhuillier. — 1re Ch. — MM. de Riocour, p. pr., Troplong, av. gén., concl. conf., Moreau, Bresson, av. (Arrêt interlocutoire.)

Sous la coutume de Lorraine, la servitude de passage s'acquérait par une possession de trente ans, lorsque le passage s'était exercé sur un terrain cultivé, *en garde et défense*. (Arrêt définitif conforme, du 23 novembre 1830.)

4. — 21 décembre 1831. — Thiéry C. Daniel. — 2e Ch. — MM. Chippel, pr., Antoine, Berlet, av.

I. Le passage, exercé *en temps et saison convenables seulement*, ne peut fonder aucun droit de servitude, ni sous le Code civil, qui exige un titre pour toute servitude discontinue et non apparente, ni sous la coutume de Lorraine, qui ne permettait d'acquérir un droit de cette nature qu'autant que le passage s'exerçait sur un terrain en garde et défense.

II. L'enclave du fonds au profit duquel le passage s'est exercé ne peut être assimilée à un titre, et faire fléchir le principe de l'imprescriptibilité des servitudes discontinues.

5. — 30 mars 1840. — Burtin C. la commune de Croismare. — 2ᵉ Ch. — MM. Mourot, pr., Garnier, av. gén., concl. conf., Louis, Volland, av.

L'art. 691 du C. civ., en décidant que les servitudes discontinues ne peuvent s'établir par la possession même immémoriale, maintient cependant celles qui auraient pu être acquises par la possession dans les pays où elles pouvaient s'acquérir de cette manière.

D'après l'art. 23 du titre 14 de la coutume de Lorraine, la servitude de passage pouvait se prescrire par une possession de trente ans, lorsque le passage s'exerçait sur un terrain *en garde et défense*.

Spécialement : elle pouvait s'acquérir ainsi, notamment, sur une propriété close de haies et de fossés.

6. — 7 juin 1838. — La dame Antoine, née Thorn C. Pierson. — 1ʳᵉ Ch. — MM. Mourot, pr., Fabvier, proc. gén., Chatillon, Dommanget (de Metz), av.

Sous l'empire de la coutume de Metz, un soupirail de cave débordant le parement extérieur du mur, des fenêtres avec battes et barreaux saillants, et la saillie de la toiture sur le terrain voisin, ne sont pas des preuves d'une propriété extérieure à la maison qui porte ces signes ; ce sont seulement de simples servitudes de jours, de vues et de gouttières.

7. — 18 juillet 1844. — Arnould C. Piperaux. — 1ʳᵉ Ch. — MM. Mourot, pr., Volland, La Flize, av.

Il n'est pas nécessaire que la destination du père de famille ait eu exclusivement en vue de favoriser l'immeuble démembré depuis, pour que le nouveau propriétaire de cet immeuble puisse se prévaloir de la servitude résultante de la destination dont il s'agit : il suffit que la destination ait eu lieu par le fait de l'ancien propriétaire, et que la servitude (le passage d'eaux par un canal) soit profitable à celui qui en réclame le maintien.

8. — 26 novembre 1830. — Chevreuse C. Gauguier. — 2ᵉ Ch. — MM. Chippel, pr., Moreau, Bresson, av.

La destination du père de famille ne peut être invoquée comme moyen d'établissement d'une servitude, que quand la servitude est continue et apparente. Dès lors, elle ne s'applique pas à une servitude de passage.

9. — 4 janvier 1834. — Villemin C. Rohrer. — 1ʳᵉ Ch. — MM. de Metz, p. pr., Chatillon, Moreau, av.

Pour qu'il y ait enclave, dans le sens de la loi, il faut qu'il y ait impossibilité absolue de passage.

Suivant la législation ancienne et nouvelle, la destination du père de famille ne vaut titre qu'à l'égard des servitudes continues et apparentes. Ainsi, elle ne s'applique pas à une servitude de passage.

10. — 19 décembre 1833. — Viallet C. Duboux de Gorhey. — 2ᵉ Ch. — MM. Troplong, pr., Moreau, d'Ubexi, av.

I. Le principe de l'inaliénabilité du domaine de l'Etat ne fait pas obstacle à l'établissement de simples servitudes, qui n'anéantissent pas la propriété, et ne peuvent, tout au plus, que gêner la liberté de l'héritage domanial.

II. Ainsi, un droit de passage à travers une forêt, faisant partie des domaines de la couronne, a pu s'acquérir par la prescription.

III. Un bois, quoique non clos, est, par sa nature même, un terrain constamment *en garde et défense,* au travers duquel le passage, exercé pendant trente ans, a pu créer, au profit de celui qui l'a pratiqué, un droit de servitude.

IV. Il en serait de même d'une tranchée ouverte dans le bois pour servir à son exploitation.

11. — 23 novembre 1833. — Grégoire C. Incl. — 1ʳᵉ Ch. — MM. de Metz, p. pr., Poirel, p. av. gén., Moreau, Chatillon, av.

Lorsque deux maisons voisines ont une toiture à une seule pente, et que l'un des voisins, en élevant le mur mitoyen, empêche l'écoulement des eaux par cette œuvre, mais qu'il y supplée par l'attachement d'une *chanlatte* et d'un *corps pendant* aboutissant sur lui-même, le voisin qui, dûment sommé, a laissé faire ces ouvrages sans les prétendre insuffisants, et ensuite a élevé lui-même et donné un cours différent aux eaux pluviales, ne peut soutenir que ses propres travaux doivent être payés par celui qui a bâti le premier.

12. — 10 décembre 1840. — Legens C. Guerrier de Dumast. — 1ʳᵉ Ch. — MM. Costé, pr., Volland, d'Ubexi, av.

Celui dont le fonds est assujetti à une servitude dérivant de la situation des lieux, doit être condamné à l'enlèvement et à la destruction des ouvrages de son fait qui empêchent l'écoulement naturel, sur sa propriété, des eaux provenantes d'une pièce de terre appartenante à autrui; mais on ne peut lui imposer l'obligation d'ouvrir un fossé ou une rigole pour recevoir lesdites eaux, ou de pratiquer tout autre mode d'écoulement.

13. — 6 janvier 1831. — Patissier C. Marchal. — 1ʳᵉ Ch. — MM. Breton, pr., Welche, La Flize, av.

Le principe que le propriétaire du fonds supérieur ne peut rien faire qui aggrave la servitude dont est grevé le fonds inférieur, quant à l'écoulement naturel des eaux, n'est plus applicable, quand les deux fonds étaient séparés par la voie publique. (C. civ. 640.)

Nota. Cet arrêt a été cassé le 8 janvier 1834 (S. 34. 1. 169. — D. 34. 1. 75. — P. 3ᵉ édit. t. 26, p. 24.)

14. — 17 mars 1836. — Marchal C. Trouslard. — 2ᵉ Ch. — MM. de Sansonetti, ff. pr., Bresson, av. gén., Volland, Chatillon, av.

Nul n'est censé propriétaire d'aucune portion de terrain en dehors de ses murs, à moins de titres contraires. — En d'autres termes : il n'y a pas de tour d'échelle sans titre, et le propriétaire d'une maison dont le toit fait saillie sur le sol voisin ne peut pas être présumé, sans titre, propriétaire du terrain sur lequel la toiture de son bâtiment déverse les eaux pluviales : il n'y possède qu'une servitude d'égout. (*Contrà*, Pardessus, Serv. n. 213. 214. 215. 229. — Desgodets, t. 1. p. 332. n. 8. — Bordeaux, P. 34. 2. 429.)

15. — 5 avril 1842. — Grandjean C. Cunin. — 2ᵉ Ch. — MM. Costé, pr., Poirel, p. av. gén., La Flize, d'Ubexi, av.

La disposition de l'art. 681 du C. civ. ne fait aucune difficulté à ce que le propriétaire du terrain supérieur, après avoir reçu sur lui-même l'eau de son toit, la déverse sur le terrain du propriétaire inférieur, et celui-ci ne peut porter obstacle à cet écoulement.

16. — 9 mars 1835. — La commune de Saint-Jean-d'Ormont C. Herry. — 1ʳᵉ Ch. — MM. de Metz, p. pr., Collard, subst., Chatillon, d'Ubexi, av.

Pour qu'un terrain soit réputé enclavé, il faut qu'il n'ait, avec la voie publique, aucune communication médiate ou immédiate. Ainsi, il n'y a pas enclave quand il communique avec la voie publique par un chemin d'exploitation.

17. — 25 janvier 1845. — La commune de Récourt C. Millet. — 1ʳᵉ Ch. — MM. Mourot, pr., Poirel, p. av. gén., La Flize, Volland, av.

Un terrain n'est pas réputé enclavé lorsqu'en passant sur un autre terrain, appartenant au même propriétaire, il peut être mis en communication avec un chemin public ; les difficultés plus ou moins grandes que présente cette voie de communication, lorsqu'elles ne sont pas relativement insurmontables, ne portent aucune atteinte à ce principe, dès que ces obstacles peuvent être vaincus à l'aide de quelques travaux, ou en faisant un trajet plus long.

18. — 10 juillet 1835. — Dreyfus C. Thiébaut. — 1ʳᵉ Ch. — MM. Breton, pr., Volland, Moreau, av.

Pour qu'il y ait enclave dans le sens de la loi, il ne suffit pas que l'issue d'un terrain soit plus ou moins difficile ; il faut qu'elle soit véritablement impossible. Ainsi, il n'y a pas enclave quand un obstacle naturel, tel qu'un cours d'eau, peut être levé par quelques travaux. Dans ce cas, il est plus juste et plus légal d'obliger le propriétaire qui se prétend enclavé à exécuter ces travaux, que de grever d'une servitude de passage les propriétés voisines, et cela quand même la propriété enclavée ne serait qu'une partie détachée des propriétés qu'on veut asservir. (1)

19. — 28 janvier 1833. — Urbain C. Marchal. — 1ʳᵉ Ch. — MM. de Metz, p. pr., Welche, Moreau, av.

I. Le droit accordé, par l'art. 682 du C. civ. au propriétaire dont

---

(1) Voy. arrêt analogue du 28 janvier 1833. — Recueil imprimé, p. 153, et ci-après, n° 19.

les fonds sont enclavés, de réclamer un passage sur le fonds de son voisin, pour l'exploitation de son héritage, n'existe que quand il y a enclave complète, ou du moins impossibilité *absolue* d'extraire les récoltes par la voie publique.

II. Il ne peut être réclamé quand le propriétaire qui se prétend enclavé peut communiquer avec la voie publique, soit en exécutant, sur son propre fonds, les travaux nécessaires pour ouvrir cette communication, soit en se servant de moyens d'exploitation appropriés au terrain, par exemple, en substituant des voitures légères aux lourds chariots ordinairement employés pour l'extraction des récoltes. — Dès qu'il n'y a pas enclave absolue, la servitude légale de passage sur le fonds voisin n'a pas pu s'acquérir par prescription.

20. — 8 janvier 1838. — Robin C. Thomas. — 1re Ch. — MM. de Metz, p. pr., Louis, Welche, av.

Quand le propriétaire d'un fonds enclavé a exercé la servitude de passage pendant un temps plus ou moins long, mais cependant insuffisant pour prescrire, dans une direction qui n'est pas la plus courte pour gagner la voie publique, cette direction peut néanmoins être maintenue, parce qu'il y a présomption, ou qu'elle est la plus convenable, quoique la plus longue, ou qu'elle est le résultat d'une convention ancienne.

21. — 30 décembre 1831. — Renesson C. Devalte et Jon. — 1re Ch. — MM. Bresson, pr., La Flize, Moreau, Berlet, av.

Le propriétaire d'un terrain enclavé a, dans la loi elle-même, une sorte de titre pour établir, sur les fonds voisins, une servitude de passage. Il peut donc acquérir par prescription le droit de passer dans une direction déterminée, sans indemnité.

22. — 11 août 1836. — La commune de Fresnes-en-Woëvre C. la commune de Ville-en-Woëvre. — 2e Ch. — MM. Riston, ff. pr., Poirel, p. av. gén., Chatillon, d'Ubexi, av.

I. Les servitudes ne s'éteignent jamais par la date ancienne du titre, mais seulement par le non-usage pendant trente ans.

II. C'est au propriétaire qui soutient que la servitude est éteinte de prouver que le possesseur de cette servitude est resté trente années sans en faire usage : celui-ci, malgré l'ancienneté de son titre, n'est tenu à aucune justification.

23. — 17 mars 1837. — La ville de Vic C. Collignon et Beaupré. — 1re Ch. — MM. Mourot, pr., Poirel, p. av. gén., concl. conf. sur les trois premières questions, contr. sur le fond, La Flize, Volland, av.

I. Le propriétaire d'une file de corps, destinée à conduire les eaux d'une fontaine, ne peut jamais réclamer, sur les terrains traversés par cette file de corps, qu'un droit de simple servitude, et non un droit de copropriété, par incorporation.

II. Le propriétaire non privilégié qui succède à un ancien propriétaire privilégié, par exemple, à une église, peut invoquer l'exception d'une longue prescription, admise par l'ancien droit au profit de l'Eglise.

III. Dans ce cas, le temps de la prescription se divise en deux périodes : l'une pendant laquelle il aurait fallu 40 années pour compléter la prescription, l'autre où il n'en fallait plus que 20; alors il faut supputer comme simples les années doubles qui ont couru sous l'empire du privilége, et les réunir, après cette réduction, à celles qui se sont écoulées depuis, pour former la prescription.

IV. Le décret du 1er juillet 1791, qui suspend la prescription contre la nation, pour raison de droits corporels et incorporels dépendants des biens nationaux, depuis le 2 novembre 1789 jusqu'au 2 novembre 1794, s'applique aux prescriptions de servitudes.

V. Une servitude de conduite d'eau est une matière indivisible, dans laquelle le mineur relève le majeur.

Nota. M. l'avocat général avait donné des conclusions conformes à l'arrêt sur les trois premières questions; mais, au fond, il avait pensé que, sous la coutume de l'Evêché de Metz, interprétée par le droit romain, la servitude souterraine de conduite d'eau pouvait se prescrire par un temps suffisant, même quand il n'y avait pas usage réel de la servitude, mais pourvu que la file de corps destinée à l'exercer eût subsisté sans interruption dans le sol. — Me Volland a combattu cette doctrine, en droit, dans une note fournie après les plaidoiries, et l'a repoussée, en fait, par une exception de minorité, d'abord inaperçue, mais qui, de l'aveu même de M. l'avocat général, était tranchante.

24. — 5 avril 1835. — Renaud C. Renard. — 1re Ch. — MM. Breton, pr., Poirel, p. av. gén., concl. conf., d'Arbois, Chatillon, av.

Un fossé mitoyen est censé divisé en deux parties, dont chacune appartient au riverain de chaque côté. En conséquence, quand on veut connaître si des arbres à haute tige, plantés sur l'une des propriétés, sont à la distance voulue par la loi, il faut mesurer la distance de ces arbres à la ligne qui couperait le fossé par le milieu.

25. — 16 avril 1842. — La commune de Resson C. Thiriot. — 1re Ch. — MM. Mourot, pr., Garnier, av. gén., concl. conf., d'Ubexi, Volland, av.

I. Lorsque le fossé de clôture d'une forêt est ouvert de manière que son axe s'aligne avec celui des bornes, et qu'il parait que cet axe a été pris aussi pour la limite respective des exploitations; qu'enfin il y a des traces du rejet de terres des deux côtés, le fossé doit, sous l'empire du Code, et sous celui de la coutume de Bar, être reconnu mitoyen.

Un fossé qui sépare une forêt communale de terres arables appartenantes à un particulier est présumé, de droit, mitoyen, s'il n'y a titre ou marque du contraire (C. civ. 666). — *Conf.* Limoges, 1er août 1839, Betoux C. Cialis (D. 1841. 2. 21).

II. Une transaction ancienne, passée entre la commune propriétaire du bois borné par le fossé litigieux et la commune limitrophe, relative à des droits de pâturage prétendus par la commune limitrophe sur le bois de l'autre commune, ne peut être opposée au propriétaire des terres arables voisines de la forêt, comme établissant que le fossé appartenait exclusivement à la commune copropriétaire du bois.

26. — 9 décembre 1839. — Kapp C. Vincent. — 2ᵉ Ch. — MM. Mourot, pr., Volland, d'Ubexi, av.

Un droit d'irrigation, acquis par prescription, sur le canal d'une usine, au profit d'une prairie, ne peut pas être employé à l'établissement d'un canal destiné à faire mouvoir une usine nouvelle. — Il y a, dans cette transformation, une aggravation évidente de la servitude, par la dépense d'un plus grand volume d'eau, et par la concurrence qui en résulte pour l'usine préexistante.

27. — 6 août 1836. — Louis C. Masson. — 1ʳᵉ Ch. — MM. de Metz, p. pr., Chatillon, Volland, av.

Dans le langage vulgaire, surtout avant le Code civil, le *droit d'appuyer* contre un bâtiment était synonyme de mitoyenneté.

28. — 20 avril 1841. — Rivoiret C. Marcot. — 2ᵉ Ch. — MM. Mourot, pr., Volland, La Flize, av.

Lorsque le propriétaire d'un moulin a seulement, sur les bords du canal, un droit de servitude, cette servitude s'étend-elle jusqu'à lui permettre d'y laisser les vases produites par le curage? — C'est l'usage ancien qu'il faut consulter.

29. — 9 juillet 1834. — Marcot C. Rivoiret. — 2ᵉ Ch. — MM. Troplong, pr., Chatillon, Volland, av.

Quand le propriétaire d'un moulin était dans l'usage de curer son canal en déposant les résidus sur une propriété riveraine qui lui appartient, et que, plus tard, il vend le moulin à une personne, et la propriété voisine à une autre, sans rien stipuler relativement au mode de curage, il faut dire que le droit de déposer les résidus du curage, comme par le passé, sur la propriété riveraine, a été vendu par lui avec le moulin, comme un accessoire naturel et nécessaire, et qu'il est devenu ainsi une servitude conventionnelle obligatoire pour le nouveau propriétaire de la rive.

30. — 5 août 1837. — Moitessier C. Thouvenel. — 1ʳᵉ Ch. — MM. Mourot pr., La Flize, Volland, av.

Le propriétaire d'un mur, situé à plus de six pieds de distance de la propriété voisine, peut élever ce mur à la hauteur qui lui convient, quand même il nuirait par cette construction à des vues que le voisin aurait prises sur lui-même.

31. — 20 février 1841. — Grandjean C. Latasse. — 1ʳᵉ Ch. — MM. Costé, pr., Louis, Welche, av.

Un mur grevé de la servitude *non altius tollendi* ne peut servir de point d'appui à une toiture recouvrant des constructions inférieures, quand même l'arrête supérieure de cette toiture se trouverait à deux mètres de distance de la perpendiculaire de ce mur.

32. — 14 janvier 1837. — Didier C. la commune de Sapois. — 1ʳᵉ Ch. — MM. Metz, p. pr., Poirel, p. av. gén., concl. contr., Chatillon, Volland, av.

1. De simples particuliers sont non recevables à réclamer, *ut sin-*

guli, un droit communal dont le fond est contesté, notamment le droit réciproque de parcours de paroisse à paroisse.

II. La coutume de Lorraine appelait *vaine pâture* la pâture sur les pâtis communaux. — Elle admettait l'établissement de la *vaine pâture*, comme servitude privée, non-seulement par titre ou par la prescription trentenaire, depuis la contradiction du seigneur, mais encore par la possession immémoriale sans contradiction. — Mais aujourd'hui la preuve de cette possession immémoriale, antérieure au Code, étant presque impossible, il ne faut l'admettre qu'avec une excessive circonspection; il faut la rejeter pour peu que la possession soit équivoque.

33. — 15 avril 1856. — Collette C. Drigny. — 2ᵉ Ch. — MM. de Sansonetti, ff. pr., Louis, d'Ubexi, av.

Le propriétaire d'un fonds asservi à un droit de passage ne peut pas s'opposer à ce que le propriétaire du fonds dominant en change la destination, si d'ailleurs ce changement de destination n'entraîne pas une aggravation de servitude.

34. — 5 juin 1845. — Plaar C. Simon. — 1ʳᵉ Ch. — MM. Mourot, pr., Volland, La Flize, av.

I. On ne doit voir qu'un droit de *servitude de passage*, et non un droit de *copropriété*, dans un acte de partage par lequel une des parties, recevant dans son lot toute la largeur d'une propriété donnant sur une rue, avec permission de bâtir sur cette propriété, contracte seulement l'obligation : « de laisser un passage de trois pieds deux » pouces, pour qu'une autre partie y désignée puisse y passer de » jour seulement. »

De ces termes mêmes résulte, pour le copartageant à qui la propriété du terrain est donnée d'une manière entière et complète, le droit de placer ce passage partout où il le jugera convenable, dans la largeur de sa propriété, sans que l'autre partie puisse s'en plaindre. — C'est là une faculté exclusive de toute idée de propriété; car la propriété est toujours limitée et certaine; on y trouve, au contraire, un des signes caractéristiques de la servitude de passage, qui peut se placer et se déplacer au choix du propriétaire du fonds asservi, s'il n'en résulte aucun dommage pour le fonds dominant. Cette circonstance, jointe au mode d'exercice de la servitude de passage, dont le maître ne peut user que de *jour seulement*, indique qu'il n'y a pas là de copropriété, mais seulement une servitude.

II. Vainement le maître de la servitude voudrait-il se prévaloir de ce que, dans l'acte constitutif de ce droit, et dans un acte postérieur (tous deux passés avant le Code civil), il se rencontrerait quelques clauses qui paraîtraient contradictoires, et qui sembleraient attribuer au passage litigieux un caractère de communauté et de copropriété, si, d'ailleurs, ces actes sont interprétés par un acte postérieur (rédigé sous l'empire du Code civil), et dont les termes ne laissent aucun doute sur la commune intention des parties.

III. Sous l'empire du Code civil, un droit de passage *dans l'allée*

SERVITUDE. 405

d'un *autre* est, non pas un droit de copropriété, mais une simple servitude discontinue, suivant les termes mêmes de l'art. 688.

IV. En présence d'un semblable titre, contradictoire entre les auteurs des parties, il est inutile et impossible d'admettre la preuve par témoins à l'effet d'interpréter l'exercice du droit de passage dans le sens d'un droit de copropriété.

35. — 8 août 1837. — Thouvenel C. Moitessier. — 1re Ch. — MM. Mourot, pr., La Flize, Volland, av.

Un droit de passage, avec voiture à travers une porte cochère qui depuis a été murée, consistant non dans une servitude, mais dans un droit de copropriété, est une faculté essentiellement imprescriptible, et qui ne se perd pas par le non-usage.

36. — 23 mars 1831. — Joffin C. Fabvier et autres. — 1re Ch. — MM. Breton, pr., Berlet, Chatillon, av.

L'usage général des propriétaires d'une même contrée de passer les uns sur les autres, en temps et saison convenables, pour l'exploitation de leurs héritages respectifs, peut faire présumer un contrat tacite de servitude réciproque entre ces propriétaires. — Mais ce contrat présumé ne les lie pas de manière à empêcher les uns et les autres de changer la nature de leur culture, ou à les priver du droit de bâtir, de se clore, etc. — Pour que ce droit de passage et d'indemnité, dont parle l'art. 685 du C. civ., soit prescrit, il faut que le passage ait été exercé à titre d'enclave, et non autrement.

37. — 14 août 1841. — Brisac C. Vallée. — 1re Ch. — MM. Moreau, p. pr., La Flize, Louis, av.

L'énonciation, dans des actes anciens (1731-1797) d'un droit de puisage, et l'existence d'une baie pratiquée pour l'exercer, dispensent celui qui y prétend de produire une concession expresse; mais le propriétaire du puits a prescrit contre la servitude si, depuis trente ans, il a placé une pompe de manière à rendre le puisage impossible.

38. — 29 avril 1842. — La commune de Fruze C. de Lagabbe et Najean. — 1re Ch. — MM. Mourot, pr., Garnier, av. gén., concl. conf., Volland, d'Arbois, La Flize, av.

I. L'art. 643 du C. civ. accorde aux communes, villages ou hameaux un droit de servitude légale sur les sources nécessaires à leurs besoins, indépendamment de tous titres et de toutes prescriptions.

II. La commune n'a besoin de prescription que pour s'affranchir du payement de l'indemnité réservée par la loi au propriétaire de la source.

III. Les riverains du cours de la source ne peuvent utiliser ses eaux pour l'irrigation de leurs propriétés que sauf le droit de la commune; ils ne peuvent se servir que du superflu des eaux, après les besoins de la commune satisfaits (C. civ. 644, 645).

IV. On ne peut restreindre le privilège accordé par l'art. 643 au cas où une commune prendrait l'eau à l'aide de travaux artificiels; il n'est pas moins acquis quand il s'exerce par le cours naturel, à ciel ouvert, ou par infiltration.

V. Pour le règlement à faire, il est fort inutile d'appeler tous les riverains ; la commune peut se borner à appeler au procès ceux qu'elle regarde comme la cause immédiate du trouble apporté à l'exercice de son droit.

59. — 18 décembre 1838. — de Germigney C. Muel. — 1re Ch. — MM. de Metz, p. pr., Volland, Moreau, av.

Le principe de l'ancien droit, que toute servitude est imprescriptible sans titre, n'était plus applicable quand la servitude ne s'exerçait qu'au moyen de travaux d'incorporation sur les fonds d'autrui : dans ce cas, c'est plutôt propriété que servitude.

SIGNATURE.

Voy. *Contrainte par corps.* — 8. Ordonnance du juge. Signature du greffier. Omission. Nullité.
Preuve littérale. — 20. Signature. Vendeur illétré. Main conduite. Preuve de l'ignorance d'écrire. Assistance prêtée au signataire. Validité de la signature.
Testament. — 13. Lacération. Signature. Volonté. Preuve. Testament postérieur... — 22. Signature. Impossibilité physique. Déclaration du notaire. — 23. Signature. Initiales des nom et prénoms du testateur. Signature habituelle. Testament authentique.

SIGNIFICATION.

Voy. *Acquiescement.* — 11. Jugement. Signification. Sommation d'exécuter. Déchéance d'appel.
Domaine de l'Etat. — 3. Arrêt par défaut. L'Etat représenté par le ministère public. Opposition. Délai. Signification au parquet.
Domicile. — 2. Lettre de change. Lieu du payement. Poursuites dans ce lieu...
Femme. — 2... Signification de jugement. Commencement d'exécution. Acquiescement. Réserve d'appel.
Jugement. — 8. Signification. Acquiescement.
Jugement par défaut. — 10. Jugement d'interdiction. Signification. Affiche. Actes d'exécution.

SIMULATION.

Voy. *Dissimulation de prix de vente.*
Faillite. — 15. — VI. Acte simulé. Novation. — 18. — II. Vente. Hypothèque. Simulation. Nullité.
Obligation. — 12. Simulation. Preuve testimoniale. Rescision. Preuve littérale. Contre-lettre.
Pignoratif (Contrat.) — 2. 3. 4.
Portion disponible. 11. — Quittance d'apport. Contrat de mariage. Simulation. Présomptions.

Voy. *Prescription.* — 30. — II. Simulation. Prescription décennale. — III. Simulation de prix. Sous-acquéreurs. Revendication.
Preuve testimoniale. — 5. Commencement de preuve par écrit. Simulation. Acte sans cause.
Vérification d'écritures. — 2. — 1. Pouvoir discrétionnaire des tribunaux. Vérification jugée superflue. Fraude. Simulation. Annulation immédiate.

SOCIÉTÉ CIVILE.

SOMMAIRE.

1. *Acte écrit.* — Omission. Contestation. Tiers. Associé.
2. *Forêt.* — Association en participation pour l'exploitation de la superficie. Compétence des tribunaux civils.
3. *Mine de houille.* — Exploitation. Tuilerie. Four à chaux.
4. *Preuve testimoniale.* — Commencement de preuve par écrit. Associé. Tiers.
5. *Scierie.* — I. Exploitation. — II. Licitation. Dissolution. — III. Acquiescement à la licitation. Fin de non-recevoir suppléée d'office.

RENVOIS.

Voy. *Compétence civile.* — 13. Mine. Société. Concession. Exploitation. Acte de commerce. Houille. Tuilerie. Four à chaux et à plâtre. Accessoire.
Exploit. — 33. Société. Raison sociale.

---

1. — 24 décembre 1829. — Barillot C. Mathieu. — 1re Ch. — MM. Breton, pr., Masson, subst., concl. conf., Goutt, Berlet, av.

Les tiers seuls peuvent contester la validité d'une société dont l'existence n'est pas constatée par écrit. Les associés n'y sont pas recevables.

2. — 27 juillet 1838. — Gazin C. Turck. — 1re Ch. — MM. Mourot pr., Garnier av. gén., concl. conf., La Flize, Catabelle, av.

Une société formée entre les propriétaires du sol d'une forêt, pour en acheter la superficie, la revendre et en employer le prix à payer le sol même, est une association en participation purement civile. — Les tribunaux civils sont seuls compétents pour juger les contestations qui en naissent.

3. — 28 novembre 1840. — Denizot C. Lepaige et de Saint-Amand. — 1re Ch. — MM. Costé, pr., Catabelle, Mamelet, Volland, av.

Une société formée pour l'exploitation d'une mine de houille, et la vente de la houille exploitée, est une société purement civile, même quand des exploitations commerciales, comme celles de tuileries, fours à chaux, se rattacheraient à cette mine.

4. — 21 décembre 1829. — Guillot C. Guillot. — 1re Ch. — MM. de Riocourt, p. pr., Fabvier, Berlet av.

L'existence d'une société peut se prouver par témoins entre associés, quand il y a commencement de preuve par écrit. L'art. 1834 du C. civ. ne peut être invoqué que par des tiers.

5. — 24 avril 1845. — Fleurot C. Jacquot. — 1re Ch. — MM. Mourot, pr., Garnier, av. gén., concl. conf., Fleury, La Flize, av.

I. La société dont le but est d'établir et d'exploiter une scierie, à bénéfices et charges communs, sans durée déterminée, est une société civile, et non commerciale, lorsque d'ailleurs elle a été formée par des personnes étrangères au commerce, et qu'elle a principalement fonctionné comme machine à l'usage de ceux qui en payaient l'emploi.

II. La demande en licitation de cette scierie et des terrains qui en dépendent, formée par l'un des associés contre l'autre, *sauf ensuite à en partager le prix d'après les droits de chacun, et suivant le compte à intervenir,* équivaut à une demande en dissolution de la société, puisqu'elle tend à la cessation absolue de tous les rapports d'intérêts qu'avait créés l'acte de société. Une telle demande équivaut à la notification judiciaire de la volonté manifestée par l'un des sociétaires de dissoudre la société (C. civ. 1869).

III. Le tribunal, saisi de cette demande, doit déclarer la société dissoute, et statuer sur l'action en partage et licitation, surtout si, de la part du défendeur, il y a eu acquiescement à la demande en licitation. Il n'appartient pas, en ce cas, au tribunal de soulever d'office une fin de non-recevoir que n'oppose pas la partie, et qui résulterait de ce que le demandeur n'aurait pas fait prononcer préalablement la dissolution.

SOCIÉTÉ COMMERCIALE.

SOMMAIRE.

1. *Billet.* — Endossement. Censeur d'une compagnie de commerce. Engagement personnel. Porteur.
2. *Commanditaire.* — I. Créancier ou débiteur de la société. — II. Dissolution. Commanditaire. Avances pour le roulement d'usines. Actes d'immixtion.
3. *Coupe de bois.* — Exploitation en commun. Partage.
4. *Coupe de bois.* — Exploitation par un des associés. Mandat salarié. Présomption. *Negotiorum gestor.*
5. *Décret.* — Loi. Régence de l'impératrice Marie-Louise. Décret du 12 février 1814. Illégalité.
6. *Publication.* — I. Affiche. Omission. Nullité. Opérations. Répartition des bénéfices et des pertes entre les associés. — II. Preuve littérale. Livres.
7. *Publication.* — Affiche. Omission. Nullité. Société anonyme. Société en nom collectif. Société en commandite.
8. *Société en nom collectif.* — Mine de houille. Exploitation. Société commerciale.
9. *Société en participation.* — Qualification inexacte. Société en nom collectif. Solidarité.
10. *Société en participation.* — Sa définition.

RENVOIS.

Voy. *Compétence civile.* — 13. Mine. Société. Concession. Acte de commerce. Houille. Tuilerie. Four à chaux et à plâtre. Accessoire.

Tierce opposition. — 2. Société commerciale dissoute. Arrêt contre le gérant. Publication non encore opérée. Tierce opposition des associés contre l'arrêt. Fin de non-recevoir.

1. — 30 novembre 1841. — La faillite Pottier C. Paradis et la faillite Doublat. — 2ᵉ Ch. — MM. Costé pr., Poirel, p. av. gén. La Flize, Welche, Volland, av.

L'endossement donné par les censeurs d'une compagnie de commerce, en vertu d'une délibération sociale, doit au moins, si la délibération n'a point été publiée, les engager personnellement au profit du porteur, comme l'endossement d'un tiers.

2. — 25 janvier 1845. — Raux C. la faillite de Lagressière. — 1ʳᵉ Ch. — MM. Mourot, pr., Poirel, p. av. gén., La Flize, Volland, av.

I. La qualité de commanditaire ne met point obstacle à ce que l'associé devienne créancier ou débiteur de la société, par suite d'opérations commerciales, pourvu qu'il ne prenne aucune part dans l'administration de la société.

II. Après la dissolution de la société, et jusqu'à l'époque de sa liquidation, les commanditaires, intéressés au résultat de cette liquidation, peuvent en surveiller les opérations, et concourir à pourvoir aux besoins d'usines qui auraient à souffrir d'un chômage, soit par des avances en espèces, soit par des négociations, pourvu que ces actes ne touchent en rien à l'administration, sans que, pour cela, ils soient censés faire des actes d'immixtion.

3. — 10 février 1840. — Vacquant C. Thirion. — 2ᵉ Ch. — MM. Mourot, pr., La Flize, Volland, av.

L'exploitation des coupes de bois achetées en société doit se faire en commun, avant d'en opérer le partage.

4. — 24 août 1841. — Henry C. Dagrenat et Varinot. — 2ᵉ Ch. — MM. Mourot, pr., Garnier, av. gén., concl. contr., Fleury, Maire, Welche, av.

S'il est de l'essence du mandat d'être gratuit, à moins qu'il n'y ait convention contraire, il n'est cependant pas rigoureusement indispensable que cette convention soit écrite. Elle peut, notamment en matière commerciale, ressortir des circonstances de la cause, de la nature de l'affaire, et surtout des rapports qui ont existé entre les parties, à raison de semblables opérations. — *Spécialement :* dans les exploitations de coupes de bois achetées en société, l'associé qui a rempli les fonctions de commis garde-vente doit-être présumé n'avoir pas entendu se charger d'un mandat gratuit: on doit supposer, de la part des associés, la convention qu'il recevrait un salaire.

5. — 29 décembre 1830. — La faillite Gentil C. Pierre. — 1ʳᵉ Ch. — MM. de Riocour, p. pr., Poirel, p. av. gén., concl. conf., Berlet, Moreau, av.

La régence conférée à l'impératrice Marie-Louise, par les lettres patentes du 23 janvier 1814, ne lui attribuait pas la plénitude de l'autorité impériale, et encore bien moins le pouvoir de faire ou de modifier les lois. — En conséquence, les décrets rendus par la régente, et notamment celui du 12 février 1814, qui ajoute aux formalités prescrites en matière de société commerciale, par le Code de commerce, des formalités nouvelles, et qui prononce la nullité des traités de société où ces formalités n'auront pas été observées, excèdent les pouvoirs qui lui ont été délégués, et dès lors sont essentiellement nuls.

Nota. Le moyen de nullité adopté par cet arrêt a été proposé d'office par M. le premier avocat général. — Cet arrêt a été confirmé par la cour de cassation, toutes les chambres réunies, le 13 mars 1832 (1). M. le procureur général Dupin, en concluant au rejet, disait : « l'arrêt est bien rendu ; il fait honneur à la cour de Nancy ; elle n'a pas voulu accepter comme loi ce qui n'en a pas l'auguste caractère : casser cet arrêt, ce ne serait pas venger la loi, ce serait l'offenser ; ce serait une espèce de sacrilège. » — Une loi du 31 mars 1833 a comblé la lacune signalée par l'arrêt de la cour royale de Nancy.

6. — 23 novembre 1839. — Venant-Dupont C. Goudchaux-Picard. — 1re Ch. — MM. de Metz, p. pr., Catabelle, May, av.

I. La nullité d'un traité de société, non publié conformément à la loi, ne préjudicie pas aux droits résultants, pour chaque associé, des opérations commerciales qui se seraient consommées durant l'association. — C'est aux magistrats, dans ce cas, d'attribuer à chacune des parties la part qui lui advient, dans les bénéfices comme dans les pertes.

II. Pour cela, ils peuvent recourir aux différents genres de preuves admis en matière de commerce, notamment consulter les livres. — Quand une seule des parties a tenu des livres, et que ces livres sont d'ailleurs réguliers, ils font preuve suffisante.

7. — 22 décembre 1842. — La faillite Doublat C. la faillite de la société des marbres des Vosges. — 1re Ch. — MM. Moreau, p. pr., Poirel, p. av. gén., Volland, d'Ubexi, av.

Le défaut d'affiche de l'ordonnance royale autorisant une société anonyme, et de l'acte d'association, n'est point une cause de nullité, comme il en est une pour les sociétés en nom collectif et en commandite (C. com. 45, 42).

Même pour ces dernières sociétés, ce défaut de publicité a seulement pour effet d'autoriser chacun des intéressés à demander l'annulation de l'association ; du reste, les clauses de l'acte, et tout ce qui a été fait jusqu'à la demande en nullité, doivent recevoir leur exécution.

8. — 16 novembre 1840. — Beugon C. Gauguier. — 2e Ch. — MM. Mourot, pr., La Flize, d'Ubexi, av.

La société en nom collectif, formée pour l'exploitation d'une mine de houille, concédée par ordonnance royale, après refus d'autoriser une société anonyme par actions, est une société commerciale (2).

9. — 22 mars 1831. — Rodier-Royer C. Guérin de Foncin. — 1re Ch. — MM. Breton, pr., Pierson, subst., Moreau, Goutt, av. (Recueil imprimé, p. 350.)

Une société commerciale, qualifiée par les parties, dans un traité, de *société en participation*, peut néanmoins, d'après les clauses de

---

(1) D. 32. 1. 113. — S. 32. 1. 293. — P. 24. 847.
(2) *Contrà*, 28 novembre 1810. Denizot C. Lepaige. V. *Société civile.* 5.

l'acte et les faits de la cause, être réputée *société en nom collectif*, et tous les associés être déclarés en conséquence débiteurs solidaires de la société.

10. — 17 août 1837. — Burnet C. Vitry. — 2ᵉ Ch. — MM. Costé, pr., Fabvier, proc. gén., concl. conf., d'Ubexi, Volland, av.

La société commerciale en participation est celle qui a pour but des spéculations discontinues, relatives à des objets déterminés, devant avoir une durée limitée et accidentelle, se consommant avec son objet, et ne devant se renouveler que dans certaines circonstances données.

SOEUR HOSPITALIÈRE.

Voy. *Art de guérir*.

SOLIDARITÉ.

Voy. *Aliments*. — 2. 3. 4. 5. Solidarité. Enfants. Aliments dus à leurs père et mère.
Appel. — 32. Jugement du tribunal de commerce, contradictoire sur la compétence, par défaut sur le fond. Appel. Indivisibilité. Solidarité. Appel incident.
Caution. — 7. Subrogation. Impossibilité. Solidarité. Décharge.
Faillite. — 15. — 111. Solidarité. Restitution d'une somme d'argent représentative de la valeur d'objets mobiliers...
Jugement par défaut. — 12. Solidarité. Exécution contre l'un des débiteurs. Péremption.
Obligation solidaire.
Société commerciale. — 9. Société en participation. Qualification inexacte. Société en nom collectif. Solidarité.

SOURCE.

Voy. *Servitude*. — 38. Source nécessaire à une commune, etc. Prescription de l'indemnité. Riverains du cours de la source réduits au superflu des eaux nécessaires à la commune.

SOUS-INTENDANT.

Voy. *Frais et dépens*. — 26. Sous-intendant appelant au nom de l'Etat.

STATUT PERSONNEL.

Voy. *Usufruit légal*. — 2. Statut personnel. Mineur. Père, ou survivant des époux. Promulgation du Code. Tutelle ouverte auparavant.

STELLIONAT.

SOMMAIRE.

Hypothèque légale non déclarée.

SUBSTITUTION.

RENVOIS.

Voy. *Nantissement.* — 1. Antichrèse. Vente à réméré. — IV. Vendeur. Silence sur l'antichrèse. Stellionat.
Obligation. — 10. Payement. Sursis à l'exécution d'un jugement. Débiteur malheureux et de bonne foi. Stellionataire.

---

5 mars 1836. — Gilbert C. Clément et Thouvenin. — 1re Ch. — MM. Mourot, pr., Fabvier, proc. gén., La Flize, Chatillon, Catabelle, av.

Il y a stellionat quand on présente comme libres des biens frappés d'une hypothèque légale, aussi bien que quand on les dit affranchis de toute autre hypothèque (C. civ. 2059, 2136).

SUBROGATION.

Voy. *Cautionnement.* — 1. Cautionnement partiel. Payement. Subrogation après payement intégral. Atermoiement. Réduction du capital. Caution sans droit aux répartitions.
Exploit. — 21. Commandement. Créancier désintéressé. Subrogation.
Intervention. — 2. Garant. Intervention en appel. Subrogation dans les poursuites.
Inventaire. — 2. Garant. Intervention en appel. Subrogation dans les poursuites.
Vente. — 27. Subrogation. Action contre les tiers. Non-garantie de contenance.

SUBROGÉ-TUTEUR.

Voy. *Tutelle.* — 10. Tuteur. Jugement. Action mobilière. Acquiescement. Concours du subrogé-tuteur. Appel par le subrogé-tuteur seul. Compte du tuteur. Payement.

SUBSTITUTION.

SOMMAIRE.

1. *Condition.* — Charge de conserver et de rendre. Droit de retour.
2. *Substitution vulgaire compendieuse.* — I. Substitution fidéicommissaire. Interprétation du testament. — II. Obligation virtuelle de conserver et de rendre. — III. Prévision du décès du légataire sans enfant. Epoque du décès non précisée.

RENVOIS.

Voy. *Hypothèque.* — 3. Biens grevés de substitution. Hypothèque. Expropriation.
Testament. — 21. Prestimonie. Substitution. Curateur à la fondation. — 24. Substitution prohibée. Substitution relative à une succession. Legs par une femme à son mari, à condition du partage égal des biens de celui-ci entre les deux familles.

SUCCESSION.

1. — 30 mars 1843. — Hussenet C. Pierre. — 1re Ch. — MM. Mourot, pr., Poirel, p. av. gén., La Flize, d'Ubexi, av.

Il y a substitution prohibée dans une clause ainsi conçue : « Je lui donne et lègue en outre, mais en toute propriété, la somme de 2,600 francs, Si la dame Marie-Barbe Henry décède sans enfants, ni frère ni sœurs, j'entends que cette somme de 2,600 francs retournera à mes héritiers. » — L'article 896 du C. civ. proscrit la substitution avec ou sans condition. — Cette clause ne contient pas seulement la stipulation d'un simple droit de retour (C. civ. 951). Elle ne peut non plus être considérée comme subordonnée à la condition *si quid supererit*, ce qui permettrait de la maintenir à l'égard de ladite Marie-Barbe Henry.

2. — 4 juillet 1844. — Vouzeau C. de Muller. — 1re Ch. — MM. Mourot, pr., Garnier, av. gén., concl. conf., La Flize, Volland, av.

I. Doit être maintenue la clause testamentaire contenant une substitution, lorsqu'elle peut être interprétée dans le sens d'une substitution vulgaire compendieuse, et qu'elle n'implique pas nécessairement une substitution fidéicommissaire : le testament doit toujours être interprété *magis ut valeat quàm ut pereat*.

II. Pour que la substitution soit prohibée, il faut qu'elle comprenne expressément, ou virtuellement, l'obligation de conserver et de rendre.

III. *Spécialement* : est valable un testament conçu dans ces termes : « Art. 1er. Je lègue à N. le domaine de...., à charge de porter mon nom de famille, de conserver ce domaine dans son entier,.... et de le transmettre en même état à son fils, par ordre de primogéniture... Art. 3. Dans le cas où ledit N. *viendrait à décéder sans enfants*, j'entends que les dispositions prescrites par l'art. 1er... seront applicables à son frère, s'il en a, et, à son défaut, à sa sœur... » — Pour qu'une telle substitution fût réputée fidéicommissaire, il faudrait que le testateur eût précisé l'époque du décès, sans enfants, de son légataire, et que cette époque fût postérieure au décès du testateur.

SUCCESSION.

SOMMAIRE.

1. *Acceptation pure et simple.* — Payement des droits de mutation.
2. *Coutume de Lorraine.* — I. Loi du 17 nivôse an II. — II. Production. *Nemo tenetur edere contrà se*. Preuve testimoniale. Origine des biens. Propres. Commune renommée. Inventaire.
3. *Coutume de Lorraine.* — Rapport. Dot. Préciput. Mobilier. Gain de survie. Dot constituée en commun.
4. *Créance.* — Poursuite par un cohéritier, pour sa part, contre le débiteur.
5. *Légataire universel.* — Bénéfice d'inventaire.
6. *Mineur.* — I. Renvoi devant un juge-commissaire et un notaire. Mesure facultative. — II. Portion disponible. — III. Rapport. Frais de nourriture et d'éducation. — IV. Majeur. Donation. Legs. Préciput.
7. *Régime dotal.* — Héritier de la femme. Dettes. Biens dotaux. Biens paraphernaux. Acceptation partielle. Bénéfice d'inventaire.
8. *Retrait successoral.* — Revente. Successible acquéreur.

SUCCESSION.

9. *Séparation de patrimoines.* — Créancier du défunt. Créancier de l'héritier. Effet. Forme.
10. *Succession bénéficiaire.* — Créancier. Intervention.
11. *Succession bénéficiaire.* — Notaire. Vente d'immeubles. Prix.
12. *Succession future.* — Pacte nul. Testament du mari. Succession de la femme. Transaction. Prescription.
13. *Vente.* — I. Consignation du prix. Consentement. Réserve. — II. Héritier. Vente de part indivise. Tiers de bonne foi.

RENVOIS.

Voy. *Contrat de mariage.* — 7. Coutume de Lorraine. Gain de survie. Abrogation. Loi du 17 nivôse an II.
Filiation. — 3. Enfant naturel. Succession des père et mère. Frères et sœurs. Légataire universel. Réduction du droit de l'enfant naturel à moitié.
Liquidation. — 3. Succession. Juge-commissaire. Empêchement. Remplacement.
Partage. — 2. Acte de partage. Preuve écrite. Présomption. Droits de mutation payés par un des cohéritiers. Quittance conservée par lui. Payement présumé fait des deniers de l'auteur commun.
Rapport à succession. — 2. Donation déguisée. Contrat onéreux. Dispense de rapport. — 6. Donation déguisée. Vente. Portion disponible. Rapport.
Testament. — 24. Substitution prohibée. Stipulation relative à une succession. Legs par une femme à son mari, à condition du partage égal des biens de celui-ci entre les deux familles.
Vente. — 28. Succession future. Vente par une femme, de concert avec son enfant, d'un immeuble de sa succession. Donation. Nullité.

---

1. — 19 mai 1842. — Garcin C. Ménestrier. — 1re Ch. — MM. Mourot, pr., d'Ubexi, Volland, av.

Le payement des droits de mutation ne suffit pas pour faire considérer un héritier comme ayant accepté purement et simplement la succession : il peut encore, après ce payement, ne l'accepter que sous bénéfice d'inventaire, bien que, dans la quittance des droits, le receveur de l'enregistrement lui ait donné la qualité d'héritier, et qu'il n'ait pas fait de réserves ; il le peut surtout, lorsque, d'ailleurs, dans l'inventaire, où le passif surpassait de beaucoup l'actif, il avait figuré seulement comme habile à se porter héritier.

2. — 19 novembre 1842. — Julien C. Meyer. — 1re Ch. — MM. Moreau, p. pr., La Flize, d'Ubexi, av.

1. La disposition de l'art. 61 de la loi du 17 nivôse an II, portant que toutes les lois, coutumes, usages et statuts, relatifs à la transmission par succession ou donation, sont abolis, et qu'il sera procédé au partage des successions échues depuis et y compris le 14 juillet 1789, et de celles à venir, selon les règles établies par ladite loi, a été abrogée par les décrets du 9 fructidor an II et du 3 vendémiaire an IV, aux termes desquels la loi du 17 nivôse an II n'a dû avoir d'effet qu'à compter de l'époque de sa promulgation. — Ainsi, une succession

ouverte, par exemple, le 7 mai 1793, n'a point été réglée par la loi du 17 nivôse an II (6 janvier 1794), mais par la loi antérieure.

II. Le défendeur ne peut être tenu de produire un acte de partage et un inventaire à l'aide desquels le demandeur prétend établir que les biens qu'il réclame sont des propres de sa mère.

Mais, à défaut de la production de ces pièces par son adversaire, le demandeur est recevable à prouver par témoins l'origine de ces biens. A cet effet, à défaut d'inventaire, dressé à la requête de ceux qui devaient y faire procéder, les parties intéressées à établir plus tard les forces de la succession sont recevables à les prouver, même par la commune renommée, c'est-à-dire, par témoins (C. civ. 1442. Coutume de Lorraine, tit. 2, art. 9).

3. — 16 mai 1834. — Hallé C. Batail. — 1re Ch. — MM. de Metz, p. pr., Fabvier, proc. gén., Moreau, Chatillon, av.

Le principe d'égalité dans les partages était de droit commun en Lorraine, et le rapport était dû, aux successions des père et mère, des avantages par eux faits à leurs enfants à titre de dot ou autrement, lorsque de telles donations n'avaient pas été stipulées par préciput.

De là, sous la coutume de Lorraine, comme sous le Code civil, obligation pour les héritiers de rapporter à la succession du premier mourant des père et mère moitié de la dot constituée conjointement par ceux-ci. — L'article premier du titre de la communauté entre gens mariés et leurs enfants, qui attribuait le mobilier au survivant des époux, à titre de gain de survie, n'a d'effet que relativement au mobilier dont les époux n'auraient pas disposé pendant l'existence du mariage, et il ne fait pas obstacle à ce que la dot des enfants soit réputée faite en commun par le père et la mère, même quand le mari, comparaissant seul au contrat de mariage de l'enfant commun, déclarerait stipuler tant pour lui que pour sa femme.

4. — 11 août 1836. — Thiéry C. Flasseur. — 2e Ch. — MM. Moreau, pr., Chatillon, La Flize, av.

Quand la liquidation d'une succession n'attribue pas à l'un des héritiers nominativement une créance dépendante de la succession, mais qu'elle la laisse dans le reliquat actif de la succession à partager entre tous les héritiers, l'un de ceux-ci ne peut agir contre le débiteur que pour la part et portion représentant son droit héréditaire dans cette créance, et cela quand même cet héritier aurait été constitué seul dépositaire des titres de la succession.

5. — 5 juillet 1834. — Cherrier C. Fort. — 1re Ch. — MM. de Metz, p. pr., Bresson, av. gén., Moreau, La Flize, av.

Le légataire universel peut, comme l'héritier du sang, n'accepter que sous bénéfice d'inventaire.

6. — 20 janvier 1830. — Brocard C. Clady. — 1re Ch. — MM. Breton, pr., Masson, subst., Moreau, Poirel, av.

I. Dans la liquidation d'une succession où un mineur est intéressé la nomination d'un juge-commissaire, et le renvoi des parties devant un notaire, ne sont pas obligatoires pour les tribunaux, mais seulement facultatifs. Les tribunaux peuvent ne pas ordonner ces formalités préalables, quand la question est simple et n'est compliquée d'aucune opération de détail.

II. Pour calculer la quotité disponible, il faut réunir fictivement à la succession les biens donnés entre-vifs par le défunt.

III. L'art. 852 du C. civ., qui dispense du rapport les frais de nourriture, d'entretien, d'éducation et d'apprentissage, ne doit pas être étendu aux frais de même nature qu'un père aurait faits en faveur d'un enfant majeur, marié et pourvu d'une dot, même quand l'enfant qui aurait reçu ces avantages les aurait, en quelque sorte, achetés par des services particuliers rendus à son père.

IV. L'art. 845, qui permet à l'héritier, renonçant à la succession, de retenir le don entre-vifs, ou de réclamer le legs à lui fait, jusqu'à concurrence de la portion disponible, s'applique à l'héritier donataire entre-vifs, aussi bien qu'à l'héritier par préciput.

7. — 14 mars 1840. — Formel C. Viriot. — 1re Ch. — MM. de Metz, p. pr., La Flize, Volland, av.

L'héritier de la femme mariée sous le régime dotal, qui a appréhendé les immeubles dotaux, et abandonné les biens paraphernaux, est tenu au payement de toutes les dettes ; il ne peut pas accepter la succession pour partie, et y renoncer pour partie : il doit, s'il veut affranchir les biens dotaux du payement des dettes, accepter sous bénéfice d'inventaire.

8. — 3 mai 1842. — Jeannot C. Sornin. — 2e Ch. — MM. Costé, pr., Volland, Catabelle, av.

On ne peut exercer le retrait successoral contre celui qui a revendu les droits successifs par lui achetés, ni contre celui qui était successible : peu importe que, au moment de l'acquisition, le successible acquéreur fût sans intérêt, comme ayant déjà vendu ses propres droits, ou comme étant déshérité, etc.

9. — 14 février 1853. — Guerre C. Humblot. — 1re Ch. — MM. Troplong, pr., Bresson, Moreau, av.

I. L'article 878 du C. civ., en donnant aux créanciers du défunt le droit de demander la séparation des patrimoines contre tout créancier de l'héritier, règle l'effet, et non la forme de cette demande.

II. On ne saurait induire des termes de cet article l'obligation, pour le créancier du défunt, d'appeler en cause tous les créanciers de l'héritier. Est valable, en conséquence, l'action de cette nature dirigée contre l'héritier seul.

10. — 9 juin 1830. — Clady C. le séminaire de Verdun et Ficatier. — 1re Ch. — MM. Breton, pr., Masson, subst., Fabvier, Chatillon, Moreau, av.

Les créanciers d'une succession bénéficiaire, étant représentés dans les procès relatifs à cette succession par l'héritier, ne peuvent intervenir dans une contestation sur appel entre cet héritier et l'un des créanciers, ni sous prétexte d'un concert possible entre l'héritier et le créancier contendant, ni en vertu de l'art. 882 du C. civ., qui autorise cette intervention dans le partage des successions, et cela quand même il serait reconnu que le jugement dont est appel leur fait préjudice.

11. — 11 mai 1835. — Burelle C. Legendre. — 1re Ch. — MM. de Metz, p. pr., Bresson, av. gén., Chatillon, Volland, av.

Les tribunaux, en commettant un notaire pour vendre les immeubles dépendants d'une succession bénéficiaire, peuvent le charger en même temps de recevoir le produit de ces ventes, à l'exclusion des héritiers bénéficiaires, sauf à rendre compte à qui il appartiendra.

12. — 28 mai 1842. — Ancelin C. Bailly. — 1re Ch. — MM. Mourot, pr., Garnier, av. gén., concl. conf., Volland, Fleury, av.

Tout pacte sur une succession future est nul à ce point que si, par son testament, un mari dispose de celle de la femme qui lui survivra, le maintien de cette disposition, par une transaction réelle et sérieuse, après la mort du mari, ne peut valider la disposition relative à la succession de la femme, et la prescription de l'art. 1304 n'aurait elle-même aucun effet; du moins, elle ne courrait utilement que du jour de la mort de la femme.

13. — 8 février 1835. — Foller C. Robert et Foller. — 1re Ch. — MM. Trop-long, pr., Bouchon, subst., Berlet, La Flize, Bresson, av.

I. Un héritier est encore recevable à critiquer la vente faite par son cohéritier d'un immeuble de la succession, après que lui-même a consenti judiciairement à la consignation du prix de cette vente, si toutefois, en donnant ce consentement, il s'est réservé ses moyens de nullité.

II. L'héritier qui a reçu, dans les capitaux de la succession, une part plus considérable que celle qui lui appartient, n'est pas présumé pour cela avoir renoncé à son droit sur les immeubles.

En conséquence, la vente qu'il a faite à un tiers de bonne foi de sa part éventuelle dans les mêmes immeubles est valable.

SUCCESSION BÉNÉFICIAIRE.

Voy. *Succession.* — 5. Légataire universel. Bénéfice d'inventaire. — 10. Succession bénéficiaire. Créancier. Intervention. — 11. Succession bénéficiaire. Notaire. Vente d'immeubles. Prix.

Tutelle. — 7. Mère tutrice... — II. Reprises. Confusion. Bénéfice d'inventaire. — III. Succession bénéficiaire. Administrateur. — IV. Notaire.

Vente publique d'immeubles. — 1 à 8. Choix du mode de procéder. Notaire. Juge. Pouvoir discrétionnaire... Succession bénéficiaire.

SUCCESSION FUTURE.

Voy. *Succession.* — 12. Succession future. Pacte nul. Testament du mari. Succession de la femme. Transaction. Prescription.

Vente. — 28. Succession future. Vente par une femme, de concert avec son enfant, d'un immeuble de sa succession. Donation. Nullité.

SUCCESSION VACANTE.

SOMMAIRE.

Curateur. — I. Comptes provisoires à remettre au receveur des domaines. — II. Chef de conclusions combattu dans les motifs, omis dans le dispositif du jugement. — III. Publicité du jugement qui nomme un curateur. Chambre du conseil. — IV. Fonctions du curateur. Versement des deniers dans la caisse du receveur.

RENVOIS.

Voy. *Vente publique d'immeubles.* — 1 à 8. Choix du mode de procéder. Notaire. Juge. Pouvoir discrétionnaire... Succession vacante.

---

29 avril 1843. — Le ministère public C. Wagnon, curateur aux successions Collignon. — 1re Ch. — MM. Mourot, pr., Garnier, av. gén., concl. conf.

I. Les tribunaux peuvent, en nommant un curateur à une succession vacante, lui prescrire « de présenter au receveur des domaines, sur sa » demande, et chaque fois qu'il le jugera utile, le compte provisoire ou » état de situation de l'administration de la curatelle, afin que ce pré- » posé puisse s'assurer si tous les fonds disponibles ont été versés à » sa caisse. »

II. Le tribunal, saisi d'un réquisitoire du procureur du roi tendant à faire imposer cette obligation au curateur, doit statuer sur ce chef; il ne doit pas se borner à le combattre dans les motifs du jugement, et à le passer sous silence dans le dispositif, le rejetant ainsi *formâ negandi.*

III. Le jugement qui nomme un curateur à une succession vacante doit être rendu en audience publique, et non en la chambre du conseil.

IV. Le curateur chargé de faire verser le numéraire de la succession vacante, et les deniers provenants des ventes, dans la caisse du receveur des domaines, n'est qu'un simple administrateur chargé de diriger les actions, ou de répondre aux poursuites qui peuvent intéresser la succession. Il n'a pas qualité pour percevoir les deniers et en faire emploi (C. civ. 813, 814). — Du devoir du curateur de faire verser les deniers de la succession dans la caisse du receveur des domaines, découle le droit, pour le receveur, de contraindre le curateur à ce versement, et, par suite, d'exiger de lui la justification qu'il y a fait payer tout ce qu'il a pu et dû recouvrer.

SUGGESTION.

Voy. *Testament.* — 5. Captation. Suggestion. Caresses. Prières. Liberté de volonté. Causes qui la diminuent. Age. Sexe. Maladie.

SUPPLÉANT.

Voy. *Juge suppléant.*

SUPPRESSION D'ÉCRITS INJURIEUX.

Voy. *Diffamation*. — 1. Acte de procédure. Suppression ordonnée d'office. Loi du 17 mai 1819. — 2. Désistement. Suppression d'expressions injurieuses. Dommages-intérêts.

SURENCHÈRE.

SOMMAIRE.

1. *Notification*. — I. Inscriptions. Effet. — II. Surenchère. — III. Année courante. Intérêts. — IV. Ventes antérieures. Rapport des intérêts.
2. *Notification*. — I. Transcription. Inscription. Créancier hypothécaire. Tiers détenteur. — II. Huissier commis par un président incompétent.
3. *Omission de surenchérir*. — I. Fraude. Nullité. — II. Mise en cause des autres créanciers.

RENVOIS.

Voy. *Inscription hypothécaire*. — 1. 3. Désignation des immeubles dans l'inscription comme dans la vente. Acquéreur non recevable à exciper d'erreurs. Validité de la surenchère.
Obligation. — 7. Dissimulation de prix de vente. Fraude des droits des créanciers. Rapport. Créanciers inscrits. Défaut de surenchère.
Saisie immobilière. — 4. — II. Saisi. Vente frauduleuse. Saisissant. Surenchère.
Vente. — 7. Créancier hypothécaire. Inscription périmée. Surenchère omise. Production à l'ordre. Vente en fraude de son droit...

1. — 12 juin 1832. — Jeannot C. Marchal. — 1re Ch. — MM. Bresson, pr., Poirel, p. av. gén., La Flize, Antoine, av.

I. La notification du contrat, faite par l'acquéreur aux créanciers inscrits, fait produire aux inscriptions tout leur effet légal et irrévocable.

II. Une surenchère postérieure ne fait qu'augmenter la somme à distribuer; mais elle ne modifie en rien les effets de la notification.

III. L'année courante des intérêts, accordée par l'art. 2151 du C. civ., s'entend de l'année qui courait au jour de la notification du contrat.

IV. Le créancier surenchérisseur ne doit pas rapporter à la masse hypothécaire les intérêts des rentes successives qui ont précédé son adjudication, à moins qu'il ne les ait touchés lui-même des premiers acquéreurs, ou qu'une clause de son contrat ne l'en constitue débiteur ou garant.

2. — 18 janvier 1831. — de Rougrave C. de Rougrave. — 1re Ch. — MM. Breton, pr., Goutt, Bresson, av.

I. Les créanciers hypothécaires, inscrits sur un immeuble, ne peuvent formaliser de surenchère que lorsque le tiers détenteur a fait les notifications prescrites par les art. 2183 et 2184 du C. civ., à l'exception des créanciers dont les inscriptions ne sont prises que dans la quinzaine de la transcription de l'acte de vente. Ceux-ci peuvent, aux termes des art. 834 et 835 du C. pr., requérir la mise aux enchères, sans attendre les notifications de l'acquéreur.

II. La signification de la surenchère doit se faire par un huissier commis par le président du tribunal de l'arrondissement où cette signification a lieu. Mais cette formalité n'est pas prescrite à peine de nullité; et la surenchère n'en est pas moins valable, quoique l'huissier qui l'a signifiée n'ait été commis que par un magistrat incompétent.

3. — 18 juin 1833. — Guyot C. Lévy et les époux Liégeois. — 1re Ch. — MM. de Metz, p. pr., Chatillon, Moreau, Cuny, av.

I. L'omission de surenchérir n'empêche pas le créancier de former une action pour fraude et nullité contre l'acte notifié.

II. Un seul créancier peut former cette action, sans mettre les autres en cause, lorsqu'il offre d'assurer, à leur égard, l'effet du contrat dont le bénéfice leur est acquis.

SURSIS.

Voy. *Compétence.* — 9 .. Dommages-intérêts. Compétence judiciaire. Acte administratif. Interprétation préalable. Sursis...
Obligation. — 10. Payement. Sursis à l'exécution d'un jugement. Débiteur malheureux et de bonne foi. Stellionataire.

SUSPENSION.

Voy. *Discipline.*

SUSPICION LÉGITIME.

Voy. *Renvoi.* — 2. — 1. Suspicion légitime. Mêmes motifs que pour la récusation. Formes différentes. Intimation devant le juge supérieur. Plaidoiries. — II. Renvoi d'un tribunal de commerce à un autre, ou à un tribunal civil jugeant commercialement, autre que le tribunal civil du lieu où siège le tribunal de commerce dessaisi. — 3. Suspicion légitime. Procédure en règlement de juges.

TARIF.

Voy. *Vente publique d'immeubles.* — 10. Tarif. Avoué. Notaire. Prohibition de remises illégales.

TAXE.

Voy. *Expertise.* — 11. Taxe. Opposition. Chambre du conseil. Audience publique. Délai.
Frais et dépens. — 21. Matière sommaire. Compétence. Tribunal de commerce. Appel. Taxe.

TÉMOIN.

SOMMAIRE.

1. *Commune.* — Habitants. Enquête. Intérêt indirect.
2. *Commune.* — Habitants. Enquête. Propriété communale. Revendication.
3. *Condamnation afflictive commuée en peine correctionnelle.* — Incapacité. Témoin. Acte authentique.
4. *Intérêt d'une partie, tirée des qualités, dans les frais du procès.* — Parents reprochables.
5. *Parenté.* — I. Incapacité absolue. Acquiescement. Nullité non couverte. — II. Autres causes de reproche. — III. Reproches légaux. Obligation pour le juge de les admettre.
6. *Reproche légal.* — Rejet obligatoire et absolu de la déposition. Lecture interdite.
7. *Reproche rejeté par un premier jugement resté sans appel.* — I. Chose jugée. Appel du jugement du fond. Fin de non-recevoir contre les reproches. — II. Délai pour le jugement des reproches.
8. *Vigneron.* — I. Domesticité. Reproche. — II. Domestique du vigneron de la partie.

RENVOIS.

Voy. *Affouage.* — 2. Enquête. Habitant. Conseiller municipal. Garde champêtre.
Commune. — 10. Enquête. Habitant. Conseiller municipal. Reproche. Intérêt direct et personnel.
Donation. — 17. Témoins. Présence à la lecture. Validité.
Enquête. — 7. — I. Reproche. Témoin parent au degré prohibé. Parent du défendeur. — II. Habitant de la commune litigante. Reproche.
Faux incident. — 5. Inscription de faux. Testament authentique. Témoins instrumentaires. Enquête.
Responsabilité. — 5. Certificat. Fait faux. Responsabilité du signataire. Recrutement. Maire. Témoin. Dommages-intérêts.
Testament. — 12. — II. Témoins instrumentaires. Présence à la rédaction entière de l'acte.

---

1. — 3 janvier 1852. — Bon C. la commune d'Uruffe. — 1re Ch. — MM. de Metz, p. pr., Pierson, subst., La Flize, Chatillon, av.

Les habitants d'une commune peuvent être admis comme témoins dans une enquête qui intéresse la commune ; mais leurs dépositions ne doivent être lues qu'en ayant égard à l'intérêt indirect qu'ils ont au procès.

2. — 4 février 1852. — Chèvre et Mangeot C. la commune d'Autreville. — 1re Ch. — MM. Mourot, pr., Poirel, p. av. gén., d'Ubexi, Antoine, Welche, av.

Les habitants d'une commune peuvent témoigner sur l'attribution à la commune d'une propriété communale.

3. — 3 juin 1850. — Friry C. la ville de Remiremont et Collenne. — 1re Ch. — MM. de Metz, p. pr., Bresson, av. gén., concl. contr., d'Arbois, Volland, La Flize, av.

Une commutation, accordée à un individu condamné à une peine afflictive et infamante, relève le condamné de l'incapacité légale résultante de la première peine, et le soumet seulement à l'incapacité qui résulterait de celle qui a été substituée à la condamnation primitive. Ainsi, notamment, l'individu condamné par arrêt à cinq années de travaux forcés et à la surveillance perpétuelle, mais dont la peine a été commuée en un simple emprisonnement correctionnel, peut être témoin dans un acte authentique.

4. — 23 juin 1842. — La commune de Chenimenil C. de Vaudechamps. — 1re Ch. — MM. Mourot, pr., Poirel, p. av. gén., Volland, La Flize, av.

Lorsqu'un particulier, tiré des qualités, paraît avoir conservé un intérêt dans les frais du procès, ses parents sont reprochables.

5. — 17 février 1844. — Le préfet de la Meuse C. Chenin. — 1re Ch. — MM. Mourot, pr., Poirel, p. av. gén., Volland, d'Ubexi, av.

I. L'incapacité des parents et alliés en ligne directe de l'une des parties d'être entendus comme témoins est une incapacité absolue, admise dans des vues de morale publique, et que le silence ou l'acquiescement des parties ne pourrait couvrir.

II. Il en est différemment des autres causes de reproche énumérées dans l'art. 283 du C. de pr., lesquelles peuvent être invoquées simultanément par les parties, qui seules ont le droit de s'en prévaloir aux termes de l'article 270.

III. Les tribunaux ne peuvent rejeter arbitrairement les reproches fondés sur la loi, lorsque les parties, usant de la faculté que leur accorde l'art. 283, déclarent formellement, avant l'audition du témoin, repousser son témoignage.

6. — 30 juin 1837. — Guillaume C. Barrat et Jacob. — 2e Ch. — MM. Costé, pr., La Flize, d'Arbois, Chatillon, av.

Quand un témoin se trouve dans un cas de reproche déterminé par la loi, et que le reproche a été régulièrement proposé, les tribunaux ne peuvent pas ordonner que sa déposition sera lue, sauf à y avoir tel égard que de raison : ils doivent la rejeter absolument.

7. — 10 décembre 1840. — Legens C. Guerrier de Dumast. — 1re Ch. — MM. Costé, pr., Volland, d'Ubexi, av.

I. Les reproches proposés contre des témoins, et rejetés par un premier jugement dont aucun appel n'a été interjeté, ne peuvent plus être reproduits sur l'appel dirigé contre le jugement qui a statué sur le fond. Le premier jugement, qui statue sur les reproches, a acquis force de chose jugée.

II. La loi ne fixe aucun délai pour le jugement concernant les reproches. Il suffit que ce jugement soit antérieur à celui qui intervient sur le fond, si la cause n'était pas en état. On ne peut donc se faire un moyen de nullité de ce qu'il n'aurait pas été statué sur ces reproches la première fois qu'ils ont été proposés, lors d'un jugement ordonnant une expertise.

8. — 29 août 1845. — Picquant C. Girin. — 1re Ch. — MM. Moreau, p. pr., Louis, Catabelle, av.

I. Des vignerons faisant à façon les vignes d'un individu, moyennant un prix fixe par année, ne sont point placés dans l'état habituel de relation et de dépendance qui rend reprochable la déposition des serviteurs et domestiques proprement dits : le reproche dirigé contre ces témoins doit donc être écarté.

11. Il en est de même, à plus forte raison, du reproche fondé sur ce qu'un témoin est le domestique du vigneron de la partie qui l'a fait entendre, lorsque ce témoin travaille directement dans l'intérêt du vigneron son maître, et ne reçoit aucun salaire du propriétaire qui emploie ce vigneron.

TERME.

Voy. *Faillite.* — 14. Effets souscrits par le failli. Protêt avant l'échéance. Dette rendue exigible par la faillite.
Preuve littérale. — 21. Terme. Billet. Avertissement. Interprétation Prorogation de crédit.
Vente. — 21. Réméré. Terme de rigueur. Prorogation interdite au juge. Déchéance. Payement du fermage. Clause pénale. Mise en demeure inutile.

TERRAIN EN GARDE ET DÉFENSE.

Voy. *Servitude.* — 3. 4. Coutume de Lorraine. Passage. Possession. Prescription. Terrain en garde et défense. — 5. Coutume de Lorraine. Possession immémoriale. Terrain en garde et défense. Propriété close de haies et de fossés. — 10. — III. Bois en garde et défense. Prescription trentenaire.

TERRAIN VAIN ET VAGUE.

Voy. *Commune.* — 9. Chemin. Arbres. Fossé. Terrain vain et vague. — 18. Fontaine communale. Revendication du terrain sur lequel elle est établie... Terrain vain et vague. Plan cadastral. Contribution. — 28. Terrain vain et vague. Concession par le Domaine. Propriété privée. Lois de 1792 et 1793. — 29. Terrain vain et vague. Lois de 1792 et 1793. Preuve de la nature du terrain à cette époque.— 30. Terrain vain et vague. Possession. Prescription depuis 1793. — 31. Terrain vain et vague. Revendication. Lois de 1792 et 1793.
Forêt. — 4. — III. Terrains vains et vagues. Lois de 1792 et 1793. Pâturage. Redevance.
Propriété. — Alluvion. — I. Propriété close de murs. Vente. Interprétation. — II. Commune. Actes possessoires. Caractère. Terrain vain et vague. Lois de 1792 et 1793.
Revendication. — 1. — III. Terres vaines et vagues. Commune. Féodalité. Parcelles attenantes aux habitations.
Voirie. — . — IV. Sentier de tolérance. Terrain vain et vague.

TESTAMENT.

SOMMAIRE.

1. *Billet.* — Libéralité. Révocation. Testament ultérieur.
2. *Captation.* — Nullité.

3. *Captation.* — I. Suggestion. Caresses. Prières. Liberté de volonté. Causes qui la diminuent. Age. Sexe. Maladie. — II. Antidate d'un testament olographe. Preuve testimoniale. Dol. Fraude. Inscription de faux.

4. *Copie de testament, écrite, signée, datée par le testateur.* — Présomption de changement de volonté et de suppression de l'original.

5. *Date fausse.* — I. Nullité. Testament olographe. — II. Preuve à la charge de l'héritier. — III. Foi de la date. Inscription de faux. Preuve puisée dans le testament même. — IV. Faits extérieurs. Notoriété publique. — V. Prénoms des légataires laissés en blanc. Addition postérieure à la date du testament.

6. *Date fausse, rectifiée par le testament même.*

7. *Démence.* — I. Imbécillité. Intervalle lucide. Preuve. — II. Dictée incohérente. Divagation. Inscription de faux.

8. *Domestique.* — Promesse écrite de son maître, sous la condition de rester à son service jusqu'à sa mort. Acte unilatéral. Révocation de testament.

9. *Envoi en possession d'un legs universel.* — Ordonnance du président. Appel non recevable. Opposition.

10. *Envoi en possession d'un legs universel.* — Ordonnance du président. Erreur. Référé. Juge de paix. Appel. Deuxième ordonnance illégale.

11. *Erreur de droit.* — I. Légataire particulier se croyant légataire universel. Prise de possession de la succession sans délivrance. Fruits siens. Demande en délivrance. Effets du jour de sa date. — II. Restitution de fruits. Legs particuliers délivrés sans fraude par un légataire particulier se croyant légataire universel. *Negotiorum gestor.*

12. *Inscription de faux.* — I. Moyen nouveau. — II. Témoins testamentaires. Présence à la rédaction entière de l'acte. — III. Interrogat. Nullité du testament.

13. *Lacération.* — Signature. Volonté. Preuve. Testament postérieur. Testament lacéré trouvé parmi des papiers de rebut.

14. *Légataire universel.* — Héritiers. Doute. Interprétation favorable à l'héritier.

15. *Legs.* — I. Etablissement public. Demande en délivrance. Nécessité d'une autorisation préalable. — II. Quotité disponible. Legs par préciput. Héritier. Transmission. Réduction des legs particuliers. — III. Legs par préciput. Préférence sur les legs particuliers. — IV. Legs pieux. Privilège ou préférence.

16. *Legs.* — Interdiction temporaire de vendre des immeubles légués. Payement des dettes. Vente des immeubles.

17. *Legs du mobilier.* — Meubles meublants. Valeurs Mobilières. Argent.

18. *Legs universel.* — Obligations du testateur. Responsabilité du légataire. Vente. Nullité. Garantie.

19. *Mari légataire universel de sa femme.* — Possession des choses léguées. Demande en délivrance. Tutelle de l'héritier à réserve. Fruits et intérêts des choses léguées. Restitution.

20. *Meubles.* — I. Legs. Argent. Dettes actives. Denrées. — II. Interprétation. Doute. Héritier préférable au légataire.

21. *Prestimonie.* — Substitution. Curateur à la fondation.

22. *Signature.* — Impossibilité physique. Déclaration du notaire.

23. *Signature.* — I. Initiales des noms et prénoms du testateur. Signature habituelle. Testament authentique. — II. Mineur émancipé. Legs à son curateur. Validité.

24. *Substitution prohibée.* — Stipulation relative à une succession. Legs par une femme à son mari, à condition du partage égal des biens de celui-ci entre les deux familles.

25. *Usufruit.* — Nue propriété. Légataires à titre universel. Concours des légataires avec les héritiers. Prédécès des héritiers.

26. *Vérification de l'écriture du testament.* — Preuve à la charge du légataire. Ordonnance d'envoi en possession, obtenue par le légataire. Opposition par l'héritier.

RENVOIS.

Voy. *Contrat de mariage.* — 26. Testament. Reprises. Liquidation.

TESTAMENT.

Voy. *Donation.* — 15. — III. Testament. Part d'enfant. Interprétation.

Faux incident. — 1. Inscription de faux. Testament authentique. Témoins instrumentaires. Enquête. Nouveau moyen de faux révélé par l'enquête. Fin de non-recevoir.

Inventaire. — 2. Testament. Legs d'usufruit. Dispense d'inventaire. Héritiers à réserve. Nu propriétaire. Frais d'inventaire à sa charge.

Legs. — 1. Femme légataire universelle de son mari, sous la condition du partage des biens restants à son décès entre ses héritiers. Inventaire... — 2. Legs à titre universel. Généralité des meubles. Exception. Préciput conventionnel... — 3. Legs particulier. Intérêts du jour de la demande en délivrance. Exception. Usufruit grevant les biens légués. — 4. Legs universel. Exclusion des biens légués contre l'héritier. Dispense de rapport. — 5. Renonciation à un legs. Forme de procéder. Acte sous seing privé. Demande en délivrance...

Succession. — 5. Légataire universel. Bénéfice d'inventaire. — 12. Succession future. Pacte nul. Testament du mari. Succession de la femme. Transaction. Prescription.

Tutelle. — 9. Tutelle dative. Testament. Interprétation. Conseil de famille.

---

1. — 19 août 1841. — Beer C. Beer. — 1re Ch. — MM. Moreau, p. pr. Poirel, p. av. gén., Louis, Volland, av.

Lorsqu'un particulier fait un billet et un testament simultanés, renfermant les mêmes dispositions, au profit des mêmes personnes, et qu'il est reconnu que le billet a pour cause une libéralité, il est révocable comme un testament, malgré sa forme obligatoire et le fait de sa remise entre les mains des bénéficiaires. — La révocation résulte d'un testament ultérieur, révoquant tous les actes antérieurs, de quelque nature et de quelque forme que ce soit.

2. — 15 mars 1842. — Claudel C. Renaudin. — 2e Ch. — MM. Jannot de Morey, ff. pr., Garnier, av. gén., concl. conf., Fleury, Volland, av.

On peut annuler un testament pour captation.

3. — 30 août 1841. — Claudel C. Renaudin. — 2e Ch. — MM. Rolland de Malleloy, ff. pr., Fleury, Volland, av.

I. La volonté du testateur, pour faire loi, doit être pleinement libre, réfléchie et délibérée, sans qu'il s'y rencontre quelqu'une des causes qui ôtent ou diminuent ordinairement l'exercice de la liberté.

Au nombre des circonstances capables d'ôter ou de diminuer la liberté, dans la personne du testateur, on doit considérer, non-seulement les différents sexes et la différence de l'âge, mais encore l'état de maladie plus ou moins grave, ou de santé du testateur.

Il faut admettre comme moyen d'annulation des testaments, même olographes, la fraude exercée envers le testateur à l'aide de la captation et de la suggestion.

On ne doit pas considérer comme captation et suggestion frauduleuses l'emploi des caresses ou des prières, quelque pressantes ou importunes qu'elles soient, mais bien les surprises faites par des inspirations et des suggestions artificieuses et frauduleuses, tendantes à substituer une volonté étrangère à celle du testateur.

L'appréciation des faits dont on demande la preuve est entièrement du domaine du juge.

II. La preuve de l'antidate ou de la fausseté de la date d'un testament olographe peut être faite tant par titres que par témoins, toutes les fois qu'on articule le dol et la fraude, et sans qu'il soit besoin de recourir à l'inscription de faux.

4. — 24 février 1842. — Deschamps C. Baudot et Larzillière. — 1re Ch. — MM. Mourot, pr., Poirel, p. av. gén., Maire, d'Ubexi, May, av.

Quand on trouve seulement une copie de testament, quoiqu'elle soit écrite, signée et datée par le défunt, ce n'est pas un vrai testament ; la présomption est que le testateur a changé de volonté et supprimé l'original.

5. — 15 juillet 1843. — Devivier C. Lavallée. — 1re Ch. — MM. Moreau, p. pr., Paillart, proc. gén., concl. conf., Paillet, Chaix-d'Est-Ange (du barreau de Paris), av.

I. Une date fausse, dans un testament olographe, ne peut être considérée comme une date, et entraîne la nullité de cet acte.

II. C'est à l'héritier qui attaque le testament comme nul pour fausse date de prouver la fausseté de cette date.

III. Le testament olographe fait foi de sa date. — Ainsi, en l'absence d'inscription de faux, la preuve de la fausseté de la date ne peut se puiser que dans le testament lui-même, et non dans des actes et des faits extérieurs et étrangers au testament même, *ex ipso scripto, et non aliundè, nec extrinsecùs.*

IV. Si quelquefois la jurisprudence a pris en considération des faits extérieurs au testament, d'une part ces faits étaient de notoriété publique et incontestés entre les parties ; d'autre part, et surtout, le principe de la preuve de la fausseté de la date écrite se trouvait dans le testament même.

V. Il suffit, pour la validité d'un testament, que les légataires soient désignés par leurs noms et leurs relations de parenté avec le testateur ; dès lors, l'addition, postérieure à la date du testament, des prénoms des légataires, d'abord laissés en blanc, ne saurait invalider le legs, ni le testament.

6. — 15 mars 1842. — Claudel C. Renaudin. — 2e Ch. — MM. Jannot de Morey, ff. pr., Garnier, av. gén., concl. conf., Fleury, Volland, av.

Quand la date d'un testament est déclarée fausse, et que le testament même ne fournit pas le moyen de rectifier cette date, le testament est nul.

7. — 3 décembre 1842. — Mangin C. Etienne. — 1re Ch. — MM. Moreau, p. pr., La Flize, Volland, av.

I. Il ne suffit pas, pour faire tomber un testament, de prouver, de la part du testateur, des actes d'imbécillité et de démence, si les faits articulés supposent des intervalles lucides : il faut, de plus, prouver que le testament a été fait dans un intervalle non lucide.

II. Lorsqu'un testament authentique offre des dispositions parfaitement suivies, très-claires et n'indiquant aucune divagation ou aberration d'esprit, l'articulation du fait que le testateur n'aurait proféré que des mots sans suite et inintelligibles implique la fausseté de la dictée constatée par le notaire. — La preuve testimoniale de ce fait n'est pas admissible, si ce n'est par la voie de l'inscription de faux.

8. — 4 mars 1842. — Crocheté C. Laviolle. — 1re Ch. — MM. Mourot, pr., Poirel, p. av. gén., Villiaumé, Louis, av.

L'acte par lequel un maître promet à son domestique 2000 fr. sur sa succession, si le domestique reste à son service jusqu'à sa mort, est valable en un seul original : c'est un acte unilatéral. Il ne peut être annulé par un testament qui annulerait tous testaments antérieurs. Ce n'est pas un testament.

9. — 25 août 1838. — de Longeaux C. de Bigault d'Avocourt. — 1re Ch. — MM. de Metz, p. pr., Garnier, av. gén., concl. conf., Chatillon, d'Arbois, av.

L'ordonnance du président, prononçant l'envoi en possession d'un légataire universel, n'est pas susceptible d'appel. Elle ne peut être attaquée que par la voie de l'opposition, portée d'abord devant le tribunal de première instance, et ce n'est que le jugement de ce tribunal qui peut être déféré à la cour.

10. — 28 mars 1855. — Deinville. — 1re Ch. — MM. de Metz, p. pr., Poirel, p. av. gén., d'Arbois, av. (Appel d'une ordonnance sur référé.)

Quand le président d'un tribunal de première instance a prononcé l'envoi en possession d'un légataire universel, et ordonné la levée des scellés sans description, il n'appartient pas au juge de paix de critiquer cette ordonnance, sous prétexte que le legs a été mal qualifié, et de provoquer un référé pour la faire rapporter : ce droit n'appartiendrait qu'aux parties intéressées, et, dans ce cas, ce serait par la voie d'appel qu'elles devraient l'exercer. — En conséquence, la deuxième ordonnance du président du tribunal de première instance, qui réforme la première, doit être annulée par la cour, comme émanant d'un juge sans pouvoir.

11. — 18 juin 1840. — de Bigault d'Avocourt C. de Longeaux. — 1re Ch. — MM. de Metz, p. pr., Garnier, av. gén., concl. conf., Volland, La Flize, av.

I. L'erreur de droit ne peut profiter pour acquérir. Ainsi le légataire particulier qui, par une fausse interprétation du testament, se croit légataire universel, et se met à ce titre en possession de l'hérédité, sans demander la délivrance de son legs aux héritiers naturels, ne fait pas les fruits siens. Mais la demande en délivrance produit tous ses effets du jour où elle a été formée, même quand les juges, par un motif quelconque, n'auraient pas statué sur cette demande.

II. Aucune restitution de fruits n'est due d'ailleurs pour les objets de la succession, meubles ou immeubles, qui n'en produisaient pas. Aucune restitution n'est due non plus pour les différents legs particuliers qui auraient été délivrés sans fraude, et de bonne foi, par le légataire particulier, se croyant légataire universel. Dans ce cas, il doit être considéré comme le *negotiorum gestor* de l'héritier, et ses actes (sauf les cas de fraude ou d'abus) sont obligatoires pour celui-ci.

12. — 4 juillet 1833. — Claudel C. Ruaux et Rochatte. — 1re Ch. — MM. de Metz, p. pr., Pierson, av. gén., Chatillon, Moreau, Bresson, av.

I. Une nouvelle inscription de faux n'est pas admissible pour faire valoir un nouveau moyen.

II. Les témoins instrumentaires d'un testament doivent être présents non-seulement à la dictée et à la lecture, mais encore à la rédaction entière de l'acte.

III. Le testament fait par interrogat est nul.

13. — 11 juin 1842. — Martin C. Lefebvre. — 1re Ch. — MM. Mourot, pr., Volland, Mamelet, av.

La double circonstance que le tiers de la feuille qui contient un testament est lacéré, et que cette lacération traverse la signature du testateur, ne suffit point pour l'annuler, lors même qu'il existe un testament postérieur, et que le testament lacéré a été trouvé mêlé à des papiers de rebut : il faudrait une preuve positive que la lacération est le fait volontaire du testateur.

14. — 29 avril 1845. — Labriet C. Hutin et Montbled. — 2e Ch. — MM. Waultrin, ff. pr., Poirel, p. av. gén., Volland, d'Ubexi, Besval, av.

L'institution d'héritiers à titre universel est une dérogation à l'ordre légal des successions qui, si elle est admise par le législateur, doit au moins être écrite clairement, et sans la moindre ambiguïté ; le plus léger doute à cet égard doit s'interpréter en faveur des héritiers naturels.

15. — 15 janvier 1850. — de Clermont-Tonnerre C. la commune, le bureau de bienfaisance et la fabrique de Hamonville. — 1re Ch. — MM. de Riocour, p. pr., Thieriet, p. av. gén., concl. conf., Bresson, Moreau, av.

I. Les établissements publics ne pouvant accepter un legs qu'avec l'autorisation du roi, ne peuvent en demander la délivrance qu'après avoir obtenu cette autorisation. S'ils introduisent leur demande sans cette formalité préalable, il y a lieu, non de prononcer un simple sursis, mais de les déclarer non recevables, quant à présent.

II. L'héritier, qui est en même temps légataire par préciput de la quotité disponible, transmet à ses propres héritiers tous les droits qui lui appartiennent en cette double qualité, et notamment celui de faire réduire les legs particuliers qui porteraient atteinte au préciput légal.

III. Cette qualification de legs par préciput et hors part n'imprime pas au legs un caractère de préférence sur les legs particuliers, et ne lui donne pas le droit d'être acquitté préférablement à ceux-ci. Elle n'a pour but que de régler les rapports de l'héritier légataire avec ses cohéritiers.

IV. Sous l'empire du Code civil, les legs qualifiés de *legs pieux* n'ont aucun privilège ni droit de préférence.

16. — 29 novembre 1845. — Souhait C. Souhait. — 1re Ch. — MM. Moreau, p. pr., Poirel, p. av. gén., La Flize, d'Ubexi, Catabelle, av.

La clause d'un testament ainsi conçue : « Les différents legs et dispositions portées en mon présent testament sont uniquement

» affectés à mes capitaux, de sorte que, dans aucun cas, mes immeubles
» n'en puissent être atteints, ni être disposé de ceux-ci, en manière
» quelconque, que vingt ans après ma mort naturelle, sans préjudice
» à la jouissance ; » une telle clause n'emporte pas, pour l'héritier,
l'interdiction formelle de vendre aucun des immeubles de la succession,
même pour le payement des charges de cette succession. — Dans le
doute, la clause devrait être interprétée en faveur du principe de la
libre disposition des biens.

17. — 4 mars 1834. — Brichard C. Martin. — 1re Ch. — MM. de Metz, p. pr.,
Moreau, Berlet, av.

Le legs d'une somme d'argent avant partage, et de la moitié du
mobilier, comprend non-seulement la moitié des meubles meublants,
mais la moitié de toutes les valeurs mobilières de la succession.

18. — 29 juin 1839. — Moye C. Dubessy. — 1re Ch. — MM. Costé, pr., Volland,
Catabelle, av.

Le légataire universel est responsable de toutes les obligations de
son auteur. En conséquence, il est non recevable à demander, en son
nom personnel, la nullité d'une vente qu'il doit garantir en sa qualité.

19. — 31 janvier 1833. — Martin C. Collin. — 1re Ch. — MM. de Metz, p. pr.,
Poirel, p. av. gén., Volland, d'Ubexi, av.

Le mari légataire universel de sa femme se trouvant, en qualité de
mari, en possession légitime et réelle des choses léguées, est dispensé
de demander aux héritiers à réserve la délivrance de son legs.

Cela est vrai même quand il serait le tuteur de l'héritier à réserve,
même encore quand le testament qui l'institue légataire universel
n'aurait été déposé et ouvert que plusieurs années après la mort de la
testatrice, si d'ailleurs la validité de ce testament est reconnue. En
conséquence, les fruits et intérêts des choses léguées lui appartiennent
à partir du jour du décès, et il ne peut être obligé de les restituer.

20. — 11 janvier 1844. — Les héritiers Chrétien C. Bayon et Chrétien. — 1re Ch.
— MM. Mourot, pr., La Flize, Villiaumé, d'Arbois, av.

I. Le testament portant : *Je donne tous mes meubles*, doit être
entendu dans le sens que l'art. 533 du C. civ. attribue au mot *meuble*,
employé seul dans les dispositions de la loi ou de l'homme, sans autre
addition ou désignation ; en conséquence, ce mot meuble ne comprend
ni l'argent comptant, ni les dettes actives, ni les denrées, etc. — Le
mot *tous*, qui accompagne le mot *meubles*, ne peut être considéré
comme une addition suffisante pour donner à ce dernier mot la
signification attribuée par l'art. 535 aux expressions *biens meubles*,
mobilier, ou *effets mobiliers*, lesquelles comprennent généralement
tout ce qui est censé meuble d'après les règles posées dans le Code.

II. La volonté de l'homme ne peut prévaloir sur la disposition de la
loi qu'autant qu'elle est nettement exprimée; dans le doute, les droits
de l'héritier naturel doivent être préférés à ceux du légataire.

21. — 11 mai 1841. — Pollot C. Pollot, Jolain et Contal. — 2° Ch. — MM. Mourot, pr., Poirel, p. av. gén., Catabelle, Poirel, Louis, d'Arbois, av.

Le testament de celui qui, il y a un siècle, a destiné son bien à l'entretien successif de celui de ses collatéraux qui se destinerait aux études ecclésiastiques, doit s'exécuter. On ne peut y voir ni une disposition nulle, ni une substitution.

22. — 24 mars 1831. — Maudray C. Dolmaire. — 1re Ch. — MM. Breton, pr., de Luxer, Bresson, av.

Un testament contenant la mention que le testateur a déclaré savoir et vouloir signer, mais qu'ayant essayé de le faire, *il en a été empêché par sa faiblesse physique*, est régulier et valable (1).

23. — 1er mars 1831. — Pierron C. Pierron. — 1re Ch. — MM. Breton, pr., Bresson, La Flize, av.

I. Un testament authentique, qui porte les lettres initiales des noms et prénoms du testateur pour toute signature, est valable, s'il est prouvé que telle était la signature habituelle du testateur, et si surtout cette preuve résulte d'actes passés avec les parties contestantes.

II. L'art. 907 du C. civ., qui défend au mineur toute espèce de legs au profit de son tuteur, ne s'étend pas au curateur du mineur émancipé.

24. — 25 juillet 1831. — Dupont C. Burtaux. — 1re Ch. — MM. de Metz, p. pr., Moreau, Chatillon, av.

Il n'y a ni substitution prohibée, ni stipulation relative à une succession future, dans un testament par lequel une femme donne à son mari tout ce qu'elle possède, à charge que tous les biens de celui-ci, à son décès, se partageront par égale portion entre les deux familles. — C'est là une simple condition de son legs, qui laisse au mari légataire la liberté d'user et de disposer de la chose léguée pendant sa vie, mais qui lui interdit seulement de l'aliéner par acte testamentaire. Cette condition est licite.

25. — 25 juin 1842. — Antoine C. Puton et Thouvenel. — 1re Ch. — MM. Moreau, p. pr., Antoine, Welche, La Flize, av.

Quand un testateur, après la constitution d'un usufruit, établit des légataires à titre universel, qui concourront, pour la nue propriété avec ceux des héritiers qui survivront à l'usufruitier, cette disposition est parfaitement valable. — Si les successeurs existants au jour du décès du testateur décèdent tous avant l'usufruitier, les légataires recueillent l'universalité de la succession.

26. — 25 février 1841. — Fabry C. Bazinet. — 1re Ch. — MM. Costé, pr., La Flize, Volland, av.

C'est au légataire, porteur d'un testament olographe contesté, et non à l'héritier qui conteste, de faire procéder à la vérification de l'écriture déniée.

---

(1) Cet arrêt a été cassé le 15 avril 1835. (S. 35. 1. 359. — D. 35. 1. 220. — P. 27. 73.)

L'ordonnance d'envoi en possession, que le légataire a pu obtenir du président, ne change pas la règle ci-dessus, alors surtout que l'héritier a formé opposition à cette ordonnance.

TESTAMENT OLOGRAPHE.

Voy. *Testament*. — 3. Antidate d'un testament olographe. Preuve testimoniale. Dol. Fraude. Inscription de faux. — 5. Date fausse. Nullité. Testament olographe. Preuve à la charge de l'héritier. Foi de la date... Preuve puisée dans le testament même... Prénoms des légataires laissés en blanc. Addition postérieure à la date du testament.

TIERCE OPPOSITION.

SOMMAIRE.

1. *Acquéreur d'un immeuble non payé.* — Éviction contre le vendeur. Tierce opposition par l'acquéreur. Recevabilité.
2. *Société commerciale dissoute.* — Arrêt contre le gérant. Publication non encore opérée. Tierce opposition des associés contre l'arrêt. Fin de non-recevoir.
3. *Tierce opposition incidente.* — Forme. Requête d'avoué. Conclusions prises à l'audience.

RENVOIS.

Voy. *Faillite*. — 7. Concordat. Opposition. Jugement. Tierce opposition des créanciers de la faillite. Syndic. Failli. — 10. Créancier hypothécaire. Inscription annulée par la faillite. Tierce opposition. Délai.— 20. Reprise d'instance par le syndic, après la déclaration de faillite. Intervention sur l'appel. Tierce opposition.
Intervention. — 1. Appel. Servitude. Copropriétaire du fonds assujetti. Tierce opposition.
Ordre.—7. — 11. Rejet de l'appel. Tierce opposition. Action principale.

1. — 30 juin 1835. — Pariset C. Cosson et Belliot. — 1re Ch. — MM. Breton, pr., Bresson, av. gén., concl. conf., d'Ubexi, Louis, La Flize, av.

L'acquéreur d'un immeuble non payé est recevable à former tierce opposition au jugement qui a prononcé, contre son vendeur, la résolution de la vente de cet immeuble.

2. — 17 août 1839. — Fournier C. Varin-Bernier. — 1re Ch. — MM. de Metz, p. pr., Louis, Volland, av.

L'arrêt rendu contre le gérant d'une société commerciale, même après la dissolution de cette société, mais avant la publication de cette dissolution en la forme légale, ne peut pas être attaqué, au nom et dans l'intérêt des anciens associés, par la voie de la tierce opposition.

3. — 14 juin 1837. — Pothier C. Menestrel et Darney. — 2e Ch. — MM. Costé, pr., Poirel, p. av. gén., Volland, Chatillon, Mamelet, av.

Une tierce opposition incidente peut se former sans requête d'avoué, par des conclusions prises à l'audience.

TIERS.

Voy. *Transport.* — 2. — 11. Tiers. Action en nullité. Créancier du cédant.

TIERS DENIER.

Voy. *Usage forestier.* — 18. — 11... Cantonnement. Commune usagère. Tiers denier des ventes extraordinaires. — 49. Tiers denier. Condition du maintien de ce droit. — 50. Tiers denier. Loi du 28 août 1792. Suppression. Titre constitutif. Triage. — 51. Tiers denier. Lorraine. Forêt usagère. Comté de Salm. Bois communaux.

TIERS DÉTENTEUR.

Voy. *Exécution des jugements et actes.* — 7. Usurpation de terrains. Restitution. Tiers détenteur. Obligation de faire. Dommages-intérêts. distinction.
Obligation. — 9. Payement. Poursuites en vertu d'un titre exécutoire. Délai. Tiers détenteur. Fraude. Exception.
Prescription. — 55. Voie publique. Chemin communal. Chose hors du commerce. Prescription décennale. Tiers détenteur. Titre et bonne foi.
Rente. — 3. Rente constituée. Cens. Rente qualifiée de seigneuriale. Titre nouvel. Tiers détenteur. Charges prescrites.

TIERS PORTEUR.

Voy. *Effet de commerce.* — 12. Tiers porteur. Bonne foi. Exceptions proposables contre le créancier direct. Teneur du titre. Contrebande.

TITRE.

Voy. *Preuve littérale.*

TITRE EXÉCUTOIRE.

Voy. *Hypothèque.* — 4. Éviction partielle des immeubles hypothéqués. Jugement. Titre exécutoire.
Obligation. — 9. Payement. Poursuites en vertu d'un titre exécutoire. Délai. Tiers détenteur. Fraude. Exception.

TITRE NOUVEL.

Voy. *Rente.* — 3. Rente constituée. Rente qualifiée de seigneuriale. Titre nouvel. Tiers détenteur. Charges prescrites.

TITRE RÉCOGNITIF.

Voy. *Eau.* — 24. Prise d'eau. Concession par une ville à un de ses habitants. Titre primordial. Actes récognitifs. Possession.
Usage forestier. — 57. Maronage. Commune. Édifices communaux. Silence des titres de concession et des titres récognitifs.

TOUR D'ÉCHELLE.

Voy. *Servitude*. — 6. Coutume de Metz. Tour d'échelle. Saillie de la toiture. Soupirail de cave. Fenêtres à barreaux en saillie. Propriété. Servitude de jours et de gouttières. — 14. Eaux pluviales. Tour d'échelle. Toit en saillie sur le terrain voisin. Propriété de ce terrain. Servitude d'égout.

TRANSACTION.

SOMMAIRE.

1. *Acquiescement*. — I. Caractère de la chose jugée. Femme agissant comme tutrice. — II. Bail. Interprétation onéreuse pour le mineur. Pouvoirs du tuteur. Autorisation du conseil de famille.
2. *Preuve de la transaction*. — Aveu. Serment décisoire.

RENVOIS.

Voy. *Bornage*. — 10. Transaction. Abornement. Renonciation à la possession.
Cautionnement. — 8. Transaction du créancier avec le débiteur principal. Décharge de la caution.
Commune. — 52. Ancien droit. Autorisation préalable.
Succession. — 12. Succession future. Pacte nul. Testament du mari. Succession de la femme. Transaction. Prescription.

---

1. — 8 août 1831. — La comtesse d'Alsace C. Gauguier. — 1re Ch. — MM. de Metz, p. pr., Pierson, subst., concl. contr., Moreau, Bresson, av.

I. Les transactions, ou acquiescements, doivent avoir les mêmes caractères que la chose jugée. — En conséquence, on ne peut opposer à une femme, agissant en son nom personnel, une transaction qu'elle n'a signée que comme tutrice de ses enfants mineurs.

II. Un tuteur ne peut, en cette qualité, consentir une transaction qui interprète, d'une manière onéreuse, un bail d'immeubles appartenants à son mineur; il lui faut l'autorisation du conseil de famille.

2. — 29 juillet 1837. — Cholley C. Claudel et Bouvier. — 1re Ch. — MM. de Metz, p. pr., Fabvier, proc. gén., concl. conf., La Flize, d'Ubexi, Welche, av.

L'écriture n'est pas de l'essence de la transaction : cet acte peut donc se prouver par l'aveu de la partie, ou par le serment décisoire.

TRANSPORT.

SOMMAIRE.

1. *Héritier*. — Cession. Reprises de la veuve. Adhésion de l'héritier, non proposable contre le cessionnaire.
2. *Rétrocession*. — I. Faillite du cédant. Action en nullité de la rétrocession par les syndics. Premier transport non signifié. — II. Tiers. Action en nullité. Créanciers du cédant. — III. Signification du transport après la faillite.

28

RENVOIS.

Voy. *Donation*. — 7. — II. Transport de créances. Double original, Conditions synallagmatiques. Cessionnaire. Prix payé comptant.

Mandat. — 10. Pouvoir de vendre, de donner des quittances subrogatoires. Pouvoir virtuel de faire des cessions et transports. Cessionnaire. Mandataire substitué.

Obligation. — 13. Transport de créance. Acte libératif sous seing privé. Défaut de date certaine. Présomption de sincérité.

Vente. — 15. Prix (Défaut de). Nullité. Transport de créance. — 29. Transport de créance. Cession. Acte authentique. Exécution parée. Cession par acte sous seing privé. — 50. Transport de créance. Notification. Créance dénaturée par le cédant et le débiteur.

---

1. — 17 juin 1845. — Deville C. Roquin et Deville — 2ᵉ Ch. — MM. Riston, pr., Mengin fils, La Flize, Louis, av.

Les adhésions données aux répétitions et reprises d'une veuve par plusieurs de ses enfants, devenus depuis ses héritiers, ne peuvent être opposées au créancier et cessionnaire de l'un de ces héritiers qui n'a pris aucune part à ces adhésions, et pour qui elles sont *res inter alios acta* : ce créancier et cessionnaire a donc le droit d'examiner et de contredire la légalité des reprises réclamées au nom de leur mère, dans la liquidation, par les cohéritiers de son cédant.

2. — 22 août 1844. — La faillite Lévylier C. Laurent. — 1ʳᵉ Ch. — MM. Mourot, pr., Escudié, subst., La Flize, Louis, av.

I. Lorsque le négociant, cessionnaire d'une créance, vient à tomber en faillite, les syndics de ses créanciers sont recevables à former une demande en nullité ou en rescision de la rétrocession irrégulière que le failli a faite du transport passé à son profit, encore que ce premier transport n'ait été ni signifié, ni accepté authentiquement. En vain le nouveau cessionnaire prétendrait-il qu'il n'appartiendrait qu'aux créanciers du premier cédant de revendiquer les sommes cédées. Cette fin de non-recevoir est surtout mal fondée si les créanciers du premier cédant ne sont point en cause, et si le second cessionnaire, qui excipe de leurs droits, reconnaît que la première cession a été sérieuse et sincère.

II. Les tiers peuvent attaquer toute cession qui n'a point été signifiée et acceptée conformément aux art. 1690 et 1691 du C. civ., sans distinction entre les cessions qui ne paraissent pas sincères et celles où la bonne foi a évidemment présidé.

Sous le mot *tiers*, il faut comprendre les créanciers du cédant comme les autres tiers dont le transport aurait blessé les droits.

III. La signification du transport, après la déclaration de faillite, ne peut en couvrir l'irrégularité vis-à-vis des tiers, pas plus qu'une inscription hypothécaire tardive ne peut donner effet à l'hypothèque.

Nota. Cet arrêt a été cassé en partie le 4 janvier 1847. — (D. 47. 1. 130. — S. 47. 1. 161.)

---

(1) D. 45. 2. 12. — S. 45. 2. 253. — P. 45. 1. 513.

TRAVAUX PUBLICS.

SOMMAIRE.

Entrepreneur. — 1. Sous-traitant. Convention étrangère à l'administration. Payement. Déchéance.

RENVOIS.

Voy. *Compétence administrative.* — Travaux publics. Chemin de grande vicinalité. Ponceau. Aqueduc. Entrepreneur. Dommage. Anticipation...
Compétence civile. — 14. Travaux publics. Commune. Voie publique. Dommages-intérêts. Destruction des travaux. Compétence judiciaire.

---

4 juillet 1844. — Toussaint C. Dupuis. — 1re Ch. — MM. Mourot, pr., Maire, Calabelle, av.

La convention intervenue entre un entrepreneur de travaux publics et un sous-traitant ne lie pas l'administration. C'est à l'entrepreneur de faire ses diligences en temps utile, pour obtenir le payement des travaux faits par le sous-traitant : il ne peut donc exciper, vis-à-vis de ce dernier, d'une déchéance qui n'est imputable qu'à lui-même, quand il a laissé passer le délai pour se faire payer par l'Etat.

TRIAGE.

Voy. *Usage forestier.* — 50. Tiers denier. Loi du 28 août 1792. Suppression. Titre constitutif. Triage.

TRIBUNAUX.

SOMMAIRE.

Composition. — Récusation. Suppléant. Avocat.

RENVOIS.

Voy. *Juge suppléant.* — Tribunaux de commerce. Composition.
Jugement. — 3. Jugement de commerce. Qualités. Point de fait et point de droit. Omission. Nullité. Tribunaux de commerce.
Ministère public. — 5. Tribunal civil jugeant en matière commerciale. Présence du ministère public. Conclusions. Irrégularité.
Récusation. — 2. Nombre insuffisant de magistrats non récusés pour composer le tribunal. Mode de procéder. Renvoi à un autre tribunal.
Voirie. — 16. — III. Préfet. Classement des chemins. Propriété. Indemnité. Tribunaux.

---

23 novembre 1843. — Le procureur du roi de Neufchâteau C. Bastien. — 1re Ch. — MM. Moreau, p. pr., Poirel, p. av. gén.

Lorsque le président et le premier juge d'un tribunal composé de trois juges se sont récusés, le jugement est valablement rendu par le troisième juge, assisté du seul suppléant non empêché, et d'un avocat seul présent.

TUILERIE.

Voy. *Société civile.* — 3. Mine de houille. Exploitation. Tuilerie. Four à chaux.

TUTELLE.

SOMMAIRE.

1. *Action immobilière.* — Défaut d'autorisation. Frais. Responsabilité.
2. *Action mobilière.* — Autorisation du conseil de famille. Omission. Dépens.
3. *Appel signifié au tuteur d'un mineur devenu majeur.* — Majorité non notifiée. Validité.
4. *Compte de tutelle.* — Décharge. Preuve testimoniale.
5. *Demande en distraction intentée sans autorisation.* — Poursuite régularisée. Intervention.
6. *Mère tutrice.* — Convol. Démission. Education de son enfant. Dépense. Fixation par le conseil de famille.
7. *Mère tutrice.* — I. Curateur au ventre. Compte. Erreurs. Responsabilité. Réserves. — II. Reprises. Confusion. Bénéfice d'inventaire. — III. Succession bénéficiaire. Administrateur. — IV. Notaire.
8. *Rescision.* — Prescription. Suspension par la minorité. Vente d'immeubles par un tuteur, sans formalités. Nullité. Lésion. Restitution de fruits. Cinq ans.
9. *Tutelle dative.* — Testament. Interprétation. Conseil de famille.
10. *Tuteur.* — I. Jugement. Action mobilière. Acquiescement. Concours du subrogé-tuteur. — II. Appel par le subrogé-tuteur. — III. Compte du tuteur. Payement. Billets.
11. *Tuteur.* — Majorité. Deniers pupillaires. Intérêts du reliquat. Prescription quinquennale. Hypothèque légale.
12. *Tuteur.* — Père. Usufruit légal. Biens du mineur. Vente. Prix laissé en crédit entre les mains de l'acquéreur jusqu'à la majorité du mineur.

RENVOIS.

Voy. *Donation.* — 12. Mineur. Acceptation de donation. Rétractation. Donateur. Mise en demeure du tuteur de ratifier.
Interdiction. — 4. Partage. Tuteur. Autorisation. Appel.
Inventaire. — 3. Tuteur. Enonciations de l'inventaire. Preuve d'erreur à la charge du tuteur. Responsabilité.
Notaire. — 4. Amende. Vente par un tuteur, sans formalités... Omission des prénoms du pupille.
Partage. — 10. Majeurs et mineurs. Tuteur agissant tant en son nom que pour le mineur. Partage définitif quant au tuteur, provisionnel quant au mineur. — 11. Tuteur. Action en partage ou licitation. Vente de la portion indivise du mineur. Formalités des transactions de mineurs. Action en rescision pour lésion de plus du quart.
Prescription. — 9. Coutume de Lorraine. Minorité. Interruption. Prescription commencée avant le Code.
Ratification. — Exécution. Action en nullité ou en rescision. Intention certaine de renonciation. Syndic. Tuteur.
Transaction. — 1. — 11. Bail. Interprétation onéreuse pour le mineur. Pouvoirs du tuteur. Autorisation du conseil de famille.
Usufruit légal. — 1. Mère tutrice. Jouissance du mobilier. Compte à rendre à partir de la cessation de l'usufruit. — 2. Statut personnel.

TUTELLE.

Mineur, Père ou survivant des époux. Promulgation du Code. Tutelle ouverte auparavant.

1. — 16 février 1831. — Cabouat C. la commune de Laimont. — 1re Ch. — MM. de Riocour, p. pr., Poirel, p. av. gén., concl. conf., Moreau, Volland, av.

Le tuteur qui introduit en justice une action immobilière, tant en son nom qu'au nom de son mineur, sans l'autorisation du conseil de famille, reste seul responsable des frais exposés, sans pouvoir plus tard les répéter contre son pupille.

2. — 7 mars 1833. — Harchambois et autres C. Harchambois. — 1re Ch. — MM. de Metz, p. pr., Poirel, p. av. gén., La Flize, Welche, Moreau, av.

Le tuteur poursuivant, dans l'intérêt de son pupille, une action mobilière, n'est point personnellement passible des dépens, pour n'avoir pas obtenu l'autorisation du conseil de famille.

3. — 10 août 1837. — Boulangé C. Burnot. — 2e Ch. — MM. Costé, pr., Poirel, p. av. gén., concl. conf., Mamelet, Maire, av.

Est valable l'appel signifié au tuteur après la majorité du mineur, quand aucune signification n'a fait connaître à l'appelant ce changement d'état, et surtout quand, depuis la majorité, le tuteur a encore procédé en cette qualité.

4. — 13 décembre 1845. — Royer C. Müller. — 1re Ch. — MM. Moreau, p. pr., La Flize, Jeannequin, av.

Est radicalement nul l'acte par lequel un mineur, devenu majeur, assisté de deux témoins, donne décharge à son tuteur de la gestion qu'il a eue de la succession paternelle de ce mineur, en énonçant que le tuteur lui a remis un compte et des pièces concernant cette succession. — Le tuteur, assigné en reddition du compte de tutelle, ne peut se refuser à le rendre tant que l'oyant ne lui aura pas représenté le prétendu compte rendu et les pièces mentionnées dans la décharge, ni être admis à prouver par témoins la remise desdits comptes et pièces. (C. civ. 472, 469; C. pr. 533, 528.)

5. — 1er mars 1841. — Villemin C. Henriet et Louis. — 2e Ch. — MM. Mourot, pr., Garnier, av. gén., concl. conf., La Flize, d'Ubexi, Louis, av.

Lorsqu'un tuteur a intenté, sans autorisation, une demande en distraction, il peut, après autorisation, régulariser sa procédure par intervention dans la procédure des majeurs, sans être absolument obligé de se désister de son assignation.

6. — 6 décembre 1839. — Joly C. Reboulaux. — 1re Ch. — MM. de Metz, p. pr., Poirel, p. av. gén., Louis, La Flize, av.

La mère, tutrice de son enfant mineur, qui se démet de la tutelle pour convoler en secondes noces, conserve néanmoins l'éducation de son enfant, s'il n'en est autrement ordonné par qui de droit. — Quand le conseil de famille, en acceptant sa démission, fixe la somme qui devra être employée annuellement pour l'entretien et l'éducation du mineur, c'est cette somme, à défaut de convention contraire, qui doit être versée par le tuteur entre les mains de la mère, comme indemnité des dépenses qu'elle fait pour son fils.

7. — 15 mai 1845. — La dame Farcy, née Thomassin, C. la faillite Breton, la veuve Farcy et Husson. — 1re Ch. — MM. Mourot, pr., Garnier, av. gén., concl. contr. sur le premier point, conf. sur les autres, La Flize, d'Ubexi, Mamelet, Fleury, av.

I. La mère, tutrice naturelle et légale de son enfant mineur, né après le décès du mari, qui n'a point approuvé le compte de la succession bénéficiaire de ce dernier, présenté par le curateur au ventre, et qui s'est réservé, au contraire, à elle et aux créanciers, le droit de débattre, de clore et d'arrêter ce compte, n'est pas responsable des erreurs qu'il peut contenir, quand même elle en aurait touché le reliquat, des mains du curateur au ventre, après la naissance de son enfant, et quand même elle aurait transcrit littéralement ce compte en tête de celui qu'elle a ultérieurement rendu elle-même de son administration personnelle de la succession, au nom de son fils, héritier bénéficiaire. — Elle n'était point obligée d'intenter un procès au curateur au ventre, au sujet de son compte, ni d'attendre, pour toucher le reliquat, que les difficultés auxquelles ce compte pouvait donner naissance fussent entièrement vidées. — Son acceptation du compte a un caractère provisoire, et laisse aux créanciers le droit d'agir directement contre le curateur au ventre, mais la mère tutrice ne peut être garante d'une gestion que le curateur au ventre tenait, non pas d'un mandat qu'elle lui aurait donné, ou substitué, mais de l'autorité du conseil de famille.

II. La mère tutrice, créancière, à raison de ses reprises, de la succession bénéficiaire de son mari, qui ne justifie pas, par des actes ayant une date certaine, avoir reçu de cette succession, ou régulièrement prélevé sur les deniers qui lui appartenaient, différentes sommes qu'elle a fait figurer dans le chapitre de dépense de son compte personnel, ne peut prétendre être dispensée de produire des quittances régulières, à l'effet d'établir le fait de ces prélèvements et la date précise où ils auraient été opérés, par la raison que, réunissant en sa personne, tout à la fois, la qualité de débitrice et de créancière, il se serait opéré entre ses mains une confusion, par la seule force de la loi. — Cette double qualité, loin de produire la confusion, y apporte au contraire un obstacle invincible. — En effet, c'est en qualité de tutrice légale de son enfant, héritier sous bénéfice d'inventaire de son père, que les deniers de la succession sont arrivés entre ses mains, tandis que c'est comme créancière personnelle de cette succession qu'elle pouvait se présenter pour être remboursée du montant de ses reprises. Ces deux qualités donnaient naissance à des intérêts opposés, susceptibles de débats, et qui, par suite, nécessitaient l'intervention du subrogé-tuteur.

Ces faits, qui entachent d'irrégularité et de suspicion les prélèvements dont excipe la tutrice, dispensent d'examiner si l'art. 808 du C. civ. se borne à fixer les rapports de l'héritier bénéficiaire avec les créan... de la succession, ou si, au contraire, il établit une fin de ... que puissent invoquer les créanciers plus diligents qui ont obtenu leur payement, contre ceux qui n'ont fait valoir leurs droits que dans un temps postérieur, mais avant l'apurement du compte. Les différentes sommes que la tutrice prétendrait s'être appliquées n'étant point censées être sorties des mains de l'héritier bénéficiaire, doivent disparaître du passif de son compte, et concourir, avec les autres ressources de la succession, à la distribution à opérer entre tous les créanciers, selon leurs droits.

III. Lorsque la mère tutrice apporte une grande négligence dans l'administration de la succession bénéficiaire de son mari, et refuse de donner caution, les créanciers peuvent demander, non pas seulement la nomination d'un conseil judiciaire, mesure insuffisante et incomplète, puisque le conseil ne pouvant agir sans le concours de la tutrice, l'absence ou le refus de celle-ci pourrait paralyser l'effet de cette nomination, mais bien la désignation d'un notaire pour administrer la succession. — Les créanciers pouvant exercer les droits de leur débiteur négligent, sont fondés à désigner un mandataire chargé de faire pour tous ce que chacun d'eux pourrait faire par lui-même.

IV. Dans ce cas, il convient de désigner le notaire qui, détenteur des minutes et des expéditions d'actes établissant les droits de la succession, et se trouvant placé au milieu des débiteurs dont il faut hâter la libération, pourra procéder aux opérations de la liquidation d'une manière plus économique, plus facile et plus prompte.

8. — 8 juin 1838. — Lardin C. Antoine et Falque. — 1re Ch. — MM. Mourot, pr., Garnier, av. gén., concl. conf., Chatillon, d'Ubexi, Catabelle, av.

La prescription de l'art. 1304 du C. civ. est suspendue par la minorité, comme les prescriptions ordinaires. Le mineur qui demande la nullité d'une vente d'immeubles faite par son tuteur n'est pas obligé de prouver qu'il a été lésé par cette vente ; il lui suffit de démontrer que les formes prescrites par la loi, pour les aliénations des biens des mineurs, n'ont pas été observées. — Il a droit, en obtenant la nullité de la vente, à la restitution des fruits qui auraient été perçus par l'acquéreur depuis son indue possession, et non pas pendant cinq années seulement, quoique ces fruits, consistant, par exemple, en loyers de maisons, puissent rentrer dans l'énumération de l'art. 2277 du C. civ.

9. — 23 avril 1842. — Lagrange C. Mouchette. — 1re Ch. — MM. Mourot, pr., Garnier, av. gén., concl. conf., Fleury, Louis, av.

Les expressions les plus vives d'une lettre et d'un testament, par lesquelles un père recommande à son frère ses enfants et leur éducation, ne suffisent point pour l'investir de la tutelle. Elle doit être déférée par le conseil de famille à l'aïeul, dans l'intérêt des enfants.

10. — 25 août 1837. — Gresely et Chaufournier C. Joyeux. — 1re Ch. — MM. de Metz, p. pr., Fabvier, proc. gén., concl. conf., Welche, d'Ubexy, Volland, av.

I. Le tuteur d'un mineur ne peut pas, même en matière mobilière, donner seul, et sans le secours du subrogé-tuteur, un acquiescement quelconque à un jugement qui intéresse le mineur.

II. Le subrogé-tuteur peut seul, et sans l'assistance du tuteur, interjeter appel, contre toute personne et en toute matière, d'un jugement qui fait grief au mineur.

III. Le tuteur qui rend compte de son administration ne peut donner au mineur, comme valeurs réelles, des billets ou obligations chirographaires, alors surtout que ces billets sont souscrits au profit personnel et au nom propre du tuteur.

11. — 9 mars 1850. — Jolliot C. Parisot. — 1re Ch. — MM. Breton, pr., Troplong, av. gén., Poirel, Moreau, av.

Le tuteur qui conserve, après l'époque de la majorité du pupille, les deniers pupillaires, n'est tenu, de ce moment, que des intérêts simples du reliquat, quoique auparavant il dût les intérêts même des intérêts.

La prescription quinquennale des intérêts ne peut être opposée par le tuteur à son pupille devenu majeur.

Le mineur a hypothèque à compter de l'ouverture de la tutelle, non pas seulement pour deux années d'intérêts et la courante, mais pour tous les intérêts non prescrits.

12. — 15 décembre 1858. — Royer de Saint-Julien C. Puissant et Collinet, dit Lafrance. — 1re Ch. — MM. de Metz, p. pr., Garnier, av. gén., concl. contr., La Flize, Poirel fils, Mengin père, av. (D. 59. 2. 2) (1).

Le subrogé-tuteur a le droit d'intervenir dans une instance en licitation de biens indivis appartenants pour partie au mineur, et dans laquelle le tuteur demande qu'on retranche du cahier des charges, relatif à cette vente, une clause d'après laquelle la portion du prix revenant à son pupille devrait rester en crédit entre les mains de l'acquéreur jusqu'au mariage ou à l'établissement du mineur (C. civ. 457, 459, 460, 420). — Si, dans cette circonstance, le conseil de famille n'a point à régler les conditions de la vente, personne, mieux que le subrogé-tuteur, ne peut offrir au mineur la garantie que celui-ci ne trouve plus dans l'intervention du conseil de famille.

Il peut y avoir contrariété d'intérêt, dans ce cas, entre le père, tuteur et usufruitier légal, et le mineur, circonstance qui justifierait à elle seule l'intervention du subrogé-tuteur.

Si les conditions du cahier des charges avaient pour but d'enlever à la fois au père ses droits de tuteur et d'usufruitier légal, et de le placer sous un soupçon injurieux, que rien ne justifierait, le jugement violerait la loi. — Mais il n'en est pas ainsi de la mesure provoquée

---

(1) Un pourvoi en cassation a été formé contre cet arrêt. Il a été rejeté par la chambre civile, le 20 juin 1843 (D. 43. 1. 294. — S. 43. 1. 651. — P. 43. 2. 177.) — Cass. req. 20 juillet 1842. Ley C. Renou. (D. 42. 1. 528. — S. 42. 1. 587. — P. 42. 2. 579.) — Angers, 25 février 1842. Dremeaux. (D. 42. 2. 98.) — Toulouse, 5 mai 1858. Cuson. (D. 58. 2. 112.) — Limoges, 28 février 1846. Parthonneaud. (D. 46. 2. 155 — S. 46. 2. 355. — P. 46. 2. 585.) — *Contrà*, Toulouse, 26 août 1818. Bertrand C. Belland. (D. 12. 817. n° 1. — S. 2e édit. t. 5. p. 417. — P. 5e édit. t. 14. p. 1012.) — Toulouse, 2 juillet 1821 (D. 12. 759. n° 56. — S. 2e édit. t. 6. p. 441. — P. 5e édit. t. 16. p. 720.) — Riom, 15 avril 1809. Cottard. C. Durand. (D. 12. 740. n° 40. — P. 5e édit. t. 7. p. 496.)

par le subrogé-tuteur, pour figurer dans le cahier des charges comme une des conditions de la vente, et basée sur des motifs de prudence qui s'appliquent à tous les mineurs sans distinction. — Comme usufruitier légal, le père peut, sans doute, appréhender le capital soumis à sa jouissance (C. civ. 384); mais cette appréhension n'a pour but que de lui ménager la jouissance que lui garantit la loi. La mesure qui consiste à laisser le prix entre les mains de l'acquéreur, loin de nuire à l'usufruitier légal, assure sa jouissance de la manière la plus solide. — Comme tuteur, cette mesure, loin de lui nuire, met sa responsabilité à couvert, en procurant au pupille le placement le plus avantageux.

UNIVERSITÉ.

Voy. *Enseignement.*

USAGE FORESTIER.

SOMMAIRE.

1. *Affectation.* — I. Usage. Acte administratif. Arrêté de conseil de préfecture. Simple avis. Compétence judiciaire. Chose jugée. — II. Déchéance. Loi du 14 ventôse an VII. Arrêté du préfet. Usager. Affectataire. — III. Affectation. Usage. Alimentation d'un four. — IV. Divisibilité du droit d'usage ou d'affectation. Maintien de ce droit pour partie.
2. *Affouages arrérages.* — Mode de payement. Silence de l'arrêt. Délivrance en argent.
3. *Affouages communaux.* — I. Vente ou échange. Commune usagère. Usufruit cédé par transaction. — II. Lois lorraines. Code forestier. Maintien des droits fondés par des titres. Prohibition d'ordre public.
4. *Alsace.* — I. Ordonnance de 1669. Révocation des droits d'affouage, pâturage et glandée. — II. Possession immémoriale. Preuve testimoniale. Bois mort. Acquisition du droit. Titre. Servitude discontinue. Bois sec et gisant. Tolérance. — III. Dépens. Compensation. Droits divers, les uns accordés, les autres refusés.
5. *Aménagement.* — Lettres patentes. Acte du gouvernement. Code forestier, art. 61. Révocation. Vérification. Délai de deux ans.
6. *Cantonnement.* — Base. Coupe annuelle. Portion de taillis et de futaie coupée, abstraction faite de la réserve.
7. *Cantonnement.* — Base. Estimation du droit d'usage.
8. *Cantonnement.* — Base. Estimation du droit d'usage.
9. *Cantonnement.* — Base. Estimation du droit d'usage.
10. *Cantonnement.* — Base. Revenu. Capital.
11. *Cantonnement.* — I. Forêt particulière. Concession. Besoins de l'usager. Besoins du propriétaire. Priorité. — II. Pâturage. Défrichement. Interversion du mode d'exploitation. Vente de la superficie d'une coupe entière. Préjudice causé à l'usager. — III. Concessions nouvelles à des tiers. Préjudice causé au premier usager. — IV. Rachat. Indemnité pécuniaire. Base. Evaluation du capital par le revenu. — V. Possibilité de la forêt. Insuffisance des parties défensables. Evaluation proportionnelle. — VI. Capitalisation au denier vingt. — VII. Base de cette capitalisation. Décret du 18 décembre 1790. Rachat des rentes foncières. Moyenne de 14 années. Déduction des deux plus fortes et des deux plus faibles. — VIII. Redevance. Prestation. Compensation. Capitalisation de la redevance au denier vingt. — IX. Cens applicable à diverses concessions. Ventilation. —

X. Frais de garde, de marque, de clochettes. Nourriture du bétail les jours de mauvais temps. Logement du bétail et des pâtres. Gages de ceux-ci. — XI. Indemnité pour la dépréciation de constructions qu'avait nécessitées la concession du droit d'usage racheté. — XII. Valeur possible de la ferme, avec le nombre de bestiaux autorisé par la concession. Valeur effective, avec le bétail habituellement possédé par l'usager.

12. *Cantonnement.* — Futaie disponible après les réserves. Revenu.
13. *Cantonnement.* — I. Intérêt légal. Capitalisation. Base. Revenu. — II. Impôt. Frais de garde. Valeur représentative.
14. *Cantonnement.* — I. Loi du 28 août 1792. Instance commencée par l'usager. Contrat judiciaire. Code forestier. Demande réservée au propriétaire seul. — II. Prescription par le non-usage. Jouissance de l'usager. Preuve testimoniale.
15. *Cantonnement.* — Précompte des ressources de l'usager. Aménagement antérieur. Présomption de précompte.
16. *Cantonnement.* — Suspension des exploitations.
17. *Cantonnement.* — I. Suspension des exploitations. Demande formée en appel pour la première fois. — II. Réduction des exploitations à moitié, pendant le cantonnement.
18. *Cantonnement.* — I. Usager se disant propriétaire. Propriétaire se disant usufruitier. — II. Lois des 15-28 mars 1790 et 28 août 1792. Cantonnement. Commune usagère. Tiers denier des ventes extraordinaires. — III. Redevance établie par transaction. — IV. Abrogation des lois de 1790 et 1792 par le Code forestier.
19. *Cantonnement du droit d'extraire de la pierre dans le terrain d'autrui.*
20. *Comté de Dabo.* — Étranger. Fille d'usager. Mariage avec un étranger. Droit d'usage.
21. *Concession sans réserve par un seigneur à une communauté.* — I. Présomption d'irrévocabilité. — II. Doute. Étendue des besoins. Présomption. — III. Inaliénabilité du domaine en Lorraine. 1600. 1616. Précarité des droits. — IV. Clause de bon plaisir. Clause de forme. Abus de la puissance féodale. — V. Futaie surnuméraire. Propriété. Titre douteux. Interprétation par l'exécution. — VI. Preuve testimoniale. Jouissance de la futaie.
22. *Contribution.* — Usager. Jouissance. Charge proportionnelle.
23. *Contribution.* — Usager. Jouissance. Charge proportionnelle.
24. *Contribution.* — Usager. Jouissance. Charge proportionnelle.
25. *Contribution.* — Usager. Jouissance. Charge proportionnelle.
26. *Contribution.* — Usager. Jouissance. Charge proportionnelle.
27. *Contribution.* — Usager. Jouissance. Charge proportionnelle.
28. *Contribution.* — Usager. Jouissance. Charge proportionnelle.
29. *Contribution.* — Usager. Jouissance. Charge proportionnelle.
30. *Contribution.* — I. Usager. Jouissance. Charge proportionnelle. Cantonnement. Forêt royale. Déduction de l'impôt de l'émolument annuel. — II. Cessation de la jouissance de l'usager. Plus value des bois reçus en cantonnement. Compensation. — III. Maronage. Cessation de délivrance. Dommages-intérêts. Commune sans qualité pour les réclamer.
31. *Contributions.* — I. Jouissance. Usager. Charge proportionnelle. Frais de garde et d'administration. — II. Cantonnement. Base. Capitalisation du revenu annuel au denier vingt.
32. *Contribution.* — Usager. Jouissance. Charge proportionnelle. Frais de garde et d'administration. Cantonnement. Valeur de l'impôt.
33. *Contribution.* — Usager considéré d'abord comme propriétaire. Répétition des contributions indûment payées par l'usager. Prescription trentenaire. Prescription quinquennale.
34. *Copropriété.* — Présomption. Partage de la futaie entre une commune et son seigneur. Transaction.
35. *Délivrance de bois.* — I. Compétence administrative. Dommages-intérêts. Compétence judiciaire. — II. Expertise. Agents forestiers. Pouvoir des tribunaux.

USAGE FORESTIER.

36. *Frais de garde et de clôture.* — I. Part proportionnelle de l'usager. — II. Domaine. Restitution des frais de garde et de clôture, pour la part de l'État.
37. *Maronage. Commune.* — Édifices communaux. Silence des titres de concession et des titres récognitifs.
38. *Maronage.* — I. Droit concédé à une commune. Église. — II. Augmentation aux maisons depuis le 4 août 1789. — III. Fontaines publiques et privées. — IV. Incendie. Maison assurée. Compagnie d'assurance.
39. *Maronage.* — Droit conditionnel. Prescription par le non-usage. Point de départ. Preuve à la charge du propriétaire du fonds asservi.
40. *Maronage.* — I. Grasse et vaine pâture. Maisons existantes au 4 août 1789. — II. Extinction du droit d'usage. Prescription. Preuve à la charge du propriétaire. Non-jouissance. Fait négatif.
41. *Mort bois.* — I. Sa définition en Lorraine. Droit germanique. — II. Anticipation sur une forêt usagère. Conversion du droit d'usage. Retour au titre. Indemnité.
42. *Ordonnance du 15 mai 1702.* — I. Production de titres. Déchéance comminatoire. — II. Commune. Possession ancienne de droits d'usage. Présomption légale de dépossession. Abus de la puissance féodale. — Seigneur du lieu. — III. Clause révocatoire et de bon plaisir, ajoutée au titre primitif par les commissaires de 1702. Abus de la puissance féodale. Loi du 28 août 1792.
43. *Prescription au-delà du titre, ou contre le titre.* — I. Futaie. Droit d'usage. — II. Pâturage. Prescription de la glandée. — III. Jouissance comme propriétaire. Extension du droit d'usage.
44. *Preuve de possession.* — Procès-verbaux de délivrance.
45. *Preuve testimoniale.* — I. Commencement de preuve par écrit. Pâturage. Jouissance. — II. Droit alsacien. Possession immémoriale. Servitude discontinue. Signe extérieur. — III. Pacage. Titre. Code civil. — IV. Bois mort. Titre. — V. Règlement général pour l'exercice des droits d'usage. Maronage. Affouage. Incompétence des tribunaux. — VI. Compétence administrative. Possibilité des forêts. Cantonnement. Compétence judiciaire.
46. *Propriété.* — I. Prescription par l'usager. Possession. — II. Étendue des droits d'usage. Titre et possession. Totalité des produits absorbée par l'usager.
47. *Propriété.* — Prescription par l'usager. Possession. Interversion du titre. Commune usagère.
48. *Sentence antérieure à la loi du 28 août 1792.* — I. Commune. Chose jugée. Péremption. — II. Déchéance. Lettre du ministre des finances. — III. Possession. Prescription. Titre. — IV. Loi de Beaumont. Propriété. — V. Bois bâtis ou bateys. Taillis. — VI. Demande nouvelle. Appel. Prix de futaies. Règlement d'usages. Dommages-intérêts.
49. *Tiers denier.* — I. Conditions du maintien de ce droit. — II. Titre originaire du droit d'usage. Conversion du droit d'usage illimité en droit d'usufruit limité.
50. *Tiers denier.* — Loi du 28 août 1792. Suppression. Titre constitutif. Triage.
51. *Tiers denier.* — I. Lorraine. Forêt usagère. Prescription. — II. Comté de Salm. Bois communaux.

RENVOIS.

Voy. *Chose jugée.* — 2. Bois. Revendication de la propriété. Rejet de la demande. Réserve d'un droit d'usage. Chose jugée sur ce droit d'usage.

Commune. — 8. Bois qualifiés de communaux. Commune qualifiée d'usagère, dans des titres. — 19. Loi de Beaumont. Droits d'usage. Propriété. Chartes particulières.

Compétence administrative. — 6. Forêt. Défensabilité. Administration forestière. Déclaration non contradictoire. Compétence judiciaire pour statuer entre le propriétaire et l'usager.

Demande nouvelle. — 6. 7. Revendication de la propriété d'une forêt. Exception proposée en appel.

Voy. Eau. — 18. Droit d'usage. Assec. Commune. Copropriété. Rachat. — 21. Etang. Vaine pâture. Droits d'usage. Hauteur du déversoir modifiée par l'administration. Mise en culture.

Forêt. — 3. Dabo. Anciens réglements forestiers. Abrogation. Mode d'exercice des droits concédés. Fond du droit... — 5. Possibilité des forêts. Compétence administrative. Délivrance. Réduction. — 6. Vaine pâture. Défrichement. Aménagement.

Frais et dépens. — 22. Préfet. Droits d'usage. Dépens.

Maison canoniale.

Prescription. — 7. Coutume de l'Evêché. Commune. Eglise. Prescription de 40 ans. Droits d'usage. Vaine pâture. Bois mort. — 20. — II. Droit d'usage. Dépossession partielle. — 23. — 11. Droit d'usage imprescriptible. — 31. Servitude. Droits d'usage. Donation. Prescription décennale.

---

1. — 16 janvier 1835. — de Saint-Ouen C. le préfet des Vosges. — 1re Ch. — MM. de Metz, p. pr., Poirel, p. av. gén., Chatillon, Berlet, av.

I. En matière d'usages, et plus encore en matière d'affectations, les actes administratifs, et notamment les arrêtés des conseils de préfecture qui peuvent intervenir sur les revendications faites par les parties intéressées, ne sont que de simples avis qui ne font point obstacle à l'action judiciaire. — En conséquence, les tribunaux peuvent sans excéder leurs attributions, écarter du procès les décisions de cette nature, auxquelles on voudrait attribuer l'autorité de la chose jugée (1).

II. Les déchéances prononcées par les lois de l'an XI et de l'an XII ne peuvent être invoquées contre les usagers ou affectataires qui ont obtenu du préfet un arrêté acceptant, par erreur, leur soumission d'exécuter, pour leur affectation, la loi du 14 ventôse an VII : le délai fatal ne peut courir contre eux qu'à partir de l'annulation de l'arrêté du préfet.

III. Le droit de prendre le bois nécessaire à l'alimentation d'un four n'est pas un simple droit d'usage, mais une véritable affectation.

IV. Un droit d'usage, ou d'affectation, n'est pas indivisible de sa nature. En conséquence, il peut être maintenu pour partie, et annulé pour le reste.

2. — 1er août 1840. — de Saint-Ouen C. le préfet des Vosges. — 1re Ch. — MM. Costé, pr., Garnier, av. gén., concl. conf. La Flize, Volland, av.

Une condamnation à la délivrance d'affouages arrérages, prononcée contre l'Etat, au profit d'un usager, doit, si le mode de cette délivrance n'est pas expliqué, s'exécuter en argent, et non en nature.

---

(1) Ord. du Cons. d'État. des 26 août (Crolet) ; 2 septembre (commune d'Issanlas) ; 28 octobre (commune d'Ortoncourt) ; 22 novembre 1829 (Pannetier) 10 février 1830 (commune de Bonneuil) et 9 mars 1836 (commune de Thoronet). P. jurisp. adm. t. 4. p. 760, 761, 775, 785 ; — t. 5, p. 16 ; — t. 6, p. 280, et les renvois.

3. — 2 janvier 1844. — Le préfet des Vosges C. les communes d'Etival, de Saint-Remy, de la Salle, de Nompatelize et de la Bourgonce. — 2ᵉ ch. — MM. Riston, pr., Garnier, av. gén., concl. conf., Volland, La Flize, av.

I. Une commune usagère dans les forêts de l'Etat, en vertu d'une transaction qui lui abandonne l'usufruit, c'est-à-dire, l'usage exclusif de la superficie d'un certain canton de bois, en échange d'un droit d'usage qui s'étendait précédemment sur toute la forêt, peut être déclarée fondée à réclamer, pour ses habitants, le droit de vendre ou d'échanger leurs portions affouagères, par exception au droit commun.

II. Ni les lois lorraines, ni le Code forestier n'ont pu porter atteinte au droit acquis à la commune par ses titres. La prohibition d'échanger ou de vendre les bois d'usage n'est pas d'ordre public : il a pu y être dérogé par des conventions particulières (1).

4. — 5 décembre 1844. — Le préfet du Haut-Rhin C. les communes de Landser et autres. — 1ʳᵉ Ch. — MM. Moreau, p. pr., Poirel, p. av. gén., Volland, La Flize, av.

I. Les droits de chauffage au bois mort et mort-bois, et les droits de pâturage et de glandée, constitués dans le XVIᵉ siècle, au profit de diverses communes, dans la forêt de la Harth, en Alsace, ont été révoqués par les art. 1ᵉʳ et 4 du titre 20 de l'ordonnance de 1669. Cette ordonnance était exécutoire dans la province d'Alsace, réunie à la France par le traité de Munster de 1648, et placée, de 1661 à 1679, sous la juridiction du parlement de Metz, où elle avait été revêtue de la formalité de l'enregistrement, formalité qui a rendu inutile cet enregistrement au conseil souverain d'Alsace, lorsqu'il fut rétabli en 1679.

II. Les communes dépourvues de titres pour réclamer, en qualité d'usagères, le droit au bois mort, ne peuvent demander à prouver par témoins une possession immémoriale, et en tout cas plus que trentenaire, avant la promulgation du Code forestier : cette possession aurait pour effet de leur faire *acquérir*, sans titre, ce droit au bois mort, lequel est un droit d'usage, une servitude non apparente et discontinue, qui, aux termes de l'art. 691 du C. civ., ne peut s'établir que par titres, et non par la possession même immémoriale. — Dans cet état de choses, l'usage, plus ou moins fréquent, dans lequel auraient été les communes, d'amasser, dans la forêt, du bois sec et gisant, même sans opposition et sous la surveillance des gardes forestiers, ne constituerait que des actes de pure tolérance et de simple faculté, qui ne peuvent fonder ni possession ni droit.

III. Il y a lieu de compenser les dépens, lorsqu'il s'agit de plusieurs droits d'usage, dont les uns sont accordés, et les autres refusés aux communes demanderesses.

---

(1) Même décision dans l'affaire du préfet des Vosges C. la commune de Saint-Michel. — Arrêt du même jour.

5. — 24 juin 1837. — Le préfet de la Meurthe C. Thiébert. — 1re Ch. — MM. de Metz, p. pr., Bresson, av. gén., concl. conf., Volland, Louis, av.

Des lettres patentes du duc de Lorraine, contenant un règlement ou aménagement d'un droit d'usage préexistant, adressées à la chambre des comptes, et vérifiées par elle, constituent un acte du gouvernement qui, aux termes de l'art. 61 du C. for., met le droit d'usage à l'abri de toute révocation, et dispense même l'usager de se pourvoir en vérification dans les deux années qui ont suivi la promulgation du Code.

6. — 25 août 1837. — Lebègue de Bayecourt C. la commune de Pallegney. — 1re Ch. — MM. de Metz, p. pr., Fabvier, proc. gén., concl. conf., d'Arbois, av. (Arrêt par défaut.)

Dans l'évaluation d'un droit d'usage, qui doit servir de base à un cantonnement, il faut comprendre, par coupe annuelle, la portion du taillis et de la futaie qui était annuellement coupée, et non la partie qui restait en réserve.

7. — 5 mai 1823. — de Lambertye C. la commune de Hardancourt. — 1re Ch. — MM. Saladin, pr., Thieriet, av. gén., concl. conf., Bresson, Moreau, av.

En matière de cantonnement, il doit être fait une évaluation du droit d'usage pour le remplacer par une propriété d'une valeur égale au droit évalué.

8. — 20 juillet 1829. — de Dommartin C. les communes de Tilleux et de Certilleux. — 1re Ch. — MM. de Riocourt, pr. pr., Troplong, av. gén., Moreau, Poirel, av.

Même décision.

9. — 9 février 1838. — Lebègue de Bayecourt C. la commune de Pallegney. — 1re Ch. — MM. de Metz, p. pr., Poirel, p. av. gén., d'Arbois, d'Ubexi, av.

Même décision. (1)

10. — 9 mai 1837. — Lebègue de Bayecourt C. la commune de Pallegney. — 1re Ch. MM. Mourot, pr., Poirel, p. av. gén., d'Arbois, d'Ubexi, av.

Il faut rechercher, pour établir les bases du cantonnement, le revenu que l'usager tire du droit d'usage; capitaliser ce revenu, et donner en payement à l'usager un canton de forêt d'une valeur égale au capital trouvé; car le cantonnement est un rachat opéré en nature.

---

(1) Curasson sur Proudhon, t. 2, p. 503. — Besançon, 14 février 1833. — Chavelet C. la commune de Burgill es-Mornay. — C. for., 65. — Ord. d'exécution, art. 113.
Contrà. Proudhon. — Il attribue à l'usager tout le terrain nécessaire pour lui conserver sa jouissance intégrale, sauf à lui retrancher une étendue équivalente à la valeur du sol. — Voy. Curasson, commentaire sur le Code forestier, t. 2, p. 378. M. Meaume, t. 1, p. 727, n. 498 et suiv.
(2) Curasson sur Proudhon, t. 2, p. 549, 552, 553. Baudrillart, C. for., t. 1, n. 559.

11. — 20 juillet 1843. — de Bazelaire de Lesseux C. Humbert. — 1re Ch. — MM. Mourot, pr., Garnier, av. gén., concl. conf., Volland, av. (Arrêt par défaut.)

I. Quand un propriétaire a concédé, sur ses forêts, certains droits d'usage, sans stipuler à son profit aucunes restrictions ni réserves, il est tenu de délivrer toute la quantité nécessaire aux besoins de l'usager, sans avoir égard à la question de savoir si, prélèvement fait de cette quantité, il doit lui rester quelque chose pour lui-même. — Et même, l'usager a le droit d'être servi le premier, et par préférence au propriétaire, dont le droit ne peut s'exercer concurremment avec le sien que lorsque les produits de la forêt grevée peuvent suffire aux besoins de l'un et de l'autre.

II. Le propriétaire de la forêt grevée d'un droit de pâturage ne pourrait la défricher, ni même intervertir le mode d'exploitation, ou vendre la superficie de la coupe entière, s'il devait en résulter un préjudice pour les usagers.

III. Il ne pourrait non plus accorder de nouveaux droits, à moins que la forêt ne fût d'un produit assez abondant pour fournir aux nouveaux usagers, sans nuire aux anciens.

IV. Le rachat autorisé par l'art. 64 du C. for. n'est autre chose que le remplacement du droit par une indemnité pécuniaire : ainsi, pour régler cette indemnité, c'est le droit en lui-même qu'il faut rechercher. — Il faut donc, pour fixer le capital, évaluer le produit annuel en nature, c'est-à-dire, en herbe propre au pâturage, que peut donner la forêt grevée ; fixer ensuite ce que chaque tête de bétail peut, par la paisson, retirer chaque année de ce produit, en le supposant réparti entre toutes les têtes de bétail des divers censitaires dont les droits sont reconnus, et eu égard à l'époque et à la durée annuelle du parcours, suivant l'usage des lieux, ainsi qu'aux autres circonstances qui sont de nature à exercer quelque influence sur l'appréciation à faire, en respectant d'ailleurs les règles posées par la loi sur la défensabilité des forêts.

V. Si le produit des parties défensables n'était pas suffisant pour la consommation de la totalité du bétail des ayants droit, il faudrait recourir à une évaluation proportionnelle.

VI. Quand à la capitalisation, elle doit se faire au denier vingt, c'est-à-dire, en multipliant par vingt le chiffre de la prestation d'une année commune.

VII. Pour former cette année commune, les experts peuvent adopter le mode indiqué par le décret du 18 décembre 1790, titre III, art. 7, relatif au rachat des rentes foncières ; prendre les quatorze années antérieures à la demande en rachat, en retrancher les deux plus fortes et les deux plus faibles, et déterminer l'année commune sur les dix années restantes, ou suivre tout autre mode qui leur paraîtrait plus facile.

VIII. La redevance établie par l'acte de concession doit être compensée avec la prestation ; il y a lieu de diminuer le chiffre de l'indemnité du capital de cette redevance, dont la capitalisation doit se faire au denier vingt.

IX. Si la concession comprend des terres, outre le droit de pâturage, le cens doit être réparti entre ces deux concessions par une sorte de ventilation, ou par la conversion en monnaie actuelle ; c'est le chiffre de la redevance proportionnellement affectée à la concession du droit de pâturage qui doit seul entrer dans la diminution à opérer.

X. Cette diminution doit porter aussi sur les frais de garde, de marque et de clochette, mais non sur la charge de pourvoir à la nourriture du bétail les jours où le mauvais temps ne permet pas de l'envoyer au parcours, et les jours même où le parcours est possible ; — ni sur la charge résultant de la construction et de l'entretien du gîte nécessaire au logement du bétail et des domestiques, ainsi que des gages de ceux-ci.

XI. En principe, pour déterminer le prix du rachat d'un droit de pâturage, on ne doit s'attacher qu'à évaluer le produit que l'usager pouvait tirer de l'exercice de ce droit, on doit lui en attribuer l'équivalent en argent. — Toutefois, il appartient aux tribunaux d'apprécier si, d'après les circonstances et pour être suffisamment indemnisé, l'usager ne doit pas quelquefois recevoir autre chose que la valeur du droit en lui-même. — Le mot *indemnités* (de l'art. 64 du C. for.) ne veut pas dire seulement le prix vénal de l'immeuble, mais aussi le dédommagement dû au propriétaire par suite de sa dépossession ; il exprime encore la dépréciation du sol restant. (Loi du 7 juillet 1833, art. 48 ; Rouen, 26 février 1841. — D. 41, 2, 205. — P. 41. 2, 115. Plessis-Grohan C. Doucerain.) — Ainsi, quand une concession a été faite originairement pour attirer, dans des lieux inhabités, et attacher à ces lieux, quelques colons qui leur donnassent de la valeur ; que, pour user du droit de pâturage, il a fallu faire des constructions pour loger les gens et le bétail, et que l'extinction du droit peut rendre ces constructions inutiles ; les experts doivent avoir égard à cette circonstance, pour la fixation du dédommagement. — Toutefois, la dépréciation de la propriété ne doit pas former la base principale de la fixation de l'indemnité de rachat : elle doit seulement être prise en considération pour augmenter d'autant cette indemnité.

XII. Pour déterminer cette dépréciation, ce n'est pas à la valeur possible de la ferme, avec un pâturage pour le nombre de bêtes autorisé par la concession, qu'il faut s'attacher, mais bien à la valeur effective, avec un pâturage pour le nombre de têtes de bétail qu'avait habituellement le propriétaire de cette ferme.

12. — 28 août 1857. — Lebègue de Bayecourt C. la commune de Pallègney. — 1re Ch. — MM. de Metz, p. pr., Fabvier, proc. gén., concl. conf., d'Arbois, av. (Arrêt par défaut.)

La futaie disponible dans chaque coupe, après la marque des réserves, conformément à l'arrêt de règlement du conseil de Lorraine du 20 décembre 1755, fait seule partie du revenu (1).

---

(1) Voy. un autre arrêt de règlement du 2 mars 1765, au Recueil des ordonnances de Lorraine, tome 10, page 6 du supplément.

USAGE FORESTIER.

13. — 13 février 1841. — Lebègue de Bayecourt C. la commune de Zincourt. — 1re Ch. — MM. Costé, pr., Poirel, p. av. gén., Volland, Louis, av. — 18 mai 1843. — Lebègue de Bayecourt C. la commune de Girmont. — 1re Ch. — MM. Mourot, pr., Garnier, av. gén., concl. conf., Volland, La Flize, av.

I. Une commune usagère ne peut prétendre se faire attribuer à titre de cantonnement, en toute propriété, une quantité d'arpents suffisante pour produire tout le bois auquel ses titres lui donnent droit, sauf déduction de la valeur du sol nu. — Pour déterminer le capital représentatif du produit annuel de la servitude, il convient de multiplier ce revenu d'après le taux de l'intérêt légal, c'est-à-dire, au denier vingt.

II. Il n'y a pas lieu d'ajouter à l'évaluation du droit d'usage la somme représentative de l'impôt et des frais de garde de la portion de forêt abandonnée à la commune. (Ord. régl. du C. for., art. 113 et 145. C. for., art. 118) — Voy. les nos 31 et 32 ci-après.

14. — 3 mai 1837. — Le préfet de la Meuse C. la commune de Domgermain. — 2e Ch. — MM. Costé, pr., Bresson, av. gén., concl. conf., Volland, Catabelle, av.

I. Quand une demande en cantonnement a été proposée par l'usager au propriétaire sous l'empire de la loi du 28 août 1792, acceptée par ce propriétaire qui en a même fait commencer les opérations, il s'est formé une espèce de contrat dont le propriétaire ne peut plus s'affranchir, sous prétexte que le Code forestier refuse à l'usager le droit de demander le cantonnement.

II. L'usager peut prouver sa jouissance par témoins, pour repousser la prescription qu'on lui oppose.

15. — 24 juillet 1841. — Les communes de Fremifontaine et de Vomécourt C. le préfet des Vosges et Didion. — 1re Ch. — MM. Costé, pr., Garnier, av. gén., concl. conf., La Flize, d'Ubexi, Volland, Catabelle, av.

En règle générale, les usagers doivent précompter leurs ressources pour l'appréciation de leurs besoins (1) : mais il en est autrement lorsqu'il a déjà été fait un aménagement qui les a restreints à une certaine étendue de la forêt. Cette opération est présumée avoir déjà fait le précompte, ou en avoir dispensé les usagers.

Nota. Cet arrêt a, du reste, maintenu la jurisprudence de la cour sur les cantonnements.

16. — 18 décembre 1841. — Lebègue de Bayecourt C. les communes de Vaxoncourt et de Zincourt. — 1re Ch. — MM. Moreau, pr., Poirel, p. av. gén., Volland, av. (Arrêt par défaut.)

Pendant que les experts procèdent à un cantonnement, il y a lieu de défendre les exploitations.

17. — 18 août 1842. — Lebègue de Bayecourt C. la commune de Girmont, de Martimprey et de Viermes. — 1re Ch. — MM. Mourot, pr., Garnier, av. gén.,

---

(1) *Contrà*, Nancy, 9 juillet 1847. — Le préfet des Vosges C. la commune d'Anould. — MM. Moreau, pr., Poirel, p. av. gén. Volland, La Flize, av.

concl. conf. sur le premier chef et en partie sur le second, Volland, Fleury, La Flize, d'Arbois, av.

I. La demande en séquestre, ou en suspension d'exploitation, peut être formée pour la première fois en appel.

II. Il y a lieu, pendant une instance en cantonnement, de réduire, par exemple, à moitié, les exploitations de l'usager.

Nota. Cet arrêt a été cassé le 11 mars 1846. — (D. 46. 1. 151. — S. 46. 1. 234. — P. 46. 2. 165.)

18. — 9 mai 1837. — Lebègue de Bayecourt C. la commune de Pallegney. — 1re Ch. — MM. Mourot, pr., Poirel, p. av. gén., d'Arbois, d'Ubexi, av.

I. La maxime invoquée souvent contre l'usager, qui se dit propriétaire, peut servir à celui qui s'est longtemps présenté comme usufruitier, pour se faire restituer sa véritable qualité de propriétaire.

II. Les lois des 15-28 mars 1790 et 28 août 1792, n'ôtaient au propriétaire le droit de cantonner l'usager que quand la commune usagère payait le tiers denier des ventes extraordinaires; que cette redevance avait été établie dans le titre primitif de concession (circonstance inouïe en Lorraine), et que ce titre était représenté.

III. On ne peut assimiler à ce tiers denier, faisant obstacle au cantonnement, une redevance établie par transaction, et comprenant non-seulement une quotité indéterminée du produit des ventes extraordinaires, mais encore une portion des dommages-intérêts et des ventes de chablis et houppes d'arbres affectés à l'usage.

IV. Ces lois, en tant qu'elles prohibaient le cantonnement, dans les cas qu'elles déterminaient, ont été abrogées par le Code forestier de 1827, qui le permet toujours et en toutes circonstances.

19. — 12 décembre 1838. — La commune de Charmois C. la commune du Roulier. — 1re Ch. — MM. Breton, pr., Poirel, p. av. gén., Moreau, Chatillon, av.

Le droit d'extraire de la pierre dans un terrain appartenant à un autre est un mode particulier de droit d'usage susceptible de cantonnement.

20. — 3 août 1839. — Le préfet de la Meurthe C. la commune de Dabo. — 1re Ch. MM. — Costé, pr., Garnier, av. gén., concl. contr., Volland, La Flize, av.

Les étrangers au comté de Dabo, exclus, par les chartes particulières du comté, de toute participation aux délivrances de bois, ne deviennent pas habiles à y prendre part en épousant des filles d'usagers. — On ne peut pas dire que la fille de l'usager a en elle-même le principe de ce droit, et qu'elle l'apporte à son mari à titre de droit immobilier. Le droit est conféré au ménage, non à la personne, et dès lors il ne peut appartenir à un ménage étranger.

21. — 18 décembre 1845. — Le préfet des Vosges C. la commune de Lerrain. — — 1re Ch. — MM. Moreau, p. pr., Poirel, p. av. gén., Volland, Fleury, av.

I. Une concession de droits d'usage, faite sans réserve par un seigneur à une communauté, doit être réputée irrévocable.

II. Dans le doute, la concession est présumée avoir été mesurée sur l'étendue des besoins.

III. Des droits d'usage concédés par le prince, non-seulement avant l'année 1600, mais même avant 1446, ne sauraient, en aucun cas, être considérés comme précaires, et comme contraires au principe de l'inaliénabilité du domaine en Lorraine.

IV. L'insertion de la clause de bon plaisir dans des actes postérieurs (de 1752 et 1775) ne peut être envisagée que comme une clause de *pure forme*, ou comme portant tout au plus sur le fait de l'*aménagement* des forêts grevées d'usage, sans altérer le fond du droit : — sinon, elle serait un abus de la puissance féodale, frappé de nullité dans ses effets par la loi.

V. Lorsqu'un acte constitutif ou récognitif de droits d'usage en bois ne s'explique aucunement sur la propriété de la futaie surnuméraire des coupes exploitées pour les affouages, après la délivrance sur devis des droits de maronage des usagers ; que le Domaine, d'une part, et la commune usagère, d'autre part, revendiquent cette propriété, en s'appuyant tous deux du titre commun ; que les divers documents de la cause ne fournissent sur ce point que des présomptions douteuses; il y a lieu de rechercher quelle a été l'exécution donnée à l'acte, comme moyen de s'assurer de l'intention qui a présidé à sa confection.

VI. La preuve testimoniale est admissible pour établir que la commune a toujours joui de la futaie comprise dans les coupes annuelles à elle abandonnées, et que jamais le Domaine de l'Etat, ni ses auteurs, n'en ont opéré la vente, si d'ailleurs les registres de l'administration forestière, et les procès-verbaux de délivrance produits au procès, ne suffisent point pour bannir toute incertitude sur le mode de jouissance (1).

22. — 14 juillet 1808. — de Clinchamp C. les communes de Fraize et de Plainfaing et Petitdemange. — 1re Ch. — MM. Henry, pr., de Metz, commissaire du Gouvernement, Bresson, Denizot, de Lahausse, av.

L'impôt doit être supporté par l'usager dans la proportion de sa jouissance, en matière forestière, comme dans le droit commun. (C. civ. 635.)

23. — 15 juillet 1824. — La commune de Velaine-en-Haye C. le préfet de la Meurthe. — 1re Ch. — MM. Charlot, ff. pr., Thierlet, av., gén., concl. conf., Moreau, av.

Même décision.

24. — 17 janvier 1825. — La commune de Velaine-en-Haye C. le préfet de la Meurthe. — 1re Ch. — MM. Breton, pr., Thierlet, av. gén., concl. conf., Moreau, av.

Même décision.

25. — 20 juillet 1829. — de Dommartin C. les communes de Tilleux et de Certilleux. — 1re Ch. — MM. de Riocourt, p. pr., Troplong, av. gén., Moreau, Poirel, av.

Même décision.

---

(1) Voy. Cass. req. 10 mai 1847. — (G. trib. 10-11 mai.)

26. — 20 juillet 1829. — de Dommartin C. les communes de Tilleux et de Certilleux. — 1re Ch. — MM. de Riocourt, p. pr., Troplong, av. gén., Moreau, Poirel, av.

Même décision.

27. — 9 mai 1837. — Lebègue de Bayecourt C. la commune de Pallegney. — 1re Ch. — MM. Mourot, pr., Poirel, p. av. gén., d'Arbois, d'Ubexi, av.

Même décision.

28. — 9 février 1838. — Lebègue de Bayecourt C. la commune de Pallegney. — 1re Ch. — MM. de Metz, p. pr., Poirel, p. av. gén., d'Arbois, d'Ubexi, av.

Même décision.

29. — 30 janvier 1840. — Galliard C. la commune d'Ansauville. — 1re Ch. — MM. de Metz, p. pr., Poirel, p. av. gén., Galliard, Volland, av.

Même décision.

30. — 5 juin 1841. — La commune de Saint-André C. Etienne. — 1re Ch. — MM. Moreau, p. pr., Garnier, av. gén., concl. conf. sur le premier chef, contr. sur les deux autres, La Flize, Volland, av.

I. Dans un cantonnement, on peut déduire de l'émolument annuel l'impôt payé par l'usager, si, la forêt étant une forêt royale, il y a lieu de penser que l'impôt n'avait été assis que sur la portion de revenu recueillie par l'usager.

II. Si, du moment où le cantonnement commence, l'usager cesse de jouir, il ne peut pour cela demander de dédommagement : car il le trouve dans l'accroissement de la valeur du bois.

III. Si la cessation de la délivrance des bois de maronage peut donner lieu à des dommages-intérêts, la commune est non recevable à les demander : les habitants aptes à recevoir ces bois ont exclusivement le droit de se plaindre.

31. — 13 février 1841. — Lebègue de Bayecourt C. la commune de Vaxoncourt. — 1re Ch. — MM. Costé, pr., Poirel, p. av. gén., concl. contr., Volland, Louis, av. — (D. 41. 2. 81).

I. L'*impôt* est une charge des fruits. En conséquence, celui qui frappe les forêts grevées d'usage doit être supporté par l'usager et par le propriétaire, en proportion de la part que chacun d'eux prend dans les produits de la forêt. — Dès lors, et par une conséquence nécessaire, on ne doit rien ajouter à la part affectée à l'usager par le cantonnement, pour le service des contributions à venir, *ni pour les frais de garde* (1).

II. Pour déterminer la part afférente à l'usager par le cantonnement, il faut évaluer en argent le revenu annuel qu'il tirait de son droit d'usage ; multiplier ce revenu par vingt, et donner à l'usager un canton de forêt d'une valeur égale, en fonds et superficie, à la somme trouvée par cette multiplication.

Nota. M. l'avocat général avait proposé de faire évaluer la valeur

---

(1) Voy. la note mise au bas de l'arrêt du 18 mai 1845, n. 52 ci-après.

du sol nu, à quoi il réduisait le droit du propriétaire; de distraire de la forêt un canton d'une valeur égale à l'estimation, et de l'attribuer au propriétaire, en abandonnant le surplus à l'usager.

32. — 18 mai 1843. — Lebègue de Bayecourt C. de Viermes et la commune de Girmont. — 1re Ch. — MM. Mourot, pr., Garnier, av. gén., concl. conf., Volland, La Flize, Fleury, av. — (D. 43. 2. 180. — S. 43. 2. 505. — P. 43. 2. 660.)

Les contributions et les frais de garde et d'administration des forêts usagères qui n'appartiennent point à l'Etat sont à la charge des usagers, dans la proportion de leur jouissance.

Par suite, il n'y a pas lieu d'ajouter au cantonnement, dont la valeur, en sol et superficie, représente la valeur capitale du droit d'usage, une seconde étendue de forêts, équivalente au capital des *impôts, des frais de garde et d'administration* du cantonnement fixé(1).

33. — 9 février 1858. — Lebègue de Bayecourt C. la commune de Pallegney. — 1re Ch. — MM. de Metz, p. pr., Poirel, p. av. gén., d'Arbois, d'Ubexi, av.

La commune qui avait été considérée comme propriétaire d'un terrain, et qui est plus tard réduite à la qualité d'usagère, peut réclamer au propriétaire les trente dernières années de contributions qu'elle a payées pour lui : ici ne s'applique pas la prescription quinquennale.

34. — 3 juillet 1841. — Le préfet de la Meuse C. la commune de Liny. — 1re Ch. — MM. Moreau, p. pr., Garnier, av. gén., concl. conf., Volland, La Flize, av.

Quand, par une transaction, une commune et son seigneur ont, sans expliquer la nature ni l'origine de leurs droits respectifs, décidé que le seigneur aurait le tiers de la futaie, et la commune les deux autres tiers, avec la totalité du taillis; et qu'aucun acte ancien ne fixe la nature ni l'origine de ces droits, on doit supposer que la commune et le seigneur étaient copropriétaires dans cette proportion.

35. — 23 mars 1858. — Dupont C. le préfet des Vosges. — 1re Ch. — MM. Mourot, pr., Poirel, p. av. gén., d'Ubexi, Volland, av.

1. Le pouvoir judiciaire serait incompétent pour décider qu'il sera fait, par l'Etat, à un usager, une délivrance de bois autre que celle

---

(1) *Conf.* M. Meaume, t. 2, p. 749, n. 816. — Cass. civ. 15 février 1845. Commune de Fremifontaine C. le préfet des Vosges. — Commune de Vaxoncourt C. Lebègue de Bayecourt. — Commune de Saint-André C. Etienne (D. 43. 1. 108. — S. 45. 1. 569. — G. trib. 28 février 1845, p. 411, col. 5. — L. 23 novembre-1er décembre 1790, titre 1er, art. 1er. — L. 3 frimaire an VII, art. 2. — L. 12 novembre 1808. — C. civ. 608. 635). — *Contrà*, Proudhon, t. 6, p. 46, n. 2791, 2792; — t. 7, p. 94, n. 3180. — Curasson, C. for., t. 2, p. 349. — Baudrillart, t. 2, p. 109. — Metz, 28 mars 1853. Forêts C. Verrerie de Saint-Louis. (Rec. des arr. de cette cour, p. 97. — D. 54. 2. 205. — P. t. 25, p. 520). — Bourges, 15 juin 1858. Legal et Devogné C. Lemercier. (D. 40. 2. 43. — P. 58. 2. 635); et Cass. req. 15 août 1859. (D. 40. 1. 21. — S. 59. 1.742). - Cass. req. 50 juillet 1858. Lombart de Quincieux C. Fauverteils. (S. 58. 1. 711. — D. 58. 1. 518. — P. 58. 2. 53). — Pau, 22 juillet 1845. Communes de Sarrancolin et d'Ilhet C. l'Etat; — et Cass. civ. rej. 20 juillet 1847. — (G. trib. 21 juillet 1847, p. 955, col. 5.)

qui est déjà faite, puisque, par une telle décision, il interviendrait dans l'administration relative à l'aménagement de la forêt, et pourrait en déranger l'économie. — Mais il est compétent pour apprécier une demande en dommages-intérêts fondée sur la mauvaise qualité de la délivrance faite.

II. Les agents forestiers sont, en matière d'usage, les experts légaux et nécessaires; mais leur avis n'est pas obligatoire pour les tribunaux qui peuvent, soit d'après les documents de la cause, soit d'après une expertise nouvelle, déclarer insuffisante et défectueuse la délivrance que l'administration forestière avait jugée convenable et satisfactoire.

56. — 29 décembre 1843. — Le préfet de la Meurthe C. les communes de Badonviller, de Sainte-Pole, de Pexonne, de Fenneviller et de Pierre-Percée. — 2ᵉ Ch. — MM. Mourot, pr., Garnier, av. gén., concl. conf., Volland, La Flize, av.

I. L'usager dans les forêts de l'Etat est tenu, comme tout autre usager qui absorbe une partie des fruits du fonds, de contribuer, au prorata de sa jouissance, aux charges de cette jouissance, notamment aux frais de garde et de clôture (1).

II. Si le Domaine n'est entré pour rien dans les frais de garde et de clôture de la forêt, quoiqu'il en ait recueilli quelques produits, il doit restituer la portion de ces frais qui tombait à sa charge, au prorata de son émolument, bien que ses agents n'aient pas personnellement encaissé le montant de ces mêmes frais.

57. — 9 juillet 1855. — Le préfet de la Meurthe C. la commune de Badonviller. — 2ᵉ Ch. — MM. de Bouvier, ff. pr., Poirel, p. av. gén., concl. contr., Volland, La Flize, av.

Le droit de maronage concédé aux habitants d'une commune est réputé concédé à la commune elle-même, et doit être étendu à ses édifices communaux, quoiqu'ils ne soient pas rappelés dans les titres récognitifs.

58. — 28 mai 1853. — Les communes de Brémenil et d'Angomont C. la Princesse de Poix, née de Noailles. — 1ʳᵉ Ch. — MM. de Metz, p. pr., Bouchon, subst., Moreau, Bresson, av.

I. Lorsqu'un droit de maronage, pour bâtisses et maisons, a été accordé à une commune, et non à ses habitants seulement, il peut être invoqué pour la réparation des églises comme pour celle des maisons particulières.

II. Il ne peut être étendu aux augmentations faites aux maisons depuis le 4 août 1789.

III. Il ne saurait l'être non plus aux fontaines publiques ou privées.

IV. Il ne peut être réclamé par les propriétaires assurés, dont les maisons ont souffert d'un incendie : ils sont indemnisés par les compagnies d'assurances.

---

(1) Voy. la note mise au bas de l'arrêt du 18 mai 1843, n. 52 ci-dessus.

39. — 27 mai 1835. — Collard C. la commune de Villers-sous-Pareid. — 2ᵉ Ch. — MM. de Bouvier, ff. pr., Poirel, p. av. gén., concl. contr., La Flize, Volland, av.

Le droit de maronage est un droit conditionnel ; en conséquence, la prescription par le non-usage ne peut courir ni de la date du titre, ni de la date de la dernière délivrance, mais seulement du jour où le propriétaire de la forêt asservie prouve que l'usager a eu besoin d'une délivrance et ne l'a pas réclamée.

40. — 3 août 1832. — La Princesse de Poix, née de Noailles C. les communes de Brémenil, d'Angomont et autres. — 1ʳᵉ Ch. — MM. de Metz, p. pr., Troplong, av. gén., Bresson, Moreau, av.

I. Les droits d'usage, de maronage, de vaine et de grasse pâture, créés par d'anciens seigneurs, doivent se restreindre aux seules maisons existantes au 4 août 1789, époque à laquelle les seigneurs ont perdu le droit de s'opposer à la résidence de nouveaux usagers.

II. Le propriétaire qui prétend que l'usage est éteint par la prescription doit prouver qu'il y a eu cessation de jouissance pendant un temps suffisant pour prescrire. Il dirait en vain que c'est un fait négatif dont la preuve est impossible.

41. — 22 mai 1841. — Le préfet de la Meurthe C. la commune de Saint-Louis. — 1ʳᵉ Ch. — MM. Costé, pr., Poirel, p. av. gén., Volland, Louis, av.

I. Le droit germanique ne connaissait point le mort-bois. — Le mort-bois, en Lorraine, comprenait tous les bois, hors le chêne, le hêtre et les arbres à fruits sauvages. (1)

II. Si l'Etat a laissé les particuliers anticiper sur la forêt usagère, pendant un espace de temps durant lequel il avait remplacé l'usage sur une certaine étendue par une délivrance d'un quart d'arpent par chaque habitant, il ne peut revenir à l'exécution du titre qu'en complétant l'étendue primitive de la forêt usagère, ou en lui donnant une indemnité à dire d'experts, pour le préjudice résultant du déficit.

42. — 11 juillet 1837. — Le préfet des Vosges C. la ville de Remiremont, la commune de Saint-Nabord et Voirel. — 1ʳᵉ Ch. — MM. de Metz, p. pr., Collard, subst., Volland, Chatillon, Antoine, d'Arbois, av.

I. L'ordonnance du duc Léopold, du 15 mai 1702, qui prescrivait aux usagers de produire leurs titres dans un délai de six mois, à peine de déchéance, n'était dirigée que contre les usagers qui n'avaient point de titres réguliers. — En tout cas, elle était purement comminatoire, et ne peut plus être invoquée contre les usagers qui ne l'ont pas exécutée.

II. Les communes qui veulent revendiquer contre l'Etat des bois ou droits d'usage, n'ont qu'une seule chose à prouver, c'est qu'elles les ont anciennement possédés. — Elles trouvent alors, dans la loi du 28 août 1792, une présomption légale qu'elles ont été dépouillées par

---

(1) Voy. arrêt contraire, rendu le 12 juin 1812, dans l'affaire de Lutzelbourg C. la commune de Plaine-de-Valsch. — 1ʳᵉ Ch. — MM. Henry, p. pr., de Rosières, cons., aud., Denizot, Bresson, av. (Coutume de Lorraine, tit. XV, art. 20).

abus de la puissance féodale, même quand le détenteur actuel de leur propriété serait, non leur ancien seigneur féodal, mais seulement l'ancien seigneur du lieu où était situé le bien prétendu usurpé.

III. Une clause révocatoire et de bon plaisir, ajoutée au titre primitif par les commissaires nommés en exécution de l'ordonnance précitée du 15 mai 1702, constitue, en tout cas, cet abus de la puissance féodale, dont la loi du 28 août 1792 a voulu réparer les effets.

43. — 10 décembre 1845. — Le préfet de la Meuse C. la commune de Saulx-en-Barrois. — 2ᵉ Ch. — MM. Mourot, pr., Garnier, av. gén., concl. conf., Volland, d'Ubexi, av.

I. Ce n'est pas prescrire seulement *au-delà* de son titre, mais bien *contre* son titre, que de vouloir prescrire le droit de prendre la futaie d'un bois sur lequel un titre formel ne donne qu'un simple droit d'usage.

II. L'usager qui a un droit de pâturage peut prescrire un droit de glandée, de même que l'acheteur d'un champ de telle contenance peut prescrire, à côté, une contenance plus étendue.

III. L'usager qui a joui *comme propriétaire* ne peut invoquer cette jouissance pour établir qu'il a prescrit une simple extension de son droit d'usage.

44. — 11 août 1850. — La commune de Ville-en-Woëvre C. la commune de Hennemont. — 2ᵉ Ch. — MM. Riston, ff. pr., Poirel, p. av. gén., d'Ubexi, Chatillon, av.

L'usager qui a possédé réellement et de fait, mais sans procès-verbaux de délivrance, n'en a pas moins conservé son droit.

45. — 18 décembre 1843. — Le préfet du Haut-Rhin C. la commune de Linthal. — 1ʳᵉ et 2ᵉ Ch. réun. — MM. Moreau, p. pr., Poirel, p. av. gén., Volland, La Flize, av.

I. La preuve testimoniale de la jouissance d'une commune, qui prétend à un droit de pâturage dans les bois de l'Etat, droit dont elle aurait joui pendant 40 ans avant la demande, est-elle recevable, s'il existe un commencement de preuve par écrit de ce droit (1)?

II. Les principes de l'ancien droit alsacien paraissaient n'admettre que la possession immémoriale en matière de servitude discontinue, lorsqu'il existait des signes extérieurs de leur exercice.

III. D'après le Code civil, le droit de pacage ne peut s'établir que par titres. (691, 688 C. civ.)

IV. L'enlèvement du bois mort dans une forêt est un droit d'usage qui ne peut s'exercer qu'en vertu d'un titre.

V. Les tribunaux ne peuvent ordonner une expertise à l'effet d'établir un règlement général pour l'exercice de droits d'usage, soit en bois de construction, soit en bois d'affouage.

VI. C'est à l'autorité administrative qu'il appartient de régler ces droits suivant l'état et la possibilité des forêts, et selon les besoins variables des usagers.

---

(1) Cass. req. 10 mai 1847. — (G. trib. 10-11 mai.)

USAGE FORESTIER.

Ce n'est que par une action en cantonnement, dont l'objet est de régler et de séparer actuellement et définitivement les droits respectifs du propriétaire et de l'usager, qu'il peut et doit y avoir lieu à la détermination, en nature, des droits de l'usager, à leur appréciation en argent, pour arriver ensuite à leur capitalisation, et à l'abandon, de la part du propriétaire à l'usager, d'une portion de la forêt, en toute propriété, au moyen duquel abandon le surplus de la forêt demeure au propriétaire, affranchi de tout droit d'usage. — Mais, en l'absence d'une action en cantonnement, lorsque le propriétaire et l'usager restent dans le système des délivrances actuelles, il faut laisser les demandes se former, s'apprécier entre les parties pour chaque année, sauf, en cas de difficultés, et selon la nature de ces difficultés, à recourir, pour les régler, soit à l'autorité administrative, soit à l'autorité judiciaire. (C. for. 65 et suiv. Ord. 117 et suiv.)

46. — 29 juin 1832. — Le préfet de la Meuse C. la commune de Nouillonpont. — — 1re Ch. — MM. de Metz, p. pr., Troplong, av. gén., Bresson, Moreau, av.

I. L'usager ne prescrit jamais la propriété, et cette qualité, attestée par les titres anciens, n'a pu être modifiée depuis par la possession, quelque longue et quelque étendue qu'elle fût.

II. Les droits d'usage se règlent, quant à leur étendue, par le titre et par la possession, et peuvent absorber l'universalité des produits de la forêt.

47. — 11 mai 1843. — Le préfet des Vosges C. la commune de Vagney. — 1re Ch. — MM. Mourot, pr., Poirel, p. av. gén., Volland, La Flize, av.

Une commune, simple usagère, d'après ses titres, et, comme telle, possesseur à titre précaire, ne peut se prévaloir de la possession, même la plus longue, pour établir à son profit la prescription de la propriété : elle ne peut se changer à elle-même la cause et le principe de sa possession.

48. — 31 mai 1833. — La commune de Stenay C. S. A. R. le duc d'Aumale. — 1re Ch.—MM. de Metz, p. pr., Pierson, av. gén., Moreau, Gaudry (de Paris), av.

I. Le décret du 29 floréal an III et la loi du 19 germinal an XI ont atteint les sentences obtenues par les communes, avant comme après la loi du 28 août 1792; leur ont ôté l'autorité de la chose jugée, et les ont soumises à la péremption, faute d'avoir été produites dans les délais. Peu importe que ces sentences aient été signifiées, et même exécutées par la mise en possession des communes.

II. Le ministre des finances n'a pas eu qualité pour relever (surtout par une simple lettre adressée au préfet) les communes de cette déchéance une fois acquise.

III. Tant que les communes possédaient, leur action pour réclamer de nouveau et régulièrement les droits dont elles auraient été antérieurement privées n'a pu se prescrire, parce que, pour suspendre la prescription, il suffit de posséder *animo domini*, même sans aucun titre coloré.

IV. Il ne suffit point qu'une commune ait été jurée à la loi de Beaumont pour que ses droits d'usage s'étendent à la pleine propriété; ils peuvent même être fort restreints : il faut s'attacher aux chartes particulières.

V. *Bois bâtis*, comme *bois bateys* ou *batys*, signifient, dans les anciens titres, le taillis des forêts. Ce mot est dérivé du latin du moyen-âge *basticium*.

VI. Lorsque, en première instance, on n'a demandé que les deux tiers dans le prix des futaies, on ne peut, en appel, conclure à un règlement des usages non contestés, ni réclamer des dommages-intérêts pour restrictions apportées à la jouissance des droits de chauffage, maronage, etc.

49. — 31 janvier 1840. — Le préfet des Vosges C. la commune d'Etival. — 1re Ch. — MM. de Metz, p. pr., Poirel, p. av. gén. concl. contr., Volland, La Flize, av.

I. L'art. 32 de la loi des 15-28 mars 1790 et l'art. 2 de la loi du 28 août 1792 ne maintiennent le droit de tiers denier qu'à deux conditions : la première, que le bois soit possédé par les communes à titre d'usage, et non de toute propriété(1); la deuxième, que le titre constitutif de l'usage réserve le tiers denier. — Il n'y a donc pas lieu de distinguer entre le cas où le droit de la commune a toujours été respecté par le propriétaire, et celui où, sous prétexte de tiers denier, le propriétaire s'est emparé d'une partie même de la forêt.

II. Le titre dont la reproduction est exigée est le titre originaire du droit d'usage. Le titre qui, d'abord illimité, aurait transformé en droit complet d'*usufruit*, sur tous les produits d'un canton, des usages qui embrassaient d'abord toute la forêt, mais seulement pour certaines essences de bois, n'est pas le titre originaire.

50. — 2 juillet 1840. — Le préfet des Vosges C. la commune de Celles. — 1re Ch. — MM. Costé, pr., Poirel, p. av. gén., concl. contr., Volland, La Flize, av.

La loi du 28 août 1792 a supprimé tous les droits de tiers denier qui ne résultent pas du titre même qui a constitué le droit d'usage. Il n'y a pas de distinction à faire entre les droits de tiers denier qui ont toujours conservé leur forme et leur nature, et ceux qui ont été, pendant un temps plus ou moins long, transformés en triage.

51. — 21 janvier 1837. — Le préfet des Vosges C. la commune de Celles. — 1re Ch. — MM. de Metz, p. pr., Poirel, p. av. gén., Volland, Chatillon, av.

I. Le tiers denier se percevait, en Lorraine, indifféremment sur les forêts possédées par les communes en toute propriété, et sur celles qu'elles possédaient à titre d'usage (2); ainsi la prescription de ce droit est un argument à peu près insignifiant pour apprécier la nature du droit exercé par une commune dans une forêt litigieuse.

II. Dans le comté de Salm, les mots *bois communaux* annonçaient plutôt une forêt possédée à titre d'usage qu'une forêt possédée propriétairement.

---

(1) (2) Voy. la dissertation de M. le président Costé sur le droit de tiers denier en Lorraine. (Grimblot, 1840.)

USINE.

Voy. *Affectation*. — 1. Forge ancienne. Affinerie. Martinet. Consommation. Base d'évaluation. — 2. — II. Usine. Coupe de bois. Révocation. — 5. Usine. Bois. Prix. Convention à chaque délivrance. — 6. Usine. Bois taillis. — 7. Usine. Forêt. Droit perpétuel.

Eau. — 7. Canal artificiel. Canal de fuite. Usine hydraulique. Présomption de propriété.

Prescription. — 33. — II. Prescription. Possession. Œuvres nouvelles. Usine.

Servitude. — 26. Irrigation de prairie. Droit acquis par prescription sur le canal d'une usine Emploi de l'eau, destinée à la prairie, au roulement d'une usine nouvelle. Aggravation de servitude.

Voirie. — 1. Usine. Chaussée. Pont. Etang. Passage. Commune. Copropriété. Titre...

USUFRUIT.

SOMMAIRE.

1. *Caution fournie.* — I. Libre disposition des capitaux. — II. Créances à terme. Remboursement. — III. Dispense de caution. Choses fongibles. Mauvaise administration. Insolvabilité. Mesures conservatoires.
2. *Dispense de donner caution.* — I. Créances à terme. Remboursement. — II. Mauvaise administration. Déchéance. Mesures conservatoires. Caution.
3. *Grosses réparations, effectuées par l'usufruitier.* — Remboursement par le propriétaire à la cessation de l'usufruit.
4. *Réparations.* — I. Réparations rendues nécessaires par l'usage naturel et légitime de la chose. — II. Améliorations. Indemnité de réparations. Compensation.

RENVOIS.

Voy. *Assurance.* — 3. Usufruitier. Primes. Nu propriétaire. Indemnité.

Contrat de Mariage. — 26. Testament. Reprises. Usufruit. Dispense d'inventaire et de caution.

Inventaire. — 2. Testament. Legs d'usufruit. Dispense d'inventaire. Héritiers à réserve.

Intérêts. — 1. Exécuteur testamentaire. Usufruitier. Dettes payées de leurs propres deniers. Départ des intérêts.

Legs. — 3. Legs particulier. Intérêts du jour de la demande en délivrance. Exception. Usufruit grevant les biens légués.

Prescription. — 12. Donation. Réserve d'usufruit. Donataire de bonne foi. Prescription décennale, à partir de l'extinction de l'usufruit.

Saisie immobilière. — 9. Vente sur décret. Ancien droit français. Droit lorrain. Servitude. Charges réelles. Usufruit. Purge. Mineur. Commune.

Testament. — 25. Usufruit. Nue propriété. Légataires à titre universel. Concours des légataires avec les héritiers. Prédécès des héritiers.

Usage forestier. — 49. — II. Titre originaire du droit d'usage. Conversion du droit d'usage illimité en un droit d'usufruit limité.

---

1. — 23 mars 1843. — Gillet C. Martin. — 1re Ch. — MM. Mourot, pr., Poirel, p. av. gén., d'Ubexi, Volland, av.

I. L'usufruitier, qui a fourni caution, a la libre disposition des capitaux compris dans son usufruit; il peut s'en servir comme le propriétaire, à charge d'en représenter la valeur, à l'extinction de son usufruit.

II. L'usufruitier a le droit de recevoir le payement des créances à terme; et même sa négligence, à cet égard, l'exposerait à la responsabilité résultante de l'insolvabilité ultérieure du débiteur.— Ce principe est applicable à l'usufruit testamentaire comme à l'usufruit par don mutuel.

III. L'usufruitier de choses fongibles, dispensé de donner caution, ne peut être contraint de placer les sommes comprises dans l'usufruit, quand il n'y a pas faute de sa part, ni infraction aux obligations qui lui sont imposées; qu'on n'allègue ni mauvaise administration de sa part, ni insolvabilité survenue depuis l'ouverture du droit.

2. — 17 février 1844. — Burger, dit Bourquert, C. Volfran et Krick. — 1re Ch. — MM. Mourot, pr., Escudié, subst., La Flize, Volland, Fleury, av.

I. L'usufruitier, dispensé de fournir caution, peut toucher, à leur échéance, les capitaux soumis à son usufruit, comme il a le droit de percevoir le capital trouvé en espèces au moment de l'ouverture de l'usufruit, et cela sans le concours du propriétaire.

II. Mais, en fait, les tribunaux peuvent, à raison de la mauvaise administration de l'usufruitier, le déclarer déchu du droit de toucher les capitaux soumis à l'usufruit, hors de la présence et sans la participation du propriétaire; le contraindre à replacer, contradictoirement avec celui-ci, et dans un délai déterminé, les sommes qu'il a reçues; enfin l'obliger à fournir caution, bien que le titre constitutif de l'usufruit l'en dispensât, le tout sous peine de déchéance totale de son droit.

3. — 13 juin 1834. — Hubert C. de Coullibœuf. — 1re Ch. — MM. de Metz, p. pr., Chatillon, Moreau, av.

L'usufruitier, obligé de prendre les choses telles qu'elles se trouvent à l'ouverture de l'usufruit, n'a pas le droit d'exiger du propriétaire la confection immédiate de réparations qui étaient à faire avant la naissance de son droit, ni le remboursement actuel du prix de ces réparations, s'il a usé de la faculté qu'il avait de les faire lui-même. — L'art. 605, § 2, du C. civ., qui porte que les grosses réparations demeurent à la charge du propriétaire, doit s'entendre en ce sens que le propriétaire, auquel ces grosses réparations auront été utiles, sera tenu d'en rembourser le montant, mais à la cessation de l'usufruit seulement.

4. — 13 décembre 1834. — Picquot C. Husson, Jean et Billieux. — 1re Ch. — MM. de Metz, p. pr., Chatillon, d'Ubexi, La Flize, Cuny, av.

I. L'usufruitier n'est pas tenu des réparations rendues nécessaires par l'usage naturel et légitime de la chose.

II. Il ne peut réclamer au nu propriétaire aucune indemnité pour les améliorations par lui faites à la chose usufructuaire, même quand ces améliorations en ont augmenté la valeur (C. civ. 599); mais il peut opposer ces améliorations comme compensation des indemnités qu'il doit pour les réparations qui sont à sa charge (1).

USUFRUIT LÉGAL.

SOMMAIRE.

1. *Mère tutrice.* — Jouissance du mobilier. Compte à rendre à partir de la cessation de l'usufruit.
2. *Statut personnel.* — Mineur. Père ou survivant des époux. Promulgation du Code. Tutelle ouverte auparavant.

RENVOIS.

Voy. *Tutelle.* — 12. Tuteur. Père. Usufruit légal. Biens de mineur. Vente. Prix laissé en crédit entre les mains de l'acquéreur jusqu'à la majorité du mineur.

---

1. — 4 mai 1840. — Mathey C. Demangeot. — 2e Ch. — MM. Mourot, pr., Garnier, av. gén., concl. conf., Volland, La Flize, av.

La mère tutrice de son enfant mineur, et qui était autorisée, par son usufruit légal, à conserver les objets mobiliers appartenants à son enfant, devient comptable envers celui-ci, à partir de la cessation de son usufruit.

2. — 8 février 1834. — Maurice C. Sonrier. — 1re Ch. — MM. Breton, pr., Poirel, p. av. gén., Moreau, Chatillon, av.

L'usufruit légal des biens du mineur, accordé au père ou au survivant des époux, par l'art. 384 du C. civ., est un statut personnel qui, dès l'époque de sa promulgation, a produit son effet, même quand la tutelle aurait été ouverte, ou quand les biens seraient avenus au mineur avant cette époque.

USURE.

SOMMAIRE.

1. *Convention antérieure à la loi du 3 septembre 1807.* — I. Durée du crédit primitif. Prorogation tacite. Réduction d'intérêts. — II. Preuve testimoniale des intérêts usuraires. Présomptions. — III. Restitution par imputation sur le capital. — IV. Transaction sur des intérêts usuraires. Son inefficacité.
2. *Intérêts usuraires.* — Restitution par imputation sur le capital.

---

1. — 31 janvier 1834. — Colin C. Lepaige-Legrand et Ferry. — 1re Ch. — MM. de Metz, p. pr., Bouchon, subst., d'Ubexi, Moreau, Berlet av.

1. La loi du 3 septembre 1807, en réduisant l'intérêt légal à 5 p. 0/0, et en maintenant néanmoins les conventions antérieures qui stipulaient

---

(1) Voy. Pothier, du Douaire, n. 277, et les commentaires modernes sur l'usufruit.

un intérêt plus élevé, ne les maintient que pour la durée du crédit primitivement accordé. S'il y a prorogation, même tacite, elle constitue une convention nouvelle soumise à la réduction d'intérêt prescrite par la loi précitée.

II. La preuve testimoniale, ou les présomptions, sont toujours admissibles pour établir la perception d'intérêts usuraires.

III. La restitution de la portion d'intérêts excédant le taux légal doit se faire par une réduction annuelle du capital de la créance, qui diminue ainsi progressivement (1).

IV. Aucune transaction ne peut éteindre une demande de cette nature.

2. — 19 juillet 1834. — Henry C. Kohler. — 1re Ch. — MM. de Metz, p. pr., La Flize, Chatillon, av.

La restitution, par le créancier, d'intérêts payés par le débiteur au-dessus du taux légal, doit s'opérer par l'imputation annuelle de la quotité d'intérêts illégalement perçus, sur le capital, qui diminue ainsi progressivement (2).

VACANCES.

SOMMAIRE.

Jugement en matière ordinaire, rendu pendant les vacations. — Nullité.

27 juillet 1838. — Vairelle C. Richard. — 1re Ch. — MM. de Metz, p. pr., Garnier, av. gén., concl. conf., d'Arbois, Meaume, av.

Est nul tout jugement rendu par un tribunal civil, en matière ordinaire, pendant la durée des vacations : les chambres de vacations sont des tribunaux extraordinaires, dont la compétence est restreinte à certaines matières.

VACATIONS.

Voy. *Vacances.*

VAINE PATURE.

Voy. *Eau.* — 21. Etang. Vaine pâture. Droit d'usage. Hauteur du déversoir, modifiée par l'administration. Mise en culture. — 22. Vaine pâture. Son étendue.

Forêt. — 6. Vaine pâture. Défrichement. Aménagement.

Prescription. — 7. Coutume de l'Evêché. Commune. Eglise. Prescription de quarante ans. Droits d'usage. Vaine pâture. Bois mort.

Servitude. — 32. Parcours de paroisse à paroisse. Droit communal non susceptible de revendication à titre singulier. Coutume de Lorraine.

---

(1) (2) Conf. cass. 26 août 1846, Bourdeix. — (Gaz. Trib. 28 août. — D. 46. 1. 387. — S. 47. 1. 113.)

Vaine pâture. Titre. Prescription trentenaire depuis la contradiction du seigneur. Possession immémoriale. Preuve depuis le Code.
Voy. *Usage forestier*. — 40. — I. Maronage. Grasse et vaine pâture. Maison existante au 4 août 1789.

VENTE.

SOMMAIRE.

1. *Clause résolutoire.* — Prix non payé. Simple sommation. Restitution des à-compte versés.
2. *Contenance.* — Clause de non-garantie. Arpentage préalable.
3. *Contenance.* — Détermination. Excédant.
4. *Coupe de bois.* — Faillite de l'acheteur. Revendication. Magasins du failli. Effet de commerce. Novation. Privilège sur le prix de vente des bois.
5. *Coupe de bois.* — Privilège du vendeur. Parterre de la coupe. Revente de bonne foi à un tiers. Arbres frappés du marteau de la marine.
6. *Coupe de bois.* — Revente par l'acheteur commerçant à un autre commerçant. Revendication. Privilège sur le prix de revente.
7. *Créancier hypothécaire.* — Inscription périmée. Surenchère omise. Production à l'ordre. Vente en fraude des droits du créancier hypothécaire. Concert frauduleux. Insolvabilité du vendeur connue de l'acquéreur. Prix dissimulé au contrat. Nullité de la vente. Dommages-intérêts.
8. *Délivrance.* — Frais à la charge du vendeur. Charbons vendus en magasin. Cubage.
9. *Éviction à craindre.* — Refus de payement. Mouvance expliquée au contrat. Risques connus. Payement obligatoire. Bien de mineur.
10. *Interprétation.* — I. Pacte obscur. Commune intention. — II. Preuve testimoniale. Actes d'exécution postérieurs au contrat. Actes antérieurs. — III. Demande reconventionnelle en suppression de passages injurieux et diffamatoires.
11. *Machine.* — Réception. A-compte sur le prix. Mise en activité. Fin de non-recevoir. Vice caché. Expertise.
12. *Place de percepteur.* — Vente illicite. Chose hors du commerce.
13. *Porte fort.* — Ratification. Droit éventuel. Action. Immeuble.
14. *Preuve testimoniale.* — Vente d'immeubles. Valeur n'excédant pas 150 fr. Contestation sur la valeur. Expertise.
15. *Prix (Défaut de).* — Nullité. Transport de créances.
16. *Prix de vente.* — Dissimulation. Amende à la charge de l'acheteur.
17. *Prix sérieux.* — Soins donnés au vendeur par l'acquéreur. Vente immobilière.
18. *Promesse de vente unilatérale.* — Validité.
19. *Réméré.* — Déchéance. Renonciation de l'acquéreur. Présomption. Possession du vendeur, sans bail. Intérêts du prix de vente.
20. *Réméré.* — Remboursement du prix non excédant 150 fr. Preuve testimoniale. Inadmissibilité. Immeuble. Valeur indéterminée.
21. *Réméré.* — Terme de rigueur. Prorogation interdite au juge. Déchéance. Payement de fermage. Clause pénale. Mise en demeure inutile.
22. *Rente viagère.* — Prix de vente. Lésion. Rescision. Mode d'évaluation. Tables de mortalité. Capitalisation de l'excédant de la rente sur le revenu de l'immeuble vendu.
23. *Résolution de plein droit.* — Stipulation formelle. Termes sacramentels.
24. *Résolution de vente.* — Faillite. Frais d'instance. Rétention sur le prix de vente.
25. *Résolution faute de payement du prix.* — Acquéreur. Améliorations. Créancier.
26. *Revente.* — Bénéfice partageable entre l'acquéreur et son vendeur. Époque de la revente laissée au choix de l'acquéreur. Condition potestative licite.
27. *Subrogation.* — Action contre les tiers. Non-garantie de contenance.

28. *Succession future.* — Vente, par une femme de concert avec son enfant, d'un immeuble de sa succession. Donation. Nullité.
29. *Transport de créance.* — Cession. Acte authentique. Exécution parée. Cession par acte sous seing privé.
30. *Transport de créance.* — Notification. Créance dénaturée par le cédant et le débiteur.
31. *Vente commerciale.* — Livraison. Jour convenu. Absence de l'acheteur. Résolution de la vente. Prix payable comptant.
32. *Vente par correspondance.* — Offres de l'acquéreur acceptées par le vendeur. Lieu de la vente. Domicile du vendeur.

RENVOIS.

Voy. *Avocat.* — Achat de droits litigieux. Nullité. Avoué.
Bornage. — 5. Contenance. Titres. Possession. Déclaration ou pied terrier. Renseignement.
Compétence civile. — 2. Acte administratif. Vente administrative. Immeuble. Dépendances. Fixation. Compétence judiciaire.
Compétence commerciale. — 12. Lieu de la promesse. Lieu de la livraison. Marchandises expédiées par le roulage ou la diligence, sur commande faite par lettre. — 23. Vente de marchandises pour les revendre. Contre-lettre. Nantissement. Novation.
Donation. — 7. Donation déguisée. Validité. Transport de créances. Double original. Conditions synallagmatiques. Cessionnaire. Prix payé comptant. — 8. Donation déguisée. Vente à un successible. Nullité. Simulation de prix. Appel. Rapport. — 10. — IV. Donation avec charges. Vente. Distinction.
Faillite. — 1. Appel. Délai de quinzaine. Jugement sur les opérations de la faillite. Vente. Hypothèque. Simulation. Nullité. — 15. — VI. Vente de part sociale. Vileté du prix. Donation. — VII. Vente ou partage d'une usine entre associés. Caractère non commercial. Compétence du tribunal civil. — 29. Vente par le failli avant la déclaration, mais après l'ouverture, ultérieurement fixée, de la faillite. Connaissance de la cessation de payements par l'acquéreur. Prix avantageux. Mauvais emploi du prix. Validité de la vente.
Notaire. — 4. Amende. Vente par un tuteur, sans formalités. Omission des prénoms du pupille.
Obligation. — 7. Dissimulation de prix de vente. Fraude des droits des créanciers. Rapport. Créanciers inscrits. Défaut de surenchère. — 8. Doubles originaux. Acte synallagmatique. Signature des deux parties sur chaque double. Omission. Nullité. Vente.
Partage. — 6. Licitation. Majeurs et mineurs. Nullité de procédure. Absence de réclamation de la part des majeurs. Indivisibilité.
Preuve littérale. — 9. Commune. Vente de terrain. Délivrance. Excédant. Preuve testimoniale.
Privilège. — 2. Inscription. Effet. Rang. Tiers. Acquéreur. Vendeur.
Propriété. — Alluvion. Propriété close de murs. Vente. Interprétation.
Rapport à succession. — 5. Donation déguisée. Vente. Mari d'une successible. Rapport. — 6. Donation déguisée. Vente. Portion disponible. Rapport.
Saisie immobilière. — 4. Demande incidente en nullité de vente. Dispense de conciliation. Saisi. Vente frauduleuse. Saisissant. Surenchère. — 5. Distraction non contestée d'immeuble saisi. Nullité. Proposition tardive.

Voy. *Succession.* — 15. Vente. Consignation du prix. Consentement. Réserve. Héritier. Vente de part indivise. Tiers de bonne foi.

Testament. — 16. Legs. Interdiction temporaire de vendre des immeubles légués. Payement des dettes. Vente des immeubles. — 18. Légataire universel. Obligations du testateur. Responsabilité du légataire. Vente. Nullité. Garantie.

Tierce opposition. — 1. Acquéreur d'un immeuble non payé. Eviction contre le vendeur. Tierce opposition par l'acquéreur. Recevabilité.

Tutelle. — 8. Rescision. Prescription. Suspension par la minorité. Vente d'immeubles par un tuteur, sans formalités. Nullité. Lésion. Restitution de fruits...

Voirie. — 18. — V. Vente. Garantie. Offres insuffisantes. Dommages-intérêts et loyaux coûts.

---

1. — 2 juin 1854. — Perrin C. Humbert. — 1re Ch. — MM. de Metz, p. pr., Welche, Chatillon, av.

Est obligatoire la clause d'un contrat de vente qui stipule qu'à défaut, par les acquéreurs, de se libérer au terme et de la manière convenus, il sera libre au vendeur de rentrer dans la propriété et la jouissance de l'immeuble par lui vendu, sans autre formalité qu'une sommation. En prononçant ainsi la résolution de cette vente, il est juste d'ailleurs d'admettre le principe de la restitution des sommes qui auraient été payées à-compte du prix principal et des accessoires.

Quid à l'égard des intérêts et des fruits?...

2. — 12 juin 1832. — La faillite Carez C. Ulriot et Nollet. — 1re Ch. — MM. de Metz, p. pr., Pierson, subst., concl. contr., Moreau, Bresson, Chatillon, av.

Lorsque l'on convient que le plus ou le moins de contenance sera profit ou perte pour l'acquéreur, cette clause est dérogatoire à l'art. 1619 du C. civ., et exclusive de toute garantie, même quand un arpentage préalable semblait rendre toute erreur impossible.

3. — 15 juillet 1844. — Cuny C. Triboulot et Rolle. — 2e Ch. — MM. Masson, ff. pr., Poirel, p. av. gén., d'Ubexi, La Flize, Louis, av.

Lorsqu'un acte de vente, après avoir désigné des terrains vendus par l'indication de leurs contenances, de leurs tenants et de leurs aboutissants, des hauteurs et des largeurs, de la quantité en ares et centiares, ajoute néanmoins que les pièces sont vendues *comme elles se contiennent, le plus ou le moins demeurant au profit ou à la perte des acquéreurs;* ceux-ci sont fondés à repousser une demande tendante à les restreindre dans les limites des contenances indiquées; ils ont droit de retenir l'excédant qui peut se rencontrer dans les pièces vendues, en comparant la contenance réelle à la contenance écrite.

4. — 28 décembre 1829. — de Nettancourt C. la faillite Felvert et Simon. — 1re Ch. — MM. de Riocour, p. pr., Thieriet, av. gén., concl. conf., Moreau, Fabvier, av.

I. La remise d'effets de commerce, souscrits au profit du vendeur par l'acheteur, ne constitue pas un payement réel, et n'emporte pas novation.

II. En conséquence, nonobstant la remise d'effets de cette nature, le propriétaire de forêts, qui vend une coupe de bois à un commerçant, conserve son droit de revendication sur les bois coupés, tant qu'il n'est pas payé.

III. Mais ce droit de revendication ne pouvant s'exercer, aux termes des articles 576 et suivants du C. de com., qu'autant que les marchandises revendiquées ne sont pas encore entrées dans les magasins de l'acheteur, et n'ont éprouvé ni diminution ni transformation, la revendication n'est plus possible, quand une partie des bois ont été abattus, débités, convertis en charbon, et enlevés du parterre de la coupe.

IV. Dans ce cas, le vendeur non-commerçant conserve son privilége sur le prix, conformément à l'art. 2102 du C. civ., et ce privilége peut s'exercer non-seulement sur le prix des objets restés intacts, mais même sur celui des objets qui ont subi une transformation ; par exemple, sur les charbons confectionnés avec le bois vendu, pourvu qu'ils soient encore en la possession de l'acheteur.

5. — 8 février 1830. — La commune de Sermaize C. la faillite Felvert et Simon. — 1re Ch. — MM. de Riocour, p. pr., Thieriet, av. gén., Bresson, Moreau, av.

Le privilége du vendeur d'une coupe de bois, sur le prix des bois vendus qui sont encore en la possession de l'acheteur, ne peut plus être exercé quand ces bois, quoique gisant encore sur le parterre de la coupe, ont cependant été vendus de bonne foi par l'acquéreur à un tiers, ou frappés du marteau de la marine.

6. — 28 décembre 1829. — Barbarat C. la faillite Felvert et Simon. — 1re Ch. — MM. de Riocour, p. pr., Thieriet, av. gén., concl. conf., Chatillon, Moreau, av.

Le marchand de bois qui revend à un autre commerçant une coupe de bois, n'a pas, comme le simple propriétaire, en cas de non-payement, un privilége sur le prix des objets restés en la possession de l'acheteur : il n'a que la revendication établie par le Code de commerce.

7. — 28 avril 1837. — Graincourt et autres C. Lippmann et Catoire. — 1re Ch. — MM. de Metz, p. pr., Poirel, p. av. gén., concl. conf., Mamelet, Lauras (du barreau de Paris), Volland, Maire, av.

Des créanciers hypothécaires, après avoir négligé de former surenchère, avoir produit à l'ordre, et laissé périmer leur inscription, peuvent encore attaquer, comme faite en fraude de leurs droits, la vente de l'immeuble appartenant à leur débiteur. — Pour prouver que cette vente a été faite en fraude de leurs droits, ils n'ont pas besoin de prouver qu'il y a eu concert frauduleux entre le vendeur et l'acquéreur, pour les priver de tout ou partie de leur gage. — Il leur suffit d'établir que leur débiteur était obéré au moment de la vente ; que l'acquéreur connaissait cet état de gêne, et qu'une portion quelconque du prix n'est pas portée au contrat. — Dans ce cas, les tribunaux peuvent néanmoins ne pas prononcer la nullité du contrat ; ne pas se borner non plus à faire rapporter par l'acquéreur la partie du prix qui a été dissimulée, mais fixer, d'après les circonstances de la cause, quel préjudice a été éprouvé par les créanciers, et condamner l'acquéreur à la réparation de ce préjudice.

VENTE. 467

8. — 13 décembre 1844. — Choley C. de Comeau et autres. — 1re Ch. — MM. Moreau, p. pr., La Filze, d'Ubexi, av.

I. Le mesurage de bannes de charbons vendus en magasin, à tant le cuveau, peut s'opérer au moyen d'un cubage, et les frais de ce mesurage sont à la charge du vendeur, comme frais de délivrance. (C. civ. 1608. — Pothier, de la vente, n° 44.)

II. Il n'y a pas lieu d'ajouter un dixième à la quantité des charbons cubés, sous prétexte du tassement qui s'opère à mesure de l'empilement du charbon dans les halles, et de la réduction que cet empilement produit dans le volume.

9. — 20 janvier 1840. — Baillard C. Culot. — 2e Ch. — MM. Mourot, pr., Garnier, av. gén., concl. conf., La Flize, Louis, av.

Celui qui achète d'un tuteur un immeuble appartenant à des mineurs, par un contrat où la mouvance du bien est déterminée, ne peut pas, plus tard, refuser le payement de son prix, sous prétexte qu'il a juste sujet de craindre une éviction : il a acheté en connaissance de ces risques et périls.

10. — 2 décembre 1842. — Durand C. Fixard. — 1re Ch. — MM. Moreau, p. pr., Louis, Volland, av.

I. Si tout pacte obscur s'interprète contre le vendeur, les tribunaux ne doivent appliquer cette règle qu'après avoir vainement recherché, par tous les moyens légaux, quelle a été la commune intention des parties (C. civ. 1602, 1156).

II. La preuve testimoniale est admissible pour déterminer l'interprétation que doit recevoir un contrat de vente, quand elle porte sur des actes d'exécution postérieurs au contrat, et sur lesquels il n'a pas été possible au vendeur de se procurer une preuve écrite émanée de l'acquéreur. Ces actes d'exécution peuvent en effet être invoqués pour expliquer la commune intention des parties.

La preuve testimoniale est également admissible quand elle porte sur un fait qui, bien qu'antérieur au contrat, n'a pu être mentionné dans cet acte, et dont le vendeur n'a pu se procurer la preuve écrite.

III. La preuve testimoniale est même admissible pour établir des circonstances qui auraient pu être constatées par le contrat, quand elle a pour but, non d'établir les limites de la propriété vendue, qui sont en litige, mais seulement de justifier une demande reconventionnelle, formée par le vendeur, en suppression de passages injurieux et diffamatoires d'actes à lui signifiés, dans le cours du procès, à la requête de l'acquéreur, et en dommages-intérêts pour réparation de ces imputations.

11. — 31 juillet 1837. — Lefébure C. Hoffmann. — 1re Ch. — MM. Mourot, pr., Chatillon, Catabelle, av.

Quand un constructeur de machines s'est engagé à fournir des machines fonctionnant parfaitement, et à dire d'experts, il n'y a de réception valable et définitive que celle qui a été faite de la manière convenue. — La réception de ces machines par l'acquéreur lui-même, leur mise en activité sans réclamations, et le payement d'à-compte partiels sur le prix stipulé, ne déchargent pas le constructeur de son obligation, et n'empêchent pas l'acheteur de demander plus tard la nomination d'experts, chargés d'examiner la marche et la régularité des machines fournies ; surtout quand il s'agit de machines assez compliquées, dont les vices n'ont pu être révélés que par l'expérience.

12. — 12 novembre 1829. — Braux C. Rovel. — 1re Ch. — MM. Breton, pr., Troplong, av. gén., concl. conf., Bresson, Moreau, av.

Une place de percepteur n'est pas dans le commerce. En conséquence toute vente de cette place est nulle comme illicite.

13. — 6 juin 1831. — Cordier C. Mangin. — 1re Ch. — MM. de Riocour, p. pr., Berlet, de Luxer, av.

L'individu qui, dans un acte d'acquisition, s'est porté fort pour l'acquéreur, a, sur l'immeuble ainsi acquis, jusqu'à la ratification de celui pour lequel il s'est porté fort, un droit éventuel qui le rend recevable à intenter toutes les actions relatives à cet immeuble.

14. — 27 avril 1830. — Jacquart C. Aymont. — 1re Ch. — MM. Breton, pr., Masson, subst., Moreau, Fabvier, av.

On peut prouver par témoins une vente d'immeubles dont la valeur n'excède pas 150 francs.

Mais quand les parties ne sont pas d'accord sur la valeur des immeubles vendus, l'une la fixant à une somme inférieure à 150 francs, l'autre à une somme supérieure ou indéterminée, les tribunaux peuvent, d'office, ordonner une expertise préalable, pour vérifier cette valeur, et déterminer par là si la preuve par témoins est recevable.

15. — 8 mai 1840. — Léonard C. Thomas. — 1re Ch. — MM. de Metz, p. pr., La Flize, Louis, av.

Est nulle, faute de prix, la vente ou la cession de créances, faite *moyennant des sommes, valeurs et avantages amiablement convenus.*

16. — 8 mars 1842. — de Pouilly C. la faillite de Mecquenem et le sieur de Mecquenem. — 1re Ch. — MM. Mourot, pr., Poirel, p. av. gén., Volland, La Flize, Lefèvre, av.

Lorsqu'une somme a été payée en dehors du prix porté dans un contrat de vente, et que, plus tard, à l'occasion d'une résolution prononcée, il y a des amendes encourues, elles sont à la charge de l'acheteur. La dissimulation est légalement présumée faite dans son intérêt.

17. — 28 novembre 1853. — François C. Nicolas. — 2e Ch. — MM. Troplong, pr., Volland, Fabvier, av.

Une vente immobilière peut avoir, pour prix légitime et sérieux, les soins que le vendeur a reçus des acquéreurs, et ceux qu'il en recevra dans l'avenir.

18. — 16 décembre 1836. — Lesperlette C. la commune de Ceintrey et Bataille. — 1re Ch. — MM. Mourot, pr., Fabvier, proc. gén., concl. conf., d'Ubexi, La Flize, Catabelle, av.

L'art. 1589 du C. civ., en posant en principe que la promesse de vente vaut vente, lorsqu'il y a consentement réciproque des deux parties sur la chose et sur le prix, ne doit pas néanmoins faire décider que la promesse de vente unilatérale est nulle et sans valeur (1).

19. — 9 juillet 1834. — Stenger C. Limon. — 2e Ch. — MM. Troplong, pr., Chatillon, Louis, av.

Le vendeur à charge de réméré, qui laisse passer le délai fixé sans exercer son action, est irrévocablement dépouillé de sa propriété. Mais l'acquéreur a pu renoncer au droit qui résultait en sa faveur de l'expiration du délai ; et il doit être présumé y avoir véritablement renoncé si, après l'expiration de ce délai, il a laissé le vendeur en possession de l'immeuble, sans bail, et s'il a reçu les intérêts de la somme par lui payée comme prix de vente.

20. — 13 décembre 1842. — Roëhr C. Bauer. — 2e Ch. — MM. Costé, pr., Garnier, av. gén., Villiaumé, Antoine, av.

La preuve testimoniale est inadmissible lorsqu'elle tend à prouver le remboursement du prix d'une vente à réméré, avant l'expiration du terme fixé pour l'exercice de la faculté de rachat, ce prix fût-il inférieur à 150 francs ; car le but de cette preuve, c'est la propriété d'un immeuble, valeur indéterminée, et le payement qu'on veut prouver n'en est que le moyen.

21. — 4 mai 1838. — Létonné C. Mayer et Belly. — 1re Ch. — MM. Mourot, pr., Poirel, Louis, Gerbaut, av.

En matière de vente à réméré, le terme fixé est de rigueur, et ne peut être prorogé par le juge. Mais les parties peuvent stipuler que le vendeur sera déchu de ce droit, même avant l'expiration du terme, dans le cas où il ne remplirait pas telle ou telle condition, par exemple, s'il ne paye pas, aux époques fixées, le canon stipulé pour conserver la jouissance des immeubles vendus. — Ce n'est pas là une convention avec clause pénale dont l'inexécution ne ferait encourir la peine qu'après une mise en demeure, mais une vente à réméré faite sous des conditions que la loi ne prohibe pas, et qui par conséquent doivent être maintenues par les tribunaux.

22. — 2 août 1837. — Mathieu C. Clément. — 2e Ch. — MM. Costé, pr., Garnier, subst., concl. conf. sur le premier point, Volland, La Flize, av.

Les ventes faites moyennant une rente viagère peuvent, comme les ventes ordinaires, être rescindées pour cause de lésion de plus des sept douzièmes (C. civ. 1658, 1674). — Dans ce cas, pour savoir s'il y a lésion de plus des sept douzièmes, il faut déduire de la rente viagère

---

(1) Voy. Paris, 2 juillet 1847. Leroux C. Petit. (G. trib., 3 juillet.) — Cass. req. 12 juillet 1847. Clerveau. (G. trib., 15 juillet.)

le revenu net de l'immeuble; capitaliser l'excédant de la rente viagère sur le revenu, pendant la durée probable de l'existence du rentier viager, en calculant cette durée d'après les tables générales de mortalité, et comparer ainsi le capital obtenu à la valeur réelle de l'immeuble, afin de savoir s'il en égale au moins les cinq douzièmes.

23. — 1er décembre 1830. — Bloquelle C. Brichard. — 1re Ch. — MM. de Riocour, p. pr., Moreau, Bresson, av.

Les termes *de plein droit*, employés par l'art. 1656 du C. civ, en matière de résolution de vente, ne sont pas sacramentels. Il suffit, pour appliquer cet article, que l'acte de vente contienne une stipulation formelle de résolution, en cas de non-payement, qui indique que les parties n'ont pas voulu laisser cette résolution à l'arbitrage du juge.

24. — 26 juillet 1831. — Voirin C. Denys. — 1re Ch. — MM. de Metz, p. pr., Poirel, p. av. gén., concl. conf., Moreau, Berlet, av.

Le vendeur qui forme une demande en résolution contre une faillite peut retenir par ses mains, sur la portion du prix de vente qu'il avait reçue, le montant des frais de l'instance en résolution.

25. — 19 novembre 1836. — Pasquel C. Aubert. — 1re Ch. — MM. Mourot, pr., Poirel, p. av. gén., concl. conf., Barbier, Chatillon, av.

L'acquéreur d'une maison, contre lequel la résolution est prononcée faute de payement, ne peut exiger que le créancier qui obtient cette résolution devienne son débiteur du prix des améliorations qu'il y a faites, surtout quand celui-ci consent que la maison soit mise en vente pour, après le prélèvement de ce qui lui est dû, remettre à l'acquéreur ou à ses créanciers le surplus du prix.

26. — 25 mai 1838. — Héritiers Simonnet C. Florentin. — 2e Ch. — MM. Costé, pr., Mamelet, Welche, av.

L'obligation consentie par l'acquéreur d'un immeuble de remettre à son vendeur la totalité ou une partie du bénéfice qu'il ferait, dans le cas où il revendrait l'immeuble qu'il a acheté, ne constitue pas une obligation potestative qu'il soit libre à cet acquéreur de ne pas exécuter: c'est seulement la réserve d'un délai indéfini pour choisir le moment favorable à la revente, et en profiter en toute liberté. — Mais le vendeur primitif ne peut ni demander le bénéfice promis avant que la maison ait été revendue, ni contraindre l'acquéreur à opérer la revente.

27. — 25 janvier 1830. — Baudouin C. Jeanpierre. — 1re Ch. — MM. de Riocour, p. pr., Moreau, Bresson, av.

Un acte de vente portant que *les immeubles sont vendus comme ils se contiennent et comportent, sans en rien excepter ni réserver, pour, par l'acquéreur, jouir de même que les vendeurs ont joui, pu ou dû jouir;... que l'acheteur a déclaré parfaitement connaître les objets à lui vendus;... que ces biens sont vendus dans l'état où ils se trouvent présentement, sans aucune garantie de contenance...*; n'emporte pas moins subrogation de l'acquéreur dans tous les droits des vendeurs, pour agir contre les tiers de même que les vendeurs auraient pu le faire.

28. — 24 juillet 1830. — Don C. Géhin et Charpentier. — 2e Ch. — MM. Rolland de Malleloy, ff. pr., Thieriet, p. av. gén., concl. conf., La Flize, Chatillon, Bresson, av.

L'acte, même authentique, par lequel une femme vend, simultanément avec un de ses enfants, la partie d'un immeuble à elle appartenant, qui doit échoir à celui-ci dans sa succession, à titre héréditaire, est réputé contenir une stipulation relative à une succession future, et dès lors il ne vaut ni comme vente, ni comme donation.

29. — 24 février 1832. — Voirgard C. Chelin. — 1re Ch. — MM. de Metz, p. pr., Mamelet, Moreau, av.

Le cessionnaire, par acte sous seing privé, d'un acte authentique, peut, en vertu de ce titre authentique, agir par la voie d'exécution parée.

30. — 18 juin 1833. — Guyot C. Lévy et les époux Liégeois. — 1re Ch. — MM. de Metz, p. pr., Chatillon, Moreau, Cuny, av.

Une fois qu'un transport de créance a été notifié, le cédant et le débiteur ne peuvent plus dénaturer la créance cédée.

31. — 31 mars 1840. — Puysegur C. Marchal. — 2e Ch. — MM. Mourot, pr., Lombard, Poirel, avoués.

Le vendeur, même en matière de commerce, est dégagé de son obligation, quand l'acheteur ne s'est pas présenté au jour fixé pour prendre livraison de la marchandise vendue, et en offrir le prix; à défaut de stipulation contraire, le prix doit être payé comptant.

32. — 28 février 1834. — Coste C. Hæner. — 1re Ch. — MM. de Metz, p. pr., Bouchon, subst., Catabelle, Welche, av.

Une vente faite par correspondance est censée faite au domicile du vendeur, quand c'est l'acheteur qui fait des offres, lesquelles sont ultérieurement acceptées.

VENTE A RÉMÉRÉ.

Voy. *Pignoratif (Contrat).* — 1 à 4.
Réméré.

VENTE ADMINISTRATIVE.

Voy. *Compétence administrative.* — 13. Vente administrative. Réserve claire. Interprétation superflue.

VENTE PUBLIQUE D'IMMEUBLE.

SOMMAIRE.

1 à 7. *Choix du mode de procéder.* — Notaire. Juge. Pouvoir discrétionnaire. Intérêt des parties. Vœu de la famille. Biens de mineurs. Succession bénéficiaire. Succession vacante.

8. *Déchéance.* — I. Rejet. Chose jugée. — II. Appel. Moyens nouveaux. Demande

nouvelle. — III. Demande en nullité d'une poursuite en expropriation. Incident. Compétence. — IV. Exception d'incompétence. Domicile. Déchéance.
9. *Tarif.* — I. Avoué. Notaire. Prohibition de remises illégales. — II. Cahier des charges. Droit conventionnel réduit par la taxe. Bénéfice propre au vendeur.— III. Nullité du cahier des charges. Acquéreur non recevable à la proposer.

RENVOIS.

Voy. *Preuve testimoniale.* — 6. Commencement de preuve par écrit. Vente publique. Enchère au nom d'un tiers. Procès-verbal du notaire. Refus de signer de la part de l'enchérisseur. Délit ou quasi-délit envers le vendeur.

---

1. — 23 juillet 1817. — Héritiers de Monluc C. Lebègue. — 1re Ch. — MM. Saladin, pr., Chippel, p. av. gén., concl. conf., Fabvier, Cléret, av.

La faculté que le Code de procédure civile (art. 955) donne de procéder à la vente des biens immeubles des mineurs, soit par-devant un juge, soit devant un notaire à ce commis, doit être appliquée suivant les circonstances, par les magistrats, dans l'intérêt des mineurs, et d'après le vœu de la famille.

(L'arrêt infirme un jugement du tribunal de Vic, qui avait ordonné la vente à la barre du tribunal, et décide qu'elle aura lieu devant un notaire qu'il désigne.)

2. — 4 janvier 1831. — Héritier Collin — 1re Ch. — MM. Breton, pr., Masson, subst., concl. conf., Poirel, avoué. — (Arrêt sur requête.)

Même décision, à l'occasion de la vente d'un immeuble de la succession bénéficiaire Collin. — Le tribunal avait désigné Me Cosson, notaire à Lunéville, pour procéder à cette vente, au préjudice de Me Guibal, désigné par les parties. L'arrêt est ainsi conçu :
« Attendu qu'il résulte des art. 955, 970 et 975 du C. de pr., que, s'il appartient incontestablement aux tribunaux de déterminer le mode de vente, et de désigner nominativement le notaire qui doit y procéder, ils doivent, dans cette désignation, avoir uniquement en vue l'intérêt des parties. »

3. — 22 mars 1831. — Héritiers Boiseaux. — 1re Ch. — MM. Breton, pr., Pierson, subst., concl. conf., Poirel, avoué. — (Arrêt sur requête.)

Même décision.

4. — 13 mars 1832. — Succession vacante Maubon. — 1re Ch. — MM. Bresson, pr., Poirel, p. av. gén., concl. conf., Xardel avoué. — (Arrêt sur requête.)

Même décision. — (C. pr. 887, 888, 1001, 970.)

5. — 15 mars 1843. — Noël C. Rollin. — 1re Ch. — MM. Mourot, pr., Poirel, p. av. gén., Volland, Besval, av.

I. Aux termes des articles 972 et 954 du C. pr. la vente par licitation des biens appartenants en partie à des mineurs, pouvant avoir lieu devant l'un des juges du tribunal à l'audience des criées, ou devant un notaire à ce commis, le tribunal, appelé à exercer le pouvoir discrétionnaire que la loi lui confie de choisir entre ces deux modes de vente, doit consulter le plus grand intérêt des parties, et les chances probables d'obtenir le prix le plus élevé.

Spécialement : lorsqu'il s'agit de plusieurs pièces de terre d'une très-faible contenance, évaluées à une somme peu importante, et dont la vente doit se faire en détail, il y a plus d'avantage qu'elle ait lieu à la proximité des habitants de la localité, qui se déplaceraient difficilement pour des propriétés d'une mince valeur. Dans ce cas, la vente devant notaire doit être préférée à la vente devant le tribunal.

II. Il convient de charger de préférence de la vente des immeubles le notaire qui a déjà procédé à l'inventaire et à la vente du mobilier ; il convient également de le charger de la liquidation, s'il se trouve détenteur d'une partie des pièces nécessaires pour l'établir, circonstance qui doit rendre cette liquidation plus facile et plus économique.

6. — 3 avril 1845. — Rollin. — 1re Ch. — MM. Mourot, pr., Garnier, av. gén., concl. conf., Cabasse, avoué. — (Arrêt sur requête.)

Même décision que la précédente, du 15 mars 1845, Noël C. Rollin.

7. — 15 juin 1844. — Mandel. — 1re Ch. — MM. Mourot, pr., Garnier, av. gén., concl. conf., Cabasse, avoué. — (Arrêt sur requête.)

Les tribunaux doivent user, dans le plus grand intérêt des parties, du pouvoir discrétionnaire que la loi leur confère d'ordonner la vente des biens dépendants d'une succession bénéficiaire, soit devant le tribunal, soit devant un notaire. Il y a lieu, notamment, d'accorder la préférence à la vente par-devant notaire, lorsqu'il s'agit de biens susceptibles d'être divisés en plusieurs lots, et qu'il est indispensable d'apporter, dans cette division, toutes les combinaisons que peuvent nécessiter les convenances des amateurs, et une connaissance plus sécpiale de leurs projets, et, au besoin, de procéder, sur place, à l'adjudication définitive.

8. — 6 juin 1844. — Duval C. Duval. — 1re Ch. — MM. d'Arbois, ff. pr., Garnier, av. gén., concl. conf., Louis, Villiaumé, av.

I. Le jugement qui rejette une déchéance puisée dans l'art. 728 du C. pr. est définitif sur ce point ; dès lors, il acquiert l'autorité de la chose jugée, s'il n'en est pas interjeté appel dans les délais fixés par les art. 730 et 731 du C. pr., et la même déchéance ne peut plus être ultérieurement reproduite.

II. L'art. 732 du C. pr., portant que la partie saisie ne pourra, sur l'appel, proposer des moyens autres que ceux qui auront été présentés en première instance, n'entend parler que des moyens de nullité dans le sens de l'art. 728, et qui, par conséquent, auraient le caractère de *demandes nouvelles,* mais non des moyens de défense.

III. Une demande en nullité d'une poursuite en expropriation forcée est un incident à cette poursuite ; le tribunal, saisi de cette action, est compétent pour connaître de la demande en nullité, bien que le saisissant soit domicilié dans le ressort d'un autre tribunal.

IV. L'exception d'incompétence tirée, par le défendeur, de ce qu'il a son domicile réel et son domicile élu dans un autre arrondissement, doit être proposée, sous peine de déchéance, avant toute autre exception ou défense, notamment avant l'exception tirée de l'art. 728 du C. pr.

10. — 28 mars 1844. — Les héritiers Duroux et Fabry C. les Hospices de Verdun. — 1re Ch. — MM. Mourot, pr., Leclere, subst., Volland, d'Ubexi, Maire, av.

I. La prohibition faite par l'art. 129 du tarif des frais et dépens de stipuler, dans le cahier des charges, d'autres et plus forts droits, au profit des avoués, que ceux qui sont énoncés audit tarif, est applicable aux notaires comme aux avoués, en ce qui touche les remises accordées par l'art. 172, sur le prix des ventes d'immeubles.

II. Lorsqu'un cahier des charges substitue, à la remise allouée par le tarif, un droit proportionnel différent (par exemple 7 p. 0/0 du prix de la vente), et que, plus tard, ce droit est réduit par la taxe du juge, les acquéreurs qui ont accepté la fixation première ne peuvent réclamer le bénéfice de la réduction opérée par la taxe; le profit de cette réduction appartient exclusivement aux vendeurs.

III. L'acquéreur serait non recevable à exciper de la nullité du cahier des charges, à supposer que cet acte pût être vicié par la présence d'un mineur (C. civ. 1125).

VÉRIFICATION D'ÉCRITURE.

SOMMAIRE.

1. *Pouvoir discrétionnaire des tribunaux.* — Emploi cumulatif ou séparé des moyens de preuve de l'art. 195 du C. pr. Vérification personnelle par les juges, après vérification par experts. Enquêtes. Renseignements extrajudiciaires.
2. *Pouvoir discrétionnaire des tribunaux.* — I. Vérification jugée superflue. Fraude. Simulation. Annulation immédiate. — II. Preuve testimoniale. Faits invraisemblables, ou démentis par des preuves écrites. Rejet.
3. *Pouvoir discrétionnaire des tribunaux.* — Vérification jugée superflue. Validité d'acte reconnue.

RENVOIS.

Voy. *Testament.* — 15. Testament olographe. Ecriture contestée. Vérification à la charge du légataire.

---

1. — 14 mai 1839. — Jacob C. Guillaume et Marchal. — 2e Ch. — MM. Mourot, pr., Volland, La Flize, d'Arbois, av.

La loi, en indiquant comme moyens de vérification d'un acte sous seing privé, dont l'écriture et la signature ne sont pas reconnues, divers genres de preuves, énumérées dans l'art. 195 du C. pr., n'a nullement entendu imposer aux magistrats la nécessité de les employer, soit cumulativement, soit séparément. Ceux-ci peuvent même procéder séparément à la vérification de la pièce déniée, malgré un premier jugement non attaqué, qui ordonne une vérification par experts. — En se livrant à cette vérification personnelle, les magistrats peuvent interroger, non-seulement les enquêtes, mais encore, à titre de renseignements, et pour en tirer, le cas échéant, des éléments de conviction, des pièces qui ne rentreraient pas dans les termes de l'art. 200, et ne pourraient servir de pièces de comparaison dans une expertise légale.

2. — 30 janvier 1856. — Goublin C. Bouvard. — 1re Ch. — MM. de Metz, p. pr., Garnier, subst., concl. conf., Volland, Chatillon, av.

I. Les tribunaux peuvent se dispenser d'ordonner la vérification des pièces d'écriture déniées ou méconnues, et les annuler à l'instant comme frauduleuses et simulées, même quand les premières formalités prescrites par le Code de procédure pour arriver à la vérification ont été accomplies.

II. Ils peuvent également rejeter la preuve testimoniale de faits qui leur paraissent invraisemblables ou démentis dès à présent par des preuves écrites.

3. — 24 juin 1844. — Antony C. Lanzs et Richter. — 2e Ch. — MM. Masson, ff. pr., Poirel, p. av. gén., La Flize, Simonin, Louis, av.

Les tribunaux peuvent, sans encourir le reproche de juger *ultrà petita*, adjuger immédiatement à une partie l'objet de sa demande, sans ordonner une preuve ou une voie d'instruction à laquelle cette partie a cru devoir simplement conclure; par exemple, une vérification d'écriture, et la preuve de la sincérité d'un acte. (C. pr. 480, n° 3 et 4.)

VIOLENCE.

Voy. *Partage*. — 3. Action en rescision pour cause de lésion. Del. Violence... Ratification expresse ou tacite.

VISA.

Voy. *Exploit*. — 14. Acte d'appel. Visa. Adjoint. — 20. Adjoint. Visa. Présomption d'absence ou d'empêchement. — 23. Etablissement public. Séminaire. Acte d'appel. Visa. Omission. Nullité.

VOIE PUBLIQUE.

Voy. *Voirie*.

VOIRIE.

SOMMAIRE.

1. *Aisance communale, revendiquée par un habitant* ut singulus. — Défaut de qualité. Compétence administrative. Voie publique.
2. *Chemin*. — Anticipation. Désistement. Compétence judiciaire.
3. *Chemin*. — I. Avenue. Chemin privé. Titres. Possession. Passage. Tolérance. Entretien. Elagage. Location de pâture. — II. Preuve testimoniale d'un aveu verbal d'anticipation. Commencement de preuve par écrit.
4. *Chemin*. — I. Commune. Présomption de propriété. Jouissance. Entretien. — II. Servitude de passage. Coutume de Verdun. Titre. Possession. Preuve inadmissible.

5. *Chemin.* — Commune. Présomption de propriété. Jouissance. Entretien. Servitude de passage. Jouissance.
6. *Chemin.* — Commune. Propriété. Titres. Possession. Passage ancien.
7. *Chemin.* — Commune. Propriété. Titres douteux. Preuve testimoniale. Possession. Passage. Entretien. Baux de pâture.
8. *Chemin.* — Commune. Propriété. Titres non produits. Prescription trentenaire. Jouissance. Entretien. Réparations. Servitude de passage. Changements de largeur du chemin.
9. *Chemin.* — I. Commune. Publicité du chemin. Présomption. — II. Communication d'un chemin communal à une fontaine publique. — III. Propriétaires riverains. Actes de partage. Enonciations. — IV. Titres ou possession contraires. Prescription.
10. *Chemin.* — I. Commune. Rue. Domaine public. Imprescriptibilité. — II. Chemin classé. — III. Anticipation. Retraite en construisant. Titre. — IV. Prescription. — V. Sentier d'exploitation. — VI. Possession immémoriale.
11. *Chemin.* — I. Commune. Rue. Possession. — II. Cadastre. — III. Contrat ancien. Enonciations. Place à fumier. Aisance. Tolérance. — IV. Silence des contrats postérieurs. — V. Transaction. Jouissance amiable de la place à fumier. — VI. Domaine public. Imprescriptibilité. — VII. Porte de jardin donnant sur la voie publique. Habitant excipant du droit de la commune.
12. *Chemin.* — I. Compétence administrative. Reconnaissance et situation. — II. Propriété du sol. Indemnité. Silence des titres. — III. Imprescriptibilité. Possession postérieure au classement du chemin. — IV. Tribunaux. Réintégration. Excès de pouvoir.
13. *Chemin.* — Passage. Biens communaux. Aliénation. Exception. Loi du 20 mars 1813.
14. *Chemin.* — Sentier. Imprescriptibilité. Largeur ancienne. Rétrécissement. Empiétement.
15. *Chemin.* — Servitude. Chemin d'exploitation. Caractères d'un chemin public. Voie permanente. Largeur. Entretien. Communication avec une auberge.
16. *Conclusions.* — I. Moyens. Considérants. Litige. Dispositif. Sentier. Fontaine. — II. Compétence administrative. Compétence judiciaire. Arrêtés. Question de légalité. — III. Préfet. Classement des chemins. Propriété. Indemnité. Tribunaux. — IV. Ouverture et redressement des chemins. Expropriation. Compétence judiciaire. — V. Sentier. Chemin rural. Propriété. Chemin vicinal. Préfet. — VI. Caractère douteux d'un sentier. Interprétation administrative.
17. *Fossé.* — Dépendance du chemin. Présomption. Inaliénabilité.
18. *Rue.* — I. Espace entre deux lignes de maisons. Présomption. Preuve contraire. Ruisseau. Quais. — II. Titres récents d'acquisition. *Res inter alios acta*. — III. Titre ancien. Termes vagues. Aisances communales. Tolérance. — IV. Possession trentenaire. Possession immémoriale. — V. Vente. Garantie. Offres insuffisantes. Dommages-intérêts et loyaux coûts.
19. *Rue.* — I. Imprescriptibilité. — II. Définition du mot rue. — III. Présomption. — IV. Preuve contraire. Propriété privée. — V. Chaussée. Aisances. Tolérance. Fumiers. Chars. Charrues. Bois.
20. *Rue.* — I. Parcelle contiguë. Prescription. — II. Mur d'enceinte d'une ville. Imprescriptibilité. Ouvertures. Suppression. — III. Ouvertures dans un mur de maison. Octroi. Fraude.
21. *Rue.* — I. Place. Domaine public communal, hors du commerce. Titre contraire. — II. Place à fumier. Aisances. Titre. *Res inter alios acta*.
22. *Rue.* — Riverain. Droit acquis. Jours et issues. Alignement. Rectification.
23. *Rue.* — Riverain. Droit acquis. Jours et issues. Constructions nuisibles.
24. *Sentier.* — Commune. Prieuré. Eglise. Verrerie. Hameau. Possession trentenaire. Servitude de passage.
25. *Sentier.* — I. Communication entre deux villages. Chemin rural. Arrêté du préfet. Compétence administrative. Compétence judiciaire. Servitude de passage. — II. Chemin vicinal classé. Expropriation. Indemnité. — III. Chemins publics ruraux

et communaux. Classement. Loi des 16-24 août 1790. Propriété. Servitude. Compétence judiciaire. — IV. Sentier de tolérance. Terrain vain et vague. — V. Possession immémoriale. Coutume de Saint-Mihiel. Servitude de passage. Titres anciens. Limite. — VI. Délibération municipale. Acte possessoire. — VII. *Res inter alios acta.* Titres anciens. Possession conforme. — VIII. Pied terrier. Sentier non mentionné. Seigneur haut justicier. Propriété des chemins.

26. *Sentier.* — I. Tableau des chemins ruraux. Abornement aux frais de la commune. Location des herbes. Limite de propriété dans les titres. — II. Sentier d'exploitation. Copropriété des riverains. — III. Servitude de passage.

27. *Usine.* — I. Chaussée. Pont. Étang. Passage. Commune. Copropriété. Titre. — II. Servitude de passage. Possession immémoriale. Tolérance. — III. Terrain en défense. Prescription. Coutume. — IV. Entretien par les propriétaires de l'usine. — V. Abandon de la chaussée. — VI. Changement à la chaussée et au pont. Réparations. Passage.

RENVOIS.

Voy. *Commune.* — 9. Chemin. Arbres. Fossé. Terrain vain et vague. — 10. Chemin. Communication d'un lieu public à un lieu public. Présomption de publicité. — 11. Chemin. Propriété. Servitude. Autorisation. Demande incidente de la commune. — 53. Voie publique. Places et rues. Droits des riverains. Expropriation publique. Indemnité. — 54. Voie publique. Droits des riverains. Expropriation publique. Indemnité.

Prescription. — 55. Voie publique. Chemin communal. Chose hors du commerce. Prescription décennale. Tiers détenteur. Titre et bonne foi. — 56. Voie publique. Rue. Imprescriptibilité. — 57. Voie publique. Rue. Place. Dépôt par un particulier. Aqueduc. Tolérance.

---

1. — 25 novembre 1845. — Leconnet C. la commune de Pouxeux. — 1re Ch. — MM. Moreau, p. pr., Poirel, p. av. gén., La Flize, Volland, av.

Lorsque le droit de propriété d'une commune, sur un terrain qu'elle revendiquait comme une partie de la voie publique, vient à être reconnu, l'adversaire de la commune est non recevable à demander aux tribunaux de le maintenir dans l'usage de ce terrain, considéré comme *aisance communale :* cet objet sort des attributions de l'autorité judiciaire, et rentre dans celles de l'autorité municipale.

2. — 20 mars 1835. — Thiérion C. la commune de Sorbey. — 1re Ch. — MM. de de Metz, p. pr., Poirel, p. av. gén., La Flize, Welche, av.

La demande d'une commune en désistement d'une anticipation faite sur un chemin vicinal constitue une question de propriété, qui est de la compétence des tribunaux ordinaires.

3. — 20 avril 1841. — de   . la commune de Ville-au-Val. — 2e Ch. — MM. Mourot, pr., Ga   ., concl. conf., d'Ubexi, La Flize, av.

I. Lorsqu'une comm   ique, comme une dépendance d'un chemin vicinal, un ter   que son adversaire prétend être un chemin privé, une avenue conduisant à sa propriété, avenue que son niveau différencie complétement du chemin vicinal ; et que cette commune est dépourvue de titres, il ne lui suffit pas, pour établir sa possession, d'offrir de prouver que, depuis plus de 30 ans, ses habitants, et ceux des communes voisines, ont passé et repassé sur ce chemin, à pied, à cheval, en voiture, sans aucun empêchement de la part du propriétaire du château auquel il conduit : le simple passage, quand il n'est accompagné d'aucun autre fait, tel que l'entretien du chemin, l'élagage des arbres ou des haies qui le bordent, la location de la pâture des berges, etc., le tout à l'exclusion de celui contre qui la commune revendique la propriété du chemin, ne peut être considéré que comme un acte de tolérance et de bon voisinage, qui ne saurait fonder ni possession ni prescription.

II. La preuve testimoniale, offerte par la commune, que le propriétaire du château aurait reconnu verbalement l'anticipation qu'elle lui reproche, et aurait demandé au conseil municipal l'autorisation de planter des acacias sur le chemin litigieux, est inadmissible : c'est l'allégation d'un aveu extrajudiciaire purement verbal d'un droit de propriété sur un immeuble, qui ne peut être prouvé par témoins, quand il n'y a pas de commencement de preuve par écrit, et quand il n'a pas été impossible au demandeur de s'en procurer un titre. (C. civ. 1355, 1341, 1347, 1348.)

4. — 16 novembre 1850. — Collignon, Henry et Sergent C. la commune de Mangiennes. — 1re Ch. — MM. Breton, pr., Troplong, av. gén., concl. conf., Berlet, Bresson, av.

I. Lorsqu'une commune ne justifie en aucune manière du droit de propriété d'un sentier litigieux; qu'il ne paraît pas même qu'elle l'ait fait comprendre dans l'état des chemins vicinaux, ou de communication, qu'elle a dû dresser conformément à la législation, elle ne peut réclamer ce chemin à titre de propriétaire.

II. Si elle prétend à la conservation de ce sentier à titre de servitude, et qu'elle fasse partie du territoire autrefois régi par la coutume de Verdun, elle ne peut l'obtenir qu'à l'aide d'un titre ; en effet, cette coutume n'admettait pas qu'on pût acquérir de servitude sans titre, par quelque laps de temps que ce fût ; ainsi, dans ce cas, toute preuve de possession est inadmissible.

5. — 9 décembre 1835. — André C. la commune de Thezey. — 1re Ch. — MM. Moreau, pr., Bresson, av. gén., La Flize, Welche, av. (1)

La présomption de droit, qui attribue aux communes la propriété des chemins existants sur leur territoire, et dont elles font usage, est subordonnée à deux conditions : la première, que le fait de la jouissance et de la réparation, à titre de chemin communal, d'après les règles administratives, et avec la surveillance qu'elles comportent, soit bien établi ; la deuxième, qu'il soit d'ailleurs constant qu'à aucune époque, même ancienne, le terrain occupé par le chemin n'a pu appartenir à un propriétaire autre que la commune. — L'une de ces deux conditions manquant, la commune ne peut prétendre qu'une servitude de passage, si d'ailleurs sa jouissance est constante, et si la législation le permet.

---

(1) Voy. n. 4 ci-dessus. Nancy, 16 novembre 1850.

6. — 15 février 1850. — La commune de Parfonrupt C. Labriet. — 1re Ch. — MM. Adam, ff. pr., Adam, cons. aud., ff. subst., Moreau, Poirel, av.

Les communes n'ont pas besoin, pour justifier de leurs droits à la propriété des chemins existants sur leur territoire, de produire des titres d'acquisition, d'échange ou de donation; il leur suffit d'établir, par des indications écrites dans des actes anciens, l'existence du chemin, leur possession et le passage public (1).

7. — 22 février 1841. — de Gauvain C. la commune de Lesse. — 2e Ch. — MM. Mourot, pr., Garnier, av. gén., concl. conf., d'Arbois, Volland, av.

Lorsque les titres respectivement invoqués par un particulier et par une commune, pour se faire attribuer la propriété d'un chemin litigieux, ne sont pas assez clairs ni assez précis pour trancher la question de propriété, la commune est recevable à demander de prouver par témoins qu'elle a joui de ce chemin depuis plus de 30 ans, à titre de propriétaire; qu'il sert à ses habitants pour l'extraction des produits d'une forêt communale; qu'elle l'a entretenu, réparé et nivelé; qu'elle loue le pâturage des herbes qui y croissent; qu'elle vend à son profit l'émondage des haies et des arbres qui le bordent. La preuve testimoniale des baux de pâture est recevable comme celle de tous autres faits possessoires.

8. — 27 février 1826. — d'Apremont C. la commune de Thillombois. — 1re Ch. — MM. Breton, pr., Troplong, av. gén., concl. conf., Moreau, Chatillon, av.

Quand aucune des parties ne peut produire de titres écrits qui lui attribuent la propriété d'un terrain sur lequel est assis un chemin litigieux, la preuve de la prescription trentenaire doit être admise, cette prescription, lorsqu'elle réunit tous les caractères exigés par la loi, ayant tout autant de force et d'efficacité que les titres écrits.

Les faits à interloquer ne peuvent être que relatifs à la nature de l'objet respectivement prétendu : si donc cet objet est un chemin privé, suivant une partie, communal selon d'autres, les seuls actes propres à faire connaître le propriétaire sont : 1° ceux de jouissance sans opposition; 2° ceux d'entretien et de réparations, charges naturelles de la jouissance, et supposant nécessairement celle-ci. En effet, ces actes qui, si le propriétaire était d'ailleurs constant, à une époque même infiniment ancienne, ne seraient, de la part des tiers qui les auraient pratiqués, qu'un mode d'acquérir une servitude de passage autorisée ou non selon les diverses législations, d'après la maxime *tantum præscriptum quantum possessum*, deviennent, en l'absence d'autres documents, constitutifs de la propriété même. Si donc les habitants d'une commune ont, depuis plus de trente ans, fréquenté le chemin litigieux et un pont adjacent, à pied, à cheval, en voiture, et avec leurs troupeaux, au vu et su et sans aucune opposition de celui qui prétend à la propriété exclusive de ce chemin, ou de ses

---

(1) Voy. M. Troplong, Presc., t. 1, p. 453, 454, n° 275. — Nancy, 27 février 1826, n. 8 ci-après. — Nancy, 15 janvier 1834, n. 9 ci-après.

devanciers : si, depuis la même époque, ils les ont exclusivement entretenus et réparés à leurs frais, par corvées, sur l'ordre des maires; le chemin doit être réputé communal. — Il importerait peu qu'avant la révolution, la largeur et la direction du chemin parût avoir souffert quelques changements par le fait des auteurs de l'adversaire de la commune, si cette dernière ne s'est pas opposée à ces changements, parce qu'ils lui étaient indifférents.

9. — 15 janvier 1854. — Jacopin C. la commune de Charmois-l'Orgueilleux. — 2ᵉ Ch. — MM. Troplong, pr., Fabvier, proc. gén., Volland, Moreau, av.

I. Tout chemin situé dans l'enclave d'une commune, et fréquenté sans distinction par tous les habitants, est de droit présumé communal, alors surtout qu'il aboutit d'un lieu public à un lieu public, et que sa destination est naturellement publique.

II. *Spécialement* : il en est ainsi, par exemple, lorsque le terrain contesté a été de tout temps en nature de chemin, et qu'il communique d'un grand chemin communal à une fontaine publique.

III. La présomption de propriété ci-dessus établie ne dispense pas la commune de toute preuve; mais elle est susceptible d'être fortifiée par diverses circonstances, notamment, par des actes de partage passés entre des propriétaires riverains, qui placent expressément, en dehors de leurs propriétés, *la voie de la fontaine, ou le chemin allant à la fontaine*.

IV. Pour détruire ces preuves et ces présomptions, l'adversaire de la commune devrait justifier par titres, ou par une possession suffisante pour prescrire, que le chemin litigieux est tombé dans son domaine exclusif.

10. — 23 mars 1840. — Franche C. la commune de Herguguey. — 2ᵉ Ch. — MM. Mourot, pr., Garnier, av. gén., concl. conf., Louis, La Flize, av.

I. Les rues, les ruelles et les chemins qui servent à la circulation des habitants d'une commune font partie du domaine public et sont imprescriptibles, soit en totalité, soit en partie : les envahissements que peuvent se permettre certains habitants ne sont que des actes de tolérance, qui ne peuvent priver la commune du droit de les faire cesser.

II. Il importe peu qu'un chemin sur lequel des anticipations ont été commises n'ait pas été classé au nombre des chemins vicinaux par l'autorité administrative, puisque ce classement n'existe dans presque aucune commune rurale, et que, d'ailleurs, la négligence des fonctionnaires chargés de l'opérer ne peut, en pareille matière, compromettre l'intérêt public.

III. Pour pouvoir conserver une digue ou un talus construit contre le mur extérieur d'une maison, et qui forme anticipation sur la voie publique, il faudrait que le propriétaire de cette maison justifiât que ses auteurs, en construisant, se sont retirés sur leur propre terrain; un titre serait nécessaire pour étayer cette prétention.

IV. Quelque soit le temps écoulé depuis l'établissement de ce tertre en forme de digue, aucune prescription ne peut être acquise au propriétaire de la maison, s'agissant d'une anticipation sur chose réputée domaine public.

V. On ne peut considérer comme un sentier servant uniquement à l'exploitation des propriétés rurales une ruelle située au centre d'un village, d'une largeur de quatre mètres dans toute son étendue, et servant de communication à deux rues principales de la commune.

VI. Quand un terrain est déclaré faire partie de la voie publique, celui qui revendique ce terrain demanderait en vain de prouver, tant par titres que par témoins, qu'il est en possession depuis plus de trente ans, et même depuis un temps immémorial, de la partie par lui revendiquée; qu'elle est, soit un démembrement d'un sentier détourné de sa destination primitive, et invariable dans son état actuel, soit un terrain vague attenant à un chemin légalement classé et reconnu, et, sous ce double rapport, susceptible de prescription : il devrait être déclaré non recevable dans l'offre de cette preuve.

11. — 30 mars 1833. — Nogent C. Noël. — 2ᵉ Ch. — MM. Rolland de Malleloy, ff. pr., Moreau, Bresson, av. (1)

I. Dans les communes rurales, ainsi que dans les villes, l'espace compris entre les lignes de maisons, et désigné sous le nom générique de *rue*, appartient, de sa nature, au domaine public, et ne peut passer en la possession d'aucun particulier qu'à titre précaire, ou de tolérance, à moins qu'il n'y ait titre positif de propriété, ou signe apparent de délimitation contraire.

II. On peut invoquer à l'appui de ce principe, et comme renseignement, le cadastre, lorsqu'il a inscrit, sous la dénomination de rue et de propriété communale, tout l'espace compris entre les maisons des parties en cause, sans aucune réclamation de la part de celle qui voudrait aujourd'hui faire considérer ce terrain comme étant sa propriété privée.

III. Vainement cette partie se prévaudrait-elle de ce que, dans un ancien contrat de vente, il serait énoncé qu'on vend une maison avec *une place à fumier* de l'autre côté de la rue; cette locution vague, n'indiquant ni longueur, ni largeur, ne présente que la désignation de l'emplacement ordinaire de l'*aisance* tolérée pour le dépôt des fumiers de la maison, ainsi que cela se pratique dans les communes rurales.

IV. On doit le juger en ce sens surtout lorsque les contrats postérieurs de mutation de la même propriété ne font plus mention de cette énonciation de place à fumier; qu'au contraire, un contrat de vente ancien prouve que les auteurs du demandeur ne se sont rien réservé entre la rue et la propriété limitrophe qu'ils ont vendue.

V. Vainement le demandeur opposerait-il une transaction passée entre ses auteurs et son adversaire, touchant la place à fumier litigieuse, si cette transaction présente plutôt un arrangement amiable,

---

(1) Voy. cass. req. 20 juin 1834. — (D. 34. 1. 277. — S. 34. 1. 566. — P. 3ᵉ édit.; 26. 662.)

au sujet du mode de jouissance de cette place à fumier, qu'une reconnaissance de propriété; et on doit la considérer de la sorte si elle n'indique aucune limite, et s'il résulte de ses énonciations que l'abandon de la place à fumier n'a pas été stipulé dans le titre.

VI. Le domaine public est imprescriptible, et ne peut entrer dans la propriété particulière par aucune durée de possession.

VII. Celui qui excipe de son titre de propriétaire d'un jardin pour conserver une porte ouverte dans ce jardin, et communiquant avec la voie publique, ne saurait être considéré comme excipant du simple titre d'habitant de la commune : il a donc qualité pour défendre à la demande en suppression de cette porte.

12. — 30 mars 1844. — La commune de Godoncourt C. Garçin. — 1re Ch. — MM. Mourot, pr., Poirel, p. av. gén., Louis, Volland, av.

I. Il appartient à l'autorité administrative de reconnaître l'existence et de déterminer la situation des chemins vicinaux et communaux.

II. Quand elle a déclaré vicinal un chemin conduisant de l'intérieur de la commune à un canton faisant partie de son territoire, les propriétaires riverains peuvent néanmoins exciper de leur droit au sol sur lequel est établi ce chemin, droit résoluble en une indemnité. — Mais ils ne peuvent s'étayer du silence de leurs titres anciens et nouveaux sur l'existence du même chemin.

III. Un chemin vicinal étant imprescriptible, le propriétaire riverain ne peut exciper de prétendus faits de possession sur le terrain qui le constitue, surtout s'ils sont postérieurs au classement administratif de ce chemin comme vicinal.

IV. Un tribunal ne peut réintégrer un particulier dans la possession d'un chemin déclaré former un chemin vicinal, sans porter atteinte à l'acte administratif qui a attribué au public la jouissance de ce chemin.

— (Dans l'espèce, la commune justifiait avoir habituellement loué les herbes crues sur le chemin litigieux. Elle produisait en outre deux reconnaissances des voies et chemins existants sur son territoire, l'une de 1783, l'autre de 1806, sur lesquelles figurait le chemin dont il s'agit.)

13. — 20 décembre 1832. — Janvier C. la commune de Ville-devant-Belrain. — 1re Ch. — MM. de Metz, p. pr., Poirel, p. av. gén., Moreau, Bresson, av. (Arrêt interlocutoire.)

La loi du 20 mars 1813, en exceptant des aliénations des biens de communes les biens soumis à l'usage et à la jouissance de tous les habitants, a excepté par là les chemins et les passages qui traversent les biens vendus. (1)

14. — 18 janvier 1852. — François C. la commune de Lorrey. — 2e Ch. — MM. de Bazelaire, ff. pr., Poirel, p. av. gén., La Flize, Bresson, av.

Les chemins ou sentiers publics étant imprescriptibles, il suffit

---

(1) Même décision par l'arrêt définitif du 30 juillet 1833. — 1re Ch. — MM. Troplong, pr., Bouchon, subst., Moreau, Bresson, av.

à une commune, qui se plaint d'anticipation sur ses chemins ou sentiers, de prouver qu'autrefois, même très-anciennement, le chemin litigieux avait une largeur plus considérable, et que le rétrécissement ne peut provenir que des empiétements du défendeur en revendication.

15. — 19 janvier 1841. — Humbert C. la commune de Beulay. — 2ᵉ Ch. — MM. Mourot, pr., Garnier, av. gén., concl. conf., La Flize, Volland, av.

Un chemin doit être considéré comme voie publique communale, et non comme simple chemin d'exploitation ou de servitude, établi dans un intérêt particulier, quand, par exemple, la partie supérieure de ce chemin offre tous les caractères d'une voie de communication permanente, à l'usage de tous, située dans l'intérieur d'un village, dans le périmètre des habitations qui le composent; qu'il est d'une largeur excédant trois mètres; qu'il est chargé de pierres et de graviers; qu'il est indispensable pour conduire les pierres et le bois qu'on a coutume de déposer sur un terrain communal voisin; qu'enfin il est la seule voie de communication pour arriver à une ancienne auberge, et qu'il est, dès lors, d'une fréquentation habituelle.

16. — 13 décembre 1843. — Antoine C. la commune de Claon. — 1ʳᵉ Ch. — MM. Moreau, p. pr., Poirel, p. av. gén., Volland, d'Ubexi, av.

I. Le libellé de la demande et les conclusions des parties à l'audience doivent seuls déterminer les points litigieux soumis à la décision du juge : toutes autres questions, qui n'y sont pas comprises, ne peuvent être appréciées que comme *moyens* de la cause, dans les *considérants* du jugement, jamais dans le *dispositif*. — *Spécialement* : lorsque, sur une demande en revendication d'une portion de sentier, dont un particulier et une commune se disputent la propriété, s'élève la question de savoir si une fontaine, à laquelle conduit ce sentier, est une fontaine communale ou privée, le tribunal peut bien discuter, dans les motifs de son jugement, la question de propriété de la fontaine, comme moyen de décision à l'égard du sentier litigieux; mais il ne peut la résoudre sans juger *ultrà petita*, si les conclusions des parties n'ont eu pour objet que la propriété du sentier seul.

II. Le principe de la séparation du pouvoir administratif et du pouvoir judiciaire doit être entendu en ce sens que les arrêtés administratifs, *qui ont été rendus dans les limites de la légalité*, doivent être respectés et appliqués par les tribunaux, lorsqu'ils sont produits et invoqués devant eux; mais il est de la compétence et du devoir de ceux-ci d'examiner et de juger cette question de *légalité*.

III. Aux préfets seuls appartient le droit de déclarer, dans leurs arrêtés de classement des chemins, le fait d'utilité communale, sauf le droit des tiers de saisir les tribunaux de l'examen de la question de propriété, dans le but seulement d'obtenir une indemnité pécuniaire.

IV. Les lois du 28 juillet 1824 et du 21 mai 1836, qui prescrivent certaines formalités pour les expropriations d'utilité publique, et qui ne reconnaissent qu'aux tribunaux, et non aux préfets, le droit d'ordonner ces sortes d'expropriations, s'appliquent seulement aux cas d'ouverture ou de redressement de chemins vicinaux : elles sont sans application aux chemins déjà ouverts et existants de fait au moment du classement.

V. L'arrêté qui place un sentier au nombre des *simples chemins ruraux* ou *communaux* n'est pas un titre de propriété pour la commune : la loi ne donne aux préfets pouvoir et compétence d'expropriation du sol qu'à l'égard des chemins vicinaux seuls, à l'exclusion des autres voies publiques communales (1).

VI. Dans le doute, il n'est pas du domaine du pouvoir judiciaire de trancher la question de savoir si le sentier litigieux doit ou non être considéré comme *chemin vicinal;* il y a lieu de renvoyer la décision de cette question à l'autorité administrative.

17. — 23 juillet 1838. — La commune de Saint-Julien C. Sol. — 2° Ch. — MM. Costé, pr., Poirel, p. av. gén., Chatillon, de Saint-Ouen, av.

Un fossé bordant un chemin vicinal est, jusqu'à preuve contraire, présumé en faire partie, et participe à son inaliénabilité.

18. — 31 janvier 1843. — La commune de Montplonne C. Villers et Adam. — 2° Ch. — MM. Rolland de Malleloy, ff. pr., Garnier, av. gén., concl. conf., La Flize, Volland, av.

I. Tout l'espace compris entre deux lignes de maisons est, de plein droit, présumé faire partie de la voie publique, jusqu'à preuve contraire, lors même qu'un ruisseau coulerait au milieu, et que les deux côtés de la rue, formant deux espèces de quai, auraient reçu des noms différents.

II. Cette preuve contraire ne peut résulter de titres récents d'acquisition, auxquels la commune est demeurée étrangère.

III. Un titre ancien est également insuffisant, si les termes de ce titre sont vagues et équivoques : par exemple, s'il ne désigne pas expressément le terrain litigieux ; s'il parle vaguement d'*aisances*, lesquelles peuvent être considérées comme des aisances communales, qui sont une dépendance de la voie publique, et dont les riverains de la rue ne jouissent que par tolérance.

IV. La possession, même trentenaire, ne suffirait pas pour établir la propriété d'un particulier sur un terrain compris entre deux lignes de maisons : il faut une possession immémoriale, et qui puisse être supposée antérieure à l'établissement de la rue, et par conséquent à l'époque où le terrain litigieux a été frappé d'imprescriptibilité.

V. La garantie stipulée par le contrat de vente est encourue, et ne peut être évitée par des offres du *prix de vente et des dépens*, si les offres ne comprennent pas *les dommages-intérêts et loyaux coûts*.

19. — 23 avril 1844. — La commune de Tollaincourt C. Michel, Cochois, Joly, Soyer et Flogny. — 2° Ch. — MM. Masson, ff. pr., Garnier, av. gén., concl. conf., Maire, d'Ubexi, La Flize, Catabelle, Liffort, Louis, av.

I. Les rues d'une commune urbaine ou rurale sont hors du commerce : à ce titre, la propriété en est imprescriptible.

---

(1) Conf. Nancy, 6 août 1845, commune de Ville-au-Val C. de Bourcier. Voy. n. 25 ci-après.

II. Le mot *rue* comprend tout l'espace qui, soit lors de la formation de chaque partie constitutive d'une commune, soit depuis, a été laissé libre et accessible au public, entre deux lignes de maisons ou de constructions parallèles, quelles que soient, d'ailleurs, la longueur et l'irrégularité de cet espace.

III. Un terrain quelconque, placé dans ces conditions, est présumé appartenir à la voie publique.

IV. Cette présomption ne peut être détruite que par la preuve qu'avant son accession à la rue, ce terrain était une propriété privée, et que, depuis lors, il n'est devenu celle de la commune par aucun moyen légal.

V. On doit considérer comme faisant partie de la rue, non-seulement la chaussée destinée à la fréquentation des voitures, mais encore l'espace laissé d'ordinaire, soit pour les piétons, soit pour les maisons, espace connu, dans les villages, sous le nom d'*aisances*, que la tolérance de l'administration municipale accorde aux habitants pour placer temporairement leurs fumiers, leurs chars, leurs charrues, ou leurs bois à brûler, etc.

20. — 31 janvier 1838. — Mengand C. la ville de Nancy et Durand. — 2e Ch. — MM. Costé, pr., Garnier, av. gén., concl. conf. sur les deux derniers points (sur le premier, le min. pub. avait conclu à un interlocutoire), La Flize, Welche, Mengin fils, av.

I. Une parcelle de terrain contiguë à la voie publique peut être déclarée n'en faire pas partie, si son emplacement et sa configuration l'indiquent ainsi et par conséquent elle est susceptible de prescription.

II. Le mur d'enceinte d'une ville est essentiellement imprescriptible. — En conséquence, les ouvertures qui, à une époque quelconque, y ont été pratiquées doivent être supprimées.

III. Il n'en est pas de même des ouvertures pratiquées dans un mur, ou une maison placée derrière et contre ce mur d'enceinte. Dans ce cas, on ne peut pas dire que ces ouvertures facilitent la fraude : il faut reconnaître, au contraire, que les murs de cette maison diminuent d'autant le vide absolu qui régnait sur toute leur étendue, et qu'ainsi ils font obstacle à la fraude.

21. — 17 janvier 1840. — La commune de Bulgnéville C. Hatier. — 1re Ch. — MM. de Metz, p. pr., Messine, subst., Mamelet, Maire, av.

I. Le sol des rues et des places publiques, dont la fréquentation ou l'usage forme non un droit exclusivement personnel, mais seulement une faculté sociale, doit, de sa nature, être considéré comme faisant une partie essentielle du domaine public communal, et par conséquent comme hors du commerce. — Ce principe ne souffre exception qu'autant que celui qui en demanderait la modification produirait des titres formels, attestant que sa propriété ne fait pas, ou a cessé de faire partie de la rue ou de la place.

II. Serait insuffisant un titre d'acquisition énonçant vaguement *une place à fumier au-devant, avec ses aisances et dépendances*, sans aucune dimension, ni position précise de cette place. — Une énonciation de cette nature a trait plutôt au règlement de la jouissance que pourraient avoir les vendeurs, qu'à un droit de propriété exclusif. Ce titre est d'ailleurs étranger à la commune (1).

22. — 6 mars 1838. — Collignon C. Henriot. — 1re Ch. — MM. de Metz, p. pr., Chatillon, Volland, av.

Le propriétaire d'un édifice donnant sur la voie publique a un droit acquis aux jours et aux issues de sa maison, de sorte qu'un voisin ne peut, même avec l'autorisation de l'administration, et sous prétexte de rectifier un alignement, faire aucune construction préjudiciable à ce droit.

23. — 28 janvier 1840. — La commune de Beurey C. Chortet. — 2e Ch. — MM. Mourot, pr., Garnier, av. gén., concl. conf., La Flize, Volland, av.

Une commune ne peut élever, sur une partie de la voie publique, dont elle est propriétaire, aucune construction qui fasse obstacle au droit appartenant aux propriétaires riverains de conserver ou d'ouvrir les jours, les vues et les issues nécessaires à leurs propriétés.

24. — 18 août 1843. — Grandjean et de Fromessant C. Mougin et la commune de Portieux. — 1re Ch. — MM. Moreau, p. pr., Garnier, av. gén., concl. conf., d'Arbois, Catabelle, Volland, La Flize, av.

Une commune (ou un de ses habitants, autorisé à faire valoir individuellement ses droits) est admissible à prouver par témoins que la propriété d'un sentier, conduisant de la commune à une ferme (autrefois prieuré, avec église), et à une verrerie, formant un hameau de 250 habitants, appartient à cette même commune ; qu'elle en a joui, depuis plus de 30 ans avant le trouble, *animo domini*, comme d'un sentier public. — Ce n'est pas là demander à prouver par témoins une servitude de passage pour l'utilité d'un fonds sur un autre fonds, servitude discontinue imprescriptible.

25. — 6 août 1843. — La commune de Ville-au-Val C. de Bourcier. — 2e Ch. — MM. Riston, pr., Poirel, p. av. gén., La Flize, d'Ubexi, av.

I. Lorsqu'un sentier, traversant une propriété particulière, sert de communication, de temps immémorial, entre deux villages ; que les habitants de ces deux villages le fréquentent, pour éviter un détour que leur occasionnerait le grand chemin vicinal de voitures, et pour éviter aussi les difficultés résultantes, en certaines saisons, de la nature même de ce chemin ; — que cet usage habituel n'a jamais donné lieu à aucune défense ni reprise ; — que ce sentier, quoique ne figurant pas sur les plans du cadastre, a été néanmoins compris, par un arrêté du préfet, au nombre des *chemins publics ruraux de la commune*, et a été, sous cette dénomination, porté sur le tableau général dressé à à cet effet dans toutes les communes, en exécution de la circulaire ministérielle du 16 novembre 1839, et de la circulaire spéciale adressée par le préfet à tous les maires du département (Recueil des actes

---

(1) Voy. Cass. req. 21 mai 1838. Renault C. la commune de Vélizy (D. 38. 1. 251. — S. 38. 1. 522. — P. 38. 2. 110). — Cass. 20 juin 1834. Noël C. Nogent (D. 34. 1. 277. — S. 34. 1. 566. — P. 5e édit., 26, 662.)

administratifs du département de la Meurthe, 18 décembre 1839, page 257, n° 36); les tribunaux ne sont pas liés par cet arrêté qui déclare *chemin public* communal le sentier en litige : la séparation du pouvoir administratif et du pouvoir judiciaire n'empêche pas les tribunaux d'examiner le caractère de ce sentier, et de décider qu'il n'est pas un *chemin public*, mais une *propriété privée*, ou que cette propriété privée est grevée, en faveur de la commune, d'un simple droit de servitude de passage.

Le principe de la séparation du pouvoir judiciaire et du pouvoir administratif doit être entendu en ce sens que les tribunaux n'ont pas à s'immiscer dans l'appréciation ni dans l'exécution des arrêtés administratifs, tant et si longtemps qu'on n'a pas besoin de leur concours pour y donner effet, et qu'ils ne sont pas appelés à fonder leurs jugements sur ces arrêtés, ou que, devant eux, l'application n'en est pas demandée au-delà des limites de l'exécution des lois et du pouvoir réglementaire (1).

Mais quand une commune invoque un arrêté du préfet comme un titre à la propriété d'un sentier en litige, il y a nécessité d'examiner la valeur, ou plutôt la légalité de ce titre, ou, en d'autres termes, si la loi, en vertu de laquelle le préfet a pris cet arrêté, donne à cette décision un caractère indélébile et exclusif de toute discussion ultérieure devant les tribunaux.

II. Lorsqu'un chemin est classé par le préfet sous la dénomination de *chemin vicinal*, l'arrêté qui le classe ainsi est un titre irréfragable en faveur de la commune, parce que la loi du 21 mai 1836 (art. 15) a donné aux préfets le pouvoir d'attribuer au sol, *déclaré par eux-mêmes vicinal*, un caractère de publicité tel qu'il équivaut à une expropriation pour cause d'utilité publique, et qu'il ne laisse au propriétaire, qui se prétend injustement dépossédé, qu'une action en indemnité pécuniaire.

III. Ce pouvoir extraordinaire d'expropriation doit être renfermé dans les limites posées par la même loi du 21 mai 1836 ; il ne peut s'appliquer au classement des *chemins publics ruraux et communaux*, opéré dans les communes en exécution des circulaires ci-dessus indiquées. En effet, le recensement de ces chemins, les tableaux qui en ont été dressés, et les arrêtés des préfets qui en ont fixé le classement, n'ont eu lieu qu'en vertu des pouvoirs confiés aux autorités administratives par la loi des 16-24 août 1790. — Cette loi leur confère la mission de *veiller à la sûreté, à la commodité du passage dans les rues, quais, places et voies publiques*, mais ne contient aucune disposition de laquelle on puisse induire que des arrêtés de classement des chemins communaux doivent ultérieurement opérer, en faveur des communes, un titre de propriété publique, de nature à obliger les particuliers qui se croiraient lésés à s'y soumettre, et à les empêcher de faire valoir, devant les tribunaux, leurs titres et leurs droits à la propriété privée du sol. — Il faut donc conclure de là que les tableaux et

---

(1) Conf. Nancy, 26 juillet 1827. Les avoués de Saint-Mihiel C. les avocats du même siège et le proc. du Roi. — 1re Ch. — MM. de Riocour, p. pr., **Thieriet**, p. av. gén., concl. conf., Poirel, Fabvier, av.

arrêtés de classement desdits chemins n'ont été qu'une mesure conservatoire, propre à constater des faits matériels existants au moment du classement, mais que ces arrêtés ne peuvent être invoqués ni comme un titre de propriété communale, ni comme une prise de possession légale, et que, sous ce rapport, leur effet est subordonné, pour le présent comme pour l'avenir, aux jugements à intervenir sur les questions de propriété ou de servitude, dont les tribunaux seuls peuvent être saisis.

IV. Un sentier qui est éminemment utile aux communications directes et journalières de deux villages limitrophes ne doit pas, par cette raison, être assimilé à ces chemins et sentiers usuels qui, dans les campagnes, sont à la commodité particulière de quelques propriétaires seulement, lesquels en usent par la tolérance de leurs voisins, et à charge, le plus souvent, de réciprocité en d'autres lieux.

Vainement l'adversaire de la commune opposerait-il que ce sentier est labouré tous les ans par ses fermiers, si, d'ailleurs, ce même sentier a toujours été immédiatement reformé par les piétons, et si ceux-ci en foulant les semences, et en causant ainsi un dommage visible, ont protesté, chaque année, de cette manière, contre la présomption de tolérance qui, en général, n'était admise, dans l'ancien droit coutumier, qu'à l'égard des passages pratiqués dans des terrains vains et vagues.

V. Pour suppléer à la possession immémoriale qui, d'après la coutume de Saint-Mihiel (régissant autrefois la commune défenderesse), pouvait être invoquée pour acquérir les servitudes discontinues de passage, la commune peut se prévaloir d'anciens titres, énonçant comme limite des héritages dont ils parlent le sentier qui conduit de cette commune à un village voisin.

VI. La commune peut produire aussi, dans le même but, un cahier des délibérations du corps municipal, indiquant qu'à une époque déjà éloignée (1792), le sentier litigieux a fait l'objet d'une *action en réparation de trouble*, dirigée contre un des riverains, et que ce dernier ayant reconnu que le trouble était le fait de ses domestiques, *des jalons ont été reposés en sa présence, sur toute la longueur du sentier jusqu'au bout de la terre* des auteurs du demandeur actuel.

VII. Le demandeur objecterait en vain à la commune défenderesse que ces titres ne sont pas contradictoires avec ses auteurs (de lui demandeur) ou leurs représentants : l'ancienneté de ces titres, jointe à une possession conforme et toujours paisible jusqu'au procès actuel, permettrait de leur faire l'application de la maxime *in antiquis enuntiativa probant ;* de décider, surtout en faveur d'une commune, que ces titres, appuyés de cette possession ancienne et d'origine inconnue, équivalent à la preuve de la possession immémoriale, et sont, par conséquent, de nature à faire reconnaître comme légitimement acquis avant le Code civil, et sous l'empire de la coutume de Saint-Mihiel, un droit de servitude de passage au profit de la commune, sur le sentier en litige. (1)

---

(1) Voy. Nancy, 20 mai 1829. — Lavocat C. la ville de Bar. — 1re Ch. — MM. de Riocour, p. pr., Troplong, av. gén., concl. conf., Moreau, Fabvier, av. — M. Troplong, de la prescript., art. 2226 du C. civ., t. 1, p. 288.

VIII. Vainement, pour résister à ce droit, le demandeur invoquerait-il plusieurs anciennes déclarations ou pieds terriers de sa ferme, et se prévaudrait-il de ce que sa propriété y serait indiquée comme étant d'un seul contexte, et de ce qu'il n'y serait fait aucune mention de l'existence du sentier litigieux. — Cette circonstance est sans valeur, surtout si, à l'époque de ces anciennes déclarations, le seigneur de la commune, propriétaire de la ferme, l'était, en même temps en qualité de haut justicier, et d'après la législation féodale de ce temps, de toutes les voies publiques de communication alors existantes. — Dans un tel état de choses, en effet, le fermier n'avait point d'intérêt, dans ses déclarations, à faire mention de l'existence du sentier qui n'était pas une propriété distincte et séparée de celle de la pièce entière. — Et, même aujourd'hui, rien n'empêcherait encore que la pièce de terre en question ne fût indiquée comme étant d'un seul contexte, puisque le même sentier n'est pas une propriété communale, mais un passage acquis à la commune, à titre de servitude seulement.

26. — 9 août 1844. — Lacretelle C. la commune de Norroy et Lefébure. — 1ʳᵉ Ch. — MM. Moreau, p. pr., Garnier, av. gén., concl. conf., Jorant, Volland, Calabelle, av.

I. Un sentier qui part d'un chemin vicinal, et qui traverse un canton de vignes au milieu duquel il se perd, ne peut être considéré comme un *sentier rural public*, par cela seul qu'il a été porté depuis quelques années sur le tableau des *chemins ruraux* de la commune; — qu'il a été aborné à ses frais, sans réclamation des habitants, appelés administrativement à contredire ce travail; — que la commune, depuis vingt ans, est en possession de louer les herbes croissant sur les bords de ce sentier; — qu'enfin, dans les anciens actes de vente ou de partage, il est donné comme limite aux propriétés riveraines. — (Rés. implicite.)

II. Mais un tel sentier, s'il n'est point un chemin rural public, doit du moins être considéré comme un *sentier d'exploitation*, et comme étant la *copropriété indivise* de tous les riverains qui s'en servent.

III. Il ne peut être envisagé comme une simple *servitude* de passage, et comme susceptible à ce titre d'être déplacé au gré d'un des riverains, à charge par celui-ci d'en donner un autre dans un lieu non moins commode pour les cointéressés. (C. civ. 701.)

27. — 3 juillet 1845. — Humblot C. la commune de Dainville. — 1ʳᵉ Ch. — MM. Mourot, pr., Garnier, av. gén., concl. conf., Volland, La Flize, av.

I. Lorsqu'il est justifié qu'une chaussée et un pont, situés à la tête d'un étang et d'un cours d'eau qui met en mouvement une usine, ont été construits par les fondateurs de cette usine, dans l'intérêt exclusif de cet établissement, et même comme condition spéciale d'un acte d'acensement concédé par le seigneur, la commune dont les habitants ont, depuis lors, passé sur cette chaussée et sur ce pont, soit pour la vidange de leurs propriétés, soit pour rejoindre divers chemins communaux, ne peut prétendre à un droit de *copropriété* sur cette chaussée et sur ce pont, sous prétexte qu'avant la construction de l'usine, il existait déjà un chemin sur l'emplacement qu'occupent aujourd'hui la chaussée et le pont, ou dans les environs, si, d'ailleurs, la commune ne produit aucun titre, et si elle ne peut même préciser le lieu qu'aurait occupé, à cette époque éloignée, le prétendu chemin communal.

II. A défaut de titres de propriété, la commune ne peut davantage invoquer un droit de *servitude de passage*, qu'elle aurait acquis, par une longue possession, sur la chaussée et sur le pont en litige. Le fait habituel de passage sur un chemin, simple acte de tolérance du propriétaire, ne peut jamais devenir un titre pour celui qui l'invoque. — Sous notre droit nouveau, comme sous l'ancienne législation, une servitude de passage étant un fait discontinu ne peut s'acquérir que par titre, et la possession, même immémoriale, devient insuffisante.

III. Si certaines coutumes admettaient une exception en faveur des servitudes qui s'exerçaient sur des terrains dits *en défense*, cette exception ne saurait s'appliquer à un pont, ou à une chaussée, sur lesquels le passage reste constamment libre, ne laisse après lui aucune trace, et ne peut conséquemment apporter le moindre préjudice au propriétaire.

IV. L'hypothèse d'une copropriété, appliquée à un chemin dont la moitié appartiendrait aux propriétaires de l'usine, et l'autre moitié à la commune, fût-elle admissible, prise absolument, cesserait de l'être lorsque la commune elle-même reconnaît que le pont et la chaussée ont été constamment et exclusivement entretenus et réparés par les propriétaires de l'usine. — Mais cette hypothèse répugne à la nature des choses, qui ne permet pas de supposer la superficie d'un chemin public, imprescriptible et inaliénable, susceptible cependant d'une copropriété privée.

V. Cette copropriété fût-elle possible et prouvée, il resterait encore, en ce cas, aux propriétaires de l'usine le droit de s'affranchir de tout entretien, par l'abandon qu'il leur serait loisible d'en faire à la commune.

VI. Les propriétaires de l'usine étant propriétaires de la chaussée et du pont construits pour elle, peuvent y apporter tel changement ou telle modification qu'il leur plaît, sans être obligés à aucune des réparations nécessaires pour fournir à la commune un passage auquel elle n'a aucun droit.

VOITURIER.

Voy. *Acte de commerce*. — 3. Voiturier. Vente de son cheval.
Responsabilité. — 3. Aubergiste. Voiturier. Marchandises. Vol. Responsabilité civile. Demande en garantie. Incompétence du tribunal de commerce.

ARRÊTÉS RÉGLEMENTAIRES

Des Préfets des départements de la Meurthe, de la Meuse et des Vosges, sur la Police de la Chasse et sur la Pêche fluviale.

POLICE DE LA CHASSE. — Loi du 3 mai 1844.

MEURTHE.

LE PRÉFET DU DÉPARTEMENT DE LA MEURTHE,

Vu l'article 9 de la loi sur la chasse, en ce qui concerne les arrêtés à prendre : 1° pour prévenir la destruction des oiseaux ; 2° pour autoriser l'emploi des chiens lévriers à la destruction des animaux malfaisants ou nuisibles ; 3° pour interdire la chasse pendant les temps de neige. — Vu l'avis que le Conseil général vient d'émettre, dans sa séance du 1er septembre 1844 ;

ARRÊTE : — ART. 1er. Il est formellement défendu de chasser aux oiseaux, en quelque temps que ce soit, soit dans les forêts en général, soit en pleine campagne, dans les haies et buissons et en aucun lieu quelconque au moyen de lacets ou collets (*soit de pied, soit suspendus*), de la pipée, de gluaux, de filets, d'appeaux et appelants et autres engins de toute espèce dont l'usage est entièrement interdit.

ART. 2. Attendu que le chien lévrier n'est jamais employé dans le département à la destruction des animaux malfaisants ou nuisibles, il est expressément défendu d'en faire usage pour chasser de quelque manière que ce soit, et de le laisser chasser seul. Cette défense est applicable au lévrier de race croisée.

ART. 3. La chasse en plaine est interdite en temps de neige et cette interdiction est applicable, tant à la chasse du sanglier, qu'à celle des animaux malfaisants ou nuisibles. En conséquence, l'exercice de la chasse en plaine, qui sera suspendu dès que la neige commencera à tomber, ne pourra être repris qu'après qu'elle aura entièrement disparu.

ART. 4. La chasse dans les forêts ne sera pas suspendue en temps de neige.

ART. 5. La chasse aux hirondelles, par quelque mode que ce soit, est interdite.

ART. 6. Il est aussi formellement défendu de prendre et détruire aucun nid d'oiseaux, soit dans les forêts, soit sur terre, soit dans les haies, buissons, jardins et vergers, ainsi que sur les bords des marais, étangs et rivières, etc.

ART. 7. Toutes les contraventions aux dispositions qui précèdent seront constatées par des procès-verbaux pour être statué ce que de droit par les tribunaux compétents.

Nancy, le 10 septembre 1844.

L. ARNAULT.

Oiseaux de passage. — *Gibier d'eau.* — *Animaux malfaisants ou nuisibles.*

LE PRÉFET DU DÉPARTEMENT DE LA MEURTHE,

Vu l'article 9 de la loi du 3 mai 1844 sur la police de la chasse, en ce qui concerne les arrêtés à prendre pour déterminer : 1° l'époque de la chasse des oiseaux de passage, autres que la *caille* et les modes et procédés de cette chasse ; 2° le temps pendant lequel il sera permis de chasser le gibier d'eau dans les marais, sur les étangs, fleuves et rivières ; 3° les espèces d'animaux malfaisants ou nuisibles que le propriétaire, possesseur ou fermier, pourra en tout temps détruire sur ses terres, et les conditions de l'exercice de ce droit, sans préjudice du droit appartenant au propriétaire ou au fermier de repousser ou de détruire, même avec des armes à feu, les bêtes fauves qui porteraient dommage à ses propriétés ; — Vu l'avis que vient d'émettre le Conseil général, dans sa séance du 1er septembre 1844 ;

Arrête : — Art. 1er. L'époque de l'ouverture de la chasse des oiseaux de passage, autres que la *caille*, sera la même, dans le département de la Meurthe, que celle qui, d'après l'article 3 de la loi du 3 mai 1844, doit être déterminée, chaque année, par un arrêté préfectoral.

Art. 2. La clôture de ce genre de chasse, à la réserve de celle avec sauterelles ou raquettes dont il sera fait mention ci-après, aura lieu le 1er avril, dans les bois soumis au régime forestier, et le 15 du même mois dans les bois des particuliers.

Art. 3. Les modes et procédés de la chasse dont il s'agit, sont déterminés comme il suit, selon l'espèce de gibier. — Pour la *bécasse*. La passée ou l'affut sur les lisières, dans les chemins et clairières des forêts, avec défense de faire la requête ou la recherche du gibier à l'aide de chiens d'arrêt, dans l'espace de temps qui se trouvera en dehors de l'époque ordinaire de la chasse, excepté dans les forêts particulières où les battues et les traques seront également permises pour ce genre de gibier. — Pour l'*alouette*. Au tir, avec ou sans miroir ; on pourra aussi faire usage de la tirasse, soit avec miroir, soit avec appelants. — Il est bien entendu que les modes et procédés de chasse ci-dessus indiqués ne pourront être employés que de jour, la chasse de nuit étant formellement interdite. — Pour la *grive, les oiseaux à bec fin et à gros bec.* Les sauterelles ou raquettes seulement, à l'exclusion de tous autres engins, tels que lacets ou collets (*soit de pied, soit suspendus*), de la pipée, des gluaux, des filets, avec appeaux et appelants, dont l'usage est entièrement interdit.

Art. 4. Quant à la chasse avec sauterelles ou raquettes, elle n'est permise que dans les bois appartenants aux communes ou à des particuliers et, seulement, du 1er septembre inclusivement, au 1er novembre exclusivement.

Art. 5. L'ouverture de la chasse du gibier d'eau dans les marais et sur les étangs sera fixée par un arrêté spécial et suivant les années, du 1er au 15 juillet. — En ce qui concerne la chasse du même gibier sur les rivières, elle ne sera permise qu'à l'époque fixée, chaque année, pour l'ouverture de la chasse ordinaire.

Art. 6. L'époque de la clôture de la chasse du gibier d'eau soit dans les marais, soit sur les étangs ou rivières, sera la même que celle qui sera fixée pour la clôture de la chasse en plaine.

Art. 7. Sont classés parmi les animaux malfaisants ou nuisibles, que le propriétaire, possesseur ou fermier pourra détruire en tout temps sur ses terres : 1° le loup ; 2° le renard ; 3° le chat sauvage ; 4° la fouine ; 5° le putois ; 6° la belette ; 7° la loutre ; 8° les oiseaux de proie tels que l'épervier, le faucon, le milan, la buse, etc. ; 9° le moineau (1).

---

(1) Le Conseil général du département de la Meurthe, dans sa session de 1847, séance du 5 septembre, dérogeant à l'opinion par lui énoncée dans sa délibération du 1er septembre 1844, a émis l'avis que le *sanglier* doit être classé parmi les animaux malfaisants ou nuisibles, que le propriétaire, possesseur ou fermier, pourra en tout temps détruire sur ses terres.

Art. 8. En temps défendu, c'est-à-dire, avant l'ouverture et après la clôture de la chasse, la chasse aux animaux nuisibles ne pourra avoir lieu qu'à l'aide de piéges tendus le soir et détendus le matin.

Art. 9. Toutefois et par exception à la disposition que renferme l'article 8, en ce qui concerne le *renard* et la *loutre*, il sera permis de fouiller et d'enfumer leurs terriers ; en ce qui concerne le *loup*, on pourra faire emploi du fusil dans les traques et battues autorisées suivant les formes prescrites par les règlements. Les gardes champêtres et particuliers, dans les bois non soumis au régime forestier, et les agents ou gardes de l'administration des forêts, s'il s'agit de bois régis par elle, devront assister aux battues autorisées.

Art. 10. Les demandes en autorisation de faire des traques ou battues, dans les arrondissements, autres que celui du chef-lieu, seront remises aux sous-préfets qui, s'il y a lieu, accorderont l'autorisation après avoir pris l'avis de l'inspecteur forestier.

Art. 11. Quant aux *oiseaux de proie* et aux *autres oiseaux nuisibles*, leur destruction ne pourra avoir lieu, en temps défendu, qu'au moyen de piéges seulement.

Art. 12. Toutes les contraventions aux dispositions qui précèdent seront constatées par des procès-verbaux et poursuivies devant les tribunaux compétents.

Nancy, le 10 septembre 1844.

L. Arnault.

MEUSE.

Nous, Préfet du département de la Meuse,

Vu la loi du 3 mai 1844, sur la police de la chasse,

Arrêtons : — Art. 1er. Nul ne peut chasser, sauf l'exception mentionnée en l'art. 3 du présent arrêté, si la chasse n'a pas été ouverte par un arrêté préfectoral.

Art. 2. Nul ne peut chasser sur la propriété d'autrui, sans le consentement du propriétaire ou de ses ayants droit.

Art. 3. Le propriétaire ou possesseur peut chasser ou faire chasser en tout temps, sans permis de chasse, dans ses possessions, attenantes à une habitation, et entourées d'une clôture continue faisant obstacle à toute communication avec les héritages voisins.

Art. 4. Il est interdit de mettre en vente, de vendre, d'acheter, de transporter et de colporter du gibier, pendant le temps où la chasse n'est pas permise. En cas d'infraction à cette défense, il devra en être dressé procès-verbal ; le gibier sera saisi et immédiatement livré à l'établissement de bienfaisance le plus voisin, en vertu, soit d'une ordonnance du juge de paix, si la saisie a eu lieu au chef-lieu de canton, soit d'une autorisation du maire, si le juge de paix est absent, ou si la saisie a été faite dans une autre commune que celle du chef-lieu. La recherche des infractions à l'interdiction susdite ne pourra toutefois être faite à domicile que chez les aubergistes, les marchands de comestibles et dans les lieux ouverts au public.

Art. 5. Il est interdit de prendre ou de détruire, sur le terrain d'autrui, des œufs ou des couvées de faisans, de perdrix et de cailles.

Art. 6. Il est interdit de se livrer à l'exercice de la chasse de quelque nature qu'elle soit, c'est-à-dire, soit à tir, soit à courre, soit même à la chasse des oiseaux de passage, sans être muni d'un permis de chasse, qui sera délivré par le Préfet. Toutefois les personnes qui ont obtenu des permis de port-d'armes, sous l'empire de l'ancienne loi, pourront s'en servir pour chasser, sans autres permis, jusqu'à l'expiration de l'année de la date desdits permis de port-d'armes.

Art. 7. Toute personne qui voudra obtenir un permis de chasse en remettra la demande sur *papier timbré*, au maire de la commune de sa résidence ou de son domicile. Ce fonctionnaire la transmettra, sans aucun retard, avec son avis, au Sous-Préfet de l'arrondissement et au Préfet pour l'arrondissement de Bar. Chaque demande devra porter le signalement de l'impétrant et être accompagnée d'une quittance du percepteur des contributions directes de la localité, du versement dans sa caisse de la somme de 25 francs, prix du permis de chasse.

Art. 8. Les demandes, qui ne seront pas présentées dans la forme ci-dessus prescrite, ne seront pas admises.

Art. 9. Les permis de chasse étant personnels ne peuvent servir qu'à ceux qui les ont obtenus.

Art. 10. Il ne sera pas délivré de permis de chasse : 1° aux mineurs qui n'auront pas 16 ans accomplis ; 2° aux mineurs de 16 à 21 ans, à moins que le permis ne soit demandé pour eux, par leur père, mère, tuteur ou curateur, porté au rôle des contributions.

Art. 11. Dans le temps où la chasse est ouverte, le permis donne à celui qui l'a obtenu, le droit de chasser *de jour*, seulement, à tir et à courre, sur ses propres terres et sur les terres d'autrui avec le consentement de celui à qui le droit de chasse appartient.

Art. 12. Tous autres moyens de chasse, à l'exception des furets et des bourses destinés à prendre les lapins, sont formellement prohibés. Dans cette prohibition générale se trouve compris l'emploi des drogues ou appâts qui sont de nature à enivrer le gibier et à le détruire, ainsi que l'emploi des panneaux et filets de toute espèce, des appeaux, appelants et chanterelles, des lacets, collets, engins de toute sorte, etc., etc.

Art. 13. Il est interdit de chasser avec des chiens lévriers ou de les laisser chasser seuls.

Art. 14. Un arrêté ultérieur déterminera : 1° l'époque de la chasse des oiseaux de passage autres que la caille, et les modes et procédés de cette chasse ; 2° le temps pendant lequel il sera permis de chasser le gibier d'eau dans les marais et sur les étangs et rivières.

Art. 15. La caille n'étant plus réputée oiseau de passage, la chasse n'en peut plus avoir lieu que dans les mêmes conditions et sous les mêmes restrictions que pour toute autre espèce de gibier.

Art. 16. MM. les Sous-Préfets, Maires, Commissaires de police, la gendarmerie, les gardes-champêtres et forestiers, ainsi que les employés des contributions indirectes et des octrois, en ce qui concerne les dispositions de l'art. 4 ci-dessus, sont chargés d'assurer l'exécution du présent arrêté, qui, inséré au Recueil administratif, sera lu, publié et affiché dans toutes les communes du département.

Fait et arrêté à Bar-le-Duc, le 8 juillet 1844.

Comte d'Arros.

Le Préfet du département de la Meuse,

Vu le troisième paragraphe de l'art. 9 de la loi du 3 mai 1844, sur la police de la chasse, portant que les préfets des départements, sur l'avis des conseils généraux, prendront des arrêtés pour déterminer : 1° l'époque de la chasse des oiseaux de passage, autres que la caille, et les modes et procédés de cette chasse; 2° le temps pendant lequel il sera permis de chasser le gibier d'eau, dans les marais, sur les étangs, fleuves et rivières; 3° les espèces d'animaux malfaisants ou nuisibles que le propriétaire, possesseur ou fermier, pourra en tout temps détruire sur ses terres, et les conditions de l'exercice de ce droit, sans préjudice du droit appartenant au propriétaire ou au fermier de repousser ou de détruire, même avec des armes à feu, les bêtes fauves qui porteraient dommage à ses propriétés; — Vu aussi le dernier paragraphe dudit article 9 portant que les préfets pourront prendre également des arrêtés : 1° pour prévenir la destruction des oiseaux ; 2° pour autoriser l'emploi des chiens lévriers pour la destruction des animaux malfaisants ou nuisibles ; 3° pour interdire la chasse pendant les temps de neige; — Vu les instructions ministérielles; — Vu des rapports officieux de commissions que nous avons cru devoir constituer dans chaque arrondissement et composées de personnes ayant une connaissance parfaite des chasses;

Arrêtons ce qui suit : — Art. 1er. La chasse de tous les oiseaux de passage, autre que la caille, est autorisée dans le département de la Meuse, du 1er septembre au 15 février, par les modes et procédés suivants : piéges connus sous le nom de sauterelles ou raquettes, gluaux, bâton fendu, pipée, froudre, perchés ou lacets de crin en l'air, hausse-pieds ou rejeaux en crin, appelant avec arbret, appelant avec nappe ou filet, miroir avec nappe ou filet, miroir avec fusil.

Sont en outre autorisés, savoir : — Pour la chasse aux bécasses, grives et merles, les lacets de pied ou collets en crin, du 1er octobre au 1er décembre, dans les bois et marais ; pour la chasse aux bécasses, la chasse à tir, du 1er mars au 15 avril, mais seulement à la passe, et sans qu'on puisse battre les bois ou taillis ; et, pour la chasse aux alouettes, la pantaine et les lacets de pied ou collets, à la condition que les lacets ne seront pas de plus de deux crins.

Art. 2. La chasse au gibier d'eau est autorisée dans les marais, sur les étangs, fleuves et rivières, du 1er juillet au 1er mars, et jusqu'au 1er avril pour les pluviers, vanneaux et sarcelles seulement.

Art. 3. Le propriétaire, possesseur ou fermier, pourra en tout temps détruire ou faire détruire de jour, sur ses propriétés closes ou non closes, avec des piéges autres que les lacets ou des armes à feu, mais sans pouvoir employer de chiens courants et sans qu'il lui soit permis de traquer ou de se placer à l'affût, le loup, le sanglier, le renard, le lapin, la fouine, le putois, la belette, l'hermine, le chat sauvage, la martre, la loutre et les oiseaux de proie de jour et de nuit. Néanmoins, les piéges connus sous le nom de braqueries ne pourront être établis que sur une permission écrite du maire. Nous nous réservons aussi d'autoriser, quand il y aura lieu, par des arrêtés spéciaux, des traques ou battues pour la destruction des animaux nuisibles ; le tout sans préjudice du droit que le propriétaire des récoltes tient de la loi de repousser et détruire, par tous moyens, même avec des armes à feu, les bêtes fauves qui porteraient dommage à ses propriétés.

Art. 4. Il est interdit en tout temps de prendre ou détruire des œufs, couvées et nids d'oiseaux. Cette prohibition n'est applicable ni aux oiseaux de proie, ni aux passereaux ou moineaux. Pour ces derniers, l'usage des pots à moineaux est autorisé.

Art. 5. L'emploi des chiens lévriers est prohibé, même pour la destruction des animaux malfaisants ou nuisibles.

Art. 6. La chasse en plaine est interdite dans les temps de neige.

Art. 7. Nul ne pourra se livrer à l'une ou l'autre des chasses autorisées par le présent arrêté, sans être muni d'un permis de chasse délivré en vertu de l'art. 5 de la loi du 3 mai 1844.

Art. 8. Ceux qui contreviendraient aux dispositions du présent arrêté seront passibles des peines indiquées à la section 2 de la loi du 3 mai 1844, sur la police de la chasse, et les contraventions seront constatées de la manière indiquée à la section 3 de ladite loi.

Fait et arrêté à Bar-le-Duc, le 26 août 1844.

Comte D'ARROS.

LE PRÉFET DU DÉPARTEMENT DE LA MEUSE,

Vu l'art. 9 de la loi du 3 mai 1844 sur la police de la chasse, portant que la chasse à tir et à courre est la seule permise ; que tous autres moyens de chasse, à l'exception des furets et des bourses destinées à prendre le lapin, sont formellement prohibés ; — Vu son arrêté du 8 juillet 1844, sur l'exercice de la chasse, pris en conformité de la loi du 3 mai, et inséré au n° 879 du *Recueil des Actes administratifs*; — considérant qu'il résulte de rapports parvenus à l'administration, que beaucoup de personnes ont fait construire en plaine, à proximité des bois, et même dans les bois, des barraques ou maisonnettes dans lesquelles on a pratiqué, au niveau du sol, latéralement aux deux extrémités, des ouvertures permanentes dans le but de prendre le gibier; que le lièvre surtout s'introduit dans ces barraques ou maisonnettes pour les traverser, mais qu'arrivé au centre, il y rencontre un mécanisme inaperçu qui fait fermer immédiatement les deux ouvertures, ensorte qu'il se trouve pris ; que ce piège est connu sous le nom de *Vassaudière* ou *Vessaudière*;

ARRÊTE : — ART. 1er. Sont formellement interdits les piéges connus sous le nom de Vassaudière ou Vessaudière.

ART. 2. La gendarmerie, les gardes champêtres et forestiers dresseront des procès-verbaux contre toute personne propriétaire ou détenteur de barraques ou maisonnettes non habitées, dans lesquelles on aurait tendu une Vassaudière ou Vessaudière (1), pour être poursuivie conformément aux lois.

ART. 3. Le présent arrêté sera lu, publié et affiché dans toutes les communes du département. Il sera, en outre, inséré au *Recueil des Actes administratifs*.

Fait et arrêté à Bar-le-Duc, le 14 août 1846.

Comte D'ARROS.

(1) *Nota*. On peut s'assurer du placement de ces piéges, au moyen d'une perche assez longue pour arriver jusqu'au centre de la construction, puisque là se trouve le ressort faisant descendre deux portes qui referment les ouvertures.

VOSGES.

NOUS, PRÉFET DES VOSGES, OFFICIER DE LA LÉGION D'HONNEUR,

Vu l'article 9 de la loi du 3 mai 1844, portant, entre autres dispositions, que les Préfets des départements, sur l'avis des Conseils généraux, prendront des arrêtés pour déterminer : 1° l'époque de la chasse des oiseaux de passage, autres que la caille, et les modes et procédés de cette chasse ; 2° le temps pendant lequel il sera permis de chasser le gibier d'eau, dans les marais, sur les étangs, fleuves et rivières ; — Vu l'avis donné par le Conseil général des Vosges, dans sa session du 31 août dernier ;

ARRÊTONS : — ART. 1er. La chasse des oiseaux de passage, autres que la caille et y compris les petits oiseaux, sera permise, dans toute l'étendue du département, à partir du 5 septembre courant, jusqu'au 1er novembre suivant, selon les modes et procédés, et sauf les exceptions ci-après.

Art. 2. Est autorisé, pour cette sorte de chasse, l'emploi, par les procédés en usage dans les diverses localités, du fusil, de la glu, de la sauterelle, des lacets perchés et à la graine, à la condition que ces lacets seront placés à un demi-mètre de hauteur au moins du sol ; la chasse à la pipée est également autorisée.

Art. 3. La chasse de la bécasse et de la bécassine est autorisée jusqu'à l'époque de la clôture générale des chasses et en outre du 20 février au 31 mars, mais elle ne pourra avoir lieu qu'au tir ; les lacets à pied sont formellement prohibés pour cette chasse.

Art. 4. La chasse de l'allouette est de même autorisée jusqu'à l'époque de la clôture générale des chasses ; elle pourra avoir lieu au tir, au miroir et à la nappe ou tirasse ; les filets de toute nature sont formellement défendus pour cette chasse.

Art. 5. Dans aucun cas, la chasse des oiseaux de passage ne pourra avoir lieu la nuit.

Art. 6. Il sera permis de chasser le gibier d'eau, dans les marais, sur les étangs, fleuves et rivières, à dater du 5 septembre courant, jusqu'au moment de la fermeture générale des chasses.

Art. 7. Nul ne pourra se livrer à la chasse des oiseaux de passage et du gibier d'eau, s'il n'est pourvu d'un permis de chasse, et, sur les propriétés d'autrui, sans le consentement de celui à qui le droit de chasse appartient.

Art. 8. Les gendarmes, les gardes forestiers et les gardes champêtres sont invités à tenir la main à l'exécution du présent arrêté, et à dresser procès-verbal contre tout individu qui contreviendrait à ses dispositions.

Art. 9. Le présent arrêté sera publié et affiché dans toutes les communes, par les soins des Maires ; il sera en outre inséré au Recueil des Actes administratifs.

Epinal, le 5 septembre 1844.

R. DE LA BERGERIE.

Nous, PRÉFET DES VOSGES, OFFICIER DE LA LÉGION D'HONNEUR,

Vu l'article 9 de la loi du 3 mai 1844, portant que les Préfets des départements pourront prendre des arrêtés : 1° pour prévenir la destruction des oiseaux ; 2° pour autoriser l'emploi des chiens lévriers pour la destruction des animaux malfaisants ou nuisibles ; 3° pour interdire la chasse pendant le temps de neige ; — Vu la délibération prise à ce sujet dans sa séance du 31 août dernier, par le Conseil général des Vosges.

ARRÊTONS : — ART. 1er. La chasse des oiseaux est absolument interdite en temps défendu ; elle ne pourra avoir lieu qu'au tir, en temps permis et en dehors de l'époque fixée pour la chasse des oiseaux de passage.

Art. 2. Il est formellement défendu de prendre et détruire aucun nid d'oiseaux, soit dans les forêts, soit sur terre, soit dans les haies, buissons, jardins et vergers, ainsi que sur les bords des marais, étangs et rivières, etc.

Art. 3. Les mesures prescrites par notre arrêté de ce jour pour la destruction des animaux malfaisants ou nuisibles paraissant suffisantes, l'emploi des chiens lévriers, pour quelle que chasse que ce soit, est prohibé.

Art. 4. La chasse est interdite en temps de neige, dans la plaine seulement.

Art. 5. Les contraventions aux dispositions précédentes seront constatées par des procès-verbaux et poursuivies conformément à la loi.

Art. 9. Le présent arrêté sera publié et affiché dans toutes les communes du département, et inséré en outre au Recueil des Actes administratifs.

Epinal, le 17 octobre 1844.

R. DE LA BERGERIE.

POLICE DE LA CHASSE.

Animaux malfaisants ou nuisibles.

Nous, Préfet des Vosges, officier de la Légion d'Honneur,

Vu l'article 9 de la loi du 3 mai 1844, portant que les Préfets des départements, sur l'avis des Conseils généraux, prendront des arrêtés pour déterminer les espèces d'animaux malfaisants ou nuisibles que le propriétaire, possesseur ou fermier, pourra en tout temps détruire sur ses terres, et les conditions de l'exercice de ce droit, sans préjudice du droit appartenant au propriétaire ou au fermier, de repousser ou de détruire, même avec des armes à feu, les bêtes fauves qui porteraient dommage à ses propriétés ; — Vu la délibération prise à ce sujet par le Conseil général des Vosges, dans sa séance du 31 août dernier,

Arrêtons — Art. 1er Les animaux malfaisants ou nuisibles que le propriétaire, possesseur ou fermier pourra, en tout temps, détruire sur ses terres, sont ceux dont la désignation suit : le loup, le sanglier, le renard, le chat sauvage, la fouine, le blaireau, le putois, la belette, la loutre, les oiseaux de proie, tels que l'épervier, le milan, la buse, le duc, etc., le moineau.

Art. 2. La chasse des animaux nuisibles ne pourra avoir lieu, en temps défendu, qu'au moyen de pièges qui seront tendus le soir et détendus le matin ; en ce qui concerne le renard et la loutre, il sera permis en outre de fouiller et d'enfumer leurs terriers.

Art. 3. Sur la demande des autorités locales et lorsque la nécessité nous en sera démontrée, nous pourrons autoriser des traques ou battues pour la destruction des loups et des sangliers.

Art. 4. Les contraventions aux dispositions qui précèdent seront constatées par des procès-verbaux et poursuivies conformément à la loi.

Art. 5. Le présent arrêté sera publié et affiché dans toutes les communes du département, et inséré en outre au Recueil des Actes administratifs.

Epinal, le 17 octobre 1844.

R. de la Bergerie.

Oiseaux de passage.

Nous, Préfet des Vosges, officier de la Légion d'Honneur,

Vu notre arrêté du 3 septembre dernier, concernant la chasse des oiseaux de passage et du gibier d'eau ; — Vu la loi du 3 mai 1844.

Arrêtons : — Art. 1er. Le délai fixé par l'article 1er de notre arrêté ci-dessus visé, pour la chasse des oiseaux de passage, autres que la caille, et y compris les petits oiseaux, est prorogé jusqu'au 1er décembre prochain.

Art. 2. Les autres dispositions du même arrêté sont maintenues.

Art. 3. Le présent arrêté sera publié et affiché dans toutes les communes, par les soins des Maires, il sera en outre inséré au Recueil des Actes administratifs.

Epinal, le 23 octobre 1844.

R. de la Bergerie.

Nous, Préfet des Vosges, officier de la Légion d'Honneur,

Vu la loi du 3 mai 1844 sur la police de la chasse ; — Vu l'avis donné par le Conseil général des Vosges, conformément à l'article 9 de ladite loi ; — Vu les arrêtés précédemment pris par nous pour l'exécution de la même loi.

Arrêtons : — Art. 1er. L'ouverture de la chasse, dans toute l'étendue du département des Vosges, est fixée au mercredi, 25 août courant.

POLICE DE LA CHASSE. 499

Art. 2. Les seuls modes de chasse permis par l'article 9 de la loi sont, sauf les cas exceptionnels prévus par les articles 3, 4 et 6 du présent arrêté : 1° La chasse à tir, c'est-à-dire, la chasse au fusil ; 2° la chasse à courre, qui consiste à forcer le gibier à l'aide de chiens courants ; 3° la chasse du lapin au moyen de furets et bourses.

Art. 3. La chasse des oiseaux de passage, autres que la caille, dont la chasse est réglée par l'article 8 ci-dessous, sera permise, dans toute l'étendue du département, à partir du 25 août jusqu'au 1er décembre prochain inclusivement, selon les modes et procédés et sauf les exceptions ci-après.

Art. 4. Est autorisé, pour cette sorte de chasse, l'emploi, par les procédés en usage dans les diverses localités, du fusil, de la glu, de la sauterelle, des lacets perchés et à la graine ; la chasse à la pipée est également autorisée ; les lacets de pied en crin pourront être employés ; mais seulement dans les bois et forêts, le long des tranchées et des sentiers ; les lacets de col pour les perdrix sont formellement interdits.

Art. 5. La chasse de la bécasse à la passe, à la relevée et à la chute, et celle de la bécassine seront permises, à dater du 25 août jusqu'au 1er avril 1848 exclusivement, mais elles ne pourront avoir lieu qu'au tir ; les lacets de pied sont formellement prohibés pour ces chasses.

Art. 6. La chasse de l'alouette est autorisée jusqu'à l'époque de la clôture des chasses : elle pourra avoir lieu au tir, au miroir, à la nappe ou tirasse et à la pointière ; les autres filets sont formellement défendus.

Art. 7. Il sera permis de chasser le gibier d'eau, dans les marais, sur les étangs, fleuves et rivières, depuis le 25 août jusqu'au 1er avril 1848 exclusivement.

Art. 8. En temps permis et en dehors de l'époque fixée pour la chasse des oiseaux de passage, la chasse des oiseaux ne pourra avoir lieu qu'au tir : cette disposition ne s'applique pas toutefois à la chasse de l'alouette.

Art. 9. Toute espèce de chasse est interdite pendant la nuit.

Art. 10. La chasse est également défendue en temps de neige, mais dans la plaine seulement.

Art. 11. Il est défendu de chasser avec des chiens lévriers ou de les laisser chasser seuls.

Art. 12. Nul ne pourra chasser sans être muni d'un permis de chasse délivré par l'autorité compétente.

Art. 13. Toutefois, il est libre au propriétaire ou possesseur de chasser sans permis de chasse, dans ses possessions, attenant à une habitation et entourées d'une clôture continue faisant obstacle à toute communication avec les héritages voisins.

Art. 14. Nul ne pourra chasser sur la propriété d'autrui, sans le consentement du propriétaire ou de ses ayant-droits.

Art. 15. Les permis de chasse seront délivrés par nous, sur l'avis du maire et du sous-préfet ; la demande, faite sur papier libre, devra être déposée par le demandeur à la mairie du lieu où il aura sa résidence ou son domicile, et nous sera transmise avec les avis exigés et le signalement exact du demandeur.

Art. 16. Les permis de chasse seront remis aux demandeurs par les percepteurs, qui exigeront en échange le payement du droit de 25 fr., fixé par l'article 5 de la loi.

Art. 17. Les gendarmes, les gardes forestiers et les gardes champêtres sont tenus d'exercer la surveillance la plus active, et de dresser procès-verbal contre tout individu qui serait trouvé en contravention à la loi ou aux règlements sur la chasse.

Art. 18. Il est interdit aux gardes champêtres ou forestiers des communes et établissements publics, ainsi qu'aux gardes forestiers de l'État et aux gardes-pêche, de se livrer à la chasse, sous peine de révocation.

ART. 19. Sont maintenues et continueront d'être observées les dispositions de notre arrêté du 17 octobre 1814, concernant la destruction des animaux malfaisants ou nuisibles.

ART. 20. Le présent arrêté sera publié et affiché, dix jours au moins avant le 25 août, dans toutes les communes du département et par les soins de MM. les Maires, qui constateront l'accomplissement de cette formalité sur les registres de leurs mairies; il sera de plus inséré au Recueil des Actes administratifs.

Epinal, le 8 août 1847.   R. DE LA BERGERIE.

PÊCHE FLUVIALE. — Loi du 15 avril 1829.
ORDONNANCE DU ROI DU 15 NOVEMBRE 1830.

LOUIS-PHILIPPE, ROI DES FRANÇAIS,

Vu les articles 26, 27, 28 et 29 de la loi du 15 avril 1829 relative à la pêche fluviale;—sur le rapport de notre Ministre Secrétaire d'État des finances, notre Conseil d'État entendu, nous avons ordonné et ordonnons ce qui suit:

ART. 1er. Sont prohibés sous les peines portées par l'article 28 de la loi du 15 avril 1829: 1° les filets traînants; 2° Les filets dont les mailles carrées sans accrues et non tendus, ni tirés en losange, auraient moins de 30 millimètres (14 lignes) de chaque côté après que le filet aura séjourné dans l'eau; 3° les bires, nasses ou autres engins dont les verges en osier seraient écartées entre elles de moins de 30 millimètres.

ART. 2. Sont néanmoins autorisés pour la pêche des goujons, ablettes, loches, vérons, vandoises et autres poissons de petites espèces, les filets dont les mailles auront 15 millimètres (7 lignes) de largeur et les nasses d'osier ou autres engins dont les baguettes ou verges seront écartées de 15 millimètres. Les pêcheurs auront aussi la faculté de se servir de toute espèce de nasses en jonc, à jour, quelque soit l'écartement de leurs verges.

ART. 3. Quiconque se servira pour une autre pêche que celle qui est indiquée dans l'article précédent des filets spécialement affectés à cet usage sera puni des peines portées par l'article 28 de la loi du 15 avril 1829.

ART. 4. Aucune restriction, ni pour le temps de la pêche, ni pour l'emploi des filets ou engins ne sera imposée aux pêcheurs du Rhin.

ART. 5. Dans chaque département le Préfet déterminera, sur l'avis du Conseil général et après avoir consulté les agents forestiers, les temps, saisons et heures pendant lesquels la pêche sera interdite dans les rivières et cours d'eau.

ART. 6. Il fera également un règlement dans lequel il déterminera et divisera les filets et engins qui d'après les règles ci-dessus devront être interdits.

ART. 7. Sur l'avis du Conseil général et après avoir consulté les agents forestiers, il pourra prohiber les procédés et modes de pêche qui lui sembleront de nature à nuire au repeuplement des rivières.

ART. 8. Les règlements des Préfets devront être homologués par ordonnances royales.

ART. 9. Notre Ministre Secrétaire d'État des finances est chargé de l'exécution de la présente ordonnance.

Fait à Paris, le 15 novembre 1830.   Signé LOUIS-PHILIPPE.

Par le Roi : Le Ministre secrétaire d'État des finances, signé J. LAFFITTE.

Pour ampliation : Le Secrétaire général des finances, signé DE BOUBERS.

ORDONNANCE DU ROI relative à la pêche fluviale.

LOUIS-PHILIPPE, ROI DES FRANÇAIS,

Vu les articles 1er et 3 de la loi du 15 avril 1829 sur la pêche fluviale ; — Vu les pièces transmises par les Préfets des départements, et contenant les résultats des enquêtes auxquelles il a été procédé en exécution de l'article 3 de ladite loi ; — Vu les tableaux de l'inscription maritime ; — sur le rapport de notre Ministre Secrétaire d'Etat des finances, nous avons ordonné et ordonnons ce qui suit :

ART. 1er. La pêche sera exercée au profit de l'état dans les fleuves, rivières, canaux et portions de fleuves et de rivières désignés par le tableau joint à la présente ordonnance.

ART. 2. Les limites entre la pêche fluviale et la pêche maritime demeurent fixées conformément aux indications portées dans la cinquième colonne du même tableau.

ART. 3. Notre Ministre Secrétaire d'Etat des finances est chargé de l'exécution de la présente, qui sera insérée au Bulletin des lois.

Paris, le 10 juillet 1835.

Signé LOUIS-PHILIPPE.

Par le Roi : Le Ministre secrétaire d'État des finances, signé HUMANN.

EXTRAIT DU TABLEAU, par Département, des parties de Fleuves et Rivières, et des Canaux navigables ou flottables en trains, sur lesquels la pêche sera exercée au profit de l'Etat, conformément aux dispositions des articles 1er et 3 de la Loi du 15 avril 1829.

MEURTHE.

Le Châtillon. Flottable en trains depuis Cirey jusqu'à son embouchure dans la Vezouze. Non navigable par bateaux.

La Meurthe. Flottable en trains depuis la limite du département des Vosges. Navigable par bateaux depuis Nancy jusqu'au confluent de la Moselle.

La Moselle. Flottable en trains sur tout son cours dans le département. Navigable par bateaux du pont de Frouard à la limite du département de la Moselle.

La Sarre-Rouge. Flottable en trains depuis Abreschwiller jusqu'à son embouchure dans la Sarre. Non navigable par bateaux.

La Sarre-Blanche. Flottable en trains à partir de 2,900 mètres au-dessus de la commune d'Hermelange jusqu'à sa réunion avec la Sarre-Rouge. Non navigable par bateaux.

La Sarre. Flottable en trains du point de réunion de la Sarre-Rouge et de la Sarre-Blanche à la limite du département du Bas-Rhin. Non navigable par bateaux.

Le Val. Flottable en trains depuis la Scierie-de-Marquis jusqu'à sa réunion à la Vezouze. Non navigable par bateaux.

La Vezouze. Flottable en trains sur tout son cours dans le département. Non navigable par bateaux.

Le Canal des Salines de l'Est. (Les travaux commencés pour l'ouverture de ce canal sont suspendus depuis 1814.)

MEUSE.

La Meuse. Navigable par bateaux de Verdun à la limite du département des Ardennes.

L'Ornain. Flottable en trains depuis Bar-le-Duc jusqu'à la limite du département de la Marne. Non navigable par bateaux.

Le Canal de Revigny. Flottable en trains sur tout son cours dans le département. Non navigable par bateaux.

VOSGES.

La Fave. Flottable en trains à partir de 1250 mètres au-dessous de la commune de Lubine, jusqu'à son embouchure dans la Meurthe. Non navigable par bateaux.

La Goutte-de-la-Maix. Flottable en trains à partir de la scierie de la Maix, jusqu'à son embouchure dans la Plaine. Non navigable par bateaux.

La Meurthe. Flottable en trains à partir du confluent de la Fave jusqu'à la limite du département de la Meurthe. Non navigable par bateaux.

La Moselle. Flottable en trains du pont de la Vierge, au-dessus d'Epinal, jusqu'à la limite du département de la Meurthe. Non navigable par bateaux.

La Plaine. Flottable en trains à partir de la scierie de Saint-Pierre, au-dessus de la commune de Raon-les-Eaux, jusqu'au confluent de la Meurthe. Non navigable par bateaux.

Le Rabodeau. Flottable en trains à partir de la scierie l'Abbé, commune de Moussey, jusqu'à son embouchure dans la Meurthe. Non navigable par bateaux.

Les Ravines. Flottable en trains depuis la scierie Coichot, au-dessus de Sainte-Prays, commune de Moyen-Moutier, jusqu'à son embouchure dans la Meurthe. Non navigable par bateaux.

Le Taintroué. Flottable en trains à partir de la scierie de Rougiville, commune de Taintrux, jusqu'à son embouchure dans la Meurthe. Non navigable par bateaux.

MEURTHE.

LE PRÉFET DU DÉPARTEMENT DE LA MEURTHE,

Vu les articles 5, 6, 7 et 8 de l'ordonnance royale rendue le 15 novembre 1830, en exécution des articles 26, 27, 28 et 29 de la loi du 15 avril 1829, relative à la pêche fluviale, portant que les Préfets feront les règlements administratifs qui devront être homologués par des ordonnances royales et qui ont pour objet : 1° de fixer les temps, saisons et heures pendant lesquels la pêche sera interdite dans les rivières et cours d'eau ; 2° les filets et engins, ainsi que les procédés et modes de pêche qui devront être prohibés comme étant de nature à nuire au repeuplement des rivières ; — Vu les observations de M. le Conservateur des forêts ; — Vu l'avis du Conseil général ;

ARRÊTE : — ART. 1er. La pêche est interdite dans les rivières et cours d'eau du département de la Meurthe, depuis le 1er avril jusqu'au 15 juin. Elle est aussi interdite, en quelques jours et saisons que ce puisse être, à autre heure que depuis le lever du soleil jusqu'à son coucher.

ART. 2. Sont prohibés les filets connus sous les noms de la *seine*, le *grand-harnais* ou *tramail*, le *harnichon* ou *petit tramail*, le *chalon*, le *pavillon*, le *vervieux à ailes*, la *trouble* ou *racet*, le *rafle-tout*, ainsi que *tous les filets traînants* qui, en barrant les rivières ou cours d'eau, ne laissent, de quelque largeur que soit leur maille, aucun passage aux poissons.

ART. 3. Les procédés et modes de pêche dont le détail suit, sont aussi prohibés ; le barrandage, la *pêche au feu*, au *harpon*, à la *fouane* ou *fourchette*, au *panier*, à la *main*, la *ligne de fond* ou *plombée*, le *collet*, formé d'un laiton à nœud coulant, attaché au bout d'une perche. La pêche qui s'exécute, soit en plongeant, soit en prenant *les poissons à fleur d'eau*, ou dans *les trous*, ou en battant l'eau, ou en rompant la glace, soit enfin au *fusil*.

ART. 4. Il est défendu à tout pêcheur d'*appâter* les *hameçons*, *nasses*, *filets*, ou autres *engins* avec des *truites*, *ombres*, *carpes*, *barbeaux* et *brêmes*, quelque soit la longueur de ces poissons.

ART. 5. Le présent règlement sera soumis, avant de recevoir son exécution, à l'homologation royale.

Nancy, le 27 mai 1831.

L. ARNAULT.

(Cet arrêté a été homologué par ordonnance royale du 3 novembre 1831.)

LE PRÉFET DU DÉPARTEMENT DE LA MEURTHE.

Vu la loi du 15 avril 1829 sur la pêche fluviale ; — Vu l'ordonnance royale du 15 novembre 1830 ; — Vu le règlement d'administration locale dressé par nous le 27 mai 1831 et homologué par ordonnance royale du 3 novembre suivant ; — Vu les observations du Conservateur des forêts ; — Vu l'avis du Conseil général ; — considérant qu'il est reconnu nécessaire d'ajouter au règlement du 27 mai 1831 de nouvelles dispositions pour assurer la conservation de plusieurs espèces de poissons.

ARRÊTONS : — ART. 1er. Il est défendu de pêcher et enjoint à tout pêcheur de rejeter en rivière : 1° les *truites*, *carpes*, *barbeaux*, *ombres*, *brêmes*, *brochets*, *vilains* dit *meuniers* ou *bouxets*, ayant moins de 160 millimètres entre l'œil et la naissance de la nageoire de la queue ; 2° les *tanches*, *perches*, *gardons*, *lottes* et autres poissons croissants ayant moins de 135 millimètres également entre l'œil et la naissance de la queue ; 3° les *anguilles* ayant moins de 75 millimètres de tour au milieu du corps.

ART. 2. Le présent règlement sera soumis, avant de recevoir son exécution à l'homologation royale.

Nancy, le 25 mars 1845.

L. ARNAULT.

(Cet arrêté a été homologué par ordonnance royale du 29 mai 1845.)

LE PRÉFET DU DÉPARTEMENT DE LA MEURTHE,

Vu l'ordonnance du roi en date du 28 février 1842, qui modifie, en ce qui concerne la pêche des ablettes, l'article 2 de celle du 15 novembre 1830, dans ce sens que la largeur des mailles de filets et l'écartement des baguettes ou verges des nasses d'osier ou autres engins employés à cette pêche pourront être réduits à 8 millimètres, laquelle ordonnance charge en outre les Préfets, dans chaque département, de déterminer dans quels lieux et à quelles conditions, ce mode spécial de pêche pourra être pratiqué ; — Vu la délibération prise sur cet objet par le Conseil général du département de la Meurthe, dans sa session de 1841 ; — Vu les observations fournies par le Conservateur des forêts ; — Vu la loi du 15 avril 1829 ; — Vu le règlement préfectoral du 27 mai 1831, homologué par ordonnance royale du 3 novembre suivant.

ARRÊTE : — ART. 1er. Est autorisé pour la pêche des ablettes dans le département de la Meurthe, le filet à mailles de 8 millimètres de largeur, appelé carrelet, échiquier ou étiquet (1).

Art. 2. L'emploi de ce filet pourra avoir lieu dans toutes les parties de rivières, sous les conditions prescrites par le règlement du 27 mai 1831, en ce qui concerne les temps de défense et de durée de la pêche en général.

Art. 3. Il est défendu, sous les peines portées par l'article 28 de la loi du 15 avril 1829, de se servir pour une autre pêche que celle des ablettes du filet spécialement affecté à cet usage.

Nancy, le 28 avril 1842.

L. ARNAULT.

MEUSE.

Le Préfet du département de la Meuse,

Vu la loi du 15 avril 1829 sur la pêche fluviale, art. 26 et 27 ; — Vu aussi l'ordonnance du roi en date du 15 novembre 1830, art. 5 et 8 ; — Vu également les observations du Conservateur des forêts du 30 avril 1831 ; — le vœu émis par le Conseil général du département de la Meuse, dans sa séance du 17 mai suivant ;

Arrête : — Art. 1er. La pêche sera interdite : 1° sur toute l'étendue de la rivière de Meuse et sur la rivière d'Aire, à partir du territoire de Beauzée inclusivement jusqu'à sa sortie du département, depuis le 1er mars jusqu'au 1er juin ; 2° sur toute l'étendue des rivières d'Ornain et de Saulx, et à partir de la source de l'Aire jusqu'au territoire de Beauzée, exclusivement, depuis le 15 décembre jusqu'au 15 avril ; 3° et sur toutes les autres rivières et ruisseaux, depuis le 1er mars jusqu'au 1er juin.

Art. 2. Pendant les temps non prohibés par l'article précédent, le droit de pêche ne pourra être exercé que depuis une heure avant le lever jusqu'à une heure après le coucher du soleil.

Art. 4. Les infractions aux art. 1er et 2 du présent règlement seront punies conformément à l'art. 27 de la loi du 15 avril 1829.

A Bar-le-Duc, le 27 mai 1831.

Comte D'ARROS.

Le Préfet du département de la Meuse,

Vu la loi du 15 avril 1829 sur la pêche fluviale, art. 23, 24, 25, 26, 28, 30 et 31 ; — Vu aussi l'ordonnance royale en date du 15 novembre 1830 ; — Vu également les observations du Conservateur des forêts du 30 avril 1831, et le vœu émis par le Conseil général du département, dans sa séance du 17 mai suivant ;

Arrête : — Art. 1er. Sont prohibés dans le département de la Meuse, sous les peines prononcées par les articles 24, 25, 28 et 31 de la loi du 15 avril 1829, les instruments, drogues et appâts de pêche dont la désignation suit : — les bouiller, cage au panier, les cordeaux, le carrelet ou l'échiquier,

---

(1) Le Conseil général du département de la Meurthe, dans sa session de 1847, séance du 2 septembre, a émis l'avis que le filet à maille de *huit millimètres* soit généralement substitué à celui de 15 millimètres pour la pêche des *petits poissons* de toutes les espèces.

le grand épervier, le gille, la fouane, le harpon, les lignes appâtées ou amorcées de petits poissons, le rateau, la rafle, la petite roye, la trouble, la charpagne, et en outre tous autres moyens tendant à refouler les poissons dans certaines parties des rivières, à les empêcher de remonter dans leurs eaux, à les enivrer ou à les détruire, tels que barrages des rivières ou ruisseaux, pêcheries à demeure et trébuchets aux déversoirs des moulins, pêches à la main, bouiller sous les saules, osiers et racines bordant les rivières, soles, bacs ou coupon, chambre à toucan, boucheaux, dideaux, anguillières, feux et flambeaux, rupture de glaces et l'emploi de noix vomique, chaux et autres drogues ou amorces de même nature. — Le rouissage du chanvre, dans les rivières et ruisseaux, et dans les enfoncements qui y communiquent, est pareillement prohibé. — Ne sont pas compris dans ces prohibitions le rondeau et la balance employés à la pêche des écrevisses.

A Bar-le-Duc, le 27 mai 1831.

Comte D'ARROS.

(Ces arrêtés ont été homologués par ordonnance royale du 3 novembre 1831.)

VOSGES.

Nous, Préfet du département des Vosges,

Vu l'article 5 de l'ordonnance royale rendue le 15 novembre 1830, en exécution des articles 26, 27, 28 et 29 de la loi du 15 avril 1829, relative à la pêche fluviale et portant que, « dans chaque département, le Préfet déterminera, sur l'avis du Conseil général et après avoir consulté les agents forestiers, les temps, saisons et heures pendant lesquels la pêche sera interdite dans les rivières et cours d'eau; » — Vu l'avis donné à cet égard par le Conseil général de ce département dans sa session de 1831 ; — Vu le rapport de M. le Conservateur des forêts du 6ᵉ arrondissement ; — Vu l'article 27 de la loi citée plus haut, qui inflige une amende de 30 à 200 francs contre quiconque se livrera à la pêche pendant les temps, saisons et heures prohibés par les ordonnances ;

ARRÊTONS : — ART. 1ᵉʳ. La pêche des poissons d'eau douce est interdite sous les peines portées par l'article 27 de la loi du 15 avril 1829, dans les fleuves, rivières navigables et flottables, canaux, ruisseaux et cours d'eau quelconques, à toute heure du jour et de la nuit, pendant le temps du frai qui est fixé, savoir : pour la truite, à partir du 15 novembre jusqu'au 1ᵉʳ mars, et pour toutes les autres espèces de poissons, y compris l'écrevisse, à partir du 1ᵉʳ mars jusqu'au 15 mai.

ART. 2. Est exceptée de la précédente prohibition, la pêche des poissons de mer, tels que saumons, aloses et lamproies qui remontent dans les fleuves, laquelle pourra se faire en toute saison ; mais les pêcheurs rejetteront en rivière les poissons d'eau douce qu'ils prendraient avec les espèces précédentes, pendant le temps prohibé.

ART. 3. Il est défendu, sous les mêmes peines, de pêcher de quelque manière que ce soit, depuis le coucher jusqu'au lever du soleil, sauf aux arches des ponts, digues, gords et écluses, où la pêche pourra s'exercer tant de nuit que de jour.

ART. 4. Le présent arrêté sera adressé à M. le Ministre des finances, pour être sanctionné par une ordonnance royale.

Epinal, le 22 juin 1831.

H. SIMÉON.

Nous, Préfet du département des Vosges,
Vu les articles 6 et 7 de l'ordonnance royale rendue le 15 novembre 1830, en exécution des articles 26, 27, 28 et 29 de la loi du 15 avril 1829, relative à la pêche fluviale et portant que, « dans chaque département, le Préfet fera un règlement dans lequel il déterminera et divisera les filets et engins qui devront être interdits pour l'usage de la pêche ; — que, sur l'avis du Conseil général et après avoir consulté les agents forestiers, il pourra prohiber les procédés et modes de pêche qui lui sembleront de nature à nuire au repeuplement des rivières ; » — Vu l'avis donné à cet égard par le Conseil général de ce département dans sa session de 1831 ; — Vu le rapport de M. le Conservateur des forêts du 6ᵉ arrondissement ; — Vu l'article 28 de la loi citée plus haut, qui inflige une amende de 30 à 100 francs contre tous ceux qui feront usage, en quelque temps et en quelque fleuve, rivière, canal ou ruisseau que ce soit, de l'un des procédés ou modes de pêche ou de l'un des instruments ou engins de pêche prohibés par les ordonnances ;

Arrêtons : — Art. 1ᵉʳ. Sont prohibés, comme étant de nature à nuire au repeuplement des rivières, les filets, engins, instruments de pêche appelés : la seine, le grand harnois ou tramail, le harnichon ou petit tramail, le chalon, le pavillon, le verveux à ailes, la trouble ou rafle-tout, la pêcherie, la cage, le collet, la ligne de fond, le trident, la fourchette.

Art. 2. Tout pêcheur ou autre individu qui fera usage, dans les fleuves et rivières navigables et flottables, ruisseaux, canaux ou cours d'eau quelconques de l'un des filets, engins ou instruments de pêche dénommés plus haut, sera puni de l'amende prononcée par l'article 28 de la loi du 15 avril 1829, et en outre de la confiscation du filet.

Art. 3. Sont également prohibés, sous les mêmes peines, les procédés et modes de pêche indiqués dans l'article suivant et tous autres qui pourront être inventés à l'avenir pour le dépeuplement des rivières.

Art. 4. Il est fait défense à tout pêcheur ou autre individu se livrant à la pêche : 1° d'attirer et rassembler le poisson en pêchant la nuit avec flambeau, brandons et autres feux, en rompant la glace et en employant des clairons ou trompettes ; 2° de faire fuir le poisson pour donner dans les nasses et filets, soit en remuant la vase sous les chevrins et saules qui bordent les rivières, et en troublant et battant l'eau avec des perches ou rabots, soit en épouvantant le poisson avec des chaînes, des cliquettes, ou de toute autre manière, pour le forcer à donner dans les filets de toute espèce, ce que l'on appelle faire le *barandage* ; 3° d'attaquer le poisson, lorsque les eaux sont basses, avec des instruments piquans, connus sous le nom de *dard, foëne, trident, salin, épée, harpon* et autres de la même espèce ; 4° de retenir le poisson en plaçant des fascines et amas de pierres aux passelis et digues des moulins, en établissant des batardeaux et fossés et en détournant le cours des eaux, afin de former des mares d'où le poisson ne peut plus sortir ; 5° de prendre le poisson à la main et en plongeant et en traînant les filets ; 6° d'enivrer et de détruire le poisson, en jetant dans l'eau des drogues telles que chaux, noix vomique, momie, tithymale, les sucs infects des lins et chanvres rouis, et autres substances qui contiennent des principes plus ou moins nuisibles au poisson.

Art. 5. Le présent arrêté sera adressé à M. le Ministre des finances, pour être sanctionné par une ordonnance royale.

Epinal, le 22 juin 1831.

H. Siméon.

(Ces arrêtés ont été homologués par ordonnance royale du 3 novembre 1831.)

TABLEAUX DES DISTANCES

En kilomètres de chaque commune du ressort de la Cour royale de Nancy aux chefs-lieux du canton, de l'arrondissement et du département, dressés en exécution de l'art. 93 du Règlement du 18 juin 1811.

MEURTHE.

Nota. Les noms des arrondissements sont représentés par les initiales suivantes :
L. Lunéville. — N. Nancy. — S. Sarrebourg. — T. Toul. — V. Vic (*).

(*) Vic est le chef-lieu judiciaire de l'arrondissement de *Château-Salins*, c'est pourquoi la distance est calculée de chaque commune de l'arrondissement à Vic.

COMMUNES.	DISTANCE du chef-lieu d'Arrondissement.	DISTANCE.	CHEF-LIEU de CANTON.	DISTANCE.	COMMUNES.	DISTANCE du chef-lieu d'Arrondissement.	DISTANCE.	CHEF-LIEU de CANTON.	DISTANCE.
Abaucourt	28	N	28 Nomeny	3	Azoudange	54	S	21 Réchicourt	10
Aboncourt	56	T	43 Colombey	25	BACCARAT	58	L	28 Baccarat	» »
Aboncourt	21	V	16 Château-S.	14	Bacourt	57	V	25 Delme	5
Abreschviller	86	S	13 Lorquin	10	Badonviller	66	L	36 Baccarat	15
Achain	44	V	18 Château-S.	14	Bagneux	52	T	15 Colombey	5
Affracourt	31	N	31 Haroué	1	Bainville-aux-Mir.	37	N	37 Haroué	10
Agincourt	7	N	7 Nancy (e.)	7	Bainville-sur-Mad.	16	T	21 Toul (s.)	21
Aingeray	16	T	12 Toul (n.)	12	Barbas	60	L	50 Blâmont	3
Ajoncourt	21	V	24 Delme	11	Barbonville	25	L	15 Bayon	11
Alaincourt	55	V	24 Idem	5	Barchain	77	S	10 Sarrebourg	10
ALBESTROFF	65	V	35 Albestroff	» »	Barisey-au-Plain	57	T	20 Colombey	5
Allain-aux-Bœufs	29	T	17 Colombey	5	Barisey-la-Côte	57	T	17 Idem	5
Allamps	37	T	18 Idem	8	Bassing	54	V	25 Dieuze	10
Alliroff	65	V	34 Albestroff	6	Bathelémont-B.	51	V	15 Vic	15
Amance	15	N	15 Nancy (e.)	15	Battigny	40	T	50 Colombey	12
Amelécourt	52	V	8 Château-S.	2	Baudrecourt	44	V	26 Delme	12
Amenoncourt	58	L	28 Blâmont	7	Bauzemont	55	L	12 Lunév.(n.)	12
Ancerviller	60	L	30 Idem	7	BAYON	52	L	22 Bayon	» »
Andilly	56	T	12 Domèvre	8	Bayonville	47	T	43 Thiaucourt	14
Angomont	77	L	40 Baccarat	22	Beaumont	41	T	25 Domèvre	13
Angviller	60	S	18 Fénétrange	15	Bebing	80	S	6 Sarreb.	6
Ansauville	36	T	17 Domèvre	8	Bellange	45	V	17 Château-S.	15
Anthelupt	24	L	6 Lunév.(n.)	6	Belleau	19	N	19 Nomeny	9
Armaucourt	20	N	20 Nomeny	12	Belleville	17	N	17 Pont-à-M.	15
Arnaville	45	T	45 Thiaucourt	17	Bénaménil	45	L	13 Lun. (s.e.)	15
Arracourt	51	V	8 Vic	8	Bénestroff	57	V	28 Albestroff	10
Arraye-et-Han	20	N	20 Nomeny	10	Benney	25	N	25 Haroué	8
Arschviller	97	S	11 Phalsbourg	8	Berlingen	105	S	20 Phalsbourg	5
Art-sur-Meurthe	8	N	8 Saint-Nic.	6	Bermering	60	V	50 Albestroff	15
Aspach	73	S	14 Lorquin	4	Bernécourt	55	T	20 Domèvre	7
Assenoncourt	54	S	23 Réchicourt	15	Berthelming	72	S	11 Fénétrange	5
Athienville	29	V	10 Vic	10	Bertrambois	75	S	19 Lorquin	9
Atilloncourt	22	V	15 Château-S.	12	Bertrichamps	65	L	35 Baccarat	7
Atton	28	N	8 Pont-à-M.	4	Bettborn	74	S	9 Fénétrange	7
Aulnois	24	V	25 Delme	8	Beuvezin	46	T	40 Colombey	20
Autrepierre	60	L	50 Blâmont	5	Bey	21	N	21 Nomeny	15
Autreville	19	N	19 Pont-à-M.	12	Bezange-la-Grande	26	V	7 Vic	7
Autrey	25	N	25 Vézelise	7	Bezange-la-Petite	39	V	10 Idem	10
Avrainville	50	T	12 Domèvre	6	Bezaumont	25	N	25 Pont-à-M.	9
Avricourt	66	S	24 Réchicourt	4	Bickenholtz	100	S	14 Phalsbourg	14
Azelot	17	N	17 Saint-Nic.	9	Bicqueley	51	T	7 Toul (s.)	7
Azerailles	52	L	22 Baccarat	6	Bidestroff	55	V	25 Dieuze	8

Bieberskirch	88	S	10	Sarrebourg	10	Chicourt	43	V	19	Delme	11
Bienville-la-Petite	34	L	6	Lunév.(n.)	6	Choloy	29	T	5	Toul (s.)	5
Bioncourt	22	V	14	Château-S.	14	Cirey	69	S	21	Lorquin	11
Bionville	72	L	42	Baccarat	25	Clayeures	55	L	17	Bayon	7
Bisping	61	S	16	Fénétrange	13	Clémery	29	N	29	Nomeny	4
Blainv.-sur-l'Eau	27	L	9	Bayon	12	Clérey	23	N	23	Vézelise	5
BLAMONT	60	L	30	Blâmont	» »	Coincourt	41	V	13	Vic	13
Blanche-Eglise	43	V	13	Dieuze	4	Coiviller	17	N	17	Saint-Nic.	7
Blémerey	52	L	22	Blâmont	12	COLOMBEY	32	T	20	Colombey	» »
Blénod-les-Toul	36	T	12	Toul (s.)	12	Conthil	47	V	19	Château-S.	17
Blénod-l.-P.-à-M	27	N	27	Pont-à-M.	3	Courbesseaux	22	L	15	Lun. (n.)	15
Bonviller	35	L	5	Lunéville	5	Courcelles	45	T	11	Colombey	24
Borville	40	L	23	Bayon	8	Coutures	50	V	8	Château-S.	2
Boucq	38	T	14	Toul (n.)	14	Craincourt	26	V	24	Delme	7
Bouillonville	45	T	35	Thiaucourt	2	Crantenoy	31	N	31	Haroué	5
Bourdonnay	47	V	18	Vic	18	Crépey	30	T	20	Colombey	7
Bourgaltroff	55	V	24	Dieuze	8	Crévéchamps	26	N	26	Haroué	12
Bourscheid	99	S	13	Phalsbourg	5	Crévic	22	L	10	Lunév. (n.)	10
Bouvron	28	T	7	Toul (n.)	7	Crézilles	34	T	12	Toul (s.)	12
Bouxières-aux-Ch	13	N	13	Nancy (e.)	13	Crion	36	L	8	Lun.(s.-e.)	8
Bouxières-aux-D	8	N	8	Idem	8	Croimare	57	L	7	Idem	7
Bouxières-s.-Fr.	37	N	37	Pont-à-M.	7	Custines	11	N	11	Nancy (e.)	11
Bouzanville	43	N	43	Haroué	11	Cutting	55	V	26	Dieuze	11
Bralleville	59	N	59	Idem	9	Dabo	103	S	20	Phalsbourg	16
Bratte	18	N	18	Nomeny	11	Dalhain	41	V	17	Château-S.	11
Brehain	42	V	18	Delme	14	Damelevières	25	L	11	Bayon	13
Brémenil	67	L	37	Baccarat	19	Danne-et-Q.-V.	106	S	21	Phalsbourg	2
Brémoncourt	35	L	18	Bayon	4	Dannelbourg	101	S	16	Idem	4
Brin	20	N	20	Nomeny	18	Dédeling	42	V	12	Château-S.	2
Broudersdorff	90	S	7	Sarrebourg	7	DELME	32	V	19	Delme	» »
Brouville	54	L	24	Baccarat	7	Deneuvre	58	L	28	Baccarat	1
Brouviller	96	S	11	Phalsbourg	9	Desseling	55	S	24	Réchicourt	16
Bruley	29	T	5	Toul (n.)	5	Deuxville	28	L	4	Lunév.(n.)	4
Buhl	88	S	3	Sarrebourg	3	Dianne-Capelle	63	S	12	Phalsbourg	12
Buissoncourt	15	N	15	Saint-N.	7	Diarville	59	N	59	Haroué	11
Bulligny	57	T	15	Toul (s.)	15	Dieulouard	21	N	21	Pont-à-M.	9
Bures	36	V	13	Vic	13	DIEUZE	45	V	15	Dieuze	» »
Buriville	49	L	19	Blâmont	15	Dolcourt	53	T	25	Colombey	9
Burlioncourt	59	V	12	Château-S.	9	Dolving	78	S	6	Fénétrange	10
Burthec.-aux-Ch.	16	N	16	Saint-Nic.	7	Dombasle	18	N	18	Saint-N.	5
Ceintrey	22	N	22	Haroué	9	Domèvre-s.-Vez.	55	L	25	Blâmont	5
Cercueil	15	N	15	Saint-Nic.	9	DOMÈVRE-EN-HAYE	28	T	18	Dom. en H.	» »
Châligny	13	N	13	Nancy (n.)	13	Domgermain	30	T	6	Toul (s.)	6
Chambray	24	V	6	Château-S.	7	Domjevin	49	L	19	Blâmont	15
Champenoux	15	N	15	Nancy (e.)	15	Dommarie-Eulm.	57	N	57	Vézelise	9
Champey	56	N	56	Pont-à-M.	6	Dommartemont	4	N	4	Nancy (e.)	4
Champigneulles	5	N	5	Nancy (e.)	5	Dommartin-la-Ch.	51	T	42	Tiaucourt	7
Chanteheux	33	L	3	Lun.(s.-e.)	3	Dommartin-les-T.	22	T	2	Toul (n.)	2
Chaouilley	34	N	34	Vézelize	6	Dommartin-s.-A.	9	N	9	Nancy (e.)	9
Charey	53	T	41	Thiaucourt	6	Domnom	56	V	26	Dieuze	11
Charmes-la-Côte	31	T	7	Toul (s.)	7	Domptail	27	L	18	Bayon	8
Charmois	27	L	12	Bayon	10	Donjeux	51	V	17	Delme	2
Château-Brehain	42	V	18	Delme	13	Donnelay	45	V	14	Vic	14
CHATEAU-SALINS	50	V	6	Château-S.	» »	Drouville	24	L	14	Lunév.(n.)	14
Château-Voué	42	V	13	Idem	13	Ecrouves	29	T	5	Toul (n.)	5
Chaudeney	26	T	4	Toul (s.)	4	Einvaux	34	L	12	Bayon	7
Chavigny	10	N	10	Nancy (o.)	10	Einville	52	L	7	Lunév.(n.)	7
Chazelles	56	L	26	Blâmont	6	Embermenil	49	L	19	Blâmont	15
Cheneyières	45	L	15	Lun.(s.-e.)	15	Elpy	52	N	32	Nomeny	6
Chenicourt	21	N	21	Nomeny	7	Erbéviller	18	N	18	Saint-N.	15
Chenois	47	V	25	Delme	11	Essey-et-Maizerais	45	T	51	Thiaucourt	6

MEURTHE.

Essey-les-Nancy	4	N	4	Nancy (e.)	4	Goviller	50	N	50	Vézelise	7
Essey-la-Côte	46	L	23	Gerbéviller	10	Grémecey	23	V	11	Château-S.	9
Étreval	33	N	33	Vézelise	5	Grimonviller	41	T	12	Colombey	22
Eulmont	9	N	9	Nancy (e.)	9	Gripport	40	N	10	Haroué	10
Euvezin	45	T	31	Thiaucourt	5	Griscourt	25	T	25	Domèvre	7
Faulx	14	N	14	Nomeny	14	Grosrouvre	35	T	18	Idem	7
Favières	35	T	28	Colombey	10	Guébestroff	48	V	18	Dieuze	3
Faxe	39	V	17	Delme	7	Guéblange	44	V	15	Idem	5
Fécocourt	57	T	38	Colombey	20	Guébling	52	V	23	Idem	7
FÉNÉTRANGE	75	S	16	Fénétrange	» »	Guénestroff	47	V	17	Idem	2
Fenneviller	66	L	36	Baccarat	14	Guermange	55	S	27	Réchicourt	19
Ferrières	21	N	21	Saint-N.	10	Gugney	40	N	10	Vézelise	12
Fey-en-Haye	38	T	33	Thiaucourt	10	Guinzeling	59	V	29	Albestroff	9
Flainval	23	L	9	Lunév.(n.)	9	Guntzviller	96	S	11	Phalsbourg	9
Flavigny-sur-Mos.	16	N	16	Saint-N.	11	Gye	31	T	7	Toul (s.)	7
Flesheim	98	S	12	Fénétrange	15	Hablainville	54	L	24	Baccarat	10
Fléville	9	N	9	Saint-N.	9	Haboudange	43	V	16	Château-S.	13
Flin	49	L	19	Gerbéviller	12	Haigneville	32	L	19	Bayon	2
Flirey	38	T	25	Thiaucourt	10	Halloville	59	L	29	Blâmont	5
Fontenoy-la-Joute	55	L	25	Baccarat	7	Hammeville	51	N	51	Vézelise	3
Fontenoy	18	T	10	Toul (n.)	10	Hamonville	58	T	19	Domèvre	10
Fonteny	37	V	17	Delme	7	Hanipont	57	V	8	Château-S.	7
Forcelle-S.-Gorg.	32	N	52	Vézelise	4	Hangviller	105	S	20	Phalsbourg	8
Forcelle-s.-Gugn.	40	N	40	Idem	12	Hannocourt	39	V	18	Delme	7
Fossieux	23	V	19	Delme	7	Haraucourt	18	N	18	Saint-N.	7
Foug	32	T	8	Toul (n.)	8	Harauc.-s.-Seil.	56	V	7	Château-S.	10
Foulcrey	66	S	22	Réchicourt	4	Harboué	63	L	55	Blâmont	4
Fraimbois	40	L	10	Gerbéviller	5	Harcré	50	N	50	Haroué	» »
Fraisnes-en-Saint.	42	N	42	Vézelise	14	Harreberg	94	S	14	Sarrebourg	14
Francheville	22	T	2	Domèvre	10	Hartzviller	85	S	10	Idem	10
Franconville	43	L	13	Gerbéviller	5	Hattigny	75	S	16	Lorquin	6
Fraquelfing	75	S	14	Lorquin	4	Haudonville	40	L	13	Gerbéviller	1
Fréménil	42	L	18	Blâmont	15	Haussonville	23	L	18	Bayon	7
Frémery	2	V	20	Delme	9	Haut-Clocher	86	S	6	Sarrebourg	6
Frémonville	64	L	34	Blâmont	4	Haie-des-Allem.	66	S	18	Réchicourt	10
Fresnes-en-Saul.	50	V	12	Château-S.	7	Hazelbourg	98	S	14	Phalsbourg	11
Fribourg	59	S	20	Réchicourt	14	Heillecourt	5	N	5	Nancy (o.)	5
Frolois	20	N	20	Vézelise	12	Hellering	76	S	10	Fénétrange	7
Frouard	10	N	10	Nancy (n.)	10	Hellocourt	51	V	22	Vic	22
Froville	36	L	22	Bayon	9	Heming	76	S	9	Lorquin	5
Garrebourg	101	S	15	Phalsbourg	9	Hénaménil	37	L	12	Lun.(s.-e.)	12
Gélacourt	53	L	23	Baccarat	4	Henridorff	99	S	14	Phalsbourg	7
Gélaucourt	34	T	50	Colombey	12	Hérange	98	S	12	Idem	8
Gellenoncourt	18	N	18	Saint-N.	10	Herbéviller	51	L	21	Blâmont	9
Gelucourt	46	V	17	Dieuze	7	Hériménil	34	L	4	Gerbéviller	10
Gémonville	48	T	30	Colombey	15	Hermelange	80	S	12	Lorquin	4
Gerbécourt	54	V	10	Château-S.	4	Hertzing	75	S	11	Réchicourt	10
Gerbéc.-Haplem.	26	N	26	Haroué	5	Hesse	84	S	6	Sarrebourg	6
GERBÉVILLER	40	L	13	Gerbéviller	» »	Hilbesheim	86	S	7	Fénétrange	13
Germiny	26	T	19	Colombey	10	Hoéville	26	L	15	Lunév.(n.)	15
Germonville	39	N	39	Haroué	9	Hoff	87	S	2	Sarrebourg	2
Gézoncourt	26	T	22	Domèvre	6	Hommarting	94	S	10	Idem	9
Gibaumeix	41	T	17	Colombey	15	Hommert	94	S	14	Idem	14
Giriviller	47	L	20	Gerbéviller	7	Houdelmont	23	N	23	Vézelise	7
Givrecourt	63	V	36	Albestroff	5	Houdemont	6	N	6	Nancy (o.)	6
Glonville	52	L	22	Baccarat	7	Houdreville	23	N	23	Vézelise	5
Gogney	64	L	34	Blâmont	7	Housselmont	39	T	19	Colombey	7
Gondreville	18	T	6	Toul (n.)	6	Housséville	58	N	58	Haroué	10
Gondrexange	72	S	12	Réchicourt	8	Hudiviller	22	L	8	Lunév. (n.)	8
Gondrexon	57	L	26	Blâmont	6	Hultenhausen	104	S	19	Phalsbourg	7
Gosselming	72	S	9	Fénétrange	7	Hunskirich	70	V	41	Albestroff	7

Ibigny	68	S	19	Réchicourt	6	Liocourt	34	V	24	Delme	5
Igney	63	S	25	*Idem*	8	Lironville	55	T	25	Thiaucourt	12
Immeling	82	S	5	Sarrebourg	5	Liverdun	16	T	20	Domèvre	13
Insming	68	V	38	Albestroff	5	Lixheim	96	S	11	Phalsbourg	10
Inswillers	65	S	55	*Idem*	8	Lixières	22	N	22	Nomeny	6
Jaillon	22	T	12	Domèvre	9	Loisy	25	N	25	Pont-à-M.	6
Jallaucourt	20	V	15	Delme	7	Lorey	29	L	22	Bayon	5
Jarville	5	N	5	Nancy (o.)	5	Loromontzey	59	L	26	*Idem*	7
Jaulny	47	T	38	Thiaucourt	5	Lorquin	78	S	10	Lorquin	» »
Jeandelaincourt	22	N	22	Nomeny	5	Lostroff	57	V	27	Albestroff	11
Jevoncourt	57	L	57	Haroué	7	Loudrefing	61	V	28	*Idem*	12
Jezainville	25	N	25	Pont-à-M.	8	Lubécourt	55	V	9	Château-S.	5
Jolivet	52	L	2	Lun. (s.-e.)	2	Lucey	51	T	7	Toul (n.)	7
Juvelise	40	V	11	Vic	11	Lucy	41	V	22	Delme	9
Juville	59	N	26	Delme	7	Ludres	9	N	9	Nancy (o.)	9
Juvrecourt	55	V	6	Vic	6	LUNÉVILLE	30	L	» »	Lunéville	» »
Kerprick-aux-Bois	82	S	8	Sarrebourg	8	Lupcourt	12	N	12	Saint-N.	6
Kerprick-les-Die.	45	V	15	Dieuze	5	Lutzelbourg	101	S	19	Phalsbourg	6
La Chapelle	65	L	55	Baccarat	7	Magnières	50	L	25	Gerbéviller	10
Lafrimbolle	74	S	22	Lorquin	10	Maidières	52	N	52	Pont-à-M.	2
Lagarde	40	V	20	Vic	20	Mailly	52	N	52	Nomeny	4
Laguey	51	T	10	Toul (n.)	10	Maixe	25	L	7	Lunév. (n.)	7
Laitre-sous-Aman	12	N	12	Nancy (e.)	12	Maizières	51	V	22	Vic	22
Laloeuf	55	N	55	Vézelise	7	Maizières	18	T	18	Toul (s.)	18
Lamath	55	L	7	Gerbéviller	6	Malaucourt	25	V	17	Delme	8
Landange	72	S	13	Lorquin	4	Malleloy	14	N	14	Nomeny	14
Landécourt	55	L	15	Bayon	9	Malzéville	2	N	2	Nancy (e.)	2
Landremont	22	N	22	Pont-à-M.	10	Mamey	50	T	26	Domèvre	8
La Neuvelotte	11	N	11	Nancy (e.)	11	Mandres-aux-4-T.	40	T	24	*Idem*	12
Laneuvev.-aux-B.	45	L	15	Lun. (s.-e.)	15	Mangonville	55	N	55	Haroué	10
Laneuveville-d.-F.	» »	T	10	Toul (n.)	10	Manhoué	22	V	17	Château-S.	14
Laneuveville-d.-B.	52	N	52	Haroué	5	Manoncourt-en-V.	15	V	15	Saint-N.	8
Laneuveville-d.-N.	7	N	7	St.-Nicolas	6	Manoncourt-en-V.	52	T	14	Domèvre	4
Laneuveville-en-S.	52	V	14	Delme	5	Manoncourt-sur-S.	25	N	25	Nomeny	5
Laneuveville-l.-L.	75	S	12	Lorquin	2	Manonville	50	T	20	Domèvre	8
Lanfroicourt	21	N	21	Nomeny	14	Marainviller	45	L	15	Lun. (s.-e.)	13
Langatte	85	S	7	Sarrebourg	7	Marainviller	59	L	9	*Idem*	9
Languimbert	59	S	18	Réchicourt	15	Marbache	15	N	15	Nancy (n.)	15
Laronxe	41	L	11	Lun. (s.-e.)	11	Marimont	63	V	26	Albestroff	9
Laxou	4	N	4	Nancy (n.)	4	Maron	15	N	15	Nancy (n.)	15
Lay-S.-Christop.	8	N	8	Nancy (e.)	8	Marsal	50	V	7	Vic	7
Lay-S.-Remy	54	T	10	Toul (n.)	10	Marthemont	22	N	22	Vézelise	12
Lebeuville	58	N	58	Haroué	8	Marthil	44	V	20	Delme	10
Leintrey	54	L	25	Blâmont	10	Martincourt	29	T	24	Domèvre	6
Lemainville	24	N	24	Haroué	6	Mattexey	47	L	20	Gerbéviller	7
Leménil-Mitry	56	N	56	*Idem*	7	Maxéville	2	N	2	Nancy (n.)	2
Lemoncourt	20	V	17	Delme	4	Mazerulles	18	V	13	Château-S.	14
Léning	62	V	55	Albestroff	5	Méhoncourt	51	L	16	Bayon	6
Lenoncourt	11	N	11	St.-Nicolas	5	Ménil-la-Tour	55	T	11	Toul (n.)	11
Les-Ménils	55	N	55	Pont-à-M.	5	Ménillot	50	T	6	Toul (s.)	6
Lesse	47	V	27	Delme	15	Méréville	14	N	14	Nancy (o.)	14
Létricourt	23	N	23	Nomeny	6	Merviller	59	L	25	Baccarat	5
Ley	41	V	12	Delme	12	Messein	12	N	12	Nancy (o.)	12
Leyr	14	N	14	Nomeny	14	Métairies-S-Quirin	85	S	17	Lorquin	10
Lezey	59	V	9	Vic	9	Metting	103	S	20	Phalsbourg	9
Lhor	61	V	31	Albestroff	7	Mignéville	65	L	25	Baccarat	12
Lidrequin	45	V	18	Château-S.	15	Millery	18	N	18	Pont-à-M.	13
Lidrezing	47	V	20	Dieuze	10	Minorville	51	T	18	Domèvre	5
Limey	50	T	28	Thiaucourt	9	Mittelbronn	102	S	17	Phalsbourg	2
Lindre-Basse	48	V	18	Dieuze	5	Mittersheim	67	S	23	Fénétrange	8
Lindre-Haute	48	V	18	*Idem*	5	Moivron	20	N	20	Nomeny	9

MEURTHE.

Commune				Commune				Commune			
Molring	58	V 28	Albestroff	8	Pexonne	71	L 33	Baccarat	13
Moncel	10	V 10	Château-S.	11	Phalsbourg	104	S 19	Phalsbourg	» »
Moncel-les-Lun.	34	L 4	Lun.(s. o.)	4	Phlin	33	N 33	Nomeny	6
Moncourt	42	V 13	Vic	13	Pierre	26	T 6	Toul (s.)	6
Mont	29	L 7	Gerbéviller	10	Pierre-Percée	69	L 39	Baccarat	17
Montauville	54	N 54	Pont-à-M.	4	Pierreville	22	N 22	Vézelise	9
Montdidier	61	V 50	Albestroff	5	Pixerécourt	6	N 6	Nancy (e.)	6
Montenoy	15	N 15	Nomeny	14	Plaine-de-Valsch	91	S 9	Sarrebourg	9
Montigny	57	L 27	Baccarat	11	Pompey	11	N 11	Nancy (n.)	11
Mont-l'Étroit	43	T 23	Colombey	11	Pont-à-Mousson	50	N 50	Pont-à-M.	» »
Mont-le-Vignoble	54	T 10	Toul (s.)	10	Pont-St-Vincent	14	N 14	Nancy (o.)	14
Montreux	61	L 51	Blâmont	7	Port-sur-Seille	51	N 51	Pont-à-M.	8
Morey	19	N 19	Nomeny	10	Postroff	80	S 17	Fénétrange	5
Moriviller	57	L 16	Gerbéviller	6	Praye	54	N 54	Vézelise	6
Morville-les-Vic	54	V 5	Château-S.	4	Preny	41	N 41	Pont-à-M.	11
Morville-sur-Nied	42	V 23	Delme	10	Prévocourt	38	V 23	Delme	6
Morville-sur-Seil.	52	N 52	Pont-à-M.	8	Pulligny	22	N 22	Vézelise	9
Mouacourt	45	L 18	Lun.(s.-e.)	18	Pulney	57	T 39	Colombey	21
Moussey	62	S 23	Réchicourt	5	Pulnoy	7	N 7	Nancy (e.)	7
Mousson	52	N 52	Pont-à-M.	2	Puttigny	56	V 11	Château-S.	6
Moutrot	55	T 9	Toul (s.)	9	Puzieux	54	V 21	Delme	2
Moyen	40	L 19	Gerbéviller	6	Quevilloncourt	50	N 50	Vézelise	2
Moyenvic	52	V 5	Vic	5	Raon-les-Leau	84	S 53	Lorquin	25
Mulcey	59	V 10	Dieuze	5	Raucourt	33	N 33	Nomeny	6
Münster	64	V 35	Albestroff	5	Raville	55	L 7	Lunéville	7
Nancy	» »	N » »	Nancy	» »	Réchicourt-la-Pet.	59	V 10	Vic	10
Nébing	58	V 29	Albestroff	6	Réchicourt-le-Ch.	68	S 20	Réchicourt	» »
Neuf-Maisons	62	L 32	Baccarat	10	Reclonville	50	L 20	Blâmont	11
Neuf-Moulins	74	S 12	Lorquin	5	Reding	90	S 5	Sarrebourg	5
Neuf-Village	61	V 32	Albestroff	6	Régéville	58	T 35	Thiaucourt	8
Neuves-Maisons	12	N 12	Nancy (o.)	12	Rehainviller	55	L 5	Gerbéviller	10
Neuviller-les-B.	61	L 31	Baccarat	13	Réhéray	55	L 23	Baccarat	9
Neuviller-sur-M.	29	N 20	Haroué	11	Reillon	55	L 23	Blâmont	9
Niderhoff	70	S 15	Lorquin	5	Rembercourt	50	T 41	Thiaucourt	6
Niderstinzel	78	S 19	Fénétrange	3	Remenauville	58	T 32	Idem	8
Niderviller	90	S 6	Sarrebourg	6	Réménoville	45	L 18	Gerbéviller	5
Nitting	81	S 10	Lorquin	5	Reméréville	19	N 19	St.-Nicolas	12
Nomeny	28	N 28	Nomeny	» »	Rémoncourt	55	L 23	Blâmont	12
Nonhigny	60	L 30	Blâmont	7	Réning	68	V 29	Albestroff	5
Norroy	33	N 33	Pont-à-M.	5	Repaix	63	L 33	Blâmont	3
Noviant-aux-Prés	35	T 22	Domèvre	6	Rhodes	63	S 16	Sarrebourg	16
Oberstinzel	78	S 7	Fénétrange	8	Richardménil	15	N 15	St.-Nicolas	13
Obreck	38	V 10	Château-S.	8	Riche	44	V 5	Château-S.	14
Ochey	20	T 14	Toul (s.)	14	Richeval	67	S 19	Réchicourt	7
Ogéviller	49	L 19	Blâmont	11	Rodalbe	84	V 21	Albestroff	14
Ogéville	30	N 30	Vézelise	2	Rogéville	24	T 20	Domèvre	4
Omelmont	26	N 26	Idem	2	Romain	29	L 16	Bayon	6
Ommeray	44	V 13	Vic	13	Romécourt	55	S 20	Réchicourt	7
Oriocourt	30	V 16	Delme	4	Romelfing	78	S 15	Fénétrange	5
Ormes-et-Ville	25	N 25	Haroué	5	Rorhbach	55	V 26	Dieuze	11
Oron	41	V 19	Delme	9	Rosières-aux-Sal.	21	N 21	St.-Nicolas	8
Paguy-d.-Barine	28	T 4	Toul (n.)	4	Rosières-en-Haie	21	T 17	Domèvre	7
Pagny-sur-Moselle	41	N 41	Pont-à-M.	11	Rouves	30	N 30	Nomeny	2
Pannes	47	T 31	Thiaucourt	6	Roville	32	N 32	Haroué	11
Parey-St-Césaire	21	N 21	Vézelise	7	Royaumeix	56	T 12	Domèvre	9
Parroy	43	L 18	Lun.(s.-e.)	18	Rozelieures	43	L 21	Bayon	11
Parux	68	S 27	Lorquin	17	Saffais	22	N 22	St.-Nicolas	10
Petit-Mont	69	S 24	Idem	14	Saint-Baussant	44	T 27	Thiaucourt	10
Pettoncourt	22	V 12	Château-S.	10	Saint-Boing	44	L 23	Bayon	12
Pettonville	55	L 25	Baccarat	11	Saint-Clément	42	L 12	Lun.(s.-e.)	12
Pévonge	46	V 17	Château-S.	16	Saint-Epvre	46	V 29	Delme	14

MEURTHE.

Saint-Firmin	56	N	56	Haroué	8
Saint-Georges	70	S	15	Réchicourt	7
Saint-Germain	59	L	28	Bayon	7
St-Jean-Kourtzer	99	S	14	Phalsbourg	5
St-Jean-de-Bassel	75	S	10	Fénétrange	6
Saint-Louis	97	S	12	Phalsbourg	8
Saint-Mard	27	L	20	Bayon	5
Saint-Martin	52	L	22	Blâmont	10
Saint-Maurice	59	L	20	Baccarat	13
Saint-Max	5	N	5	Nancy (e.)	5
Saint-Médard	58	V	9	Dieuze	6
SAINT-NICOLAS	13	N	13	St.-Nicolas	» »
Saint-Quirin	85	S	17	Lorquin	10
Saint-Remimont	27	N	27	Haroué	10
St-Remy-aux-B.	44	L	27	Bayon	12
Saint-Sauveur	72	S	27	Lorquin	17
Sainte-Geneviève	25	N	25	Pont-à-M.	6
Sainte-Pôle	58	L	28	Baccarat	12
Saizerais (Les)	17	T	21	Domèvre	11
Salival	55	V	4	Château-S.	8
Salonnes	27	V	5	Idem	4
Sansey	56	T	12	Toul (n.)	12
Saraltroff	82	S	5	Fénétrange	12
SARREBOURG	85	S	» »	Sarrebourg	» »
Saulxerotte	55	T	28	Colombey	10
Saulxures-les-N.	6	N	6	Nancy (e.)	6
Saulxures-les-V.	59	T	21	Colombey	8
Saxon-Sion	51	N	31	Vézelise	6
Schalbach	102	S	16	Fénétrange	15
Schneckenbusch	87	S	5	Sarrebourg	5
Seichamps	7	N	7	Nancy (e.)	7
Seicheprey	42	T	26	Thiaucourt	13
Selaincourt	55	T	27	Colombey	7
Seranville	46	L	19	Gerbéviller	6
Serres	29	L	12	Lunév.(n.)	12
Serrières	21	N	21	Nomeny	7
Sexey-aux-Forges	17	T	17	Toul (s.)	17
Sexey-les-Bois	14	T	14	Toul (n.)	14
Sionviller	37	L	7	Lun.(s.-e.)	7
Sivry	20	N	20	Nomeny	8
Sommerviller	20	L	12	Lunév.(n.)	12
Sornéville	19	V	13	Château-S.	14
Sotzeling	44	V	4	Idem	14
Tanconville	69	S	19	Lorquin	9
Tantonville	28	N	28	Haroué	4
Tarquinpol	50	V	21	Dieuze	7
Thélod	24	N	24	Vézelise	11
They	59	N	59	Idem	11
Thezey-St-Martin	52	N	32	Nomeny	6
THIAUCOURT	44	T	55	Thiaucourt	» »
Thiaville	65	L	35	Baccarat	7
Thiébauménil	41	L	11	Lun.(s.-e.)	11
Thorey	55	N	55	Vézelise	5
Thuilley-aux-Gr.	25	T	15	Colombey	10
Tincry	55	V	22	Delme	5
Tomblaine	5	N	5	Nancy (o.)	5
Tonnoy	21	N	21	St.-Nicolas	11
Torcheville	60	V	51	Albestroff	4
TOUL	24	T	» »	Toul	» »
Tramont-Emy	59	T	54	Colombey	16
Tramont-Lassus	59	T	55	Idem	17

Tramont-St-And.	59	T	33	Colombey	15
Tremblecourt	27	T	17	Domèvre	2
Trois-Fontaines	88	S	10	Sarrebourg	10
Trondes	56	T	12	Toul (n.)	12
Turquestein	79	S	23	Lorquin	15
Uruffe	42	T	18	Colombey	15
Vacqueville	59	L	29	Baccarat	8
Vahl	58	V	20	Albestroff	6
Val-de-Bon-M.	69	S	24	Lorquin	14
Valhey	55	L	11	Lunév. (n.)	11
Vallois	46	L	19	Gerbéviller	6
Valtembourg	99	S	14	Phalsbourg	5
Vandelainville	47	T	45	Thiaucourt	5
Vandeléville	40	T	34	Colombey	16
Vandières	57	N	37	Pont-à-M.	7
Vandœuvres	6	N	6	Nancy (o.)	6
Vannecourt	40	V	16	Château-S.	10
Vannes	50	T	20	Colombey	9
Varangéville	15	N	15	St.-Nicolas	2
Vasperviller	80	S	15	Lorquin	7
Vathiménil	45	L	15	Gerbéviller	10
Vaucourt	52	L	22	Blâmont	18
Vaudémont	59	N	39	Vézelise	8
Vaudeville	52	N	32	Haroué	2
Vaudigny	54	N	54	Idem	4
Vaxainville	54	L	24	Baccarat	10
Vaxy	55	V	11	Château-S.	5
Veckersviller	103	S	19	Fénétrange	18
Vého	51	L	21	Blâmont	13
Velaine-en-Haie	15	N	15	Nancy (n.)	13
Velaine-sous-Am.	15	N	15	Nancy (e.)	13
Velle-sur-Moselle	28	L	20	Bayon	8
Veney	58	L	28	Baccarat	6
Vennezey	48	L	21	Gerbéviller	8
Verdenal	58	L	28	Blâmont	5
Vergaville	48	V	18	Dieuze	5
Vescheim	104	S	19	Phalsbourg	5
VÉZELISE	28	N	28	Vézelise	» »
Vibersviller	69	V	40	Albestroff	7
Vic	29	V	» »	Vic	» »
Vieux-Lixheim	96	S	11	Fénétrange	14
Viéville-en-Haie	59	T	35	Thiaucourt	6
Vigneulles	22	L	16	Bayon	12
Vilcey-sur-Trey	56	T	35	Thiaucourt	10
Villacourt	37	L	21	Bayon	5
Ville-au-Val	22	N	22	Pont-à-M.	10
Ville-en-Vermois	15	N	13	St.-Nicolas	8
Villers-aux-Oies	43	V	19	Delme	14
Villers-en-Haie	24	T	25	Domèvre	7
Villers-les-Moiv.	19	N	19	Nomeny	10
Villers-les-Nancy	5	N	5	Nancy (n.)	5
Villers-sous-Pr.	37	N	37	Pont-à-M.	7
Villers-le-Sec	20	T	7	Toul (s.)	7
Villers-St-Etien.	17	T	9	Domèvre	12
Vilsberg	107	S	22	Phalsbourg	5
Vintersbourg	100	S	15	Idem	6
Virming	62	V	53	Albestroff	8
Virecourt	54	L	24	Bayon	2
Viterne	20	N	20	Vézelise	16
Vitrey	52	N	32	Vézelise	4
Vitrimont	26	L	4	Lunév. (n.)	4

MEUSE. 515

Vittersbourg	71	V	41	Albestroff	6	Xermaménil	35	L	7	Gerbéviller	6
Vittonville	37	N	37	Pont-à-M.	7	Xeuilley	19	N	19	Vézelise	12
Viviers	36	V	16	Delme	4	Xirocourt	35	N	35	Haroué	5
Voinémont	23	N	23	Haroué	8	Nocourt	56	V	23	Delme	4
Voyer	85	S	19	Lorquin	4	Xouaxange	78	S	7	Sarrebourg	7
Vroncourt	30	N	30	Vézelise	2	Xousse	52	L	22	Blâmont	18
Vuisse	43	V	14	Château-S.	14	Xures	46	V	17	Vic	17
Walscheid	91	S	14	Sarrebourg	14	Zarbeling	47	V	20	Dieuze	10
Xammes	37	T	38	Thiaucourt	3	Zilling	102	S	17	Phalsbourg	8
Xanrey	34	V	6	Vic	6	Zommange	52	V	23	Dieuze	8

MEUSE.

Nota. Les noms des arrondissements sont représentés par les initiales suivantes :

B. Bar-le-Duc. — M. Montmédy. — S. Saint-Mihiel (*). — V. Verdun.

(*) Saint-Mihiel est le chef-lieu judiciaire de l'arrondissement de *Commercy*, c'est aussi à Saint-Mihiel que siège la *Cour d'Assises*; la distance au chef-lieu d'arrondissement, pour les communes de celui de Commercy, et la distance au chef-lieu judiciaire du département, pour toutes les communes de la Meuse, sont donc indiquées de ces communes à *Saint-Mihiel*.

COMMUNES.	DISTANCE du chef-lieu Arrondissement.		DISTANCE.	CHEF-LIEU de CANTON.	DISTANCE.	COMMUNES.	DISTANCE du chef-lieu Arrondissement.		DISTANCE.	CHEF-LIEU de CANTON.	DISTANCE.
Abainville	46	S	46	Gondrec.	2	Baudrémont	16	S	16	Pierrefitte	9
Abaucourt	58	V	13	Étain	8	Baulny	67	V	35	Varennes	5
Ailly	3	S	3	St.-Mihiel	3	Bazeilles	70	M	0	Montmédy	6
Aincreville	68	M	27	Dun	6	Bazincourt	44	B	12	Ancerville	12
Amanty	48	S	48	Gondrec.	8	Beauclair	78	M	21	Stenay	7
Amblaincourt	50	B	24	Triaucourt	13	Beaufort	80	M	20	Stenay	7
Ambly	18	V	17	Verdun	17	Beaulieu	45	B	35	Triaucourt	7
Amel	47	M	38	Spincourt	8	Beaumont	48	V	15	Charny	7
Ancemont	25	V	11	Souilly	10	Beauzée	32	B	25	Triaucourt	10
Ancerville	34	B	20	Ancerville	» »	Behonne	32	B	5	Vavincourt	4
Andernay	51	B	17	Revigny	6	Belleray	32	V	4	Verdun	4
Apremont	9	S	9	St.-Mihiel	9	Belleville	35	V	5	Charny	4
Arrancy	65	M	27	Spincourt	10	Belrain	20	S	20	Pierrefitte	5
Aubréville	50	V	23	Clermont	6	Belrupt	32	V	4	Verdun	4
Aulnois-en-Pert.	30	B	16	Ancerville	9	Beney	25	S	25	Vigneulles	10
Aulnois-s.-Vertu.	21	S	21	Commercy	7	Bertheléville	55	S	55	Gondrec.	6
Autrécourt	41	B	33	Triaucourt	9	Béthelainville	44	V	12	Charny	11
Autréville	89	M	20	Stenay	10	Béthincourt	62	V	17	Charny	12
Auzécourt	47	B	20	Vaubec.	12	Beurey	43	B	11	Revigny	9
Auzéville	46	V	24	Clermont	2	Bezonvaux	45	V	12	Charny	9
Avillers	22	V	29	Fr.-en-W.	9	Biencourt	46	B	30	Mont.-s-S.	5
Avioth	86	M	7	Montmédy	7	Billy-s.-l.-Côtes	19	S	19	Vigneulles	4
Avocourt	53	V	20	Varennes	9	Billy-s.-Mang.	58	M	28	Spincourt	7
Azanne et s. Maz.	52	M	29	Damvillers	8	Bislée	4	S	4	St.-Mihiel	4
Baalon	79	M	10	Stenay	4	Blanzée	35	V	12	Étain	10
Badonvilliers	42	S	42	Gondrec.	8	Blercourt	40	V	15	Souilly	11
Bannoncourt	10	S	10	Pierrefitte	15	Boinville	57	V	15	Étain	5
Bantheville	69	M	30	Montfauc.	11	Boncourt	12	S	12	Commercy	8
Bar-le-Duc	34	B	» »	Bar-le-Duc	» »	Bonnet	48	S	48	Gondrec.	6
Bassaucourt	21	S	21	Vigneulles	5	Bonzée	26	V	18	Fr.-en-W.	3
Baudignécourt	42	S	42	Gondrec.	8	Bouchon (le)	47	B	19	Mont.-s-S.	11
Baudonvilliers	49	B	18	Ancerville	7	Bouconville	46	S	46	St.-Mihiel	16

34

MEUSE.

Commune			Canton		Commune			Canton	
Bouligny	55	M	41 Spincourt	8	Condé	51	B	12 Vavincourt	6
Bouquemont	18	S	18 Pierrefitte	18	Consenvoye	52	M	29 Montfauc.	12
Boureuilles	59	V	28 Varennes	3	Contrisson	51	B	17 Revigny	4
Bouvigny	53	M	39 Spincourt	6	Corniéville	21	S	21 Commercy	9
Bovée	33	S	33 Void	10	Courcelles-aux-B.	10	S	10 Pierrefitte	13
Boviolle	53	S	53 Void	17	Courcelles-s.-Aire	27	B	22 Vaubec.	10
Brabant-en-Arg.	46	V	20 Clermont	6	Courouvre	16	S	16 Pierrefitte	5
Brabant-le-Roi	18	B	17 Revigny	2	Cousancelles	53	B	19 Ancerville	5
Brabant-s.-Meuse	50	M	30 Montfauc.	14	Cousances-aux-B.	18	S	18 Commercy	13
Brandeville	63	M	18 Damvillers	10	Coussances-l.-Co.	54	B	21 Ancerville	6
Braquis	55	V	19 Etain	7	Couvertpuis	45	B	27 Mont.-s-S.	7
Bras	41	V	7 Charny	2	Couvonges	45	B	11 Revigny	7
Brasseitte	6	S	6 St.-Mihiel	6	Crépion	52	M	26 Damvillers	4
Brauvilliers	55	B	24 Mont.-s-S.	11	Creue	14	S	14 Vigneulles	4
Brehéville	63	M	17 Damvillers	8	Culey	50	B	9 Ligny	10
Breux	88	M	9 Montmédy	9	Cuisy	50	M	34 Montfauc.	3
Brieulle.s.-Meuse	63	M	27 Dun	6	Cumières	47	V	12 Charny	7
Brillon	45	B	9 Ancerville	11	Cunel	63	M	30 Montfauc.	8
Brixey-aux-Chan.	55	S	55 Vaucoul.	16	Dagonville	20	S	20 Commercy	10
Brizeaux	45	B	50 Triaucourt	4	Dainville-aux-F.	58	S	58 Gondrec.	8
Brocourt	45	V	18 Clermont	8	Damloup	40	V	10 Etain	11
Broussey-en-Blois	55	S	55 Void	8	Dammarie	18	B	22 Mont.-s-S.	8
Broussey-en-W.	16	S	16 St.-Mihiel	10	Damvillers	57	M	22 Damvillers	» »
Broxenne	81	M	8 Montmédy	8	Dannevoux	57	M	28 Montfauc.	8
Bulainville	52	B	28 Triaucourt	10	Darmont	37	V	25 Etain	6
Bure	52	B	37 Mont.-s.S.	2	Delouze	43	S	43 Gondrec.	7
Buré-en-Vaux	41	S	41 Vaucoul.	8	Delut	65	M	15 Damvillers	8
Buré-la-Côte	50	S	50 Vaucoul.	13	Demange-a.-Eaux	40	S	40 Gondrec.	9
Bussy-la-Côte	40	B	8 Revigny	8	Deuxnouds-a.-B.	13	S	13 Vigneulles	7
Butgnéville	28	V	28 Fr.-en-W.	7	Deuxnouds-d.-B.	28	B	26 Triaucourt	13
Buxerulles	10	S	10 Vigneulles	9	Dieppe	42	V	13 Etain	10
Buxières	11	S	11 Vigneulles	8	Dieue	23	V	10 Verdun	5
Buzy	36	V	26 Etain	8	Dombasle	44	V	18 Clermont	10
Cesse	85	M	17 Stenay	4	Dombras	64	M	17 Damvillers	8
Chalaines	58	S	58 Vaucoul.	2	Dommartin-la-M.	18	V	24 Fr.-en-W.	8
Chaillon	10	S	10 Vigneulles	7	Dompcevrin	6	S	6 Pierrefitte	13
Champlon	25	V	25 Fr.-en-W.	2	Dompierre-aux-B.	14	S	14 Vigneulles	10
Champneuville	47	V	11 Charny	5	Domremy-aux-B.	24	S	24 Commercy	4
Champougny	44	S	44 Vaucoul.	7	Domremy-la-Can.	51	M	58 Spincourt	4
Chardogne	55	B	7 Vavincourt	6	Doncourt-aux-T.	23	V	29 Fr.-en-W.	8
Charny	42	V	7 Charny	» »	Doulcon	07	M	24 Dun	2
Charpentry	60	V	31 Varennes	4	Douaumont	44	V	9 Charny	6
Chassey	57	S	57 Gondrec.	9	Duguy	50	V	6 Verdun	6
Chatillon-s.-l.-C.	55	V	11 Etain	12	Dun	67	M	22 Dun	» »
Chattancourt	47	V	12 Charny	8	Duzey	58	M	28 Spincourt	8
Chaumont-d.-D.	55	M	27 Damvillers	5	Écouviez	80	M	7 Montmédy	7
Chaumont-s.-Aire	23	B	21 Vaubec.	12	Écurey	60	M	10 Damvillers	8
Chauvency-le-Châ.	81	M	8 Montmédy	6	Eix	37	V	9 Etain	12
Chauvency-s.-Hu.	82	M	10 Montmédy	8	Éparges (les)	22	V	21 Fr.-en-W.	8
Chauvoncourt	1	S	1 St.-Mihiel	1	Épiez	45	S	45 Vaucoul.	8
Chennevières	52	S	52 Void	17	Épinonville	63	M	37 Montfauc.	5
Chépy	02	V	28 Varennes	2	Érize-la-Brûlée	23	B	14 Vavincourt	6
Chonville	19	S	19 Commercy	8	Érize-la-Grande	26	B	17 Vaubec.	10
Cierges	64	M	35 Montfauc.	8	Érize-la-Petite	26	B	19 Vaubec.	10
Claon (le)	59	V	35 Clermont	10	Érize-St.-Dizier	23	B	11 Vavincourt	6
Clermont	48	V	23 Clermont	» »	Ernecourt	23	S	23 Commercy	14
Cléry-le-Grand	66	M	23 Dun	4	Esnes	49	V	16 Varennes	14
Cléry-le-Petit	66	M	24 Dun	2	Etain	40	V	20 Etain	» »
Combles	58	B	4 Bar-le-Duc	4	Eton	48	M	39 Spincourt	7
Combres	21	V	23 Fr.-en-W.	8	Étraye	56	M	28 Damvillers	2
Commercy	17	S	17 Commercy	» »	Euville	19	S	19 Commercy	4

MEUSE. 815

Évres	37	B	26	Triaucourt	8	Hévilliers	42	B	23	Mont.-s-S.	10
Fains	37	B	5	Bar-le-Duc	3	Horville	83	S	83	Gondrec.	4
Flabas	52	M	28	Damvillers	6	Houdelaincourt	48	S	48	Gondrec.	8
Flassigny	74	M	8	Montmédy	8	Houdelaucourt	85	M	35	Spincourt	2
Fleury-dev.-Doua.	40	V	6	Charny	8	Inor	86	M	16	Stenay	7
Fleury-sur-Aire	58	B	30	Triaucourt	9	Ippécourt	35	B	33	Triaucourt	14
Foameix	43	V	20	Etain	4	Iré-le-sec	74	M	6	Montmédy	6
Fontaine	64	M	21	Dun	8	Islettes (les)	54	V	31	Clermont	6
Forges	50	M	33	Montfauc.	11	Issoncourt	23	B	26	Triaucourt	18
Foucaucourt	40	B	28	Triaucourt	4	Jametz	68	M	12	Montmédy	12
Fouchères	46	B	19	Mont.-s-S.	11	Jonville	29	S	29	Vigneulles	13
Fremeréville	15	S	15	Commercy	7	Jouy-dev.-Domb.	42	V	13	Clermont	12
Fresnes-au-Mont	8	S	8	Pierrefitte	7	Jouy-sous-les-C.	20	S	20	Commercy	8
Fresnes-en-W.	26	V	21	Fr.-en-W.	» »	Jubécourt	41	V	19	Clermont	8
Froidos	44	V	24	Clermont	7	Julvécourt	57	V	19	Souilly	8
Fromeréville	40	V	7	Charny	8	Juvigny-en-Perttois	52	B	21	Ancerville	11
Fromezey	41	V	17	Etain	4	Juvigny-sur-Lois.	75	M	7	Montmédy	7
Futeau	52	V	32	Clermont	7	Kœur-la-Grande	6	S	6	Pierrefitte	13
Génicourt-sous-C.	32	B	11	Vavincourt	6	Kœur-la-Petite	6	S	6	Pierrefitte	14
Génicourt-sur-M.	20	V	15	Verdun	15	Labeuville	52	V	33	Fr.-en-W.	13
Gérauvilliers	44	S	44	Gondrec.	6	Lachalade	61	V	34	Varennes	10
Gercourt	83	M	31	Montfauc.	8	Lachaussée	29	S	29	Vigneulles	12
Géry	27	B	11	Vavincourt	9	Lacroix-sur-Meuse	11	S	11	St.-Mihiel	11
Gesnes	66	M	33	Montfauc.	8	Lahaimeix	12	S	12	Pierrefitte	8
Gibercy	55	M	23	Damvillers	5	Lahayville	20	S	20	St.-Mihiel	20
Ginécourt	17	S	17	Pierrefitte	7	Laheycourt	44	B	19	Vaubec.	9
Gincrey	43	V	19	Etain	6	Laimont	43	B	12	Reviguy	8
Girauvoisin	14	S	14	Commercy	6	Lamarche-en-W.	20	S	20	Vigneulles	8
Gironville	17	S	17	Commercy	7	Lamorville	9	S	9	Vigneulles	10
Givrauval	59	B	19	Ligny	3	Lamouilly	85	M	11	Stenay	8
Gondrecourt	48	S	48	Gondrec.	» »	Landrecourt	31	V	7	Souilly	10
Gourancourt	50	M	36	Spincourt	4	Landzécourt	77	M	8	Montmédy	8
Goussaincourt	51	S	51	Vaucoul.	14	Laneuville-au-R.	24	S	24	Void	4
Grémilly	51	M	50	Damvillers	9	Laneuville-sur-M.	80	M	16	Stenay	2
Grimaucourt-e-W	53	V	14	Etain	6	Lanhères	41	V	26	Etain	6
Grimaucourt-p.-S.	15	S	15	Commercy	11	Latour-en-Woëv.	52	V	33	Fr.-en-W.	15
Guerpont	34	B	9	Ligny	8	Lavallée	21	S	21	Pierrefitte	10
Gussainville	36	V	23	Etain	6	Lavignéville	9	S	9	Vigneulles	9
Hadonville-sous-L.	50	S	50	Vigneulles	13	Lavincourt	48	B	13	Ancerville	11
Halles	77	M	21	Stenay	8	Lavoye	42	B	31	Triaucourt	8
Halronville	46	B	12	Ancerville	8	Lemmes	35	V	13	Souilly	8
Han-dev.-Pierrep.	65	M	31	Spincourt	9	Lempire	55	V	9	Souilly	8
Han-les-Juvigny	75	M	6	Montmédy	6	Lerouville	15	S	15	Commercy	5
Han-sur-Meuse	5	S	5	St.-Mihiel	5	Levoncourt	19	S	19	Pierrefitte	9
Hannonville-s-l-C.	20	V	26	Fr.-en-W.	7	Lignières	19	S	19	Pierrefitte	12
Haraumont	60	M	23	Dun	9	Ligny	56	B	16	Ligny	» »
Hargeville	50	B	9	Vavincourt	3	Lini-devant-Dun	64	M	24	Dun	4
Harville	29	V	28	Fr.-en-W.	8	Lion-devant-Dun	69	M	17	Dun	8
Hattonchâtel	18	S	18	Vigneulles	2	Liouville	10	S	10	St.-Mihiel	10
Hattonville	19	S	19	Vigneulles	2	Lisle-en-Barrois	35	B	14	Vaubec.	8
Haucourt	65	M	38	Spincourt	8	Lisle-en-Rigault	45	B	11	Ancerville	11
Haudainville	31	V	4	Verdun	4	Lissey	61	M	19	Damvillers	6
Haudiomont	28	V	15	Fr.-en-W.	6	Loisey	29	B	10	Ligny	10
Haumont-les-Lac.	26	S	26	Vigneulles	9	Loison	83	M	32	Spincourt	8
Haumont-pr.-Sa.	49	M	30	Montfauc.	17	Longeaux	37	B	21	Ligny	8
Hautecourt	37	V	14	Etain	7	Longeville	33	B	8	Bar-le-Duc	8
Heippes	26	V	21	Souilly	8	Longchamp	10	S	19	Pierrefitte	8
Hennemont	31	V	23	Fr.-en-W.	6	Loupmont	11	S	11	St.-Mihiel	11
Herbeuville	20	V	24	Fr.-en-W.	6	Louppy-le-Chât.	39	B	13	Vaubec.	9
Herméville	36	V	16	Etain	6	Louppy-le-Petit	38	B	12	Vaubec.	9
Heudicourt	14	S	14	Vigneulles	6	Louppy-sur-Lois.	70	M	9	Montmédy	9

MEUSE.

Louvemont	45	V	10	Charny	5	Naives-devant-Bar	20	B	5	Vavincourt	4
Loxéville	24	S	24	Commercy	10	Naives-en-Blois	30	S	30	Void	7
Luméville	56	S	56	Gondrec.	8	Naix	26	B	23	Ligny	7
Luzy	84	M	10	Stenay	5	Nançois-le-Grand	28	S	28	Commercy	18
Maizeray	29	M	26	Fr.-en-W.	3	Nançois-le-Petit	35	B	14	Ligny	5
Maizey	5	S	5	St.-Mihiel	5	Nant-le-Grand	44	B	13	Ligny	8
Malancourt	54	V	19	Varennes	12	Nant-le-Petit	46	B	15	Ligny	9
Malaumont	16	S	16	Commercy	8	Nantillois	61	M	33	Montfauc.	5
Mandre	55	B	59	Mont.-s-S.	11	Nantois	38	B	23	Ligny	7
Mangiennes	30	M	24	Spincourt	11	Nepvant	85	M	12	Stenay	6
Manheulles	27	V	18	Fr.-en-W.	5	Nettancourt	53	B	22	Revigny	7
Marats (les)	28	B	14	Vaubec.	10	Neufour (le)	57	V	32	Clermont	8
Marbotte	8	S	8	St.-Mihiel	8	Neuville-en-Verd.	21	S	21	Pierrefitte	6
Marchéville	27	V	25	Fr.-en-W.	4	Neuville-les-Vauc.	40	V	70	Vaucoul.	5
Marre	44	V	9	Charny	5	Neuville-sur-Orne	45	B	11	Revigny	5
Marson	34	S	34	Void	15	Neuvilly	55	V	28	Clermont	7
Martincourt	84	M	15	Stenay	5	Nicey	18	S	18	Pierrefitte	2
Marville	71	M	10	Montmédy	10	Nixéville	57	V	10	Souilly	10
Maucourt	45	V	16	Etain	10	Nonsard	19	S	19	Vigneulles	8
Maulan	42	B	14	Ligny	6	Nouillonpont	68	M	29	Spincourt	4
Mauvages	38	S	38	Gondrec.	10	Noyers	49	B	20	Vaubec.	15
Maxey-sur-Vaise	45	S	45	Vaucoul.	8	Nubécourt	33	B	28	Triaucourt	9
Mécrin	8	S	8	Commercy	9	Ocy	30	S	50	Void	17
Méligny-le-Grand	20	S	20	Void	10	Ollizy	87	M	13	Stenay	8
Méligny-le-Petit	31	S	31	Void	12	Ollières	59	M	35	Spincourt	8
Menaucourt	56	B	21	Ligny	5	Ornel	44	V	22	Etain	5
Ménil-aux-Bois	14	S	14	Pierrefitte	15	Ornes	43	V	13	Charny	10
Ménil-la-Horgne	26	S	26	Void	8	Osches	34	V	17	Souilly	5
Ménil-sur-Saulx	47	B	18	Mont.-s-S.	13	Ourches	55	S	53	Void	7
Merles	64	M	10	Damvillers	8	Pagny-la-bl.-Côte	45	S	45	Vaucoul.	9
Mesnil-sous-les-C.	25	V	18	Fr.-en-W.	5	Pagny-sur-Meuse	50	S	50	Void	8
Milly	68	M	19	Dun	3	Pareid	31	V	27	Fr.-en-W.	7
Mogeville	45	V	16	Etain	9	Parfondrupt	36	V	27	Etain	10
Mognéville	47	B	13	Revigny	6	Paroches (les)	4	S	4	St.-Mihiel	4
Moirey	55	M	26	Damvillers	4	Parois	48	V	21	Clermont	6
Mondrecourt	26	B	28	Triaucourt	18	Peuvillers	61	M	19	Damvillers	3
Mont-dev.-Sassey	71	M	20	Dun	4	Pierrefitte	18	S	18	Pierrefitte	"
Mont-sous-les-C.	26	V	17	Fr.-en-W.	5	Pillon	65	M	24	Spincourt	9
Montblainville	66	V	32	Varennes	4	Pintheville	20	V	25	Fr.-en-W.	9
Montbras	47	S	47	Vaucoul.	10	Pont-sur-Meuse	11	S	11	Commercy	6
Montfaucon	59	M	35	Montfauc.	"	Pouilly	88	M	21	Stenay	9
Monthairons (les)	23	V	13	Souilly	10	Pretz	35	B	23	Triaucourt	8
Montiers s.-Saulx	52	B	31	Mont.-s-S.	"	Quincy	77	M	6	Montmédy	6
Montigny-dev.-S.	74	M	20	Dun	7	Rambluzin et Ben.	23	V	20	Souilly	6
Montigny-les-V.	40	S	40	Vaucoul.	5	Rambucourt	19	S	19	St.-Mihiel	19
Montmédy	80	M	"	Montmédy	"	Rampont	39	V	18	Souilly	10
Montplonne	41	B	10	Ancerville	13	Rancourt	54	B	22	Revigny	5
Montsee	15	S	15	St.-Mihiel	18	Ranzières	17	S	17	St.-Mihiel	17
Montzéville	47	V	14	Charny	11	Rarécourt	45	V	22	Clermont	6
Moranville	35	V	15	Etain	8	Raulecourt	18	S	18	St.-Mihiel	18
Morgémoulin	44	V	18	Etain	5	Réchicourt	57	M	35	Spincourt	4
Morlaincourt	53	S	53	Void	20	Réclecourt	46	V	18	Clermont	8
Morley	48	B	25	Mont.-s-S.	7	Récourt	19	V	19	Souilly	9
Nouilly	20	V	17	Fr.-en-W.	10	Régneville	49	M	53	Montfauc.	14
Noulins	91	M	21	Stenay	12	Reffroy	35	S	35	Void	14
Noulainville	50	V	8	Etain	13	Rembercourt-a-P.	50	B	17	Vaubec.	6
Noulotte	50	V	29	Fr.-en-W.	9	Remennecourt	51	B	20	Revigny	6
Mouzay	75	M	13	Stenay	5	Remoiville	70	M	9	Montmédy	7
Nurvaux	60	M	19	Dun	5	Resson	31	B	6	Vavincourt	7
Nussey	45	B	9	Revigny	8	Revigny	48	B	17	Revigny	"
Muzeray	56	M	30	Spincourt	4	Réville	58	M	22	Damvillers	5

MEUSE. 517

Riaville	28 V 23	Fr.-en-W.	3	Sivry-sur-Meuse	57 M 28	Montfauc.	2
Ribaucourt	47 B 32	Mont.-s-S.	7	Sommaine	53 B 21	Vaubec.	4
Richecourt	18 S 18	St.-Mihiel	8	Sommedieue	26 V 11	Verdun	11
Rignaucourt	27 B 20	Vaubec.	3	Sommeille	50 B 23	Vaubec.	14
Rigny-la-Salle	57 S 57	Vaucoul.	3	Sommelonne	50 B 16	Ancerville	5
Rigny-st.-Martin	58 S 58	Vaucoul.	4	Sorbey	65 M 25	Spincourt	11
Robert-Espagne	45 B 11	Bar-le-Duc	11	Sorcy et St.-Mart.	24 S 24	Void	4
Roises (les)	55 S 55	Gondrec.	15	Souhesmes (les)	57 V 14	Souilly	7
Romagne-s.-l.-C.	66 M 25	Damvillers	6	Souilly	29 V 17	Souilly	» »
Romagne-s.-M.	67 M 52	Montfauc.	9	Spada	7 S 7	St.-Mihiel	7
Ronvaux	50 V 13	Fr.-en-W.	8	Spincourt	54 M 55	Spincourt	» »
Rosnes	24 B 14	Vavincourt	4	Stainville	44 B 14	Ancerville	15
Rouvres	42 V 24	Etain	4	Stenay	79 M 14	Stenay	4
Rouvrois-sur-M.	7 S 7	St.-Mihiel	7	Taillancourt	46 S 46	Vaucoul.	9
Rouvrois-sur-Ot.	60 M 27	Spincourt	7	Taunois	56 B 8	Ligny	9
Rozières-dev.-Bar	28 B 6	Vavincourt	4	Thierville	58 V 5	Charny	4
Rozières-en-Blois	42 S 42	Gondrec.	7	Thillombois	14 S 14	Pierrefitte	0
Rumont	24 B 12	Vavincourt	6	Thillot	19 V 28	Fr.-en-W.	9
Rupt-aux-Nonains	45 B 12	Ancerville	9	Thonne-la-Long.	84 M 7	Montmédy	7
Rupt-dev.-St.-M.	11 S 11	Pierrefitte	6	Thonne-le-Thil.	86 M 6	Montmédy	6
Rupt-en-Woëvre	21 V 15	Verdun	15	Thonne-les-Prés	82 M 2	Montmédy	2
Rupt-sur-Othain	68 M 15	Damvillers	15	Thonnelle	84 M 4	Montmédy	4
St.-Agnant	8 S 8	St.-Mihiel	8	Tilly	17 V 19	Souilly	12
St.-Amand	57 B 25	Ligny	9	Tourailles	55 S 55	Gondrec.	6
St.-André	51 V 21	Souilly	5	Tremont	45 B 9	Bar-le-Duc	9
St.-Aubin	26 S 20	Commercy	15	Trésauvaux	24 V 21	Fr.-en-W.	3
St.-Benoit	25 S 25	Vigneulles	7	Treveray	58 S 58	Gondrec.	15
St.-Germain	55 S 55	Vaucoul.	7	Triaucourt	42 B 26	Triaucourt	» »
St.-Hilaire	27 V 27	Fr.-en-W.	6	Triconville	25 S 25	Commercy	10
St.-Jean-les-Buzy	57 V 27	Etain	9	Tronville	56 B 11	Ligny	8
St.-Joire	40 S 40	Gondrec.	13	Troussey	28 S 28	Void	7
St.-Julien	11 S 11	Commercy	7	Troyon	16 S 16	St.-Mihiel	10
St.-Laurent	65 M 20	Spincourt	14	Uguy	55 S 55	Vaucoul.	6
St.-Maurice-s-l-C.	21 S 21	Vigneulles	5	Vacherauville	45 V 8	Charny	2
St.-Mihiel	» » » »	St.-Mihiel	» »	Vacon	50 S 50	Void	4
St.-Pierrevillers	61 M 51	Spincourt	6	Vadelaincourt	55 V 14	Souilly	8
St.-Remy	20 V 25	Fr.-en-W.	6	Vadonville	15 S 15	Commercy	7
Salmagne	51 B 15	Ligny	8	Varennes	62 V 29	Varennes	» »
Samogneux	48 V 15	Charny	7	Varnéville	10 S 10	St.-Mihiel	10
Sampigny	10 S 10	Pierrefitte	17	Varney	44 B 6	Revigny	10
Sassey	71 M 10	Dun	4	Varvinay	8 S 8	Vigneulles	9
Saudrupt	46 B 12	Ancerville	9	Vassincourt	46 B 12	Revigny	8
Saulmory et Villef.	74 M 18	Dun	7	Vaubecourt	50 B 20	Vaubec.	» »
Saulx-dev.-St.-A.	25 S 25	Void	12	Vaucouleurs	57 S 57	Vaucoul.	» »
Saulx-en-Woëvre	24 V 25	Fr.-en-W.	4	Vaudeville	56 S 56	Gondrec.	11
Sauvigny	52 S 52	Vaucoul	14	Vaudoncourt	55 M 51	Spincourt	2
Sauvoy	52 S 52	Void	6	Vauquois	59 V 26	Varennes	4
Savonnières-d.-B.	56 B 2	Bar-le-Duc	2	Vaux-dev.-Daml.	41 V 9	Charny	8
Savonnières-en-P.	51 B 20	Ancerville	10	Vaux-la-Grande	29 S 29	Void	14
Savonnière-en-W.	9 S 9	Vigneulles	9	Vaux-la-Petite	51 S 51	Void	15
Seigneulle	28 B 12	Vavincourt	4	Vaux-l.-Palameix	17 S 17	Vigneulles	15
Senard	45 B 25	Triaucourt	5	Vavincourt	29 B 7	Vavincourt	» »
Senon	48 M 57	Spincourt	6	Vécl	58 B 4	Bar-le-Duc	4
Senoncourt	29 V 12	Souilly	5	Velaines	57 B 14	Ligny	2
Senonville	8 S 8	Vigneulles	9	Velosne	78 M 7	Montmédy	7
Septsarges	58 M 53	Montfauc.	2	Verdun	55 V » »	Verdun	» »
Sepvigny	45 S 43	Vaucoul.	6	Verneuil-le-Grand	80 M 5	Montmédy	5
Seraucourt	26 B 24	Triaucourt	15	Verneuil-le-Petit	82 M 5	Montmédy	5
Seuzey	12 S 12	Vigneulles	15	Vertuzey	22 S 22	Commercy	7
Silmont	51 B 8	Ligny	9	Véry	65 V 28	Varennes	4
Sivry-la-Perche	41 V 10	Verdun	10	Vieville-s.-l.-Côtes	19 S 19	Vigneulles	5

Commune	Dist.	Arr.	Dist.	Chef-lieu	Dist.
Vigneul-s.-Mont.	78	M	3	Montmédy	5
Vigneulles-l.-Hat.	17	S	17	Vigneulles	» »
Vignot	15	S	15	Commercy	2
Villecloye	78	M	3	Montmédy	5
Ville-dev.-Belrain	17	S	17	Pierrefitte	4
Ville-dev.-Chaum.	61	M	23	Damvillers	7
Ville-en-Woëvre	50	V	19	Fr.-en-W.	5
Ville-Issey	22	S	22	Commercy	5
Ville-sur-Saulx	45	B	11	Ancerville	10
Villeroi	55	S	55	Void	9
Villers-aux-Vents	40	B	16	Revigny	4
Villers-dev.-Dun	71	M	23	Dun	6
Villers-le-Sec	12	B	23	Mont.-s-S.	11
Villers-les-Mang.	62	M	21	Spincourt	14
Villers-s.-Bouch.	20	V	17	Fr.-en-W.	4
Villers-s-Cousane.	40	V	19	Souilly	11
Villers-s.-Pareid	52	V	28	Fr.-en-W.	9
Villers-sur-Meuse	10	V	17	Souilly	10
Villotte-d.-Loup.	40	B	16	Vaubec.	7
Villotte-d.-S.-M.	17	S	17	Pierrefitte	5
Vilosne	60	M	25	Dun	8
Vittarville	64	M	16	Damvillers	7
Void	26	S	26	Void	» »
Vouthon-Bas	52	S	52	Gondrec.	9
Vouthon-Haut	55	S	55	Gondrec.	10
Vuilleroncourt	29	S	29	Commercy	19
Wadonville-e-W.	25	S	27	Fr.-en-W.	6
Waly	42	B	51	Triaucourt	7
Wavrille	56	M	24	Damvillers	2
Warcq	58	V	22	Etain	5
Watronville	51	V	12	Fr.-en-W.	10
Wiseppe	76	M	17	Stenay	6
Woël	21	V	51	Fr.-en-W.	10
Woimbée	15	S	15	Pierrefitte	14
Woinville	10	S	10	St.-Mihiel	10
Xivray et Marvois.	17	S	17	St.-Mihiel	17

VOSGES.

NOTA. Les noms des arrondissements sont représentés par les initiales suivantes :
E. Epinal. — M. Mirecourt. — N. Neufchâteau. — R. Remiremont. — S. Saint-Dié.

COMMUNES.	DISTANCE du chef-lieu.	Arrondissement.	DISTANCE.	CHEF-LIEU de CANTON.	DISTANCE.	COMMUNES.	DISTANCE du chef-lieu.	Arrondissement.	DISTANCE.	CHEF-LIEU de CANTON.	DISTANCE.
Ableuvenettes (les)	21	M	15	Dompaire	6	Ban-de-Sapt	55	S	13	Senones	10
Abéville	20	M	6	Dompaire	8	Ban-sur-Meurthe	50	S	25	Fraize	10
Aingeville	61	N	20	Bulgnéville	6	Barbey-Seroux	40	S	28	Corcieux	8
Ainvelle	65	N	44	Lamarche	7	Barembach	87	S	45	Schirmeck	3
Allarmont	61	S	57	Raon-l'Et.	17	Barville	70	N	8	Neufchât.	8
Ambacourt	57	M	6	Charmes	14	Basse-sur-le-Rupt	48	R	22	Saulxures	8
Ameuvelle	55	M	52	Monthur.	12	Battexey	37	M	13	Charmes	10
Anglemont	50	E	30	Rambervil.	5	Baudricourt	58	M	7	Mirecourt	7
Anould	43	S	17	Fraize	7	Bayecourt	12	E	12	Châtel	4
Aouze	58	N	15	Châtenois	11	Bazegney	22	M	10	Dompaire	6
Arches	12	E	12	Epinal	12	Bazien	55	E	55	Rambervil.	10
Archettes	11	E	11	Epinal	11	Bazoille	75	N	6	Neufchât.	6
Aroffe	67	N	18	Châtenois	14	Bazoile-et-Ménil	52	M	6	Vittel	10
Arrentés-de-Corc.	47	S	28	Corcieux	6	Beaufremont	70	N	14	Neufchât.	14
Attignéville	69	N	9	Neufchât.	9	Beauménil	50	E	30	Bruyères	8
Attigny	40	M	34	Darney	4	Begnécourt	24	M	12	Dompaire	7
Aulnois	60	N	14	Bulgnéville	6	Bellefontaine	23	R	15	Plombières	6
Aumontzey	55	S	55	Corcieux	13	Belmont	59	M	30	Monthur.	10
Autigny-la-Tour	75	N	8	Coussey	7	Belmont	50	S	25	Brouvelie.	5
Autreville	87	N	18	Coussey	17	Belmont-sur-Vair	53	N	25	Bulgnéville	9
Autrey	25	E	25	Rambervil.	8	Belrupt	52	M	28	Darney	4
Auzinvilliers	55	N	20	Bulgnéville	4	Belval	62	S	55	Senones	8
Avillers	27	M	7	Charmes	10	Bertrimoutier	65	S	10	Saint-Dié	10
Avrainville	55	M	14	Charmes	8	Betteguey-s.-Brice	20	M	17	Dompaire	18
Avranville	86	N	17	Coussey	14	Bettoncourt	58	M	7	Charmes	13
Aydoiles	11	E	11	Bruyères	15	Beulay	67	S	15	Saint-Dié	15
Badmenil-aux-Bois	17	E	17	Châtel	12	Biecourt	48	M	17	Mirecourt	17
Baffe (la)	11	E	11	Epinal	11	Biffontaine	55	S	25	Brouvelie.	8
Bains	25	E	25	Bains	» »	Blemerey	45	M	12	Mirecourt	12
Bainville	26	M	12	Dompaire	9	Bleurville	43	M	56	Monthur.	4
Balléville	55	N	15	Châtenois	5	Blexaincourt	74	N	25	Lamarche	11

VOSGES. 519

Bocqueney	15 M 20	Dompaire	7	Damblain	75 N 28	Lamarche	11
Bois-de-Champs	56 S 18	Brouvelie.	6	Darney	56 M 50	Darney	» »
Bonipaire	66 S 14	Saint-Dié	14	Darney-aux-Chên.	60 N 14	Châtenois	5
Bonvillet	55 M 28	Darney	2	Darnieulles	8 E 8	Epinal	8
Boulaincourt	45 M 12	Mirecourt	12	Deinviller	58 E 58	Rambervil.	15
Boulay (le)	21 E 21	Bruyères	10	Denipaire	48 S 15	Senones	8
Bourg-Bruche	65 S 24	Saales	4	Derbamont	20 M 15	Dompaire	7
Bourgonce (la)	58 S 15	Saint-Dié	15	Destor	21 E 21	Bruyères	15
Bouxières-a.-Bois	15 M 18	Dompaire	10	Deycimont	21 E 21	Bruyères	10
Bouxurulles	28 M 8	Charmes	7	Deyvillers	6 E 6	Epinal	6
Bouzemont	20 M 12	Dompaire	4	Dignonville	11 E 11	Epinal	11
Brancourt	76 N 7	Coussey	4	Docelles	16 E 16	Bruyères	14
Brantigny	26 M 12	Charmes	5	Dogneville	6 E 6	Epinal	6
Brechainville	80 N 19	Neufchât.	10	Dolaincourt	61 N 11	Châtenois	4
Bresse (la)	61 R 35	Saulxures	15	Dombasle	44 M 15	Mirecourt	15
Brouvelieures	20 S 25	Brouvelie.	» »	Dombasle	52 M 25	Darney	7
Bru	50 E 50	Rambervil.	5	Dombrot	48 M 28	Vittel	8
Bruyères	25 E »	Bruyères	» »	Dombrot	55 M 21	Bulgnéville	10
Bulgnéville	56 N 20	Bulgnéville	» »	Domèvre	55 M 10	Vittel	14
Bult	22 E 22	Bruyères	15	Domèvre-s-Avière	7 E 7	Epinal	7
Bussang	61 R 58	Ramoncha.	16	Domèvre-s.-Durb.	14 E 14	Châtel	8
Celles	55 S 50	Raon-l'Et.	10	Domfaing	50 S 25	Brouvelie.	5
Cerlileux	65 N 6	Neufchât.	6	Domjulien	40 M 15	Vittel	9
Chamagne	55 M 20	Charmes	6	Dommartin	15 E 15	Epinal	15
Champdray	50 S 58	Corcieux	18	Dommartin	55 R 7	Remirem.	7
Champ-le-Duc	27 E 27	Bruyères	3	Dommartin-l-Val.	50 M 20	Darney	9
Chapelle (la)	55 S 28	Corcieux	7	Dommartin-s-V.	50 N 19	Châtenois	8
Chapelle-a.-B. (la)	25 E 23	Xertigny	6	Dompaire	18 M 15	Dompaire	» »
Charmes	27 M 15	Charmes	» »	Dompierre	15 E 15	Bruyères	15
Charmois	19 E 19	Xertigny	10	Domptail	40 E 40	Rambervil.	13
Charmois	15 E 15	Bruyères	15	Domremy	88 N 10	Coussey	4
Chatas	65 S 15	Senones	6	Domvallier	55 M 4	Mirecourt	4
Châtel	17 E 17	Châtel	» »	Doncières	50 E 50	Rambervil.	5
Châtenois	55 N 15	Châtenois	» »	Dounoux	9 E 9	Xertigny	8
Châtillon	74 N 31	Lamarche	15	Eloyes	15 R 12	Remirem.	12
Chauffecourt	54 M 5	Mirecourt	5	Entre-deux-Eaux	55 S 10	Fraize	5
Chaumouzey	8 E 8	Epinal	8	Epinal	» » E » »	Epinal	» »
Chavelot	8 E 8	Châtel	9	Escles	25 M 25	Darney	15
Chef-Haut	45 M 14	Mirecourt	14	Esley	55 M 18	Darney	12
Chenimenil	15 E 15	Bruyères	15	Essegney	25 M 18	Charmes	3
Chermisey	78 N 14	Coussey	9	Etanche (l')	65 N 4	Neufchât.	4
Circourt	17 M 15	Dompaire	6	Etival	40 S 11	Raon-l'Et.	8
Circourt	66 N 7	Neufchât.	7	Etrennes	56 M 12	Vittel	15
Claudon	40 M 37	Monthur.	5	Evaux et Ménil	25 M 14	Charmes	8
Clefcy	50 S 25	Fraize	8	Faucompierre	20 R 25	Remirem.	25
Clerey-la-Côte	85 N 17	Coussey	11	Fauconcourt	50 E 50	Rambervil.	8
Clerjus (le)	50 E 50	Xertigny	15	Fays	25 E 25	Bruyères	4
Cleurie	58 R 12	Remirem.	12	Fignévelle	52 M 48	Monthur.	8
Clézentaine	38 E 58	Rambervil.	15	Fimenil	30 E 50	Bruyères	5
Coinches	65 S 6	Saint-Dié	6	Florémont	50 M 15	Charmes	4
Colroy-la-Grande	60 S 15	Saales	6	Fomerey	11 E 11	Epinal	11
Colroy-la-Roche	75 S 35	Saales	15	Fontenay	12 E 12	Bruyères	15
Contrexeville	48 M 27	Vittel	5	Fontenoy	52 E 52	Bains	5
Corcieux	40 S 25	Corcieux	» »	Forge (la)	15 R 17	Remirem.	17
Courcelles-s-Chât.	57 N 15	Châtenois	3	Forges (les)	5 E 5	Epinal	5
Cornimont	56 R 30	Saulxure	6	Fouchécourt	61 N 15	Lamarche	9
Coussey	77 N 9	Coussey	» »	Frain	55 N 50	Lamarche	8
Crainvilliers	60 N 28	Bulgnéville	7	Fraize	55 S 20	Fraize	» »
Croix-a-Mines (la)	65 S 18	Fraize	10	Frapelle	66 S 15	Saint-Dié	15
Damas-aux-Bois	50 E 50	Châtel	12	Frebécourt	71 N 5	Coussey	5
Damas et Bettegn.	15 M 17	Dompaire	4	Frenifontaine	25 S 50	Brouvelie.	8

VOSGES.

Frenelle-la-Grande	59	M	8	Mirecourt	8	Hurbache	45	S	10	Senones	10
Frenelle-la-Petite	41	M	17	Mirecour	10	Hymont	27	M	5	Mirecourt	5
Frenois	27	M	15	Darney	15	Igney	15	E	15	Châtel	5
Fresse	56	R	30	Ramonch.	6	Iscbe	63	N	42	Lamarche	6
Fréville	78	N	9	Neufchât.	9	Jainvillotte	70	N	15	Neufchât.	13
Frison	14	E	14	Châtel	5	Jarménil	15	R	15	Remirem.	15
Fruze	75	N	6	Coussey	6	Jeanménil	50	E	50	Rambervil.	5
Gelvécourt	22	M	15	Dompaire	6	Jésonville	28	M	22	Darney	9
Gemaingoutte	68	S	14	Saint-Dié	14	Jeuxey	4	E	4	Epinal	4
Gemmelaincourt	45	M	17	Vittel	15	Jorxey	25	M	10	Dompaire	12
Gendreville	64	N	17	Bulgnéville	12	Jubainville	80	N	14	Coussey	8
Gérardmer	80	S	55	Gérardmer	6	Jussarupt	55	S	52	Corcieux	15
Gerbamont	48	R	22	Saulxures	10	Juvaincourt	59	M	8	Mirecourt	8
Gerbépal	48	S	25	Corcieux	6	Labroque	85	S	40	Schirmeck	8
Gignéville	44	M	52	Monthur.	10	Lahaye	26	E	26	Bains	7
Gigney	12	E	12	Châtel	11	Lamarche	64	N	57	Lamarche	"
Girancourt	12	E	12	Epinal	12	Landaville	68	N	9	Neufchât.	9
Gircourt	52	M	7	Charmes	6	Laneuveville	58	M	14	Vittel	8
Girecourt	15	E	15	Bruyères	10	Laneuveville	22	E	22	Bruyères	10
Girmont	11	E	11	Châtel	8	Laneuveville	45	S	20	Raon-l'Et.	"
Gironcourt	49	N	21	Châtenois	7	Langley	25	M	20	Charmes	5
Giroviller-s-Montf.	55	M	14	Vittel	10	Lasalle	45	S	15	Saint-Dié	15
Godoncourt	50	M	47	Monthur.	7	Laval	25	E	25	Bruyères	5
Golbey	5	E	5	Epinal	5	Laveline	68	S	18	Saint-Dié	18
Gorhey	15	M	21	Dompaire	8	Laveline-d-Bruyè.	50	E	50	Bruyères	5
Gouécourt	75	N	7	Coussey	5	Laveline-du-Houx	25	E	25	Bruyères	10
Grand	89	N	19	Neufchât.	19	Laviéville et Nagl.	18	N	11	Dompaire	2
Grande-Fosse (la)	60	S	20	Saales	4	Légéville	24	M	15	Dompaire	10
Grandfontaine	80	S	49	Schirmeck	9	Lemmecourt	64	N	12	Neufchât.	12
Grandrupt	50	E	50	Bains	10	Lépanges	25	E	25	Bruyères	8
Grand-Rupt	65	S	25	Senones	8	Lerrain	25	M	20	Darney	12
Granviller	21	E	21	Bruyères	5	Lesseux	67	S	14	Saint-Dié	14
Granges	55	S	55	Corcieux	15	Liézey	50	S	55	Gérardmer	6
Granges-de-Plom.	24	R	20	Plombières	5	Liffol-le-Grand	80	N	10	Neufchât.	10
Graux	82	N	15	Coussey	15	Lignéville	45	M	25	Vittel	5
Greux	79	N	11	Coussey	5	Lironcourt	72	N	50	Lamarche	14
Grignoncourt	74	N	55	Lamarche	17	Longchamp	8	E	8	Epinal	2
Gruey	50	E	30	Bains	7	Longchamp	54	N	14	Châtenois	8
Gugnécourt	16	E	16	Bruyères	10	Lubine	65	S	22	Saales	8
Gugney-aux-Aulx	25	M	15	Dompaire	15	Lusse	58	S	18	Saales	10
Hadigny	17	E	17	Châtel	6	Luxigny	65	S	10	Raon-l'Et.	20
Hadol	11	E	11	Xertigny	8	Macomcourt	50	N	22	Châtenois	12
Hagécourt	25	M	9	Dompaire	7	Madecourt	28	M	10	Vittel	17
Hagnéville	57	N	16	Bulgnéville	6	Madegney	20	M	15	Dompaire	12
Haillainville	29	E	29	Châtel	12	Madonne et Lame.	18	M	15	Dompaire	2
Harchéchamp	70	N	8	Neufchât.	8	Magny (le)	55	E	55	Bains	7
Hardancourt	50	E	50	Rambervil.	8	Malaincourt	62	N	19	Bulgnéville	5
Haréville	58	M	14	Vittel	5	Mandray	55	S	15	Fraize	7
Harmonville	84	N	19	Coussey	18	Mandres	51	N	24	Bulgnéville	6
Harol	16	M	22	Darney	20	Marainville	40	M	15	Charmes	15
Harsault	25	E	25	Bains	7	Marey	54	N	57	Lamarche	10
Haut-Mougey	50	E	50	Bains	5	Maroncourt	25	M	5	Dompaire	7
Hennecourt	15	M	19	Dompaire	6	Martigny	58	N	55	Lamarche	5
Hennezel	52	M	15	Darney	9	Martigny-l.-Gerb.	79	N	12	Coussey	11
Hergogney	55	M	15	Charmes	8	Martinvelle	50	M	47	Monthur.	7
Hérival	56	R	10	Plombières	15	Mattaincourt	28	M	5	Mirecourt	5
Herpelmont	55	S	55	Corcieux	15	Maxey-sur-Meuse	80	N	12	Coussey	9
Houécourt	60	N	18	Châtenois	4	Mazelay	15	E	15	Châtel	10
Houéville	68	N	9	Neufchât.	9	Mazirot	55	M	4	Mirecourt	4
Housseras	25	E	25	Rambervil.	6	Médonville	64	N	18	Bulgnéville	11
Houssière (la)	55	S	25	Corcieux	6	Méménil	15	E	15	Bruyères	2

VOSGES. 521

Nom			Lieu		Nom			Lieu	
Ménarmont	38	E 35	Rambervil.	10	Pouxeux	13	R 13	Remirem.	13
Ménil	33	E 33	Rambervil.	8	Prey	23	E 23	Bruyères	10
Ménil	53	S 20	Senones	4	Provenchères	42	M 28	Darney	10
Ménil (le)	54	R 28	Ramonch.	10	Provenchères	58	S 15	Saales	15
Ménil-en-Saintois	45	M 14	Mirecourt	14	Puid (le)	65	S 32	Senones	8
Midrevaux	75	N 7	Coussey	6	Puncrot	88	N 17	Coussey	14
Mirecourt	31	M » »	Mirecourt	» »	Pusieux	36	M 5	Mirecourt	5
Moncel et Happonc.	77	N 8	Coussey	4	Racécourt	24	M 8	Dompaire	6
Mont	60	N 42	Lamarche	6	Rainville	55	N 16	Châtenois	9
Mont	70	N 5	Neufchât.	5	Rambervillers	28	E 28	Rambervil.	» »
Mont (le)	59	S 30	Senones	7	Ramécourt	34	M 5	Mirecourt	3
Monthureux-le-Sec	35	M 18	Vittel	7	Ramonchamp	50	R 24	Ramonch.	» »
Monthureux-s.-S.	43	M 10	Monthur.	» »	Rancourt	29	M 12	Vittel	15
Montmotier	34	E 54	Bains	7	Ranrupt	73	S 30	Saales	10
Morelmaison	50	N 21	Châtenois	7	Raon-aux-Bois	18	R 15	Remirem.	15
Moriville	22	E 22	Châtel	5	Raon-l'Etape	45	S 20	Raon-l'Et.	» »
Morizécourt	58	N 58	Lamarche	7	Raon-sur-Plaine	70	S 44	Schirmeck	15
Mortagne	50	S 20	Brouvelie.	7	Rapey	25	M 12	Charmes	10
Morville	57	N 16	Bulgnéville	4	Raves	65	S 10	Saint-Dié	10
Moussey	63	S 31	Senones	8	Rebeuville	65	N 3	Neufchât.	5
Moyemont	23	E 23	Rambervil.	10	Regnévelle	30	M 46	Monthur.	6
Moyenmoutier	48	S 20	Senones	7	Regney	18	M 17	Dompaire	13
Natzviller	86	S 44	Schirmeck	7	Rehaincourt	26	E 26	Châtel	8
Nayemont-l.-Fos.	60	S 8	Saint-Dié	8	Rehaupal	35	S 40	Corcieux	20
Neufchâteau	70	N » »	Neufchât.	» »	Relanges	57	M 27	Darney	4
Neuveville (la)	51	N 16	Châtenois	5	Remicourt	36	M 8	Mirecourt	8
Neuviller	63	S 8	Saint-Dié	8	Remiremont	26	R » »	Remirem.	» »
Neuviller	83	S 44	Schirmeck	7	Rémois	53	N 14	Châtenois	2
Nomexy	16	E 16	Châtel	3	Remomeix	60	S 6	Saint-Dié	6
Nompatelize	40	S 10	Raon-l'Et.	10	Remoncourt	33	M 12	Vittel	10
Noncourt	70	N 1	Neufchât.	4	Removille	65	N 15	Châtenois	9
Nonville	40	M 33	Monthur.	7	Renauvois	7	E 7	Epinal	7
Nonzeville	20	E 20	Bruyères	15	Repel	48	M 17	Mirecourt	17
Norroy	45	N 26	Bulgnéville	8	Robécourt	68	N 23	Lamarche	11
Nossoncourt	30	E 30	Rambervil.	8	Rochesson	49	R 25	Saulxures	15
Oëlleville	45	M 12	Mirecourt	12	Rocourt	65	N 32	Lamarche	5
Offroicourt	38	M 10	Vittel	14	Rollainville	68	N 5	Neufchât.	5
Ollainville	57	N 15	Châtenois	5	Romain-aux-Bois	70	N 35	Lamarche	6
Oncourt	11	E 11	Châtel	6	Romont	30	E 30	Rambervil.	8
Ortoncourt	30	E 30	Rambervil.	15	Roncourt	62	N 17	Bulgnéville	8
Outrancourt	30	N 26	Bulgnéville	7	Rothau	82	S 37	Schirmeck	3
Padoux	20	E 20	Bruyères	20	Rouceux	70	N 1	Neufchât.	1
Pair (le) et Grandr.	65	S 8	Saint-Dié	8	Rouges-Eaux (les)	33	S 18	Brouvelie.	15
Pallegney	14	E 14	Châtel	6	Rouvres	56	N 5	Châtenois	4
Pargny-s.-Mureau	73	N 8	Neufchât.	8	Rouvres-en-Xaint.	40	M 9	Mirecourt	9
Parey-s.-Montfort	48	N 26	Bulgnéville	15	Roville-a.-Chênes	52	E 32	Rambervil.	5
Parrey	65	N 24	Bulgnéville	7	Rozerotte	35	M 9	Vittel	12
Petitefosse (la)	62	S 16	Saales	4	Rozières	73	N 27	Lamarche	10
Petite-Raon (la)	55	S 28	Senones	3	Ruaux	25	R 20	Plombières	5
Pierrefitte	22	M 17	Darney	13	Rugney	29	M 12	Charmes	6
Pierrepont	20	E 20	Bruyères	13	Ruppes	89	N 13	Coussey	11
Plaine	70	S 36	Saales	10	Rupt	39	R 13	Ramonch.	10
Plainfaing	53	S 20	Fraize	6	Russ	88	S 43	Schirmeck	5
Pleuvezain	52	N 19	Châtenois	13	Saales	63	S 20	Saales	» »
Plombières	23	R 15	Plombières	» »	Saint-Amé	35	R 7	Remirem.	7
Pompierre	68	N 10	Neufchât.	10	Saint-Baslemont	38	M 22	Darney	9
Pont-les-Bonfays	27	M 17	Darney	13	Saint-Benoît	53	E 53	Rambervil.	10
Pont-sur-Madon	41	M 10	Charmes	14	Saint-Blaise-la-R.	73	S 50	Saales	10
Portieux	20	M 25	Charmes	8	Saint-Dié	55	S » »	Saint-Dié	» »
Poulières (les)	30	S 28	Brouvelie.	8	Saint-Elophe	84	R 7	Coussey	5
Poussey	55	M 2	Mirecourt	2	Saint-Etienne	28	R 3	Remirem.	3

VOSGES

Nom				Nom				Nom			
Saint-Genest	25	E	25	Rambervil.	13	Tons (les)	67	N	47	Lamarche	12
Saint-Gorgon	24	E	24	Rambervil.	3	Totainville	40	M	15	Mirecourt	15
Saint-Jean-d'Orm.	50	S	8	Senones	10	Trampot	90	N	22	Neufchât.	22
Saint-Jean-du-M.	25	E	25	Bruyères	10	Tranqueville	86	N	16	Coussey	14
Saint-Julien	60	N	45	Lamarche	10	Trémonzey	30	E	30	Bains	4
Saint-Laurent	5	E	5	Epinal	5	Ubexy	27	M	12	Charmes	6
Saint-Léonard	30	S	15	Fraize	15	Uriménil	10	E	10	Xertigny	8
Saint-Maurice	50	E	50	Ramberv.	6	Urville	64	N	22	Bulgnéville	8
Saint-Maurice	59	R	33	Ramonch.	9	Uxegney	7	E	7	Epinal	7
Saint-Menge	48	M	17	Mirecourt	17	Uzemain	15	E	15	Xertigny	5
Saint-Michel	48	S	8	Saint-Dié	8	Vacheresse-e-l-R.	34	N	28	Bulgnéville	7
Saint-Nabord	20	R	5	Remirem.	5	Vagney	41	R	15	Saulxures	10
Saint-Ouen	65	N	24	Bulgnéville	7	Val-d'Ajol (le)	55	R	25	Plombières	10
Saint-Paul	51	N	19	Châtenois	7	Valfroicourt	30	M	14	Vittel	15
Saint-Pierremont	40	E	40	Rambervil.	12	Valleroy-a.-Saules	27	M	7	Mirecourt	7
Saint-Prancher	49	M	18	Mirecourt	18	Valleroy-le-Sec	38	M	17	Vittel	6
Saint-Remimont	50	N	24	Bulgnéville	8	Vallois (les)	27	M	18	Darney	12
Saint-Remy	57	S	15	Raon-l'Et.	10	Valtin (le)	65	S	35	Fraize	15
Saint-Stail	65	S	20	Senones	8	Varmonzey	23	M	13	Charmes	7
Saint-Vallier	16	M	18	Dompaire	12	Vaubexy	25	M	10	Dompaire	8
Sainte-Barbe	35	E	35	Rambervil.	10	Vaudéville	9	E	9	Epinal	9
Sainte-Hélène	25	E	25	Bruyères	15	Vaudoncourt	58	N	19	Bulgnéville	5
Sainte-Marguerite	58	S	3	Saint-Dié	3	Vaxoncourt	15	E	15	Châtel	4
Sanchey	6	E	6	Epinal	6	Velotte-et-Taligu.	25	M	6	Dompaire	7
Sandaucourt	55	N	16	Châtenois	4	Ventron	61	R	35	Saulxures	8
Sans-Vallois	28	M	18	Darney	12	Vermont (le)	65	S	35	Senones	8
Sapoix	44	R	18	Saulxures	13	Verrières-d'Onza.	19	E	19	Châtel	8
Sartes	70	N	11	Neufchât.	11	Vervezelle	35	S	25	Brouvelie.	2
Saulcy	35	S	8	Saint-Dié	8	Vexaincourt	64	S	39	Raon-l'Et.	10
Saulcy (le)	62	S	35	Senones	8	Vicherey	51	N	20	Châtenois	14
Saulxures	51	R	21	Saulxures	»	»	Vienville	55	S	25	Corcieux	4
Saulxures-l-Bulg.	59	N	21	Bulgnéville	3	Vieux-Moulin	59	S	28	Senones	6
Souville	60	N	24	Bulgnéville	10	Vildersbach	82	S	40	Schirmeck	6
Sauxures	75	S	26	Saales	6	Villers	30	M	3	Mirecourt	3
Savigny	33	M	10	Charmes	7	Ville-sur-Illon	19	M	17	Dompaire	7
Schirmeck	85	S	40	Schirmeck	»	»	Villoncourt	12	E	12	Châtel	15
Senaide	60	N	39	Lamarche	12	Villotte	62	N	36	Lamarche	4
Senones	55	S	25	Senones	»	»	Villouxel	77	N	11	Neufchât.	11
Senonges	53	M	21	Darney	9	Vimenil	18	E	18	Bruyères	7
Seraumont	85	N	15	Coussey	10	Vincey	20	M	17	Charmes	7
Sercœur	13	E	13	Châtel	14	Viocourt	52	N	13	Châtenois	4
Serécourt	60	N	42	Lamarche	6	Vioménil	27	E	27	Bains	15
Serocourt	55	N	36	Lamarche	9	Vittel	45	M	22	Vittel	» »
Sionne	81	N	6	Coussey	4	Viviers-le-Gras	45	M	30	Monthur.	12
Socourt	32	M	20	Charmes	8	Viviers-l.-Offroic.	37	M	12	Vittel	12
Soncourt	51	N	19	Châtenois	13	Voivre (la)	48	S	8	Saint-Dié	8
Soulosse	75	N	6	Coussey	5	Voivres (les)	23	E	23	Bains	5
Surance	52	E	52	Bains	10	Vomécourt	22	E	22	Rambervil.	5
Suriauville	55	N	26	Bulgnéville	6	Vomécourt	39	N	9	Charmes	18
Syndicat-de-S-Amé	40	R	14	Remirem.	14	Vouxey	53	N	11	Châtenois	5
Taintrux	53	S	15	Saint-Dié	15	Vrécourt	67	N	21	Bulgnéville	12
Tendon	20	R	22	Remirem.	22	Vroville	28	M	4	Mirecourt	4
Thaon	10	E	10	Châtel	8	Waldersbach	80	S	35	Schirmeck	10
They-s.-Montfort	43	M	18	Vittel	6	Wische	90	S	48	Schirmeck	8
Thiéfosse	56	R	30	Saulxures	8	Wisembach	70	S	18	Saint-Dié	18
Thirocourt	33	M	7	Mirecourt	7	Xaffévillers	35	E	35	Rambervil.	10
Tholy (le)	50	R	25	Remirem.	25	Xamontarupt	23	E	23	Bruyères	16
Thuillières	37	M	20	Vittel	8	Xaronval	37	M	12	Charmes	10
Tignécourt	60	N	45	Lamarche	10	Xertigny	17	E	17	Xertigny	» »
Tilleux	65	N	7	Neufchât.	7	Zincourt	15	E	15	Châtel	6
Tollaincourt	69	N	32	Lamarche	5						

TABLE DES ARTICLES
DES LOIS SPÉCIALES ET DES CODES.

Lois spéciales.

Code Justinien. L. 9, de præscriptione. — P. 513. n. 21. I. II.
Coutume de Bar. Tit. XII. Art. 175. — P. 402. n. 25. I.
Coutume d'Epinal. — P. 510. n. 7.
Coutume de l'Evêché de Metz. Tit. XVI. Art. 2. — P. 510. n. 7; — 401. n. 23. II. III.
Coutume de Lorraine. Tit. II. — P. 116. n. 3. = Tit. II. Art. 1er. — P. 116. n. 5; — 413. n. = Tit. II. Art. 9.— P. 415. n. 2. II. = Tit. XIV. Art. 23. — P. 397. n. 3. 4. I. 5; — 99. n. 10. II. III. IV; — 404. n. 52. II; — 490. n. 27. III. = Tit. XV. Art. 20. — P. 455. n. 41. I. = Tit. XVIII. Art. 1er. — P. 541. n. 8. 9.
Coutume de Metz. Tit. XIII. Art. 15. — P. 398. n. 6. = Tit. XIV. Art. 3.— P. 513. n. 21. III. = Tit. XIV. Art. 4. — P. 513. n. 21. III. = Tit. XIV Art. 10. — P. 513. n. 21. IV.
Coutume de Saint-Mihiel. Tit. VIII. Art. 4. — P. 117. n. 9. = Tit. X. Art. 4. — P. 544. n. 27. II. = Tit. X. Art. 5. — P. 488. n. 25. V. VI.
Coutume de Verdun. — P. 478 n. 4. II. = Tit. XIII. Art. 3. — P. 541. n. 10.
Digeste. De regulis juris. L. 151. — P. 228. n. 2. = L. 155. — P. 228. n. 2.
Traité de Bruges. 1501. — P. 159.
Ord. du 25 septembre 1575. — P. 160. 162.
Edit du 29 nov. 1440. — P. 156. n. 6; — 157. n. 11; — 158. n. 15; — 160. 162; — 451. n. 21. III.
Ord. du 15 nov. 1479. — P. 160. 162.
Déclaration du duc Antoine du 15 nov. 1541. — P. 159.
Traité de paix de Crépy. 18 septembre 1544. — P. 159.
Déclaration du Roi Henry II. 7 janvier 1552. — P. 159.
Ord. du 27 juin 1561. — P. 160. 162.
Ord. 1563. Art. 15. — P. 513. n. 21. I.
Concordat entre le roi de France et le duc de Lorraine du 23 janvier 1571. — P. 159.
Déclaration du roi Henry III du 8 août 1575. — P. 159. 161.
Règlement du comté de Dabo du 27 juin 1613. — P. 246. n. 2. 3; — 450. n. 20.
Déclaration du 17 juillet 1613. — P. 160. 162.
Traité de Westphalie de 1648. — P. 516. n. 34. I. II; — 445. n. 4. I.
Traité de Vincennes, de février 1661. (Art. 16.) — P. 160.
Ord. du 12 septembre 1661. — P. 160. 162.
Ord. 1669. Tit. 20. Art. I. — P. 445 n. 4. I. = Tit. 20. Art. 4. — P. 445. n. 4. I.
Traité de Ryswick du 30 octobre 1697. Art. 28. 32. 33. 36. 38. 41. — P. 160.
Edit du 1er octobre 1698. — P. 128. I.
Ord. 15 mai 1702. — P. 455. n. 42. I. III.
Edit du 14 nov. 1709. — P. 128. I.
Edit du 12 janvier 1715. — P. 128. I.
Ord. du 18 mars 1722. — P. 160. 162.
Ord. du 10 mai 1722. — P. 160. 162.
Ord. du 14 juillet 1729. — P. 160. 162. 164. n. 3. 4. I. IV; — 165. I; — 166. n. 7. IV.
Edit du 14 juillet 1729. Art. 5. — P. 158. n. 14. II; — 161; — 164. n. 4. II. III; — 165. n. 5. II. IV; — 166. n. 7. IV.
Traité du 3 octobre 1735. — P. 158. n. 14. I; — 162.
Traité des 11 avril et 28 août 1736. — P. 156. n. 6; — 160. 162; — 165. n. 4. V.
Lettres patentes du 18 janvier 1737. — P. 160.
Edit des 5-8 mai 1738. — P. 164. n. 2. II.
Traité de Vienne du 18 nov. 1738. — P. 516. n. 34. I. II.
Arrêt de règlement du 20 décembre 1755. — P. 448. n. 12.
Edit du 14 juin 1764. — P. 128. II.
Arrêt de règlement du 2 mars 1765. — P. 448. n. 12.

LOIS SPÉCIALES.

Edit de mai 1773. — P. 128.
Déclaration du 10 mars 1776. — P. 228, n. 2.
Déclaration du 13 avril 1776. — P. 128. II.
Arrêt d'enregistrement du 18 août 1776. P. 128.
Déclaration du 7 nov. 1778. — P. 128.
L. 15-28 mars 1790. — P. 450. n. 18. II. = Art. 52. — P. 458. n. 49. I.
L. 24 juillet 1790. — P. 158. n. 12.
L. 16-24 août 1790. Tit. III. Art. 10. 6°. — P. 82. n. 15. 16. 17. = Tit. IV. Art. 5. — P. 152. n. 7. 8; — 153. n. 10. 11; — 154. n. 16. 18; — 155. n. 19. 21. 25; — 156. n. 26. 28; — 157. n. 52. 53. 54; — 158. n. 36. 58; — 159. n. 40. 43; — 140. n. 46; — 142. n. 51. 53. 54. 55; — 145. n. 56. = Tit. XI. Art. 5. — P. 487. n. 25. III.
L. 5 novembre 1790. — P. 123.
L. 22 nov., 1er décembre 1790. Art. 57. — P. 162.
D. 18 décembre 1790. Tit. III. Art. 7. — P. 447. n. 11. VII.
D. 1er juillet 1791. — P. 402. n. 25. IV.
L. 10 juillet 1791. — P. 157. n. 7.
L. 17 septembre 1791. — P. 462.
L. 28 septembre, 6 octobre 1791. Tit. 1er. Sect. 4. Art. 2. — P. 73. n. 20; — 404. n. 52. II. = Tit. 1er. Sect. 4. Art. 6. — P. 73. n. 20. = Tit. 1er. Sect. 4. Art. 16. — P. 73. n. 20. = Tit. 1er. Sect. 4. Art. 17. — P. 73. n. 20.
L. 25-28 août 1792. Art. 5. — P. 374. n. 3.
L. 28 août, 14 septembre 1792. — P. 74. n. 25. II. 28; — 75. n. 29; — 449. n. 14. I; — 450. n. 18. II; — 455. n. 42. II. III; — 457. n. 48. I. = Art. 1. — P. 75. n. 52. III. = Art. 2. — P. 458. n. 49. I. 50. = Art. 8. — P. 75. n. 19. III; — 74. n. 24. 25; — 341. n. 10. II. 11. — Art. 9; — 247. n. 4. III; — 383. n. 4. III. = Art. 14. — P. 68. n. 3. = Art. 17. — P. 68. n. 3.
L. 10 juin 1793. Sect. 2. Art. 1er. — P. 74. n. 22. = Sect. II. Art. 15. — P. 69. n. 6. = Sect. IV. Art. 1er. — P. 70. n. 9; — 72. n. 18. I; — 74. n. 28; — 75. n. 29. 30. 31; — 247. n. 4. III; — 383. n. 4. III. = Sect. IV. Art. 7. — P. 128. II.
L. 24 août 1793. Art. 82. 85. — P. 85. n. 3; — 163. n. 1.

L. 10 frimaire an II. — P. 60. n. 7. I. II.
L. 17 pluviôse an II. — P. 116. n. 4. = Art. 61. — P. 116. n. 6. 7; — 414. n. 2. I.
L. 11 ventôse an II. — P. 1. n. 5; — 243. n. 1. = Art. 4; — 2. n. 5.
D. 9 fructidor an II. — P. 414. n. 2. I.
L. 29 floréal an III. — P. 72. n. 19. II; — 457. n. 48. I.
L. 16 fructidor an III. — P. 80. n. 9; — 84. n. 2; — 85. n. 5; — 87. n. 8. I. II. 9. 10. 11; — 88. n. 12. I. III. IV; — 90. n. 1. 2. 3. 5; — 122; — 163. n. 1; — 167; — 185. n. 8; — 189. n. 27; — 211. n. 5; — 246. n. 2. 3. II; — 414. n. 1. I; — 477. n. 1. 2; — 482. n. 12. I. IV; — 485. n. 16. II. V. VI; — 486. n. 25. I. III.
D. 3 vendémiaire an IV. — P. 414. n. 2. I.
L. 21 fructidor an IV. — P. 462.
L. 1er brumaire an VII. Art. 1. — P. 510. n. 10.
L. 14 ventôse an VII. — P. 14. III; — 16. n. 7. III; — 60. n. 7. I. III; — 157. n. 10; — 162; — 163. n. 1. 2; — 165. n. 6. 10; — 205. n. 5; — 444. n. 1. 11. = Art. 2. — P. 166. n. 7. I. = Art. 6. — P. 166. n. 7. I.
Constitution du 22 frimaire an VIII. Art. 5. — P. 235. n. 19. = Art. 75; — 123; — 244.
L. 28 pluviôse an VIII. Art. 4. — P. 86. n. 5; — 88. n. 12. II; — 93. n. 14; — 122.
L. 27 ventôse an VIII. Art. 12. — P. 274; — 455.
Arrêté du 17 vendémiaire an X. — P. 71. n. 15. I.
Circulaire du 9 pluviôse an X. — P. 40. I.
Arrêté du 10 floréal an X. — P. 123.
Arrêté du 30 frimaire an XI. — P. 209. n. 2. I. II.
L. 25 ventôse an XI. Art. 8. — P. 177. n. 15. I; — 349. = Art. 9; — 179. n. 17; — 240. n. 3. II. III. = Art. 13. — P. 508. n. 1. 2; — 509. n. 3. 4. I; — 310. n. 12. 13; — 311. n. 14. I. = Art. 14. — P. 552. n. 1; — 360. n. 6. II; — 450. n. 22. 23. I. = Art. 20. — P. 510. n. 9. = Art. 53. — P. 151. n. 2; — 509. n. 5. 6. I; — 510. n. 11; — 511. n. 14. II. 18. = Art. 68. — P. 552. n. 1.
L. 19 germinal an XI. — P. 72. n. 19. II; — 457. n. 48. I.
L. 21 germinal an XI. — P. 40. I.

LOIS SPÉCIALES.

L. 14 floréal an XI. — P. 87. n. 10.
Arrêté du 2 nivôse an XII. Art. 1er, — P. 309. n. 5. 6. 1; — 510. n. 7.
L. 11 pluviôse an XII. — P. 414. n. 1. II.
L. 22 ventôse an XII. Art. 30. — P. 435.
Sénatus consulte, 28 floréal an XII. Art. 141. — P. 214. n. 2.
D. 23 prairial an XII. — P. 228. n. 2.
L. 29 pluviôse an XIII. — P. 40. I.
D. 16 février 1807. Art. 92. — P. 233. n. 18. III. = Art. 144. — P. 233. n. 18. III.
D. 16 février 1807. Art. 159. — P. 219. n. 11.
2e D. 16 février 1807. Art. 1er. — P. 219. n. 11. = Art. 6; — 255. n. 18. 1.
D. 16 février 1807. Art. 129. — P. 474. n. 10. = Art. 172 — P. 474. p. 10.
D. 20 juillet 1807. — P. 69. n. 6.
L. 3 septembre 1807. — P. 461. n. 1. I.
L. 5 septembre 1807. — P. 113. n. 5. VIII.
D. 30 mars 1808. Art. 4. — P. 462. = Art. 22. — P. 42. = Art. 29. — P. 51. n. 42. = Art. 66. — P. 234. n. 21. = Art. 70. — P. 103. = Art. 73. — P. 51. n. 42. = Art. 83. — P. 503. n. 1. = Art. 102. — P. 152. n. 3; — 183. n. 5.
D. 26 avril 1808. — P. 69. n. 6.
L. 12 novembre 1808. Art. 2. — P. 122. = Art. 4. — P. 123.
D. 11 décembre 1808. — P. 209. n. 2. II. III.
L. 20 avril 1810. Art. 7. — P. 238. n. 27. III; — 418. III.
L. 21 avril 1810. Art. 7. — P. 501. n. 2. 3. = Art. 32. — P. 92. n. 13. = Art. 51. — P. 501. n. 1. = Art. 53. — P. 501. n. 4. II. = Art. 59. — P. 501. n. 4. II. = Art. 69. — P. 501. n. 4. II.
D. 6 juillet 1810. Art. 7. — P. 42; — 235. n. 19. = Art. 51. — P. 462.
D. 18 août 1810. Art. 37. — P. 462.
D. 14 décembre 1810. Art. 18. — P. 318. n. 2. II.
D. 9 avril 1811. — P. 157. n. 8; — 209. n. 2. III.
D. 18 juin 1811. Art. 93. — P. 207. n. 3. = Art. 122. — P. 152. n. 4. I.
L. 20 mars 1813. Art. 2. — P. 482. n. 13.
Lettres patentes du 23 janvier 1814. — P. 409. n. 5.
D. 12 février 1814. — P. 409. n. 5.
Convention diplomatique du 28 mai 1814.
— P. 246. n. 1.
Traité de Paris du 30 mai 1814. — P. 346. n. 34. I.
Charte. 4 juin 1814. — P. 214. n. 2.
L. 14 octobre 1814. Art. 1. — P. 211. n. 2. I. = Art. 2. — P. 211. n. 2. I.
L. 5 décembre 1814. — P. 203. n. 5.
Ord. du 30 août 1815. — P. 214. n. 2; — 215. n. 4; — 357. n. 22.
Traité de Paris du 20 novembre 1815. — P. 346. n. 34. I.
L. 28 avril 1816. Art. 91. — P. 61. n. 8. II. III; — 318. n. 1. 2. 1; — 335. V.
L. 13 janvier 1817. — P. 1. n. 4; — 2. n. 1. III.
L. 15 mai 1818. — P. 166. n. 6. II.
L. 17 mai 1819. Art. 23. — P. 150. n. 1. 2.
Ord. du 23 juin 1819. Art. 1er. — P. 87. n. 11. II. = Art. 2. — P. 87. n. 11. I. = Art. 3. — P. 87. n. 11. III. = Art. 4. — P. 87. n. 11. I. II. = Art. 5. — P. 87. n. 11. I. = Art. 6. — P. 87. n. 11. I. III.
L. 12 mars 1820. — P. 158. n. 12; — 163. n. 1. 2; — 166. n. 8.
Ord. du 20 novembre 1822. Art. 14. — P. 151. n. 1. = Art. 15. — P. 151. n. 1. = Art. 42 — P. 318. n. 2. II.
L. 28 juillet 1824. — P. 483. n. 16. IV.
Ord. du 1er août 1827. Art. 113. — P. 446. n. 6. 7. 8. 9. 10; — 449. n. 13; — 452. n. 31. II; — 453. n. 52; — 454. n. 53. II — 457. n. 43. VI. = Art. 117. — P. 457. n. 43. VI. = Art. 143. — P. 449 n. 13. = Art. 151. — P. 86. n. 6.
L. 27 avril 1825. Art. 18. — P. 203. n. 1. 2. I.
Ord. du 1er juin 1828. Art. 6. — P. 85. n. 4. II.
Ord. du 24 septembre 1828. — P. 42. = Art. 3. — P. 235. n. 19.
Charte du 14 août 1830. Art. 8. — P. 228. n. 2. = Art. 9. — P. 228. n. 2.
Ord. du 16 août 1830. — P. 214. n. 5.
L. 29 janvier 1831. Art. 9. — P. 85. n. 4. III. = Art. 10. — P. 85. n. 4. III.
L. 19 avril 1831. Art. 4. — P. 198. n. 6; — 202. n. 22. 23; — 203. n. 20; — 204. n. 53. = Art. 6. — P. 197. n. 2. 3; — 199. n. 10; — 204. n. 53. 54. = Art. 7. — P. 197. n. 1; — 198. n. 5; — 199. n. 8; — 200. n. 17; — 201. n. 21; — 202. n. 24; — 203. n. 30. = Art. 8. — P. 199. n. 10. 11. 12. = Art. 9. — P. 198.

n. 4; — 199. n. 7. II. = Art. 10. — P. 195, I ; — 199, n. 13 ; — 200. n. 14. 15 ; — 202. n. 26. = Art. 11. — P. 200. n. 15. = Art. 23. — P. 201. n. 19. 20. = Art. 24. — P. 204. n. 52. = Art. 33. — P. 199. n. 9 ; — 201. n. 18. 19. II ; — 202. n. 23. 26 ; — 203. n. 27. 28. = Art. 36. — P. 203. n. 31.

L. 21 mars 1832. — Art. 2. — P. 211. n. 2. II. 3.

L. 17 avril 1832. Art. 7. — P. 112. n. 5. III. = Art. 20. — P. 137. n. 34. II. = Art. 37. — P. 112. n. 5. II. = Art. 40. — P. 112. n. 5. III.

L. 31 mars 1833. — P. 410. n. 5.

L. 28 juin 1833. (Elect. dép.) Art. 20. — P. 195. I. = Art. 52. — P. 195. II.

L. 28 juin 1833. (Instr. prim.) Art. 4. — P. 208. n. 1. I. = Art. 7. — P. 208. n. 1. I.

L. 7 juillet 1833. Art. 48. — P. 418. n. 11. XI.

Ord. du 16 juillet 1833. Art. 16. — P. 208. n. 1. I.

L. 21 mai 1836. Art. 15. — P. 88. n. 12. V ; — 487. n. 25. II. = Art. 16. — P. 483. n. 16. IV.

L. 18 juillet 1837. Art. 6. — P. 74. n. 26. = Art. 17. — P. 84. n. 1 ; — 86. n. 7. = Art. 44. — P. 374. n. 2. V. = Art. 46. — P. 71. n. 13. 14 ; — 75. n. 52. I. II. = Art. 49. — P. 43 ; — 68. n. 1. 2 ; — 403. n. 32. I ; — 486. n. 24. = Art. 54. — P. 71. n. 15. = Art. 63. — P. 374. n. 2. V.

L. 11 avril 1838. Art. 1er. — P. 3 ; — 24. n. 2 ; — 82. n. 14 ; — 131. n. 1. 2. 3. 4 ; — 132. n. 5. 6 ; — 133. n. 9. 12. 13 ; — 134. n. 14. 15. 17 ; — 135. n. 20 ; — 136. n. 24. 27. 29 ; — 137. n. 30. 31. 35 ; — 138. n. 37. 39. 40 ; — 139. n. 41. 42 ; — 140. n. 44. 45. 47 ; — 141. n. 48. 49. 50. I ; — 142. n. 52 ; — 143. n. 57. 58. 59. 60. = Art. 2. — P. 132. n. 8 ; — 135. n. 22. 23. II ; — 136. n. 25 ; — 141. n. 50. II. III ; — 297. n. 6. II.

L. 25 mai 1838. Art. 5. — P. 81. n. 12. 15 ; — 82. n. 15. 16. 17 ; — 299. n. 1. = Art. 6. — P. 48. n. 1. II ; — 49. n. 2. 3 ; — 79. n. 1.

L. 30 juin 1838. Art. 29. 32. 38. — P. 18. I.

Circ. du 16 novembre 1839. — P. 486. n. 25. I.

Circ. du 18 décembre 1839. — P. 486. n. 25. I.

Code civil.

Art.	Pag.	No.	§.	Art.	Pag.	No.	§.	Art.	Pag.	No.	§.	Art.	Pag.	No.	§.
3	346	34.	I	231	393	2.		465	268	4.		234	15.	IV	
66	11		V	271	393	1.		466	325	4.	II	258		1.	
99	9		I	334	243	2.			326	10.		334			III
103	200	16.		340	177	11. II			326	11.		333	429	20.	
104	200	16.		345	12			467	327	14.		335	429	17. 20.	
105	200	16.		384	444	12.			433	1.	II	342	70	8.	
111	36	9.	I		461	1. 2.		469	437	4.		372		1. 2.	
120	1	1. 2.		389	365		I		438	7.	I	544	228	2.	
151	10			393	437	6.		471	438	7.	II	549	580	1.	
	11			398	439	9.		472	437	4.			427	11.	
203	20	5.	I	407	267	2.	I	474	440	11.		550	580	1.	
207	19	1.		420	439	10.		475	369		I		427	11.	
208	20	5.	I		440	12.		481	204			551	183	1. 2.	
209	19	3.		450	151	2.		495	267	2.			184	3. 1. IV	
213	592	2.			457	3.		502	267	1.	I			4. 5. 6.	
214	242	1. 2.		454	457	6.		503	267	1. II. III			185	7.	
	592	2.		457	151	2.			353	6. IV. V			186	16.	
	593	3.			440	12.		504	426	7.	I		401	23.	I
217	42	1.		459	440	12.		509	268	4.		553	401	23.	I
	353	6. IV. V		460	440	12.		514	267	3.			406	39.	
218	42	2.		464	437	1. 2.		521	237	22. IV		555	295	22.	
219	242	4.				5. 5.		529	121	25. II		556	188	25	

CODE CIVIL. 827

	564	1	688 404 34.		326 10.11.	1003 427 9.
557	188 25.		405 35.37.	841	416 8.		429 19.
558	186 14.15.		450 45. III	843	16 7. VI	1009	429 18.
	187 17.18.		478 5.		174 4.	1010	429 17.
	21.22.		486 24.		175 8. II	1014	283 5.5.II
565	87 9.		25. I		180 18.	1034	269 1.
578	328 II		VIII		283 4.	1035	425 1.
582	41 3.		489 26. III	867	1.2.		427 8.
587	460 1.2.I		490 27.II.VI		3.4.		428 13.
599	460 4. II	691	15 5.		5.6.	1075	178 14.
600	273 2.		342 14.		7.		327 I
605	460 3.4.I		344 23. II	845	416 6. IV	1076	178 14.
609	269 1.		397 4. I	852	416 6. III		327 I
612	269 1.		598 5.	856	269 2.	1078	178 14.15.
618	460 2. II		400 39.	870	416 7.	1098	179 15. III
625	187 18. I		445 4. II	877	388 1.		554 I.IV
	21.22.		456 45.III.IV	878	416 9.	1099	334 I
635	187 18. II		486 24.	882	271 2.	1103	349
	451 22.23.		490 27. II		416 10.	1109	237 25. II
	24.25.	692	398 8.9.	883	118 14.		258 26.
	452 26.27.	693	398 7.	888	324 3. I		272 1. III
	28.29.	694	72 18. II		327 14.	1116	272 1. III
	30. I	701	489 26. III	890	327 I	1119	455
	31. I	702	403 26.	892	325 3. II	1120	468 15.
	453 32.33.	703	403 77.	896	413 1.	1125	316 11.
	454 36.	706	345 32. I		430 21.		325 4. III
640	399 12.13.		345 33. I		24.25.		474 10. III
641	188 23.		401 22.	898	413 2.	1130	417 12.
643	405 38.		405 35.	901	425 2.3.I		471 28.
644	185 11.12.I		449 14. II		7.	1131	195 12.
	405 38.		455 39.40.	907	450 23. II		314 2.
645	185 11.12.		456 44.	910	428 15. I		359 5.
	186 15.	707	345 33. I	911	174 5.5.6		462 1. IV
	405 58.	724	415 4.		175 7.	1132	314 5.
646	48 1. I	757	244 5.	919	180 18.		315 4.
	49 2.3.	778	414 1.	920	177 10. IV	1133	111 1.
	4.5.	779	414 1.	922	179 15. II		318 2.
	50 6.7.	784	283 5. I		416 6. II	1142	216 7.
	8.9.	793	415 5.	931	178 14.	1147	454 35. 1.
	51 10.	803	417 11.		283 5. III	1150	381 5.
655	72 18. II		439 7.III.IV	952	178 13. II	1151	381 5.
	397 2. II	808	458 7. II		14.	1152	170 4.
	403 27.	813	418 I. IV	935	177 12.		171 4.
666	402 24.25.	814	418 I. IV	944	174 2.	1153	105 5. II
	484 17.	815	119 17. I	951	413 1.		110
671	402 24.		244 4.	952	173 1. III		171 4.
678	403 30.31.	816	324 2.	953	176 9. V		269 1.2.I
681	399 14.		525 4. I	955	176 9. V	1154	105 3. I
	400 15.		527 12.	960	179 16.	1136	179 16. II
682	597 4. II	822	216 5. II	970	429 5. II		188 24. II
	598 9.	823	283 2.		4.5.6.		326 9.
	400 16.17.		413 6. I		430 26.		467 10. I
	18.19.	826	417 13. II	971	428 12.	1160	106 2.
	401 20.21.	827	326 11.	972	428 12.	1166	434 4.
	405 36.	828	283 1.	973	430 22.23.I	1167	176 9. I
684	404 53.	834	326 11.	1003	282 2. I		II.III
685	405 36.	840	325 4.	1004	429 19.		VI

CODE CIVIL.

	177 11, I	355 15. II	10.	96 7. III
	238 26,	556 20.	358 15.	147 2.
	315 7.	557 23.	359 1.2.3	171 2.3.
	329 1.	426 3. II	4.5.6	178 13. IV
	552 1. III	1523 552 2.	407 4.	V VI
	589 4. II	1524 450 26.	456 45. I	185 9.
	590 5.	1525 175 7. II	478 3. II	188 26.
	593 1.	III IV V	1548 177 0. VI	189 27.
	420 3.	515 8.	560 6.II.III	224 12. III
	466 7.	554 11.	462 1. II	253 19.20.
1170	470 26.	555 12.	467 10 II.III	511 16.17.
1180	173 1, III	427 8.	478 3. II	546 34. IV
1184	526 8.	1526 174 5.	1549 548 1.	580 1.2.
	573 5.	296 2.I.II	1551 55	4.7.
1185	357 21.	553 4.5.6.	58 1.2.	582 10.
1202	19 2.5.	I II III	59 3.4.	586 2.
	4.5.	554 7.8.	5.6.	437 1.2.
	234 15. III	1528 261 2. III	60 7.I.II	466 7.
	517 1.2.3.	515 6.	8.	1583 382 9.
1207	269 2. I	316 15.	96 7. III	1584 581 6.
1213	55 7. II	1531 119 17. II	267 1. II	582 8.
1217	20 5. II	284	290 9. II	1588 115 2.
	187 20.	1535 515 5.	525 4. I	592 2. I
	207 1. III	1537 188 24. I	422 7. I	1594 118 13.
	291 10. III	1538 177 10.I.II	433 1. I	178 14.
	545 52. III	178 13. III	1553 16 6.VII	1596 178 14.
	402 23. V	15. I	252 15. II	1597 178 14.
1218	20 5. II	216 6.	316 12.	1401 119 16.
	316	219 10.	524 1.2.	121 25. II
1243	102	242 2. I	527 13.	290 9. III
1244	315 9.10.	289 4. II	554 II	10.
1251	55 7. II	293 12.	553 6. III	1408 116 3.4.
1256	314 1.	525 3. II	554 10.	117 10.12.
	330 2.	355 11.II.III	555 15.	118 14.
	340 2. II	568	561 9.	1455 117 11.
	III	590 7.	426 5. II	119 18.19.
1258	519	1541 5	462 1. II	120 20.
1273	405 4.	9 1.	1554 433 2.	121 25. II
1282	348 2.	524 1.	1555 552 3.	1456 115 1.
1289	252 14.	527 13.	478 3. II	1457 119 15.
1291	77 1.2.3.	554 9. II	1556 44 1.2.	1442 415 2. II
	291 14.	10.	5.4.	1445 591 1.
1295	385 1.	559 6. I	69 4.	592 5.
1304	177 III	560 8.	270 1.	1459 285 5. I
	316 11.	561 10.	1558 74 27.	1471 120 20. II
	545 29.30. I	426 3. II	595 6.	121 24.
	417 12.	468 14.	453 2.	25. II
	439 8.	469 20.	1559 594 4.	26.
1315	524 1.2.	478 3. II	1566 356 16.	1477 120 21.22.
	355 13.	1347 3	1572 103 3. I	1492 290 9. III
	356 18.19.	175 7. IV	102 6.	10.
1317	272 1. I	270 2.	290 9. IV	1516 282 2. I
1319	272 1. I	524 1.	311 15.	1557 120 23.
	273 3.	527 13.	1582 58 15. III	1582 175 7. II
	426 3. II	552 5.	40 II	254 15. V
	7. II	555 6. III	55 7. I	468 15.
1322	267 1.	554 7.8.	72 17. II	1585 355 3.

CODE CIVIL. 529

1583	468	15,17.	1771	292	18.	2124	260	2. II	2232	480	10.
1589	469	18.	1778	292	16.	2125	258	5.		481	11.
1591	468	18.		574	4.	2129	260	2.1.iv		488	25. IV
1596	151	2.		575	5.	2150	258	2.	2236	450	18. I
1597	45		1834	407	1.4.	2131	176	9. II		456	43.
1598	468	12.	1841	407	2.3.		258	4.1.11		457	46.
1602	467	10. I		408	5.	2134	259	5.f.			47.
1608	467	8. I	1869	408	5. II	2156	412		2240	450	13. I
1615	89	13. III	1872	409	3.	2148	260	1. II		456	45.
1619	405	2.3.	1952	560	3.			III.IV		457	46. I
1630	484	18. V	1975	575	1.			2. I			47.
1634	506	III	1985	201	19. I		263	1.	2244	166	8.
1651	471	51.	1986	297	6. III	2151	419	1. III		345	52. II
1653	467	9.		409	4.		440	11.	2245	345	52. II
1656	575	5.	1991	296	2. III	2154	260	1. V	2246	345	52. II
	465	1.	1992	297	7.	2156	260	1. I	2247	345	52. II
	470	2.3.		298	8.	2157	265	2.	2248	16	6. VI
1658	469	22.	1994	298	13.	2159	92	12.		342	20. I
1659	552	1. I	1996	565	II		521	2.		344	23. I
		2.	1997	296	4.	2167	315	9.			24.25.
	553	5.4.	1999	296	1.2. I	2170	315	9.			26.
1661	469	21.	2001	105	5. II	2183	45	1.	2257	345	22. II
1662	469	19.		269	1.		259	7.	2262	51	41.
1674	353	3.	2011	575	6. II		419	2.		177	10. III
	469	22.	2013	54	1.	2184	419	2.		184	5.II.III
	470	24.25.	2032	54	4.	2210	92	11. IV			6.
1689	298	10.	2036	544	26.	2219	346	54. II		186	15.
	471	29.	2057	55	7.8.	2226	228	1.		205	1.
1690	434	2.II.III	2044	433	2.		346	54. II		559	1.
	471	50.	2045	233	12.		347	55.56.		545	22. I
1691	316	13.	2052	524	3. I		397	1.2.III		545	52. I
	434	2.II.III		433	1. I		480	10.		546	54. II
1710	91	6.7.8.	2059	506	IV		482	11. VI		479	6.7.8.
1715	288	2.		515	10.			12. III		480	9.
1716	288	5.		412				14.		484	18. IV
1719	292	21. I	2063	111	1.		483	15.	2264	545	52. I
1722	291	11.12.		193	9.		484	17.18.	2265	128	III
1728	291	15.	2085	532	1. II			19.		166	9.
1729	289	5.		333	4.		485	20. II		205	5.
1732	289	4. I	2088	505	I			21.		544	28.
1733	291	13.	2092	113	5. III		490	27. IV		545	50. II
1734	291	15.		529	1. I	2228	340	3.			51.52.t
1736	289	6. I	2094	329	1. I		541	12.		547	55.
		7.	2098	113	5. VIII	2229	340	4.5.	2277	205	2. II
1737	289	6. II	2101	561	1.5.		342	15.		340	2. I
1742	289	8.	2102	561	1.		544	27. I		541	13.
1754	292	10.		466	4. IV		545	55. II		542	16.17.
1760	288	1. I			5.6.	2252	544	27. III			18.19.
	291	15.	2103	562	2.		347	57.		459	8.
	292	16.17.	2104	562	3.		445	4. II		440	11.
		20.	2123	261			478	3. I		455	53.

57

Code de procédure.

23	12		131	250	4.5.	181	79	5.	402	157	9.
	340	54.II.III		251	6.7.		236	1.	407	153	4. II
49	107				8.9.	193	356	20. I	420	99	13.14.
	389	4. I			10.11.	193	474	1.			15.16.
59	80	6.			12.		475	2.3.		100	17.18.
	96	8.		252	14.15.	200	474	1.			19.
	99	15.		254	23.24.	218	239	1.		471	52.
	210	5. II			25.	232	240	2.3. I	425	29	52.
	227	32.		445	4. III	254	207	1. IV		79	3.4.5
	231	4.I.5.	135	79	2.3.	261	206	1.		98	11. V
	290	1. II		114	6.		207	2.3.5			12.
	584	2.	141	58	16.17.	270	422	5. II		99	
61	25	5.		275	1.3.4	278	207	4.	436	278	9.
	221	1.2.		276	5.6.7	279	207	6.	442	96	7. I
	222	4.5.6.	144	275	4.	283	71	16.	443	24	1.
	223	7.I.III		276	5.6.7		208	7.		28	24.27.
		8.9.	146	557	22.		219	8.			28.
		10.	147	79	5.4.5		240	5.		29	52.
	224	11.		276	8.		421	1.2.3		50	36.38.
		12. II	153	548	1.		422	4.5.6		51	41.
		16.	156	277	1.2.5			7.8.		52	1.2.
	225	17.18.		278	8.11.	295	149	1.			3.4.
		19.		279	12.	502	218	1.		144	1.
	226	24.26.		331			350			145	4. II
		27.28.	157	145	4. I	503	218	2.3.		254	21.
	227	29.30.		153	3.			4.5.		256	2.
		31.33.		277	5.		219	6.		278	7.
68	222	3.		278	9.		280	8. II	449	79	3.4.5
	224	13.14.	158	278	7.10.	505	219	8.9.	450	79	3.4.5
		15.	159	277	6.	507	219	1.		277	4.
	225	20.22.		278	7.8.	509	219	10.	451	27	18.
69	71	17. I			10.	517	210	7.		28	20.
	211	1.	168	93	2. II	524	240	4.		29	30.33.
	226	23.	169	5	2. II		270	3.		50	35.
72	144	2.		81	11.13.	537	263	1.		141	50. I
	222	5.		93	2.	539	28	27.		280	7.8.1
73	144	2.		215	3.		31	59.		281	9.
75	46	2.1.II		473	8. IV		271	3. II	452	279	1.2.3
	155	1.2.3.	170	90	4.	340	271	1. II		280	4.5.6
	156	4.5.		91	6.7.8	552	4	1.			7.8.1
83	503	1.2.3.		92	12.	563	570	1.2.3		281	9.
118	153	6.		98	11. IV		576	5.4.	454	79	3.4.5
126	112	4.		234	15. I	564	570	1.	455	278	10.
130	11	IV	171	91	11.		576	3.4.	456	25	5.
	27	19.20.		273		568	569	2. I		228	2.
	252	16.17.	172	79	3.4.5		575	1.2.	459	217	
	253	20.	173	51	43.	578	569	1.2.II	464	25	6.7.
	254	22.26.		81	10.		435			27	22.
131	11	VI.VII		212	1.2.	580	435			31	40.
	19	3. II		215	3. II	401	343	21. I		49	1. III
	20	4. II		219	9.10.	402	5	4.		121	23. I
		5. III		225	7. II		25	10.		146	1.
	250	1.		224	12. I		26	11.		147	2.3.
		2. 3.		388	2.		149	1.2.5			4.5.

CODE DE COMMERCE.

464	147	6.7.	480	483	10, I	732	473	8.	976	290	3,
	232	8.		528	457 4.	733	390	8.			510 8.
	259	4, III		533	437 4.	755	389	2.	977	269	2. II
	288	1. II		541	103 1.2.4	756	389	2.	984	282	1. II
	525	4. I			106 5.	756	521	3.		526	5.6.
	386	1.			285 1.3.	757	521	4.	985	415	6. I
	450	17. I			296 3.	758	522	5.	1003	50	10.
	458	48. VI		543	214 1.	759	521	3.	1004	50	10.
466	232	7.		555	96 7. I		522	7.	1006	50	9.II.III
	236	20,		557	386 2.	762	521	1.			10.
	270	1. I		574	587 4.	763	26	12.		58	17.
	271	2.4.		577	587 4.	767	522	6.		104	
468	309	4. II		579	586 3.	780	114	7.8.	1009	57	12.13.
470	221	2.		581	585 1. II		231	3. III		58	17.18.
	267	1. IV		582	585 1. II	787	112	3.	1010	33	2. I
472	26	16.		583	225 21.	794	111	2.		37	12.
	27	17.			388 3.	809	427	9.10.		39	21.
	28	25.26.		624	64 I. II	834	419	2.	1012	33	2. II
	29	54.		627	587	855	419	2.	1018	36	11.II.III
	30	57.		681	590 6.	888	417	11.		59	23.
	57	15. I		683	589 1.	909	282	1. I			24.I.II
	80	8.		692	589 4. II	931	272	1. I		40	25.
	85	4. II		695	419 1.		273	3.	1019	53	1.
	96	7. II		710	419 1.	943	272	1. II	1020	56	11. I
	207	6. I		726	589 3.		355	14.		59	20. I.II
	215	5.		727	590 5.7.	954	(L. 2 juin				III
473	26	13.14.			457 5.		1841.)				22.
		15.	728	(L. 2 juin		472	5.6.7	1028	53	1.2.
	81	10.		1841.)		955	472	1.2.		54	2.3.III
	234	15. II		473	8.			3.4.		55	7. I
474	232	7.10.	730	(L. 2 juin	969	285	2.		37	11. V
	236	20.		1841.)		970	526	7.		59	19.
	270	1.		473	8.		415	6. I		40	24. III
	271	4.	731	389	3.		417	11.	1033	10	I
	431	1.2.		590	9.		472	2.3.4		144	1.3.
475	522	7. II	751	(L. 2 juin	972	(L. 2 juin			222	5.
	451	3.		1841.)			1841.)			231	2.
480	25	8.		473	8.		472	5.6.7	1037	143	4. I
	377		752	(L. 7 juin	975	472	2.3.4		226	25.
	475	3,		1841.)		976	283	1.3.			

Code de commerce.

1	63	1.2.3.	48	411	10.	109	560	7.8.	168	190	3.
4	242	4. I	51	54	3. II	110	106	2.	174	233	14.
12	336	16.17.			4.5.		193	9.	187	190	1.
	384	3.	52	54	3. I	112	193	9.	189	190	3.
	410	6. II		35	7. I		194	10.		144	26.
13	384	3.			8.	121	193	7.		504	2.
20	410	8.9.		38	16.	122	194	4.5.8.	532	36	9. II
22	409	1.	60	34	3. III	136	106	2.	548	41	2.
28	409	2.			6. 1.II		100	1.	457	232	9.
42	409	3.	61	35	7. II	137	106	2.		235	17.
	410	6.7.			8.	138	106	2.	442	113	5. III.IV
45	410	7.	92	63	2.	142	84	2.		235	16.
47	410	9.	93	64	1.	165	190	3. I	443	113	5. IV

CODE FORESTIER.

443 232 6.	498 238 28.	582 230 1.	632 102 20.21.
236 20.	499 98 11. III	231 2.	22.23.
444 233 14.	500 98 11. III	583 258 27.	24.
446 233 13.	502 98 11. III	587 113 5.VIII	190 2.
234 15.III.XI	508 98 11. III	588 113 5.VIII	194 11.
317 3. II	509 98 11. III	589 113 5.VIII	234 15. VII
454 2.	512 232 7.	590 113 5.VIII	299 5.6. 1
447 233 13.	519 (C. 1808.)	591 113 5.VIII	633 97 10.11.1
239 29.	253 18.	592 113 5.VIII	634 95 4.
448 230 1.	520 252 8.	598 237 23.24.	635 98 11. III
234 15. VI	531 (C. 1808.)	25.26.	636 191 5. II
VIII	242 5.	614 253 19.	194 10.
IX.X	576 257 22. II.VI	631 97 11. 1	637 95 5.
455 113 5. VI	466 4. III	194 11.	96 6.
114 5. IX	6.	632 9 1.2.3.	194 11.
231 5.	577 (C. 1808.)	63 1.2.3.	658 91 9.
457 (C. 1808.)	236 21.	81 12.	640 303 5.
232 10.	466 4. III	94 1.II	641 303 3.
480 (C. 1808.)	577 (L. 1858.)	95 3.	576 2. II
233 11.	257 22. 1	97 10.11.1	648 234 21.
493 98 11. III	580 255 18.		

Code d'instruction criminelle.

1 40 II	3 40 II	66 40 II			
2 508 1.	63 40 II	368 112 5. III			

Code pénal.

52 112 4.5. I.II.III.

Code forestier.

52 580 2.	63 446 8.9.	65 452 51. II	65 456 43. V.VI
58 14 II.IV	10.	453 52.	83 443 3.
15 4.5.	449 13.15.	457 43. VI	103 17 1.2.3.
16 6.7.	16.	64 247 6.	118 449 13.
156 5.	450 17. II	447 11. IV.XI	119 86 6.
444 1. III.IV	18. IV	450 19.	218 246 2.3. 1
61 446 5.	19.	65 247 5.	III.
63 446 6.7.			

TABLE
DES NOMS DES PARTIES.

Achallet,	2 111.	Antony,	20 556.	Austett,	22 254.
Adam,	18 484.	—	5 475.	Autreville (com.d')	50 75.
Adrien,	5 205.	Apremont (d'),	8 479.	—	2 421.
Aimé,	7 216.	Asmont,	18 255.	Aymont,	14 468.
—	9 554.	Assurance militaire	33 227.	B.....,	20 511.
Aimez,	2 597.	—	5 580.	Baalon (com. d'),	6 69.
Ainvelle (com. de),	51 545.	Assurance mutuelle	1 41.	Bachelier,	20 187.
Albert,	15 177.	—	40 455.	Badonviller (c.de),	56 454.
—	5 589.	—	18 151.	—	57 454.
Alençon (d'),	5 258.	Argence,	15 224.	Baillard,	9 467.
Alsace (la comt. d'),	19 292.	Armbruster,	4 147.	Bailleul (de),	2 562.
—	1 455.	Arnaud,	7 96.	Baillot,	4 275.
Amet,	9 176.	Arnault de Praneuf,	41 51.	Bailly,	5 54.
Ancel,	2 570.	Arnaville (com. d'),	2 79.	—	2 49.
Ancel-Desroches et		—	5 86.	—	60 145.
Lecomte,	24 103.	Arnould,	5 9.	—	21 201.
Ancelin,	42 51.	—	12 117.	—	12 417.
—	12 417.	—	50 141.	Bainville (com.de),	2 17.
Anchier,	8 251.	—	2 270.	Balland,	8 310.
Andeau,	5 275.	—	7 598.	Ban-de-Sapt (c.de)	26 74.
Andelarre (d'),	4 184.	Aron,	59 158.	Bar (la ville de),	2 209.
André,	5 25.	Arragain,	10 81.	Baraban,	5 155.
—	11 185.	—	15 254.	—	15 511.
—	15 224.	—	1 258.	—	2 386.
—	5 521.	—	5 517.	Barabino,	4 156.
—	5 478.	Aubel,	25 27.	—	2 246.
André-Husson,	1 580.	—	18 119.	Barabinot,	20 542.
Angelsberg,	1 583.	—	2 218.	Baradel,	5 2.
Angomont (com.d),	14 224.	—	10 225.	Barat,	1 221.
—	58 454.	Aubert,	1 250.	Barbarat,	6 466.
—	40 455.	—	7 526.	Barbe-Schmitz,	10 185.
Annesser,	58 145.	—	25 470.	Barbé,	12 516.
Annould,	11. 87.	Aubry,	11 56.	Barbier,	26 74.
Ansauville (com. d')	18 187.	—	2 42.	—	51 203.
—	29 452.	—	8 80.	—	5 251.
Antoine,	22 27.	—	4 112.	Bardet,	16 557.
—	2 54.	—	55 142.	Barillot,	1 407.
—	7 55.	—	2 149.	Barrat,	6 422.
—	1 131.	—	6 259.	Barrault,	13 310.
—	5 191.	—	1 277.	Barré,	19 155.
—	2 294.	—	2 505.	Barret,	13 177.
—	4 567.	—	2 588.	—	7 515.
—	25 450.	Aubry-Febvrel,	5 190.	Barthélemy,	5 575.
—	8 459.	—	4 191.	Bastien,	17 58.
—	16 485.	Audinot,	16 179.	—	17 179.
Antoine (dame), née		Aumale (S. A. R.		—	1 208.
Thorn,	6 598.	le duc d'),	48 157.	—	5 210.

Bastien,	9	310.	Bernard,	3 9.	Boivin,	31 227.
—	5	326.	—	16 71.	Bolmont,	5 93.
—	11	554.	—	4 191.	Bompard,	27 189.
—	»	455.	—	15 200.	Bon,	1 421.
Batail,	19	312.	—	8 280.	Bonnard,	4 521.
—	5	415.	—	9 314.	Bonnejoie,	17 225.
Bataille,	2	258.	Bert,	5 79.	Bonnette,	14 99.
—	18	469.	—	28 203.	Bonvié,	2 65.
Bathelot,	1	14.	—	2 580.	—	12 185.
Bathelot veuve,	5	15.	Bertier,	2 53.	Borel de Brétizel,	10 72.
Batremeix,	26	156.	—	5 184.	Bornert,	10 298.
Baudoin,	3	310.	—	14 200.	Borthon,	23 544.
—	27	470.	Bertrambois (c. de),	7 510.	—	31 545.
Baudot,	6	65.	Bertrand,	22 155.	—	9 590.
—	5	207.	—	17 311.	Bosson,	6 153.
—	4	589.	Béthune,	7 195.	—	4 509.
—	4	426.	Beugnon,	8 410.	—	12 510.
Bauer,	20	469.	Beulay (com. de),	» 43.	Botlon,	37 158.
Baulard,	7	55.	—	2 212.	Boudouille,	3 59.
Baumann,	10	298.	—	15 485.	Boulangé,	2 150.
Bautière,	1	521.	Beurey (com. de),	54 76.	—	2 265.
Bayon (ville de),	20	429.	—	23 486.	—	» 284.
Bazelaire (de) de			Beurnel,	17 200.	—	3 437.
Lesseux,	11	447.	Beuvezin (c. de),	5 515.	Boulangier,	18 180.
Bazin,	10	81.	Biarnais de Baine,	5 285.	—	24 254.
—	20	201.	Biétrix,	6 86.	—	2 552.
—	15	234.	—	25 188.	—	23 557.
—	1	258.	Bigault (de) d'A-		—	2 567.
—	3	517.	vocourt,	9 427.	Boulay,	15 57.
Bazinet,	26	430.	—	11 427.	—	1 197.
Beaudouin,	12	7.	Bigeon,	21 292.	—	8 199.
—	2	522.	Bignand,	7 96.	—	11 199.
Beauffert (de),	1	260.	—	15 99.	—	13 199.
Beaufort,	12	355.	—	22 155.	—	24 202.
Beaumont (c. de),	4	49.	Bigotte,	7 297.	Boullet,	1 64.
Beaupré,	25	401.	—	8 326.	—	6 252.
Beaurain,	1	41.	Bijeon,	5 69.	—	12 253.
Beer,	1	425.	Bilgry,	5 294.	Bourcier (de),	5 477.
Beisser,	25	120.	Billieux,	4 289.	—	25 486.
Belin,	»	10.	—	4 460.	Boureiff,	31 157.
Belhomme,	7	252.	Billy (com. de),	6 184.	Bouring,	4 116.
Bella,	1	580.	Bitche (ville de),	2 359.	Bournac,	1 44.
Bellange,	46	140.	Bizot,	24 156.	Bournique,	20 236.
Belleville,	15	224.	Blainville (c. de),	15 71.	Bouteille,	5 555.
Belliot,	6	277.	Blair (de),	12 298.	Boutillot,	9 80.
—	1	451.	Blaise,	1 144.	Bouvard,	3 214.
Bellocq (de),	2	44.	—	6 595.	—	» 549.
Bellomet,	6	90.	Blanchard,	12 177.	—	2 475.
—	2	550.	Blanchaud (de),	5 164.	Bouvier,	1 190.
Belly,	21	460.	Blétry,	8 96.	—	3 277.
Benner,	8	195.	Blocq,	2 258.	—	3 594.
Benoit,	47	140.	Bloquelle,	1 170.	—	2 453.
—	»	217.	—	23 470.	Boyé,	2 41.
Béon,	27	258.	Boblique,	8 251.	—	2 207.
Bérenger,	16	134.	Bock,	2 285.	Bozel,	3 275.
Berment,	1	190.	Boiseaux,	5 472.	Brabant,	1 324.
Bernard,	2	9.	Boisseau,	1 329.	Braçion,	3 321.

TABLE DES NOMS DES PARTIES. 555

Brancion (de),	15 224.	Cadiat,	2 236.	Chenique,	10 139.
Braux,	1 575.	—	4 280.	Chenut,	9 208.
—	12 468.	Caillard,	6 59.	Cherpitel,	» 377.
Brégy,	14 527.	—	1 149.	Cherrier,	24 226.
Bréhéville (c. de),	25 74.	Calot,	2 250.	—	5 415.
Brémenil (c. de),	14 224.	Capitaine,	5 79.	Chéry,	» 377.
—	38 454.	Carbonnier,	4 215.	Chesney,	13 291.
—	40 455.	Carez,	15 224.	Chevalier,	2 151.
Breton (faillite),	7 458.	—	3 321.	—	12 231.
Breuil,	5 49.	—	2 405.	—	2 318.
Brice,	16 292.	Cartry,	2 65.	Chevalier (veuve),	9 25.
Brichard,	1 170.	Castel,	19 119.	Chèvre,	30 75.
—	5 283.	Castillon,	2 318.	Chèvre,	2 421.
—	17 429.	Catoire,	7 466.	Chevresson,	14 342.
—	23 470.	Ceintrey (com. de),	18 469.	—	8 390.
Briguel,	1 111.	Celles (com. de),	50 458.	Chevreuse,	8 598.
—	33 343.	—	51 458.	Chipot,	8 117.
Brion,	13 133.	Cellier,	3 244.	Chobeau,	25 121.
Brionval,	13 81.	Cerfon,	11 253.	Cholet,	11 291.
Briot,	2 150.	Certilleux (c. de),	8 446.	Cholet (de),	18 292.
Brisac,	37 403.	—	25 451.	Choley,	8 467.
Brison,	3 275.	—	26 452.	Chollet,	5 394.
Brocard,	5 415.	Cetti (de),	1 52.	Cholley,	3 277.
Brocard-Guebey,	12 117.	Chachoin,	2 242.	—	2 433.
Brossard,	31 227.	Chamague (c. de),	14 82.	Choppin,	3 296.
Brouillard,	14 57.	Chantraux,	19 100.	Chorlet,	34 76.
Bruneau,	28 156.	Chantreaux,	19 253.	Chortet,	25 486.
Brunet,	7 252.	—	5 297.	Chrétien,	20 429.
Buffet,	9 50.	—	6 297.	Christophe,	» 263.
Bugnot,	19 119.	Chapelot,	11 224.	—	» 565.
Bulgnéville (c. de),	21 485.	Chardin,	17 27.	—	6 395.
Buquet,	13 199.	—	8 152.	Christophe (dame)	
Bürckel,	12 527.	—	1 594.	et son mari,	13 316.
Bureau de bienfai-		Charmois (c. de),	10 70.	Clady,	12 117.
sance de Bar,	3 244.	—	19 450.	—	6 415.
Burelle,	11 417.	Charmois l'Orgueil-		—	9 416.
Buret-Sollier,	10 97.	leux (com. de),	7 208.	Claon (com. de),	16 483.
Burger, dit Bour-		—	23 254.	Clasquin,	42 139.
quert,	22 120.	—	9 480.	Claude,	4 34.
—	2 460.	Charotte,	15 57.	—	11 56.
Burné,	1 303.	Charpentier,	3 314.	—	1 45.
Burnet,	10 411.	—	28 471.	—	12 195.
Burnot,	5 437.	Charpy,	» 110.	Claudel,	4 207.
Burtaux,	24 450.	—	1 246.	—	2 240.
Burthé,	2 256.	Chateau,	1 68.	—	5 240.
—	4 280.	Chaudoye,	48 141.	—	3 277.
Burtin,	18 27.	Chaufournier,	11 6.	—	4 587.
—	5 398.	—	10 439.	—	3 394.
Busselot,	20 27.	Chaussée (c. de la),	5 280.	—	3 423.
—	52 137.	Chaxel,	3 294.	—	4 425.
C....	1 151.	Chelin,	9 515.	—	6 426.
—	6 509.	—	29 471.	—	12 428.
Cabasse,	12 92.	Cheniménil (c. de),	27 74.	—	2 433.
Cabouat,	13 7.	—	29 75.	Clausse,	7 91.
—	53 76.	—	4 422.	Clément,	» 3.
—	37 347.	—	9 526.	—	» 104.
—	1 457.	—	5 422.	—	2 105.

TABLE DES NOMS DES PARTIES.

Clément,	3 108.	Colligny (de),	7 223.	Crétaille,	8 223.
—	12 153.	Collin,	31 29.	—	21 225.
—	21 135.	—	36 50.	Crocheté,	8 427.
—	3 147.	—	39 51.	Croismare (c. de),	5 398.
—	17 225.	—	1 58.	Croué,	29 203.
—	26 226.	—	2 65.	Crouvisier,	36 347.
—	1 239.	—	2 79.	Crussière,	18 58.
—	25 234.	—	5 86.	Cueillet de Beau-	
—	6 259.	—	7 278.	champs,	12 199.
—	3 535.	—	10 310.	Cugnot,	35 137.
—	4 363.	—	19 429.	Culot,	0 407.
—	» 412.	—	2 472.	Cunin,	2 90.
—	22 469.	Collinet,	1 242.	—	2 185.
Clère,	2 190.	Collinet dit La-		—	15 599.
Clermont-Tonnerre		france,	12 440.	Cuny,	9 170.
(de),	22 187.	Collon,	4 147.	—	3 463.
—	6 247.	Collot,	15 511.	Cuny-Chibaux,	5 191.
—	15 428.	Colnot,	15 542.	Dabo (com. de),	6 6.
Clinchamp,	6 310.	Colson,	1 521.	—	5 246.
Clinchamp (de),	22 431.	—	6 322.	—	20 430.
Cloquart,	3 1.	Comeau (de),	8 467.	Dagrenat,	4 409.
Cloquard,	5 152.	Comment,	1 552.	Dailly,	23 59.
Cochois,	18 556.	—	6 359.	Dainville (c. de),	27 489.
—	19 484.	—	10 382.	Dalenconte,	5 289.
Cochon-Lapie,	19 235.	Commercy (fab. de)	1 183.	Daniel,	4 397.
Cœurdacier,	12 279.	Comp. du Soleil,	2 5.	Dargogne,	14 527.
Coinze,	» 21.	—	10 56.	Darney,	3 431.
—	» 122.	Compagnie royale		Dauphin,	7 175.
—	56 143.	d'Assurance,	12 57.	David,	29 136.
Colas,	20 27.	—	7 223.	David Caen,	16 235.
—	52 137.	Conrard,	2 240.	David-Israël,	21 102.
Colin,	5 55.	Conselmann,	8 185.	Davrainville,	3 105.
—	57 143.	Contal,	24 28.	Dayma,	1 521.
—	1 214.	—	44 140.	Debailleul,	22 557.
—	25 344.	—	1 146.	Decondé,	16 26.
—	3 589.	—	4 218.	—	15 37.
—	1 461.	—	10 315.	—	1 275.
Collard,	18 201.	—	21 430.	Degalle,	2 256.
—	39 455.	Contant,	13 177.	—	4 280.
Colle,	5 218.	—	28 203.	Dégoutin,	4 95.
—	4 294.	Conter,	4 44.	—	21 187.
—	2 569.	—	2 271.	—	21 256.
Collenne,	10 91.	—	» 387.	—	5 280.
—	8 515.	Cordier,	15 468.	—	1 514.
—	3 421.	Corné,	4 25.	—	52 345.
Collette,	33 404.	Cosson,	6 277.	Dehousse,	48 141.
Collignon,	1 250.	—	1 431.	Deinville,	10 427.
—	1 318.	Coste,	32 471.	Delaître,	4 258.
—	23 401.	Cottez,	17 100.	Delandine,	52 227.
—	4 478.	Couchot,	10 157.	—	21 254.
—	22 486.	Coullibœuf,	5 460.	Delaporte,	1 256.
Collignon (succes-		Courcelles (c. de),	16 71.	Delatouche,	45 140.
sion),	» 418.	Couturier,	9 290.	—	26 254.
Collignon de Vide-		Crancée,	19 556.	Delaunay,	9 87.
lange,	4 145.	Crédit,	57 143.	Deleau,	6 132.
—	2 584.	Cremière,	3 586.	Delépée,	1 285.
Colligny (de),	12 57.	Crétaille,	12 298.	Delhalle,	11 97.

TABLE DES NOMS DES PARTIES. 537

Delorey,	6	114.	Didon,	10 326.	Drie,	4 116.
—	2	169.	Didier,	19 356.	Drigny,	33 401.
—	8	278.	—	32 403.	Drouard,	9 326.
Demandre,	7	35.	Didot,	» 284.	Drouel,	15 71.
Demange,	5	2.	Dieu,	1 45.	—	7 567.
Demangeon,	9	176.	—	1 206.	Drouet,	2 19.
Demangeot,	3	273.	Dieudé,	» 214.	Drouot,	23 135.
—	3	285.	Dieudonné,	23 27.	—	1 359.
—	1	401.	—	2 218.	Drouville,	13 158.
Demay,	17	100.	—	10 223.	Druaux,	7 297.
Demengeot,	25	28.	—	4 587.	Dubessy,	18 429.
—	15	119.	Dieue (com. de),	1 583.	Dubois de Méricourt,	
Demery,	5	77.	Diflot,	4 580.		2 250.
Demimuid,	1	90.	Digout,	4 420.	Dubouchet,	1 65.
—	3	131.	—	5 359.	Duchateau,	2 41.
—	1	155.	Dœrflinger,	11 133.	Duchâteau,	2 207.
—	1	183.	Dogneville (c. de),	4 69.	Dufour,	2 24.
Demorgon,	4	79.	Dolmaire,	1 150.	—	1 285.
—	15	134.	—	22 450.	Dufresne,	17 225.
Demorgon et autres	7	276.	Domaines (administration des),		Duhattoy,	7 590.
—	4	277.		3. 75.	Duhoux,	2 5.
Demouzon,	5	570.	—	7 80.	—	10 56.
Dengler,	26	156.	—	» 109.	—	6 540.
Denis,	1	115.	—	5 112.	Duhoux de Gorhey	10 599.
—	2	171.	—	1 163.	Duhoux d'Hennecourt,	
—	»	217.	—	10 166.		17 292.
—	1	279.	—	23 226.	Dumaire,	18 180.
—	13	527.	—	3 561.	—	2 552.
—	6	567.	Dombasle,	12 26.	Dumas,	15 512.
Denizot,	13	92.	—	2 33.	Dumont,	2 197.
—	2	301.	Dombasle (c. de),	9 87.	—	33 204.
—	3	407.	Domgermain (c. de)	14 449.	Duparge,	2 288.
Denys,	24	470.	Dommartin,	12 117.	Dupont,	9 56.
Depetasse,	»	10.	Dommartin (de),	8 446.	—	24 450.
Dericke,	1	569.	—	25 451.	—	35 455.
—	»	274.	—	26 452.	Duprey,	4 340.
Desaux,	12	291.	Don,	28 471.	Dupuis,	15 133.
—	21	292.	Donnat,	11 70.	—	8 219.
Deschamps,	4	426.	Doublat,	18 92.	—	» 435.
Descomtes,	4	184.	—	28 258.	Duquesnois,	19 59.
Desloy,	29	156.	—	1 521.	Durand,	12 195.
Despeaux,	5	34.	—	4 325.	—	2 231.
Desrivages,	8	55.	—	1 409.	—	» 273.
Desroches,	2	378.	—	7 410.	—	7 280.
Dessain,	10	177.	Doublat (faillite),	2 106.	—	3 288.
Devalte,	21	401.	Doublat (héritiers),	2 106.	—	2 317.
Devaux,	5	59.	Douzain,	1 17.	—	4 594.
Deville,	11	177.	Douzant,	5 59.	—	10 467.
—	5	267.	Doyen,	7 175.	—	20 485.
—	1	434.	Drappier,	16 26.	Duroux,	10 474.
Devivier,	5	426.	—	15 57.	Dutac,	33 345.
Devoge,	»	107.	—	1 275.	—	» 550.
Didat,	50	345.	Dreyfus,	1 53.	Duval,	3 79.
Didelin (veuve), née Thirion,			—	9 56.	—	8 473.
	1	589.	—	1 54.	Eauclaire,	14 134.
Didelot,	16	200.	—	34 346.	Emegembirn,	4 59.
Didion,	15	449.	—	18 400.	Emegembirn,	6 381.

38

Engel,	27	28.	Ficatier,	5 559.	France,	1 84.
	50 157.		—	9 416.	—	17 252.
	6 526.		Ficatier-Villemart,	1 175.	Franche,	10 480.
Errard,	7 390.		Fidel Franck,	6 54.	Franck,	15 26.
—	2 393.		Fimayer,	18 180.	—	2 95.
Essling,	» 167.		—	24 254.	—	4 171.
Etienne,	1 19.		—	2 352.	François,	3 108.
	6 55.		—	23 357.	—	60 141.
	8 60.		—	2 367.	—	5 147.
	5 116.		Fixard,	7 280.	—	5 271.
	16 119.		—	2 317.	—	8 354.
	7 278.		—	10 407.	—	17 408.
	14 201.		Flajolet,	2 03.	—	14 482.
	20 314.		Flajollet,	8 276.	Franconnet,	6 289.
	4 574.		Flamain,	2 348.	Franconville (c. de),	1 84.
	2 504.		—	13 358.	—	17 252.
	7 426.		—	4 389.	Francl,	2 77.
	30 432.		Flamin,	1 0.	—	49 141.
Etival (com. d'),	7 251.		Flasseur,	4 415.	Fréchard,	29 28.
	5 445.		Fleur,	17 27.	—	2 386.
	40 468.		—	8 152.	Frégeville (de),	5 69.
Eve,	62 142.		—	1 504.	Fréhaut,	16 292.
Evrot,	4 367.		Fleurant,	20 120.	Frémifontaine (co.)	18 440.
Fabing,	2 277.		Fleurent,	33 227.	Fréminet,	26 220.
Fabry,	26 430.		Fleurot,	22 202.	Fremion,	33 227.
	10 474.		—	5 408.	—	5 580.
Fabvier,	58 50.		Flogny,	18 356.	Frémonville (c. de),	21 27.
	2 270.		—	19 484.	Freminet,	1 250.
	50 405.		Florentin,	5 108.	Fresne-en-Woivre	
Falque,	8 430.		—	4 131.	(com. de),	8 0.
Farcy (dame) née			—	60 141.	Fresne-en-Voèvre	
Thomassin,	7 458.		—	5 147.	(com. de),	22 401.
Farcy (veuve),	7 458.		—	10 185.	Friant,	4 574.
Fariné,	15 186.		—	5 274.	Fribourg (c. de),	7 80.
Favre,	2 0.		—	2 521.	—	1 550.
	14 118.		—	26 470.	Friry,	10 91.
	2 174.		Florion,	2 84.	—	1 94.
Fawtier,	15 201.		Foliot,	3 9.	—	5 131.
Fayard,	3 112.		Foller,	19 27.	—	11 251.
Felvert et Simon			—	4 222.	—	8 515.
(faillite),	4 463.		—	4 268.	—	3 421.
	6 466.		—	15 417.	Fromental,	» 122.
	6 466.		Foulen,	5 570.	—	60 143.
Fenneviller (c. de),	56 454.		Fontaines (c. de),	29 74.	Fromessant (de),	21 480.
Ferber,	15 252.		Forêt,	17 82.	Fruze (com. de),	58 405.
Férèol-Lloté,	2 17.		Forêts (adm. des),	5 90.	Fumerey,	7 560.
Ferlat,	10 252.		Forgeot,	16 179.	Gabriel,	12 167.
Ferry,	5 144.		Forges (com. des),	9 251.	—	5 593.
	2 214.		Forges de Framont	10 219.	Gadel,	55 142.
	5 218.		—	5 501.	Galland,	50 203.
	13 327.		—	4 501.	Galliard,	18 187.
	6 367.		Formet,	7 416.	—	2 288.
	1 401.		Fort,	8 415.	—	29 452.
Feyen,	23 226.		Fournier,	16 58.	Galtier,	1 272.
Fiçere,	15 118.		—	2 451.	Gambette,	16 186.
Ficatier,	1 514.		Fousson,	2 215.	Gand,	» 45.
	10 354.		Fraize (com. de),	22 451.		1 206.

TABLE DES NOMS DES PARTIES.

Gand,	18 283.	Germain,	27 150.	Goublin,	» 349.
Gandar,	3 251.	—	41 159.	—	2 475.
—	17 255.	—	6 192.	Goudchaux,	11 81.
Garcin,	6 207.	—	6 210.	Goudchaux-Picard,	6 410.
—	1 414.	—	17 225.	Gouguenheim,	7 152.
—	12 482.	—	11 253.	Gouguenheim,	3 270.
Garnier,	1 44.	—	2 265.	Goussel,	12 81.
Gascon,	8 580.	—	» 510.	Goulière,	5 59.
Gassmann,	27 28.	—	2 572.	Graincourt,	7 466.
—	6 526.	Germigney (de),	59 406.	Grandclaude,	4 1.
Gaugler,	19 202.	Germigny (de),	6 15.	Grandclaude,	1 243.
—	2 501.	Gerné,	22 102.	Grandidier,	5 147.
—	8 598.	—	9 155.	—	2 221.
—	8 410.	Gibaumaix (c. de),	3 17.	—	6 231.
Gauguier,	1 455.	—	37 50.	—	1 293.
Gauvin (de),	7 470.	—	4 79.	—	8 567.
Gauzelin,	22 74.	—	15 134.	Grandelbrück(c de)	10 219.
Gaze,	1 250.	—	11 252.	—	3 501.
Gazin,	26 28.	—	7 270.	—	4 501.
—	22 50.	—	4 277.	Grandeury,	7 554.
—	2 407.	—	23 344.	Grandgeorge,	8 80.
Géhin,	28 471.	—	9 590.	—	14 200.
Gelhay,	7 590.	Gilbert,	» 101.	—	21 201.
Génin,	2 256.	—	17 225.	—	31 203.
—	4 280.	—	25 231.	Grandjean,	18 399.
Gentil,	32 227.	—	3 333.	—	31 403.
—	20 259.	—	» 412.	—	24 486.
—	21 251.	Gillet,	2 282.	Grégoire,	11 590.
—	8 409.	—	1 459.	Grellet,	33 20.
Gentilhomme,	18 151.	Gillon,	14 186.	Grémilly (c. de),	23 74.
Geoffroy,	6 174.	—	17 187.	—	4 85.
George,	14 252.	—	31 227.	Grésely,	11 6.
—	2 288.	Gillot,	30 51.	Gresely,	10 459.
Georgel,	9 252.	Girin,	52 142.	Grillot,	15 82.
—	1 265.	—	8 422.	Grimonviller(c.de),	5 515.
—	7 522.	Girmont (c. de),	4 52.	Grison,	9 223.
Georges,	8 184.	—	17 449.	—	8 289.
—	4 271.	—	52 463.	—	9 290.
Gérando,	1 52.	Gironcourt (c. de),	50 227.	—	10 289.
Gérard,	» 12.	Gobille,	» 3.	Griveau,	23 344.
—	8 155.	Godard,	30 20.	—	9 590.
Gérard de Meley,	9 50.	Godfrin,	2 1.	Grivel,	8 117.
Gérardin,	4 145.	—	12 344.	Grobert,	8 199.
—	» 204.	Godoncourt(c.de),	14 71.	Grosdemange,	4 1.
—	8 218.	—	12 482.	—	1 243.
—	2 221.	Gœrtner,	6 526.	Grody,	4 110.
—	2 277.	Goguel,	23 102.	—	11 210.
—	4 204.	Golzard,	5 250.	Grombach,	23 102.
—	11 316.	—	17 556.	Gueland,	8 23.
Gerardin,	2 584.	Gondrecourt (v.de),	» 504.	Guérard,	23 202.
Gerber,	4 251.	Gondrexange(c.de)	9 70.	—	8 582.
Germain,	26 28.	Gorhey (com. de),	31 76.	Guerbeis,	22 27.
—	30 29.	Gormand,	1 205.	Guérin,	3 103.
—	22 59.	—	8 344.	—	3 207.
—	1 42.	Gossel,	1 375.	—	21 228.
—	8 53.	—	5 376.	—	30 227.
—	7 91.	Goublin,	3 214.	—	12 208.

Guérin de Foncin,	9 410.	Hennequin,	6 96.	Hugonet (d'),	3 144.
Guerre,	8 416.	—	10 194.	Humbert,	» 43.
Guerrier de Dumast,	1 270.	—	11 194.	—	1 48.
—	12 599.	—	5 250.	—	2 212.
—	7 422.	Hennezel (d'),	2 14.	—	1 465.
Gugnon,	» 21.	Henriet,	5 15.	—	11 457.
Guibaut,	1 144.	—	4 18.	—	15 483.
Guillaume,	3 85.	—	6 222.	Hamblet,	8 416.
—	12 117.	—	20 253.	—	27 489.
—	6 422.	—	4 353.	Hurbal,	7 60.
—	1 474.	—	1 572.	—	7 166.
Guillerey,	13 88.	—	5 437.	—	4 275.
Guillot,	22 292.	Henrion,	2 211.	Hussenet,	1 4.
—	4 407.	—	29 545.	—	1 413.
Guyot,	» 127.	Henrion-Barbesan,	34 20.	Hussenot,	1 108.
—	17 134.	Henriot,	22 486.	—	10 278.
—	13 252.	Henry,	40 51.	Husson,	15 26.
—	» 263.	—	2 147.	—	6 96.
—	» 565.	—	1 303.	—	21 120.
—	4 380.	—	29 345.	—	5 184.
—	3 420.	—	1 352.	—	10 194.
—	50 471.	—	6 389.	—	1 221.
H.....,	11 510.	—	10 582.	—	2 280.
Hachard,	5 108.	—	4 409.	—	4 289.
Hacherelle,	28 150.	—	2 462.	—	7 458.
—	8 361.	—	4 478.	—	4 460.
Hacquart,	1 1.	Herbinot,	22 357.	Hutin,	14 428.
Hæner,	32 471.	—	2 562.	Imhoff,	10 542.
Hallé,	19 342.	Herguguey (e. d'),	10 87.	Inet,	11 590.
—	3 415.	—	10 420.	Irroy,	4 218.
Hamonville (c. de),	22 187.	Herry,	16 400.	Jacob,	10 153.
—	6 247.	Hilaire (veuve),	4 587.	—	27 189.
—	15 428.	Hoffelize (d'),	4 49.	—	9 251.
Hangenviller,	15 180.	—	11 157.	—	4 574.
Hannel,	22 223.	—	6 165.	—	5 370.
Hanus,	8 50.	—	4 394.	—	6 422.
Harchambols,	8 175.	Hoffmann,	11 407.	—	1 474.
—	2 457.	Hornus,	1 103.	Jacob dit Saqui,	5 382.
Hardancourt (e. d'),	7 440.	Hospice de Vau-		Jacopin,	10 70.
Hardy,	5 155.	couleurs,	» 40.	—	7 208.
—	2 586.	Hospices civils de		—	23 284.
Harmand,	13 71.	Nancy,	8 87.	—	9 480.
—	27 238.	Hospices de Ver-		Jacquart,	14 408.
—	11 291.	dun,	10 474.	Jacquel,	14 82.
—	18 292.	Houbre,	8 147.	Jacquemin,	7 09.
Harmann,	4 247.	—	6 251.	—	1 282.
Hassoux,	17 119.	Houdelaire,	4 251.	Jacquier,	2 514.
—	15 178.	Houette,	40 159.	Jacquin,	14 09.
Hatier,	21 485.	Houillon,	3 44.	Jacquinot-Jourdain	2 171.
Hattigny (e. d'),	1 88.	—	26 188.	Jacquot,	5 20.
—	22 343.	—	1 218.	—	29 28.
Heitz,	30 157.	Huart,	1 151.	—	2 60.
Helloy,	3 586.	—	6 578.	—	2 108.
Hémard,	1 260.	Hubert,	5 289.	—	20 153.
Hennel,	7 10.	—	3 460.	—	2 183.
Hennemont (e. d'),	44 450.	Hudelot-Roussel,	12 81.	—	2 586.
Hennequin,	15 26.	Hugo,	6 116.	—	5 408.

TABLE DES NOMS DES PARTIES.

Jambille,	24 130.	Keller,	2 46.	Landange (c. de),	20 343.
—	1 391.	—	7 157.	—	5 352.
—	2 392.	Keller (de),	2 285.	Landois,	6 520.
Jambois,	6 102.	Kelte,	6 184.	Landser (c. de),	4 448.
Jandel,	12 503.	Kepfler,	3 258.	Landrian (de),	» 12.
—	1 332.	Klaub,	12 133.	Lanel,	16 99.
Janot,	6 25.	Kœller (de),	13 298	—	3 503.
Janvier,	10 6.	Kohler,	2 462.	Lang,	3 54.
—	1 90.	Koo,	» 527	—	11 278.
—	2 188.	—	14 353.	Languimbert(c.de)	1 355.
Jardel,	12 281.	Kremeur,	84 142.	Lanneau,	2 111.
Jarry-Paillet,	11 194.	Kribs,	1 529.	Lantz,	20 556.
—	9 200.	Krick,	2 460.	Lanzs,	3 475.
Jean,	1 144.	Kugler,	6 280.	Lapierre,	28 28.
—	4 289.	L,...	7 310.	Lapique,	43 159.
—	4 400.	Labouille,	14 311.	—	1 521.
Jeandel,	21 27.	—	» 303.	—	6 322.
Jeannot,	6 315.	Labouille(les hér.),	1 503.	—	6 522.
—	1 410.	La Bourgonce(c.de),	7 251.	Laprevote,	27 203.
Jeanpierre,	27 470.	—	3 445.	Larcher,	11 326.
Joblot,	» 122.	Labouverie,	1 585.	Lardin,	8 459.
—	56 143.	La Bresse (c. de),	4 247.	Latinot,	10 31.
Joffin,	58 50.	Labriet,	14 428.	Larombardière,	12 516.
—	2 279.	—	6 479.	Laronxe (c. de),	20 73.
—	56 403.	Labrosse,	1 233.	Larzillière,	3 242.
Jolain,	24 28.	Lacatte,	12 98.	—	4 426.
—	» 273.	Lachambre,	12 201.	Lasalle (de),	6 85.
—	1 288.	Lachapelle,	4 84.	—	6 88.
—	3 288.	Lachaussée (c. de),	20 187.	Lasalle (c. de),	7 281.
—	21 450.	—	52 348.	—	3 448.
Jollain,	3 374.	Lacoste,	11 177.	Latasse,	31 403.
Jolliot,	11 410.	Lacretelle,	26 480.	Lataye,	29 227.
Joly,	18 235.	Lafontaine,	13 233.	Laurent,	2 103.
—	18 311.	Laforge (c. de),	» 128.	—	6 110.
—	16 311.	—	28 344.	—	21 120.
—	18 356.	Lafosse,	50 203.	—	24 121.
—	6 437.	Lafrance (Collinet		—	1 230.
—	19 484.	dit),	12 440.	—	13 298.
Jon,	21 401.	Lafrenez,	1 593.	—	» 308.
Jonville (com. de),	21 73.	Lafrogne,	17 311.	—	2 434.
—	8 340.	Lagabbe (de),	58 403.	Lavallée,	8 420.
Jordy,	56 138.	Lagrange,	9 439.	Lavé,	18 542.
—	20 236.	Lagressière,	21 59.	Lavigneville(c.de),	5 185.
Jourdain,	8 20.	—	2 409.	Laviolle,	8 427.
—	2 108.	Laheurte,	9 281.	Lebègue,	4 52.
Joux,	2 521.	Laimont (c. de),	13 7.	—	4 69.
Joyeux,	11 6.	—	33 76.	—	1 472.
—	12 185.	—	37 517.	Lebègue de Baye-	
—	10 459.	—	1 437.	court,	6 446.
Jozan,	3 314.	Lallemand,	1 94.	—	9 446.
Julien,	2 414.	—	3 207.	—	10 446.
Jull,	7 114.	Lallemand de Mont,	9 166.	—	12 448.
Kaen,	58 143.	Lalloué,	» 350.	—	13 449.
Kahn,	» 107.	Lamarine,	3 190.	—	16 449.
—	11 278.	Lambertye (de),	7 446.	—	17 449.
Kapp,	7 183.	Lamiral,	9 278.	—	18 450.
—	26 403.	Lamoureux,	2 228.	—	27 452.

Lebègue de Baye-		Lepaige-Legrand,	1 461.	Lippmann,	5 77.
court,	28 482.	Lequeux,	24 103.	—	13 90.
—	51 482.	—	2 570.	—	18 100.
—	52 483.	Lerch,	17 38.	—	2 100.
—	53 483.	—	11 554.	—	7 193.
—dePassoncourt,	6 540.	Leroy,	12 208.	—	14 291.
Leblan,	26 344.	Leroux,	4 198.	—	4 206.
—	2 594.	Lerrain (c. de),	21 450.	—	7 460.
Leblanc,	12 253.	L'Espée (de),	» 193.	Lismond,	10 25.
Lebon,	4 93.	Lesperlette,	18 469.	Lombal,	13 598.
Lebrun,	» 193.	Lesse (com. de),	53 547.	Longeaux (de),	9 427.
—	15 200.	—	7 479.	—	11 427.
Leclerc,	3 17.	Lesseux (de),	6 86.	Lormont,	2 501.
—	37 50.	Lesseux,	22 257.	Lorrey (com. de),	2 163.
—	15 134.	Létonné,	21 469.	—	14 482.
—	1 211.	Lévy,	» 127.	Louis,	8 25.
—	» 577.	—	59 138.	—	1 48.
Leclerc (veuve),	3 90.	—	55 142.	—	8 114.
Leclère,	7 276.	—	20 256.	—	20 120.
—	4 277.	—	1 267.	—	20 253.
Lecoanet,	11 251.	—	6 553.	—	1 267.
—	1 477.	—	8 582.	—	4 553.
Lecomte,	25 188.	—	1 586.	Louis (et dame),	6 553.
—	2 570.	—	8 595.	—	10 561.
Lecourtier,	3 52.	—	5 420.	—	27 403.
—	1 77.	—	50 471.	—	8 437.
—	3 174.	Lévylier,	51 157.	Louppy - le - Petit	
—	16 252.	—	10 255.	(com. de),	5 68.
Lécuyer,	» 40.	—	1 317.	Loustaud,	17 512.
Lefebure,	51 204.	—	» 568.	Louviot,	8 80.
Lefébure,	11 407.	—	3 574.	M......	2 151.
—	26 489.	—	1 575.	M.....	4 152.
Lefebvre,	38 158.	—	3 576.	Macquard,	18 72.
—	26 226.	—	3 584.	Maget,	3 112.
—	13 428.	Lévylier(la faillitte)	2 434.	Magol,	1 206.
Lefebvre de Saint-		Lhôte,	21 59.	Maguin,	9 91.
Germain,	» 9.	—	5 106.	Maillier (de),	4 163.
Lefèvre,	1 239.	—	1 256.	Maire,	14 200.
—	9 582.	Lhuillier,	7 108.	—	11 210.
Legendre,	11 417.	—	8 390.	—	7 584.
Legens,	1 270.	—	3 397.	Maire Richard,	2 210.
—	12 399.	Lidonne,	17 53.	Maix,	8 208.
—	7 422.	Liébaut,	51 157.	Maizières (c. de),	2 294.
Legris,	» 274.	Liégois,	» 127.	Malherbe,	11 97.
—	1 309.	Liégeois,	3 420.	Manue,	18 100.
Legros,	1 206.	—	50 471.	—	4 206.
Lejeune,	18 58.	Ligny,	22 223.	Manne Lippmann,	52 29.
—	13 90.	Limon,	2 3.	Mandavit,	4 519.
—	29 239.	—	19 469.	Mandel,	26 121.
Lelièvre,	4 131.	Linthal (com. de),	3 5.	—	1 269.
—	6 165.	—	48 456.	—	2 273.
—	2 586.	Liny - devant-Dun		—	7 473.
Lemaire,	3 322.	(com. de),	7 147.	Mandray,	1 190.
Lemennecier,	2 352.	Liny (com. de),	11 311.	—	22 430.
Léonard,	15 168.	—	54 453.	Mangel,	» 284.
Lepaige,	13 92.	Liouville (c. de),	1 206.	Mangenot,	55 142.
—	3 107.	—	18 253.	Mangeot,	4 19.

TABLE DES NOMS DES PARTIES.

Mangeot,	2 421.	Martin,	19 429.	Ménestrier,	6 207.
Mangiennes (c. de),	4 478.	—	1 459.	Ménestrier,	1 414.
Mangin,	2 70.	Marville (com. de),	18 72.	Mengond,	20 485.
—	5 86.	Marx-Picard,	15 291.	Mengin,	1 175.
—	13 159.	Massenat,	1 64.	Ménil-en-Xaintois	
—	1 260.	—	2 576.	(com. de),	5 597.
—	8 582.	Massey,	60 145.	Ménisson (de),	19 255.
—	7 426.	Massin,	24 156.	—	6 297.
—	15 468.	Masson,	5 24.	Méquignon,	6 80.
Manonville (c. de),	1 597.	—	5 44.	—	52 227.
Mansuy-Grandeau,	4 84.	—	28 156.	—	21 254.
Manuel,	20 292.	—	52 204.	Mercier,	5 54.
Marabouty,	3 1.	—	10 252.	Méréville (c. de),	22 74.
Marandelle,	17 82.	—	4 244.	Merles (com. de),	52 75.
Marc,	43 51.	—	4 285.	Mersey,	25 237.
—	1 212.	—	14 527.	—	24 258.
Marcel,	5 54.	—	27 403.	—	26 259.
—	6 80.	Mast,	1 588.	Merviller (c. de),	17 71.
—	52 227.	Mataillet,	11 254.	Messemer,	5 279.
—	20 259.	Matern,	22 102.	Meyer,	5 84.
—	21 254.	—	9 155.	—	11 278.
—	4 576.	Mathé,	5 580.	—	6 280.
Marchal,	9 6.	Mathenet,	5 41.	—	2 414.
—	12 177.	Mathey,	25 28.	Michaud,	44 140.
—	14 224.	—	15 119.	—	1 146.
—	1 520.	—	5 275.	—	4 218.
—	1 589.	—	5 285.	—	1 267.
—	5 590.	—	1 461.	Michel,	55 50.
—	13 599.	Mathieu,	9 91.	—	22 74.
—	14 599.	—	10 155.	—	5 174.
—	19 400.	—	19 225.	—	7 518.
—	1 419.	—	24 226.	—	18 556.
—	51 471.	—	1 265.	—	5 561.
—	1 474.	—	1 407.	—	19 484.
Marchand,	" 244.	—	22 469.	Michel Caben,	5 24.
Marche,	11 87.	Mathiot,	9 25.	Miclo,	2 147.
Marckolsheim(v.d)	54 546.	Mathis,	9 185.	—	1 552.
Marcot,	28 405.	Matry,	2 514.	—	6 559.
—	29 405.	Mauhon,	4 472.	—	10 582.
Marie,	17 154.	Maucotel,	20 259.	Millard-Levrechon,	12 88.
Marin Malgras,	16 200.	Maurice,	2 461.	Millet,	2 68.
Marlier,	14 93.	Maussée,	2 552.	—	17 400.
—	6 102.	Mauvais,	52 159.	Millet de Chevers,	25 226.
Marmier,	1 106.	Maxe,	12 88.	Millon,	9 225.
Marouque-Feyton,	10 99.	May,	8 96.	—	8 289.
—	5 505.	Mayer,	4 25.	—	9 290.
Marque,	2 44.	—	10 97.	—	10 290.
—	1 106.	—	21 469.	Millot,	5 218.
Martel,	13 177.	Mayer-David,	5 251.	—	5 575.
Martinprey,	20 59.	Mayeur,	4 207.	Ministère public,	1 151.
Martinprey (de),	17 449.	Mecquenem,	15 255.	—	6 155.
Martin,	3 222.	Mecquenem (de),	16 468.	—	1 208.
—	2 282.	Mecquenem (fail-		—	1 508.
—	5 285.	lite de),	16 468.	—	5 509.
—	" 567.	Mégrat,	" 527.	—	4 509.
—	15 428.	—	14 555.	—	8 509.
—	17 420.	Menestrel,	5 451.	—	6 509.

Ministère public,	10	310.	Mouginet,	1 270.	Noël,	4	59.
—	12	310.	—	13 311.	—	27	136.
—	14	311.	—	15 355.	—	7	185.
—	18	311.	Moulainville (c. de),	28 74.	—	24	188.
—	»	417.	—	27 311.	—	6	216.
Ministre de l'in-			Mourot,	19 110.	—	18	311.
struction publi-			Mouzay (com. de),	6 69.	—	16	311.
que (le),	2	200.	—	19 72.	—	»	316.
Minon,	16	134.	Moye,	18 429.	—	2	372.
Minorville (c. de),	1	17.	Moyse Mayer,	33 20.	—	3	472.
Mirault,	5	250.	—	5 112.	—	6	581.
—	17	330.	—	18 235.	—	11	481.
Mirecourt (v. de),	1	163.	Muel,	6 15.	Noisette,	14	168.
Miston,	5	190.	—	10 58.	Nollet,	2	463.
Mitry (de),	1	203.	—	1 323.	Nompatelize (c. de),	7	251.
—	8	311.	—	39 406.	—	3	446.
Moinot,	2	275.	Muel Doublat,	27 238.	Nonsard (c. de),	21	187.
Moissel,	2	269.	Müller,	4 212.	Norroy (com. de),	26	489.
—	1	270.	—	4 437.	Nouillonpont (c. de)	16	437.
—	13	311.	Muller (de),	2 413.	Obtel,	10	82.
—	15	355.	Munier,	» 84.	Odinot,	5	207.
Moitessier,	30	403.	—	10 87.	—	4	389.
—	33	403.	—	17 292.	Odiot,	7	232.
Monaco (de),	1	90.	—	11 520.	Oliva,	6	193.
Monchablon,	1	144.	Najean,	38 403.	Olry,	»	364.
Monine (hérit. de)	1	472.	Nancy (ville de),	1 42.	—	2	388.
Monsieur,	36	30.	—	27 136.	Orlando,	3	213.
Mont-de-Piété de			—	8 157.	Ory,	6	501.
Nancy,	9	382.	—	24 188.	Ouchard,	20	292.
Monthled,	11	428.	—	6 216.	Ozilliau,	12	505.
Montet (Fisson du),	»	12.	—	2 228.	—	1	332.
Montfaucon,	»	334.	—	» 316.	Paillot,	3	205.
Montluisant,	20	59.	—	2 372.	Pallegney (c. de),	6	446.
—	21	155.	—	20 485.	—	9	446.
—	10	313.	Nettancourt (de),	10 331.	—	10	446.
—	21	337.	—	5 359.	—	12	448.
Montplong,	10	6.	—	4 403.	—	18	450.
Montplome (c. de),	18	484.	Neufchâteau (v. de),	7 86.	—	27	452.
Moreau,	42	159.	—	8 90.	—	28	452.
Morel,	19	201.	Neumarck,	3 24.	—	33	483.
—	1	214.	Nève,	10 554.	Panot,	4	112.
—	23	314.	—	5 359.	Pargon,	8	367.
Moret,	24	59.	Nicaise,	1 296.	Paradis (veuve),	6	219.
Morifin,	4	103.	Nicolas,	3 65.	Paradis	10	311.
—	2	296.	—	20 102.	—	1	409.
Morin,	14	186.	—	17 488.	Parfonrupt (c. de),	6	479.
—	17	187.	Nicque,	9 193.	Parisel,	6	277.
—	19	187.	Nouilles (de),	11 185.	—	1	288.
Morizot,	4	19.	—	26 226.	—	1	431.
Mouchette,	9	159.	—	1 259.	Parisot,	7	50.
Mouchot,	»	310.	—	7 310.	—	3	103.
Mougel,	3	380.	—	21 313.	—	11	440.
Mougenot,	10	185.	—	22 313.	Pasquel,	28	470.
Mougeot,	2	389.	—	3 352.	Paté,	5	307.
Mougin,	1	197.	Nocas,	11 185.	Patin,	3	392.
—	24	486.	Nogent,	11 481.	Patissier,	13	399.
Mouginet,	2	269.	Noel,	1 42.	Paturel,	28	226.

TABLE DES NOMS DES PARTIES. 545

Péché,	59	113.	Pierre,	8 409.	Pouilly (de),	18	342.
—	5	277.	Pierrefitte,	0 232.	—	16	468.
—	0	390.	Pierre-Percée(c.de)	36 484.	Poupillier,	»	18.
Pêcheur,	1	282.	Pierron,	13 180.	Pourel,	12	224.
Pelletier,	0	361.	—	8 289.	Poussardin,	22	237.
Péridon,	10	186.	—	4 275.	Pouxeux (c. de),	1	477.
Perlon,	15	82.	—	8 297.	Prautois (de)	1	375.
Pernel,	7	269.	—	8 522.	Préfet du H.-Rhin,	5	8.
—	8	326.	—	23 450.	—	4	443.
Pernin,	50	227.	Pierron-Royer,	13 81.	—	45	466.
Perrin,	7	25.	Pierson,	3 197.	Préfet de la Meurthe	6	6.
—	42	51.	—	2 275.	—	1	14.
—	12	70.	—	0 398.	—	3	15.
—	18	110.	Pigace,	0 114.	—	4	15.
—	25	188.	—	2 169.	—	5	16.
—	8	232.	—	8 278.	—	7	16.
—	2	269.	Pillot,	1 63.	—	10	25.
—	1	270.	Pilotelle,	4 105.	—	11	26.
—	8	298.	—	2 296.	—	11	31.
—	2	324.	Piperaux,	7 398.	—	2	40.
—	13	341.	Piperoux,	24 121.	—	8	87.
—	14	385.	Pistorius,	8 390.	—	»	110.
—	7	307.	Plaar,	34 404.	—	3	149.
—	1	463.	Plainfaing (c. de)	22 451.	—	4	150.
Perroux dit Laval,	8	360.	Planté,	» 45.	—	5	156.
Persil,	3	270.	—	» 203.	—	7	157.
Pesson,	1	375.	—	13 310.	—	8	157.
Petit,	41	159.	—	» 303.	—	9	157.
—	47	140.	Plumerel,	1 53.	—	12	157.
—	4	318.	Pognon,	1 585.	—	13	158.
Petitdemange,	22	451.	Poinsignon,	8 100.	—	14	159.
Petot,	11	199.	—	17 170.	—	2	163.
Peltmann,	45	140.	—	3 240.	—	3	164.
—	26	254.	Poirot,	26 202.	—	4	164.
Phalsbourg (v. de),	11	20.	Poirson,	26 121.	—	5	165.
Philippe,	14	186.	—	50 227.	—	8	166.
—	17	187.	—	1 269.	—	12	199.
Picard,	12	08.	—	2 273.	—	15	200.
—	1	111.	—	1 303.	—	29	203.
—	10	251.	Poix (princesse de),		—	34	204.
—	1	272.	née de Noailles,	58 454.	—	3	211.
Pichelin,	3	222.	—	40 455.	—	0	210.
Pichon,	13	118.	Pollet,	2 275.	—	2	243.
—	3	171.	Pollot,	24 28.	—	1	246.
Picquant,	52	112.	—	21 450.	—	2	246.
—	8	422.	Poncet,	8 225.	—	3	246.
Picquot,	4	289.	Poncet-Auterrieu,	15 99.	—	8	247.
—	4	460.	Portieux (c. de),	24 486.	—	22	284.
Pierre,	1	4.	Pothenot,	1 361.	—	1	330.
—	8	6.	Pothier,	3 431.	—	20	342.
—	11	224.	Potier,	1 114.	—	24	344.
—	6	270.	Pottier,	1 275.	—	5	389.
—	2	277.	—	1 409.	—	8	440.
—	»	331.	Pouilly (de),	11 117.	—	20	450.
—	3	340.	—	2 144.	—	23	451.
—	1	348.	—	2 203.	—	50	454.
—	1	413.	—	1 200.	—	57	454.

TABLE DES NOMS DES PARTIES.

Préfet de la Meurt.,	41 455.	Préfet des Vosges,	25 202.	Raiecourt (c. de),	13 88.
Préfet de la Meuse,	4 5.	—	26 202.	Raigecourt (de),	1 173.
—	6 15.	—	27 203.	Raillard,	26 188.
—	7 60.	—	28 203.	—	1 218.
—	8 70.	—	30 203.	Raime,	5 105.
—	23 74.	—	32 204.	Rambard,	3 197.
—	25 74.	—	33 204.	Rambourg,	34 346.
—	4 85.	—	7 219.	Rapnaux,	58 158.
—	12 88.	—	12 224.	Rauch,	9 117.
—	1 90.	—	20 225.	Raux,	2 409.
—	6 147.	—	4 247.	Rayel,	4 253.
—	7 147.	—	7 231.	Reboulaux,	6 457.
—	1 155.	—	1 444.	Récourt (com. de),	2 68.
—	2 155.	—	2 444.	—	17 400.
—	3 153.	—	3 445.	Régnier,	5 95.
—	6 156.	—	15 449.	—	7 381.
—	10 157.	—	21 450.	Rehérey (com. de),	17 71.
—	7 166.	—	53 453.	Reillon (com. de),	56 347.
—	3 203.	—	42 455.	Reinert,	17 179.
—	2 211.	—	47 457.	Reinswalt (de),	14 118.
—	1 228.	—	49 458.	—	2 174.
—	4 275.	—	50 458.	Remiremont (v. de)	20 225.
—	5 276.	—	51 458.	—	8 315.
—		—	10 541.	Prince dit Clottu,	3 211.	—	3 421.
—		—	11 541.	Procureur du roi		—	42 455.
—		—	5 422.	de Mirecourt,	7 310.	Remy,	20 292.
—		—	14 449.	Procureur du roi de		—	7 560.
—		—	34 453.	Nancy,	» 18.	Renard,	24 401.
—		—	43 456.	Procureur du roi de		Renaud,	23 344.
—		—	46 457.	Neufchâteau,	» 453.	—	24 401.
Préfet des Vosges,	2 14.	Procureur du roi de		Renaudin,	5 425.
—	3 49.	Remiremont,	1 1.	—	4 425.
—	3 90.	Proc. du roi de Toul,	2 151.	—	6 426.
—	11 91.	—	4 152.	Rennel (dame de),	
—	3 152.	Procureur général,	11 310.	née de Bouvet,	2 569.
—	11 157.	—	13 310.	Renesson,	21 401.
—	6 165.	Prugneaux,	2 359.	Réparateur (le), com-	
—	9 166.	Puis,	9 50.	pagnie d'assur.	2 41.
—	1 197.	Puissant,	12 440.	—	2 207.
—	2 197.	Puton,	1 388.	Resson (com. de),	27 220.
—	3 197.	—	25 450.	—	25 401.
—	4 198.	—	51 142.	Réveillé,	12 224.
—	5 198.	Puysegur,	51 471.	Reydellet,	6 114.
—	6 198.	Pseaume,	10 51.	—	2 109.
—	7 198.	—	1 79.	—	8 278.
—	9 199.	Quarré,	1 561.	Reynier,	10 100.
—	10 199.	Quesnu,	20 227.	Richard,	8 55.
—	11 199.	Quilleau-Franchot,	4 5.	—	3 41.
—	13 199.	—	7 166.	—	10 187.
—	17 200.	—	5 276.	—	8 320.
—	18 201.	Quinot,	13 57.	—	15 342.
—	19 201.	—	21 59.	—	» 402.
—	20 201.	—	6 100.	Riche,	1 518.
—	21 201.	—	7 381.	Richter,	20 556.
—	22 202.	—	2 589.	—	3 475.
—	23 202.	R.....,	3 152.	Richy,	3 19.
—	24 202.	Racenel,	4 521.	Riesse,	2 309.

TABLE DES NOMS DES PARTIES.

Rigolot,	14 71.	Rouvres(com. de),	19 187.	Saltzmann,	5 156.
Rigozzi	5 259.	Rouyer,	6 152.	Salzard,	43 51.
—	8 522.	Rovel,	12 468.	—	23 40.
Riondé,	20 155.	Royer,	4 594.	—	8 50.
Risler,	49 141.	—	4 457.	—	53 142.
—	8 193.	Royer de S. Julien,	12 440.	—	1 212.
Rivoiret,	28 403.	Roys (de),	2 559.	—	1 370.
—	29 405.	Rozet,	10 253.	Samazeuille,	11 81.
Roard de Clichy,	1 277.	—	6 297.	Sanclasse,	4 18.
Robert,	4 222.	Rozier,	9 582.	—	6 222.
—	4 268.	Ruaux,	5 240.	Sapois (com. de),	32 403.
—	21 557.	—	12 428.	Saqui,	9 582.
—	13 417.	Ruche,	1 206.	Sarraltroff (c. de),	1 372.
Robin,	5 171.	Ruche (com. de),	18 255.	Sarrebourg (v. de),	7 216.
—	20 401.	Ruer,	21 120.	—	9 354.
Robinet,	28 74.	Ruff-André,	3 251.	—	2 597.
—	27 514.	Rutant (de),	2 58.	Sauce,	6 59.
Robinot,	3 206.	—	24 74.	—	1 149.
Rochatte,	5 240.	Sabotier,	54 142.	Saugnier,	5 526.
—	12 428.	Saillet,	4 174.	Saulx-en-Barrois	
Rodier,	1 521.	Saint-Amand (de),	3 407.	(com. de),	43 456.
Rodier-Royer,	23 237.	Saint-André (c. de),	50 452.	Saune,	8 114.
—	26 258.	St.-Clément (c. de),	20 73.	Saunier,	51 73.
—	5 522.	Sainte-Pole (c. de),	50 484.	Saussard,	7 69.
—	6 522.	St.-Georges (c. de),	22 315.	Sauveget,	9 298.
—	9 410.	St.-Jean-d'Ormont		Sauvigny (c. de),	12 70.
Roëhr,	20 469.	(com. de),	16 400.	—	28 188.
Roguet,	18 223.	St.-Julien (c. de),	17 484.	Savel,	6 90.
—	1 586.	St.-Louis (c. de),	41 455.	—	2 530.
—	5 593.	St.-Maurice (c. de),	57 158.	Savy,	9 25.
Rohrer,	9 598.	St.-Michel,	2 42.	Scaillet,	3 567.
Rol,	7 25.	—	2 149.	Scallet,	1 24.
—	10 231.	—	2 503.	—	2 52.
—	7 507.	St.-Mihiel (v. de),	10 155.	Schaubruin,	1 52.
Rolin,	22 102.	St.-Nabord (c. de),	» 12.	Schlapfer,	3 288.
Rolle,	5 465.	—	20 225.	Schlinger,	2 231.
Rollin (veuve),	14 26.	—	42 455.	Schmidborn,	1 211.
—	31 112.	St.-Omer,	2 294.	Schmidt,	53 137.
—	23 202.	St.-Ouen (de),	7 219.	—	9 590.
—	5 215.	—	4 271.	Schneider,	24 254.
Rollia,	5 472.	—	1 444.	—	18 542.
—	6 475.	—	2 444.	—	23 587.
Romain-aux-Bois		St.-Quirin (c. de),	7 6.	—	2 507.
(com. de),	14 512.	—	2 84.	Schull,	2 77.
Romécourt (de),	16 224.	St.-Remy (c. de),	7 251.	Schwab,	34 137.
—	2 260.	—	5 445.	Scieries de Dabo,	4 18.
Ronfort,	10 526.	St.-Thiébault (c. de),	2 58.	—	9 219.
Roquin,	1 454.	—	24 74.	—	5 217.
Rossignol,	9 199.	St.-Victor (de),	4 44.	Sécurité (la c. d'ass.),	1 9.
Rouceux (c. de),	7 86.	—	2 271.	—	2 318.
—	5 90.	—	» 587.	—	13 355.
Rougieux,	2 118.	Salle,	» 64.	—	4 559.
Rougrave (de),	2 419.	—	4 90.	Seiler,	10 542.
Roulier (com. du),	19 450.	—	4 198.	Seillières,	9 70.
Roussel,	5 68.	—	10 199.	Séminaire de Nancy	23 220.
—	14 154.	—	18 201.	— de Verdun,	12 117.
Rousselot,	7 289.	Salmon,	55 157.	—	9 416.

Sergent,	34	20.	Spony,	49 141.	Thomas,	11	316.
—	4	478.	—	8 193.	—	9	341.
Sermaize (c. de),	5	466.	Stemart,	35 347.	—	24	344.
Serrière,	3	267.	Stenay (com. de),	48 457.	—	20	401.
Siben,	41	31.	Stenger,	19 469.	—	15	468.
Simon,	12	26.	Stévenel,	9 80.	Thomassin,	10	81.
—	10	56.	Stribel,	10 361.	—	1	79.
—	19	225.	Stutel,	5 270.	—	11	133.
—	22	225.	Subille,	5 174.	—	4	318.
—	8	555.	Suisse,	4 240.	—	7	526.
—	1	593.	—	5 559.	Thonin,	17	134.
—	34	404.	T....	5 509.	Thonne - le - Thil		
Simon Collin,	28	226.	Tabouillot,	11 117.	(com. de),	11	87.
Simon(f. Felvert et),	4	463.	—	2 144.	Thouvenel,	22	27.
—	5	460.	—	2 205.	—	50	403.
—	6	460.	—	1 260.	—	35	403.
Simoneau,	17	255.	Teintrux (c. de),	29 345.	—	25	450.
Simonet,	13	26.	Talotte,	17 200.	Thouvenin,	»	104.
—	8	55.	Tarbé,	4 370.	—	23	254.
—	2	95.	Tetel,	14 253.	—	3	533.
—	4	171.	Thébaut,	8 91.	—	»	412.
—	5	207.	Thellot,	17 71.	Thuillé,	2	270.
—	4	389.	Thérin,	25 156.	Thuillière,	22	293.
Simonin,	5	231.	—	1 570.	Tilleux (com. de),	8	446.
—	50	515.	Thezey (com. de),	5 478.	—	25	451.
Simonnet (hérit.),	26	470.	Thiaville,	7 322.	—	26	452.
Simonot,	10	232.	Thiébaut.	28 28.	Tinseaux,	5	250.
Sipierre,	25	130.	—	6 54.	Tisselin,	31	29.
Sivry (com. de),	8	70.	—	5 49.	Tisserand,	23	135.
—	6	147.	—	12 251.	—	4	191.
—	10	341.	—	18 400.	—	5	222.
Société des marbres			Thiébert,	5 446.	—	2	267.
des Vosges,	28	238.	Thiérlon,	2 477.	—	1	359.
—	7	410.	Thieriot-Colon,	27 226.	Toen (veuve),	7	289.
Sol,	17	484.	Thierry,	7 307.	Tollaincourt(c.de),	18	356.
Sommeille (c. de),	13	71.	Thiéry,	7 110.	—	19	484.
Sommeillier,	3	509.	—	6 174.	Tondeur,	8	91.
Sonrier,	2	461.	—	1 206.	Tonnoy (de),	5	149.
Sorbey com. de),	2	477.	—	29 227.	—	9	157.
Sorel (femme),	6	210.	—	4 597.	Tornier,	28	238.
Sornin,	6	318.	—	4 418.	Toussaint,	7	85.
Soubise (de),	1	155.	Thillombois (c.de),	8 475.	—	13	153.
—	10	157.	Thiriet,	» 63.	—	8	210.
—	3	205.	—	15 201.	—	28	238.
Souhait,	»	107.	—	1 501.	—	15	252.
—	1	168.	Thiriet-Gloxin,	9 278.	—	4	340.
—	16	428.	Thirion,	8 409.	—	»	435.
Souilly (c. de),	7	50.	Thirion-Coudray,	16 99.	Toussard,	6	289.
Soulis,	2	359.	—	3 503.	Trexon,	2	214.
Soumy,	32	29.	Thiriot,	25 401.	Triboulot,	3	463.
—	4	296.	Thirobois,	29 156.	Tribout,	6	50.
Soyer,	18	536.	Thiry,	6 25.	Tribunal civil de		
—	19	484.	Thomas,	6 152.	Remiremont,	2	569.
Speich,	3	270.	—	» 204.	Trompette,	3	184.
Sponville (c. de),	21	73.	—	2 256.	Troustard.	14	599.
—	1	100.	—	4 280.	Trucher,	»	204.
—	5	540.	—	3 207.	Truchet,	11	316.

TABLE DES NOMS DES PARTIES. 549

Turck,	1	42.	Veckersviller(c.de)	11	70.	Villemin,	4	333.
—	27	156.	Velaine - en - Haie			—	9	598.
—	6	216.	(com. de),	23	451.	—	5	457.
—	»	516.	Velden,	1	580.	Villemotte (de),	1	175.
—	2	372.	Velter,	5	25.	Viller,	14	37.
—	2	407.	Venant-Dupont,	6	410.	Villers,	18	484.
Ulriot,	2	465.	Vendières (de),	5	6.	Villers d'Affroicourt		
Union(la c. d'ass.),	23	59.	—	6	156.	(com. de),	1	293.
Urbain,	5	49.	—	6	276.	Villers-sous-Parcid		
—	19	400.	—	»	531.	(com. de),	39	465.
Uruffe (com. d'),	5	85.	—	1	518.	Vilmans,	5	63.
—	1	421.	Venner,	14	178.	—	20	102.
Uzunier,	6	198.	Verdun,	21	256.	Vincent,	3	116.
Vacquant,	5	409.	Verdun (ville de),	1	228.	—	20	403.
Vagney (com. de),	47	457.	Vernon (de),	4	271.	Vioménil (c. de),	11	91.
Vailly,	2	258.	Verreries de Saint-			Viriat,	10	82.
Vairet,	20	225.	Quirin,	7	6.	Viriot,	4	387.
—	42	455.	—	2	84.	—	7	416.
Vairelles,	8	526.	Vézelise (v. de),	14	151.	Virmon,	12	279.
—	»	462.	Viallet,	10	399.	Viry,	9	310.
Valence,	»	128.	Viard,	22	205.	Vitry,	10	411.
—	28	344.	Viardin,	1	507.	Vivaux,	8	185.
Vallée,	37	405.	Vic (ville de),	23	401.	Voinier,	23	226.
Valleroy - le - Sec			Vidal,	2	63.	Voirgard,	9	515.
(com. de),	14	95.	—	8	276.	—	29	471.
Vallin,	6	23.	Vielville,	23	120.	Voirin,	24	470.
Varin-Bernier,	2	151.	Viermes (de),	17	449.	Volfran,	2	460.
—	12	253.	—	52	455.	Vomécourt (c. de),	15	449.
—	2	370.	Vierron,	15	71.	Vouzeau,	2	413.
—	2	451.	Vigneron,	20	120.	Vrankin,	2	1.
Varinot,	4	409.	Viguier,	12	505.	—	12	341.
Varlet,	12	89.	—	1	532.	Vuillemin,	4	90.
Vaudechamps(de),	27	74.	Villaume,	11	298.	—	35	137.
—	29	75.	Villaumé,	5	116.	Vuillot,	46	110.
—	4	422.	—	18	225.	Vuisse (com. de),	9	185.
Vaulot,	24	258.	Ville-au-Val(c.de),	3	477.	Wagnon,	»	417.
Vaultrin,	1	317.	—	25	486.	Watrinelle,	1	324.
Vauthier,	33	50.	Ville-dev.-Belrain			Weldel,	7	132.
—	5	174.	(com. de),	13	482.	—	3	279.
—	10	109.	Ville-en-Woivre			Wenger,	»	53.
Vautrin,	21	102.	(com. de),	8	6.	—	1	301.
—	59	145.	—	22	401.	Willaume,	10	117.
—	5	277.	—	44	456.	Will,	16	356.
—	6	300.	Villemart,	1	589.	Wolfann,	22	120.
Vautrot,	19	59.	Villemin,	18	27.	Wolff,	15	186.
—	12	185.	—	6	60.	—	16	224.
Vabot,	7	259.	—	»	109.	—	2	260.
Vatzenville,	1	260.	—	10	160.	Xardel,	2	49.
Vaxoncourt(c.de),	16	449.	—	6	198.	Zincourt (c. de),	15	449.
—	31	482.	—	20	255.	—	16	449.
Veber,	1	380.						

TABLE DES DATES.

1808.			Avril,	8	1	206.	Mars,	24	22	450.	Avril,	2	6	55.
Juil.,	14	22	431.		8	5	393.		28	8	186.		6	8	322.
				27	14	468.		28	23	544.		13	1	203.
1817.			Mai,	4	11	177.		28	9	390.		13	8	341.
Juil.,	25	1	472.	Juin,	9	10	416.		29	10	25.	Mai,	10	6	156.
				11	4	156.	Avril,	14	2	115.		11	8	218.
1823.				11	»	284.	Mai,	24	53	142.		11	4	204.
Mai,	8	7	440.		13	1	303.		25	31	29.		21	2	84.
				30	41	31.	Juin,	4	1	218.		21	4	587.
1824.			Juil.,	8	8	361.		4	21	557.		29	8	157.
Juil.,	13	23	451.		18	14	224.		18	54	142.		30	10	232.
				24	28	471.		4	26	188.	Juin,	1	1	155.
1825.				26	9	25.		6	13	468.		1	6	322.
Janv.,	17	24	451.		26	12	185.	Juil.,	2	10	361.		12	1	410.
1826.			Août,	10	11	117.		7	2	111.		12	2	463.
Fév.,	27	8	470.		10	1	200.		11	»	204.		14	1	394.
Avril,	20	3	19.		16	2	277.		11	11	310.		21	30	29.
				18	3	397.		20	16	556.		29	46	487.
1829.			Sept.,	16	4	215.		28	24	430.	Juil.,	26	4	340.
Juil.,	20	8	446.	Nov.,	16	4	478.		26	2	243.		30	33	29.
	20	23	451.		26	8	398.		26	24	470.	Août,	3	40	455.
	20	26	452.	Déc.,	1	1	170.	Août,	2	3	211.		16	4	237.
Août,	25	7	152.		1	23	470.		8	19	202.		20	22	27.
	25	5	279.		16	14	95.		8	1	433.		29	18	235.
	25	22	357.		21	1	1.		10	3	41.		27	21	39.
	25	2	302.		28	5	25.		10	2	258.		28	4	389.
Sept.,	9	12	199.		28	3	208.		25	5	244.		31	10	157.
Nov.,	9	8	06.		29	8	409.		25	1	521.		31	3	205.
	11	42	51.						51	14	253.		31	2	214.
	12	12	468.	1831.								31	13	208.
	21	2	49.					Nov.,	11	16	134.				
Déc.,	1	11	210.	Janv.,	4	2	472.		16	11	26.	Nov.,	20	2	242.
	14	1	41.		5	58	158.		21	6	114.	Déc.,	4	12	167.
	14	2	389.		6	13	399.		21	2	169.		6	1	115.
	17	46	140.		7	18	223.		21	8	278.		6	1	279.
	21	4	407.		18	2	419.		24	3	155.		13	11	36.
	24	1	407.		50	9	354.	Déc.,	1	6	561.		20	»	534.
	28	4	403.		20	40	159.		21	4	597.		20	13	482.
	28	6	400.	Fév.,	10	»	7.		30	21	401.		29	2	90.
				16	33	76.						29	2	183.
1830.				16	18	255.	1832.							
Janv.,	13	18	428.		16	1	277.	Janv.,	5	1	421.	1833.			
	18	22	234.		16	57	317.		18	14	482.	Janv.,	10	8	207.
	19	5	116.		16	1	457.	Fév.,	2	20	227.		18	4	145.
	20	6	415.	Mars,	1	23	450.		16	17	235.		18	2	584.
	25	5	340.		19	»	15.		20	12	117.		19	»	107.
	25	27	470.		19	6	174.		24	29	471.		23	1	144.
Fév.,	1	5	514.		22	9	410.		24	9	513.		28	19	400.
	8	5	466.		22	5	472.	Mars,	10	5	15.		31	»	2.
	15	6	470.		23	58	50.		12	12	510.	Fév.,	4	15	71.
Mars,	9	3	24.		23	2	279.		13	4	472.		8	19	27.
	9	11	440.		23	36	403.		24	25	27.		8	4	222.
	10	13	186.		24	5	90.		24	2	218.		8	4	268.
	28	26	74.		24	1	150.		24	10	223.		8	15	417.

TABLE DES DATES.   581

Fév.,	11	7	16.	Déc.,	19	10	399.	Juil.,	3	1	45.	Avril,	3	24	402.
	25	4	84.		20	»	64.		4	18	180.		4	0	91.
Mars,	7	8	175.		28	1	90.		4	24	284.	Mai,	11	11	417.
	7	2	457.		28	8	168.		4	3	204.		10	5	93.
	12	0	160.						4	2	552.		20	23	188.
	28	11	157.		1834.				4	23	357.		25	10	153.
	30	11	481.	Janv.,	4	0	598.		5	5	415.		27	59	485.
Avril,	16	23	155.		7	12	479.		9	29	403.	Juin,	11	15	311.
	16	1	589.		8	15	224.		9	10	409.		19	26	226.
	23	4	315.		8	5	521.		12	1	518.		19	1	239.
Mai,	9	20	27.		9	52	75.		12	3	302.		30	6	277.
	9	52	157.		15	10	70.		19	2	402.		30	1	451.
	14	14	71.		15	7	208.		31	19	225.	Juil.,	4	2	367.
	17	12	224.		15	23	234.		31	9	344.		9	57	484.
	24	17	71.		15	9	480.	Août,	2	14	158.		10	18	400.
	28	20	59.		20	13	71.		5	26	238.		20	1	203.
	28	58	484.		27	3	222.		7	6	289.		21	1	242.
	31	48	457.		29	28	150.		21	10	186.		23	1	22.
Juin,	7	11	224.		30	5	110.		22	5	213.	Août,	7	2	44.
	15	17	27.		31	1	401.		28	14	342.		8	3	77.
	18	8	152.	Fév.,	7	6	15.	Oct.,	17	2	144.		22	0	87.
	18	»	127.		8	2	401.	Nov.,	26	1	24.		22	20	120.
	18	3	420.		15	1	106.		26	2	52.		24	9	310.
	18	50	471.		15	6	110.		26	4	174.		23	53	142.
	28	22	543.		25	2	210.		26	5	307.		28	17	110.
Juil.,	4	5	210.		28	32	471.	Déc.,	12	19	450.		28	13	178.
	4	12	428.	Mars,	4	17	429.		13	4	289.	Nov.,	23	5	90.
	11	4	103.		7	3	370.		13	4	400.		23	18	154.
	11	26	121.		15	1	53.		24	3	149.		23	5	326.
	11	2	155.		20	10	6.		24	9	157.	Déc.,	2	17	511.
	11	1	209.		20	27	189.		24	25	220.		9	7	326.
	11	2	275.		21	13	158.						9	8	478.
	11	2	290.		26	2	518.		1835.				14	22	203.
	12	36	158.	Avril,	0	2	24.	Janv.,	3	»	122.		18	39	400.
	12	7	289.		9	1	285.		3	56	143.		28	2	246.
	16	56	50.		12	13	291.		3	3	242.				
	22	»	110.		18	2	6.		10	1	444.		1836.		
	22	1	216.		18	10	56.		30	»	109.	Janv.,	15	40	31.
	23	11	233.		18	9	185.		30	10	166.		16	52	29.
	26	2	65.		30	8	50.		31	19	429.		16	18	100.
	26	8	270.	Mai,	2	»	40.	Fév.,	7	»	0.		17	»	12.
	30	50	227.		6	59	51.		12	20	518.		27	4	69.
Août,	1	8	166.		16	17	225.		21	2	559.		16	4	296.
	30	27	28.		16	16	542.		21	0	578.		27	6	387.
	30	3	251.		16	19	542.		23	1	507.		29	24	344.
	30	6	520.		16	3	415.		28	2	389.		30	2	478.
Nov.,	15	7	297.		22	6	59.	Mars,	7	11	153.	Fév.,	1	45	139.
	16	4	238.		22	1	149.		9	10	400.		15	7	80.
	20	28	74.		22	7	584.		10	31	227.		24	81	142.
	20	27	544.		24	4	1.		13	24	121.		26	1	524.
	23	11	399.		24	1	245.		14	8	310.	Mars,	5	»	104.
	26	3	164.		26	1	211.		16	12	57.		8	28	234.
	28	17	168.		30	5	309.		16	7	223.		8	3	353.
Déc.,	3	15	57.	Juin,	2	6	509.		19	2	163.		9	»	412.
	3	5	106.		2	1	465.		20	2	477.		14	3	214.
	3	3	389.		13	4	191.		28	10	427.		14	»	349.
	9	21	153.		13	3	460.	Avril,	2	1	288.		17	14	399.

TABLE DES DATES.

Mars,	23	2 332.	Mars,	11	2 580.	Déc.,	19 33 137.	Août,	14 26 130.
	24	7 33.		14	3 592.		21 4 393.		23 1 190.
	25	8 87.		17	23 401.		22 7 23.		23 1 389.
	26	3 163.	Avril,	17	22 187.		22 8 232.		23 9 427.
	26	2 586.		17	6 247.		26 » 319.		27 4 386.
Avril,	15	21 236.		17	1 397.		30 11 291.		27 5 395.
	15	33 404.		23	3 84.			Nov.,	19 4 321.
	20	10 71.		25	11 275.		**1838.**		22 20 292.
	23	2 33.		28	7 400.	Janv.,	3 7 390.		27 20 187.
	29	8 80.		30	8 117.		8 21 238.	Déc.,	3 3 267.
	30	3 93.	Mai,	3	25 238.		8 20 401.		4 15 186.
Mai,	2	1 214.		3	14 449.		22 4 244.		13 3 34.
	2	25 344.		6	1 103.		21 4 283.		13 12 440.
	6	10 315.		9	10 446.		27 9 278.		14 1 64.
	13	1 256.		9	18 450.		31 20 488.		
	20	53 347.		9	27 452.	Fév.,	2 15 177.		**1839.**
Juin,	3	8 313.		17	18 292.		2 1 383.	Janv.,	3 4 34.
	3	56 347.		23	14 327.		8 5 144.		24 11 185.
	3	» 377.		30	11 70.		8 4 23.		28 19 100.
	5	3 421.	Juin,	14	5 374.		9 0 446.	Fév.,	4 1 17.
	27	23 237.		14	5 431.		9 28 452.		4 3 17.
	27	5 374.		10	5 44.		9 33 483.		4 37 30.
Juil.,	2	2 508.		24	5 446.		17 7 0.		4 4 79.
	16	8 390.		24	6 163.		17 2 84.		4 13 134.
	30	6 6.		26	2 203.		19 6 34.		4 12 177.
	30	2 58.		26	18 340.		23 2 14.		4 7 276.
	30	24 74.		30	21 27.	Mars,	6 22 486.		4 4 277.
	30	20 342.		30	13 81.		23 35 433.		14 4 69.
	30	7 360.		30	6 422.	Mai,	4 3 85.		21 7 80.
Août,	6	4 90.	Juil.,	1	» 244.		4 21 469.		21 4 339.
	6	27 403.		6	12 98.		18 14 118.		21 13 342.
	10	14 82.		6	11 326.		18 2 174.		26 14 37.
	11	8 6.		11	20 225.		21 19 135.	Mars,	14 22 102.
	11	12 401.		11	42 488.		22 23 39.		14 3 207.
	11	4 415.		12	4 380.		23 26 470.		19 6 232.
	11	44 456.		15	24 226.		30 21 187.		23 19 72.
	12	3 324.		18	2 200.	Juin,	7 6 398.		23 5 79.
	20	2 19.		20	7 259.		8 12 26.		23 8 34.
	27	8 280.		20	3 277.		8 8 439.		25 4 376.
	30	» 274.		20	5 394.		9 2 376.	Avril,	8 14 99.
	30	1 309.		29	2 433.		18 22 225.		25 4 164.
Nov.,	10	25 470.		31	11 407.		21 16 311.	Mai,	4 12 7.
	25	» 203.	Août,	2	22 469.	Juil.,	6 4 15.		11 8 80.
	28	13 310.		8	1 111.		6 9 219.		14 1 474.
Déc.,	8	3 275.		8	50 403.		6 8 247.		18 9 208.
	16	18 469.		8	35 403.		6 11 310.		28 13 119.
				10	5 437.		13 4 112.		28 3 273.
	1837.			17	10 411.		18 31 137.	Juin,	29 18 419.
				23	11 6.		23 4 242.	Juil.,	4 12 310.
Janv.,	12	» 303.		25	10 459.		25 17 481.		11 » 53.
	12	1 332.		25	6 440.		27 8 326.		11 1 301.
	14	32 403.		25	12 448.		27 13 327.		18 13 224.
	21	31 488.	Oct.,	13	20 203.		27 6 367.		20 30 137.
Fév.,	19	7 110.	Nov.,	20	5 515.		27 2 407.		22 1 183.
Mars,	2	8 293.	Déc.,	8	5 390.		27 » 469.	Août,	2 2 314.
	3	19 119.		11	10 527.	Août,	1 17 187.		5 20 450.
	9	19 187.		18	17 342.		4 7 185.		13 12 233.

TABLE DES DATES.

Août,	17	6	153.	Mai,	8	15	408.	Janv.,	18	1	44.	Juin,	8	9	50.
	17	4	309.		9	6	313.		19	»	43.		10	28	28.
	17	6	340.		29	3	117.		19	2	212.		19	15	99.
	17	2	431.	Juin,	1	»	45.		19	4	301.		26	18	141.
	22	24	39.		2	29	136.		19	15	483.	Juillet,	3	1	63.
	22	58	143.		4	8	68.		28	6	80.		3	7	147.
	26	18	58.		4	13	233.		28	31	297.		3	11	341.
Nov.,	11	15	200.		12	15	201.		28	21	254.		3	34	453.
	12	22	202.		18	11	427.		28	2	392.		5	6	280.
	12	33	204.	Juillet,	2	30	458.	Fév.,	2	6	90.		10	6	132.
	14	23	120.		25	20	239.		2	2	330.		13	7	367.
	18	6	198.		31	6	289.		9	35	137.		17	5	367.
	18	20	201.	Août,	1	2	444.		12	20	135.		22	10	87.
	23	6	410		8	»	387.		12	3	283.		23	16	292.
	23	»	195.		18	2	204.		13	13	449.		24	15	449.
	28	8	33.		22	»	128.		13	31	452.		29	28	29.
	28	1	391.		22	28	344.		20	31	403.		29	2	386.
Déc.,	6	6	437.	Oct.,	20	2	107.		22	2	324.	Août,	2	14	459.
	9	26	403.	Nov.,	0	4	198.		22	7	479		14	37	403.
	16	1	68.		0	8	199.		23	26	430.		16	2	257.
	28	7	193.		0	10	199.		27	5	231		16	4	280.
	31	2	301.		0	13	199.	Mars,	1	20	253.		19	22	74.
					0	14	500.		1	4	333.		19	14	186.
1840.					0	17	200.		1	5	437.		19	1	425.
Janv.,	11	2	285.		9	21	201.		11	1	928.		20	13	310.
	13	10	91.		9	31	203.		12	3	1.		24	4	409.
	17	21	483.		10	3	197.		12	5	152.		27	8	114.
	20	9	467.		10	7	198.		19	8	70.	Oct.	11	34	201.
	23	2	321.		10	11	199.		19	6	147.	Nov.	8	1	197.
	25	3	370.		10	25	202.		19	10	341.		8	27	203.
	28	31	76.		14	3	63.		20	1	380.		12	1	58.
	28	23	486.		14	20	102		23	17	179.		12	8	219.
	30	18	187.		16	5	198.		23	3	240.		13	39	138.
	30	29	452.		16	8	410.		23	59	113.		18	20	311.
	31	14	201.		17	9	199.		23	5	277.		23	10	219.
	31	49	458.		23	30	203.		25	6	390.		23	3	301.
Fév.,	7	18	119.		23	2	275.		27	7	219.		25	3	309.
	10	8	409.		28	13	92.		29	57	143.		30	1	409.
	14	1	378.		28	5	407.		30	17	292.	Déc.,	3	21	225.
	18	4	307.	Déc.,	1	43	31		30	2	393.		3	12	298.
	24	19	327.		1	1	212.	Avril,	1	4	44.		9	30	345.
Mars,	6	10	177.		3	21	102.		1	2	271.		10	22	120.
	6	2	100.		8	18	27.		20	28	403.		14	28	236.
	14	7	416.		10	1	270.		20	3	477.		18	23	74.
	23	10	480.		10	12	399.		30	»	10.		18	25	74.
	30	5	398.		10	7	422.	Mai,	7	2	79.		18	16	419.
	31	31	471.		15	5	384.		7	8	86.		27	1	379.
Avril,	3	26	28.		18	1	369.		11	24	28.		30	3	380.
	3	22	30.		26	2	265.		11	21	430.				
	3	8	185.		28	5	59.		13	19	81.	**1842.**			
	4	15	87.		29	4	116.		14	8	333.	Janv.,	6	13	252.
	4	2	288.						22	41	455.		8	8	49.
	13	»	107.	**1841.**				Juin,	3	2	1.		15	6	86.
	27	1	314.	Janv.,	5	2	150.		3	6	184.		15	1	230.
Mai,	4	25	28.		7	17	134.		3	21	292.		18	10	117.
	4	3	285.		11	5	49.		3	19	311.		20	14	311.
	4	1	401.		18	1	370.		5	30	452.		21	1	258.

TABLE DES DATES.

Janv.,	22	2	65.	Juin,	23	29	75.	Mars,	4	10	310.	Déc.,	9	25	121.
	22	10	298.		23	4	422.		23	7	114.		18	3	5.
	24	10	81.		25	1	54.		23	2	282.		18	15	456.
	24	15	234.		25	1	317.		23	1	459.		29	9	117.
	24	5	317.		25	25	430.		25	17	100.		30	2	131.
	28	2	17.	Juillet,	14	25	156		30	1	4.				
Fév.,	3	»	14.		15	2	317.		30	1	413.		1844.		
	4	30	75.		19	31	75.	Avril,	6	8	91.	Janv.,	2	7	251.
	4	2	421.		23	2	46.		29	»	418.		2	3	445.
	5	1	131.		23	7	157.	Mai,	11	18	72.		11	20	429.
	21	5	426.		23	16	252.		11	6	219.		16	1	19.
Mars,	4	8	427.		23	11	298.		11	47	457.		19	1	108.
	5	16	468.		29	4	181.		18	4	52.		25	5	147.
	14	31	315.		30	9	232.		18	5	105.		25	6	251.
	15	4	207.	Août,	6	16	82.		18	1	211.		26	10	278.
	15	2	425.		18	»	12.		18	32	453.	Fév.,	1	5	184.
	15	6	426.		18	5	310.		20	5	280.		8	8	280.
	17	5	9.		18	17	449.		20	17	356.		10	3	131.
	19	31	137.		19	3	171.		20	1	361.		17	4	231.
	19	5	82.		30	»	217.		27	21	73.		17	5	429.
	19	1	77.	Nov.,	11	18	201.		29	2	238.		17	2	460.
	19	7	91		11	23	202.		30	3	184.		21	5	20.
	19	3	174.		17	3	152.		30	16	224.		24	2	108.
	19	12	291.		17	19	201.		30	2	260.		27	22	135.
	21	1	267.		19	6	207.	Juin,	9	7	310.	Mars,	7	9	382.
	21	6	353.		19	2	414.		20	9	251.		9	2	9.
	22	16	119.		22	15	99.		29	4	5.		16	7	232.
Avril,	5	15	400.		24	16	200.		29	7	60.		22	20	236.
	8	1	105.		24	26	202.		29	7	166.		25	5	108.
	11	23	226.		25	4	271.		29	2	270.		25	3	147.
	12	9	326.		26	8	382		29	4	273.		25	3	271.
	16	27	216		28	8	60.		29	8	276.		28	10	474.
	16	25	401.	Déc.,	2	7	280.	Juillet,	7	11	81.		29	8	281.
	19	3	296.		2	10	467.		7	1	168		30	12	482.
	21	16	99.		3	7	426		8	12	195.	Avril,	19	»	365.
	21	3	303.		10	2	106		15	5	426.		20	21	136.
	23	9	439.		12	5	375		17	»	273.		23	18	356.
	26	9	70.		13	20	469.		17	3	288.		23	19	484.
	29	10	185.		22	28	238.		27	2	41.		25	2	105.
	29	58	405.		23	7	410.		27	2	207.		25	21	342.
	30	1	151.		26	12	88.	Août,	3	11	87.		25	3	352.
Mai,	3	6	315.		30	6	69.		4	7	175.		27	12	355.
	3	8	416.		30	5	280.		14	21	188.		30	7	322.
	19	1	414.		30	32	345.		18	24	486.	Mai,	10	5	59.
	26	6	192.		31	1	388		19	13	133.		21	5	6.
	28	12	517.						25	19	141.		21	6	276.
	31	»	364.		1843.				25	8	193.		21	»	331.
Juin,	2	9	36.	Janv.,	6	2	369.		26	10	251.		21	1	348.
	3	16	235.		13	14	151.		26	1	272.		23	»	327.
	7	5	68.		20	1	393.	Nov.,	18	9	80.		23	14	355.
	7	8	298.		21	11	231.		23	1	208.		25	8	59.
	10	27	74.		26	22	102.		23	10	331.		25	7	278.
	11	13	428.		26	9	133.		23	3	359.		28	»	350.
	17	7	69.		26	3	218.		23	»	455.	Juin,	6	5	79.
	18	25	40.		27	7	53.		23	1	477.		6	8	473.
	18	1	265.		31	18	484.		27	9	339.		11	5	69.
	20	19	133.	Fév.,	2	2	171.		30	10	97.		14	2	42.

TABLE DES DATES.

Juin,	14	2	149.	Nov.,	21	5	222.	Mars,	15	5	472.	Juil.,	19	22	50.
	14	2	303.		21	5	259.	Avril,	1	»	21.		31	34	316.
	15	7	473.		21	2	267.		3	1	173.	Août,	1	16	179.
	18	13	88.		21	8	322.		3	6	473.		2	2	147.
	19	10	81.	Déc.,	2	7	50.		5	15	26.		2	1	352.
	19	1	79.		3	4	443.		5	6	96.		2	6	359.
	21	1	9.		13	10	290.		5	10	194.		2	10	380.
	21	2	348.		13	8	467.		8	9	193		6	25	486.
	21	13	355.		14	3	386		24	53	315.		12	4	18.
	21	4	359.		16	41	159.		24	5	408.		12	6	222.
	24	12	251.		16	1	250.		29	14	428		14	14	26.
	24	20	356.		20	2	370.	Mai,	2	9	290		14	5	215.
	24	3	475.		20	6	393.		6	15	252.		14	2	269.
Juil.,	4	2	413.		30	13	118.		9	11	152.		14	1	270.
	4	»	435.						13	24	103		14	13	341.
	9	7	381.		**1845.**				15	7	438.		14	15	355.
	11	9	223.						16	52	142.		16	27	238.
	11	8	289.	Janv.,	9	2	231.		21	9	176		18	1	329.
	15	4	240.		16	55	30		27	19	39		21	11	97.
	15	3	465.		16	5	174.		31	1	585.		21	14	178.
	16	17	140.		21	60	143.	Juin,	2	5	297.		21	2	211.
	18	7	398.		23	2	68.		5	31	404		22	50	141.
	27	9	281.		23	17	400.		7	5	283.		23	»	18.
Août,	3	2	77.		23	2	409.		14	17	38.		29	4	85.
	8	4	325.		28	1	146.		14	11	354.		29	8	422.
	9	12	92.		28	3	270		17	13	26.	Nov.,	10	3	190.
	9	26	489.		30	7	216.		17	2	95.		13	32	204.
	16	4	19.		30	9	354.		17	4	171		15	17	82.
	16	7	96.		30	2	397.		17	1	434.		20	28	203.
	19	5	359.	Fév.,	8	»	3.		23	19	253.		21	5	112.
	21	21	120.		8	8	25		23	6	297.		22	12	70.
	22	»	368.		8	1	296.		26	2	151.		22	23	188.
	22	2	431.		8	4	353.		28	4	49.		24	37	138.
	24	»	9.		15	1	81.	Juil.,	5	27	489		29	34	29.
	24	4	131.		15	17	252.		10	1	94.		29	16	428.
	24	19	233.		17	16	26		11	20	73.	Déc.,	10	42	139.
	24	22	257.		17	1	275.		12	16	38.		10	43	436.
	27	14	140.		18	4	147.		14	1	42.		13	4	437.
	27	4	218.		21	1	282.		14	27	136		13	16	483.
	30	1	308.		28	7	310.		14	6	216		18	21	450.
Nov.,	12	5	250.	Mars,	1	45	140		14	55	237.		26	13	37.
	15	9	221.		1	26	251.		15	»	316.		27	6	25.
	18	11	91.		8	26	314.		14	2	372.		29	1	48.
	21	5	191.		8	2	394.		14	8	380.		29	36	434.

FIN.

NANCY, IMPRIMERIE DE VEUVE RAYBOIS ET COMP.

www.ingramcontent.com/pod-product-compliance
Lightning Source LLC
Chambersburg PA
CBHW060759230426
43667CB00010B/1636